Wolfgang Effenberger

Schwarzbuch EU & NATO

Wolfgang Effenberger

# Schwarzbuch EU & NATO

## Warum die Welt keinen Frieden findet

Mit einem Vorwort von Prof. Dr. Hermann Mückler

zeitgeist
Print & Online

7. Auflage Juli 2024



Bei Übernahme von Originalzitaten: Rechtschreibung, Zeichensetzung sowie Grammatik zum besseren Verständnis korrigiert, historische Schreibweisen wurden beibehalten. Übersetzungen i. d. R. durch den Autor Wolfgang Effenberger.

Redaktionsschluss: September 2020
Satz: Hoos Mediendienstleistung, Landau
Coverdesign: Grafikfee GmbH, Bingen
Druck und Bindearbeiten: CPI books GmbH, Leck
Printed in Germany

ISBN 978-3-943007-31-2 (gedruckte Ausgabe)
ISBN 978-3-943007-40-4 (E-Book)

www.zeitgeist-online.de

Gewidmet meiner Enkelin
Katharina
und ihrer Generation

Für eine Zukunft in
Frieden, Freiheit und Wahrheit

*»Lassen Sie sich nicht hineintreiben*
*in Feindschaft und Hass*
*gegen andere Menschen,*
*gegen Russen oder Amerikaner,*
*gegen Juden oder Türken,*
*gegen Alternative oder Konservative,*
*gegen Schwarz oder Weiß.*
*Lernen Sie miteinander zu leben, nicht gegeneinander.*
*Lassen Sie auch uns als demokratisch gewählte Politiker dies*
*immer wieder beherzigen und ein Beispiel geben.*
*Ehren wir die Freiheit.*
*Arbeiten wir für den Frieden.*
*Halten wir uns an das Recht.*
*Dienen wir unseren inneren Maßstäben der Gerechtigkeit.*
*Schauen wir am heutigen 8. Mai, so gut wir es können, der Wahrheit ins Auge.«*

Richard von Weizsäcker am 8. Mai 1985

*»Es ist normal,*
*dass Sieger die Geschichte in den Mülleimer werfen*
*und Opfer sie ernst nehmen.«*

Noam Chomsky

*»Nichts ist schwerer und nichts erfordert mehr Charakter,*
*als sich in offenem Gegensatz zu seiner Zeit zu befinden*
*und laut zu sagen: Nein.«*

Kurt Tucholsky

*»Historisch gesehen sind die schrecklichsten Dinge –*
*Krieg, Völkermord und Sklaverei –*
*nicht durch Ungehorsam entstanden,*
*sondern aus Gehorsam.«*

Howard Zinn

# Inhaltsübersicht

## Kalter Krieg reloaded



## Ein neues imperiales Zeitalter



## 9/11 und die Spirale des Terrorismus



## Der gescheiterte Vertrag über eine Verfassung für Europa

## EU und NATO vor neuen Aufgaben



## Ukraine: Rammbock gegen Russland



## USA: Vom »gütigen« Hegemon zur rücksichtslosen Weltmacht?



## EU am Ende oder nur am Scheideweg?

# Vorwort

Wir erleben zurzeit eine Phase gravierender Machtverschiebungen im internationalen Gefüge. Für die Entscheidungsträger in der Europäischen Union und in jenen supranationalen Institutionen, in die europäische Staaten eingebunden sind, bedeutet dies Handlungsbedarf im Sinne verschärfter Wachsamkeit und einer Neupositionierung. Dabei müssen eingespielte und liebgewonnene Gewissheiten hinterfragt und manche von ihnen über Bord geworfen werden. Mit unvoreingenommenem Blick müssen gewohnte politische und militärische Allianzen und deren Tragfähigkeit in Zeiten von Krisen ebenso hinterfragt werden wie die Feindbilder, die den Bürgerinnen und Bürgern dieses Kontinents über Jahrzehnte von ihren politischen Führern mit Vehemenz vermittelt wurden. Die derzeitigen massiven globalen gesellschaftlichen Veränderungen, die mit einem Wertewandel auf allen Ebenen des kulturellen, sozialen und politischen Zusammenlebens verbunden sind, haben vielfältige Ursachen, deren sichtbarste im steten Aufstieg und Fall von Mächten, um mit den Worten des britischen Historikers Paul Kennedy zu sprechen, begründet sind. Aber auch makroklimatische Veränderungen, ökologische Verarmung und demografischer Wandel sind, um nur einige Beispiele zu nennen, Aspekte, die als Brandbeschleuniger wirken.

Schon allein aufgrund dieser Herausforderungen werden bei möglichen Erklärungsansätzen zur Lage der Gegenwart häufig die historischen Entwicklungen, die zur Ist-Situation führten, tendenziell mit nachrangiger Aufmerksamkeit bedacht. Aktuelle Macht- und Herrschaftsverhältnisse, Abhängigkeiten und Zwänge haben ihre Wurzeln aber in über lange Zeiträume gewachsenen Strukturen, die sich schon allein aufgrund der damit verbundenen langfristigen zeitlichen Konstituierungs- und Manifestierungshorizonte im Heute nicht von einem auf den anderen Tag verändern lassen. Gegenüber diesen längerfristigen Einflussfaktoren wird die Gegenwart von den meisten als eine sich beschleunigt wandelnde und durch Globalisierungstendenzen unübersichtliche Welt erfahren, in der die Akteure weniger in politischen Gremien als vielmehr in den multinationalen, global agierenden Konzernzentralen zu verorten sind. Immer mehr Menschen haben das Gefühl, Getriebene zu sein und nurmehr reagieren statt agieren zu können.

In solch einer Sattelzeit, deren unmittelbare Zeugen wir alle gerade sind, ist es wichtig, sich der Ausgangspunkte für unser Verständnis der gesellschaftspolitischen Zustände und der vorherrschenden Gewissheiten bewusst zu werden. Schließlich geht es hier um Deutungshoheiten, und es werden die Karten neu gemischt, mit zum Teil langfristigen Konsequenzen für den Rest des 21. Jahrhunderts. Jenseits von »Fake News« ahnen immer mehr Menschen, dass manche bis in die jüngste Zeit hineinreichende historische Ereignisse in ihren Ursachen und mit ihren verantwortlichen Akteuren nicht so gewesen sein können, wie es ihnen jahrzehntelang weisgemacht wurde und dass es neben der offiziell sanktionierten Geschichtsschreibung – die in Europa den historischen Ereignissen des 20. Jahrhunderts geschuldet ist, aber unmittelbar auf die Interpretation der Gegenwart einwirkt – auch andere, gleichrangig zu behandelnde, möglicherweise sogar ehrlichere Interpretationen gibt, die einer Beachtung und Berücksichtigung bedürfen. Dass Geschichte von Siegern geschrieben wird und dass aktuelle Macht- und Herrschaftsverhältnisse auf das, was den Menschen vermittelt wird, zentralen Einfluss haben, ist schon fast nicht mehr erwähnenswert. Dass es aber einen Mangel an ausbalancierten, wissenschaftlich seriösen, aber eben zu anderen Schlussfolgerungen kommenden Veröffentlichungen gibt, ist evident. Dies hat auch mit dem eingeschränkten Zugang zu jenen Informationen zu tun, die hierfür unabdingbar sind. Exkursmäßig sei hier beispielhaft angemerkt, dass in puncto Geopolitik der Verfasser dieser Zeilen mit Staunen und einiger Fassungslosigkeit zur Kenntnis nehmen muss, dass das für ein Verständnis der derzeitigen russischen auswärtigen Politik so umstrittene, aber aufgrund seiner Relevanz für die russische Führung letztlich wichtige dreibändige Buch »Grundlagen der Geopolitik« von Alexander Geljewitsch Dugin bislang in keiner autorisierten seriösen und vollständigen Übersetzung ins Englische vorliegt. Im deutschsprachigen Raum ist das Werk weitgehend unbekannt, da sich bis heute kein Verlag gefunden hat, der es ins Deutsche übersetzt.

Man muss die neoeurasischen Ideen dieses zu Recht kritisch betrachteten politischen Philosophen nicht teilen, aber man sollte sie kennen. Und man muss sich eingestehen, dass wir in der sogenannten freien Welt hegemonialen Deutungsmonopolen unterworfen sind, die sich nicht so leicht abschütteln lassen. Es bedarf also mutiger Autoren, die Dinge beim Namen zu nennen, Liebgewonnenes kritisch zu hinterfragen und bei der Analyse der vorhandenen Faktenlage zu sachlich begründeten, zum Teil zu kanonisierten Interpretationen ergänzenden bzw. von ihnen abweichenden Aussagen zu kommen.

Das neueste Werk von Wolfgang Effenberger erlaubt sich zweierlei: erstens einen interpretativen Rückblick auf historisch gewachsene Abhängigkeitsverhältnisse, Allianzen und Gewohnheiten, welche die europäischen Staaten auf politischer sowie militärischer Ebene betreffen, und zweitens eine behutsame, aber scharfsichtige Analyse der gegenwärtigen Entwicklungen, welche Auswirkungen auf das Schicksal und die Zukunft Europas haben werden. Der Autor ist mutig, denn er hinterfragt liebgewonnene Gewissheiten und scheinbar selbstverständliche Erklärungsansätze, die, wenn es um Deutungen für den Ist-Zustand geht, unseren politischen und gesellschaftlichen Alltag bestimmen. Seine Schlussfolgerungen, die er sich jeweils am Ende einer umfangreichen akribischen und detailverliebten Darlegung der Faktenlage gestattet, offenbaren, dass der Autor geneigt ist, gängige Deutungsmuster nicht kritiklos zu übernehmen, sondern im Gegenteil die vorhandene Faktenlage vollinhaltlich und ohne selektierende ideologische Scheuklappen zu nutzen. Dabei gelangt er fast zwangsläufig zu einem zum Teil deutlich abweichenden Befund für die Beurteilung von Ereignissen als der sogenannte »Mainstream«.

Dass Wolfgang Effenberger die Expertise dazu hat, steht außer Zweifel. Spätestens mit dem Erscheinen seines dreibändigen Werkes »Europas Verhängnis 14/18«, in dem er sich mit der europäischen Urkatastrophe des 20. Jahrhunderts beschäftigt, hat er gezeigt, dass der Fokus bislang nicht in gleichem Maße auf alle damals wichtigen Entscheidungsträger gerichtet war und dass für eine ausgewogene Interpretation des Ersten Weltkriegs in seinen Ursachen noch bei Weitem nicht alles gesagt ist. Noch deutlicher wurde dies in dem von Effenberger zusammen mit Jim Macgregor herausgegebenen Band »Sie wollten den Krieg«, in dem insbesondere die Rolle einer relativ überschaubaren, aber mächtigen britischen Elite in zahlreichen Beiträgen unterschiedlicher Autoren ihre Veröffentlichung erfuhr und damit neue Facetten zu den handelnden Akteuren in diesem Völkerringen lieferte. Dass Effenberger bislang in den deutschsprachigen Medien noch nicht die verdiente Aufmerksamkeit fand, hängt mit spezifisch deutschen Verhältnissen zusammen, die jede von einer deutschen Alleinkriegsschuld auch nur geringfügig abweichende Stellungnahme sofort als Geschichtsrevisionismus geißelt. Es musste erst ein australischer Historiker in Gestalt von Christopher Clark kommen, der hier erstmals Dinge relativieren durfte. Dabei geht es Wolfgang Effenberger gar nicht um Schuldzuweisungen, sondern vielmehr darum, aufzuzeigen, wie historische »Wahrheiten« entstehen und welche Legitimitäts- und Herrschaftsansprüche damit verbunden sind. Der Autor hat mit seinem Buch »Geo-Imperialismus. Die Zerstörung der Welt« gezeigt, dass er weit über deutsche und europäische Ereignisgeschichte hinausgehend umfassende Kenntnisse zu den geopolitischen und geostrategischen Entwicklungen der letzten 150 Jahre besitzt und diese auch zu konkreten Fallbeispielen entsprechend zu kontextualisieren in der Lage ist.

In diesem Buch liegt der Fokus auf Europa, wobei die Kenntnis globaler Entwicklungen für Effenberger nicht nur hilfreich, sondern unabdingbare Voraussetzung dafür ist, Europa in der Welt zu positionieren und zu gewichten. Die spätestens mit dem Ersten Weltkrieg eingebüßte Vormachtstellung muss also zu den inzwischen dominierenden Mächten in Relation gesetzt werden. Vor- und Nachteil unseres Kontinents war und ist die Vielstimmigkeit, die sich aus den zahlreichen Ländern mit zum Teil deutlich divergierenden außenpolitischen Interessen ergibt.

Die Europäische Union und deren schrittweise geschaffene Vorläuferinstitutionen werden von Effenberger im Hinblick auf die historische Idee eines geeinten und damit international mächtigeren Europas beleuchtet. Im Zuge dessen kommt er nicht umhin, die angloamerikanische Welt als den großen Gegenspieler zu thematisieren und die Rolle Großbritanniens anzusprechen, welches seit Jahrhunderten zur Absicherung der eigenen Machtansprüche nur an einem in mehrere Gegenspieler aufgesplitterten Europa Interesse haben konnte. Der besonders engen und für Europa in fataler Weise bedeutsamen Beziehung Englands zu den USA schenkt Effenberger schon deshalb Aufmerksamkeit, weil er auf der anderen Seite das Verhältnis europäischer Staaten zu Russland und insbesondere das Verhältnis Deutschlands zu Russland aufgreift und die grundlegenden, eine friedliche Koexistenz hemmenden geopolitischen Theorien und Diskurse beleuchtet – und damit die von Briten und Amerikanern gefürchtete Kooperation zwischen Europa und Russland respektive Europa und Asien. Dass Großbritannien und die USA in der Europäischen Union einschlägig Wirkungsmacht entfalten und die NATO als Hebel dazu benutzen können, Annäherungen von europäischen Staaten an Russland zu hintertreiben, ist inzwischen auch dem politischen Laien deutlich geworden. Vor diesem Hintergrund muss man das US-amerikanische Agieren sowie das der NATO in den Kaukasusstaaten und in der Ukraine sehen. Auch der Brexit gewinnt so neue, für Europa bedenkenswerte Bedeutung.

Es wird vielleicht einmal ein Treppenwitz der Geschichte sein, wenn man im 22. Jahrhundert auf das 21. zurückblickt und die historischen Entwicklungen auf die Anwendbarkeit der »klassischen« geopolitischen Theorien abklopft. Heute ist es China, welches den Takt vorzugeben sucht. China will, dass Asien – und damit meint es sich in anführender Position – mit Europa durch die »Neue Seidenstraße« zusammenwächst, nur eben unter umgekehrten Vorzeichen. Es wäre nicht mehr Europa, welches die Spielregeln vorgäbe, sondern China. Dass angloamerikanische Vordenker ob dieser Zukunftsvision hyperventilieren, ist naheliegend: Auf Europa hatten und haben sie großen Einfluss – Zbigniew Brzeziński bezeichnete Europa als quasi amerikanische Kolonie –, auf China jedoch keinen. Effenberger stellt hierzu die Kernfrage: Was soll, was kann und was will Europa sein? Er thematisiert insbesondere das europäisch-amerikanische Verhältnis, und es wird deutlich, dass es keine Beziehung auf Augenhöhe war und ist. Aus der Darlegung der Faktenlage gelangt er zu sich zwangsläufig ergebenden unbequemen Fragen, die sich die politischen Entscheidungsträger in den europäischen Staaten und in Brüssel stellen müssen. Auch bislang scheinbar Undenkbares fließt dabei mit ein, er plädiert dafür, die traditionellen Bündnisse einer Neubewertung zu unterziehen und ggf. neue Allianzen zu schmieden.

Dass die EU fragil und an einem Scheideweg angelangt ist, ist spätestens durch die Coronakrise sichtbar geworden. Welche Rolle die Union in Zukunft spielen wird und kann, wird jetzt entschieden. Dabei betont Wolfgang Effenberger immer wieder im Wechselspiel von Geschehenem und Gegenwart die Möglichkeiten, die es in der Vergangenheit schon gab, auch andere Wege zu beschreiten, die einer friedlicheren Welt Vorschub leisten hätten können. Der Autor kommt zum Teil zu ernüchternden Schlussfolgerungen, die ihn zu dem Untertitel veranlassten: »Warum die Welt keinen Frieden findet«. Dass das Buch dem Leser dennoch nicht als pessimistische Klage erscheint, ist der Tatsache geschuldet, dass er durch seine Beschreibung komplexer Zusammenhänge die Bandbreite möglicher Handlungsstrategien aufzeigt und damit deutlich macht, dass wir Optionen hatten und haben, den Dingen andere, bessere Wendungen zu geben. In diesem Sinn kann der Autor in einer Linie mit Noam Chomsky und anderen wichtigen Warnern, Aufdeckern und Freunden einer friedlichen Entwicklung der Weltgesellschaft gesehen werden.

*Hermann Mückler, Wien im Juli 2020*

*»Habe Mut, dich deines eigenen Verstandes zu bedienen.«*

Immanuel Kant

# Prolog

Die Europäische Union wird allgemein als eine große Errungenschaft auf dem Weg in eine friedliche Zukunft gesehen. Dieses Bild der föderalen Vereinigung mit Friedensabsicht ist seit der Gründung der Europäischen Wirtschaftsgemeinschaft 1957 durch Jean Monnet fest in den Köpfen der Menschen verankert und wird bei Jubiläen oder ähnlichen Anlässen durch die Medien immer wieder beschworen. Die Absicht der größten Siegermacht des Zweiten Weltkriegs, der USA, welche die Gründung initiierte, steht jedoch in engem Zusammenhang mit der Gründung der NATO und ist nicht so friedlich, wie sie scheint, das wird aber in der Öffentlichkeit tunlichst ausgeblendet.

So setzten zum Beispiel die Universität Innsbruck und die Bildungsdirektion Tirol rechtzeitig vor der Europawahl Ende Mai 2019 die an sich pädagogisch wertvolle Idee um, Fragen von Jugendlichen zu Europa zu sammeln – es wurden insgesamt 54 – und sie in einer Runde von Wissenschaftlern unterschiedlicher Fachrichtungen beantworten zu lassen.[1] Frage Nr. 7, »Wann kam zum ersten Mal die Idee eines geeinten Europas auf?«, wurde durch Roman A. Siebenrock von der Katholisch-Theologischen Fakultät Innsbruck wie folgt beantwortet:

*»Neben vagen Vorstellungen im Mittelalter entstand die erste konkretere Idee zu einer Einheit Europas im Abwehrkampf gegen die Expansion des Osmanischen Reichs von dem Franzosen Maximilien de Béthune Herzog von Sully (1560–1641). In seinen 1662 veröffentlichten Memoiren entwarf er eine erste konkretere Vorstellung. Etwas später hat William Penn (1644–1718) für eine Einigung der europäischen Staaten plädiert (»Toward the Present and Future Peace of Europe«, 1691–1693). Darin wurden Russland und die Türkei nicht – wie vorher – ausgeschlossen.*

*Die nächsten Anstöße stammen aus der Zeit der Französischen Revolution. Der Philosoph Immanuel Kant (»Zum ewigen Frieden«, 1795) nennt den Zusammenschluss republikanischer Staaten als eine Bedingung für einen möglichen Weltfrieden. In dieser Zeit wird der Europa-Gedanke von verschiedener Seite unterschiedlich aufgegriffen. Vor allem von poetischer Seite wird Europa zum Traum und/oder zur Hoffnung angesichts der napoleonischen Militärdiktatur, die spätestens ab 1796 ganz Europa bis 1815 mit Kriegen überzieht.«*[2]

Siebenrock nennt als Beispiel Novalis *»in romantisch-katholischer Wende (Die Christenheit oder Europa 1799)«* sowie *»etwas später von jüdisch-sozialistischer und liberaler Seite«* Heinrich Heine mit »Deutschland – ein Wintermärchen« (1844):

*Ein neues Lied, ein besseres Lied,*
*O Freunde, will ich Euch dichten!*
*Wir wollen hier auf Erden schon*
*das Himmelreich errichten.*

...

*Die Jungfer Europa ist verlobt*
*Mit dem schönen Geniusse*
*Der Freiheit, sie liegen einander im Arm*
*Und schwelgen im ersten Kusse.*[3]

*»Schließlich«*, so beendet Siebenrock seine Darlegung, *»forderte der französische Schriftsteller Victor Hugo (Vorsitzender des zweiten internationalen Friedenskongresses 1849) die ›Vereinigten Staaten von Europa‹ als Friedens- und Fortschrittsgarantie.«*

Mit *»vagen Vorstellungen im Mittealter«* wird wohl auch der Franke Karl gemeint zu sein, der im Jahr 800 in Rom von Papst Leo III. zum ersten Kaiser in Westeuropa seit dem Untergang des Römischen Reiches gekrönt und nun als Nachfolger der römischen Kaiser und als Herrscher des Abendlandes gefeiert wurde. Ihm zu Ehren wird alljährlich der Karlspreis für verdiente Förderer der Europäischen Union verliehen. In seiner Dankesrede betonte Bundespräsident Roman Herzog im Jahr 1997: *»Seit mehr als tausend Jahren ist es die Schicksals-*

*frage unseres Kontinents, ob er in Einheit oder in Zerrissenheit leben will, Karl der Große, dessen Namen unser Preis trägt, hat darauf seine Antwort gegeben: Die erste Einigung Europas.«*[4] Bei dieser »Einigung« hatte der mächtige Herrscher des frühen Mittelalters mit Hilfe der Kirche Roms die Umrisse des heutigen Europas vor allem durch brutale wie auch trickreiche Vernichtungsfeldzüge geschaffen. Der Allianz strebte zwar vordergründig die Christianisierung an – die auf äußerst blutige Weise durchgesetzt wurde –, tatsächlich aber ging es um Geld, Macht und Einfluss.

Die Hanse wird von Siebenrock nicht erwähnt, obwohl der Europarat diesen Städtebund, der auf ein Privileg Heinrichs des Löwen aus dem Jahr 1161 zurückgeht, als Urform der Europäischen Union ansieht und darin ein unschätzbares Erbe der gemeinsamen europäischen Vergangenheit erkennt. Zwischen Brügge und Weliki Nowgorod, der ältesten Stadt Russlands, waren der Hanse bis zu 225 Städte beigetreten; sie stellte lange Zeit eine politische Macht ersten Ranges dar, obwohl die einzelnen Städte jeweils unter der Herrschaft unterschiedlicher weltlicher und kirchlicher Gewalten standen. Mit der wachsenden Bedeutung Londons als Finanzmetropole – Eröffnung der Royal Exchange (der Börse) am 23. Januar 1571 in London – setzte dann der Niedergang ein, und der Dreißigjährige Krieg (1618–1648) zerstörte endgültig den Handelsraum der Hanse-Kaufleute. 1669 fand in Lübeck der letzte Hansetag statt. Ein halbes Jahrtausend hatte die Hanse – ohne zentralstaatlichen Überbau – Wirtschaft, Handel und Politik an Nord- und Ostsee mitgestaltet.

Ausgeblendet blieben bei Siebenrock auch die seit Mitte des 15. Jahrhunderts von Türken geführten Großangriffe gegen Europa. Über Jahrhunderte hinweg hatte Byzanz als Europas Bollwerk an den Ostgrenzen gedient. Als Byzanz 1453 fiel, kam aus dem Westen keine Hilfe. Der türkische (oder besser osmanische) Siegeszug ging weiter: 1459 Serbien, 1461 das Kaisertum Trapezunt, 1462 Lesbos, 1529 erste Belagerung Wiens, 1683 zweite Belagerung Wiens. Vor dem Hintergrund der Bedrohung durch die Türken konnte »Europa« als Gesamtheit der Christen etabliert werden.[5]

Siebenrock verkürzt die Vorschläge des Philosophen Immanuel Kant für einen Völkerbund. In dessen Spätschrift »Zum ewigen Frieden« wird ein Staatenbund als Bedingung für den Weltfrieden nicht genannt, vielmehr solle das Völkerrecht auf einem Föderalismus freier und unabhängiger Staaten gegrün-

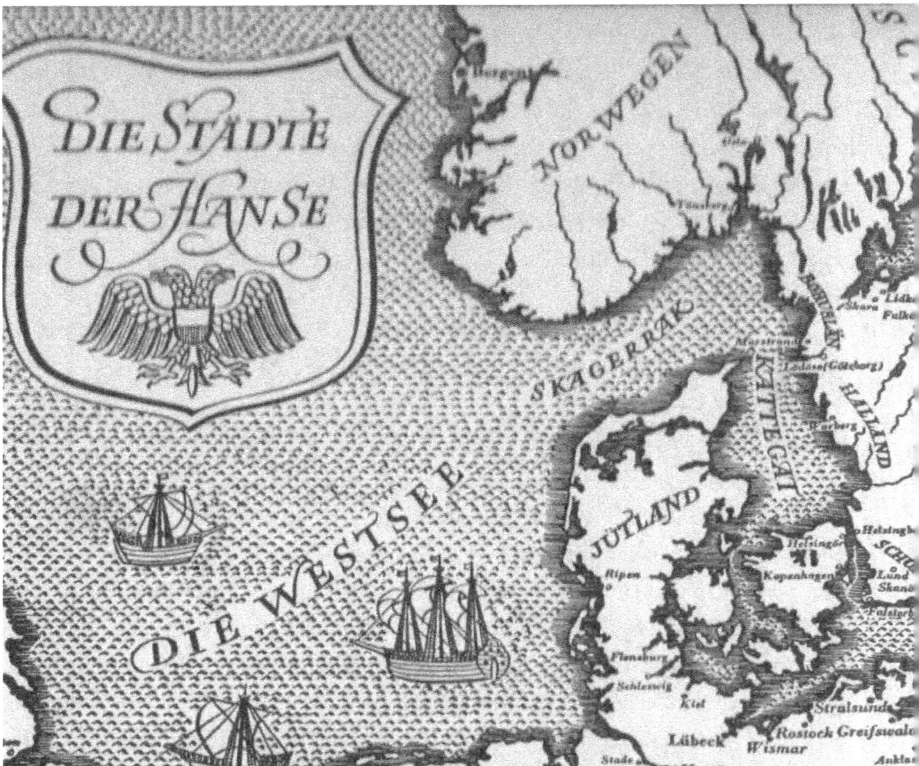


*Über Ländergrenzen hinweg reichender Wirtschaftsbund, der mehr als 500 Jahre existierte: die Hanse*

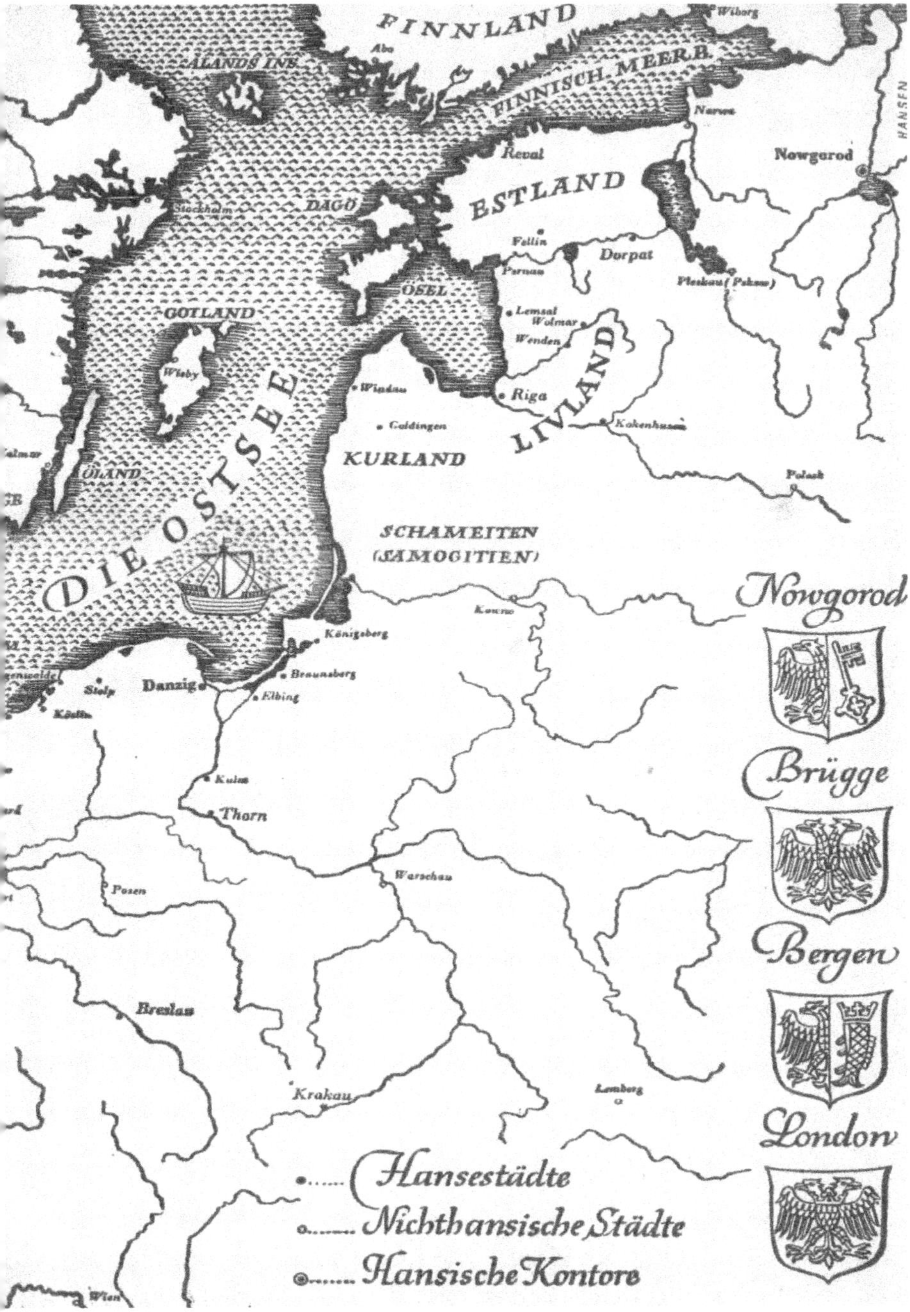
FINNLAND
Abo
ALANDS INS.
FINNISCH. MEERB.
Wiborg
Narwa
Reval
Nowgorod
ESTLAND
Stockholm
DAGÖ
Fellin
Dorpat
Pernau
ÖSEL
Pleskau (Pskow)
GOTLAND
Lemsal
Wolmar
Wenden
Wisby
LIVLAND
Windau
Riga
Goldingen
Kokenhusen
DIE OSTSEE
KURLAND
ÖLAND
Polozk
SCHAMEITEN
(SAMOGITIEN)
Kowno
Königsberg
Braunsberg
Danzig
Stolp
Elbing
Köslin
Kulm
Thorn
Warschau
Posen
Breslau
Krakau
Lemberg
Wien
Nowgorod
Brügge
Bergen
London
Hansestädte
Nichthansische Städte
Hansische Kontore

det sein. »*Kein Staat soll sich in die Verfassung und Regierung eines anderen Staats gewalttätig einmischen.*«[6] Kant sieht in der Schwächung nationalstaatlicher Eigenständigkeit deutlich die Gefahr der Despotie.

Zu nennen wäre weiterhin die am 26. September 1815 von Zar Alexander I. ins Leben gerufene »Heilige Allianz« mit Franz II., Kaiser von Österreich, und Friedrich Wilhelm III., König von Preußen. Die drei absolutistischen Herrscher verpflichteten sich zu gegenseitiger brüderlicher Hilfeleistung bei außenpolitischen Verwicklungen. Der österreichische Minister Metternich erweiterte den Kontrakt nach innen: Den Herrschern wurde das Recht zuerkannt, sich in die Verhältnisse anderer Staaten einzumischen, sobald dort durch revolutionäre Umtriebe das Gottesgnadentum bedroht wäre. Fast alle europäischen Staaten, sogar der Kriegsgegner Frankreich, schlossen sich dem Bunde an. England trat nicht bei, weil es auf dem Kontinent das Zünglein an der Waage spielen wollte, der Papst nicht, weil er fürchtete, der Zar könne die christlichen Völker theokratisch zu leiten suchen, auch die Türkei misstraute dem Zaren und unterstellte ihm, russische Orientpläne unter dem Banner eines christlichen Kreuzzugs zu verfolgen.[7]

Heinrich Heine als Anhänger eines europäischen Einheitsstaats anzusehen, wie Siebenrock es nahelegt, ist sehr weit hergeholt. Natürlich war Heine für ein liberal-demokratisches Deutschland, er lehnte den Nationalismus ab und gehörte zu den Anhängern revolutionärer Kräfte, aber sein Verhältnis zur egalitären Gesellschaft, wie von Sozialisten und Kommunisten propagiert, war äußerst ambivalent. In der Vorrede zu »Lutetia« klagt Heine ein Jahr vor seinem Tod: »*Nur mit Grauen und Schrecken denke ich an die Zeit wo jene dunklen Ikonoklasten zur Herrschaft gelangen werden: mit ihren rohen Fäusten zerschlagen sie alsdann alle Marmorbilder meiner geliebten Kunstwelt, sie zertrümmern alle jene phantastischen Schnurrpfeifereien, die dem Poeten so lieb waren ... die Nachtigallen, die unnützen Sänger, werden fortgejagt, und ach! mein ›Buch der Lieder‹ wird der Krautkrämer zu Tüten verwenden, um Kaffee oder Schnupftabak darein zu schütten für die alten Weiber der Zukunft.*«[8]

Wie Heine ging es auch Victor Hugo in erster Linie um Frieden und Freiheit in Europa. Der Begriff »Vereinigte Staaten von Europa« taucht in der zitierten Eröffnungsrede beim Pariser Friedenskongress 1849 nicht auf, doch ruft Hugo den Ländern Frankreich, England, Preußen, Österreich, Spanien, Italien, Russland zu: »*Der Tag wird kommen, an dem Ihr Frankreich, Ihr Russland, Ihr Italien, Ihr England, Ihr Deutschland, Ihr alle Nationen des Kontinents – ohne Eure unterschiedlichen Eigenschaften und Eure glorreiche Eigenheit zu verlieren –, Ihr Euch in einer höheren Einheit eng verschmelzen werdet.*«[9] Von dieser Vision – einer Einheit unter Bewahrung der Eigenständigkeit und Unabhängigkeit der einzelnen Länder – ist die Europäische Union Lichtjahre entfernt. Die Tendenz geht vielmehr in Richtung einer konsum- und mediensüchtigen Einheitsgesellschaft, die sich weder um kulturelle Entwicklung noch um die im Gefolge US-amerikanischer Interessen geführten Kriege und die Ausbeutung anderer Weltteile schert. Die Abhängigkeit Europas von den USA und den global agierenden multinationalen Konzernen wird in den Sonntagsreden über Europa indes verschleiert.

Im Buch wird der Weg von den Friedensverhandlungen in Paris 1919 über die Pläne des Dritten Reichs und die Römischen Verträge 1957 bis hin zur Osterweiterung von EU und NATO untersucht. Dabei werden die Verknüpfungen mit den Interessen einer kleinen Globalisierungselite aufgezeigt, die seit über hundert Jahren eine Agenda der Verhinderung von Einheit und Souveränität der europäischen Staaten verfolgt. Im Mittelpunkt steht die Frage, ob das vernichtende Urteil von Paul Craig Roberts, einst stellvertretender Finanzminister unter Ronald Reagan, zutrifft, der anlässlich des Brexit-Referendums 2016 die Hoffnung äußerte, dass dies der Anfang vom Ende der EU sei. Er schreibt: »*Die EU und die NATO sind bösartige Institutionen. Diese beiden Institutionen sind Mechanismen, die von Washington geschaffen wurden, um die Souveränität der europäischen Völker zu zerstören. Diese beiden Institutionen geben Washington die Kontrolle über die westliche Welt und dienen sowohl als Deckung als auch als Ermöglicher von Washingtons Aggression.*«[10]

In ihrer eigenen Geschichtsdarstellung bezeichnet die Europäische Union ihre Vordenker als Personen mit »*völlig unterschiedlichem Hintergrund – vom Widerstandskämpfer bis hin zum Anwalt und Parlamentarier*«.[11] Völlig unterschiedlich – das kann man wohl sagen, denn darunter befinden sich ehemalige Nationalsozialisten ebenso wie Architekten des Versailler Vertrags, der die Alleinschuld Deutschlands am Ersten Weltkrieg zementierte. Weiter heißt es, dass wir ohne die Energie und Entschlossenheit der Pioniere »*nicht den Frieden und die Stabilität in Europa*« hätten. Ist das wirklich so? Herrscht etwa Frieden in Europa? Sind die brutalen Balkankriege und die nicht enden wollenden »Kriege gegen den Terror« schon vergessen? Der Sicherheitsexperte Willy Wimmer machte

Anfang 2020 das amerikanische Ziel für Europa deutlich: »*Eiserner Vorhang zwischen Ostsee und Schwarzem Meer, Russland kann bleiben, wo es will, und sich in kleinere Staaten zerlegen oder zerlegt werden.*« Er warnte: »*Das Ende Januar 2020 beginnende Manöver der NATO [Defender 2020, Anm. d. Verf.] ist ein ›Manöver der Schande‹, das nur den Kriegstreibern dient.*«[12]

Ist die NATO vielleicht ein Bündnis der Lüge und die EU ihr siamesischer Zwilling? Trotz der vielbeschworenen Vision eines demokratischen, föderalistischen Europas fällt jedenfalls immer mehr Menschen auf, dass die EU zwar ein bürokratisches Monstrum, aber keine demokratische Einrichtung ist. Vielmehr folgt sie überwiegend transatlantischen Vorgaben und den Interessen globaler Lobbyisten, die den Entscheidungsspielraum der einzelnen Länder und ihrer Bürger zunehmend einschränken.

Bundeskanzlerin Angela Merkel verteidigte am 3. März 2010 bei der Vorstellung des Allensbacher Jahrbuchs der Demoskopie die inzwischen gängige politische Praxis, gegen den Widerstand der Bürger Entscheidungen zu fällen und diese im Nachhinein mit der entsprechenden Propaganda als »alternativlos« hinzustellen: »*Wir können im Rückblick auf die Geschichte der Bundesrepublik sagen, dass all die großen Entscheidungen keine demoskopische Mehrheit hatten, als sie gefällt wurden. Die Einführung der Sozialen Marktwirtschaft, die Wiederbewaffnung, die Ostverträge, der Nato-Doppelbeschluss, das Festhalten an der Einheit, die Einführung des Euro und auch die zunehmende Übernahme von Verantwortung durch die Bundeswehr in der Welt – fast alle diese Entscheidungen sind gegen die Mehrheit der Deutschen erfolgt. Erst im Nachhinein hat sich in vielen Fällen die Haltung der Deutschen verändert. Ich finde es auch vernünftig, dass sich die Bevölkerung das Ergebnis einer Maßnahme erst einmal anschaut und sich dann ein Urteil darüber bildet. Ich glaube, das ist Ausdruck des Primats der Politik. Und an dem sollte auch festgehalten werden.*«[13]

Viele Deutsche konnten erst nach dem 8. Mai 1945 ein klares Urteil über die ab 1933 durchgeführten Maßnahmen fällen. Leider waren diese nicht mehr rückgängig zu machen.

Das besagte »Primat der Politik« regelt eigentlich das Innenverhältnis zwischen Politik und Militär: »*Die Streitkräfte sollen nur eingesetzt werden, wenn der Einsatz politisch gewollt, moralisch vertretbar, rechtlich erlaubt und militärisch machbar ist. Fehlt eines dieser Elemente, muss der Einsatz unterbleiben.«*[14] Demnach hätte fast jeder Bundeswehreinsatz während der letzten 25 Jahre unterbleiben müssen. Es scheint jedoch die Hybris der Parteigewaltigen zu sein, dass bei elementaren, gesellschaftsverändernden Weichenstellungen, bei Entscheidungen über Frieden oder Krieg, am Souverän vorbeiregiert werden darf.

An die Stelle der aristokratischen Eliten sind heute die sogenannten Volksparteien getreten, deren Mitglieder weniger als zwei Prozent der Bevölkerung ausmachen und somit nicht das Volk abbilden.[15] Zudem ist nur ein kleiner Teil davon politisch aktiv. Diese geben sich elitär, ohne jedoch wirkliche Elite zu sein. Ohne entsprechenden beruflichen Hintergrund lassen sich über die Partei Karrieren planen, die sonst nur auf dem Fußballplatz möglich sind. Da sind Kevin Kühnert (SPD, ohne Berufsausbildung) und Joschka Fischer (Bündnis 90/ Die Grünen, ohne Berufsausbildung) nur die Spitze des Eisbergs. Das Streben vieler Politiker nach lukrativen Karrieren erleichtert es den Parteiführungen, hierarchische Machtstrukturen aufzubauen und ihre Mitglieder an der Leine zu führen. Nach dem Grundgesetz Art. 21 Abs. 1 besteht die Aufgabe der Parteien darin, *»bei der politischen Willensbildung des Volkes mitzuwirken«*, und nicht darin, das Volk zu entmündigen und von der Politik auszuschließen. Von den politischen Eliten aber wird der Auftrag, einen allgemeinen Diskurs der Bürger um die richtigen Gesetze zu führen, eklatant missachtet.

Merkels stolze Aufzählung von Entscheidungen gegen die Mehrheit der Deutschen – also den eigentlichen Souverän – entspricht dem üblichen Muster europäischer Regierungen, unabhängig ob links oder rechts. Darüber eine Europäische Union, die keine Gewaltenteilung kennt und bürokratisch regiert wird. Wer führt hier Regie? Ein Rat der Weisen, der die »westlichen Werte« – Demokratie, individuelle Freiheit und Menschenrechte – in Europa und der ganzen Welt durchsetzen will? Oder vielleicht doch Wall Street und City of London, die Interesse an Krieg und Zerstörung haben, weil sie davon profitieren? Die Hauptwaffe dieser Leute besteht in der Entfremdung der Menschen von Familie, Gemeinschaft, Tradition und Religion durch die Beherrschung von Bewusstsein und Denken mithilfe willfähriger Medien im »globalen Wohnzimmer«. Auf diese Weise können sie ihnen gleichzeitig Angst machen und die vermeintliche »Lösung« verkaufen. So werden z. B. Hoffnungen auf einen »grünen New Deal« genährt. Doch bereits der nach zwei Jahren gescheiterte New Deal von Franklin D. Roosevelt führte 1935 zu den Entwürfen der Rainbow-

Kriegspläne mit verschiedenen Gegnern[16] und zu einer Ankurbelung der US-Kriegswirtschaft. Daran konnte wieder gut verdient werden. Es ging darum, mehr Geld in Umlauf zu bringen. Ähnlich dürfte es heute sein. Im Hinblick auf die vorgesehenen gigantischen Investitionen in den »ökologischen Umbau« der Wirtschaft werden neue Finanzprodukte kreiert – eine Lizenz zum Gelddrucken, um Nachhaltigkeit geht es hier bestimmt nicht. Auch die eklatante Umweltzerstörung durch die permanenten Kriege und Kriegsvorbereitungen ist dabei kein Thema.

Durch Propaganda und Geschichtsfälschung wird die schöne Fassade der friedliebenden, freiheitlich-demokratischen Wertegemeinschaft aufrechterhalten, die inneren Widersprüche bleiben ausgeblendet. Wir leben sozusagen in einer von Medien geschaffenen künstlichen Welt: *»Man hat keine Möglichkeit, die Fakten zu verifizieren, man ist sich nicht einmal wirklich sicher, ob gewisse Dinge sich tatsächlich zugetragen haben, und man ist stets mit völlig unterschiedlichen Interpretationen aus unterschiedlichen Quellen konfrontiert.«*[17] Diese Sätze, die sich wie eine rezente Analyse von Fake News anhören, wurden im Mai 1945 von George Orwell verfasst.

Die freiwillige Unterwerfung der westlichen Demokratien unter das Gesetz des Kapitals hat in den letzten Jahren schwindelerregende Fortschritte gemacht. Der Globalisierungskritiker Jean Ziegler konstatiert: *»Für viele Leute ist es heute einfacher, sich das Ende der Welt vorzustellen als das Ende des Kapitalismus.«*[18] Eine ressourcensparende, nachhaltige Lebens- und Wirtschaftsweise ist genauso wenig im Interesse der Profiteure wie gesunde, zufriedene Menschen, denn sie brauchen keine teuren Medikamente und weniger Konsumartikel. Und eine artgerechte Tierhaltung und die ökologische Landwirtschaft benötigten weniger Düngemittel, Kraftfutter, Antibiotika usw. Gesunde, in friedlicher Koexistenz lebende Staaten und Volkswirtschaften können sich gegen fremde Ausbeutung wehren, werden nicht durch Schulden abhängig und müssen nicht ihre durch Krieg zerstörte Infrastruktur immer wieder aufbauen – es gibt viele Gründe, warum gerissene Investoren Interesse an Krieg und Zerstörung haben.

Die bei uns so oft beschworene Freiheit hat Wahrhaftigkeit zur Voraussetzung, und ohne Wahrhaftigkeit ist auch kein Frieden möglich, wie es vor mehr als einem halben Jahrhundert der Philosoph Karl Jaspers formuliert hat: *»Friede ist nur durch Freiheit, Freiheit nur durch Wahrheit möglich. Daher ist die*

*Unwahrheit das eigentlich Böse, jeden Frieden Vernichtende: die Unwahrheit von der Verschleierung bis zur blinden Lässigkeit, von der Lüge bis zur inneren Verlogenheit, von der Gedankenlosigkeit bis zum doktrinären Wahrheitsfanatismus, von der Unwahrhaftigkeit des einzelnen bis zur Unwahrhaftigkeit des öffentlichen Zustandes.«*[19]

Für eine friedliche Zukunft müssten immer mehr Menschen den Wahrheitsgehalt ihres bisherigen Wissens anzweifeln, müssten den Versuch wagen, sich der verborgenen Wahrheit anzunähern, und müssten erkennen, dass Geschichte immer Interpretation von Fakten und ihrem Zusammenhang ist.

Die Aktion der Tiroler Bildungsträger wurde hier nur exemplarisch für die einseitige Darstellung der EU im pädagogisch-wissenschaftlichen Bereich dargestellt. Das Schwarzbuch EU & NATO soll die Wissensdefizite ausgleichen und zugleich die Behauptung Paul Craig Roberts, EU und NATO seien *»bösartige Institutionen«*[20] auf ihren Wahrheitsgehalt hin überprüfen.

Unter den Fragen der Jugendlichen betrafen drei das Thema Sicherheitspolitik: Nr. 39: Wie ist das Verhältnis zwischen der NATO und der EU? Konkurrenten/Partner? Nr. 52: Welche Ziele und Maßnahmen muss sich die Außen- und Sicherheitspolitik der EU in den nächsten Jahren setzen? Und Nr. 54: Wie stehen Sie zum Thema »EU-Armee«? Dazu heißt es jeweils lapidar: Antwort folgt in Kürze. Bis zur Drucklegung wurden die Fragen nicht beantwortet – vermutlich warten die Jugendlichen heute noch darauf, während die Kriegstrommeln immer lauter werden und sicherheitspolitische Aspekte von EU und NATO die Medien beherrschen.

*Pöcking/Oberthal, im Juli 2020*
*Wolfgang Effenberger*

*»Die Wahrheit ist die Tochter der Zeit,*
*nicht der Autorität.«*

Francis Bacon

# Der zweite Dreißigjährige Krieg

## Visionen im Herbst 1887

Am 15. Dezember 1887 brachte der Revolutionär Friedrich Engels folgende Vision eines Weltkriegs *»von einer bisher nie geahnten Ausdehnung und Heftigkeit«* zu Papier: *»Acht bis zehn Millionen Soldaten werden sich untereinander abwürgen und dabei ganz Europa so kahlfressen, wie noch nie ein Heuschreckenschwarm. Die Verwüstungen des Dreißigjährigen Kriegs, zusammengedrängt in drei bis vier Jahre und über den ganzen Kontinent verbreitet; Hungersnot, Seuchen, allgemeine, durch akute Not hervorgerufene Verwilderung der Heere wie der Volksmassen; rettungslose Verwirrung unsres künstlichen Getriebs in Handel, Industrie und Kredit, endend im allgemeinen Bankerott; Zusammenbruch der alten Staaten und ihrer traditionellen Staatsweisheit ...«*

Friedrich Engels konnte zwar nicht vorhersehen, wer als Sieger aus dem Kampf hervorgehen würde, aber das Ergebnis stand für ihn fest: *»Das ist die Aussicht, wenn das auf die Spitze getriebene System der gegenseitigen Überbietung in Kriegsrüstungen endlich seine unvermeidlichen Früchte trägt ... am Schluß der Tragödie sind sie ruiniert und ist der Sieg des Proletariats entweder schon errungen oder doch unvermeidlich.«*[1]

Ähnlich wie Engels sah der englische Schriftsteller, Soziologe und spätere Propagandist H. G. Wells den Ausgang des Kriegs; er schrieb am 5. August 1914 in einer Kolumne der *New York Times: »Das zerbrochene Deutschland wird revolutionär sein.«*[2]

War die Analyse nun *»ein Meisterstück wissenschaftlicher Prognose«*[3], wie der Jurist Erich Buchholz schrieb, oder war der in England lebende und bestens vernetzte Unternehmer Engels über die politischen Aktivitäten von Kronprinz Edward und dessen exklusivem Umfeld informiert? Erwiesen ist, dass der spätere britische König Edward VII. im Herbst 1887 über den katholischen Herzog von Norfolk Verbindung nach Rom aufnahm, um Papst Leo XIII. für einen neuen Kurs, ja einen Paradigmenwechsel zu gewinnen: Anstelle von Frankreich, dem jahrhundertelangen Erbfeind Englands, Deutschlands und Österreich-Ungarns, sollten nun die Vorzeichen gewechselt werden: Mit Frankreich gegen Deutschland/Österreich.

Im Frühjahr 1888 wurde der Diplomat Alexander P. Iswolski (1856–1919), der eine Annäherung des Zarenreichs an Frankreich vorantrieb, russischer Gesandter am Heiligen Stuhl. Sichtbares Ergebnis seiner Bestrebungen war 1892 ein Bündnis beider Länder: Im Fall eines Kriegs sicherten sie sich gegenseitig militärische Unterstützung zu. 1904 schlossen sich auch Großbritannien und Frankreich zusammen, 1907 schließlich Großbritannien und Russland. Bismarcks Rückversicherungsvertrag von 1887, ein geheimes Neutralitätsabkommen zwischen dem Deutschen und dem Russischen Reich, war damit Geschichte. Die Gründe liegen indes nicht, wie häufig kolportiert, an der Unfähigkeit Wilhelms II. und seiner Beamten, sondern in den veränderten Rahmenbedingungen und den Vorteilen, die Frankreich hinsichtlich Finanzen, Politik und Militär bieten konnte.[4] Deutschland mutierte gerade vom Agrar- zum Industrieland und verzeichnete eine gewaltige Geburtenrate und eine Bevölkerungszunahme um ca. 65 Prozent. Damit einher ging in den Jahren 1885 bis 1914 eine chronische deutsche Finanzschwäche.

Papst Leo XIII. – im Hintergrund wirkte der umtriebige Kardinalstaatssekretär Mariano Rampolla del Tindaro – trug entscheidend zum Bündnis zwischen dem russisch-orthodoxen Zarenreich und der laizistischen Französischen Republik gegen Deutschland und das katholische Österreich bei.[5] Er befahl den französischen Katholiken, sich der *»freimaurerischen, atheistischen«* Dritten Republik zu fügen, und den im russischen Einflussbereich lebenden polnischen Katholiken, sich dem (orthodoxen) Russland zu unterstellen, so dass einem Bündnis zwischen Frankreich und Russland (gegen die Mittelmächte) nichts mehr im Weg stand.[6]

Einer der bedeutendsten und einflussreichsten Chirurgen des 20. Jahrhunderts, Ernst Ferdinand Sauerbruch, legt in seinen Erinnerungen Zeugnis über eine dramatische Aussage ab. Im Frühjahr 1911 wurde er in seiner Züricher Klinik von seinem deutschen Kollegen, dem Lungenfacharzt Karl Turban, nach Davos zu einem Schwerkranken gerufen. Dieser sei eine hochgestellte Persönlichkeit, und das Krankheitsbild erfordere eine sofortige Operation. Das, so schreibt Sauerbruch, verunsicherte und ängstigte den Patienten. »*Wie viele Kranke seiner Kategorie hatte er Furcht zu sterben. Als ich ihm lächelnd widersprach und ihm zusicherte, daß er am Leben bleiben würde, verdüsterte er sich noch mehr und sagte dann folgenden Satz: ›Sie tragen eine große Verantwortung! Ich muß am Leben bleiben! Denn ich habe eine gewaltige Aufgabe zu erfüllen!‹ Ich schwieg. Selbstverständliche Diskretion verbot die Frage nach der Art dieser Aufgabe. Man hatte mir gesagt, daß der Mann inkognito zu bleiben wünsche. Indes sprach er schon weiter, wandte mir sein Gesicht voll zu und sagte den furchtbaren Satz: ›Es ist meine Aufgabe, Deutschland zu vernichten!‹«*[7] Sauerbruch fand später heraus, wer der Mann war: Sergei Dmitrijewitsch Sasonow, der russische Minister für auswärtige Angelegenheiten. Kriegsminister Wladimir Alexandrowitsch Suchomlinow (1848–1926) schreibt über den Nachfolger Iswolskis: »*In der von ihm eingenommenen Position als Außenminister war er vor allem den nahen Beziehungen und der Einstimmigkeit in der östlichen Politik mit Iswolski und Grossfürst Nikolai Nikolajewitsch verpflichtet.«*[8] Der Großfürst stilisierte sich als eine Art legendärer Kämpe des heiligen Russland gegen die »deutsche Clique« und die Korruption bei Hofe.[9] Tatsächlich vertrat er jedoch einfach britische Interessen.

Inzwischen ist die Tatsache, dass Deutschland nicht nur keinen Krieg vorbereitet hat, sondern sogar weitgehend unvorbereitet von ihm überrascht wurde, auch in der offiziellen Geschichtsschreibung angekommen. Anlässlich einer Stiftungsprofessur referierte am 19. Juni 2018 der fernsehbekannte deutsche Politikwissenschaftler Herfried Münkler (Schwerpunkt Politische Theorie und Ideengeschichte) über »Kriege: Theorie und Gewalt« und bemerkte zum Thema deutsche Kriegsschuld: »*Im Übrigen, unter uns: Der Umstand, dass die Deutschen nicht 1912, 1913, Anfang 1914 in großem Stil Salpeter gehortet haben, spricht gegen die These von Fritz Fischer [inzwischen widerlegter Apologet der deutschen Kriegsschuld im Ersten Weltkrieg, Anm. d. Verf.], der zu dem Ergebnis gekommen war, das Reich habe systematisch auf diesen Krieg hingearbeitet. Wenn man das getan hätte, hätte man sozusagen dieses strategische Nadelöhr in jedem Fall geschlossen gehabt, und das lässt sich natürlich auch politisch nicht antizipieren, dass man da im Stall seiner Wissenschaftler einen hat, der dann gewissermaßen substitutive Mittel erfindet.«*[10]

## Erster Weltkrieg

In der Woche vor Ausbruch des Ersten Weltkriegs nannte der Erzbischof von New York, Kardinal John Murphy Farley, auf dem Eucharistischen Weltkongress in Lourdes (22. bis 26. Juli 1914) Ross und Reiter der kriegstreibenden Fraktion: »*Der Krieg, der in Vorbereitung ist, wird ein Kampf zwischen dem internationalen Kapital und den regierenden Dynastien sein. Das Kapital wünscht niemanden über sich zu haben, kennt keinen Gott oder Herrn und möchte alle Staaten als großes Bankgeschäft regieren lassen. Ihr Gewinn soll zur alleinigen Richtschnur der Regierenden werden … Business … einzig und allein.*«[11]

Ähnlich äußerte sich am 30. Juli 1914 der Sozialist Jean Jaurès: »*Hier in Frankreich arbeiten wir mit allen Gewaltmitteln für einen Krieg, der ausgefochten werden muß, um ekelhafte Begierden zu befriedigen, und weil die Pariser und Londoner Börsen in Petersburg spekuliert haben … Es liegt an der Macht der französischen Regierung, Rußland am Kriege zu hindern, aber man sucht den Krieg, den man schon lange schürt.*«[12]

Am 4. August 1914 um 23.30 Uhr wurde dem deutschen Botschafter in London die britische Kriegserklärung übergeben. Bereits in den frühen Morgenstunden des 5. August hob die britische Navy vor Emden das deutsche Atlantikkabel und schnitt ein längeres Stück heraus.

*Ganzseitige Anzeige der britischen Neutralitätsbewegung vom August 1914*

Am Mittwoch, dem 5. August 1914, also nur wenige Stunden nach der britischen Kriegserklärung an Deutschland, erschien auf der Seite der britischen Zeitung *The Daily News and Leader* eine großformatige Anzeige einer gewissen »Neutrality League«, das Announcement No. 2 (siehe Abb. links).

*»Engländer, tut Eure Pflicht und haltet Euer Land aus einem bösen, dummen Krieg heraus. Kleine aber mächtige Cliquen versuchen, Euch hineinzuziehen. Ihr müsst die Verschwörung heute durchschauen oder es wird zu spät sein.«* Auf der gleichen Seite war weiter zu lesen: *»Wenn wir uns auf die Seite Russlands und Frankreichs stellen würden, wäre das Kräfteverhältnis so gestört, wie es noch nie zuvor war. Es würde das militärische russische Reich von 160 Millionen zur dominierenden Macht Europas machen. Sie wissen, was für ein Land Russland ist.«*

Noch am gleichen Morgen publizierte die *New York Times* eine Kolumne des bereits erwähnten H. G. Wells, in der er den britischen Kriegseintritt begrüßte: *»Nie war ein Krieg so gerecht, wie der Krieg jetzt gegen Deutschland. [Das militärische Ergebnis] wird innerhalb der nächsten zwei oder drei Monate mehr oder weniger endgültig entschieden. Ich glaube, zu diesem Zeitpunkt wird der deutsche Imperialismus zerstört sein, und es ist möglich, das Ende der Rüstungsphase der europäischen Geschichte vorwegzunehmen. Russland wird zu erschöpft sein für weitere ›Abenteuer‹. Das zerschlagene Deutschland wird revolutionär sein … Jetzt ist das Schwert für den Frieden gezogen.«*[13]

## Vom Völkerbund zu den Vereinten Nationen

Im Mai 1916 überraschte US-Präsident Woodrow Wilson die Entente und die Mittelmächte mit der Gründung eines Völkerbunds. Es sollte eine Weltgemeinschaft von friedfertigen und rechtstreuen Nationen zur Kriegsverhütung im Sinne Immanuel Kants und dessen völkerrechtlichen Grundsätzen werden.

Nur wenige Wochen zuvor – am 14. März 1916 – hatte Wilson General John Joseph Pershing mit seinen Truppen zu einer US-Strafexpedition nach Mexiko befohlen als Reaktion auf den fünf Tage zurückliegenden Überfall des mexikanischen Revolutionsführers Pancho Villa mit 480 Gefolgsleuten auf die kleine Garnisonsstadt Columbus im Bundesstaat New Mexico. Hier müssten sich beim Leser bereits Zweifel einstellen, denn dass innerhalb weniger Tage eine militärische Expedition in Marsch gesetzt wurde, ist schlicht unrealistisch. Also musste alles bereits früher vorbereitet worden sein. Was ging dem voraus? Im Oktober 1915 hatte Wilson Venutiano Carranza – Pancho Villas Intimfeind – als neuen Präsidenten Mexikos anerkannt und ein Waffenembargo verhängt. Nun musste sich Pancho Villa per Überfall die Waffen vom Gegner USA holen, und das machte ihn natürlich für die USA zum Staatsfeind Nr. 1. Also fielen nach dem Überfall auf Columbus zehntausend US-Soldaten in Mexiko ein und machten Jagd auf ihn. Das war ganz im Sinn der antimexikanischen Ressentiments und der kapitalistischen Interessen US-amerikanischer Minenbesitzer, Eisenbahninvestoren und Rinderbarone.

Ein mutiges Zeugnis über derartige interessengeleitete Interventionen legte später der US-General Smedley Butler ab: »*Ich half dabei, Mexico und insbesondere Tampico 1914 für US-amerikanische Ölinteressen sicher zu machen. Ich trug dazu bei, dass Haiti und Kuba ein anständiger Ort für die Jungs der National City Bank wurden, um Einnahmen einzusacken. Ich half bei der Vergewaltigung eines halben Dutzends von Republiken in Mittelamerika zugunsten der Wall Street. Die Aufzeichnungen jener Gaunereien sind lang. Ich half 1909–12 Nicaragua aufzuräumen für das internationale Bankhaus der Brown Brothers. Ich brachte 1916 Licht in die Dominikanische Republik für amerikanische Zuckerinteressen. Ich half 1903, Honduras für amerikanische Fruchtkonzerne ›passend‹ zu machen. In China half ich 1927, für Standard Oil den Weg zu bahnen ... Zurückschauend glaube ich, dass ich Al Capone einige Tipps hätte geben können. Das Beste, was er zuwege brachte, war, seine Gaunereien in drei Stadtteilen zu betreiben. Wir Marinesoldaten kämpften auf drei Kontinenten.*«[14]

Die von General Butler beschriebene Vorgehensweise war schon einige Jahrhunderte vorher beliebt: Karl Marx wies nach, dass England allein im Jahr 1773 in Jamaika durch seine 775 Plantagen mit insgesamt 200 000 Sklaven einen Nettogewinn von mehr als 1,5 Millionen Goldpfund (nach damaligen Wert) erzielte und mit diesem Geld eine moderne Industrie errichten konnte. Während in den USA alljährlich das Erscheinen der frommen Pilgerväter im Jahr 1620 gefeiert wird, ist die Ankunft des ersten Sklavenschiffs ein Jahr zuvor im Schatten des heroischen Mythos hängen geblieben. Mit ihrem Blut, ihren Leiden und ihrer Verzweiflung bezahlten seit Kolumbus die Menschen in den ausgebeuteten Regionen Amerikas den immensen Reichtum einiger weniger und den Wohlstand vieler Europäer. In gewisser Weise gilt dies noch heute.

Im September 1916 nahmen also nach der bis dahin größten Musterung der US-Geschichte 111 000 Milizionäre der Nationalgarde an der US-Grenze zu Mexiko Stellung.[15] Die »Strafaktion« bot der US-Armee Gelegenheit, sich mit gepanzerten Fahrzeugen und Flugzeugen auf den Kriegseintritt in Europa vorzubereiten. Am 6. April 1917 machte Wilson General Pershing zum Oberbefehlshaber in Europa.

Mit dem Waffenstillstand vom 11. November 1918 akzeptierte Deutschland in der Hoffnung auf einen Frieden gemäß Wilsons 14-Punkte-Plan die umfangreiche Demilitarisierung und wurde damit wehrlos. Für den US-Präsidenten aber war nun der Völkerbund das Wichtigste. Seine Absicht, alle Verhandlungen persönlich zu leiten, traf die Vertreter der Entente weitgehend unvorbereitet. Diese wollten das Thema erst im Anschluss an die territorialen, militärischen oder wirtschaftlichen Entscheidungen auf die Tagesordnung setzen. Wilson jedoch wollte den Völkerbund im angestrebten Frieden bereits einbinden, und es schien ihm gerechtfertigt, dass die Ausgestaltung ohne die Kriegsverlierer stattfand. Diese sollten erst einmal ihre Friedfertigkeit beweisen. Schließlich sollte der Völkerbund kein beliebiger Verein, sondern eine Wertegemeinschaft werden.[16]

Am 18. Januar 1919 nahm in Versailles eine interalliierte Konferenz, bestehend aus 32 Staaten – die Siegermächte Großbritannien, Frankeich, Italien und die USA gaben den Ton an und die Verlierer wie Deutschland und Russland wurden ausgeschlossen –, ihre Arbeit auf, um den Ersten Weltkrieg mit einem Friedensschluss zu beenden. Einige Akteure sollten die Entwicklung in Europa nach dem Zweiten Weltkrieg maßgeblich mitbestimmen:

USA: Präsident Woodrow Wilson samt Berater Colonel Edward Mandell House und Außenminister Robert Lansing mit dessen beiden vielversprechenden Neffen, dem 31-jährigen John Foster und dem 26-jährigen Allen Dulles.

Großbritannien: Premierminister David Lloyd George, gefolgt von den wichtigsten Männern seines Kriegskabinetts vom 7. Dezember 1916: Viscount Alfred Milner, geopolitischer Stratege vor und während des Ersten Weltkriegs und nach dem Krieg Kolonialminister, und dem konservativen britischen Politiker Andrew Bonar Law. Dazu kamen noch Arthur Balfour, Premier während des Burenkriegs und Verfasser der nach ihm benannten Deklaration, sowie der ehemalige First Lord of Admiralty (1911–1915 und 1939/40) Winston Churchill.

Frankreich: Ministerpräsident Georges Clemenceau mit seinen Beratern Marschall Ferdinand Foch und dem republikanisch-konservativen Politiker André Tardieu. Er hatte 1908 das Buch »Frankreich und seine Verbündeten« geschrieben. Darin offenbarte er, dass England im Jahr 1905 bereit war, einen Krieg mit Deutschland zu beginnen, aber Frankeich noch nicht.[17] Clemenceau wurde zudem begleitet durch sein Protégé, den 31-jährigen Ökonom Jean Monnet, ab 1919 Stellvertretender Generalsekretär des Völkerbunds.

Auf Betreiben Frankreichs hin war der Beginn der Verhandlungen auf den 18. Januar, den Jahrestag der deutschen Reichsgründung in Versailles 1871, gelegt worden. Daran konnte jeder erkennen, dass es den Franzosen ausschließlich um die Demütigung Deutschlands ging. Am Ende der Napoleonischen Kriege, die ganz Europa verwüstet hatten, durfte Frankreich 1815 trotz Kriegsschuld auf dem Wiener Kongress mittanzen. Deutschland dagegen wurde in Form der nach dem Waffenstillstand weitergeführten Hungerblockade die Pistole an die Schläfe gesetzt – die deutsche Unterzeichnung des diktierten »Friedensvertrags« am 28. Juni 1919 war also alternativlos, denn sie war Bedingung für die Beendigung der Blockade. Auch dieses Datum ist bedeutungsschwer – der 28. Juni 1389 ist der Tag der serbischen Niederlage auf dem Amselfeld sowie 1914 der Tag der Ermordung des österreichischen Thronfolgers.

Am 1. Februar 1919 hielt Konrad Adenauer, damals Oberbürgermeister von Köln, im Rathaus eine Rede vor rheinländischen Abgeordneten der Weimarer Nationalversammlung, in der er die Ausgliederung des Rheinlands von Preußen forderte, um einen erneuten Aufstieg Preußens zur deutschen Hegemonialmacht zu verhindern. Damit wollte er dem Sicherheitsbedürfnis Frankreichs entgegenkommen und die drohende Abtrennung des linken Rheinufers von Deutschland vermeiden. *»Würde Preußen geteilt werden, die westlichen Teile Deutschlands zu einem Bundesstaat der Westdeutschen Republik zusammengeschlossen, so würde dadurch die Beherrschung Deutschlands durch ein vom Geiste des Ostens, vom Militarismus beherrschtes Preußen unmöglich gemacht. ... Diese westdeutsche Republik würde wegen ihrer Größe und wirtschaftlichen Bedeutung in dem neuen Deutschen Reiche eine bedeutungsvolle Rolle spielen und demgemäß auch die Haltung Deutschlands in ihrem friedensfreundlichen Geiste beeinflussen können.«*[18]

Viscount Alfred Milner forderte in einem Brief vom 24. April 1919 ein Mitglied der britischen Delegation in Paris auf, die Rede von Adenauer gründlich zu studieren, nämlich Philip Henry Kerr, 11. Marquess of Lothian und Privatsekretär des britischen Kriegs- und späteren Premierministers David Lloyd George. Milner schreibt: »*Tatsächlich habe ich die Hoffnung, daß dieser westliche Staat (oder Staaten), dem allgemeinen Niedergang entronnen, den Ausgangspunkt bilden würde, von dem aus die Wiederherstellung eines depreußifizierten Deutschland beginnen könnte. Wir möchten den Prozeß der letzten fünfzig Jahre umkehren [die Jahre nach der Gründung des Deutschen Reiches 1871, Anm. d. Verf.] und den humaneren und rein teutonischen Westen – das Land mit der älteren Zivilisation – nach Osten ausdehnen, so wie der härtere, aggressivere, weniger rein deutsche Typ, der harte Kern des Preußentums, im vorigen Jahrhundert westwärts und südwärts drang, bis er das Ganze aufgesogen hatte.*«[19]

Zwei Tage nach Adenauers Aufruf kam im Domizil der amerikanischen Delegation, dem Hôtel de Crillon, erstmals die 15-köpfige Kommission für den Völkerbund unter dem Vorsitz Wilsons zusammen: je zwei Angehörige der alliierten Hauptmächte Frankreich, Großbritannien, Italien, Japan und den USA, dazu je ein Delegierter aus Belgien, Brasilien, China, Portugal und Serbien.[20]

*Im Gedenken an Woodrow Wilson: Himmelskugel vor dem Völkerbundpalast in Genf*

Die Friedensverhandlungen zogen sich hin. Am 7. Mai 1919 wurde den sechs Hauptvertretern der deutschen Delegation, angeführt von Außenminister Ulrich Graf Brockdorff-Rantzau und Generalkommissar Walter Simons, ein erster Entwurf des Versailler Vertrages überreicht. Da mündliche Verhandlungen seitens der Siegermächte kategorisch abgelehnt wurden, konnten nur schriftliche Einwendungen vorgebracht werden, die jedoch als Anmaßung zurückgewiesen wurden. Wilsons hehre Richtlinien aus seinem 14-Punkte-Programm, das viele Forderungen aus Kants Schrift »Zum Ewigen Frieden« enthält, wurden auf den Kopf gestellt. Das Selbstbestimmungsrecht galt nur für die Sieger – so wurden drei Millionen Sudetendeutsche in die neu gegründete Tschechoslowakei gepresst. Das nach dem Dreißigjährigen Krieg unter Ludwig XIV. von Frankreich eroberte deutsche Reichsland Elsass-Lothringen – zwischen 1871 und 1918 war es wieder deutsch – wurde Frankreich zugeschlagen.

Südtirol wurde italienisch – ein geheimes Versprechen Englands an Italien für den Wechsel der Fronten 1915 – und ist es bis heute. Die Provinzen Posen und Westpreußen kamen zu Polen – eine knappe Million Deutsche fand sich über Nacht unter einer anderen Herrschaft wieder und mussten eine andere Sprache sprechen. Dort, wo Wahlen stattfanden, wurden die Ergebnisse missachtet. Das Memelland – etwa 80 Prozent votierten für die deutschen Parteien – wurde unter französische Verwaltung gestellt und 1923 durch Litauen besetzt. Danzig, zu 98 Prozent deutschsprachig, wurde zur Freien Stadt erklärt. Bei der unter Aufsicht des Völkerbundes durchgeführten Volksabstimmung im Jahr 1921 sprachen sich 60 Prozent der oberschlesischen Bevölkerung für den Verbleib bei Deutschland aus. Dennoch wurde Oberschlesien auf Betreiben Polens geteilt. Das wichtige Industriegebiet, das jahrhundertelang zum Reich gehörte und mit großer unternehmerischer Initiative aufgebaut worden war, kam zu Polen.[21]

So waren am Ende des Ersten Weltkriegs die kontinentalen Monarchien Russland, Deutschland und Österreich-Ungarn beseitigt, die Reiche zerstückelt. Friedrich Engels hatte vieles vorausgesehen, doch in einem irrte er, nämlich dass »*die Kronen zu Dutzenden über das Straßenpflaster rollen und niemand sich findet, der sie aufhebt*«.[22] Die »Kronen« – sprich der Profit aus dem Krieg – wurden sehr wohl von den Hintermännern des Kapitals aufgelesen.

## Zwischenkriegszeit

Wenige Tage vor der Kriegserklärung der USA an Deutschland, am 2. April 1917, beteuerte Präsident Wilson vor dem Kongress: »*Wir haben keinen Streit mit dem deutschen Volke. Wir haben gegen dieses nur ein Gefühl der Sympathie und der Freundschaft. Seine Regierung hat nicht auf sein Betreiben gehandelt, als sie in den Krieg eintrat. Es war ein Krieg, der beschlossen wurde, so wie in alten unglücklichen Zeiten Kriege hervorgerufen, und geführt wurden im Interesse von Dynastien oder von kleinen Gruppen Ehrgeiziger.*«[23] Da hatte Wilson ins Schwarze getroffen. Nur kam diese kleine Gruppe ehrgeiziger Unternehmer aus dem Umfeld der angelsächsischen Finanzaristokratie.

1919 dann vertrat der US-Präsident durchaus die Ansicht, ein Volk sei »*verantwortlich für die Handlungen seiner Regierung*«.[24] Eine Haltung, mit der man die Bevölkerung als Geisel nehmen kann. So werden die Kriege des Westens – von Vietnam über den Balkan, von Nordafrika bis in den Mittleren Osten – heute vor allem gegen die Zivilbevölkerung geführt: Zerstörung, Chaos und Entvölkerung. Vor diesem Hintergrund wirken Wilsons Worte mehr als zynisch. Denn seit dem Ende der Kabinettskriege wird die Bevölkerung demokratisch regierter Länder durch massive Propaganda zum Krieg aufgehetzt und der Feind und vor allem dessen Staatsoberhaupt dämonisiert. Die Bevölkerung wird ständig mit weitgehend erfundenen Kriegsgräueln emotionalisiert und kriegsbereit gemacht – hier sei an die beschämende Kriegsrhetorik des deutschen Verteidigungsministers Rudolph Scharping während des Jugoslawienkriegs 1999 erinnert.[25] Die Lügen bleiben und werden zum schleichenden Gift, wodurch ein gerechter Friedensschluss wesentlich erschwert wird. Die Rachedynamik greift besonders in Demokratien, denn da sind die politischen Repräsentanten von der Zustimmung der Bürger abhängig. Im Ersten Weltkrieg machte die Propaganda in Frankreich, Großbritannien und den USA einen ausgleichenden Friedensschluss mit den Mittelmächten unmöglich. Die Bedingungen waren von reinem Hass diktiert. Das war beim Westfälischen Frieden 1648 noch anders gewesen. Churchill hatte diese unselige Entwicklung schon 1901 vor dem Parlament skizziert: »*Die Demokratie ist rachsüchtiger als die Kabinettspolitik, die Kriege der Nationen sind schrecklicher als die der Könige.*«[26]

»*Wo war denn im Versailler Vertrag Freiheit, Gleichheit und Brüderlichkeit zu finden?*«, fragt der deutsche Sozialphilosoph Günter Rohrmoser. »*Was hat der*

*Westen hier im Namen der Zivilisation getan? Er hat einen ›Friedensvertrag‹ geschlossen, der den Keim für Hitler in sich getragen hat. Das war damals die große ›Leistung‹ der westlichen Zivilisation gegen die Barbaren.«*[27] Mit der Auflösung des Warschauer Pakts und dem Zusammenbruch der Sowjetunion ist es nicht besser geworden. Die USA streben mit Hilfe von NATO und EU die unipolare Weltherrschaft an. Die dafür notwendigen »Regime Changes« und Interventionen werden der westlichen Bevölkerung als Verteidigung westlicher Werte wie Demokratie, Freiheit und Menschenrechte verkauft. Doch was sind das für Werte in Anbetracht von subversiven Machenschaften, von Kriegen und Chaos, von Drohnenmorden und Folter?

Bei der Konferenz von Genua hatten sich 1922 34 Weltkriegsstaaten ohne die USA eingefunden, um die durch den Krieg zerrütteten internationalen Finanz- und Wirtschaftssysteme zu sanieren. Die Vereinigten Staaten waren indes nicht von den verheerenden Auswirkungen des Weltkriegs betroffen – im Gegenteil: Wirtschaft und Finanzindustrie hatten unvorstellbare Gewinne gemacht, und die Wall Street konnte den Entente-Ländern insgesamt elf Milliarden Dollar an Krediten zur Verfügung stellen. Nun wollten sie natürlich eine beherrschende Rolle in der Welt spielen.

Den Geächteten – Deutschland wegen der Kriegsschuld und Russland wegen der Bolschewisierung – wurde nur ein Quartier im Vorort Rapallo zugewiesen. In dem idyllischen Vorort kamen sich der deutsche Außenminister Walther Rathenau und sein Amtskollege von der Russischen Sozialistischen Föderativen Sowjetrepublik Georgi Tschitscherin[28] näher. Die deutsch-russischen Beziehungen hatten während des Krieges gelitten, und der harte Frieden von Brest-Litowsk hatte den Graben noch vertieft. Brest-Litowsk war ebenso wie Versailles ein Diktatfrieden – nur mit einem Unterschied: Den Siegern von 1918 stand ein wehrloses, hungerndes Deutschland gegenüber, während Deutschland 1917 unter Aufbietung aller Kräfte eine Niederlage und die Aufnahme von Kriegshandlungen an der Ostfront verhindern wollte. Aber das Gros der russischen Bevölkerung sowie deren Vertreter waren nicht nachtragend. So nahm Lenin am 15. Oktober 1920 als Vorsitzender des Exekutivkomitees zum Versailler Vertrag Stellung: »*Als Deutschland besiegt war, da schrie der Völkerbund, der Bund der Nationen, die gegen Deutschland gekämpft hatten, das sei ein Befreiungskrieg, ein demokratischer Krieg gewesen. Deutschland wurde ein Frieden aufgezwungen, aber das war ein Frieden von Wucherern und Würgern, ein*

*Frieden von Schlächtern, denn Deutschland und Österreich wurden ausgeplündert und zerstückelt. Man nahm ihnen alle Existenzmittel, ließ die Kinder hungern und sterben. Das ist ein ungeheuerlicher Raubfrieden.«*[29]

Am 16. April 1922 wurde der Vertrag von Rapallo unterzeichnet. Beide Staaten verzichteten auf Reparationen. Damit normalisierten sich die Beziehungen zwischen Deutschland und der Sozialistischen Föderativen Sowjetrepublik, welche nun ihre internationale Isolation durchbrechen konnte. Für die deutsche Wirtschaft war der Vertrag von großer Bedeutung, da die einstigen Kriegsgegner noch immer deutsche Waren boykottiert hatten. Zudem wurde Deutschlands Verhandlungsposition gegenüber den Westmächten gestärkt.

Während Hitler als einziger Parteiführer oppositioneller Rechtsparteien den Vertrag von Rapallo für völlig verfehlt hielt,[30] wurde er vor allem von nationalistischen Kommunisten und sozialistisch orientierten Kräften im völkischen Lager des Deutschen Reiches begrüßt. Auf Ablehnung stieß er auch bei den Westmächten. Sie protestierten und verlangten die Annullierung. Bis heute wird die westliche Hemisphäre misstrauisch, sobald sich Deutschland auf Russland zubewegt. Diesen »Rapallo-Komplex« konnte man beobachten, als man der Regierung Schröder eine Achse »Paris-Berlin-Moskau« unterstellte. Das war ebenso bei der Reise Konrad Adenauers nach Moskau 1955 und Willy Brandts Ostpolitik nach 1970 zu erkennen.

Den angelsächsischen Ländern war jedes Mittel recht, um einer starken Mittelmacht in Europa entgegenzuwirken. Am 4. Februar 2015 legte George Friedman, Gründer und Vorsitzender des US-amerikanischen Think Tanks Stratfor die geopolitischen Karten der USA auf den Tisch: Primäres Ziel während der letzten hundert Jahre und noch heute sei es, eine Allianz zwischen Deutschland und Russland um jeden Preis zu verhindern, und damit *»die einzigartige Kombination aus deutschem Kapital und deutscher Technologie mit russischen Rohstoffressourcen und russischer Arbeitskraft«.*[31] In England hatte man die Gefahr sogar noch früher gesehen. Der britische Premier Benjamin Disraeli bezeichnete am 9. Februar 1871 den Deutsch-Französischen Krieg als *»die deutsche Revolution, ein größeres politisches Ereignis als die Französische Revolution des vergangenen Jahrhunderts. ... Wir haben eine neue Welt, neue Einflüsse am Werk, neue und unbekannte Größen und Gefahren ... Das Gleichgewicht der Macht ist völlig zerstört worden und das Land, das am meisten darunter leidet und das die Auswirkungen* *dieses großen Wandels am meisten spürt, ist England.«*[32] Abhilfe schaffen sollte nach dem Ersten Weltkrieg ein Gürtel aus antirussischen und europaskeptischen Pufferstaaten, die eine Annäherung Deutschlands und Russlands erschwerten, ein »Cordon sanitaire« – der Begriff stammt aus der Seuchenabwehr –, welcher sich von Finnland über das Baltikum und Polen bis nach Rumänien erstreckte. Damit war die Sowjetunion vom übrigen Europa isoliert, angeblich zum Schutz vor der »bolschewistischen Weltrevolution«. Friedman scheute sich nicht, die alten Römer als Vorbild zu bemühen. Sie seien so geschickt gewesen, keine Truppen in Regionen außerhalb ihres Imperiums zu entsenden, sondern prorömische Könige dort einzusetzen. Man müsse schon klug vorgehen, so der Chef der »Schatten-CIA«. Nach Angaben von Global Research berät Stratfor rund 4000 US-Firmen und Personen. 2011 veröffentlichte Wikileaks eine Vielzahl an E-Mails, aus denen hervorgeht, dass viele der Stratfor-Aktivitäten Spionage- und Subversionscharakter haben.[33]

Der Versailler Vertrag taugte wenig als Lösung der den Ersten Weltkrieg verursachenden Konflikte und erwies sich als Hemmschuh friedlicher Entwicklungen. So nutzte Frankreich eine geringfügige Unterschreitung der vorgeschriebenen Reparationsleistungen als Vorwand zur Ruhrbesetzung. Auf französischen Antrag erklärte die Reparationskommission am 26. Dezember 1922 mehrheitlich – gegen die Stimme Großbritanniens – Deutschland für schuldig, aufgrund ausstehender Holzlieferungen den Friedensvertrag verletzt zu haben. Am 9. Januar 1923 stellte sie gegen die Stimmen Englands und Italiens fest, dass Sanktionen berechtigt seien. Und nur zwei Tage später erfolgte die Besetzung des Ruhrgebiets durch insgesamt 60 000 französische und belgische Soldaten. Daraufhin protestierte das Gesamtrussische Zentralexekutivkomitee gegen die »*Vergewaltigung des Selbstbestimmungsrechtes des deutschen Volkes*«. In vielen Orten der UdSSR fanden Protestkundgebungen statt. Mit Getreide- und Geldspenden halfen die sowjetischen Arbeiter und Bauern dem Ruhrproletariat. Als die Gefahr bestand, dass auch Truppen anderer Länder, darunter Polens, in Deutschland einfallen könnten, wandte sich die Sowjetunion an die Regierungen Polens, der Tschechoslowakei, Litauens, Lettlands und Estlands mit der Aufforderung, im Ruhrkonflikt Neutralität zu wahren, und betonte dabei mit Nachdruck, dass sie keine militärischen Aktionen gegen Deutschland dulden werde.

Die Ruhrbesetzung fügte der deutschen Wirtschaft schweren Schaden und der Bevölkerung großes Leid zu. Die Inflation fraß das noch verbliebene Vermögen der Bürger. Im Oktober 1923 kostete ein Brot vier Milliarden Reichsmark. Mit der Währungsreform vom November 1923 wurde die Voraussetzung für die Revision der Reparationen geschaffen. 1923 kann durchaus als Schicksalsjahr der Deutschen betrachtet werden. Am letzten Tag des Jahres schrieb der britische Botschafter in Berlin, Viscount d'Abernon, in sein Tagebuch: *»Die inneren und äußeren Gefahren waren so groß, dass sie Deutschlands ganze Zukunft bedrohten.«*[34]

Ein internationaler Sachverständigenausschuss unter Leitung des US-Politikers und Bankers Charles Dawes veröffentlichte am 9. April 1924 einen neuen Finanzierungsplan, mit dem eine Stabilisierung der deutschen Währung erreicht und zugleich die Reparationszahlungen gewährleistet werden sollten. Die jährliche Belastung Deutschlands wurde auf eine Milliarde Reichsmark festgelegt und sollte nach fünf Jahren auf 2,5 Milliarden Reichsmark anwachsen. Zur Sicherung der Zahlungen mussten die Reichsbahn und die Reichsbank unter internationale Kontrolle gestellt werden. Dawes erhielt dafür 1925 den Friedennobelpreis. Die Finanzierung lief über amerikanische Anleihen. Die Situation entspannte sich, und der Grundstein für die Unterzeichnung der Verträge von Locarno war gelegt. Auf der internationalen Konferenz über europäische Sicherheitsfragen fanden sich der französische Außenminister Aristide Briand und sein deutscher Amtskollege Gustav Stresemann in Locarno ein und schufen ein europäisches Sicherheits- und Friedenssystem. Deutschland, Frankreich und Belgien verzichteten auf eine gewaltsame Veränderung ihrer Grenzen. Auch Briand und Stresemann erhielten für ihre Arbeit 1926 den Friedensnobelpreis. Mit Locarno beendete die Weimarer Republik endgültig ihre außenpolitische Isolierung. Zudem war der Beitritt Deutschlands zum Völkerbund verabredet worden, der am 10. September unter großem Beifall erfolgte. Die Sensation war perfekt: Nur acht Jahre nach Ende des Ersten Weltkriegs, für den Deutschland im Versailler Vertrag mit harten Reparationen bestraft wurde, kehrte das Land in den Kreis der Großmächte zurück. *»Deutschland wünscht mit allen Nationen, die im Völkerbunde ... vertreten sind, auf der Grundlage gegenseitigen Vertrauens zusammenzuarbeiten«*, versicherte Stresemann. *»Denn das sicherste Fundament für den Frieden ist eine Politik, die getragen wird vom gegenseitigen Verstehen und gegenseitiger Achtung der Völker.«*[35]

Die Konzeption der »Vereinigten Staaten von Europa« fand nach dem Tod Stresemanns 1929 in Deutschland keine nennenswerte Unterstützung mehr.

Bis zur Weltwirtschaftskrise hatten die mit dem Dawes-Plan verbundenen ausländischen Kredite und Investitionen eine Periode des wirtschaftlichen Aufschwungs eingeleitet: Das deutsche Produktionsvolumen wuchs seit 1924 um 50 Prozent. Doch nun begann die Rückforderung der Kredite, die nationalen Egoismen traten verstärkt hervor. Das Frühlingserwachen von Locarno wich einem politischen Winter. Die Zahl der Arbeitslosen stieg auf sechs Millionen an. Im März 1930 löste der nach dem US-Wirtschaftsberater Owen Young benannte »Young-Plan« den »Dawes-Plan« ab; die deutschen Reparationszahlungen wurden neu geregelt. Gegen Zusicherung einer bis 1988 angesetzten Zahlungsverpflichtung versprachen die Alliierten unter anderem, das Rheinland sowie die Pfalz zu räumen, die deutsche Souveränität wieder herzustellen und Reichsbahn und -bank aus ihrer Kontrolle zu entlassen.[36] Am 17. Mai 1930 stellte die Reparationskommission ihre Tätigkeit ein, ihre Aufgaben übernahm die Bank für Internationalen Zahlungsausgleich (BIZ). Im Zeichen der Weltwirtschaftskrise wurde der Young-Plan bereits im Juli 1932 wieder aufgehoben. Adolf Hitler konnte mit seiner Brandrede gegen den Versailler Vertrag im demoralisierten Deutschland der Zwischenkriegszeit immer mehr begeisterte Anhänger gewinnen. Er benutzte ihn, um für sich und seine Partei Stimmung zu machen. 1934 waren die Sturmabteilungen (SA) auf vier Millionen Mitglieder angewachsen. Viele versprachen sich Aufstiegschancen, außerdem mussten Studenten die Mitgliedschaft hier oder im nationalsozialistischen Kraftfahrerkorps nachweisen. Der Führer der SA Ernst Röhm forderte nun eine »zweite Revolution« mit einer radikalen sozialen Umgestaltung. Die SA sollte an die Stelle der Reichswehr treten. Hitler aber war inzwischen vom großen Kapital abhängig und sah für die künftigen Kriege nur einen Waffenträger: die Reichswehr. Am 30. Juni 1934 ließ er die gesamte SA-Führung durch die SS liquidieren. »Alte Kämpfer« fielen der Aktion ebenso zum Opfer wie Gegner Hitlers. Unter anderem wurde auch der letzte Reichskanzler der Weimarer Republik, Kurt von Schleicher, ermordet, was die Reichswehr widerspruchslos hinnahm. Die von den Nationalsozialisten als Röhm-Putsch verschleierte Mordaktion rechtfertigte Hitler mit dem als Staatsnotstand definierten Gesetz vom 2. Juli 1934. Jeder der höheren Beamten, wie Richter, Stabsoffiziere, Studienräte usw., hätte erkennen müssen, dass von nun an einem Unrechtsstaat gedient wird. Unter den Richtern fand nur einer den Mut, um die Entlassung aus dem Dienst zu bitten. Die anderen machten Karriere und konnten sich später in der Bundesrepublik über eine fette Pension freuen. Ein Narr ist, wer glaubt, so etwas könnte bei uns heute nicht mehr passieren!

Am 2. August 1934 verstarb Reichspräsident Paul von Hindenburg. Noch am gleichen Tag ließ Reichskriegsminister Werner von Blomberg die Reichswehr auf die Person des Führers und Reichskanzlers vereidigen – ein verhängnisvoller Treueschwur. 1936 drangen dann drei Infanterieregimenter, nicht viel mehr als 4500 Mann, ins Rheinland vor, per Reichsbahn rollten sie nach Aachen, Trier und Saarbrücken. Am Nachmittag beobachtete ein Korrespondent der Pariser Zeitung *Le Temps,* wie ein Regiment in Saarbrücken den Zug verließ und in die Stadt einzog. »*Die Soldaten*«, berichtete er, »*marschieren wie auf einem Blumenbeet durch die jubelnde Menge.*«[37]

Frankreich hätte mit drei modernen und einsatzbereiten Panzerdivisionen (ca. 45 000 Soldaten) die deutschen Truppen stoppen können. Hitlers Generäle hatten den Führer daher zuvor gewarnt, doch dieser ließ sich nicht beirren. Hatte er einen Fingerzeig vom 1. US-Militärattaché Colonel Truman Smith erhalten? Dieser hatte 1922 Hitler in München besucht und mit ihm längere Gespräche geführt. Da war er noch 2. US-Militärattaché. Nachträglich, so berichtet Paul-Otto Schmidt, soll Hitler geäußert haben, »*die 48 Stunden nach dem Einmarsch ins Rheinland seien die aufregendste Zeitspanne in seinem Leben gewesen. Wären die Franzosen damals ins Rheinland eingerückt, hätten die Deutschen sich mit Schimpf und Schande wieder zurückziehen müssen …*«[38] In diesem Fall wäre das Dritte Reich bereits nach drei Jahren von der Weltbühne abgetreten.

Nach Einführung der Wehrpflicht 1935 wuchs das Heer von bis dahin 100 000 Mann bis Ende 1936 zu einer Stärke von 550 000 Mann an, 1939 erreichte es eine Stärke von knapp 2,75 Millionen Soldaten.[39] Beim Angriff auf Polen am 1. September wurden Heer, Luftwaffe und Marine eingesetzt, insgesamt 3 706 104 Mann mit 103 Divisionen, 3478 Panzern, über 7000 Geschützen, 4093 Flugzeugen sowie zwei alte Linienschiffe, zwei Schlachtkreuzer, drei Panzerschiffe, acht Kreuzer, 22 Zerstörer und 56 U-Boote.[40] – Wie war es möglich, innerhalb von vier Jahren eine derart schlagkräftige Wehrmacht aufzubauen? Angesichts des heutigen desolaten Zustands der Bundeswehr mit nur 200 000 Angehörigen wirft der rasante Aufbau der Wehrmacht Fragen auf: Wo kamen die riesigen Finanzmittel und die nötigen Ressourcen her? Die Reparationen waren eine große Last, ebenso die Folgen des Bankencrashs von 1929 und die über sechs Millionen Arbeitslosen 1933. Das Dritte Reich stand zu Beginn unvergleichlich schlechter da als die Bundesrepublik heute. Die Nationalsozialisten hatten keineswegs schon am 30. Januar 1933 komplett die Macht übernommen. Das war ein langer Prozess, der erst mit Kriegsbeginn als abgeschlossen betrachtet werden kann.

Elf Monate vor dem Angriff auf Polen marschierte Deutschland in die Tschechoslowakei ein und besetzte das deutschsprachige Sudetengebiet. In Absprache mit Deutschland nahm Polen einen Tag später die tschechische Region Teschen in Besitz.[41] Am 15./16. März 1939 besetzten deutsche Truppen auch das verbliebene Staatsgebiet. Die Tschechoslowakische Nationalbank hatte schon zuvor begonnen, ihr Gold größtenteils zur Bank of England zu transferieren. Doch Vertreter der Reichsbank zwangen die Direktoren, die Bank anzuweisen, das Gold zu transferieren. Am 22. März wurden 23 Tonnen Gold über die Bank für Internationalen Zahlungsausgleich an das Deutsche Reich überwiesen.

## Warum wurde Hitler nicht gestoppt?

Am 18. Juni 1935 unterzeichneten der britische Außenminister Samuel Hoare (1890–1959) und der deutsche Sonderbeauftragte für Abrüstungsfragen Joachim von Ribbentrop (1893–1946) ein Flottenabkommen, welches ein Stärkeverhältnis der beiden Seestreitkräfte von insgesamt 35 zu 100 festlegte. Innerhalb dieses Rahmens war bei U-Booten eine Parität möglich – die aber in keiner Weise ausgeschöpft wurde. Hitler sah im Abkommen einen Schritt zu einem umfassenden Bündnis mit Großbritannien, mit dem er gemeinsam Krieg gegen die Sowjetunion zu führen hoffte.

Am 22. März 1939 kam es zwischen dem Deutschen Reich und Litauen zu einem Staatsvertrag, der die Übergabe des ehemals deutschen Memelgebiets regelte. Litauen wurden eine Freihandelszone und freies Wegerecht für 99 Jahre eingeräumt. Das Gebiet war nach dem Ersten Weltkrieg unter französische Verwaltung gestellt und 1923 von Litauen annektiert worden. Anschließend änderte sich die britische Deutschlandpolitik. Nun gab London eine Garantieerklärung für Polen ab und begann Warschau den Rücken zu stärken. Schon am 26. März machte Polen mobil und zog Reservisten ein – ein untrügliches Signal für die fehlende Bereitschaft zu einer friedlichen Lösung. Das wird auch in einem Bericht des Leiters der Ostabteilung des britischen Außenministeriums bezeugt.[42]

In diesen turbulenten Tagen überfiel Italien Albanien. Amerika war geschockt. In einer Botschaft an Hitler und Mussolini vom 14. April 1939 verlangte Präsident Roosevelt die Zusicherung, dass kein weiteres unabhängiges Land überfallen würde: *»Sind Sie bereit, die Versicherung zu geben, dass Ihre bewaffneten Streitkräfte die folgenden unabhängigen Länder nicht angreifen und nicht in ihre Gebiete oder Besitzungen eindringen werden? Diese Länder sind: Finnland, Estland, Lettland, Litauen, Schweden, Norwegen, Dänemark, die Niederlande, Belgien, Großbritannien und Irland, Frankreich, Portugal, Spanien, die Schweiz, Liechtenstein, Luxemburg, Polen, Ungarn, Rumänien, Jugoslawien, Russland, Bulgarien, Griechenland, die Türkei, Irak, die arabischen Staaten, Syrien, Palästina, Ägypten und Persien.«*[43]

Roosevelt forderte eine Nichtangriffsperiode von wenigstens zehn oder fünfundzwanzig Jahren. Diese unerfüllbare Forderung entspricht der noch heute üblichen Taktik, ein Land zu Kriegshandlungen zu provozieren. Wer hatte ihn hier beraten? Wie konnte Roosevelt Länder aufzählen, die von England besetzt waren und auf deren Unabhängigkeit britische Militärstiefel herumtrampelten? Die Diktatoren antworteten auf ihre Weise. Während Mussolini das Telegramm des Präsidenten *»einen Fall von schleichender Gehirnparalyse«* nannte, nutzte Hitler die Botschaft für eine politische Harlekinade: Er ließ in den genannten Ländern nachfragen, ob sie sich von ihm bedroht fühlten. Da z. B. Syrien und Palästina wegen der Besetzung durch Frankreich und England keine Antwort geben konnten, enthielt Hitlers Hämerede vom 28. April mehr als eine tragikomische Note, er schlachtete mit Seitenhieben auf Roosevelt den Vorgang propagandistisch aus. Damit traf er Roosevelt nachhaltig in seinem Stolz, und dessen Widerwillen gegen ihn verwandelte sich in blanken Hass. Der Präsident ließ daraufhin die Rainbow-Kriegsplanungen im Mai 1939 mit den Weisungen Nr. 3 (die Sicherung der amerikanischen Seeherrschaft über den Westpazifik) und Nr. 5 (Entsendung bewaffneter Streitkräfte der Vereinigten Staaten in den Ostatlantik sowie auf den afrikanischen und/oder europäischen Kontinent) konsequent weiterentwickeln. Dafür wurden die militärischen und industriellen Mobilisierungspläne angepasst.

Am 28. April 1939 kündigte Hitler das Flottenabkommen und den deutsch-polnischen Nichtangriffspakt. Die Warnung Roosevelts an Hitler veranlasste Hermann Göring, die Haltung der amerikanischen Regierung gegenüber einem europäischen Krieg zu untersuchen. Eine Überwachung der Ferngespräche der amerikanischen Botschafter in Warschau, Paris und Brüssel bestätigten eindeutig eine antideutsche Haltung. Ganz offensichtlich wurde die polnische Regierung dahingehend beeinflusst, dem Deutschen Reich keine friedliche Lösung der Grenzfragen zu ermöglichen. Hitler sollte politisch scheitern, damit man ihn dann in einem Krieg vernichten konnte.

Nach Bekanntwerden des Goldtransfers durch die Bank of England erhob sich am 18. Mai 1939 in einer Sitzung des britischen Unterhauses ein Sturm der Entrüstung. Die Parlamentarier kritisierten das Vorgehen der Bank und warfen dem Schatzamt und der Regierung vor, mit tschechischem Gold die Deutschen besänftigen zu wollen. Winston Churchill empörte sich darüber, dass mit dem Gold die deutsche Aufrüstung gestärkt und die britische geschwächt würde.[44] Auch beim Einmarsch in Österreich am 12. März 1938 hatten sich die Nationalsozialisten sogleich bei den Gold- und Devisenreserven Österreichs bedient.

Ende Mai 1939 kam dann ein deutsch-italienischer Bündnisvertrag, der sogenannte Stahlpakt, zustande. Stalin hatte offenbar die Änderung der außenpolitischen Parameter wahrgenommen und am 3. Mai seinen westlich orientierten Außenkommissar Litwinow durch Molotow ersetzt. Fast unbemerkt konnte die Annäherung zwischen Moskau und Berlin beginnen. Auch die amerikanische Diplomatie registrierte die veränderte politische Lage und setzte Gegenmaßnahmen in Gang: eine verstärkte britisch-französische Garantie für Polen, die durch Einführung der Wehrpflicht in England mehr Gewicht erhalten sollte, sowie die Überwindung des Misstrauens gegenüber den Sowjets. Dem amerikanischen Präsidenten aber reichte das nicht. Ihm schwebten weitere Bündnisverträge zwischen Polen, Rumänien, Bulgarien, Griechenland und der Türkei sowie die Einbeziehung der Sowjetunion in ein zu schaffendes Sicherheitssystem vor. Das gefiel weder London noch Paris.

Der russische Publizist Nikolai Wiktorowitsch Starikow kommt in seinem erhellenden Buch »Wer hat Hitler gezwungen, Stalin zu überfallen?« zu bemerkenswerten Schlussfolgerungen. Ihm zufolge wollte Hitler zum gleichberechtigten Partner der angelsächsischen Welt werden – hierzu fänden sich einschlägige Zitate in »Mein Kampf«. Ein Konflikt mit den angelsächsischen Vettern sei dagegen nicht vorgesehen gewesen. Die Eintrittskarte in den erlauchten Klub der Mächte sollte die Vernichtung der UdSSR werden, so Starikow. Doch der sorgfältig ausgearbeitete Plan schmolz im März 1939 dahin, denn mit der

Einverleibung der Tschechoslowakei blühte ein neues Deutschland im Zentrum von Europa auf, *»das alle Gebiete des Kaiserreichs und die besten Territorien der Habsburger Monarchie in sich vereinte«*. Die Slowakei aber, die Hitler in Ruhe ließ, bildete mit den Karpaten eine Grenze zur UdSSR, hier konnten nun keine deutschen Truppen für einen Krieg gegen Russland in Stellung gehen. Wie konnte Hitler dennoch in den Krieg gegen Stalin manipuliert werden? Wo war seine Achillesferse? Die Diplomaten von England, Frankeich und den USA kannten sie. Starikow schreibt: *»Die gesamte Macht des Reiches war ein aufgeblasenes, künstlich geschaffenes Monster. Ohne Unterstützung von außen, ohne ausländische Ressourcen konnte Deutschland mit seiner enorm wachsenden Militärstruktur nicht überleben. Der Krieg war der einzige Ausweg für Hitler zur Lösung der wirtschaftlichen Probleme im Land. In dieser Hinsicht konnten die Führer der westlichen Demokratien sehr optimistisch sein.«*[45]

Trotz des Hitler-Stalin-Pakts griffen am 22. Juni 1941 3,1 Millionen deutsche Soldaten mit 3648 Panzern aller Typen und 20 000 Geschützen die UdSSR an. Ihnen stand eine ähnlich starke Streitmacht gegenüber, bewaffnet mit bis zu 15 000 Panzern und 60 000 Geschützen.

Bei der Reichstagswahl am 5. März 1933 hatte Hitler für seine NSDAP den bisher höchsten Stimmenanteil errungen: 43,9 Prozent. Von einer Mobilisierung des ganzen Volkes kann indes keine Rede sein. Wie also konnte er eine Wehrmacht schaffen, die sechs lange Jahre die halbe Welt in Atem hielt? Bis zum Kriegsbeginn hatte er sein Land noch äußerst geschickt wiederaufgebaut. Hat er sich geirrt? Ja, sagt Starikow: *»Weil er sich die gesamte Zeit seit seinem Machtantritt auf einen anderen Krieg vorbereitet hat – auf einen Krieg gegen die Sowjetunion. Nicht auf den Zweiten Weltkrieg, der in Wirklichkeit dann auch begann. Als er über verschiedene Kanäle von den Briten noch Signale erhielt, war Hitler überzeugt, dass sich Großbritannien und Frankreich nicht einmischen würden.*[46] *Denn ihre Signale und ihre Informationen halfen dem Führer bei der ›Vorhersehung‹ und bei der ›Vorhersage‹ vieler Ereignisse auf der politischen Weltbühne.«*[47] Als Untermauerung seiner Thesen verweist Starikow darauf, dass Deutschland von 1935 bis 1939 nur 63 U-Boote baute, von 1940 bis 1945 waren es dann 1095. Die deutliche Verstärkung der Flotte wurde offenbar für den Kampf gegen eine Seemacht gebraucht – nicht für den Krieg gegen eine Landmacht.

## Besetzung statt Befreiung

Die bedingungslose Kapitulation der deutschen Wehrmacht am 8./9. Mai 1945 bedeutete zunächst einmal Waffenstillstand, zumindest in Europa. Im Pazifik ging der Krieg ja bis zum 2. September 1945 weiter. Alle amerikanischen Staaten hatten den Achsenmächten – Deutschland, Italien und Japan sowie Ungarn, Rumänien, der Slowakei und Bulgarien den Krieg erklärt. Aktiv gekämpft hatten nur Kanada, die Vereinigten Staaten, Mexiko und Brasilien. Die anderen hatten nur auf Druck der USA so gehandelt. Dass es den westlichen Alliierten nach dem Krieg nicht um eine Befreiung, sondern um eine Besetzung Deutschlands ging, belegt eine Direktive der Joint Chiefs of Staff (der Vereinigten Stabschefs), die JCS 1067/6, welche im April 1945 in Kraft trat. In 52 Paragraphen wurden politische, wirtschaftliche und militärische Hintergründe, Ziele und Pflichten des Oberbefehlshabers der US-Truppen hinsichtlich seiner Verantwortung für die Verwaltung und die militärische Besetzung sowie als Mitglied des Alliierten Kontrollrats aufgelistet. Die Grenzen für den Umgang mit den Deutschen wurden für die Truppen klar formuliert: *»Deutschland wird nicht besetzt zum Zwecke seiner Befreiung, sondern als ein besiegter Feindstaat. Ihr Ziel ist nicht die Unterdrückung, sondern die Besetzung Deutschlands, um gewisse wichtige alliierte Absichten zu verwirklichen. Bei der Durchführung der Besetzung und Verwaltung müssen Sie gerecht, aber fest und unnahbar sein. Die Verbrüderung mit deutschen Beamten und der Bevölkerung werden Sie streng unterbinden.«*[48]

Die Wirtschaft sollte dezentralisiert und mithilfe deutscher Behörden kontrolliert werden. Ein wirtschaftlicher Wiederaufstieg Deutschlands über das zur Versorgung der Besatzungstruppen und zum Leben der Bevölkerung unbedingt Notwendige hinaus war nicht erwünscht. Amerikanische Zuschüsse zur Versorgung sollten soweit erfolgen, dass Hunger, Ausbruch von Krankheiten und zivile Unruhen nicht zu einer Gefahr für die Besatzungsmacht wurden. Den Militärgouverneuren wurde auferlegt, keine Schritte zu unternehmen, die

a) zum wirtschaftlichen Wiederaufbau Deutschlands führen könnten oder
b) geeignet sind, die deutsche Wirtschaft zu erhalten oder zu stärken.[49]

Die Direktiven wurden bald nur noch in abgeschwächter Form angewendet, die Interessen der USA hatten sich geändert: Westeuropa sollte als effektives Bollwerk gegen die UdSSR aufgebaut werden. Natürlich wurde das als Wohltätigkeit verkauft. Am 6. September 1946 hielt Außenminister James F. Byrnes in Stuttgart die »Rede der Hoffnung« und kündigte darin einen grundlegenden Wechsel der Besatzungspolitik zugunsten der Bevölkerung an – notfalls auch ohne die sowjetische Seite. Die Direktive JCS 1779/1, die am 15. Juli 1947 die Direktive 1067/6 ablöste, enthielt die Vorgaben zu dieser neuen Besatzungspolitik.[50]

Waren die beiden Weltkriege vielleicht ein »Zweiter Dreißigjähriger Krieg« (von 1914 bis 1945)? Was die Verheerungen, die Intensität, die Leiden der Bevölkerung und die ideologische Verblendung angeht, ist kaum ein Unterschied auszumachen. General de Gaulle, Teilnehmer an beiden Weltkriegen, sprach jedenfalls im September 1941 in einer Radioansprache in London vom *»neuen 30-jährigen Krieg«*,[51] ebenso Winston Churchill, Zeitzeuge in exponierter Stellung während beider Weltkriege in einem Brief an Stalin.[52] Auch Raymond Aron, ein französischer Soziologe, verglich den Krieg zwischen 1618 und 1648 und den Westfälischen Frieden mit dem Geschehen 1914 bis 1945.[53] Der amerikanische Historiker Arno J. Mayer prägte den Begriff »Zweiter Dreißigjähriger Krieg« und stieß hierzu eine Diskussion an, die von Ralf Dahrendorf und Eric Hobsbawm aufgegriffen wurde. Und Enzo Traverso, italienischer Professor in Politikwissenschaft, benutzt daneben noch die Umschreibung »Europäischer Bürgerkrieg 1914–1945«.

Nur wenige Wochen nach der deutschen Kapitulation hatte Churchill den streng geheimen Kriegsplan für die Operation »Unthinkable« – »Undenkbar« – in Auftrag gegeben. Er umfasste die militärische Unterwerfung der Sowjetunion und wurde am 22. Mai 1945 Generalleutnant Sir Hastings Lionel Ismay übergeben und noch am 8. Juni ergänzt. Als Termin für den Angriff war der 1. Juli 1945 festgelegt. 1998 wurde der Plan der Öffentlichkeit zugänglich gemacht: 112 bis 113 Divisionen sollten den Krieg führen, darunter auch ein Dutzend Wehrmachtdivisionen, die sich den Briten ergeben hatten.[54] Praktischerweise hatte die Nachkriegsregierung unter Admiral Dönitz Quartier in Flensburg-Mürwick bezogen – direkt neben dem britischen Hauptquartier. Stalin aber durchschaute alles und verlangte die sofortige Verhaftung der deutschen Regierung und die Gefangennahme der Wehrmachtssoldaten. Das geschah am 23. Mai 1945.

Das Vorhaben drang sogar bis nach Dresden und veranlasste Victor Klemperer zu einem Tagebucheintrag: Gerüchten zufolge seien die wenige Monate zuvor aus Thüringen abgezogenen Amerikaner zurückgekehrt, und in der britischen Zone werde eine Armee gegen den Osten mobilisiert.[55] Um dem entgegenzutreten, brachte das US-Militäramt am 26. Mai Flugblätter in Umlauf, auf denen bestätigt wurde, dass ehemalige Wehrmachtsangehörige ihre Bereitschaft erklärt hatten, freiwillig in die US-Armee einzutreten, sollten die USA Russland den Krieg erklären.[56]

## Das Ende der Hegemonie Westeuropas

Nach dem gelungenen Atombombentest am 16. Juli wurde Präsident Truman in Potsdam von dem »Erfolg« unterrichtet. Der beauftragte Sonderassistent des Pentagons, George Leslie Harrison, schickte ein erstes Kurztelegramm, das um 19.30 Uhr eintraf: *»Babies satisfactorily born«* (Babies zufriedenstellend geboren). Stalin, der über mehrere Spione im US-Atomwaffenlaboratorium in Los Alamos über das amerikanische Atombombenprojekt im Detail informiert war, zeigte sich indes unbeeindruckt, er wünschte lediglich *»good use of it against the Japanese«* (guten Gebrauch davon gegen die Japaner), was wiederum Truman verwunderte.[57] Drei Tage später, am 19. Juli 1945, wurde JCS 1496 entworfen und anschließend der atomare Angriffsplan von General Dwight Eisenhower entwickelt.

Nach zwei Kriegen unvorstellbaren Ausmaßes wurde dann noch in den letzten Tagen des Zweiten Weltkriegs mit den atomaren Paukenschlägen von Hiroshima (6. August) und Nagasaki (9. August) der Kalte Krieg gezeugt. Mittlerweile sind über 280 000 Menschen an den Folgen des Angriffs verstorben. Die offizielle US-Gesichtsschreibung aber betont, dadurch sei eine verlustreiche Invasion Japans vermieden worden, wobei der Aussage vom Befehlshaber der Pazifikfront klar widersprochen wurde. Bei der Entscheidung über den Einsatz sei er nicht einmal gefragt worden. Auch Kriegsminister Henry L. Stimson und sein Stellvertreter John McCloy zweifelten an der Berechtigung des Einsatzes, und sogar Dwight D. Eisenhower äußerte Bedenken: *»Das Argument, der Atombombenabwurf würde vielen amerikanischen Soldaten das Leben retten, halte ich nicht für legitim.«*[58]

Japan war Anfang August 1945 bereit gewesen zur Kapitulation, das war der US-Regierung durch abgehörte Funksprüche bekannt. Also liegt die Vermutung nahe, dass mit den Atombombenangriffen nicht allein die Wirkungsweise für die zukünftige Atomkriegführung erforscht, sondern vor allem der Sowjetunion ihre Grenzen aufgezeigt werden sollten. In einer 1985 geführten Diskussion über den Atombombenabwurf in Hiroshima berichtete der ehemalige US-Präsident Richard Nixon über ein Gespräch mit General Douglas MacArthur: »*Er hielt es für eine Tragödie, dass die Bombe jemals gezündet wurde. MacArthur glaubte, dass dieselben Beschränkungen wie für konventionelle Waffen auch für Kernwaffen gelten sollten, dass das militärische Ziel immer sein sollte, den Schaden der Nichtkombattanten zu minimieren ... MacArthur war, wie sie sehen, ein Soldat. Er glaubte an den Einsatz von Gewalt nur gegen militärische Ziele, und dies ist der Grund, warum die atomare Sache ihn abschreckte, was, wie ich denke, nur Gutes über ihn aussagt.*«[59] Eine solche Einstellung gehört längst der Vergangenheit an. Heute zielen US-Luftschläge fast ausschließlich auf die Bevölkerung und die Umwelt ab. So wurde z. B. im Jugoslawienkrieg die Umwelt nachhaltig geschädigt.

Wie kein anderes Ereignis im 20. Jahrhundert beendete der Zweite Weltkrieg die 400-jährige Vorherrschaft Westeuropas in der Welt und stellte die Weichen für den Aufstieg der neuen Supermächte USA und UdSSR. Doch die sich weltweit vollziehenden revolutionären gesellschaftlichen, politischen und wirtschaftlichen Veränderungen begannen bereits mit dem Ersten Weltkrieg, der nach G. F. Kennan als »Urkatastrophe des 20. Jahrhunderts« verstanden werden muss.

Als am 26. Juni 1945 die Charta der Vereinten Nationen angenommen wurde, keimte Hoffnung in der Welt auf. In der Präambel wurde zugesichert, dass die Geschlechter vor der Geißel des Krieges zu bewahren und die Grundrechte des Menschen zu achten seien. Für diese Zwecke wollte man Duldsamkeit üben und als gute Nachbarn in Frieden miteinander leben. Und mit den in Bretton Woods gestellten Weichen für internationale Organisationen (IWF, Weltbank) konnte ein offenes und liberales Weltwirtschaftssystem implantiert werden.

Aus der gesamten Vorgehensweise lässt sich die Trinität amerikanischer Außenpolitik seit 1898 ablesen: ökonomisch durch die Open-Door-Doktrin, geopolitisch durch die erweiterte Monroe-Doktrin und pseudoreligiös durch die Manifest-Destiny-Doktrin.[60] Hinzu kommt noch das Sicherheitsdenken einer Seemacht, die zu allen Zeiten die Kontrolle über die gegenüberliegenden Küsten erzwingen wollte. Dieses Denken ist fast ausschließlich bei den amerikanischen Eliten mit angelsächsischen Wurzeln zu finden. Kontinentaleuropäern wie Amerikanern im Mittleren Westen ist es fremd. Politiker aber, die die Strategien nicht verinnerlicht haben, werden als Isolationisten diffamiert. So gesehen hat seit 1917, dem Eintritt der Vereinigten Staaten in die Weltpolitik und der russischen Oktoberrevolution, kein Entscheidungskampf zwischen Kapitalismus und Kommunismus, Pluralismus und Totalitarismus, liberal-demokratischem und staatssozialistischem System stattgefunden – diese Gegensätze wurden lediglich vonseiten der Vereinigten Staaten instrumentalisiert: ökologisch, geopolitisch und pseudoreligiös.

*»Wer Lust hat, über Sklaven zu herrschen, ist selbst ein entlaufener Sklave. Frei ist, wem Freie willig folgen und wer Freien willig dient.«*

Walther Rathenau

# Konzepte zur europäischen Einigung bis 1941

## Walther Rathenau

Walther Rathenau (1867–1922), Sohn des deutsch-jüdischen Industriellen Emil Rathenau und späteren Gründers der AEG, dachte patriotisch und verfasste zahlreiche Schriften zum Nationalstaat, zur gelenkten Wirtschaft, zur Nachhaltigkeit, zum Krieg und zur Revolution.[1]

1913 forderte er in einer Denkschrift eine mitteleuropäische Zollunion, in der er den Weg zur europäischen Einigung vorzeichnete.[2] In einem solchen Wirtschaftsverband könne »*Deutschland eine stärkere Stellung beanspruchen*«. Rathenau propagierte die Idee der Wiederbelebung des Frankenreichs, da diese von der Bevölkerung besser angenommen würde als ein Programm weitreichender direkter Annexionen.[3] Im Zuge der Verschmelzung der Wirtschaft Europas zur Gemeinschaft werde auch die Politik zusammenwachsen. Das sei zwar noch nicht der Weltfrieden, aber es würde die Konflikte mildern und bedeute eine Kräfteersparnis und eine solidarische Zivilisation.[4]

Je länger der Krieg dauerte, desto klarer sah Rathenau die Folgen voraus – auch Friedensdiktat und Revolutionen. Nach dem deutschen Waffenstillstandsgesuch am 7. Oktober 1918 rief er in der *Vossischen Volkszeitung* unter der Überschrift »Ein dunkler Tag« zum Volkswiderstand auf: »*Der Schritt war übereilt. Wir alle wollen Frieden. Wir, die wenigen, haben gemahnt und gewarnt, als keine Regierung daran dachte, der Wahrheit in Auge zu blicken. Nun hat man sich hin-*

Walther Rathenau: Staatsmann, Fabrikant und Visionär

*reißen lassen, im unreifen Augenblick, im unreifen Entschluß. Nicht im Weichen muß man Verhandlungen beginnen, sondern zuerst die Fronten befestigen ... Wer die Nerven verloren hat, muß ersetzt werden ... Wir wollen nicht Krieg, sondern Frieden. Doch nicht den Frieden der Unterwerfung.*« Rathenau plädierte für die Fortführung des Kriegs, um die späteren Verhandlungen aus einer besseren Position heraus führen zu können. Dazu sollte eine »Levée en masse«[5] dienen, doch dazu kam es nicht. Ein Zivilist zeigte eisernen Willen, während die Generalität die Nerven verlor.

Nach Kriegsende sah Rathenau in Deutschland einen sowjetrussischen Satellitenstaat und als solches die Revolution von oben: »*Der Bolschewismus wird bei uns methodisch und organisiert sein, wie es das Kaiserreich war. ... Deshalb wird der preußische Bolschewismus in ganz anderer Weise fürchterlich sein als der russische.*«[6] Nachdem er sich nicht durchsetzen konnte, versuchte er als Politiker die Bestimmungen des Friedensdiktats von Versailles zu erfüllen. Die Wirtschaftskrise ließ auch diese Bemühungen scheitern; das letzte Wort vor seiner Ermordung lautete »unerfüllbar«. An dem Mordkomplott war auch Ernst von Salomon beteiligt, der zu fünf Jahren Zuchthaus verurteilt wurde und sich in seinem Roman »Die Geächteten« kritisch mit der Tat auseinandersetzte. Demnach wollten die Attentäter vor allem eine nationale Revolution, und dazu sollte als Signal eine führende Figur fallen. »*Längst wußten wir, daß Männer entscheiden, nicht Maßnahmen. Aber wo wir uns auch unter den Männern der neuen deutschen Oberschicht umschauten nach dem einen Mann, konnten wir nur spöttisch mustern und weiterblicken. Wo war mehr als eine Tagesgröße, außer dem schweigenden Seeckt? Der besonnene Ebert etwa, oder der pausbäckige Scheidemann? Der bescheidene Hermann Müller, der ehrenwürdige Fehrenbach, der kreuzbrave Wirth? Oder Rathenau – Rathenau?*«[7]

Feinde hatte sich Rathenau auch gemacht, nachdem er den völkerrechtlichen Vertrag von Rapallo unterzeichnet hatte. Die Alliierten verlangten die umgehende Auflösung des Vertrags, doch Lenin ließ das nicht zu.

## Walther Funk

Auch im Dritten Reich wurde die Idee Rathenaus von einem europäischen Wirtschaftsraum aufgegriffen – natürlich unter deutscher Führung. NS-Wirtschaftsminister Walther Funk (1890–1960) studierte Jura, Nationalökonomie, Literatur und Musik, anschließend erhielt er eine journalistische Ausbildung, u. a. bei der *Berliner National-Zeitung* und den *Leipziger Neuesten Nachrichten.* 1920 erregte er mit einer Schrift über die Rolle der Banken bei Konzernbildungen die Aufmerksamkeit von Finanzkreisen, 1923 folgte eine Veröffentlichung zur Währungsreform. Auf Empfehlung Hjalmar Schachts berief Hitler Funk 1931 zu seinem persönlichen Wirtschaftsberater. 1932 übernahm er den zweiten Vorsitz des Reichswirtschaftsrats in der NSDAP, anschließend wurde er zum Reichswirtschaftsminister ernannt und schließlich Anfang 1939 zum Nachfolger von Schacht als Reichsbankpräsident.

Unter dem Eindruck des Blitzsiegs über Frankreich im Juni 1940 hielt Funk vor Vertretern der nationalen und internationalen Presse am 25. Juli 1940 eine vielbeachtete Rede zur wirtschaftlichen Neuordnung Europas. Zu dieser Zeit standen weite Teile Europas direkt unter deutscher Herrschaft: Belgien, die Niederlande, Luxemburg sowie Norwegen und Dänemark.

Seit 1936 bestand die Achse Berlin-Rom, sie wurde am 27. September 1940 zur Achse Berlin-Rom-Tokio erweitert. Staaten wie Ungarn, Rumänien oder Bulgarien standen dem Reich nahe oder waren mit ihm verbündet. Nur Großbritannien, das letzte Relikt der alten europäischen Ordnung, war weder als Bündnispartner zu gewinnen, noch militärisch zu beseitigen. In dieser Phase stellte sich allgemein die Frage, wie die Zukunft des Kontinents unter deutscher Hegemonie aussehen würde. In seiner Rede kam Funk zunächst auf das neue Schlagwort einer »europäischen Großraumwirtschaft« zu sprechen, welche aber erst geschaffen werden müsse. »*Die neue europäische Wirtschaftsordnung wird ebenfalls aus den natürlichen Gegebenheiten herauswachsen, zumal für eine enge wirtschaftliche Zusammenarbeit zwischen Deutschland und den europäischen Ländern natürliche Grundlagen vorhanden sind. … Wir sind der Überzeugung, daß von unseren Methoden nicht nur die großdeutsche Wirtschaft, sondern auch alle Wirtschaften Europas, die mit Deutschland auf Grund der natürlichen Grundlagen in engen Handelsbeziehungen stehen, Nutzen haben werden.*«[8]

Walther Funk: Journalist, Wirtschaftsplaner und in Nürnberg verurteilter NS-Verbrecher

Ohne eine gesunde Wirtschaft könne es keine gesunde Währung geben. »*Im Rahmen … einer vernünftigen wirtschaftlichen Arbeitsteilung zwischen den europäischen Volkswirtschaften wird sich die Währungsfrage von selbst lösen …*« Selbstverständlich werde die Reichsmark »*eine dominierende Stellung*« einnehmen. Beim Handel hochwertiger Industrieprodukte gegen in Europa mangelnde Rohstoffe der Weltmärkte sei zu bedenken, »*daß die großdeutsche Rohstoffgrundlage sich während des Krieges ganz gewaltig verbessert hat und daß Deutschland am Ende des siegreichen Krieges über ein Exportpotential verfügen wird, wie es noch nie der Fall war. In Kohle, Kali, Eisen, Holz, elektrischer Energie, aber auch in allen von der deutschen Wirtschaft und Wissenschaft mit so großem Erfolg entwickelten synthetischen Stoffen und durch die neuen Werkstoffe werden wir noch unabhängiger von der Weltwirtschaft und insbesondere von den Monokulturen der Welt sein, als das bisher der Fall war. Das gilt für alle Rohstoffe, insbesondere auch für die landwirtschaftlichen Erzeugnisse. Gerade auf dem Ernährungssektor wird eine planmäßige Produktionssteigerung und eine Umstellung der Produktion auf den lebensnotwendigen Bedarf die Nahrungsfreiheit noch weiter sicherstellen, als dies schon jetzt in Großdeutschland der Fall ist.*«

Russland als Rohstofflieferant und Abnehmer von deutschen Fertigwaren sei »*der naturgegebene Komplementär für die hochentwickelten Industriestaaten*«, weshalb sich der Handel hier »*noch viel stärker entwickeln wird als bisher*«. Die Vereinigten Staaten aber müssten, »*wenn sie dazu beitragen wollen, die Weltwirtschaft wieder kontinuierlich zu gestalten, von ihrer falschen Methode abgehen, daß sie gleichzeitig das größte Gläubigerland und gleichzeitig das größte Exportland sein wollen*«. Man könne nicht »*den Export mit allen Mitteln forcieren und den Import systematisch behindern*«. Und »*sobald die englische Seeräuberei aufhört*«, könne sich auch der Handel mit Südamerika und Ostasien wieder günstig entwickeln.

Der deutsch-amerikanische Handelsverkehr sei frei von jeder Dogmatik zu gestalten. »*Das europäische Clearingsystem schließt keineswegs einen freien Devisenverkehr mit Ländern, die nicht im Clearing sind, aus. Die kommende Friedenswirtschaft muß dem Großdeutschen Reich ein Maximum an wirtschaftlicher Sicherheit garantieren und dem deutschen Volke ein Maximum an Güterverbrauch zur Erhöhung der Volkswohlfahrt. Auf dieses Ziel ist die europäische Wirtschaft auszurichten.*«[9]

Funk stellte vier Bedingungen heraus:

1. Mit langfristigen Wirtschaftsabkommen sollen sich die europäischen Staaten mit ihren Volkswirtschaften auf Produktionsplanungen auf den deutschen Markt als einen jahrelang sicheren Absatzmarkt einstellen. Dadurch wird es möglich sein, die europäische Produktion weiterhin zu steigern und ganz neue Produktionen aufzunehmen. Für deutsche Waren würden dann bessere Absatzmöglichkeiten auf den europäischen Märkten bestehen.
2. Stabile Kursverhältnisse sollen ein reibungslos funktionierendes Zahlungssystem für die Abwicklung des Warenverkehrs zwischen den einzelnen Staaten sichern.
3. Durch Erfahrungsaustausch auf dem Gebiet der Landwirtschaft und Industrie soll ein Höchstmaß an Produktion und von Nahrungsmitteln und Rohstoffen erzielt und eine vernünftige wirtschaftliche Arbeitsteilung in Europa herbeigeführt werden. Durch zweckmäßigen Einsatz der in Europa vorhandenen Wirtschaftskräfte soll der Lebensstandard der europäischen Völker gehoben und ihre Sicherheit gegenüber etwa möglichen Blockademaßnahmen von Außereuropa noch erhöht werden.
4. Es muss eine Stärkung des wirtschaftlichen Gemeinschaftsgefühls unter den europäischen Völkern herbeigeführt werden durch Zusammenarbeit auf allen Gebieten der Wirtschaftspolitik (Währung, Kredit, Produktion, Handel usw.). Die Wirtschaftssolidarität der europäischen Staaten soll eine bessere Vertretung der europäischen Wirtschaftsinteressen gegenüber anderen wirtschaftlichen Gruppen in der Weltwirtschaft ermöglichen. Dieses geeinigte Europa wird sich von keinem außereuropäischen Gebilde Bedingungen wirtschaftlicher oder politischer Art vorschreiben lassen. Es wird auf der Basis der Gleichberechtigung jederzeit mit anderen Partnern Handel treiben, dabei aber das volle wirtschaftliche Gewicht des Kontinents in die Waagschale werfen können.[10]

## Pan-Europa vs. Herzland-Theorie

Funks Vision der ökonomischen Zukunft Europas fand großen Widerhall. In Großbritannien stellte man sie der von John Maynard Keynes gegenüber, der jedoch gar nicht so weit von Funk entfernt war.[11] Dabei waren die Anregungen weder neu noch von Grund auf nationalsozialistisch. Natürlich wähnten sich die Nationalsozialisten nach dem Blitzkrieg über Frankreich am Ziel ihrer Träume. Aber auch andere politische Lager stellten Überlegungen für einen konkurrenzfähigen europäischen Wirtschaftsraum an, etwa Richard Nikolaus Coudenhove-Kalergi, welcher den Ersten Weltkrieg als Bürgerkrieg zwischen Europäern und als Katastrophe erster Ordnung empfunden hatte. 1923 schrieb der 28-Jährige sein programmatisches Buch »Pan-Europa«, Manifest einer Entwicklungsperspektive in Richtung eines Staatenbundes – einer Paneuropäischen Union von Portugal bis Polen oder wahlweise der Vereinigten Staaten von Europa. Frieden und Wohlstand seien durch zwei Großmächte in Gefahr: Russland und die USA, wobei Letztere vor allem in wirtschaftlicher Hinsicht eine Herausforderung seien – ansonsten sah er in den USA ein Vorbild. Analog zu dem der deutschen Außenpolitik unterstellten »Drang nach Osten« sah Coudenhove-Kalergi bei Russland einen »Drang nach Westen« – den Willen, Europa zu beherrschen – als Konstante der russischen Politik. Was im Ersten Weltkrieg nicht erreicht werden konnte, solle nun von den Bolschewiken über die kommunistische Weltrevolution umgesetzt werden. Ein Paneuropa könne dies verhindern.

Kalergi scheint die Herzland-Theorie von Halford Mackinder unbekannt gewesen zu sein, welche die Bedeutung des eurasischen Kontinents hervorhebt. »*Wer das Herzland beherrscht, beherrscht die Welt*«, schrieb Mackinder vor über 100 Jahren.[12] Der Geopolitiker Karl Haushofer (»Der Kontinentalblock«, 1941) betonte ebenso wie in unseren Tagen Zbigniew Brzeziński (»Die einzige Weltmacht«, 1999), dass sich dies hervorragend zur Erklärung der weltpolitischen Ereignisse eigne.[13] Mit Mackinders Herzland-Theorie stand folgende Frage im Raum: »*Kann Europa in seiner wirtschaftlichen und politischen Zersplitterung seine wirtschaftliche und politische Selbständigkeit den außereuropäischen Mächten gegenüber wahren – oder ist Deutschland gezwungen, zur Rettung seiner Existenz und ganz Europas, diesen Erdteil neu zu organisieren?*«[14]

Viele deutsche Konservative hielten eine Symbiose für sinnvoll: Europas industrielles Zentrum sollte sich mit den Agrarstaaten im Osten und Südosten arrangieren und eine Art Arbeitsteilung eingehen, wobei sich jedes Land auf seine Stärken konzentrieren könnte.[15] Dazu müsste Europas Zerrissenheit überwunden und eine solidarische Staatengemeinschaft gebildet werden.[16]

Der Historiker Raimund Bauer zog Parallelen zwischen den Konzepten, die in der Zwischenkriegszeit für Europas wirtschaftliche Zukunft entworfen wurden, so auch zu Walther Funks Rede. Auch wenn dessen Ideen nicht von allen deutschen Demokraten und Liberalen geteilt wurde, bestehe der gemeinsame Nenner in der Überzeugung, dass die »*Schicksalsgemeinschaft*« Europa nur als wirtschaftliche Einheit – als »Großraumwirtschaft« – in der Welt bestehen kann.[17] »*Ein Zoll, ein Geld, ein Markt, ein Wille, eine Freundschaft, ein Schicksal, das ist Europa, wie es sein soll und wie es werden kann.*«[18] Dass Großbritannien und Russland für viele Sozialisten und Sozialdemokraten der Zwischenkriegszeit nicht zur »Schicksalsgemeinschaft Europa« gehörten, entsprach der Tradition deutscher Europaideen.[19]

Bedenken anderer Staaten wurden angesichts deutscher Wirtschaftsmacht und der Reichsmark als dominierender Währung zerstreut. Europa sei nicht auf Außenhandel angewiesen, sondern könne sich mit allem Lebensnotwendigen selbst versorgen.[20] Ausgeschlossen wurde jedoch eine Nivellierung der sozialen Lebensstandards. Bei den Skandinaviern oder den Niederländern sei eine Anpassung an deutsche Normen denkbar, aber für Völker des Balkans politisch untragbar und wirtschaftlich auch unvernünftig. Die Reichsmark solle sich als Europas Leitwährung etablieren, und die Europäischen Länder sollten an Berlin als europäisches Finanzzentrum gewöhnt werden. Für die Nationalsozialisten gab es nur eine Prämisse: Der zu schaffende Wirtschaftsraum musste »*von Deutschland geführt, nach deutschen Vorstellungen konsolidiert und mit deutschen Methoden orchestriert werden. Nur so wäre Deutschland – und damit auch Europa – wirtschaftlich und politisch wieder eine Macht von Weltrang.*«[21] Dieser Ansatz stand natürlich unter den Vorzeichen der rassistischen, nationalistischen und antikapitalistischen Überzeugungen der nationalsozialistischen Bewegung. Trotzdem passen die wirtschaftspolitischen Konzeptionen dieser Zeit »*weit besser zu den Hauptströmungen nicht nur der deutschen, sondern auch der europäischen Geschichte, als den meisten Menschen lieb ist*«.[22]

Funk hielte seine Rede 14 Tage nach dem Beginn der Luftschlacht um England. Es war der Versuch, nach dem Blitzkrieg über Frankreich die Kapitulation

Großbritanniens zu erzwingen. Britische Historiker datieren sie vom 10. Juli bis zum 31. Oktober 1940, als die Tagangriffe weitgehend ausblieben. Andere Quellen hingegen beziehen sich auf einen Zeitraum bis Mai 1941, als die Kampfgeschwader der Luftwaffe für den Angriff auf die Sowjetunion abgezogen wurden. Am 10. Mai 1941 hatte Hitlers Stellvertreter Rudolf Heß seinen noch im Nebel der Geschichte liegenden legendären Flug nach Schottland angetreten. Dank britischer Codeknacker war das Rätsel um die deutsche Chiffriermaschine »Enigma« gelöst worden, und Churchill war über den Plan Barbarossa informiert: Deutscher Angriff auf die Sowjetunion am 22. Juni 1941. Die Akten sind noch unter Verschluss und dürften im »Sicherheitstrakt« für Dokumente im Hanslope Park liegen. Der britische *Guardian* hat im Oktober 2013 aufgedeckt, dass in diesem Park seit 1856 (Ende des Krimkriegs) 1,2 Millionen Dokumente vor der Öffentlichkeit geheim gehalten werden.

## Die Atlantik-Charta

1941 ließen sich die angelsächsischen Staatenlenker etwas ganz Besonderes einfallen: Am 9. August sollten die Schlachtschiffe *Prince of Wales* und *Augusta* mit ihren »Kapitänen« Churchill und Roosevelt in der Placentia Bay/Neufundland vor Anker gehen. An Bord der *Prince of Wales* war neben Winston Churchill auch Harry Lloyd Hopkins, einer der wichtigsten Ratgeber von Präsident Franklin D. Roosevelt und für wirtschaftsdiplomatische Missionen in Großbritannien und Russland eingesetzt. Der versierte Verbindungsoffizier und Diplomat genoss das Vertrauen Churchills, der am 4. August Folgendes an Roosevelt telegrafierte: *»Heute vor siebenundzwanzig Jahren haben die Hunnen ihren vorletzten Krieg begonnen. Müssen diesmal unsere Sache gut machen. Zweimal sollte genügen.«*[92] Diese Sprache entlarvt Churchill als einen zum Frieden unfähigen Mann.

Die Konferenz auf der *Prince of Wales* wurde am 14. August 1941 mit einer gemeinsamen Erklärung von Churchill und Roosevelt beendet. Grundlage der »Atlantik-Charta« waren die in Roosevelts Kongressrede vom 6. Januar verkündeten »Vier Freiheiten«[23]. In den einzelnen Punkten unterwerfen sich Großbritannien und die USA folgenden Regeln:

*»ERSTENS, ihre Länder streben keine Bereicherung an, weder in territorialer noch in anderer Hinsicht;*

*ZWEITENS, sie wünschen keine territorialen Veränderungen, die nicht im Einklang mit dem Willen der betreffenden Völker stehen;*

*DRITTENS, sie achten das Recht sämtlicher Völker, jene Regierungsform zu wählen, unter der sie leben wollen. Sie wünschen, dass die Souveränität und die Eigen-Verwaltung jenen zurückgegeben werden, denen sie gewaltsam entrissen wurden;*

*VIERTENS, sie sind bestrebt, mit Rücksicht auf bestehende Verpflichtungen dahin zu wirken, dass alle Staaten, ob groß oder klein, ob Sieger oder Besiegte, gleichermaßen Zutritt zum Handel und zu den Rohstoffen der Welt erhalten, um zu wirtschaftlichem Wohlstand zu gelangen;*

*FÜNFTENS, sie erstreben die größtmögliche wirtschaftliche Zusammenarbeit aller Völker mit dem Ziele, allen Menschen bessere Arbeitsbedingungen, wirtschaftlichen Aufstieg und soziale Sicherheit zu bieten.*

*SECHSTENS, nach der endgültigen Zerstörung der Nazi-Herrschaft erhoffen sie die Gestaltung eines Friedens, der es allen Völkern ermöglicht, innerhalb ihrer Grenzen in Frieden zu leben und der allen Menschen in allen Ländern ein Leben frei von Not gewährleistet;*

*SIEBTENS, dieser Friede soll es allen Menschen ermöglichen, ohne Hindernisse die Meere und Ozeane zu bereisen;*

*ACHTENS, sie hegen die Überzeugung, dass alle Völker dieser Welt aus ethischen und praktischen Gründen zum Verzicht auf Gewaltanwendung gelangen müssen. Der künftige Friede kann nicht erhalten werden, wenn die Rüstung zu Lande, zu Wasser und in der Luft durch Nationen weitergeführt wird, die mit Angriffen über ihre Grenzen hinaus drohen oder zu drohen bereit sind, daher glauben sie, dass die Abrüstung dieser Nationen nötig ist, solange nicht ein umfassendes und dauerhaftes System allgemeiner Sicherheit besteht. Sie werden in gleicher Weise alle anderen praktischen Maßnahmen fördern und ermutigen, den friedliebenden Völkern die erdrückenden Rüstungslasten zu erleichtern.«*[24]

Gegen den ersten Punkt wurde bereits 14 Tage später verstoßen. Churchill und Roosevelt gestatteten Stalin die Besetzung eines Großteils der früheren Einflusszone der Zaren im Nordiran. Russland erhielt die völkisch gemischten

Unruheherde in den Gebieten und Provinzen Kurdistan, Aserbaidschan, Gilan, Mazanderan, Gorgan und Chorasan, während sich Großbritannien und die USA der ölreichen Provinzen im Süden und Osten des Landes bemächtigten. Zuvor hatte man noch feierlich die Unverletzbarkeit der Grenzen erklärt. Nun beanspruchte Roosevelt den Iran als Nachschubbasis für Lieferungen an die UdSSR, obwohl sein Land sich zu dieser Zeit weder mit dem Iran noch mit Deutschland im Kriegszustand befand.[25]

Ziel der Atlantik-Charta war von Anfang an die Dominanz über das westliche Bündnis und dessen Militär, um in der Welt »Ordnung« schaffen zu können – siehe Karte mit den weltweiten US-Militärkommandos auf S. 106. Seit 1945 ist die »Friedensmacht« USA und ihr »Verteidigungsbündnis« NATO zum Hauptrisiko für den Weltfrieden geworden – zu diesem Schluss kommt man jedenfalls nach Lektüre des Buches »Die illegalen Kriege. Wie die NATO-Länder die UNO sabotieren« des Schweizer Friedensforschers Daniele Ganser, in dem er die Kriege und Interventionen der NATO nach dem Zweiten Weltkrieg als aggressive Operationen zur Ausweitung der US-Macht entlarvt: Iran 1953, Guatemala 1954, Ägypten 1956, Kuba 1961, Vietnam 1964, Nicaragua 1981, Serbien 1999, Afghanistan 2001, Irak 2003, Libyen 2011, Ukraine 2014, Jemen 2015 und der laufende Krieg in Syrien.[26]

Die eklatanten Widersprüche zwischen Absichtserklärungen und tatsächlichem Handeln schienen wie ehedem bei Wilsons 14 Punkten keine Bedeutung zu haben. Am 24. September 1941 verkündeten die Delegierten von zehn alliierten Nationen, darunter die Sowjetunion, in London die Treue zu den Prinzipien der Charta.

*»Die Fähigkeit, an den Rand eines Krieges zu gelangen, ohne in den Krieg zu geraten, ist die notwendige Kunst ... Wenn man Angst hat, an den Rand zu gehen, ist man verloren.«*

John Foster Dulles

# Im Geiste von Versailles: Die jungen Wilden prägen ein Jahrhundert

## Die einflussreiche Familie Dulles

Als Gründerväter der Europäischen Union werden laut Wikipedia-Eintrag bezeichnet: Konrad Adenauer, Joseph Bech, Léon Blum, Winston Churchill, René Courtin, Alcide De Gasperi, Alexandre Marc, Jean Monnet, Józef Retinger, Duncan Sandys, Robert Schuman, Paul-Henri Spaak und Altiero Spinelli.[1] Die Namen der honorigen Politiker dienen vor allem einer gewollten Identitätsstiftung, so wie die Pilgrim Fathers in den USA für den Gründungsmythos herhalten mussten. Bei genauerem Hinsehen allerdings erweist sich vieles an der EU-Gründung als pure Legende. So werden entscheidende Akteure nicht genannt – sie bleiben wohl lieber im Dunkeln. Zeit, sie ins rechte Licht zu rücken, allen voran die Dullesbrüder.

Allen und John Foster Dulles stammten aus einer politisch aktiven Familie. Ihr Großvater John W. Foster war Bürgerkriegscolonel, angesehener Anwalt und 1892 US-Außenminister. Nachdem die USA 1887 den Marinestützpunkt Pearl Harbor vertraglich übernommen hatten, prüfte er »mögliche Wege« zur Annexion des Königreichs Hawaii. 1907 reiste er mit seinem Enkel John Foster zur Zweiten Internationalen Friedenskonferenz in Europa, als Berater der chinesischen Regierung. Das muss für den 19-Jährigen eine beeindruckende Erfahrung gewesen sein, die John Foster Dulles schließlich für eine Karriere in der Diplomatie begeisterte.

Sein Onkel Robert Lansing – Schwiegersohn von John W. Foster – war ebenfalls Rechtsanwalt und löste 1915 den aus Ärger über die Unterstützung der Entente durch die USA zurückgetretenen Außenminister William Jennings Bryan ab. Lansing kann durchaus als Erfinder der modernen amerikanischen Geheimdienste gelten: 1916 rief er das Bureau of Secret Intelligence ins Leben, Vorläufer des 1942 entstandenen Office of Strategic Services (OSS) sowie der zu Beginn des Kalten Kriegs aus der Taufe gehobenen Central Intelligence Agency (CIA). Und auch seine Neffen waren bis in die 1960er-Jahre wichtige Förderer der Geheimdienste.

Allen Dulles (1895–1969) trat 1916 in den diplomatischen Dienst ein; im Frühjahr 1917 wurde er nach Bern in die Schweiz versetzt. Nach Angabe seines Biografen Peter Grose hat er später behauptet, am 8. April 1917, am Tag vor Wladimir Lenins Abreise aus der Schweiz nach Petersburg, von dem russischen Revolutionär angerufen worden zu sein. Zu einem Kontakt sei es aber nicht gekommen, da er lieber mit einer Dame Tennis gespielt habe.[2]

*Präsident Kennedy überreicht Allen Dulles 1961 die »National Security Medal« anlässlich seines Rücktritts von der CIA, deren Direktor er acht Jahre lang war*

Seinen Bruder zog es schon früher zum diplomatischen Dienst. 1915 hatte ihn Onkel Robert für Reisen mit besonderem Fingerspitzengefühl ausersehen: John Foster fuhr nach Nicaragua, Costa Rica und Panama, er sollte die lateinamerikanischen Staatsoberhäupter zur Unterstützung der US-Kriegsanstrengungen gegen Deutschland geneigt machen und nach Möglichkeit zur Kriegserklärung bewegen. Die Vereinigten Staaten brauchten diese Länder, um den Panamakanal vor möglichen deutschen Kontroll- oder Sabotageversuchen zu schützen. In Panama bot Dulles als Gegenleistung für eine panamaische Kriegserklärung an Deutschland einen Verzicht auf die jährlich als Kanalgebühr erhobene Steuer an.[3]

Beim Kriegseintritt der USA im April 1917 wurde John Foster Dulles aufgrund eines Augenleidens für kriegsuntauglich erklärt. »Onkel Bert« sorgte dafür, dass er als Hauptmann Rechtsberater des neu installierten War Trade Board (WTB) wurde. Es hatte die Aufgabe, die Streitkräfte effizient mit Kriegsmaterial zu versorgen. Ein halbes Jahr später wurde das Board unter einem der bekanntesten Finanziers der damaligen Zeit, Bernard M. Baruch (1870–1965), reorganisiert.[4] Foster fand in ihm einen Mentor, ein Vorbild und einen Seelenverwandten. Später sollte ihm Baruch den entscheidenden Impuls für den Aufstieg an die Spitze der internationalen Diplomatie geben.

Vor dem Ersten Weltkrieg hatte sein Großvater ihm eine Stelle bei der bedeutenden Anwaltskanzlei Sullivan & Cromwell verschafft, die außer großen Unternehmen auch die amerikanische Regierung vertrat. Während seiner Arbeit beim War Trade Board warb John Foster neue Kunden für Sullivan & Cromwell an und ließ bestehende Kunden an Geschäften partizipieren. Er sicherte lukrative Regierungsaufträge für die Aetna Explosives Company und sorgte dafür, dass die in deutschem Besitz befindliche Mumm Champagne Company durch einen Scheinaktienverkauf an amerikanische Investoren nicht von der US-Regierung beschlagnahmt wurde. John Foster entwickelte sich zum Jongleur, der gleichzeitig die Interessen der Vereinigten Staaten und die der Kunden von Sullivan & Cromwell zu wahren verstand.[5]

Am 11. November 1918 trat der Waffenstillstand in Kraft: in der elften Stunde des elften Tages im elften Monat. Sechs Tage hörte Dulles, dass Präsident Wilson die amerikanische Delegation zur Friedenskonferenz in Paris höchstpersönlich anführen wollte, und bat Lansing darum, in die Delegation aufgenommen zu werden. Sein Onkel war aber über die Entscheidung seines Präsidenten, die Delegation zu leiten, mit Wilson in Zwist geraten und konnte nichts für ihn tun. Doch Bernard Baruch, Wilsons Berater für die Gespräche, nahm ihn als seinen Assistent mit. Dulles spielte während der Überfahrt unter anderem mit dem stellvertretenden Marinesekretär Franklin Roosevelt Bridge.[6] Sein Bruder Allen, frisch zum politischen Offizier befördert, machte sich ebenfalls in Paris nützlich.

Baruch als amerikanischer Delegierter in der Reparationskommission hatte mit über die Strafen für Deutschland zu entscheiden. Also stürzte sich John Foster Dulles in die Arbeit und klügelte geheime Details der Schuldenfinanzierung aus, die sich später für seine Bankkunden als unschätzbar wertvoll erweisen sollten. Seine europäischen Kollegen waren junge Männer mit gleichem Ehrgeiz und Talent, darunter John Maynard Keynes, der bald damit beginnen würde, die Wirtschaftstheorie zu revolutionieren, und Jean Monnet, später einer der Gründervater der Europäischen Union.

Zwischen den Verhandlungsrunden konzentrierte sich Foster darauf, sein bereits beeindruckendes internationales Netzwerk zu erweitern. Die Kontakte sind für einen 31-Jährigen erstaunlich: Er tafelte mit dem Präsidenten Brasiliens oder dem Politiker George Sheldon, Finanzexperte und Schatzmeister der Republikanischen Partei in New York. Zudem empfing er seinen Chef, das Rechtsgenie William Nelson Cromwell, den chinesischen Außenminister Lou Tsen-Tsiang und den amerikanischen Botschafter in Frankreich, William Graves Sharp. Das Essen, so berichtet er an seine Frau, habe ihn die bemerkenswerte Summe von 110 Dollar gekostet, doch das sei es wert gewesen. John Foster Dulles war ein Mann, der geschickt in die Zukunft investierte.[7]

Unter Baruchs Anleitung formulierte Dulles die deutsche Alleinschuld juristisch aus. Der betreffende Artikel des Versailler Vertrags war dann der wesentliche Grund für die erste deutsche Delegation unter Graf Brockdorff-Rantzau, die Unterschrift zu verweigern. Um die Zustimmung zu erzwingen, wurde die Seeblockade fortgeführt und erst 1919 aufgehoben.[8]

## Jean Monnet (1888–1979)

Noch schillernder als die beiden Dullesbrüder war Jean Omer Marie Gabriel Monnet, Spross einer französischen Kaufmannsdynastie aus Cognac. Zunächst Lehrling im väterlichen Weinbrandhandel, stieg er auf zum New Yorker Finanzier mit weltweiten Verbindungen, die ihm Geschäftstätigkeiten in Warschau, London, Shanghai und den USA ermöglichten.[9]

Während des Ersten Weltkriegs nahm der 26-Jährige eine bedeutende Rolle beim Aufbau interalliierter Stellen zur Vereinheitlichung der Versorgung und des Transportwesens ein. 1915 erhielt er eine weitere Schlüsselstellung: als Vertreter Frankreichs im interalliierten Verteilungsausschuss für Nahrungsmittel, Bewaffnung und Seeschifffahrt, welche die Güternachfrage und -logistik der westlichen Alliierten koordinierte. Monnet arbeitete zunächst britisch-französisch, mit Kriegseintritt Italiens trinational und zuletzt auch mit den USA. Mit deren Kriegseintritt entstand ein komplexes kriegswirtschaftliches Nachfragekartell mit katastrophalen Auswirkungen auf den britischen Handel. Durch die Regulierungen kam es zu dramatischen Versorgungsengpässen. Zunächst wurden diese nur durch den gewaltsamen Bruch der Verträge gemildert. Dann wurden die Regulierungen teilweise außer Kraft gesetzt, entweder aufgrund angeblicher Versorgungsnotwendigkeit oder wegen der zunehmenden alliierten Schifffahrtskontrolle: »*eine Art Experiment in der internationalen Verwaltung*«.[10]

Nach der Pariser Friedenskonferenz beriefen Clemenceau und Balfour Monnet zum stellvertretenden Generalsekretär des Völkerbunds. Von den Friedensverhandlungen rührt Monnets Bekanntschaft mit John Foster Dulles; sie sollten sich nicht mehr aus den Augen verlieren und auch gemeinsame Finanzgeschäfte machen. Ihre Wikipedia-Einträge könnten nicht unterschiedlicher sein: John Foster Dulles sei »*bekannt für seine kompromisslose Haltung gegenüber der Sowjetunion im Kalten Krieg und betrachtete den Kommunismus ›als moralisches Übel‹.*«[11] Jean Monnet wird als »*Wegbereiter der europäischen Einigungsbestrebungen*« hervorgehoben, »*ohne je Politiker im Sinne eines gewählten Mandatsträgers gewesen zu sein – er war nie Regierungschef oder Minister.*«[12]

Monnet ist in erster Linie ein Mann der Wall Street. Neben John Foster Dulles und dessen Anwaltsfirma Sullivan & Cromwell bestanden Verbindungen zu John Jay McCloy, dem späteren Präsidenten der Weltbank, damals Partner in der Anwaltsfirma Cravath, zu deren Klienten die I.G.-Farben-Tochter General Aniline & Film zählte. Bis zur Kriegserklärung Deutschlands an die USA 1941 gab es enge wirtschaftliche Verknüpfungen zwischen der I.G. Farben und amerikanischen Banken und Chemiekonzernen, auch zu Rockefellers Standard Oil of New Jersey; die ab 1929 bestehenden Geschäftsbeziehungen (und Kartellabsprachen) wurden sogar während des Zweiten Weltkriegs aufrechterhalten.[13]

Monnet und Dulles teilten ein elitäres Weltbild sowie die Begeisterung fürs Geldverdienen – die Begeisterung für demokratische Rechenschaftspflichten dürfte sich hingegen in Grenzen gehalten haben. In den Zwischenkriegsjahren erwies sich Dulles' Beziehungsnetz hochrangiger Persönlichkeiten auch für Jean Monnet als überaus nützlich. Er leitete das Geldhaus Blair & Company, die Rechtsvertretung übernahm McCloys Firma Cravath. Paul D. Cravath, Elihu Root sowie John W. Davis saßen im Direktorium des am 29. Juli 1921 gegründeten Council on Foreign Relations (CFR). Alle drei waren Juristen, Davis und Cravath Anwälte für namhafte New Yorker Investmentbanken wie Kuhn, Loeb & Co.[14] Der CFR, auch bekannt als »das Establishment«, »die unsichtbare Regierung« oder »das Rockefeller-Ministerium für Auswärtige Angelegenheiten« gestaltet mit seinen 4750 Mitgliedern (darunter 250 Unternehmen) die US-Außenpolitik. Kaum verwunderlich, dass im Kongress Abstimmungen zu Krieg und Frieden fast immer einstimmig fallen.

Den Anstoß für die Gründung des Council hatte Edward M. House, Verhandlungsführer der US-Delegation bei der Konferenz von Versailles, in enger Zusammenarbeit mit dem Journalisten und Präsidentenberater Walter Lippmann, John Foster Dulles, Allan Dulles und Christian Herter (US-Außenminister 1959–61) gegeben; außerdem waren weitere Bankiers wie Bernard Baruch, J. P. Morgan, Jacob Schiff, Frank Vanderlip (Präsident der National City Bank), Paul Warburg (Partner des Bankhauses Kuhn, Loeb, and Company) und John D. Rockefeller dabei sowie hochrangige Politiker wie der Geschäftsmann und Diplomat Averell Harriman.

Zwei der Banker, Frank Vanderlip und Paul Warburg, hatten bereits zum sechsköpfigen Verschwörerteam von Jekyll Island gehört; John D. Rockefellers Schwiegervater hatte damals die Versammlung geleitet. Auf Jekyll Island (im Besitz von J. P. Morgan) hatten sich vom 20. bis zum 30. November 1910, unter falschen Namen und für die Entenjagd angemeldet, sechs einflussreiche Konspirateure zur Beratung über ein Zentralbank-System versammelt[15]: US-Senator Nelson W. Aldrich, Schwiegervater von John D. Rockefeller (1874–1960, einziger Sohn des damals reichsten Manns der Welt), Braham Andrew (Assistent des Bundesministers der Finanzen und Berater in der National Monetary Commission), Henry Pomeroy Davison (Partner im Bankhaus J. P. Morgan), Benjamin Strong (Vize-Präsident der Banker's Trust Company), Frank A. Vanderlip (Präsident der National City Bank) und Paul Warburg (Partner des Bankhauses Kuhn, Loeb and Company).

Am 23. Dezember 1913 wurde der Federal Reserve Act vom Kongress verabschiedet und von Präsident Woodrow Wilson unterzeichnet. Das Gesetz schuf das Federal Reserve System (»Fed«), das Zentralbankensystem der Vereinigten

Staaten. Die Anteilseigner der Fed treffen die operativen Entscheidungen frei und eigenständig. Sie müssen nur dem Kongress über ihre Aktivitäten berichten. Die Fed konnte unbegrenzt Geld drucken: die Voraussetzung dafür, den Ersten Weltkrieg in die Länge zu ziehen.

Es war Wilsons Schatten Colonel House, der bei dem Schlüsseltreffen der »Round-Table-Gruppe« am 19. Mai 1919 im Majestic-Hotel in Paris als Gastgeber – sowohl für die amerikanische als auch für die englische Delegation – fungiert und einem exklusiven Zirkel die Bildung des CFR anvertraut hatte. Die Experten von J. P. Morgan hatten starken Einfluss auf die US-Friedensdelegation in Paris, beherrschten die kleine amerikanische Round-Table-Gruppe und hatten Verbindung zu der gleichartigen Gruppe englischer »Experten« aufgenommen, die sich aus dem Milner-Kreis rekrutierte.

*Die Avantgarde für ein transatlantisch angebundenes Europa: Jean Monnet, John Foster Dulles, Richard Coudenhove-Kalergi und Winston Churchill (v. l. ob. n. r. unt.)*

Für den US-amerikanischen Historiker und Zivilisationstheoretiker Carroll Quigley sind die Pläne für das britische Royal Institute on International Affairs (RIIA) und den amerikanischen CFR in Paris entworfen worden.[16] Erst später wurde der Anschein erweckt, als seien sie zwei voneinander unabhängige Körperschaften. Vor der amerikanischen Öffentlichkeit sollte verborgen werden, dass der CFR in Wirklichkeit eine Tochter der britischen Round-Table-Gruppe ist.[17] Der CFR entwickelte sich zu einem einflussreichen privaten Think Tank und gilt als Schnittstelle zwischen der Politik und den Interessen der Konzerne und der Hochfinanz.

Monnet kehrte nach dem Crash von 1929 und dem Absturz der Aktienkurse seines Unternehmens nach Europa zurück. Als der schwedische Zündholztycoon Ivar Kreuger Anfang 1932 in Schieflage geriet und der Konkurs des Trusts unabwendbar wurde, schickte John Foster Dulles Monnet mit besonderem Auftrag nach Stockholm: Es galt, die Interessen der amerikanischen Gläubiger zu schützen. Danach wurde Monnet im Auftrag des Völkerbunds Wirtschaftsberater in China.

## John Foster Dulles (1888–1959)

Seit seiner Tätigkeit in der Pariser Friedens- und Reparationsdelegation war John Foster Dulles ein Anhänger der Politik Woodrow Wilsons und somit auch Befürworter des Völkerbunds und eines Internationalen Gerichtshofs. Wilson und Dulles lehnten beide den Versailler Friedensvertrag ab[18] – Dulles sagte sogar visionär voraus, dass die Reparationsforderungen einen weiteren Krieg nach sich ziehen würden.

Nach der Friedenskonferenz machten die Gebrüder Dulles einen Abstecher in das politisch gärende Berlin. Ihr Vater hatte in Göttingen und Leipzig Theologie studiert und seine Söhne mit Geschichten über die reiche intellektuelle Tradition und die Rolle des Landes in der Reformation begeistert. Vielleicht hatte John Foster Dulles deshalb dafür geworben, Deutschland keine erdrückenden Reparationszahlungen aufzuerlegen, und später die Überzeugung gewonnen, dass die Welt durch das Beharren auf diesen Zahlungen dazu beitrug, Deutschland zur Aggression zu drängen.[19]

Anschließend blieb Allen Dulles in Deutschland und wurde erster Sekretär der US-amerikanischen Botschaft in Berlin. Sein Bruder ging zurück in die New Yorker Industriekanzlei Sullivan & Cromwell und agierte global, wobei er sich mit größter Sorgfalt Deutschland widmete. Aus seiner Bewunderung für die Leistungsbereitschaft sowie die Strenge der Gesellschaftsordnung erwuchs seine Überzeugung, dass Deutschland eine aufstrebende Nation und ein Bollwerk gegen den Bolschewismus war.[20] Seine Deutschlandgeschäfte führten ihn häufig nach Berlin, wo ihm sein Bruder Hjalmar Schacht vorstellte, der fließend Englisch sprach und mit der Denk- und Arbeitsweise in den Vereinigten Staaten vertraut war. Beide wurden sofort voneinander angezogen. Am 20. März 1922 machte Schacht Dulles einen Vorschlag für eine künftige Lösung der Reparationsprobleme. Mit dem Leiter der Bank of England, Montagu Norman, hatten Experten von J. P. Morgan & Co. Ideen zum Eindringen des amerikanischen Kapitals in Europa entwickelt. Der europäische Repräsentant dieser Ideen sollte der Vertreter der Dresdner Bank, Hjalmar Schacht, werden.[21] Dulles leitete Schachts Vorschläge weiter an Thomas W. Lamont, einen Partner von J. P. Morgan. In dem konstruktiven Dreieck Dulles-Schacht-Morgan nahmen die Ideen Gestalt an in internationalen Kartellen mit Sitz in Deutschland: I.G. Farben und Vereinigte Stahlwerke. Unter Schacht wurde die Inflation in Deutschland beendet; er wurde zunächst Reichswährungskommissar und im Dezember 1923 Reichsbankpräsident – ideale Voraussetzungen, um die angloamerikanischen und die deutschen Finanzkreise zusammenzubringen. Mit der neuen und stabilen Währung wurde Deutschland für die USA wieder attraktiv.

John Foster Dulles hatte den Dawes-Plan mitentwickelt, durch den sich riesige neue Märkte eröffneten. Später arrangierte er für fünf große US-Banken einen Kredit über 100 Millionen Dollar an deutsche Kreditnehmer. In den folgenden sieben Jahren vermittelten er und seine Partner weitere 900 Millionen Dollar nach Deutschland – das entspricht mehr als 15 Milliarden Dollar zu Beginn des 21. Jahrhunderts. Er stieg zum wohl weltweit führenden Verkäufer deutscher Anleihen auf. Er wies Kritiker scharf zurück, die dafür plädierten, dass die Banken mehr in den Vereinigten Staaten investieren sollten, und das Außenministerium versuchte, Kredite an Deutschland auf Reparationszahlungen zu beschränken oder Kartelle zu unterstützen. Die jahrelange Arbeit für deutsche Auftraggeber gab seiner Verbundenheit auch eine beachtliche wirtschaftliche Grundlage.

Derart in das finanzpolitische globale Geschehen eingebunden, kam John Foster Dulles bei Sullivan & Cromwell, der Kanzlei aller Kartelle, schnell voran, 1926 wurde er Executive Director. In den Büroräumen, die sich über sechs Stockwerke eines Wolkenkratzers der Wall Street hinzogen, wurden mit viel Lobbyarbeit US-amerikanische wie deutsche und andere europäische Unternehmen anwaltlich beraten. Hierzu zählten zahlreiche Großunternehmen wie z. B. die Chase Bank, J. P. Morgan, Ford – und eben I.G. Farben. Sullivan & Cromwell vertrat die Unternehmen aber nicht nur rechtlich, sondern auch als Vertreter von Anteilseignern und als politische Lobbyisten.

Der eloquente Dulles, inzwischen Mitglied der Rockefeller Foundation, gestaltete 1929 den Young-Plan mit, der den Dawes-Plan ablöste und wodurch die deutschen Reparationszahlungen im Sinne der Wall Street über die Bank für Internationalen Zahlungsausgleich abgewickelt werden sollten, was mit der Weltwirtschaftskrise 1932 wieder aufgehoben wurde. In den 30er-Jahren fungierte Dulles als amerikanischer Generalrepräsentant der I.G. Farben. Unter John Foster Dulles renovierten Sullivan & Cromwell die Finanzen Norwegens, Dänemarks, Polens, Frankreichs, Argentiniens, Uruguays und Kolumbiens.[22]

Dulles sah Kartelle als Garanten für Stabilität, die Gewinne sicherten und gleichzeitig die Volkswirtschaften vor unvorhersehbaren Schwankungen schützten. Zu seinen wichtigsten Kunden gehörte die in New Jersey ansässige Internationale Nickelgesellschaft, für die er nicht nur als Berater, sondern auch als Direktor und Mitglied des Vorstands tätig war. In den frühen 1930er-Jahren führte er sie zusammen mit ihrer kanadischen Tochtergesellschaft in ein Kartell mit zwei großen französischen Nickelproduzenten. 1934 kam der größte deutsche Nickelproduzent hinzu: die I.G. Farben, welche dadurch zum Chemiegiganten wurde. Derart vernetzt, erhielt das Dritte Reich Zugang zu den Ressourcen des Nickel-Kartells. Ohne Dulles, so eine Studie von Sullivan & Cromwell, hätte es Deutschland an Verhandlungsstärke mit International Nickel gefehlt, die das weltweite Angebot an Nickel, einem entscheidenden Bestandteil von Edelstahl und Panzerplatten, kontrollierte. In den 1930er-Jahren führte er auch den belgischen Chemieproduzenten Solvay mit I.G. Farben, der US-amerikanischen Firma Allied Chemical & Dye und mehreren anderen Unternehmen zu einem ebenso starken Chemiekartell zusammen, wie er es für die Nickelproduzenten organisiert hatte.[23]

Am 30. Januar 1933 wurde Hitler Reichkanzler und Hjalmar Schacht Wirtschaftsminister. In Zusammenarbeit mit Schacht half Dulles dem Dritten Reich, in den Vereinigten Staaten Finanzierungsquellen für öffentliche Einrichtungen, Banken und Industrien zu finden. Gemeinsam entwickelten sie hierfür neue Formeln, die es den Deutschen erleichterten, Geld von amerikanischen Banken zu leihen und gestalteten komplexe Umstrukturierungen der deutschen Verpflichtungen auf mehreren »Schuldenkonferenzen«, die offiziell zwar unter Bankiers stattfanden, in Wirklichkeit aber in enger Zusammenarbeit von der deutschen und der amerikanischen Regierung geleitet wurden.

Sullivan & Cromwell gaben die ersten amerikanischen Anleihen des Stahl- und Rüstungskonzerns Krupp AG heraus und kämpften erfolgreich gegen Kanadas Bemühungen, den Stahlexport an deutsche Waffenhersteller zu unterbinden. Laut John Foster Dulles vertrat die Firma *»mehrere Provinzregierungen, einige große US-Konzerne, eine Reihe großer amerikanischer Unternehmen mit Geschäftsinteressen im deutschen Reich und einige reiche Einzelpersonen«*, einem anderen Bericht zufolge *»gedieh sie durch Kartelle und Absprachen mit dem neuen Nazi-Regime«.*[24]

Nach der großen Depression in der Folge der Bankenkrise von 1929 beschrieb John Foster Dulles Frankreich und Großbritannien als »statische Gesellschaften«, die nur daran interessiert seien, zu verteidigen, was sie hatten. Die Zukunft aber werde von drei kreativen und dynamischen Mächten gestaltet: Deutschland, Italien und Japan. *»Diese dynamischen Völker«*, schrieb Dulles in einem Artikel, *»sind entschlossen, ihre Staaten so zu gestalten, dass sie ihr Schicksal selbst in die Hand nehmen und jenen erweiterten Status erreichen können, der ihnen unter einer liberalen und friedlichen Regierungsform verwehrt wurde«.*[25] Hier muss allerdings die Rolle großer US-Kartelle, Firmen und Banken gesehen werden, die sich in vielen Wirtschaftsbereichen – hier vor allem in der Rüstungsindustrie – engagierten, während die Nationalsozialisten begannen, ihre Macht zu konsolidieren.

Nachdem Vertreter der I.G. Farben und der Vereinigten Stahlwerke 1933 von Hjalmar Schacht um eine Wahlspende gebeten worden waren, flossen 400 000 Reichsmark auf das Konto der »Nationalen Treuhand«.[26] Die deutschen Industriellen, die Hitler finanzierten, waren überwiegend Direktoren von Kartellen mit direkten amerikanischen Verbindungen oder von amerikanischen Tochterunternehmen. Vom gesamten I.G.-Farben-Komplex hielt Rockefeller ungefähr 50 Prozent, als nächstgrößte »Stockholder« folgten die Dulles-Brüder. Auch AEG und Deutsch-Amerikanische Petroleum A. G. wurden in den 20er-Jahren weitgehend durch amerikanische Darlehen aufgebaut. Das Finanz-Establishment wollte nicht beiseite stehen. Z. B. fungierte der NS-Finanzier Hendrik Jozef Kouwenhoven, ein Direktor-Kollege von Roland Harriman bei der Union Banking Corporation in New York, als Management-Direktor der holländischen »Bank voor Handel en Scheepvaart N.V. (BHS) of Rotterdam« in den Dreißigern auch als Direktor der Vereinigten Stahlwerke A. G. und zählt wie Baron von Schröder zu den prominenten Unterstützern Hitlers. Ein anderer Manager der »Union Banking Corporation« in New York war der deutsche Johann Groeninger, der als Direktor der August Thyssen Hütte A. G. mit zahlreichen industriellen und finanziellen Gliederungen in die Vereinigten Stahlwerke involviert war.

Der US-Star-Kolumnist Drew Pearson listete fröhlich die deutschen Kunden von Sullivan & Cromwell auf, die den Nationalsozialisten Geld gespendet hatten, und beschrieb John Foster Dulles als Chefagenten *»der Bankkreise, die Adolf Hitler aus den finanziellen Tiefen retteten und seine Nazi-Partei als ein laufendes Unternehmen gründeten«.*[27]

## Die Folgen des gescheiterten New Deals

Auch andere Mitglieder der Wall-Street-Elite hatten im Zentrum des Roosevelt'schen New Deal keinerlei Berührungsängste – weder mit dem sowjetischen Sozialismus noch mit dem deutschen Nationalsozialismus. Doch nachdem der New Deal nicht die gewünschten Früchte trug, setzte Roosevelt zum 31. Januar 1934 eigenmächtig eine neue Parität zwischen Dollar und Gold fest, die nur 59,66 Prozent des bisherigen Werts betrug. Damit konnten US-Produkte auf dem Weltmarkt leichter verkauft werden. Für die nach den USA exportierenden Länder aber war eine enorme Schranke aufgebaut worden. Auch der deutsche Außenhandel war empfindlich getroffen, was unmittelbar Autarkiebestrebungen auslöste.

Trotzdem zeichnete sich eine ökonomische Gesundung Deutschlands, Italiens und Japans ab, während in den USA die depressive Wirtschaftslage anhielt. Nach zwei Amtsjahren musste sich Roosevelt eingestehen, dass die angestrebte

Sanierung auf sich warten ließ. Auch war sein Versuch, die Wirtschaft zentral zu lenken, gescheitert. Vom Big Business blies ihm eiskalter Wind ins Gesicht, und der Kongress wurde widerspenstig. Nun sah er in den Lehren John Maynard Keynes eine Alternative; 1936 veröffentlichte der sein fundamentales Werk »Die Allgemeine Theorie der Beschäftigung, des Zinses und des Geldes«. Auch Hitler folgte den Vorschlägen, und Reichsbankpräsident und Währungsreformer Hjalmar Schacht blies über Wechselkredite das Kreditvolumen auf, um auch die letzten Arbeitslosen von der Straße zu bringen.

Keynes wurde vom britischen Informationsministerium aufgefordert, öffentlich gegen diese nationalsozialistische »Neuordnung« aufzutreten. Daraufhin ließ er die Pläne genau untersuchen und kam zu dem sensationellen Resultat, dass die finanz- und wirtschaftspolitischen Instrumente der Deutschen erstklassig und hocheffizient waren, jedoch untrennbar verknüpft mit weiteren militärischen Eroberungen. Das war natürlich beunruhigend und zwang Großbritannien und die USA zu programmatischen Gegenkonzepten. Für die künftige Form einer Industriegesellschaft hatte Roosevelt vier grundsätzliche Alternativen ausgemacht: Imperialismus, Faschismus, Kommunismus und Sozialen Kapitalismus. Die ersten drei lehnte er ab, entschied sich für die vierte und glaubte an eine friedliche Koexistenz mit dem Kommunismus. Das bedeutete: Hitler musste weg.

Da der New Deal keine wirtschaftliche Erholung gebracht hatte, befürchteten einige Politiker um Senator Gerald P. Nye, dass der Ausweg in einem neuen Krieg gesucht würde. Um das zu verhindern, bildeten sie das Nye Committee, welches zwischen 1934 und 1936 die Zusammenhänge um die Beteiligung der Vereinigten Staaten am Ersten Weltkrieg untersuchte. Hierzu wollte man die kriegstreiberische Kooperation von Rüstungsindustrie und Banken aufdecken. Als Erstes kam die Munitionsindustrie, hier vor allem die Firma DuPont, auf den Prüfstand, gefolgt von der Schiffsbauindustrie und dem Bankhaus J. P. Morgan, dessen Machenschaften ihm Kriegsgewinne von einhundert Millionen Dollar eingebracht hatten. In 93 Anhörungen wurden 200 Zeugen befragt, darunter J. P. Morgan und Pierre S. DuPont, Rüstungsmagnat mit fast 1000 Prozent Gewinnsteigerung im Vergleich zu den Vorkriegsjahren. Nach zwei Jahren konnte das Komitee nachweisen, dass Banker und Rüstungsindustrielle neben Preisabsprachen vor und während des Kriegs die US-Außenpolitik beeinflusst und das Land somit in den Krieg »getrickst« hatten, um die Anleihen an die Entente zu schützen und einen Rüstungsboom zu erzeugen. Dabei kam heraus, dass Großbritannien bis zum Kriegseintritt der USA im April 1917 im Vergleich zum Deutschen Reich von der Wall Street das 85-fache an Krediten erhalten hatte. Die Untersuchungsergebnisse führten zur Forderung nach Neutralität. Die profitablen Verstrickungen der sogenannten »Kaufleute des Todes« sollten in Zukunft verhindert werden. Ein streng verpflichtendes Neutralitätsrecht sollte die Bewaffnung amerikanischer Handelsschiffe verbieten und den Bürgern das Recht nehmen, auf den Schiffen kriegführender Mächte zu reisen. Zusätzlich wurden Maßnahmen gegen die Ausfuhr von militärischem Material vorgesehen.

Der Nye-Ausschuss hatte die richtige Fährte aufgenommen: Am 19. Oktober 1936 ließ US-Botschafter William E. Dodd seinem Präsidenten eine Lageanalyse aus Berlin zukommen, die das Wirken des amerikanischen Big Business im nationalsozialistischen Deutschland und die damit verbundene Kriegsgefahr offenbarte: »*Gegenwärtig haben hier mehr als hundert amerikanische Unternehmen Tochtergesellschaften oder arbeiten mit hiesigen Firmen zusammen. Die DuPonts haben in Deutschland drei Geschäftspartner, die im Rüstungsbereich tätig sind. Ihr Hauptverbündeter ist die I.G. Farben A.G., wobei sich die Regierung mit 200 000 RM im Jahr an einer Werbemaßnahme beteiligt, die in den U.S.A. die Meinung beeinflussen soll. Die Standard Oil Company (bzw. eine New Yorker Unterabteilung) transferierte im Dezember 1933 zwei Millionen Dollar nach Deutschland und erhält nun 500 000 jährlich dafür, dass sie den Deutschen bei der Herstellung von Ersatzbenzin hilft, was die Kriegswahrscheinlichkeit erhöht. ... Der Präsident der Internationalen Harvester Company erzählte mir, dass ihr Umsatz um 33 % im Jahr steigt (Waffenindustrie, glaube ich), aber sie können nichts ausführen. Selbst unsere Flugzeugleute haben geheime Arrangements mit Krupp. Die General Motor Company und Ford machen hier mit ihren Tochtergesellschaften riesige Umsätze, aber sie entnehmen keine Gewinne. Ich meine, dass diese Fakten die Dinge komplizieren und die Kriegsgefahr vergrößern.*«[28]

Die weitsichtigen Macher hatten rechtzeitig die Bank für Internationalen Zahlungsausgleich in Basel installiert. Geführt von Repräsentanten der internationalen Bankhäuser aus Europa und den Vereinigten Staaten, war sie die Spitze des internationalen Finanzsystems und sollte für die Kriegsanstrengungen des Dritten Reichs unentbehrlich werden.

Bei all seinen Tätigkeiten konnte Dulles aus den während des Ersten Weltkriegs geknüpften Geschäftskontakten Nutzen ziehen. Dazu hielt der spätere britische Außenminister Austen Chamberlain in seinen Erinnerungen fest:

*»Das ›Versailles-Prestige‹ von John Foster Dulles verursachte unter den amerikanischen Bankhäusern ein Wettrennen um seinen Beistand als Rechtsberater.«*[29]

1937 besuchte John Foster Dulles eine Völkerbundkonferenz in Paris. Er fand das Gerede steril und schrieb, der Völkerbund sei eine egoistische Gesellschaft der Siegermächte von 1919 zur Erhaltung des Status quo in Europa. Weil er darin weitgehend mit Hitler übereinstimmte, bekam Dulles in Paris und London den Ruf eines nationalsozialistischen Mitläufers. In seinem Buch »War, Peace and Change« aus dem Jahr 1939 analysiert John Foster Dulles *»die Bedingungen, die in unserer Zeit zum Einsatz von Gewalt führen«*. Eine Möglichkeit, dies zu verhindern bestehe darin, *»den menschlichen Geist zu formen«*, also in ethischen Mitteln, die andere, von Dulles präferierte Option greift auf politische Mittel zurück. Der Autor schlägt vor, gegenüberüber den dynamischen Völkern duldsam zu sein. Der Autor scheint sich sehr auf das zu verlassen, was heute als »Appeasement« bezeichnet wird, andererseits kann man ihm darin zustimmen, dass die *»Vertragsstruktur der Welt als elastisch und nicht als statisch angesehen werden sollte«*.[30] Das war wirklich visionär, ändern sich doch zum einen die Kenntnisse der Zusammenhänge – neue Einblicke in bisher verschlossene Dokumente –, und zum anderen die Bedingungen.

## Allen Dulles (1893–1969)

Nach seiner Tätigkeit als erster Botschaftssekretär in Berlin wurde er an die US-Botschaft in Konstantinopel versetzt. Dort lehnte er 1926 (33-jährig!) einen Posten als Botschafter in Peking ab – angeblich wegen zu geringer Bezahlung – und schied aus dem diplomatischen Dienst aus. Er folgte seinem Bruder John Foster Dulles, inzwischen Partner von Sullivan & Cromwell, als Anwalt in die auf das Auslandsgeschäft spezialisierte Wirtschaftskanzlei, die sich hervorragend auf Lobbyarbeit und clevere Öffentlichkeitsarbeit verstand. So wurde zur Verkaufsförderung von Anleihen für den deutschen Wiederaufbau – sogenannte »Heidelberg-Bonds« – eine deutschfreundliche Stimmung durch Platzierung deutscher Operetten in den USA erzeugt.

Sullivan & Cromwell förderte neben den isolationistischen Pressure Groups »America First«, als deren Aushängeschild der deutschfreundliche Charles Lindbergh fungierte, angeblich auch die paramilitärische American Liberty

League, die nach der Wahl von Franklin D. Roosevelt sogar einen Putsch anzetteln wollte. Den Nationalsozialisten gegenüber verhielt man sich janusköpfig. *»Allen Dulles kritisierte Hitler öffentlich und empfahl sich auf diese Weise bei jüdischen Bankiers, für die er mit Gründung von allerhand Scheinfirmen Kapital aus Deutschland abzog.«*[31] John hingegen unterstützte führende US-Industrielle bei ihren lukrativen Geschäften mit dem Deutschen Reich, so auch Prescott Bush (1895–1972), den Vater von George H. W. Bush. Oberflächlich betrachtet, kann man die Aktivitäten von Sullivan & Cromwell wohl als widersprüchlich ansehen, im Endeffekt sind sie als höchst clever zu bezeichnen: im Sinne der Losung »Getrennt marschieren – vereint schlagen«.

Im Auftrag der Kanzlei begleitete Allen Dulles den Rüstungskontrollexperten Norman Davis im Frühjahr 1933 auf einer Tournee durch die europäischen Hauptstädte zu Treffen mit führenden Persönlichkeiten wie Ramsay MacDonald, Neville Chamberlain, Leon Blum und Paul Boncour. Aufgrund seiner Kontakte sowie der Teilnahme an europäischen Abrüstungsverhandlungen war er für die Rüstungsindustrie interessant. Am 8. April trafen Davis und Dulles in Berlin mit Adolf Hitler und seinen Beratern zusammen, eine Begegnung, die Dulles zeitlebens geheim hielt.

Der Vater von Prescott Bush war der mit den Rockefellers und Harrimans geschäftlich verbundene Eisenbahn-Tycoon Samuel Prescott Bush. Über Edward Harriman und seine Börsenspekulationen urteilte einst Präsident Roosevelt, dieser sei *»einer jener großen Trustschädlinge, die mit dem Brandmal des Verbrechertums gekennzeichnet sind«.*[32]

Samuel Prescott Bush wurde 1917 von der US-Regierung mit der Organisation der Kriegswirtschaft beauftragt. Sein Sohn Prescott Sheldon Bush stieg an der Yale-Universität zum Oberhaupt der elitären Studentenverbindung »Skulls & Bones« auf. Der Legende nach soll der Tausendsassa den Schädel des Indianerhäuptlings Geronimo ausgegraben haben. Prescott diente als Feldartillerie-Hauptmann beim amerikanischen Expeditionskorps und bekam in Verdun eine Geheimdienstausbildung.

Im November 1934 behauptete Generalmajor a. D. Smedley Butler vom Marinekorps, dass ein Anleiheverkäufer namens Gerald C. MacGuire ihn im Auftrag führender Köpfe oben erwähnter American Liberty League aufgefordert hatte,

500 000 Veteranen zum Sturz von Präsident Roosevelt zu führen. MacGuire wies die Vorwürfe vor dem Kongress zurück, doch Butler wiederholte sie oft in bezahlten Reden vor linken Gruppen.[33]

1937 wechselte Allen Dulles in die Geschäftsleitung des Bankhauses von J. Henry Schröder, einem der mächtigsten und einflussreichsten Banker im nationalsozialistischen Deutschland. Hier traf er wieder mit Reichsbankpräsident und BIZ-Gründungsmitglied Hjalmar Schacht zusammen. Die bereits angeführte Bank für Internationalen Zahlungsausgleich, die älteste und wichtigste internationale Finanzorganisation, ist nur wenigen ein Begriff, obwohl (oder weil?) sie bis heute im Mittelpunkt des globalen Finanzsystems steht.[34] Die »Bank der Zentralbanken« mit Sitz in Basel/Schweiz verwaltet die Währungsreserven der Mitgliedsbanken, koordiniert die Geldpolitik der wichtigsten Wirtschaftsmächte und prägt die globale Finanzarchitektur. Geschützt durch einen internationalen Vertrag muss sie trotz ihrer Aufgaben- und Machtfülle niemandem Rechenschaft ablegen – nicht einmal die schweizerische Rechtsprechung kann auf sie einwirken, und ihre Einlagen gelten als sicher vor staatlichem Zugriff.[35]

## William »Wild Bill« Donovan (1883–1959)

Donovan stammte aus einer irischen Familie und war praktizierender Katholik. 1905 schloss er sein Jurastudium ab, im Universitätsfootballteam hatte er sich den Spitznamen »Wild Bill« erworben, den er zeitlebens behalten sollte. In diesem Umfeld hatte er den späteren Präsidenten Franklin D. Roosevelt kennengelernt. Donovan wurde Teilhaber der Kanzlei, die noch nach Ende seiner politischen Karriere unter dem Namen »Donovan, Leisure, Newton and Irvine« existierte.

Im Ersten Weltkrieg führte er als Colonel das 165. Regiment der 42. Division in Frankreich an und erhielt die höchsten Auszeichnungen. Der Kriegsveteran wurde 1941 reaktiviert, um das von Roosevelt geschaffene, zunächst zivile Office of the Coordinator of Information zu leiten, welches 1942 in einen operativ arbeitenden Nachrichtendienst umgewandelt wurde, das Office of Strategic Services (OSS). Zu den Aufgaben zählten Informationssammlung, Spionage, Sabotage und Unterstützung von Widerstandsgruppen.[36] Neben der militärisch-strategischen Aufklärung wurden auch Informationen aus allen gesellschaftlichen Bereichen gesammelt, so auch über Persönlichkeiten im Dritten Reich. Der im amerikanischen Exil lebende Carl Zuckmayer – er schrieb gerade »Des Teufels General« – erstellte 1943/44 für das OSS ca. 150 »Charakterporträts« über erfolgreiche Schauspieler, Regisseure, Verleger und Journalisten, z. B. Gustaf Gründgens, Theo Lingen, Gottfried Benn, Leni Riefenstahl, Ernst Jünger, Wilhelm Furtwängler oder Peter Suhrkamp. Dies sollte helfen, für den Wiederaufbau Deutschlands Gegner des Nationalsozialismus zu finden, die keine Kommunisten waren. Zuckmayer erhielt dafür 450 Dollar.[37]

*»Wild Bill« Donovan, OSS-Direktor und Vorsitzender des American Committee for a United Europe*

Auch in Spanien baute Donovan ein OSS-Netzwerk auf. 1943 traf er hier mit dem Chef der deutschen Abwehr, Admiral Wilhelm Canaris, zusammen, um Möglichkeiten der Unterstützung von Hitler-Gegnern durch das OSS zu erörtern.[38] Über den OSS-Agenten Allen Dulles, der Kontakte zum deutschen Widerstand unterhielt, war Donovan über die Opposition unterrichtet.

Mit Kriegsende – Donovan war vorher noch zum Generalmajor befördert worden – verschwand das OSS; der politische Einfluss von William Donovan war nach Roosevelts Tod im April 1945 nur noch marginal. Während der Prozesse in Nürnberg diente er als Assistent des amerikanischen Hauptanklägers Robert H. Jackson. Zu Donovans Beratern gehörte der deutsche Widerstandskämpfer Fabian von Schlabrendorff. Er brachte Donovan dazu, sich dafür einzusetzen, dass das Massaker von Katyn, das die sowjetische Seite auf die Liste der deutschen Kriegsverbrechen gesetzt hatte, aus der Anklage gestrichen wurde.[39] Mit Jackson zerstritt er sich jedoch, da er in einem »Schauprozess« aufgrund von rückwirkend angewandtem neuem Recht ein Risiko sah, das gerade bei den Deutschen das Vertrauen in die Westalliierten nachhaltig erschüttern konnte.

Nach Ende seiner politischen Laufbahn arbeitete Donovan weiter als Anwalt. 1948 war er im Gründungsvorstand des American Committee for a United

Europe sowie dessen erster Geschäftsführer. Die Organisation setzte die Gründung des Europarats um. Als Dwight D. Eisenhower nach dem Zweiten Weltkrieg Präsident der Columbia University wurde, stand Donovan ihm als Assistent zur Seite. 1952 bewarb er sich um die Leitung der CIA, doch seine Gegner – vor allem sein Intimfeind J. Edgar Hoover – vereitelten diese Karriere.[40] Statt nach Langley ging Donovan als Botschafter nach Thailand. Krankheitsbedingt kehrte er 1954 in die USA zurück und starb nach längerem Leiden am 8. Februar 1959. Aufgrund seiner Verdienste wurde er auf dem Nationalfriedhof Arlington beigesetzt.

## Richard Nikolaus Coudenhove-Kalergi (1894–1972)

Auch der Gründer der Paneuropa-Union Richard Nikolaus Coudenhove-Kalergi (1894–1972) verfügt über einen beachtlichen Stammbaum. Zudem war er der erste Träger des Karlspreises (vgl. S. 422 ff.). Sein Vater war Baron Heinrich von Coudenhove-Kalergi, seine Mutter die Japanerin Mitsuko Aoyama. Die Tochter des Bruders Gerolf ist die Journalistin Barbara Coudenhove-Kalergi. Aus gesundheitlichen Gründen vom Kriegsdienst befreit, konnte Coudenhove-Kalergi 1917 seine Promotion in Philosophie abschließen, bevor das Kriegsende seine Heimat grundlegend veränderte – von nun an war er tschechoslowakischer Staatsbürger.[41] Später nahm er die französische Staatsbürgerschaft an.

Sein Vorschlag, ein »Paneuropa« zu schaffen – der Name korrespondiert mit den Begriffen Pan-Amerikanismus und Pan-Hellenismus –, erregte 1922 internationales Aufsehen. Noch im gleichen Jahr gründete er die heute noch aktive Einigungsbewegung Paneuropa-Union und wurde Mitglied der Wiener Freimaurerloge Humanitas, die sich in erster Linie karitativen Aufgaben widmete und die pazifistische Bewegung für ein besseres Verständnis zwischen den Völkern unterstützte.

Coudenhove-Kalergi sah Europa gefangen zwischen Skylla und Charybdis: bedroht durch eine russische Militärdiktatur, die es erobern, und eine amerikanische Finanzdiktatur, die es kaufen wolle. Als Ausweg schlug er vor, sich zu einem politisch-wirtschaftlichen Zweckverband zusammenzuschließen. In seinem Buch »Pan-Europa« von 1923 zeigt er eine alternative Entwicklungsperspektive für Deutschland und Europa auf: die Bildung eines Staatenbundes von Polen bis Portugal, den er »Paneuropäische Union« oder »die Vereinigten Staaten von Europa« nannte. Die einzelnen Schritte zur Gründung seien folgende: Einberufung einer paneuropäischen Konferenz, Unterzeichnung eines gemeinsamen Schieds- und Garantievertrags durch jedes Mitgliedsland und die Gründung einer paneuropäischen Zollunion. Krönung wäre schließlich die Konstituierung eines Staatenbunds nach dem Muster der USA. Selbst die Flagge entwarf er: ein rotes Kreuz auf goldener Sonne. Das Sonnenkreuz sollte zum Symbol werden für ein Weltreich des Friedens und der Freiheit, der Humanität und der Vernunft.[42]

Die Grenzen für sein politisches Europa sind atlantikzentriert und enden im Osten an der russischen Westgrenze. Damit steht Coudenhove-Kalergis Option im krassen Gegensatz zur Theorie des britischen Geografen Halford Mackinder, für den Eurasien eine geografische Einheit ist.

Europäisch interessierte Unternehmer unterstützten Coudenhove-Kalergi. Als Erster übermittelte der deutsche Bankier Max M. Warburg eine Spende an die Paneuropa-Union. Im Vorstand saßen der deutsch-jüdische Unternehmer Richard Heilner (1876–1963) von der Germania Linoleum-Werke AG, ab 1926 Deutsche Linoleumwerke, Wilhelm Ferdinand Kalle (1870–1954), Generaldirektor der Chemischen Fabrik Kalle, später I.G. Farben zugehörig,[43] sowie Reichstags- und preußischer Landtagsabgeordneter (DVP), der deutsche Industrielle August Robert Bosch (1861–1942) und Hermann Bücher, Geschäftsführer des Reichsverbands der Deutschen Industrie und späterer AEG-Vorstand. Diese Herren gehörten nicht zu den Unterstützern von Adolf Hitler. Ihre Fabriken aber wurden im Bombenkrieg – im Gegensatz zu Konzernen wie I.G. Farben und Vereinigte Stahlwerke – vorrangig angegriffen.

In diesem Zusammenhang fallen auch Merkwürdigkeiten bei der Ruhrgebietsbesetzung 1923 auf: Nachdem am 9. Januar die Reparationskommission gegen die Stimmen Englands und Italiens einen Verstoß gegen den Versailler Vertrag feststellte – angeblich wurden Lieferungen zurückgehalten[44] –, besetzten am 11. Januar – also nur zwei Tage später – 60 000 französische und belgische Soldaten das Ruhrgebiet. Während Reichskanzler Cuno zum passiven Widerstand aufrief, erhielten die Mitglieder der NSDAP den Befehl, dem Aufruf Cunos nicht zu folgen. Am 13. Januar protestierte das Gesamtrussische Zentralexekutivkomitee und viele Menschen in zahlreichen Orten der Sowjetunion gegen die »Vergewaltigung des Selbstbestimmungsrechts des deutschen Volkes«. Als die Gefahr bestand, dass sich weitere Truppen anderer Länder an der Besetzung beteiligen könnten, wandte sich die Sowjetunion an die Regierungen Polens, der Tschechoslowakei, Litauens, Lettlands und Estlands mit der Aufforderung, im Ruhrkonflikt Neutralität zu wahren.

Der Name Warburg hatte im Jahr 1917 im Zusammenhang mit Leo Trotzki und W. I. Lenin Schlagzeilen gemacht: In den ersten beiden Aprilwochen 1917 strebten zwei bolschewistische Revolutionäre Richtung Petersburg. Sie sollten dort gleichzeitig ankommen. Am 27. März lief in New York das Dampfschiff *Kristianiafjord* mit Kurs auf Petrograd aus. An Bord Leo Trotzki, mit Geburtsnamen Lew Dawydowitsch Bronstein, und seine kleine Revolutionsgarde, die von Trotzki ihren letzten Schliff auf dem Gelände der Rockefeller'schen Standard Oil in New Jersey erhalten hatte. Im Gepäck 20 Millionen US-Dollar, eine Spende von Jacob Schiff vom Bankhaus Kuhn & Loeb.

Jenseits des Atlantiks – an der deutsch-schweizerischen Grenze – stieg am 9. April Rittmeister Arved von der Planitz in einen exterritorialen Sonderwaggon,[45] um die Bewachung des erlauchten »Diplomatentransports« von Wladimir Iljitsch Lenin und weiteren 32 Revolutionären zu übernehmen. Lenin konnte die Grenze nach Russland unerkannt passieren[46] und traf mit seinem Stab am 16. April 1917 auf dem Finnländischen Bahnhof in Petrograd ein. Doch von Trotzki keine Spur. Er kam erst am 17. Mai 1917. Grund dafür waren die kanadischen Behörden in Halifax, die das Schiff an die Kette legten. Sie wollten einer russischen Revolution nicht in die Hände spielen. Auf höhere Weisung durfte Trotzki samt Garde und Millionen die Fahrt fortsetzten.

Wer stand damals hinter dieser konzertierten Aktion? Der deutsche Kaiser Wilhelm II. war nicht eingeweiht. Für den Transfer von Lenin waren der deutsche Kanzler Bethmann-Hollweg und der kaiserliche Geheimdienstchef Max M. Warburg zuständig. Warburg gab über seine Banken die deutsche Finanzhilfe zugunsten der Revolution an die Nye-Bank in Stockholm, die das Geld den Bolschewisten transferierte – insgesamt sechs Millionen Dollar in Gold.[47] In New York war Felix Warburg, Bruder von Max und Paul, über seinen Schwiegervater Jacob Schiff an dem Geldtransfer für Trotzki beteiligt. Schiff erhoffte sich die Niederlage Russlands und soziale Veränderungen, die endlich die Knechtschaft der Juden in Russland beenden würden.

Nach der Besetzung des Ruhrgebiets durch die Franzosen 1923 setzten sich auch viele Literaten für ein vereinigtes Europa ein, z. B. Heinrich Mann.[48] Und Gerhard Hauptmann ging in seinem Appell »An das Gewissen der Welt« mit Europa ins Gericht: »*Sein Stolz sei heute seine Schamlosigkeit, seine schamlosesten Lügen heißen: Christentum, Menschenliebe, Herrschaft der Vernunft, Völkerrecht, Völkerbund, Menschlichkeit, Kultur. Statt dessen müßte es heißen: Bestialität, Menschenhaß, Herrschaft der Unvernunft, Völkerrechtslosigkeit, Völkerverhetzung, Unmenschlichkeit, und anstelle des einen Wortes ›Kultur‹ müßte stehen: Diebstahl, Raub, Mordbrand, Mord und Plünderung.*«[49] Von Maximilian Harden kam ein konstruktiver Vorschlag: Durch Kooperation in einer wirtschaftlichen Arbeitsgemeinschaft zwischen Deutschland und Frankreich solle über die »*willkürlich gezogenen*« Grenzen hinweg ein schnellerer Wiederaufbau ermöglicht werden, damit Europa sich im Wettbewerb mit »*den Gigantentrusts (Amerika-Britisch-Empire, Nordslawen-Gelbasiaten)*« halten könne.[50]

Während Jean Monnet und John Foster Dulles an der Wall Street ihren lukrativen Finanzgeschäften nachgingen, entwickelte Coudenhove-Kalergi philosophische und gesellschaftliche Visionen. 1925 erschienen sein Buch »Praktischer Idealismus«, das von Anfang an umstritten war. Das ist auch kein Wunder, denn schon im Vorwort wird klar, dass es sich dabei um eine krude Mischung aus puritanischer Arbeitsethik und marxistischer Heilserwartung handelt. Propagiert wird ein heroischer Aktionismus mit dem Ziel der völligen Vereinheitlichung der Weltbevölkerung und der totalen technischen Beherrschung der Erde im Sinne einer »Aristokratie der Gesinnung«, die zu einer sozialen Entwicklung ohne Kriege führen soll.

Der naive Glaube an den »heroischen Willen« im Kampf für das Heil der Menschheit bescherte uns im 20. Jahrhundert die aggressiven Machtstrukturen kollektiver Zwangssysteme – Nationalsozialismus und Stalinismus. Das aber wird im angelsächsischen Bereich von den politischen Machern nicht reflektiert. Sie glauben tatsächlich, mit ihren Machenschaften die gerechte Weltgesellschaft zu etablieren und blenden dabei das eigene Unrecht so konsequent aus wie einst die Verfechter der totalitären Systeme. Am Beispiel Coudenhove-Kalergis wird das besonders deutlich. Seine Vision eines »praktischen Idealismus« kann einen das Gruseln lehren: »*Der Mensch der fernen Zukunft wird Mischling sein. Die heutigen Rassen und Kasten werden der zunehmenden Überwindung von Raum, Zeit und Vorurteil zum Opfer fallen. Die eurasisch-negroide*

*Zukunftsrasse, äußerlich der altägyptischen ähnlich, wird die Vielfalt der Völker durch eine Vielfalt der Persönlichkeiten ersetzen.«*[51] Diese Rasse solle *»geführt werden«* durch Menschen aus den beiden *»Qualitätsrassen«* Blutadel und Judentum, welche zur Führerschaft prädestiniert seien. In beiden liege *»der Kern des europäischen Zukunftsadels«*, solange er sich nicht *»vom Hofe, vom jüdischen Hirnadel odervom Kapital korrumpieren«* ließe. Beide *»Vorzugsrassen«* vereinten sich als Heilsbringer der Zukunft im revolutionären Kampf gegen den Kapitalismus und die alte Feudalherrschaft. *»Als Bürgschaft einer besseren Zukunft bleibt ein kleiner Rest sittlich hochstehenden Rustikaladels und eine kleine Kampfgruppe revolutionärer Intelligenz. Hier wächst die Gemeinschaft zwischen Lenin, dem Mann aus ländlichem Kleinadel, und Trotzki, dem jüdischen Literaten, zum Symbol: hier versöhnen sich die Gegensätze von Charakter und Geist, von Junker und Literat, von rustikalem und urbanem, heidnischem und christlichem Menschen zur schöpferischen Synthese revolutionärer Aristokratie.«*[52]

Elitärer Rassismus der ganz besonderen Art: Die Edlen, entstanden aus der Zuchtwahl nach den *»göttlichen Gesetzen erotischer Eugenik«*, sollen die Massen führen. *»Sind erst einmal die künstlichen Schranken gefallen, die Feudalismus und Kapitalismus zwischen den Menschen errichtet haben – dann werden automatisch den bedeutendsten Männern die schönsten Frauen zufallen, den hervorragendsten Frauen die vollendetsten Männer. … Dann wird die erotische Lebensform der Minderwertigen und Mittelmäßigen Freie Liebe sein, der Auserwählten: Freie Ehe. So wird der neue Zuchtadel der Zukunft nicht hervorgehen aus den künstlichen Normen menschlicher Kastenbildung, sondern aus den göttlichen Gesetzen erotischer Eugenik. ... Der Sozialismus, der mit der Abschaffung des Adels, mit der Nivellierung der Menschheit begann, wird in der Züchtung des Adels, in der Differenzierung der Menschheit gipfeln.«*[53] Man ahnt schon, wozu die eurasisch-negroide Mischrasse gut sein soll: Durch ihre durchschnittliche Intelligenz ist sie zwar in der Lage, auch qualifizierte Arbeiten zu verrichten und höherwertige Produkte zu konsumieren, aber nicht intelligent genug, um die Adelszüchtung der Führerrassen zu gefährden. Die abendländische Kultur mit ihrer Vielfalt individueller Entwicklungsmöglichkeiten soll orientalisiert, das Volk umerzogen werden: *»Ein pazifiziertes und sozialisiertes Abendland wird keine Gebieter und Herrscher mehr brauchen – nur Führer, Erzieher, Vorbilder. In einem orientalischen Europa wird der Zukunftsaristokrat mehr einem Brahmanen und Mandarin gleichen als einem Ritter.«*[54]

Mit solchen Züchtungsfantasien war Coudenhove-Kalergi nicht allein, seit der Aufklärung hatte es immer wieder pseudovernünftige Gesellschaftsmodelle gegeben, die das Heil der Menschheit in der Förderung von »weiterentwickelten« und der Versklavung von weniger intelligenten Menschen sahen, im 19. Jahrhunderts durch die Darwinsche Lehre weiter befeuert – bis hin zur Eliminierung kranken oder »unnützen« Erbguts. Aufgrund des industriellen Fortschritts und der Kolonisierung ganzer Kontinente fühlte sich der Europäer ohnehin überlegen. Anfang des 20. Jahrhunderts findet man selbst bei berühmten Schriftstellern unverhohlene Ausleseerwägungen, so etwa bei Bertrand Russell (1872–1970) oder H. G. Wells (1866–1946), der von einem perfekten Weltstaat träumte mit einem »ethischen System«, welches »*die Fortpflanzung dessen begünstigt, was in der Menschheit fein, wirksam und schön ist – schöne und starke Körper, einen klaren und mächtigen Geist und einen wachsenden Wissenskörper – und dass es die Fortpflanzung von niederen und unterwürfigen Typen, von angstgetriebenen und feigen Seelen, von allem, was in den Seelen, Körpern oder Gewohnheiten der Menschen gemein, hässlich und bestialisch ist, kontrolliert*«.[55] Der irische Dramatiker George Bernard Shaw (1856–1950) nahm offenbar für die eugenische Verbesserung der Menschheit sogar Gaskammern in Kauf: »*Wir sollten uns verpflichtet fühlen, sehr viele Menschen zu töten, die wir jetzt am Leben lassen, und sehr viele Menschen am Leben zu lassen, die wir gegenwärtig töten. Wir sollten alle Ideen über die Todesstrafe loswerden müssen ... Ein Teil der eugenischen Politik würde uns schließlich zu einer umfassenden Nutzung der Totenkammer verhelfen. Sehr viele Menschen müssten aus dem Leben gerissen werden, nur weil es die Zeit anderer Menschen verschwendet, sich um sie zu kümmern.*«[56]

Coudenhove-Kalergis Gesellschaftskritik ist teilweise durchaus einleuchtend. Hellsichtig geißelt er den moralischen Verfall sowohl im Kapitalismus als auch im Kommunismus, hofft aber in naiv-platonischer Manier auf eine »Aristokratie des Geistes«. Den Kampf zwischen Kapitalismus und Kommunismus bezeichnet er als »*Bruderkrieg des siegreichen Hirnadels*«, als »*Kampf zwischen individualistischem und sozialistischem, egoistischem und altruistischem, heidnischem und christlichem Geist*«.[57] Und seine Analyse der Demokratie als Fassade der Geldherrschaft klingt geradezu aktuell: »... *weil die Völker nackte Plutokratie nicht dulden würden, wird ihnen die nominelle Macht überlassen, während die faktische Macht in den Händen der Plutokraten ruht. In republikanischen wie in monarchischen Demokratien sind die Staatsmänner Marionetten, die Kapitalisten Drahtzieher: sie diktieren die Richtlinien der Politik, sie beherrschen durch Ankauf der öffentlichen Meinung die Wähler, durch geschäftliche und gesellschaftliche Beziehungen die Minister.«*[58]

Eine solche Kritik am Raubtierkapitalismus kann man durchaus ernst nehmen, und es fällt nicht schwer, Parallelen zur heutigen Situation zu ziehen: »*Durch die Hochkonjunktur des Krieges emporgetragen, beginnt eine neue Schieber-Plutokratie die alte Unternehmer-Plutokratie zu zersetzen und zu verdrängen. ... Die gegenwärtige Hochkonjunktur erleichtert skrupellosen, hemmungslosen und gewissenlosen Menschen den Gelderwerb. Für Spekulations- und Schiebergewinne sind Glück und Rücksichtslosigkeit unentbehrlicher als hervorragende Willens- und Verstandesgaben. So repräsentiert die moderne Schieber-Plutokratie eher eine Kakistokratie des Charakters als eine Aristokratie der Tüchtigkeit.«*[59]

Die Umsetzung solcher Visionen von einer moralischen Reinigung der Gesellschaft hat sich in der Geschichte fast immer als äußerst ungerecht und totalitär erwiesen – zuletzt im real existierenden Sozialismus. Auch Hitler träumte von der Zucht der idealen Menschenrasse – auf dem Weg dorthin musste man allerdings ein paar »unumgängliche Grausamkeiten« in Kauf nehmen. In der Freimaurerei – und Coudenhove-Kalergi war Freimaurer – gab und gibt es ebenfalls Bestrebungen, den Unvollkommenheiten menschlicher Existenz durch Züchtung oder Erschaffung des idealen Menschen beizukommen – Goethe karikierte diese Art geistig-wissenschaftlicher »Veredelung« in der Erschaffung des Homunculus durch den eitlen und einfältigen Academicus Wagner in Faust II. ohne den »tierhaften« Zeugungsvorgang: Wagner träumt von der völligen Befreiung des Menschen von den so verachteten natürlichen Trieben.

Lange vor Hitler pflegte Cecil Rhodes einen Messianismus der überlegenen Rasse und regte in seiner Glaubensbekenntnis von 1877 an, *»eine Geheimgesellschaft (zu) gründen mit dem einzigen Ziel: Förderung und Erweiterung des Britischen Empires, Unterordnung der gesamten zivilisierten Welt unter britische Herrschaft und Rückgewinnung der Vereinigten Staaten für die Herstellung eines Imperiums der angelsächsischen Rasse«.*[60]

Richard Coudenhove-Kalergis »praktischen Idealismus« könnte man als eine der vielen romantischen Gesellschaftsutopien abtun, hätte er nicht eine so fatale politische Wirkkraft entfaltet. Zu nennen sind die angelsächsischen Geheimgesellschaften wie Round Table mit ihrer Überzeugung von der Überlegenheit der angelsächsischen Rasse, gepaart mit pseudoreligiösem oder gar revolutionärem Sendungsbewusstsein. Sie bedienen sich dieser Art von »Philosophie«, um ihre pure Machtgier ethisch zu verbrämen, und haben uns genau die Art von »Schieber-Plutokratie« beschert, die Coudenhove-Kalergi beseitigen wollte.

## Winston Spencer Churchill (1874–1965)

Winston Churchill, Spross der aristokratischen Familie Spencer-Churchill, zog nach einer Laufbahn als Offizier und Kriegsberichterstatter im Burenkrieg mit 27 Jahren ins Unterhaus ein, dem er über 60 Jahre lang angehören sollte. Sein Vater war der Duke of Marlborough, ein führender Politiker der Konservativen, seine Mutter stammte aus den USA. 1904 überraschte Churchill das Parlament mit dem demonstrativen Übertritt von den Konservativen zu den Liberalen. Churchills Biograph Sebastian Haffner erkennt darin den Wunsch, einem jahrelangen Hinterbänklerdasein zu entkommen.[61] Tatsächlich spielte der junge sendungsbewusste Abgeordnete bei den Liberalen sofort eine wichtige Rolle. Der Taktiker Churchill pflegte jedoch weiter seine Kontakte zu einflussreichen Konservativen. So blieb ihm u. a. Arthur Balfour wohlgesinnt, und Baron Hugh Cecil war 1908 sein Trauzeuge.

In der Öffentlichkeit wurde der draufgängerische Aristokrat Churchill – ebenso wie sein Förderer David Lloyd George – als Radikaler des sozialreformerischen Parteiflügels bewundert. Nun warteten verschiedene Regierungsämter auf ihn: Unterstaatssekretär für die Kolonien (1905–1908) sowie Handels- (1908–1910) und Innenminister (1910–1911). Danach machte ihn Premierminister Herbert H. Asquith zum Ersten Lord der Admiralität (Marineminister). In dieser Funktion rüstete er die britische Kriegsflotte von Kohle- auf Ölfeuerung um.

Als Lehre aus dem desaströsen Burenkrieg hatte Balfour vor seiner Abwahl 1904 noch das Committee of Imperial Defense (CID) installiert, um sich auf künftige Kriege besser vorbereiten zu können. Hier wurde das Expeditionskorps für den kommenden Krieg auf dem Kontinent von General Henry Wilson generalstabsmäßig geplant, unter Maurice Hankey die Blockade Deutschlands mit wissenschaftlicher Gründlichkeit vorbereitet. Daneben liefen Absprachen mit allen Commonwealth-Ländern. Churchill war eingebunden in die Kriegsplanungen und gestaltete Großbritanniens Politik und Strategie im Ersten Weltkrieg an entscheidender Stelle mit. Im Oktober 1914 entsandte er einen starken Schiffsverband zu den Falklandinseln mit dem Auftrag, das deutsche Ostasiengeschwader im Südatlantik aufzuspüren und zu vernichten, was am 7. Dezember 1914 weitestgehend geschah.[62]

Churchill schwieg wohlweislich zu den Mythen um die Versenkung des Passagierdampfers *Lusitania*, der von Anfang an nicht nur für den Transport von Passagieren vorgesehen war. 1972 durchstöberte der britische Geschichtsdetektiv Colin Simpson die Archive britischer und amerikanischer Behörden, las Kriegstagebücher und Schifffahrtslisten und befragte noch lebende Zeugen der Katastrophe. Sein Ergebnis: Die *Lusitania* hatte als Hilfskreuzer der Navy den Auftrag, Munition zu transportieren. Beim britischen Fernsehsender BBC vertrat der Journalist Nicholas Tomalin die These, »*das Schiff sei von der britischen Admiralität vor die Torpedorohre deutscher U-Boote gelenkt worden, um den Gegner zu einer Tat zu provozieren, die Amerika in den Krieg verwickeln mußte*«.[63]

Simpson und Tomalin belegten, dass schon der Bau der *Lusitania* unter militärischen Gesichtspunkten erfolgt war. Mit der Schifffahrtsgesellschaft Cunard Steamship Company hatte die Admiralität 1903 ein Geheimabkommen geschlossen. Darin verpflichtete sich die Firma, »*zwei Passagierschiffe für Kriegszwecke zu bauen; die Admiralität übernahm sämtliche Kosten, Cunard versprach, ihre gesamte Dampferflotte bei Kriegsausbruch der Royal Navy zu unterstellen.*«[64] Andreas von Bülow verweist auf ein Schreiben Churchills an die Cunard Linie vom Februar 1913. Darin heißt es, dass Schiffe wie die *Lusitania* sich bald bewähren müssten, denn »*der Krieg gegen Deutschland sei sicher – er werde spätestens im September 1914 ausbrechen*«.[65]

Im Februar und März 1915 scheiterten unter schweren Verlusten zwei Landeunternehmen des britischen Commonwealth und Frankreichs auf der türkischen Halbinsel Gallipoli. Um eine Regierungskrise abzuwenden, mussten die Konservativen mit ins Boot geholt werden. Parteichef Andrew Bonar Law knüpfte daran die Bedingung, dass Churchill als Verantwortlicher für die sich abzeichnende Niederlage an den Dardanellen als Marineminister zurücktreten müsse. Am 18. Mai 1915 – elf Tage nach dem Untergang der *Lusitania* – legte Churchill sein Amt nieder und meldete sich als Major an die Front. Vom

1. Januar bis zum 6. Mai 1916 befehligte er – inzwischen Oberstleutnant – das 6. Bataillon der Royal Scots Fusiliers.

Anfang Dezember 1916 trat der seit acht Jahren regierende liberale Premierminister Herbert Henry Asquith zugunsten von David Lloyd George zurück. Nur achtzehn Monate zuvor hatte er seine Regierung als Kriegskoalition mit Unterstützung der Konservativen und der Labour-Partei erfolgreich wiedereingesetzt, und so überraschte sein Rücktritt viele Beobachter: Es hatte weder eine Vertrauensfrage im Unterhaus noch eine Anfechtung seiner Position als Vorsitzender der Liberalen Partei gegeben. Doch hinter der politischen Bühne hatte ein Machtkampf stattgefunden, und Asquith wurde mithilfe einer Intrige zwischen Munitionsminister David Lloyd George und hochrangigen Mitglie-

»Wenn der Hut passt, trag ihn«: *Churchill wechselte seine Ämter nach Bedarf. David Lloyd George applaudiert (Karikatur aus dem* Punch Magazine, *1921)*

dern der Konservativen Partei zur Aufgabe seines Amts gezwungen. Im Hintergrund zog Alfred Milner die Fäden. Er hatte schon 1898 beim Krieg gegen die Buren seine Finger im Spiel gehabt.

Am 7. Dezember übernahm also mit Unterstützung der Tories ein kleines exekutives »Kriegskabinett« die Führung – rechtzeitig vor der drohenden Annahme eines deutschen Friedensangebots durch die kriegsmüde Regierung Asquith. Alfred Milner durfte nun als Minister ohne Geschäftsbereich direkt in die Politik eingreifen. Der neue Premier Lloyd George galt als zynischer Politiker, der seinen Liberalismus im Streben nach Macht aufgegeben hatte. Für John Maynard Keynes war er nichts als ein politischer Abenteurer, *»verwurzelt im Nichts«.*[66] Am 16. Juli 1917 holte Lloyd George den Konservativen zum Trotz Churchill als Munitionsminister ins Kabinett zurück.

Nach dem Krieg übernahm Churchill den Posten des Kriegsministers. In dieser Funktion befürwortete er die im Frühjahr 1918 angelaufene Unterstützung antibolschewistischer Kräfte im Russischen Bürgerkrieg. Im Oktober 1922 verließen die Konservativen das Kabinett, und Lloyd George musste seinen Rücktritt erklären. In der folgenden Wahl unterlagen die Liberalen, und Churchill verlor seinen Wahlkreis in Dundee. Nach zwei Jahren politischer Abstinenz und zwanzig Jahre nach seinem ersten Parteiwechsel kehrte Churchill 1924 zu den Konservativen zurück, die ihn zum Schatzkanzler (1924–1929) machten.

In den 1930er-Jahren schien seine politische Karriere beendet zu sein. Churchill nutzte die Zeit vornehmlich als Publizist und Schriftsteller. Von aktuellem Bezug sind seine am 15. Februar 1930 in der *Saturday Evening Post* geäußerten Gedanken zur Schaffung der Vereinigten Staaten von Europa, deren wirtschaftliche Bedeutung er hervorhob. Großbritanniens Rolle bleibe wie in den Jahrhunderten zuvor: *»Wir stehen zu Europa, gehören aber nicht dazu. Wir sind verbunden, aber nicht enthalten. Wir sind interessiert und assoziiert, aber nicht absorbiert. Wir gehören zu keinem einzelnen Kontinent, sondern zu allen.«* Diese Handlungsmaxime stellte den Leitfaden für seine später verfolgte Politik dar und findet sich bis heute bei den Brexit-Befürwortern. Wie viele andere Politiker seiner Zeit unterschätzte er Adolf Hitler zunächst und sah positive Ansätze in der Politik des italienischen Faschistenführers Benito Mussolini. In Fragen der Eugenik gab es sogar gewisse Übereinstimmungen: Churchill sah in »Geistesschwachen« und »Verrückten« eine Bedrohung für Wohlstand, Vitalität und

Kraft der britischen Gesellschaft. Mittels Segregation und Sterilisierung sollte der Fluch mit diesen Menschen aussterben und nicht an nachfolgende Generationen weitergegeben werden.[67]

Nach der britischen Kriegserklärung an Deutschland am 3. September 1939 erhielt Churchill – inzwischen erklärter Gegner der Nationalsozialisten – erneut das Amt des Ersten Lords der Admiralität. Und als der glücklose Neville Chamberlain zurücktreten musste, übernahm Churchill am 10. Mai 1940 das Amt des Premierministers. Schon drei Tage später kündigte er seinen Landsleuten *»nichts als Blut, Mühsal, Tränen und Schweiß«* an und stellte fest, dass der *»Krieg gegen eine monströse Tyrannei, wie sie nie übertroffen worden ist im finsteren Katalog der Verbrechen der Menschheit«* nur mit einem *»Sieg um jeden Preis«* beendet werden dürfe.[68]

Großen Anteil hatte Churchill an der Bildung der Anti-Hitler-Koalition zwischen Großbritannien, den USA und der Sowjetunion. Anfang 1943 verfasste er ein Memorandum, überschrieben mit »Morgengedanken. Note des Premierministers zur Nachkriegssicherheit«, und schickte es an Roosevelt und Stalin. Darin sprach er sich für die Schaffung eines »Council of Europe« aus. Diese Organisation sollte in eine Weltorganisation unter amerikanischer Führung eingebunden sein, somit aber auch, gemäß dem Prinzip der Balance of Power – dem Gleichgewicht der Kräfte –, ein Gegengewicht zu den USA darstellen.[69] Auch in einer Radioansprache vom 21. März 1943 präsentierte er die Idee, dass im Rahmen einer künftigen Weltorganisation ein asiatischer und ein europäischer Rat entstehen könnten. Der Europarat sollte alle Mitglieder des europäischen Kontinents umfassen.[70]

Trotz des Siegs über Deutschland verlor Churchill die Unterhauswahlen und wurde noch während der Potsdamer Konferenz von Clement Attlee abgelöst. Der 71-jährige Churchill zog sich jedoch nicht auf sein Altenteil zurück; als Oppositionsführer hielt er im Jahr 1946 zwei Reden, die in die Geschichte eingingen: in Fulton/USA sowie an die akademische Jugend in Zürich. Begeistert kommentierte Richard Coudenhove-Kalergi die Züricher Rede in seinen 1949 erschienenen Memoiren »Kampf um Europa«. Der britische Staatsmann sei *»der größte Realpolitiker des Jahrhunderts«.*[71]

*»Der Unterlegene muss dem,*
*dem er unterlegen ist, zustimmen.*
*Das ist der Tribut.*
*Das ist der Grund*
*aller Geschichtsschreibung.«*

Martin Walser

# Weichenstellung für EU und NATO

## Vorzeichenwechsel

Mit Hiroshima war die Büchse der Pandora geöffnet worden, und noch Ende August 1945 tauchte eine »strategische Karte einiger Industrieregionen Russlands und der Mandschurei« samt einer Liste mit 15 Städten als erstrangigen Zielen auf. Unter Leitung General Leslie R. Groves wurde nun die Produktion der erforderlichen Atombomben unentwegt gesteigert.

Im Oktober 1945 beauftragte Präsident Truman General Eisenhower mit der »Operation Totality« (JIC 329/1), einem hypothetischen Plan für einen umfassenden Krieg gegen die Sowjetunion, bei dem mit einem Schlag 20 Städte ausradiert werden sollten: Moskau, Gorki, Kubischew, Swerdlowsk, Nowosibirsk, Omsk, Saratow, Kazan, Leningrad, Baku, Taschkent, Scheljabinsk, Nischni Tagil, Magnitogorsk, Perm, Tiflis, Nowokusnezk, Grosny, Irkutsk und Jaroslawl.[1] Die geheime Strategie des Pentagon seit Ende des Kalten Kriegs inklusive der Modernisierung der Atomstreitmacht, der Raketenabwehrtechnologie und Spionageflügen über dem sowjetischen Territorium verfolgt trotz des offiziellen Versprechens friedlicher Zusammenarbeit bis heute das damals zugrunde gelegte Ziel, mögliche Rivalen aus dem Weg zu räumen.

1945 führte US-Außenminister James Byrnes ein ausführliches Gespräch mit Stalin. Nach seiner Rückkehr teilte er der amerikanischen Öffentlichkeit mit, er habe begriffen, dass *»ein gerechter Frieden in der amerikanischen Auffassung dieses*

*Wortes erreichbar ist«*. Das brachte den Präsidenten auf, der Byrnes wieder auf Kurs brachte. »*Alles, was Sie da zusammengeredet haben, ist Unsinn. Wir brauchen keinen Kompromiss mit der Sowjetunion. Was wir brauchen, ist eine Pax Americana, die zu 80 Prozent unseren Vorstellungen entsprechen wird.«*[2] Und die Rahmenbedingungen sprachen dafür. Vor dem Hintergrund eines gefüllten Kriegsarsenals und einer blühenden Industrie konnten die Amerikaner sogar an den Abbau ihrer inzwischen auf zwölf Millionen Soldaten angewachsenen Armee denken.

Die amerikanische Kriegsindustrie musste nun also auf Friedenswirtschaft umgestellt werden – eine neue Herausforderung! Produzierte sie von 1940 bis 1945 doch die unglaubliche Anzahl von 297 000 Flugzeugen, 86 338 Panzern, 24 000 Landungsfahrzeugen und 776 Kriegsschiffen. Bereitwillig wurde das Ganze in private Hände gegeben, damit waren 45 Prozent aller Industrieanlagen der USA im Besitz von 135 Unternehmen, die fast ein Viertel der Fertigwaren der ganzen Welt produzierten. Der Krieg in Europa und Asien hatte den USA neben vollen Auftragsbüchern auch die Vollbeschäftigung gebracht. Er schaffte, was dem New Deal versagt geblieben war. Das jährliche Volkseinkommen war seit 1939 von rund 72,5 Milliarden Dollar auf 182,8 Milliarden Dollar gestiegen. Drei Viertel des gesamten Weltkapitals befanden sich nun in den Vereinigten Staaten – der Krieg war das ganz große Geschäft. Im Vergleich zum Ersten Weltkrieg konnten die schon damals immensen Gewinne noch verdoppelt werden.

Ganz anders die Situation in der Sowjetunion, dem Land, das die Hauptlast im Kampf gegen Hitler getragen hatte und die meisten Verluste verzeichnen musste, die größten der bisherigen Weltgeschichte. Die deutschen Truppen hinterließen ein verwüstetes Land mit 22 bis 26 Millionen Kriegstoten. Insgesamt waren 6 Millionen Gebäude verbrannt oder zerstört und 25 Millionen Menschen obdachlos. Im Krieg waren die letzten Ressourcen dahingeschmolzen, und nun verweigerten die USA die erbetene Anleihe von mindestens 10 Milliarden Dollar. Da blieb nur die unerbittliche Demontage deutscher Industrieanlagen.

Während die Russen sich nach 1945 auf die »Hardware« stürzten und Zwangsarbeiter in die UdSSR verschleppten, waren die cleveren Amerikaner mehr an der »Software«, sprich menschlicher Intelligenz, interessiert. So wurde Wernher von Braun mit 127 Mitarbeitern im Rahmen des Projekts »Organization Paperclip« von dem Raketenspezialisten Holger N. Toftoy, Leiter des US-Raketenprogramms, in die USA »eingeladen«, um dort seine Erfahrungen im Raketenbau weiterzugeben. Vom neuen Raketenprüfstand in White Sands stieg dann im Dezember 1946 eine V2 auf 179 Kilometer Höhe. Forschungsinstitute, Laboratorien, Versuchsanstalten, Patente, Pläne, Zeichnungen und Erfindungen wurden auf Brauchbarkeit durchstöbert. Damit konnte langjährige Forschungs- und Entwicklungsarbeit eingespart werden. Insgesamt wurden 340 000 Inlands- und mehr als 200 000 Auslandspatente von kaum schätzbarem Wert erbeutet.

Auch Träger wichtiger militärischer Informationen wurden übernommen, etwa Reinhard Gehlen mit seinen Generalstabsoffizieren. Gehlen hatte als Generalmajor im Dritten Reich die nachrichtendienstliche Abteilung »Fremde Heere Ost« zur Sammlung von Erkenntnissen über die östlichen Kriegsgegner Deutschlands geleitet. Nach dem Zusammenbruch Hitlerdeutschlands stellte er das Material der amerikanischen Besatzungsmacht zur Verfügung und durfte unter deren Kontrolle einen Auslandsnachrichtendienst, die Organisation Gehlen, aufbauen. 1955 wurde diese von der Bundesrepublik Deutschland übernommen und ein Jahr später in Bundesnachrichtendienst (BND) umbenannt.

Diese Vorgänge dürfen aber nicht den Blick auf die Besatzungspolitik verstellen. Trotz kritischer Stimmen im eigenen Land wollten die USA an den in Potsdam vorgegebenen Prinzipien für die Erneuerung Deutschlands festhalten, diese Prinzipien ließen sich anhand fünf englischer Begriffe, die mit d beginnen, zusammenfassen: denazification, demilitarization, decentralization, decartelization und democratization (Entnazifizierung, Demilitarisierung, Dezentralisierung, Entkartellisierung, Demokratisierung). An erster Stelle stand die von Roosevelt in Jalta geforderte unnachgiebige Entnazifizierung plus Vernichtung der NSDAP und ihrer angeschlossenen Organisationen sowie die Gewährleistung dafür, dass sie nie wieder auferstehen konnten. In Listen aufgeführte höhere Funktionäre der NSDAP, Generalstabs- und Polizeioffiziere, Richter, Staatsanwälte sowie »Nazi sympathizers« aus Handel und Industrie wurden interniert – wer verdächtig schien, wurde automatisch verhaftet und kam in ein Lager. Wie aber sollte bei über 100 000 allein von den Amerikanern Internierten die Spreu vom Weizen getrennt werden? So konnte es vorkommen, dass manche erst nach ein bis zwei Jahren entschädigungslos mit dem beruhigenden Vermerk »erroneously arrested« (irrtümlich in Haft) entlassen wurden.

Die Siegermächte waren sich darin einig, die großen deutschen Konzerne, die den Krieg technisch und wirtschaftlich möglich gemacht hatten, von Grund auf umzuorganisieren. Gemäß Potsdamer Abkommen sollte die übermäßige Konzentration der Wirtschaftskraft in Kartellen, Syndikaten, Trusts und anderen Monopolvereinigungen beseitigt werden. Dies wurde in der sowjetischen Zone unmittelbar umgesetzt: Das gesamte I.G.-Farben-Vermögen der 45 Gesellschaften wurde entschädigungslos übereignet. Die Werke gingen nach der Demontage in die Sowjetunion, oder sie wurden an Ort und Stelle in sowjetische Aktiengesellschaften oder Volkseigene Betriebe umgewandelt. Bis Ende Oktober war die Verstaatlichung des Großgrundbesitzes eingeleitet und alles enteignet, was dem Deutschen Reich, dem Staat Preußen, der NSDAP oder ihren Gefolgsleuten gehörte, die dem Militärkommando genannt wurden. Das komplette Industriepotenzial wurde damit lahmgelegt, um, so Walter Ulbricht, *»den Machenschaften der Konzerne einen Riegel vorzuschieben«*[3].

Die Westmächte hingegen respektierten die Eigentumsrechte weitgehend. Mit der Entkartellisierung ließen sie sich Zeit und beschränkten sich dann im Wesentlichen auf die Vereinigten Stahlwerke und den I.G.-Farben-Konzern. Der Moloch sollte zerschlagen werden, zur Sicherung des Weltfriedens. Am 5. Juli 1945 wurde das I.G.-Farben-Vermögen in der amerikanischen Zone beschlagnahmt und die Leitung der einzelnen Unternehmen in die Hände der Militärregierung gelegt. Briten und Franzosen zogen nach. Im November wurde ein Gesetz auf den Weg gebracht, mit dem der Konzern dauerhaft hätte zerschlagen werden können, was in der Wirtschafts- und Finanzwelt offenbar nicht gutgeheißen wurde, denn der Preis für die I.G.-Farben-Aktie stieg! Vom 20. Oktober 1945 bis zum 20. Januar 1946 verdoppelte er sich sogar.

Nun bedrohte die Militärregierung jeden, der mit den Aktien handelte, mit Strafen von 10 000 Dollar bis zu fünf Jahren Gefängnis. Doch auch das half nicht. Kein Wunder: Die Drahtzieher im Hintergrund hatten kein Interesse an der Auflösung des Konzerns. Im Juni 1947 verkündete der Chef der Wirtschaftsabteilung der amerikanischen Militärregierung, Philip Hawkins, dass der Konzern in seiner Zone aufgelöst und in 47 unabhängige Unternehmen zergliedert worden sei. Nach der Gründung der Bundesrepublik kämpften die alten Aktionäre dafür, alles rückgängig zu machen, und im Dezember 1951 war es dann so weit: In Frankfurt standen die Farbwerke Hoechst AG wieder auf, einen Monat danach die Bayer AG in Leverkusen und die Badischen Anilin-

und Soda-Fabriken (BASF) in Ludwigshafen. 25 Jahre später sollte jeder der drei größer sein als der Vorgänger I.G.-Farben, und selbstverständlich wurden die I.G.-Aktien maßstabsgetreu übertragen. Auf dem Sektor Kohle, Eisen und Stahl lagen die Verhältnisse ähnlich.

Schon bald nach dem Krieg hielt das Big Business in Amerika die Fäden wieder in der Hand. William H. Draper, ein cleverer Investment-Banker, bekannt als »Wall Street General«, wurde 1945 die Leitung der Wirtschaftsabteilung der Militärregierung übertragen. Damit war er Vorgesetzter der Antikartellgruppe und konnte alle Maßnahmen unterlaufen, bremsen oder boykottieren. Und bei den Demontagen wurde darauf geachtet, dass es möglichst Firmen traf, in denen kein amerikanisches Geld steckte.

In London fand vom 11. September bis 2. Oktober 1945 die erste Zusammenkunft des »Rats der Außenminister« statt. Wjatscheslaw M. Molotow forderte die Beteiligung der Sowjetunion bei der Besetzung und Kontrolle Japans. Dieses Ansinnen wurde von den Vereinigten Staaten zurückgewiesen. Die Rote Armee hatte inzwischen die Mandschurei und Nordkorea besetzt, während US-Truppen in Südkorea standen, um die Rückführung der japanischen Truppen zu gewährleisten. Die Spannungen verstärkten sich derart, dass sich der britische Außenminister Ernest Bevin hinreißen ließ, Molotow mit Hitler zu vergleichen – der Kalte Krieg warf seine Schatten voraus. Im Dezember bemühten sich Großbritannien, die USA und die Sowjetunion in einer Dreierkonferenz in Moskau um eine Klimaverbesserung in den Beziehungen. Sie vereinbarten den 38. Breitengrad als Trennungslinie zwischen der sowjetischen und der amerikanischen Besatzungszone in Korea. Die Teilung war Ausdruck des Unwillens zur Kooperation. So wie dann in Deutschland auch.

## Der Fanfarenstoß von Fulton/USA

Winston Churchills Rede vom 5. März 1946 ging um die Welt. Viele verstanden sie als Manifest des Kalten Kriegs und als Beginn eines Kreuzzugs gegen den Kommunismus. Dozierend forderte der Ex-Premier, aus der Geschichte Lehren zu ziehen. Hatte der Versuch einer Koexistenz mit dem Nationalsozialismus zum Krieg geführt, sollte dieser verhängnisvolle Fehler nun vermieden werden. Halb Europa sei von der Sowjetunion durch einen »Eisernen Vorhang«

abgeschnitten worden – der Begriff wurde hier zum ersten Mal verwendet. Angesichts der drohenden neuen totalitären Gefahr müssten sich alle Demokratien zusammenschließen. Mit diesem Bedrohungsszenario wollte Churchill die europäische Öffentlichkeit auf die für den vorgesehenen Krieg gegen die Sowjetunion notwendige westliche Blockbildung vorbereiten.

Warum, fragte Valentin Falin 2006 im Rahmen einer Reihe von Radiobeiträgen über Geheimnisse des Zweiten Weltkriegs mit dem Titel »Wie der Kalte Krieg sich fast nahtlos an den Zweiten Weltkrieg anschloss«, wurde *»gerade Winston Spencer Churchill damit beauftragt, diese bisher geheimen Absichten öffentlich zu artikulieren«?* Seine Antwort lautete: In der gesamten angelsächsischen Welt ließe sich kaum ein anderer Politiker finden, der den Russenhass derart umfassend und zügellos verkörperte. Falin verwies darauf, dass Churchill 1918 dazu aufgerufen hatte, die Sowjetunion in »Aktionssphären« aufzuteilen und auf diese Weise einen Zerfall des multinationalen Staates herbeizuführen. Und später bemühte er sich darum, dass Sowjetrussland von Ländern umgeben wird, welche *»die Bolschewiki wild hassen«* würden.[4]

Im letzten Kriegsjahr hatten sich Churchills Zweifel am Kriegsbündnis mit der UdSSR verstärkt, sie drohte durch die Unterstützung der Alliierten zu stark zu werden. Der frühere amerikanische Botschafter in Moskau, Joseph Davies, berichtete später, dass Churchill im Mai 1945 ihm gegenüber Kritik am Gebot der bedingungslosen Kapitulation geäußert habe, denn ohne diese hätte er schon längst mit Hitler Frieden schließen können.[5] Davies wunderte sich darüber, dass Churchill jetzt vor der Welt bereit sei zu erklären, *»dass er und Großbritannien einen Fehler gemacht hätten, indem sie Hitler nicht unterstützten«.*[6]

## Let Europe arise! – Churchills Rede an die akademische Jugend in Zürich

1946 wurde dem Hobbymaler Churchill von seinem aus Winterthur stammenden Mallehrer Charles Montag eine Reise in die Schweiz mit einem Doppelangebot schmackhaft gemacht: Zum einen lockten Malferien, zum anderen die Ehrendoktorwürde der Universität Zürich. Zugleich hatte Montag den Kontakt zum Bankier Claus Vogel-Sulzer geknüpft, der ein Organisationskomitee aus der Privatwirtschaft zusammenstellte. Nach dem Ende des Zweiten Weltkrieges pfiff der Schweiz auf internationalen diplomatischen Parkett wegen der Handels- und Finanzbeziehungen mit NS-Deutschland ein rauer Wind entgegen. Vom Besuch Churchills versprachen sich die Industriellen eine imagefördernde Wirkung.

An der Universität in Zürich hielt Churchill eine Rede. Sie begann mit eindringlichen Worten: *»Ich möchte heute über die Tragödie Europas zu Ihnen sprechen. Dieser edle Kontinent, der alles in allem die schönsten und kultiviertesten Gegenden der Erde umfasst und sich eines gemäßigten, ausgeglichenen Klimas erfreut, ist die Heimat aller großen Muttervölker der westlichen Welt. Er ist die Wiege des christlichen Glaubens und der christlichen Ethik. Hier liegt der Ursprung fast aller Kulturen, Künste, philosophischen Lehren und Wissenschaften des Altertums und der Neuzeit. Könnte sich jemals ein vereintes Europa das gemeinsame Erbe teilen, wäre seinen drei- oder vierhundert Millionen Bewohnern Glück, Wohlstand und Ehre in unbegrenztem Ausmaße beschieden.«* Dann sezierte er den »Friedenzerstörer« des 20. Jahrhunderts und forderte, dass Deutschland der Macht beraubt werden müsse, jemals wieder einen Angriffskrieg entfesseln zu können. Damit aber solle die Vergeltung ein Ende haben. *»Dann muss das stattfinden, was Gladstone vor vielen Jahren ›einen segensreichen Akt des Vergessens‹ genannt hat. Wir alle müssen den Schrecknissen der Vergangenheit den Rücken kehren. Wir müssen in die Zukunft schauen. Wir können es uns nicht leisten, den Hass und die Rachegefühle, welche den Kränkungen der Vergangenheit entsprangen, durch die kommenden Jahre mitzuschleppen. Wenn Europa vor endlosem Elend und schließlich vor seinem Untergang bewahrt werden soll, dann muss es in der europäischen Völkerfamilie diesen Akt des Vertrauens und diesen Akt des Vergessens gegenüber den Verbrechen und Wahnsinnstaten der Vergangenheit geben.«*[7]

Churchill plädierte für *»eine Art von vereinigten Staaten von Europa«* mit Deutschland und Frankreich als Kernstück. Großbritannien werde als Pate helfend zur Seite stehen, jedoch nicht Teil des Staatenbundes werden. Er schloss mit dem Aufruf: *»Lasst Europa auferstehen!«* (Let Europe arise!) Angesichts der britischen Entscheidung, aus der Europäischen Union und der Europäischen Atomgemeinschaft auszuscheiden, erhält Churchills Rede gerade neue Aktualität: Lasst Europa auferstehen, aber ohne uns Briten. Dahinter steht jahrhundertelange britische Realpolitik: Es ging nicht um Europa, sondern um britisches Eigeninteresse.[8]

Von der Jugend erhielt er damals tosenden Applaus, während die älteren Herren der Universitätsleitung sich nicht dazu durchringen konnten, Churchill den Ehrendoktorhut aufzusetzen. Churchill selbst war sich der Tragweite seiner Botschaft bewusst. Er wollte – wenige Wochen vor dem Parteitag der Konservativen – von einem internationalen Publikum als *»thought leader«* wahrgenommen werden.[9] Als Vorbedingung für die europäische Einigung sah er die Aussöhnung zwischen Frankreich und Deutschland, auch stand es für Churchill außer Frage, dass dieses Europa alle Staaten des Kontinents umfassen sollte. Vor allem sah er darin die Möglichkeit, ein Bollwerk gegen Expansionsbestrebungen der Sowjetunion zu schaffen.

## Schlüsseljahre 1947 und 1949

Wenn wir heute auf den Globus schauen und dort die weltumspannenden US-Regionalkommandos erkennen, dann wird klar, dass die beiden großen Kriege des 20. Jahrhunderts die USA ihrem Ziel der Weltherrschaft entscheidend näher gebracht haben.

Sie waren nötig, um Brückenköpfe auf den gegenüberliegenden Küsten zu schaffen, der atlantischen wie der pazifischen. Nach 1945 blieben die Befehlsstrukturen der Atlantik- und der Pazifikfront aktiv – siehe die Regionalkommandos USEUCOM (bis 2007 einschließlich USAFRICOM) und USPACOM. Wäh-

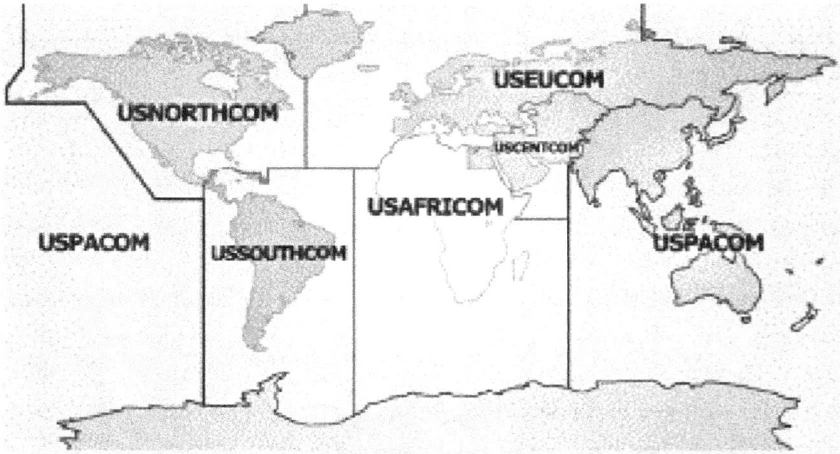


*US-Regionalkommandos: Einteilung des Globus nach geopolitischen Interessen*

rend der Kuba-Krise kamen noch Nord- und Südamerika hinzu, und nach der Revolution im Iran wurde sogar der Persische Golf als ein Gebiet angesehen, das die amerikanischen Sicherheitsinteressen direkt berührt (Carter-Doktrin). Carters Sicherheitsberater Zbigniew Brzeziński schuf 1982 dafür die Architektur: das von Ägypten bis nach Kasachstan reichende Zentrale US-CENTCOM.

Die Aufteilung beweist den noch immer starken Einfluss der Herzland-Theorie von Halford Mackinder. Nach wie vor wird danach getrachtet, Deutschland und Russland zu trennen, wie es im Versailler Vertrag durch die Stärkung Polens erreicht wurde. Vor diesem Hintergrund ist auch das USA-/NATO-Manöver »Defender 2020« zu sehen. Die geopolitischen Komponenten im Kampf um die Weltherrschaft sind meist verdeckt, aber erstaunlich konstant.

## Die Truman-Doktrin – Eindämmung der »roten Gefahr«

Auf der Basis traditioneller Machtpolitik legten Roosevelt, Churchill und Stalin die Einflusssphären für Osteuropa fest. Als Harry S. Truman am 12. April 1945 in den USA die Amtsgeschäfte übernahm, änderte er sofort die Politik gegenüber der Sowjetunion und ersetzte die Ressortchefs nach und nach durch Politiker seines Vertrauens. Von nun an bestimmten Feindseligkeit und Konfrontation auf nahezu allen Gebieten das Verhältnis zur Sowjetunion.

Für den US-Historiker Gar Alperovitz war es der Westen, der zuerst das Fair Play verletzte, als Truman die Stärke, die den USA der Besitz der Atombombe verlieh, für eine Revision der Kriegsabmachungen nutzen wollte, die der Sowjetunion in den Ländern Osteuropas einen prozentualen Einfluss zugestanden.[10] Dieser sollte in Rumänien 90, in Ungarn und in Bulgarien 80, in Jugoslawien 50 Prozent betragen. Stalin hielt sich an die Abmachungen und akzeptierte, dass er von der Besetzung und Kontrolle Japans ausgeschlossen wurde. Die US-amerikanische Geldelite aber sah durch den von Stalin geförderten Sozialismus ihre Märkte in Europa gefährdet und verlangte von ihrem kapitalfreundlichen Präsidenten, dem Einfluss Stalins in Europa ein Ende zu setzen.

Am 12. März 1947 verkündete Truman vor dem US-Kongress: *»Die freien Völker der Welt rechnen auf unsere Unterstützung in ihrem Kampf um die Freiheit. Wenn wir in unserer Führungsrolle zaudern, gefährden wir den Frieden der Welt.«*

In der Folge lief ein Riss durch Deutschland, Europa und die Welt: hier die westliche Demokratie, dort der östliche Kommunismus. Hier die Freiheit, dort die Unterdrückung. Hier das Gute, dort das Böse. Und dieses Böse trachtete danach, den »freien« Westen zu unterwandern. Nach Truman mussten sich die Nationen zwischen westlich-demokratischer und östlich-kommunistischer Gesellschaftsform entscheiden. Es ging nicht mehr nur um Macht und Einfluss, sondern auch um die Durchsetzung ideologischer Ziele. Für diese Auseinandersetzung prägte der amerikanische Publizist Walter Lippmann 1947 den Begriff Kalter Krieg.

## Die Vereinigten Staaten von Europa

Vier Wochen nach Trumans Erklärung propagierte Churchill in seiner »Europa-Rede« erneut, aber diesmal dezidierter, die »Vereinigten Staaten von Europa«, wobei er ins gleiche Horn blies wie der amerikanische Präsident: »*Die Schaffung einer autoritativen, allmächtigen Weltordnung ist das Endziel, das wir anzustreben haben. Wenn nicht eine wirksame Welt-Superregierung errichtet und rasch handlungsfähig werden kann, bleiben die Aussichten auf Frieden und menschlichen Fortschritt düster und zweifelhaft.*«

Churchills frühere Überlegungen zu einer europäischen Nachkriegsordnung mit den fünf großen Nationen England, Frankreich, Italien, Spanien und Preußen sowie mehreren Konföderationen (Nordeuropa, Mitteleuropa, Donauraum, Balkan) und einem »Europäischen Rat« unter Aufsicht Großbritanniens waren der Erkenntnis gewichen, dass die USA Großbritannien erfolgreich den Rang abgelaufen hatten. Nun beschwor er sein Publikum im Saal wie auch die Zuhörer in der Welt: »*Ohne ein vereintes Europa gibt es keine sichere Aussicht auf eine Weltregierung. Es ist der dringende und unverzichtbare Schritt zur Verwirklichung dieses Ideals. Nach dem Ersten Weltkrieg versuchte der Völkerbund, ohne die Hilfe der USA eine internationale Ordnung auf einem schwachen, geteilten Europa aufzubauen. Sein Scheitern kam uns teuer zu stehen.*«[11] Hier hatte Churchill zweifellos recht. Der Völkerbund, Vorläufer der Vereinten Nationen, wurde von den Siegern in dem vergifteten Streben nach Rache, Beute und Macht aus der Taufe gehoben. Die hehren Absichten wie das Beenden der Großmachtdiplomatie oder ein gleichberechtigtes Nebeneinander in einer supranationalen Gemeinschaft dienten nur als Feigenblatt.

Obwohl die Kriegsverlierer von einer Aufnahme in den Völkerbund ausgeschlossen waren, hoffte man in Deutschland, dass er sie vor der Rache der Sieger schützen würde. Da Russland und die USA – wegen der Nichtratifizierung der Pariser Vorortverträge durch den Kongress – keine Mitglieder im 1920 zusammengetretenen Völkerbund wurden, sah Gustav Stresemann darin 1926 eher ein *»Instrument der Siegermächte und insbesondere Frankreichs«.*[12] Alles in allem keine gute Voraussetzung für eine stabile Friedensphase.

Unverblümt rief Churchill zu einer US-Weltregierung mit »Special Relationship« zum Vereinigten Königreich Großbritannien auf. Sah er sich als Vollstrecker des Erbes des »Rassenpatrioten« Cecil Rhodes, welcher eine angloamerikanische Einheit schon an der Schwelle zum 20. Jahrhundert postulierte? Großbritannien und die Vereinigten Staaten, so meinte er, teilten genügend Eigenschaften, um eine Nation zu bilden, eine *»great English-speaking Brotherhood«.*[13] Rhodes' Vision wurzelte in dem Wunsch, die katastrophale Entfremdung durch den amerikanischen Bürgerkrieg und die Gräben zwischen den beiden großen institutionellen Manifestationen der Rasse zu überwinden.[14] Dazu schlug Rhodes ein »föderales Parlament« vor, das seinen Sitz abwechselnd in Washington und London hätte. Sein Freund, der radikale Journalist W. T. Stead, predigte ebenfalls das »Evangelium«, dass die *»englischsprachige Rasse von Gott für die Durchführung kommender Verbesserung des Loses der Menschheit auserwählt wurde«.*[15]

## Ausbau des europäischen Brückenkopfs: der Marshallplan

1939 wurde Brigadegeneral George Catlett Marshall durch Präsident Roosevelt von seinem Posten als Chef der Kriegsplanung abberufen und zum Armeestabschef und Viersternegeneral ernannt – über die Köpfe von 20 Generalmajoren und 14 dienstälteren Brigadiers hinweg. Marshall hatte keine Westpoint-Offiziersausbildung und konnte keine Verwendung als Truppenführer vorweisen. Somit muss seine ungewöhnliche Ernennung außer mit seinem Organisationstalent vor allem mit seiner bis zur Selbstaufgabe gehenden Treue zum Dienstherrn erklärt werden. Die wusste wohl auch Truman zu schätzen und machte ihn im Januar 1947 zum Außenminister.

In einer Rede an der Harvard Universität am 5. Juni 1947 verteidigte Marshall den neuen Weg unter Truman: *»Es ist logisch, dass die Vereinigten Staaten alles tun* *müssen, was in ihren Kräften steht, um mitzuhelfen, eine Rückkehr zu einer normalen und gesunden Weltwirtschaft zu bewirken, weil es ohne diese keine langfristige Politik und keinen gesicherten Frieden geben kann. Unsere Politik richtet sich nicht gegen ein Land oder gegen eine Ideologie, sondern gegen Hunger, Armut, Verzweiflung und Chaos. Sie muss nach dem Wiederaufbau einer lebensfähigen Weltwirtschaft trachten, um so politische und wirtschaftliche Verhältnisse zu schaffen, unter denen freie Institutionen existieren können.*«[16]

Hatte dieser Mann, der zeitlebens nur in Kriegskategorien dachte, seine humanitäre Seite entdeckt? Mitnichten! Marshall war Kriegsplaner, und er konnte nur in solchen Dimensionen denken. Für ihn war klar, dass sich die USA in Vorbereitung auf einen Krieg gegen die Sowjetunion befinden. Und er wusste, dass wirtschaftliche Stabilität ein wichtiges Element der Sicherheit ist – diese Einsicht wird zwei Jahre später im Bündnisvertrag der NATO verlangt. Neben der militärischen Komponente gab es auch innenpolitische Notwendigkeiten. Wohin mit der kriegsbedingten Überproduktion? Der stellvertretende US-Wirtschaftsminister Will Clayton, dem die Idee des Marshallplans zugeschrieben wird, schrieb 1947 ein Memo an Marshall mit dem Titel »Die europäische

Statue von George C. Marshall in Garmisch-Partenkirchen. Der spätere Außenminister war am 1. September 1939 vom Einsternegeneral zum Chef des Vereinigten US-Generalstabs befördert worden – ein einmaliger Karrieresprung in der Militärgeschichte ...

Krise«, in dem er betonte, dass die amerikanische Wirtschaftshilfe dringend notwendig sei, um den Zusammenbruch Europas zu verhindern. Er warnte, dass »*ohne weitere schnelle und substanzielle Hilfe der Vereinigten Staaten der wirtschaftliche, soziale und politische Zerfall Europa überwältigen*« werde.[17] Natürlich sah Clayton auch die Aussicht auf einen großen Markt. Vielleicht auch die eigene Chance – war er doch privat mit einem der größten Handelshäuser verbunden, das mit Europa gute Geschäfte zu machen hoffte.

Marshalls »European Rescue Plan« (ERP) sah neben finanziellen Hilfen vor allem Sachlieferungen an Europa vor unter der Voraussetzung einer wirtschaftlichen Zusammenarbeit der Länder in einem »Europäischen Wirtschaftsrat«. Ziel war es, Westeuropa gegen den Ostblock zu stärken und der noch vom Krieg überhitzten amerikanischen Wirtschaft Absatzmärkte zu öffnen. Mit Annahme der Hilfe mussten die Länder ihre finanzpolitische Souveränität an Washington abtreten – der Beginn einer ökonomischen Kolonisierung Europas, die gar nicht viel kostete: Zwischen 1948 und 1952 flossen nur ca. 15 Mrd. US-Dollar, und das mehrheitlich in Sachleistungen.

Tatsächlich waren Truman-Doktrin und Marshallplan – mit den Worten von Präsident Truman – »*zwei Hälften derselben Walnuss*«, obwohl sich das Angebot des Marshallplans offiziell auch an osteuropäische Länder richtete.[18] Anfänglich war die Sowjetunion sogar gewillt, 1947 an der ERP-Konferenz in Paris teilzunehmen. Doch das zunehmende Misstrauen und die Furcht vor einem Trojanischen Pferd hatten den Kreml veranlasst, gegenüber den Verbündeten ein Verbot auszusprechen, die Hilfe anzunehmen. Polen und die Tschechoslowakei, die ihre Teilnahme am ERP bereits angekündigt hatten, mussten ihre Zusage wieder zurückziehen. Außenminister Molotow brandmarkte den Plan als »*imperialistische Verschwörung*«, als Einmischungsversuch der USA in die inneren Angelegenheiten anderer Staaten und als Versuch, Osteuropa unter das Joch des Kapitalismus zu zerren. Auch der italienische Sozialist Pietro Nenni sah im Marshallplan ein Instrument der Truman-Doktrin und der Wall-Street-Politik.

In Europa und vor allem in Westdeutschland aber wurde der Marshallplan dank geschickter Propaganda als Zeichen amerikanischer Großzügigkeit und Menschenfreundlichkeit gewertet. Damit war der Bruch zwischen den Vereinigten Staaten und der Sowjetunion perfekt, letztlich auch die politische Spaltung Deutschlands.

## National Security Act und CIA

Im gleichen Zeittakt ging es weiter zum nächsten Paukenschlag: Nach langen und erbittert geführten Debatten wurde am 26. Juli 1947 der National Security Act zur militärischen Durchdringung der Welt verabschiedet, eines der wichtigsten Gesetze der US-amerikanischen Nachkriegsgeschichte. Er ist bis heute die Grundlage weltweiter amerikanischer Militärmacht.[19] Das Gesetz brachte nicht nur eine durchgreifende Reorganisation der Verteidigungsvorkehrungen, sondern schuf auch das höchste politische Gremium – den National Security Council. Ihm gehören der Präsident, der Vizepräsident, der Außenminister, der Verteidigungsminister sowie Mitglieder anderer politischer Organe an. Zur Aufgabe des Rats gehört die *»Festlegung und Einstufung der Ziele, Verpflichtungen und Risiken der USA in Bezug auf das augenblickliche militärische Potenzial gemäß den Interessen der nationalen Sicherheit zu dem Zweck, dem Präsidenten diesbezügliche Empfehlungen zu unterbreiten«.*[20]

Die am 18. September 1947 gegründete CIA hat einen noch umfangreicheren Aufgabenkatalog: Spionage, Beschaffung und Analyse von Informationen über ausländische Regierungen, Vereinigungen und Personen, Geheimoperationen im Ausland, Desinformation und Beschaffung illegaler Mittel, um die internationale Politik, die öffentliche Meinung und die Repräsentanten der Vereinigten Staaten zu beeinflussen.[21] Das geschieht seit 1947 mit großem Erfolg. So empfahl die Abteilung »Psychological Warfare/Clandestine Services« (Psychologische Kriegführung/Geheimdienstliche Aktivitäten), als der amtliche Warren-Report zur Ermordung J. F. Kennedys 1964 ständig hinterfragt wurde, zur Diskreditierung von Zweiflern den Begriff »Verschwörungstheoretiker« zu verwenden, was seither von Massenmedien und Mainstream-Politikern sehr erfolgreich praktiziert wird.[22]

Als Nächstes folgte am 11. November 1947 die Gründung eines Internationalen Komitees der Bewegungen für die Europäische Einheit (ICMEU) als Dachorganisation verschiedener Institutionen, darunter die Union der Europäischen Föderalisten des Niederländers Henri Brugmans, Churchills Bewegung für ein vereintes Europa, die Unabhängige Liga für Europäische Zusammenarbeit, gegründet vom ehemaligen belgischen Premierminister Paul van Zeeland, der Französische Rat für ein vereintes Europa unter der Leitung von Raoul Dautry, Generaldirektor der französischen Atomenergiekommission, die Europäische Parlamentarische Union von Richard Coudenhove-Kalergi und die Nouvelles Équipes Internationales (Neue Internationale Teams) des französischen Volksrepublikaners Robert Bichet.

Den Vorsitz des ICMEU übernahm der britische konservative Abgeordnete Duncan Sandys, Schwiegersohn von Winston Churchill. Generalsekretär wurde Józef Hieronim Retinger, Literaturwissenschaftler und Politikberater, der später die transatlantische Bilderberg-Konferenz aus der Taufe hob. Retinger richtete sofort ein Büro in London und eine Zweigstelle in Paris ein. Nun war der Rahmen geschaffen, die Organisation, Planung und Förderung eines geeinten Europas mittels durchdringender Werbekampagnen voranzutreiben.

Mitte November 1947 brachen in Frankreich und Italien wochenlange, von Sabotageakten, Straßenschlachten und Parlamentstumulten begleitete Streiks aus. Sie wurden von kommunistischen Parteien und Gewerkschaften unterstützt und waren Bestandteil der neuen Strategie des Kommunistischen Informationsbüros (Kominform), welches den Marshallplan als Angriff auf das sowjetische Sicherheitssystem in Osteuropa interpretierte. Es ging darum, das von den USA angebotene Wiederaufbauprogramm in Westeuropa zu diskreditieren.

Mit allen zur Verfügung stehenden Mitteln griffen nun die USA in Italien in die Wahlen ein, um die Kommunistische Partei Italiens von einer Machtübernahme fernzuhalten – mit Erfolg. Ebenso stellten sich die USA im griechischen Bürgerkrieg gegen die griechische Linke, welche mutig den Kampf gegen die deutsche Besatzung geführt hatte. Die Ultrakonservativen gewannen und installierten ein Regime, für das die CIA eigens einen neuen Inlandsgeheimdienst (KYP) gründete.[23] Die Kriegsmarine wurde wieder mit der traditionellen Aufgabe betraut, die Diplomatie des Landes zu unterstützen. Die 6. US-Flotte zeigte von nun an im Mittelmeer Flagge. Immer vor Ort: ein großer Flugzeugträger – zuerst die *USS-Midway*, später die *USS-Franklin D. Roosevelt* oder die *USS-Coral Sea*. Ein weiterer Träger sowie mehrere Kreuzer und Zerstörer vervollständigten diese »Task Force«. Für Landeunternehmen des Marine-Corps wurden noch amphibische Transportmittel bereitgehalten.

All die genannten Ereignisse stehen in einem direkten Zusammenhang.

## 1948: Frostige Zeiten – Brüsseler Pakt und US-Europa-Komitee

Vom 23. Februar bis 6. März 1948 wurden auf einer Außenministerkonferenz der drei westlichen Besatzungsmächte sowie der Benelux-Staaten Wege zur Gründung der Bundesrepublik Deutschland ausgelotet. Kurz darauf, am 17. März 1948, schlossen Frankreich, Großbritannien, die Niederlande, Belgien und Luxemburg ein Bündnis für militärische, wirtschaftliche, soziale und kulturelle Zusammenarbeit: Der Brüsseler Pakt oder die Westunion war auch als Beistandsverpflichtung gegen eine erneute deutsche Aggression zu verstehen.

Als Folge der dadurch unterstrichenen unüberbrückbaren Gegensätze stellte die Sowjetunion am 20. März ihre Mitarbeit im Alliierten Kontrollrat ein, der ohne den sowjetischen Vertreter keine Beschlüsse mehr fassen konnte; er trat erst 1990 wieder zusammen. Die Sowjetunion sah die faktische Teilung Deutschlands mit der Gründung eines westdeutschen Staates als beschlossene Sache und begann am 31. März die »kleine Berlin-Blockade« mit vermehrten Inspektionen und Transportbehinderungen, worauf am 2. April Amerikaner und Briten mit verstärkten Lufttransporten für die Berliner Garnisonen reagierten.

In dieser angespannten Situation fand am 23. April 1948 auf Einladung von Richard Coudenhove-Kalergi ein erstes Treffen mit dem Ziel der Gründung eines Komitees zur Unterstützung eines »freien und vereinigten Europa« in New York statt. Das Komitee von 17 Männern und zwei Frauen war hochkarätig besetzt; ihm gehörten etwa der Diplomat William C. Bullitt, Ex-Präsident Herbert C. Hoover oder William Joseph Donovan, der ehemalige Leiter des OSS, an. Auch Allen Dulles sowie John W. Davis finden sich hier wieder. Die beiden Frauen waren die konservative Abgeordnete Clare Boothe Luce und Alice Roosevelt Longworth, Tochter des ehemaligen US-Präsidenten Theodore Roosevelt.

Gründungsvorstand und erster Geschäftsführer wurde der als Zivilanwalt auftretende William Joseph Donovan, Stellvertreter sein ehemaliger Untergebener Allen Dulles. 1946 war Dulles Präsident des einflussreichen CFR, da ist es nicht verwunderlich, dass das American Committee for European Unit (ACUE) wohlwollend von der Ford- sowie der Rockefeller-Stiftung und regierungsnahen Unternehmensgruppen finanziert wurde. Dass viele ehemalige Top-Geheimdienstleute in die Spitze des ACUE berufen wurden, war sicherlich kein Zufall: Es ging um strategische Interessen, um ein Gegengewicht zum roten Osten Europas.

Dem Beratergremium gehörten später der erste Direktor der CIA Walter Bedell Smith sowie eine Reihe ehemaliger CIA-Mitarbeiter an. Deklassifizierte Geheimdokumente zeigen, dass das ACUE die Europäische Bewegung, die wichtigste föderalistische Organisation der Nachkriegszeit, finanziert hat.[24] Vollständig von Washington finanziert und kontrolliert wurde die Europäische Jugendkampagne. Als sich Józef Retinger über dieses Maß an amerikanischer Kontrolle hinwegsetzte und versuchte, in Europa Geld zu beschaffen, wurde er schnell zurechtgewiesen. Ambrose Evans-Pritchard schrieb am 19. September 2000 im *Daily Telegraph*, die Führer der Europäischen Bewegung – Józef Retinger, der Visionär Robert Schuman und der ehemalige belgische Premierminister Paul-Henri Spaak – seien von den amerikanischen Sponsoren wie Angestellte behandelt worden.

Auf Dulles geht die Initiative für das spendenunterstützte und vom US-Kongress finanzierte »Radio Free Europe« zurück. Es sendete in den gesamten Sowjetblock. Dazu ließ er antikommunistische Medien wie die Zeitung *Der Monat* finanzieren, welche zu einem Forum links eingestellter Intellektueller gegen den stalinistischen Kommunismus wurde.

1948 rief das ACUE die Europäische Föderationskonferenz ins Leben, von der am 5. Mai 1949 der Europarat gegründet wurde. An der Tagung vom 8. bis zum 10. Mai in Den Haag nahmen nicht nur die Vertreter der 16 Empfängerländer des Marshallplans teil, dem Ruf des Jesuiten Retinger folgten etwa achthundert Delegierte, darunter 18 ehemalige Premierminister und 28 ehemalige Außenminister.[25] Die Eröffnungsrede hielt Winston Churchill.

## Inflation von US-Kriegsplänen

Die Reaktion der Sowjetunion auf die Politik in Europa und den Vereinigten Staaten ließ weitere Bedrohungen erwarten, man befürchtete die Vernichtung oder Lahmlegung aller alliierten Streitkräfte auf der eurasischen Landmasse, die Verstärkung und Konsolidierung von Stellungen bei den Satellitenstaaten, in China und Korea, die Zersetzung des Kriegspotenzials durch Subversion und Sabotage sowie die Unterbrechung lebenswichtiger Verbindungslinien durch aggressiven U-Boot-Krieg und Luftoperationen.[26]

Aufgrund von Schätzungen nahm das Pentagon an, dass die sowjetische Armee in fünf Tagen am Rhein, in 14 Tagen an der Kanalküste, in einem Monat am Atlantik und in zwei Monaten an den Pyrenäen stehen könnte, wobei die Besetzung Jütlands und Seelands in einer Nebenoperation 14 Tage beansprucht hätte.[27] Amerikanische Kriegsplanungen erfolgten überwiegend durch eine Abteilung der Vereinigten Stabschefs, sie stand unter der Leitung bekannter Spitzenmilitärs. Auf der Basis vorangegangener Kriegsplanungen – »Pincher« vom März 1946 und »Broiler« 1947 – trat am 6. Mai 1948 der erste, für alle Teilstreitkräfte gemeinsame Nachkriegsplan »Halfmoon« in Kraft. Er sollte der Verteidigung der westlichen Hemisphäre einschließlich des nord- und südamerikanischen Kontinents dienen. Unter der Befehlsziffer »Evakuierungen« wurden die für Kontinentaleuropa befohlenen Maßnahmen aufgeführt. Der sowjetische Vormarsch sollte verzögert und der Widerstand befreundeter Länder gefördert werden, doch im Fokus standen die Rückzugsrouten der alliierten Streitkräfte, wobei die erste Ausweichbewegung bis zum Rhein erfolgen sollte.[28] Dagegen sollte die Linie Beringsee – Japanisches Meer – Gelbes Meer gesichert und zum frühestmöglichen Zeitpunkt eine Luftoffensive eröffnet werden. Dazu waren die Einheiten des Strategischen Bomberkommandos (Strategic Air Command, SAC) zu Stützpunkten nach Großbritannien (alternativ nach Island) und in das Gebiet Khartoum – Kairo – Suez zu verlegen. Spätestens 15 Tage nach Kriegsausbruch sollte der strategisch-nukleare Angriff auf die Sowjetunion beginnen.

Kritiker vermissten bei »Halfmoon« die angemessene Unterstützung der westeuropäischen Länder und die rechtzeitige Verteidigung der Ölquellen im Mittleren Osten. Auch seien die Militärpotenziale des Brüsseler Pakts unzulänglich in die Planungen einbezogen worden. Generell fehlte es an Rücksichtnahme auf die Interessen der künftigen Alliierten – ganz zu schweigen von den unkalkulierbaren psychologischen Auswirkungen des Plans auf Kontinentaleuropa.[29]

Befürchtet wurden nun mögliche Operationen der Sowjets zur Einnahme und Beherrschung des Kontinents einschließlich Großbritanniens, die sich auf den

Nahen und Fernen Osten ausdehnen könnten. Unter absoluter Geheimhaltung startete am 11. Juni 1948 die Endphase der »Operation Birddog«, in der die neue deutsche Währung mit den nötigen Dokumenten in die englische und französische Zone verschickt wurde. Am 18. Juni wurde die westdeutsche Bevölkerung über die bevorstehende Währungsreform unterrichtet. Gleichzeitig ließ der britische Militärgouverneur dem sowjetischen Militärgouverneur mitteilen: *»Ich habe mich daher entschlossen, die britische Zone in einen Währungsreformplan einzubeziehen, der am Sonntag, dem 20. Juni, in den Westzonen eingeführt werden soll.«*[30]

## Währungsreform: Deutsche Mark vs. Ost-Tapetenmark

Die Währungsreform von 1948 trat am 20. Juni in den drei westlichen Besatzungszonen, am 23. Juni in Westberlin in Kraft. Nun war die Deutsche Mark dort alleiniges gesetzliches Zahlungsmittel. Die amerikanische Besatzungsmacht brachte Banknoten im Nennwert von 5,7 Mrd. DM in den Verkehr, die schon ab Herbst des vergangenen Jahres in den USA gedruckt worden waren. Die Unternehmen bekamen 60 DM pro Arbeitnehmer als »Geschäftsbetrag«. Insgesamt wurden 93,5 Prozent des alten Reichsmarkvolumens aus dem Verkehr gezogen. Pro Kopf durften die Deutschen 60 Reichsmark 1:1 umtauschen, 40 DM erhielten sie sofort, den restlichen Betrag von 20 DM im August. Aktienbesitz blieb unangetastet, Sparer wurden weitgehend enteignet. Löhne, Gehälter und Mieten waren ab sofort zu zahlen. So begünstigte die Währungsreform einseitig die Besitzer von Sachwerten. Das Eigentum an Grund und Boden sowie an Produktionsmitteln blieb von der Neuordnung unberührt.

Die D-Mark wurde von der Bevölkerung problemlos akzeptiert. Es trat der sogenannte »Schaufenstereffekt« ein, da gehortete Waren über Nacht zum Verkauf in die Läden wanderten. Der Schwarzmarkt verschwand somit praktisch im Handumdrehen, und Erhards Wirtschaftspolitik wurde durch einen ersten Erfolg gekrönt.

Am folgenden Tag stellte Marschall Sokolowski klar, dass *»in den westlichen Besatzungszonen Deutschlands herausgegebene Geldscheine ... in der sowjetischen Besatzungszone Deutschlands und im Gebiet Groß-Berlin, das sich in der sowjetischen Besatzungszone befindet und wirtschaftlich einen Teil der sowjetischen Besat-*

*zungszone darstellt, nicht zugelassen«* sind.[31] Und in der Nacht zum 24. Juni 1948 wurden sämtliche Verkehrsverbindungen Richtung West-Berlin unterbrochen, woraufhin der Westen eine Gegenblockade durch Lieferstopp wichtiger Wirtschaftsgüter für Ostdeutschland verfügte. Um eine Überschwemmung der Sowjetzone (SBZ) mit der in den Westzonen wertlos gewordenen Reichsmark zu verhindern, bezog Sokolowski Gesamtberlin in die ostzonale Währungsreform ein. Da neue Banknoten in der SBZ nicht zur Verfügung standen, wurden die alten Scheine mit Coupons überklebt, im Volksmund hieß das Geld deshalb »Tapetenmark«.

Einen Tag später ließ General Clay die »Operation Vittles« anrollen. B-29-Bomber der US-Air-Force landeten mit lebensnotwendigen Gütern für die Berliner US-Garnison auf dem Flughafen Tempelhof. Bald wurde die »Luftbrücke« – eine ungeheure logistische Operation – für die Westberliner Bevölkerung überlebenswichtig. In den fast elf Monaten der Blockade landeten 277 728 »Rosinenbomber« mit 2,1 Millionen Tonnen Lebensmitteln, Brennstoffen und Medikamenten in Tempelhof.

*Währungsreform im Juni 1948: In Ostberlin werden unter Aufsicht die bisherigen Reichsmarkscheine mit Coupons überklebt: Die sogenannte Tapetenmark wird zum neuen offiziellen Zahlungsmittel*

Auch die sozialistischen Staaten schlossen sich nun enger zusammen. Auf der Bukarester Konferenz wurde am 27. Juni Jugoslawien ausgeschlossen und mit einer Wirtschaftsblockade belegt, da dessen Diktator Tito ebenso wenig wie Mao bereit war, sich der im ganzen Ostblock einsetzenden Stalinisierung zu unterwerfen. Daraufhin bezeichnete der sowjetische Verteidigungsminister Bulganin die Jugoslawen als *»böswillige Deserteure aus dem Lager des Sozialismus zum Lager des Imperialismus und Faschismus«*.[32] Für Washington dagegen war nun Tito *»unser Mistkerl«*, wie Außenminister Dean Acheson verlauten ließ.[33] Truman genehmigte fünf geheime Waffentransporte nach Jugoslawien.[34] Allein im Jahr 1949 sollte es 55 Millionen Dollar an Darlehen erhalten. Da die CIA noch Ende 1950 Jugoslawien neben Südkorea, Indochina, Iran und Westdeutschland für das am meisten von einem sowjetischen Angriff bedrohte Gebiet ansah, erhielt Tito 1951 über 150 Millionen Dollar Militärhilfe.[35]

Seit dem 15. Juli 1948 trat in London ein ständiger Ausschuss der Westmächte zu täglichen Beratungen über den Stand der Krise zusammen. Die Amerikaner verstärkten ihre Luftstreitkräfte in Europa und besetzten erneut schon geräumte Militärstützpunkte in England. Diese Maßnahme sollte bei künftigen Verhandlungen mit der Sowjetunion helfen, die Gespräche unter der Voraussetzung eines »Gleichgewichts der Kräfte« führen zu können.

## Befreiung und Kreuzzug gegen »das Böse«

Nach amerikanischem Selbstverständnis ist die christliche Religion auch bestimmend für das politische Denken und Handeln. Daraus resultiert ein missionarischer Drang, der durch den Glauben an die eigene Auserwähltheit noch verstärkt wird. Gern betonen amerikanische Politiker ihre moralische Überlegenheit, z. B. Jimmy Carter oder Ronald Reagan anlässlich ihrer Amtseinführung. In der Überzeugung, anderen Ländern die Freiheit bringen zu können, wählt das Pentagon für seine Operationen mit Vorliebe den Begriff »Freedom«, siehe »Enduring Freedom« in Afghanistan oder »Iraqi Freedom« im Irak.

George W. Bush, Eisenhower und Reagan glaubten fest an eine »globale Mission« der Vereinigten Staaten.[36] Theodore N. Kaufmann brachte 1941 in seinem Buch »Germany Must Perish« das aus quasireligiösen Inhalten gespeiste amerikanische Missionsbewusstsein auf den Punkt: *»Der heutige Krieg ist kein*

*Krieg gegen Adolf Hitler. Es ist auch kein Krieg gegen die Nazis. Es ist ein Krieg von Völkern gegen Völker; von zivilisierten Völkern, die das Licht anvisieren, gegen unzivilisierte Barbaren, denen die Dunkelheit lieber ist ... Hitler ist an diesem deutschen Krieg ebensowenig schuld wie der Kaiser am letzten. Oder Bismarck vor dem Kaiser ... Sie waren nur die Spiegel, die die jahrhundertealte inzüchtige Begierde der deutschen Nation nach Eroberung und Massenmord widerspiegelten.«*[37] Und Ernst von Salomon schrieb 1951 voller Sarkasmus: »*Für den Christen mag es nicht unbehaglich sein zu hören, wie die Stimme Amerikas unter dem Donnern der Bombengeschwader und dem Dröhnen der marschierenden Bataillone allen denen den Frieden zu bringen verspricht, welche guten Willens sind. Die Kirche hat in ihrer Geschichte, wenn es um den Glauben ging, immer ein weltliches Schwert gefunden ... Die Stimme Amerikas identifizierte sich mit der Christenheit: das Wort vom guten Willen umreißt einen moralischen Bezirk, es fordert, gleichviel an wen es sich richtet, die Anerkenntnis der Gültigkeit bestimmter Moralgesetze, und der Gleichklang dieses Wortes der Stimme Amerikas mit der geoffenbarten Stimme aus dem Himmel zur Stunde der Geburt Jesu Christi läßt keinen Zweifel, daß es die christlichen Moralgesetze sind.«*[38]

Auch John Foster Dulles, Begründer der »Befreiungspolitik« im Kalten Krieg, betonte regelmäßig die christliche Tradition als Fundament der Außenpolitik und die Mission als historische Aufgabe der USA.[39] Ein wesentliches Ziel des »Kreuzzugs« liegt in der »Bestrafung des Bösen«. Davon war Truman ebenfalls überzeugt, der noch stärker als Roosevelt ein klares Schwarz-Weiß-Weltbild besaß. Und bei den Nürnberger Prozessen wurde die Überzeugung der US-Amerikaner, einen »gerechten Krieg« geführt zu haben, deutlich. Die Kräfte, für die die Angeklagten stünden, so Robert H. Jackson in seiner ersten Anklagerede, seien »*die finstersten und unheilvollsten Mächte der menschlichen Gesellschaft ... Die wahre Klägerin vor den Schranken dieses Gerichts ist die Zivilisation.«*[40] Das »Böse« verkörperten die Deutschen mit ihrer verbrecherischen Kriegführung.

## Feindbilder und verhärtete Fronten

Die in Nürnberg geformten Moralgrundsätze konnten als Basis für die »Umerziehung« der deutschen Bevölkerung genutzt werden, desgleichen für die ab 1947 öffentlich diskutierten Konzepte »Eindämmungs- und Befreiungspolitik« und für die Politik gegenüber der Sowjetunion. Das neue Feindbild Sowjetunion glich dabei nahezu exakt dem alten Feindbild Deutschland, vor allem bezüglich des Totalitarismus, welcher nach amerikanischem Verständnis Kommunismus, Faschismus und Nationalsozialismus miteinander verband, wenngleich George Kennan, Ex-US-Botschafter in Moskau, 1968 darauf verwies, dass die UdSSR *»im Gegensatz zu Hitlerdeutschland ... weder schematisiert noch auf Abenteuer aus«* sei.[41]

Wie England ab dem 17. Jahrhundert bekämpfte nun Amerika als britischer Erbe jede erstarkende Macht auf dem Kontinent, so wie es der Geostratege Halford Mackinder einst angeregt hatte: Wer über die eurasische Landmasse mit ihrem großen materiellen Reichtum verfüge, beherrsche den Planeten. Weitsichtig warnte er: *»In der Gegenwart von aufstrebenden Mächten, die auf halben Kontinenten eine breite Basis von Ressourcen aufweisen, würde Britannien nicht noch einmal Herrin der See werden können ...«*[42] Brzeziński hatte Mackinder genau studiert. *»Inwieweit die USA ihre globale Vormachtstellung geltend machen können«*, schrieb er am Ende des 20. Jahrhunderts, hänge davon ab, ob sie *»mit den komplexen Machtverhältnissen auf dem eurasischen Kontinent«* fertig würden und *»dort das Aufkommen einer dominierenden, gegnerischen Macht verhindern«* könnten.[43] Auf dem »Schachbrett Eurasien« sei *»Europa Amerikas unverzichtbarer geopolitischer Brückenkopf«*.[44]

Verärgert wurde Ende 1948 in Washington registriert, dass mit sowjetischer Unterstützung kommunistische Regime in Polen, Rumänien, Ungarn, Bulgarien und der Tschechoslowakei an die Macht gelangt waren. Dies widerspreche der in Jalta vereinbarten Deklaration zu einem befreiten Europa. Zum Ärger kam der Schrecken darüber, dass in den USA und Kanada sowjetische Spionageversuche innerhalb der Atomrüstung aufgedeckt wurden. Das stärkte den Hardlinerflügel noch einmal erheblich. Schon Averell Harriman hatte Truman während der ersten Berlin-Krise 1948 dazu gedrängt, einen härteren Kurs zu fahren. Eindämmung und offensives »Rollback« ließen sich jedoch kaum voneinander trennen. Die amerikanische Rollback-Politik des Jahres 1948 war somit weniger eine Neuentwicklung als eine Rückbesinnung auf die Mission der USA seit Präsident Monroe.

Wegen seines entschlossenen Auftretens wurde Truman entgegen allen Prognosen im November 1948 in seinem Amt als Präsident bestätigt. Die grassierende Kommunistenfurcht scheint zu diesem Ergebnis beigetragen zu haben.

Als Antwort auf den Brüsseler Pakt gründeten die UdSSR, Polen, die Tschechoslowakei, Ungarn, Bulgarien und Rumänien am 25. Januar 1949 den »Rat für gegenseitige Wirtschaftshilfe« in Warschau. Er sollte die nationalen Volkswirtschaften im Rahmen der internationalen sozialistischen Arbeitsteilung koordinieren.

Als die Gräben zwischen den Mächten immer tiefer wurden, begann in der Bi-Zone (unter der Militärregierung Großbritanniens und der USA) mit Hochdruck die Arbeit an einer wirtschaftlichen Gesundung Westeuropas. Das Bretton-Woods-System zementierte die geldpolitische Hegemonie des Dollars. Die Hilfen, die im Rahmen des Marshallplans auch an Großbritannien und Frankreich flossen, machten Frankreich abhängig, und so schlossen sich die Franzosen bald den angloamerikanischen Plänen an.

Am 10. Dezember 1948 erfolgte die internationale Erklärung der Menschenrechte durch die UNO-Vollversammlung.

## Gründung der NATO

Der Nordatlantikpakt (North Atlantic Treaty Organisation), gegründet am 4. April 1949 in Washington, wird allgemein als ein von den USA geschaffenes Gegengewicht, als »Verteidigungsbündnis« gegen die als bedrohlich empfundene sowjetische Militärpräsenz in Europa, genauer: den Warschauer Pakt, angesehen. Doch dieser entstand erst 1955 als Reaktion auf den Aufbau der Bundeswehr. Im Bündnisvertrag wurde festgehalten, dass wirtschaftlicher Wiederaufbau und wirtschaftliche Stabilität wichtige Elemente der Sicherheit seien, daher auch der Marshallplan. Den Beitrittsvertrag unterzeichneten 1949 Belgien, Dänemark, Frankreich, Großbritannien, Island, Italien, Kanada, Luxemburg, die Niederlande, Norwegen, Portugal und die USA – heute sind es 30 Mitgliedstaaten. Am 18. Februar 1952 traten Griechenland und die Türkei, am 5. Mai 1955 die Bundesrepublik Deutschland bei, zuletzt noch Albanien 2009, Montenegro 2017 und zuletzt Nordmazedonien im März 2020. Sie alle bekennen sich zur Präambel des Vertrags, Frieden, Demokratie, Freiheit und die Herrschaft des Rechts zu achten.

Im Kernstück des NATO-Vertrags, dem Artikel 5, wird festgehalten, dass ein bewaffneter Angriff gegen einen der Staaten *»oder mehrere von ihnen als Angriff* *gegen sie alle angesehen wird«.*[45] Dementsprechend vereinbarten sie gemäß Artikel 51 der UNO-Charta, dem angegriffenen Partner mit bewaffneten Kräften beizustehen – wobei über den Umfang nichts ausgesagt wird. Heute versteht sich die NATO nicht nur als Verteidigungsbündnis, sondern auch als militärisch-politische Organisation mit dem Ziel, Sicherheit und Wohlstand zu gewährleisten. Solcherart wird sie auf der Webseite des deutschen Verteidigungsministeriums als »*Wertegemeinschaft freier demokratischer Staaten*« definiert.[46]

Ein Blick auf die Liste der Kriege von NATO-Mitgliedern seit 1949 lässt die Absichtserklärungen zu hohlen Phrasen verkümmern. Das militärische bzw. interventionistische, sanktionenbewehrte Vorgehen der »westlichen Wertegemeinschaft« stößt beim Rest der Welt auf Unverständnis, wenn nicht auf Widerstand. Sie sehen in der Vorgehensweise mit Recht ein postkoloniales und imperiales Verhalten.

Zur Verschleierung und Täuschung ihrer wahren politischen Absichten beschäftigen die USA und vorrangig die CIA ein Heer von sogenannten Spindoktoren, die im Bereich der Medien für die Imagepflege der USA zuständig sind. Der erste war Edward Bernays, ein Neffe Sigmund Freuds. Er interessierte sich für massenpsychologische Phänomene und entwickelte in seinem grundlegenden Werk »Propaganda« subtile Methoden zur planmäßigen Beeinflussung der öffentlichen Meinung. Den Begriff Propaganda ersetzte er durch »Public Relations«. Entscheidend dabei ist die Inszenierung der Wirklichkeit im Interesse einer Kontrolle der Wahrnehmung in der öffentlichen Meinung.

## Gründung des Europarats

Aus dem American Committee for a United Europe ging 1949 der Europarat (Council of Europe, kurz CoE) hervor. Am 5. Mai unterschrieben die Außenminister von zehn nord- und westeuropäischen Staaten in London das »Statut des Europarates« (Zehnmächtepakt): Belgien, Dänemark, Frankreich, Irland, Italien, Luxemburg, den Niederlanden, Norwegen, Schweden und dem Vereinigten Königreich.

Drei Monate später eröffnete Edouard Herriot, in den 20er-Jahren französischer Regierungschef, in der Aula der Straßburger Universität die erste Sit-

COUNCIL OF EUROPE CONSEIL DE L'EUROPE

*Der Europarat – eine wenig bekannte Institution, die gerne mit der EU verwechselt wird, aber nichts mit ihr zu tun hat. Mitglieder sind alle Staaten Europas bis auf Weißrussland*

zung. Der Europarat – nicht verbunden mit der Europäischen Union – ist eine europäische internationale Organisation und darf deshalb nicht mit den beiden fast gleichnamigen Organen der EU, dem Europäischen Rat und dem Rat der Europäischen Union, verwechselt werden. Dem Europarat gehören heute 47 Staaten mit 820 Millionen Bürgern an – nur dem autokratischen Weißrussland wurde der Zugang bis heute verwehrt. Und Russland wurde wegen der »Annexion« der ukrainischen Halbinsel Krim im Jahr 2014 das Stimmrecht entzogen. Seitdem nimmt die russische Delegation nicht mehr an den Sitzungen teil. Das lässt befürchten, dass es dem Europarat weniger um eine friedliche Entwicklung in Europa geht, sondern ausschließlich um transatlantische Interessen. Die Causa Krim kann auch mit anderen Augen gesehen werden. Am 21. Mai 1992 erklärte der Oberste Sowjet Russlands den Beschluss zur Angliederung der Krim an die Ukraine von 1954 für nichtig. Schon 1992 hatten Unabhängigkeitsbewegungen auf der Krim eine Loslösung von der Ukraine gefordert. Diese Forderung hat die Bevölkerung am 16. März 2014 in einem Referendum mit großer Mehrheit bestätigt. Offiziellen Zahlen zufolge lag die Wahlbeteiligung bei 83,1 Prozent und der Anteil der Menschen, die für den Anschluss an Russland gestimmt haben, bei 96,77 Prozent.[47]

## Gründung zweier deutscher Staaten

War die einseitige Währungsreform bereits das Vorspiel gewesen, so wurde die Teilung Deutschlands und damit auch Europas jetzt manifest: Am 24. Mai 1949 trat das vom Parlamentarischen Rat unter Vorsitz Konrad Adenauers ausgearbeitete Grundgesetz in Kraft, damit war die Bundesrepublik geboren. Am 7. Oktober 1949 folgte die Gründung der Deutschen Demokratischen Republik.

Noch im Mai 1949 trat der US-Kriegsplan »Offtackle« in Kraft, was eindeutig zeigt, dass an einem friedlichen Nebeneinander mit der Sowjetunion kein Interesse bestand, vielmehr wurde ein mit allen Mitteln geführter Kampf um die alleinige Herrschaft auf dem Globus vorbereitet. Der Plan sah zunächst einmal den Raum zwischen Weser und Weichsel als Kriegsschauplatz vor. Die Folgen für Land und Bevölkerung wären im Fall einer Realisation verheerend gewesen.

Im Dezember 1949 verabschiedete die NATO dann den Kriegsplan »Dropshot« – Vorbereitung zum Angriff der Sowjetunion. Natürlich sollte der Gegner als der Aggressor dastehen. Als »Grundannahme« heißt es in dem streng geheimen Papier wörtlich: *»Am oder um den 1. Januar 1957 ist den Vereinigten Staaten durch einen Aggressionsakt der UdSSR und/oder ihrer Satelliten ein Krieg aufgezwungen worden.«*[48] Der Plan sah einen ungeheuren Vernichtungsschlag vor: den Abwurf von 300 Atombomben und 29 000 hochexplosiven Bomben auf 200 Ziele in einhundert Städten, um 85 Prozent der industriellen Kapazität der Sowjetunion zu zerstören.

1957 sollte die Remilitarisierung Westdeutschlands eigentlich abgeschlossen sein. Doch der Aufbau der Bundeswehr verzögerte sich um einige Jahre, da die französische Nationalversammlung 1954 die Verträge über die »Europäische Verteidigungsgemeinschaft« ablehnte und die Wiederbewaffnung auch in der Bundesrepublik selbst auf Widerstand stieß. Nach dem Sputnik-Schock wurde »Dropshot« zwar verschoben, aber in Moskau hat man den Kriegsplan nicht vergessen.

Der französische Präsident Charles de Gaulle war über die imperialen Ambitionen der USA zutiefst verstimmt. Europa ging für ihn vom Atlantik bis zum Ural. Auch die »Special Relationship« zwischen Großbritannien und den USA sah er mit Sorge und versuchte daher später, Großbritannien aus der Europäischen Wirtschaftsgemeinschaft herauszuhalten. Sein Misstrauen gegenüber der angloamerikanischen Geostrategie und sein gutes Verhältnis zu Konrad Adenauer verhinderten eine Neuauflage der Politik Georges Clemenceaus, die das Verhältnis Frankreichs zu Deutschland nach dem Ersten Weltkrieg vergiftet hatte.

## Der Kongress für kulturelle Freiheit

Der Kalte Krieg erhitzte die Gemüter, die Bilder von der Berlinblockade taten ihr übriges, und so bemühte sich die Sowjetunion um Schadensbegrenzung. Im März 1949 fanden sich zur Waldorf-Konferenz »Cultural and Scientific Conference for World Peace« (Kulturelle und wissenschaftliche Konferenz für den Weltfrieden) 800 prominente Persönlichkeiten aus Literatur und Kunst in Berlin ein, um einen Frieden mit Stalin zu fordern. Darunter waren auch Vertreter der Kominform, eines überstaatlichen Bündnisses verschiedener kommunistischer Parteien, die antrat, die öffentliche Meinung in den USA zu beeinflussen. Das scheint auch gelungen zu sein, wie in einer Studie der CIA festgehalten wird: *»Amerikaner, darunter Lillian Hellman, Aaron Copland, Arthur Miller und ein junger Norman Mailer, schlossen sich mit europäischen und sowjetischen Delegierten zusammen, um die ›US-Kriegstreiberei‹ abzulehnen. Der russische Komponist Dmitri Schostakowitsch sagte den Delegierten, dass ›eine kleine Clique von Hasspredigern‹ einen globalen Flächenbrand vorbereite; er forderte fortschrittliche Künstler auf, gegen die neuen ›Faschisten‹ zu kämpfen, die die Weltherrschaft anstrebten. Die amerikanischen Podiumsteilnehmer teilten die Furcht des russischen Komponisten vor einem neuen Konflikt. Der Dramatiker Clifford Odets prangerte die ›Feinde des Menschen‹ an und behauptete, die Vereinigten Staaten seien durch betrügerische Berichte über die sowjetische Aggression in einen ›Zustand des heiligen Terrors‹ versetzt worden; der Komponist Copland erklärte, ›die gegenwärtige Politik der amerikanischen Regierung wird unweigerlich in einen dritten Weltkrieg führen‹.«*[49]

Zur Gegenseite gehörten Benedetto Croce, T. S. Eliot, Karl Jaspers, André Malraux, Bertrand Russell und Igor Strawinsky. Schon im September 1948 hatte es zum Weltfrieden aufrufende und die Politik der Truman-Administration anprangernde Veranstaltungen seitens des Kominform gegeben, doch die Waldorf-Konferenz war die erste, die in einem westlichen Land tagte und die wegen der vielen vor Stalin in die USA Geflohenen auf eine organisierte und artikulierte Opposition traf. Nun sahen einige liberale und sozialistische Schriftsteller unter der Führung des New Yorker Philosophieprofessors Sydney Hook ihre Chance, von der Publicity um die Friedenskonferenz zu profitieren.

Der Ex-Kommunist Hook hatte die sozialistische Zeitschrift *The New Leader* herausgegeben und am 14. Mai 1939 mit seinem Mentor, dem US-amerikanischen Philosophen und Pädagogen John Dewey, das umstrittene antikommunistische Committee for Cultural Freedom (Komitee für kulturelle Freiheit) gegründet, das sowohl den Kommunismus als auch den Nationalsozialismus angriff. Dieses Komitee galt bald als beeindruckende antistalinistische liberale Organisation. Es bezeichnete die Sowjetunion als totalitären Staat und zerlegte damit die Kernprämisse der in New York einflussreichen Volksfront, die die Sowjetunion von der Liste der totalitären Staaten ausschloss. Während viele Linke glaubten, dass die Gruppierung nicht links genug sei und nur eine trotzkistische Splittergruppe bilde, beschuldigte das politische Magazin *The New Republic* das Komitee, dem Faschismus aktiv zu helfen und eine Revolution in den USA zu unterstützen.[50]

Im August 1949 trafen sich in Frankfurt der amerikanische Journalist Melvin J. Lasky, Herausgeber der Zeitschrift *Der Monat*, und zwei Exkommunisten, Franz Borkenau und Ruth Fischer (Schwester von Gerhart Eisler). Sie entwickelten einen Plan für eine internationale Konferenz der nichtkommunistischen Linken in Berlin. Das erste Treffen des Kongresses für kulturelle Freiheit (Congress for Cultural Freedom, CCF) fand am 25. Juni 1950 in Frankfurt statt. Zu den Teilnehmern gehörten Arthur Koestler, Arthur Schlesinger, James Burnham, Sidney Hook, Franz Borkenau, George Schuyler, Melvin Lasky, Hugh Trevor-Roper, James T. Farrell, Tennessee Williams, Ignazio Silone, David Lilienthal, Sol Levitas, Carson McCullers und Max Yergan.[51]

Diese antikommunistische Organisation stand unter der Kontrolle der CIA und wurde von ihr finanziert. Ihrem Selbstverständnis nach war sie eine Sammlung linksliberaler Intellektueller gegen den Totalitarismus. Sie finanzierte von 1950 bis 1969 linksliberale Künstler wie Heinrich Böll oder Siegfried Lenz und u. a. die Zeitschriften *Der Monat, Preuves* und *Encounter*. In den 1960er-Jahren bestand eine wichtige Kampagne des Kongresses in einer »Entideologisierung«, die insbesondere auf Journalisten und Medienschaffende abzielte.

Bei der Planung für den Berlinkongress wurde nichts dem Zufall überlassen. Weltberühmte Philosophen wie John Dewey, Bertrand Russell, Benedetto Croce, Karl Jaspers und Jacques Maritain erklärten sich bereit, als Ehrenvorsitzende der Veranstaltung entsprechende Bedeutung zu verleihen und als Magneten zu wirken. Hook und der Philosophieprofessor James Burnham übernahmen die Einzelheiten für die amerikanische Delegation. Das US-Außenministerium erwies sich als begeisterter Dienstleister für die Delegierten und organisierte zudem die Öffentlichkeitsarbeit. Der stellvertretende Minister für Public Affairs, Jesse MacKnight, war so beeindruckt, dass er die CIA drängte, den Kongress auf kontinuierlicher Basis zu sponsern.[52]

Am 26. Juni 1950 wurde im Berliner Titania-Palast der »Congress for Cultural Freedom« eröffnet. Einen Tag zuvor hatte das kommunistische Nordkorea Südkorea angegriffen. Unter diesem Eindruck standen vor allem die amerikanischen Delegierten Sidney Hook, James Burnham, James T. Farrell, der Dramatiker Tennessee Williams, der Historiker Arthur Schlesinger jr., der Schauspieler Robert Montgomery und der Vorsitzende der Atomenergiekommission David Lilienthal. 1951 wurde das Committee for Cultural Freedom neu organisiert und als American Committee for Cultural Freedom in den Congress for Cultural Freedom eingegliedert.

1967 wurde der Congress for Cultural Freedom mit dem Einstieg der Ford Foundation in International Association for Cultural Freedom (IACF) umbenannt, Präsident wurde Shepard Stone. Er hatte nach Kriegsende die amerikanischen Besatzungsbehörden beim Wiederaufbau des Zeitungswesens beraten und wurde 1949 zum Stellvertreter des Sonderberaters für öffentliche Angelegenheiten und Informationswesen beim amerikanischen Hochkommissar in Deutschland ernannt, zuständig für die Medien sowie die Bereiche Kultur und Wissenschaft. Für den Aufbau einer demokratischen Presse im Nachkriegsdeutschland unterstützte er Verleger und Journalisten beim Erschließen von Geldquellen und förderte verschiedene Austauschprogramme. Eine ähnliche Funktion hatte er vorher schon beim CCF; seine Kontakte zur Ford Foundation erwiesen sich dabei als äußerst nützlich. Anfang der 60er-Jahre wurde bekannt, dass die finanzielle Grundausstattung des CCF auf dem Umweg über die Fordstiftung von der CIA kam.[53] Stone ist auch Gründer des Aspen Institute in Berlin, Ableger einer US-amerikanischen Denkfabrik mit Sitz in Washington, dessen Leiter er von 1974 bis 1988 war, daneben war er Mitglied des Lenkungsausschusses der Bilderberg-Konferenz.[54]

Im Jubiläumsjahr organisierte die Journalistin Ulrike Ackermann im Juni 2000 in Berlin den Kongress »Freiheit in die Offensive – 50 Jahre Kongress für kulturelle Freiheit«. Prominente europäische und amerikanische Intellektuelle aus Wissenschaft, Kultur und Politik kamen in der Freien Universität und im Französischen Dom zum Gedanken- und Erfahrungsaustausch zusammen, um die Geschichte der Organisation als einen Erfolg und Fortschritt für Freiheit und Demokratie hervorzuheben. Diese habe, so hieß es, »*gleich einem Kaleidoskop, die Totalitarismen im 20. Jahrhundert und das Bemühen europäischer Intellektueller, sie zu begreifen und in der Folge zu bekämpfen*« gebündelt.[55]

Bis heute gibt es im bürgerlichen und linksliberalen Spektrum kaum Intellektuelle, die die raffinierte Art der Imagepflege und Einflussnahme durchschauen. Während die USA mittels mehr oder weniger verdeckter Operationen ein Land nach dem anderen unter ihre Kontrolle brachten bzw. unter die Kontrolle global agierender amerikanischer Konzerne, demokratisch legitimierte Präsidenten durch korrupte Marionetten ersetzten und sinnvolle Reformen torpedierten, benutzten sie ahnungslose kritische Intellektuelle, um den Mythos der freien westlichen Welt bei gleichzeitiger Überwachung und Sicherung der öffentlichen Meinungshoheit aufrecht zu erhalten. Eine ebenso perfide wie wirksame Strategie.

*»Der große Feind der Wahrheit ist sehr häufig nicht die Lüge*
*– wohlbedacht, erfunden und unehrlich –*
*sondern der Mythos*
*– hartnäckig, überzeugend und unrealistisch.«*

John F. Kennedy, im Juni 1962 in Yale

# Siamesische Zwillinge: EU und NATO

## Von der Montanunion zur Europäischen Gemeinschaft

Am 9. Mai 1950 traf US-Außenminister Dean Acheson in Paris mit seinem französischen Kollegen Robert Schuman und dem französischen Vizeministerpräsidenten Georges Bidault zusammen. Noch am gleichen Tag trat Schuman am Pariser Quai d'Orsay vor die internationale Presse, um Folgendes zu verkünden: *»Die französische Regierung schlägt vor, die Gesamtheit der französisch-deutschen Kohle- und Stahlproduktion einer gemeinsamen Hohen Behörde zu unterstellen, in einer Organisation, die den anderen europäischen Ländern zum Beitritt offensteht. Die Zusammenlegung der Kohle- und Stahlproduktion wird sofort die Schaffung gemeinsamer Grundlagen für die wirtschaftliche Entwicklung sichern – die erste Etappe der europäischen Föderation - und die Bestimmung jener Gebiete ändern, die lange Zeit der Herstellung von Waffen gewidmet waren, deren sicherste Opfer sie gewesen sind. Die Solidarität der Produktion, die so geschaffen wird, wird bekunden, daß jeder Krieg zwischen Frankreich und Deutschland nicht nur undenkbar, sondern materiell unmöglich ist.«*[1]

Die Deklaration des »Schuman-Plans« – gleichsam die »Geburtsurkunde« der Europäischen Gemeinschaft, heute EU – läutete eine neue Ära in der europäischen Nachkriegspolitik ein. Als gedanklicher Urheber ist allerdings eher Dean Acheson zu sehen und nicht, wie häufig kolportiert, der französische Unternehmer Jean Monnet, der gern als »Vater Europas« bezeichnet wird. Die amerikanisch-französische Kooperation hat Tradition, sie funktionierte auch im Ersten Weltkrieg. *»Alles begann in Washington«*, erklärte Schumans Stabschef später.[2]

RUNAWAY ROMANCE OVER THE ANVIL

*US-Außenminister Dean Acheson als Schmied der deutsch-französischen Ehe (erschienen im* Daily Herald *am 12. Mai 1950)*

Seit den Verhandlungen in Versailles war Monnet für eine europäische Einigung eingetreten, er war mit John Foster Dulles befreundet, dem Berater von Bernhard Baruch, Chefrepräsentant der US-Reparationskommission. Nach 1945 planten Dulles und Monnet gemeinsam die Neuordnung Europas im Sinne der USA. Ab 1946 leitete Monnet das französische Planungsamt, das Modernisierungsprogramme für die gesamte inländische Wirtschaft und einen gewaltigen Ausbau der Stahlkapazität anvisierte. Und die Idee zum Zusammenschluss der westeuropäischen Montanindustrie war ganz im Sinn des »American Committee for a United Europe«.

Schließlich wurde Monnet Vorsitzender der Pariser Schuman-Plan-Konferenz, die am 18. April 1951 zur Gründung der Europäischen Gemeinschaft für Kohle und Stahl (EGKS oder Montanunion) führte. Leiter der bundesdeutschen Delegation war der bis dahin kaum bekannte Walter Hallstein. Monnet und Hallstein sollten die EU nachhaltig prägen. Die Verflechtungen der beiden

Männer mit Politikern, Militärs, Banken und Konzernen lassen auf das Netzwerk hinter dem Plan eines vereinten Europas schließen.

## Der NATO-Beitritt der BRD

Sieben Wochen vor der Schuman-Erklärung, am 16. März 1950, sprach sich Winston Churchill für einen deutschen Verteidigungsbeitrag aus. Und nur ein halbes Jahr später wurde die »Dienststelle des Bevollmächtigten des Bundeskanzlers für die mit der Vermehrung der alliierten Truppen zusammenhängenden Fragen« eingerichtet – dahinter verbarg sich nichts anderes als die Vorbereitung zur Wiederbewaffnung der BRD.

Amtsleiter Theodor Blank wurde 1955 der erste deutsche Verteidigungsminister. Enge Mitarbeiter waren die Generäle Adolf Heusinger und Hans Speidel. Obwohl der Widerstand in der Bevölkerung groß war – viele Soldaten befanden sich ja noch in Kriegsgefangenschaft – schwenkte der Bundestag in dieser dramatischen Phase des Kalten Kriegs auf die erneute Militarisierung ein, wobei man versuchte, die *»natürlich kommunistisch beeinflussten Gegner der Wiederbewaffnung«*, wie der Politikwissenschaftler Alfred Grosser ironisch schreibt, mundtot zu machen.[3] Adenauer mag es hierbei um die Wiedererlangung der Souveränität gegangen sein, die noch immer stark eingeschränkt war. Entsprechend lockten die Alliierten in den Verhandlungen mit dem Angebot: Wiederbewaffnung gegen die Souveränität der BRD.

Im Frühjahr 1952 schlug Stalin den Westmächten vor, über die Errichtung eines weitgehend neutralen wiedervereinigten Deutschlands zu verhandeln. Das wurde zur Freude der Transatlantiker rundweg abgelehnt, sahen sie doch in dem Angebot nur einen Versuch, die Einbeziehung der Bundesrepublik in die westliche Verteidigungsallianz zu stören. Dafür wurde am 26. Mai 1952 zwischen der BRD und den drei westlichen Siegermächten der Deutschlandvertrag geschlossen, der aber erst am 5. Mai 1955 – zeitgleich mit dem NATO-Beitritt – in leicht abgeänderter Version in Kraft trat.

Schon damals hatten die USA als Seemacht mit einem weltweiten Pakt- und Stützpunktsystem die Sowjetunion auch außerhalb Europas eingekreist, da ihr Sicherheitsbedürfnis nach der Kontrolle der gegenüberliegenden Küsten ver-

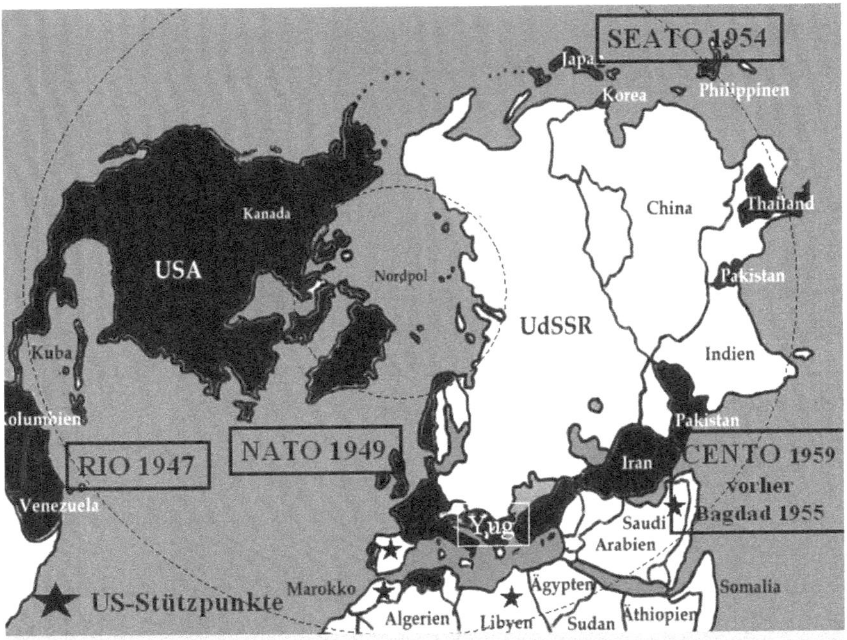


*Die NATO – ein wichtiges Glied in der gegen Russland gerichteten US-Phalanx*

langt. Dabei verstanden sie nicht, dass dies bei der Landmacht Sowjetunion Ängste auslöste. Im April 1955 versammelten sich auf Java 23 asiatische und sechs afrikanische Staaten zur Konferenz von Bandung. Diese Staaten, darunter die VR China, erklärten sich für »blockfrei« und bekannten sich zu einem »aktiven Neutralismus« in der Blockkonfrontation des Kalten Kriegs. Sie suchten nach einer einheitlichen Strategie im Kampf gegen die Ausbeutung der unterentwickelten Länder, gegen Neokolonialismus und Imperialismus.

Am 6. Mai 1955 wurde das Wehrverbotsgesetz des Alliierten Kontrollrats von 1945 für die Bundesrepublik aufgehoben; zugleich trat für sie der NATO-Vertrag in Kraft.

Trotz aller Bekenntnisse zur UNO ließen sich die Großmächte von ihren nationalen Interessen leiten und setzten in sicherheitspolitischen Fragen vornehmlich auf die eigene militärische Stärke und den Beistand von Verbündeten. In der UN-Charta hatten sich die einzelnen Staaten ausdrücklich das Recht auf individuelle und kollektive Selbstverteidigung vorbehalten. Zu diesem Zweck schlossen die USA nach 1945 eine Reihe von Regionalpakten, z. B. den Pazifik-

Pakt zwischen Australien, Neuseeland und USA (1952), die Südostasiatische Vertragsorganisation (1954) oder den sogenannten »Bagdad-Pakt« (1955). In diesem Kontext ist auch die Gründung des Nordatlantikvertrags zu sehen. Als Reaktion darauf schloss die Sowjetunion gemeinsam mit Albanien, Bulgarien, der DDR, Polen, Rumänien, der CSR und Ungarn ein Gegenbündnis: die Warschauer Vertragsorganisation, »Warschauer Pakt« genannt.

Am 10. Oktober 1955 ernannte Bundespräsident Theodor Heuss die ersten Soldaten der neuen deutschen Streitkräfte, und schon im Sommer 1956 beteiligte sich die Bundeswehr an einem NATO-Manöver. Im April 1957 wurde Generalleutnant Hans Speidel zum Oberbefehlshaber der Landstreitkräfte der NATO in Mitteleuropa ernannt und in das Hauptquartier nach Fontainebleau bei Paris versetzt. 13 Jahre zuvor hatte er noch, ebenfalls in Paris, als Stabschef der Heeresgruppe B unter Rommel gearbeitet. Vielleicht qualifizierten ihn seine Verhaftung am 7. September 1940 und die Anklage als Mitwisser des Attentats auf Hitler. Der Ehrenhof der Wehrmacht plädierte damals auf *»nicht schuldig, aber nicht frei von Verdacht«.*[4]

Speidels älterer Bruder Wilhelm Speidel war 1942 bis 1944 Militärbefehlshaber von Südgriechenland bzw. Griechenland und wurde im Februar 1948 wegen seiner Verantwortung für dortige Geiseltötungen zu 20 Jahren Haft verurteilt, 1951 aber begnadigt. Die Brüder haben anscheinend die Augen davor verschlossen, dass das Dritte Reich spätestens ab dem 3. Juli 1934 – dem Tag nach den Gewaltexzessen der SS im Rahmen des Röhmputschs, dem Reichskanzler General Schleicher zum Opfer fiel – ein Unrechtsstaat war.

Wie konnten die vielen Kriegstraumatisierten, Geflüchteten, Vertriebenen und NS-Verfolgten die Politik der Nachkriegszeit verstehen? Lehren aus diesem leidvollen Krieg? Fehlanzeige! Die folgende Geschichte, erzählt von Alfred Grosser, illustriert die grotesken Schiebereien: *»Unter den letzten deutschen Heimkehrern fand sich ein Generalleutnant, der als Kommandeur einer Infanteriedivision in Stalingrad in Gefangenschaft geriet und von einem sowjetischen Gericht zu 25 Jahren Gefängnis verurteilt und 1955 begnadigt worden war. In Friedland traf er zufällig einen Major seiner Division wieder. Der General fragt: ›Übrigens, wie geht es dem Admiral Dönitz?‹ – ›Dönitz? Der sitzt in Spandau.‹ – ›In Spandau? Was hat ein Admiral in Spandau zu tun?‹ – ›Er sitzt in Spandau - im Zuchthaus natürlich!‹ – ›Ach ja, natürlich. Und was macht der ehemalige Stabschef von Rom-*

*mel, der General Speidel?‹ – ›Der sitzt in Paris.‹ – ›Im Zuchthaus?‹ – ›Nein, bei der NATO natürlich.‹ – ›Ach ja, natürlich. Und was macht der berühmte General Meyer, der ›Panzer-Meyer‹?‹ – ›Der war in Kanada.‹ – ›Bei der NATO?‹ – ›Aber nein, im Zuchthaus natürlich.‹ – ›Ach ja, natürlich. Und was macht unser ehemaliger Generalstabschef, der General Heusinger?‹ – ›Der sitzt in Bonn.« – ›Im Zuchthaus?‹ – ›Nein, beim Verteidigungsminister natürlich.‹ Der heimgekehrte General steht auf und geht: ›Wohin?‹ – ›In die Irrenanstalt, denn wenn das, was Sie eben erzählt haben, natürlich ist, dann bin ich verrückt!‹«*[5]

Zwei Monate vor dem NATO-Beitritt der Bundesrepublik hatten die US-Streitkräfte ihre ersten atomaren Fliegerbomben hierher verbracht. Bereits vor der Aufnahme wurden also Tatsachen geschaffen. Einfluss auf die vor allem von den USA und Großbritannien entwickelte NATO-Strategie hatte das neue Mitglied BRD jedoch nicht. Im April folgten Sprengköpfe für atomare Marschflugkörper vom Typ »Matador« und Artilleriegranaten vom Kaliber 280 Millimeter. Weiter erreichten Sprengköpfe für »Honest John«- und »Corporal«-Raketen, 203-Millimeter-Geschosse und atomare Landminen. Zu Beginn des Jahres 1960 lagerten in den Depots zehn unterschiedliche Typen von Atomwaffen; jede einzelne besaß eine größere maximale Sprengkraft als jene, die Hiroshima zerstörte.[6] So begann die atomare Aufrüstungswelle, an deren Höhepunkt etwa 7300 US-Atomwaffen in Europa lagerten.[7]

Von deren Existenz sollte die deutsche Öffentlichkeit erst zwei Jahre später durch NATO-Oberbefehlshaber General Norstadt erfahren, er kündigte überraschend an, dass die atomaren Waffen der USA im Kriegsfall auch den Verbündeten, zum Beispiel der Bundeswehr, übergeben würden. Den massiven Protesten trat Kanzler Adenauer mit dem Hinweis entgegen: *»Die taktischen Waffen sind nichts weiter als eine Weiterentwicklung der Artillerie. Selbstverständlich können wir nicht darauf verzichten, dass unsere Truppen auch in der normalen Bewaffnung die neueste Entwicklung mitmachen.«*[8] Keine zehn Jahre später verfügte die Bundeswehr über eine Vielzahl nuklearer Einsatzmittel: Pioniere übten den Einsatz atomarer Landminen, Artilleristen den von Atomgranaten, Raketenkräfte das Verschießen von Luftabwehr- und Boden-Boden-Raketen und Starfighterpiloten den Abwurf atomarer Bomben mit bis zu 1,1 Megatonnen Sprengkraft.

Mit dem Strategiepapier des »Military Committee« MC 48/1 wurde den NATO-Seestreitkräften ein breiter Raum zugewiesen. Neben einer Vorneverteidigung sollten für Angriffsoperationen je eine Strike-Flotte den Obersten Alliierten Befehlshabern von Europa (SACEUR) und Atlantik (SACLANT) – dieses Kommando gilt traditionell als konkrete Manifestation der transatlantischen Bindung – unterstellt werden. Daneben wurde eine Reihe von wichtigen Maßnahmen zur Verbesserung der maritimen Fähigkeiten und zur Versorgungsunterstützung aufgeführt.[9]

Helmut Schmidt erwähnt in seinem Buch »Verteidigung oder Vergeltung« die im Juni 1955 durchgeführte NATO-Übung »Carte Blanche«. Das damalige Szenario: Innerhalb von drei Tagen fielen in der Bundesrepublik, den Niederlanden und in Nordostfrankreich 335 Atombomben, 268 davon auf deutsches Territorium; zwischen 1,5 bis 1,7 Millionen Deutsche wurden getötet und 3,5 Millionen verletzt oder verstrahlt. Daraufhin habe Peter Blachstein[10] im Bundestag die Gefahr genannt, dass sich *»aus der Anwendung der taktischen Atomwaffe der große Vernichtungskrieg mit der Ausrottung des größten Teils der heute lebenden Menschen entwickelt«*. Sein Protest gegen das Konzept der begrenzten nuklearen Kriegführung stieß auf lauten Widerspruch der Regierungspartei. Schmidt gibt ihm recht: *»Ein Parlament, das nicht bereit ist, die Wahrheit über die Lage seines Volkes zu hören, begibt sich des Rechtes, über das Geschick seines Volkes zu entscheiden.«*[11]

Beschämt von der schwächlichen und selbstvergessenen Verfallenheit Europas an Amerika, legte Thomas Mann in seinem erschütternden Zeitdokument »Aufruf an die Europäer« von 1953 das widersprüchliche Verhalten der Amerikaner offen. Neben tiefem Respekt vor der historischen Würde und Geprüftheit des europäischen Kontinents sah er im amerikanischen Exil auch die Neigung, *»Europa als ökonomische Kolonie, militärische Basis, Glacis im zukünftigen Atom-Kreuzzug gegen Russland zu behandeln, als ein zwar antiquarisch interessantes und bereisenswertes Stück Erde, um dessen vollständigen Ruin man sich aber den Teufel scheren wird, wenn es den Kampf um die Weltherrschaft gilt ...«*[12]

## Vorneverteidigung und Befreiungsidee

Was die USA unter »Vorneverteidigung« verstehen, zeigt eine riskante Aufklärungsoperation im Jahr 1956 mit dem Decknamen »Project Homerun«, ein Überflug sowjetischen Territoriums mit dem Ziel, ein möglichst großes Gebiet schnell zu erfassen. »*Sechs bewaffnete RB-47-Maschinen überquerten nebeneinanderfliegend den Nordpol und drangen am helllichten Tag in den russischen Luftraum ein, als ob sie Atombomben abwerfen wollten. Sie überflogen die Grenze bei Ambartschik in Westsibirien, wandten sich dann nach Osten und sammelten wertvolles Material, als sie auf dem Weg nach Anadyr an der Beringstraße wichtige sowjetische Luftwaffenstützpunkte und Raketenabschussbasen überflogen. Fast zwölf Stunden nach dem Start endete der massive Überflug.*«[13] Die möglichen Konsequenzen sind kaum vorstellbar. Den sowjetischen Militärs waren die Aktionen natürlich nicht verborgen geblieben. Am darauffolgenden Tag wurde dem amerikanischen Botschafter in Moskau eine Protestnote übergeben. Die Öffentlichkeit wurde nicht informiert – die Demütigung war doch zu groß.

Am 25. Februar 1956 hatte Nikita S. Chruschtschow auf dem 20. Parteitag der KPdSU das Konzept der »friedlichen Koexistenz« verkündet. Da keimten vor allem in Polen und Ungarn Hoffnungen auf mehr Liberalität auf. Nach Großdemonstrationen am 23. Oktober in Budapest wurde tags darauf der Reformpolitiker Imre Nagy ungarischer Ministerpräsident. Er versprach, das öffentliche Leben unter Beibehaltung des Sozialismus zu demokratisieren. Noch hielt sich Moskau zurück.

Während die Welt auf Budapest schaute, griffen am 29. Oktober israelische Verbände überraschend Ägypten an, durchbrachen die Grenzstellungen und stürmten über die Sinaiwüste dem Suezkanal und Kairo entgegen. Die Aktion war mit England und Frankreich abgestimmt, die am nächsten Tag ein gemeinsames Ultimatum an Ägypten stellten: Alle kriegerischen Aktionen sollten gestoppt und Stellungen zehn Meilen westlich des Suezkanals bezogen werden. Sofort rief Außenminister John Foster Dulles den Sicherheitsrat der UN an und beantragte eine Resolution, die Israel verurteilen und die Mitglieder der Vereinten Nationen auffordern sollte, die Militär-, Wirtschafts- und Finanzunterstützung an Israel einzustellen. Dieser Antrag wurde zwar mit sieben zu zwei Stimmen angenommen, scheiterte aber am Veto Englands und Frankreichs. Das US-Außenministerium, so berichtet Carroll Quigley, sei außer sich gewesen, als es die britische Perfidie einer anglo-israelischen Geheimabsprache für einen Krieg außerhalb der westlichen Allianz erkannte.[14] Am gleichen Tag drohte Chruschtschow Maßnahmen für den Fall einer Verschärfung der Suezkrise an. Tags darauf bestätigte er den Abzug der Roten Armee aus Budapest. Als jedoch England und Frankreich mit einem Luftangriff auf Kairo und den Flughafen Heliopolis ihre Eroberungsabsicht offenbarten, reagierte die Sowjetunion mit dem Einmarsch ihrer Truppen in Ungarn und schlug die kurze Revolte blutig nieder.

Der ungarische Aufstand war im Glauben an die Versprechungen der amerikanischen »Befreiungssender« Radio Free Europe und Radio Liberty gewagt worden, welche die Studenten durch aufmunternde Worte unterstützten. Doch nun verhallten die verzweifelten Hilferufe an den Westen, in erster Linie an die USA, und beschämt erkannten einige Amerikaner, dass hier ein mutiges Volk nur als Werkzeug im Kalten Krieg benutzt worden war. Trotz aller martialischen Rhetorik der Eisenhower-Administration dachte nämlich niemand in Washington an eine militärische Befreiung. Das Entfachen von Aufständen zum eigenen politischen Vorteil war und ist dagegen immer noch Bestandteil der US-Strategie. Diesen Zusammenhang kaschierte John Foster Dulles in seinen Reden, und zitierte im Zusammenhang mit der Befreiung Ostmitteleuropas immer wieder gern Alfred Thayer Mahan, den führenden US-Seestrategen imperialer Außenpolitik der Jahrhundertwende. *»Es war Admiral Mahan«*, so Dulles im August 1947 auf der Konferenz der »World Convention of Churches of Christ« (Weltkonvent der Kirchen Christi), *»der sagte, dass physische Gewalt nur nützlich sei, um moralischen Ideen Zeit zu geben, Wurzeln zu schlagen.«*[15] Mahans These vom Krieg als Regulativ der Geschichte setzte Dulles virtuos ein, wenn es um die Bedeutung von Moral in der Politik ging.

Mit der flexibel gehaltenen Weisung des Atlantikrats an die Militärbehörden der NATO – der politischen Richtlinie CM (56) 138 vom 13. Dezember 1956 – sollten in Übereinstimmung mit dem Konzept der Vorwärtsverteidigung die Streitkräfte den Feind so lange hinhalten, bis der strategische Gegenangriff sein Ziel erreicht hatte. Von Anfang an wurde dabei auf den Einsatz von Nuklearwaffen gesetzt.[16] Das am 23. Mai 1957 veröffentlichte Dokument MC 14/2 – »Bericht des Militärausschusses über das Allgemeine Strategische Konzept zur Verteidigung des Nordatlantischen Bündnisgebiets« – ging relativ knapp auf das strategische Konzept ein. Zunächst sei sicherzustellen, *»dass wir in der Lage sind, sofort mit allen verfügbaren Mitteln einen verheerenden atomaren Gegenschlag zu führen, und wir müssen die Fähigkeit entwickeln, den feindlichen Angriff aufzufangen und zu überleben«*. Weiterhin müsse man die *»Fähigkeit weiterentwickeln, unsere Land-, See- und Luftstreitkräfte so weit vorne wie möglich zur Verteidigung der Land- und Seegebiete der NATO einzusetzen, um die territoriale Unversehrtheit* *des Bündnisgebietes zu bewahren, und wir müssen von Beginn an auf den Einsatz von Atomwaffen setzen«.*[17]

In diesem Abschreckungskonzept sollten die vorn eingesetzten konventionellen, mit taktischen Atomwaffen ausgestatteten Streitkräfte die Funktion eines »Schilds« und die strategischen nuklearen Streitkräfte die Funktion des »Schwerts« erfüllen. Dazu hieß es weiter: *»Die Operationen zur Umsetzung dieser Strategie sollten darauf beruhen, dass eine voll einsatzfähige Nuklearstreitmacht für Vergeltungsaktionen mit allen notwendigen Einrichtungen sowie angemessene Land-, See- und Luftstreitkräfte mit Nuklearschild und integrierter Nuklearkomponente bereitgestellt werden und die bestmögliche Luftverteidigung für dieses Gebiet entwickelt wird.«*[18] Dazu standen der NATO insgesamt ca. 1350 Atombomber zur Verfügung, während die Sowjets nur 350 Flugzeuge für diesen Zweck aufbieten konnten.[19]

## Die Römischen Verträge – »Geburtsurkunde« der Europäischen Union

Unter diesem gewaltigen Schutzschirm konnte ein wichtiger Schritt zur Europäischen Union realisiert werden. Am 25. März 1957 wurden die sogenannten »Römischen Verträge« von Belgien, Deutschland, Frankreich, Italien, Luxemburg und den Niederlanden im Zentrum alter römischer Macht unterzeichnet, nämlich im Saal der Horatier und Curiatier im Konservatorenpalast des Kapitols. Anwesend war dort auch die katholische Macht, denn die Unterzeichnung erfolgte unter dem Standbild von Papst Innozenz X., dessen Gesandter Fabio Chigi 1648 beim Westfälischen Friedensvertrag als Einziger seine Unterschrift verweigert und Einspruch eingelegt hatte. War das die richtige Umgebung für eine künftige Friedensunion? Hatten sich dafür die richtigen Männer eingefunden?

Das Haus der Geschichte attestiert Walter Hallstein (1901–1982) für die Jahre im Dritten Reich eine unantastbare akademische Karriere und damit eine weiße Weste, er war von 1930 bis 1941 Professor für Privat- und Gesellschaftsrecht an der Universität Rostock und von 1941 bis 1945 Professor für Bürgerliches Recht an der Universität Frankfurt am Main. 1945 organisierte er in amerikanischer Gefangenschaft eine Lageruniversität. Und 1946 wurde er

*Bundeskanzler Konrad Adenauer, Staatssekretär Walter Hallstein und der italienische Ministerpräsident Antonio Segni (Bild oben, v. l. n. r.) 1957 bei der Unterzeichnung der Römischen Verträge im Konservatorenpalast – an gleicher Stelle wie 47 Jahre später der Vertrag über eine Verfassung für Europa. Über allem thront Papst Innozenz X.*

erneut Professor in Frankfurt, für Privatrecht, Völkerrecht, Rechtsvergleichung und Gesellschaftsrecht.[20]

Wie kann es nun sein, dass ein unbescholtener Rechtsprofessor bei Kriegsende in amerikanische Gefangenschaft geriet? 1942 wurde Hallstein als Oberleutnant in ein Artillerieregiment nach Nordfrankreich einberufen, dann im Kampf um Cherbourg am 26. Juni 1944 von der US-Army gefangengenommen und in das Kriegsgefangenenlager Camp Coma in Mississippi verbracht, wo er die »Camp University« ins Leben rief.[21] Als Teil des Sunflower Project, eines Projekts zur Umerziehung deutscher Kriegsgefangener, besuchte er eine Verwaltungsschule in Fort Getty, wo er unter anderem die Grundsätze der Bundesverfassung der Vereinigten Staaten unterrichtete. Mitte 1945 wurde Hallstein aus der Gefangenschaft entlassen. Von 1948/49 war er wieder in den USA, diesmal als Gastprofessor an der Georgetown Universität in Washington.

Nach der Rückkehr aus der Gefangenschaft hatte Hallstein abgestritten, Mitglied der NSDAP gewesen zu sein. Er habe auch nie das Gedankengut der Nationalsozialisten und deren imperiale Absichten vertreten. Zugegeben hat Hallstein in einem Brief vom 30. September 1935 an den Regierungsbevollmächtigten der Universität Rostock, als Referendar dem Reichsbund der Referendare und als Professor dem Reichsverband deutscher Hochschulen angehört zu haben und Mitglied des Nationalsozialistischen Lehrerbunds (NSLB) sowie des Bundes Nationalsozialistischer Deutscher Juristen (BNSDJ) gewesen zu sein.[22] Der BNSDJ wurde 1936 in den Nationalsozialistischen Rechtswahrerbund umgewandelt.

Konnte es denn nach den Vorgängen um den Röhmputsch 1934 überhaupt noch Rechtswahrer geben? Diese NS-Juristen haben die Diskriminierung und Verfolgung ihrer jüdischen Mitbürger mit einer Vielzahl von Gesetzen erst möglich gemacht und die systematische Zerstörung des demokratischen Rechtssystems vorangetrieben.[23] Ziel war eine diktatorisch-nationalistische Gesetzgebung. Da ist es einleuchtend, dass die Mitgliedschaft in diesen Organisationen nur denen gewährt wurde, die die NS-Ideologie und deren Hegemonialbestrebungen in Europa kompromisslos unterstützten. Sie deckten sich weitgehend mit der europäischen »Neuordnungsstrategie« der I.G. Farben. Es ging u. a. darum, deren Expansionsgelüste zu realisieren.

Walter Hallstein hatte an der von der I.G.-Farben-finanzierten Privatuniversität »Kaiser-Wilhelm-Institut« studiert und war als prominenter Anwalt Ende der 1930er-Jahre in die rechtliche und administrative Planung eines Nachkriegseuropas unter Kontrolle der Nationalsozialisten und des Kartells I.G. Farben eingebunden.

1938 stattete Hitler Mussolini einen offiziellen Staatsbesuch ab, nachdem der »Duce« das nordafrikanische Abbessinien erobert und dabei eine ganze Reihe von Kriegsverbrechen begangen hatte. Nun planten Hitler und Mussolini, Europa unter ihre Kontrolle zu bringen. Dazu wurde eine binationale Kommission mit dem Namen »Arbeitsgemeinschaft für deutsch-italienische Rechtsbeziehungen« gegründet. Vom 21. bis 25. Juni 1938 vertrat Hallstein NS-Deutschland auf dem ersten Treffen in Rom. Die AG sollte die Rechtsgrundlagen für die Herrschaft der deutschen und der italienischen Faschisten sowie der I.G. Farben in Europa schaffen. Vorrangige Arbeitsthemen waren »der Schutz des geistigen Eigentums« – in diesem Fall die Patentverlängerung in ganz Europa, insbesondere des I.G.-Farben-Kartells – und der »Rassenschutz«.

Am 23. Januar 1939 hielt Hallstein als Dekan der Rostocker Fakultät der Rechts- und Wirtschaftswissenschaften eine Rede über die gesetzliche Umstrukturierung Europas. Seine *»Präsentation, die am treffendsten als ›Eroberungsrede‹ charakterisiert werden kann, war ein Beitrag zur Kriegsmobilmachung durch das NS-Regime und seinen Unternehmenspartner, das Öl- und Pharma-Kartell ›IG Farben‹.«* Die Rede spiegelt das Dilemma der Nationalsozialisten sieben Monate vor Beginn des Zweiten Weltkriegs wider: Während Hallstein und andere NS-Propagandisten die deutsche Elite auf einen Weltkrieg vorbereiteten und dazu motivierten, durften sie öffentlich über die Pläne noch nicht sprechen.

Auf dem folgenden Treffen der deutsch-italienischen Arbeitsgemeinschaft in Wien im März 1939 wurde u. a. folgende These erarbeitet: *»Die Weltherrschaftspläne der jüdischen Rasse stehen im Gegensatz zu den eindeutigen Grundsätzen des deutschen und italienischen Volkes, welche am 15. September 1935 in den Nürnberger Gesetzen in Deutschland und am 6. Oktober 1938 in Italien durch den Großen Rat der Faschisten festgelegt wurden.«* Vor dem Nürnberger Kriegsverbrechertribunal wurden 24 Manager des I.G.-Farben-Kartells wegen Verbrechen gegen die Menschlichkeit, darunter Aggressionskrieg, Sklaverei und Massenmord, angeklagt. In seinem abschließenden Plädoyer fasste US-

Chefankläger Brigadegeneral Telford Taylor die Verbrechen der Verantwortlichen mit folgenden Worten zusammen: »... *without I.G. Farben the second world war would not have been possible.*«[24]

Innerhalb nur weniger Jahre wurden die in Nürnberg verurteilten Manager der I.G. Farben aus der Haft entlassen und in ihre früheren Positionen als Interessenvertreter des Rockefeller-Netzwerks zurückversetzt. Fritz Ter Meer zum Beispiel, wegen seiner Verbrechen in Auschwitz zu zwölf Jahren Gefängnis verurteilt, war 1963 bereits wieder Vorstandsvorsitzender des Pharmamultis Bayer. Die Unternehmensanteile der I.G. Farben gingen nach 1945 an den Rockefeller Trust (USA) und Rothschild/J. P. Morgan (Großbritannien).[25] Um ihre Unternehmen global gut zu positionieren, nahmen die Rockefeller-Brüder nun Einfluss auf die politischen Rahmenbedingungen. Zum weltweiten Wohl der Menschheit gegründete Unterorganisationen der UNO wie die Weltgesundheitsorganisation (WHO) und die Welthandelsorganisation (WTO) entwickelten sich zu politischen Armen der globalen Öl- und Pharmaindustrie.[26]

Hallstein setzte sich intensiv für die Einbindung der Bundesrepublik Deutschland in die westliche Staatengemeinschaft ein und wurde 1949 Mitbegründer des deutschen UNESCO-Komitees. Im Januar 1950 gründete er in Bad Soden eine Organisation, die gezielt auf die Aufnahme der Bundesrepublik Deutschland in die UNESCO hinarbeitete. Konrad Adenauer machte ihn nun zum persönlichen Berater, der die Außenpolitik koordinieren sollte, und schon am 4. Juni 1950 wurde in Paris mit Hallstein als Leiter der westdeutschen Delegation erstmals über den westdeutschen UNESCO-Beitritt verhandelt. Nur wenige Wochen später wurde Hallstein auch noch Leiter der bundesdeutschen Delegation, die Monnet bei der Entwicklung der Europäischen Gemeinschaft für Kohle und Stahl (EGKS) beistehen sollte. Im Bundeswirtschaftsministerium wurde die wirtschaftspolitische Kompetenz des Juristen Hallstein bezweifelt, also muss er wohl mächtige Förderer gehabt haben.

1957 zählte Hallstein zu den zwölf Unterzeichnern der Römischen Verträge; er wurde 1958 der erste Präsident der Europäischen Wirtschaftsgemeinschaft und blieb es bis 1968. Auch alle weiteren Vorläufer der EU waren vom Geist des deutschen Öl- und Pharmakartells inspiriert.

In Brüssel machte sich Carl Ophüls als rechte Hand Hallsteins verdient. Früher verwaltete er als NSDAP-Parteimitglied die IG-Farben-Patente, nun half er die europäischen Institutionen auf den Weg zu bringen:

- den EWG-Vertrag, mit dem die Europäische Wirtschaftsgemeinschaft errichtet wurde, ursprünglich Vertrag zur Gründung der Europäischen Wirtschaftsgemeinschaft genannt,
- den EURATOM-Vertrag, mit dem die Europäische Atomgemeinschaft gegründet wurde, und
- das Abkommen über gemeinsame Organe für die Europäischen Gemeinschaften, das festlegte, dass EWG, EURATOM und EGKS eine gemeinsame parlamentarische Versammlung (jetzt Europäisches Parlament), einen gemeinsamen Gerichtshof sowie einen gemeinsamen Wirtschafts- und Sozialausschuss haben.

Erst mit dem Fusionsvertrag (1965) wurden auch die Kommissionen und die Ministerräte zusammengelegt.

Während die europäische Einigung nach den Vorstellungen einflussreicher Mitglieder transatlantischer Netzwerke große Fortschritte machte, arbeiteten die Militärstrategen sowohl in Washington als in Moskau an der umfassenden atomaren Vernichtung des Gegners.

## Der Sputnik-Schock

Die sonst in allen Rüstungsvorhaben nachhinkende Sowjetunion testete im August 1957 erfolgreich die interkontinentale ballistische Mehrstufenrakete R-7. Sie näherte sich fünfzigmal schneller dem Ziel als ein Bomber, und das bei dreifacher Reichweite und einer über einhunderttausendfachen Zerstörungskraft. Die sowjetischen Raketen wiesen zu diesem Zeitpunkt eine Reichweite von annähernd 10 000 Kilometern bei einer Treffsicherheit von etwa drei bis fünf Kilometern auf. Zudem wurde am 4. Oktober 1957 erstmals ein künstlicher Satellit – der sowjetische »Sputnik« (russisch für Weggefährte, Trabant oder Satellit) – auf die Umlaufbahn gebracht: der Beginn des Raumfahrt-Zeitalters. Die amerikanische Presse schrieb von einem »technologischen Pearl Harbor«. Die Schockstarre im Westen löste bald eine Bildungsoffensive und ein Wettlauf um die technische Vorherrschaft im All aus: Dies war die Geburtsstunde der NASA.[27]

US-Raumfahrtexperten und vor allem der Generalstab hatten es nicht für möglich gehalten, dass die Sowjetunion technisch in der Lage war, einen Satelliten zu starten. Dabei war der 83,6 Kilogramm schwere Sputnik nicht das größte Problem, sondern vielmehr die Interkontinentalrakete, mit der jeder Punkt auf der Erde bedroht werden konnte. Bis März 1961 folgten neun weitere Satelliten, Sputnik II im November 1957 mit der legendären Hündin Leika an Bord wog bereits 508 Kilogramm und Sputnik III sogar 1327 Kilogramm. Dieser Umstand schreckte das Pentagon auf: Bedrohte die Sowjetunion nun die USA mit Wasserstoffbomben?[28] Und neben dem ersten Kosmonauten gab es noch die erste unbemannte Mission zum Mond und die erste weiche Landung auf der Venus. Diese beängstigenden sowjetischen Erfolge verlangten nach einer alles in den Schatten stellenden Großtat: Die »National Academy of Sciences« schlug der Eisenhower-Regierung vor, bis 1965 einen bemannten Flug um den Mond und bis 1968 eine bemannte Landung auf dem Mond vorzusehen. Im Juli 1969 hatten die USA das Rennen gewonnen.

Mit der Sputnik-Technologie war die UdSSR das einzige Mal während des ganzen Kalten Krieges den USA einen Schritt voraus. Von diesem Zeitpunkt an konnten sie das Territorium der USA mit Atomwaffen erreichen, wenn auch in einem viel geringeren Maße als umgekehrt. Die Pläne zur Umkreisung der UdSSR mit Atombomberstützpunkten waren zum Teil durchkreuzt, auch der Kriegsplan »Dropshot« war zunächst passé. Die Vernichtung der UdSSR konnte nicht mehr reibungslos ablaufen.

*»Bald werden die Russen Bomben aus dem Weltraum schmeißen wie Kinder Steine von Autobahnbrücken«*, sagte Senator Lyndon B. Johnson.[29] Die amerikanischen Ängste schienen berechtigt: Einige Tage nach dem Start des Sputnik veröffentlichte die *Prawda* eine Karte mit amerikanischen Städten, die »der rote Mond« bereits überflogen hatte. Nur ein Mann habe damals in Washington gelassen reagiert: Präsident Eisenhower unterbrach angeblich nicht einmal sein Golfspiel, als ihm die Sputnik-Nachricht überbracht wurde. Durch die geheimen US-Spionageflüge wusste er, dass das sowjetische Raketenarsenal dem amerikanischen unterlegen war, qualitativ wie quantitativ. Die von John F. Kennedy kritisierte *»Raketenlücke«* gab es nie.[30] Doch die bis dahin gegebe-

ne Unverwundbarkeit, wichtige Voraussetzung für die Militärstrategen, war dahin.

Bei unveränderter Zielsetzung galt es nun, die Pläne so anzupassen, dass eine Gefährdung des eigenen Territoriums ausgeschlossen war. Als direkte Reaktion auf den Sputnik-Schock wurde noch im selben Jahr das erste amerikanische Raketenabwehrprogramm »Nike-Zeus« konzipiert. Es sah den Bau von atomaren Langstrecken-Abfangraketen vor, die jede feindliche Rakete im Anflug zerstören sollten.

US-Außenminister John Foster Dulles meinte 1956, dass die *»europäische Integration und die Entwicklung der NATO«* einander ergänzen.[31] Der polnische Außenminister A. Rapacki aber brachte im Oktober 1957 auf der Vollversammlung der UNO den erfolglosen Vorschlag ein, in Mitteleuropa eine Zone beschränkter und kontrollierter Rüstung zu schaffen, die frei von jeglichen Kernwaffen sein sollte. Druck auf die USA übten auch die nationalen Befreiungsbewegungen aus. Vor allem an der nordafrikanischen sowie der vorderasiatischen Mittelmeerküste wurde das Stützpunktnetz der USA und anderer NATO-Staaten mehr und mehr infrage gestellt.

Die NATO beschloss im Dezember 1957, die Streitkräfte der europäischen Mitgliedsstaaten beschleunigt mit taktischen Atomwaffen auszustatten sowie Lager mit Atomsprengköpfen auf deren Territorien anzulegen.[32] Dieses Vorhaben zwölf Jahre nach Ende des Zweiten Weltkriegs polarisierte die Öffentlichkeit in der Bundesrepublik. In den Bundestagsdebatten *»wurde von der einen Seite das, was tatsächlich oder angeblich die NATO gesagt oder erklärt hat, unbesehen als lautere Wahrheit oder eindeutige Zweckmäßigkeit und jedenfalls als absolut richtig übernommen«*, während *»die andere Seite geneigt war, zunächst das Gegenteil zu vermuten …«*, schrieb Helmut Schmidt 1961.[33] Er war an der großen Bundestagsdebatte über die Atombewaffnung im März 1958 beteiligt gewesen und fühlte sich mitschuldig – lange noch hatte er den frenetischen Jubel anlässlich des Beschlusses zur atomaren Bewaffnung im Ohr.

Eine von Hamburg und Bremen geplante Volksbefragung über die atomare Bewaffnung der Bundeswehr wurde am 30. Juli 1958 vom Bundesverfassungsgericht für verfassungswidrig erklärt. Im April billigte der NATO-Rat die gesamten nuklearen Kräfte und Mittel, die dem »Supreme Allied Commander Europe« (dem Obersten Alliierten Befehlshaber Europa, SACEUR) bis 1963 zur Verfügung gestellt werden sollten. Dabei handelte es sich um 135 nuklearfähige Bodeneinsatzsysteme, neun Einheiten mit nuklearen Boden-Boden- und 67 mit nuklearen Boden-Luft-Raketen, zusätzlich sechs Staffeln Mittelstreckenraketen in Italien und der Türkei sowie vier in Großbritannien.[34]

Die nun durchgängige nukleare Orientierung der NATO wurde aufgrund der Beschlüsse des NATO-Rats vom 7. Mai 1958 in der Direktive »MC 70« festgeschrieben. Angesichts unterlegener konventioneller Waffen und Truppen sollten die »Schildtruppen« zusätzlich mit taktischen nuklearen Waffen ausgestattet werden. Gleichzeitig wurde beschlossen, die Truppen in Europa auf 30 Divisionen aufzustocken. Um den verunsicherten Deutschen den Eindruck einer Verteidigung ostwärts des Rheins zu geben, verlegte die NATO 1958 ihre Verteidigungslinien an Weser und Lech vor. Intern ging man jedoch nach wie vor davon aus, dass man höchstens die Mittelgebirge zwischen Main und Kassel halten konnte.

Die Veränderung der internationalen Situation löste in den NATO-Staaten heftige Debatten über die noch gültige Militärstrategie aus. Modifizierte Konzepte wurden angedacht und publiziert. Zwei davon stammten aus der Feder von Henry A. Kissinger, später Außenminister unter Richard Nixon und Gerald Ford. In seinen Büchern »Kernwaffen und auswärtige Politik« und »Die Entscheidung drängt« von 1957 und 1960 entwickelte er gemeinsam mit einer Studiengruppe des CFR die Theorie der *»abgestuften Abschreckung«*: Durch einen begrenzten Kernwaffenkrieg könne einerseits das Territorium der USA vor Gegenschlägen bewahrt und andererseits der Kernwaffenkrieg doch als Instrument der Politik genutzt werden. *»Die Folgen eines unbeschränkten Krieges sind zu schrecklich, um für eine Nation die einzige mögliche Antwort auf eine Kampfansage zu sein«*, erkannte Kissinger und schlug eine Militärstrategie vor, die *»zwischen dem totalen Frieden und dem totalen Krieg möglichst viele Zwischenstufen entwickelt«*.[35]

Nachfolgend setzte sich Kissinger mit der Option eines begrenzten Kriegs auseinander und hob die wachsenden Möglichkeiten moderner konventioneller Waffen hervor. Janusköpfig sollte die Militärstrategie des massierten Kernwaffenschlags nach unten aufgefächert und gleichzeitig die Fähigkeit der USA zum allgemeinen Atomkrieg gesteigert werden.[36] Albert J. Wohlstetter forderte in seiner Studie »Das prekäre Gleichgewicht des Schreckens« eine sogenannte »Zweitschlagkapazität«. Dazu sollten strategische Waffensysteme dienen, die nach einem atomaren Angriff noch zu einem Gegenschlag fähig wären.[37]

Der Arbeit von Oskar Morgenstern »Die Frage der nationalen Verteidigung« (1959) lag die Idee zugrunde, die strategischen Kernwaffenkräfte auf Über- und Unterwasserkräfte zu verlagern. Diese wären nicht nur schwer zu orten, sondern würden zugleich den befürchteten Gegenschlag vom Territorium der USA ablenken. Dem erwiderte der »amerikanische Clausewitz« Bernard Brodie, die sichere gegenseitige Vernichtung mache »*die Sicherheit der USA von der Fähigkeit des Kremls abhängig, sich rational zu verhalten*«, und sei deshalb aus moralischen Gründen unannehmbar.[38] Zwei Jahre vor dem Amtsantritt Kennedys war die Auseinandersetzung zwischen Brodie und Morgenstern mehr als nur ein Schlagabtausch unter Intellektuellen. Dadurch wurde klar, dass »moralisches« Verhalten im Nuklearzeitalter darin bestand, die Verwundbarkeit Amerikas nicht hinzunehmen.

In seinem 1960 erschienenen Buch »The Uncertain Trumpet« (deutsche Ausgabe: Und so die Posaune einen undeutlichen Ton gibt, wer wird sich zum Streite rüsten?) legte der ehemalige Chef des Heeresgeneralstabs, General a. D. Maxwell D. Taylor, den Entwurf eines neuen strategischen Konzepts dar, das er bereits 1956 den Vereinigten Stabschefs zugeleitet hatte. Einer Posaune ähnlich, gingen von der Strategie der Massiven Vergeltung undeutliche Signale aus, in einer Zeit gegenseitiger Abschreckung sei sie nicht länger praktikabel, weil sie »... *nur grenzenlose Zerstörung und nichts mehr danach*« bringe.[39] Eine flexible Strategie, die er postuliert, erschöpfe sich nicht allein in der Abschreckung, sondern sei sowohl fähig, vor einem allgemeinen oder auch lokal begrenzten Krieg abzuschrecken, als auch bei Letzterem einen schnellen Sieg herbeizuführen.

Zu einem anderen Ergebnis kam eine vom amerikanischen Senat beauftragte Studiengruppe der Harvard- und der Columbia-Universität: »*Wir sind nicht in der Lage, Türen einzubrechen.*« Sie empfahl deshalb nachdrücklich, beim künftigen Vorgehen gegen die sozialistischen Staaten auf »Befreiungsparolen« und andere offen konterrevolutionäre Losungen zu verzichten. Stattdessen solle man sich stärker auf die innere Aufweichung sowie auf das schrittweise Verändern der politischen Machtverhältnisse und das Herauslösen einzelner Staaten aus der sozialistischen Gemeinschaft konzentrieren.[40]

Trotz dieser Erkenntnisse schloss die Militärstrategie einen Überraschungsschlag mit allen verfügbaren Atomwaffen nicht aus. In den Jahren 1959/60 wurden in Großbritannien 66 Mittelstreckenraketen mit einer Reichweite von 3000 Kilometern sowie in Italien 30 Raketen und in der Türkei 15 Raketen mit einer Reichweite von 2000 Kilometern installiert. *»Immerhin muss aber jeder objektiv Denkende zugeben, dass die Stationierung feindlicher Mittelstreckenraketen sozusagen vor der Haustür (Türkei!) für jede Großmacht psychologisch als Provokation wirken muss«*, schrieb Helmut Schmidt, *»man stelle sich die amerikanische Reaktion bei einer eventuellen Stationierung sowjetischer Mittelstreckenraketen auf Kuba vor!«*[41]

Ein realistisches Kriegsbild zeichnete die NATO-Übung »Fallex 60«. Hier wurde angenommen, dass Großbritannien innerhalb der ersten drei Kriegstage von 100 sowjetischen Atomwaffen mit einer Wirkung von insgesamt 120 Megatonnen getroffen würde – mit einem fürchterlichen Ergebnis: Zehn Millionen Tote (ca. ein Fünftel der Bevölkerung) und Millionen von Verwundeten.[44] General Schnez, der als erster Deutscher 1960 Einsicht in die atomaren Verteidigungspläne der NATO nehmen durfte, sah unter diesen Bedingungen voraus: *»Der paradoxe Fall würde Wirklichkeit: ein Teil der Armee übersteht und erringt einen fraglichen ›Sieg‹, die Nation jedoch, die verteidigt werden soll, ist im wesentlichen ausgetilgt«.*[45]

Im November 1960 wurde J. F. Kennedy zum US-Präsidenten gewählt – nicht zuletzt wegen einer angeblichen »Raketenlücke« seitens der USA. Kennedys Verteidigungsminister Robert McNamara – bis zu seinem Amtsantritt 1961 der erste Präsident der Ford Motor Company, der nicht aus der Familie Ford stammte – machte sich sofort daran, die Größe der Raketenlücke zu bestimmen. Bei genauem Hinschauen entdeckten die Experten, dass es tatsächlich eine Lücke gab – aber bei den Sowjets.[46] Um seine Glaubwürdigkeit nicht zu verlieren, musste nun Kennedy zur Freude der Waffenindustrie weiter aufrüsten. Vor dessen wachsender Macht hatte Präsident Dwight D. Eisenhower in seiner Abschiedsbotschaft eindringlich gewarnt: *»In der Regierung müssen wir gegen unkontrollierbaren Machterwerb auf der Hut sein, ob er nun absichtlich oder unabsichtlich dem ›Militärisch-Industriellen Komplex‹ zuwächst. Die Gefahr verheerenden Zuwachses fehlgeleiteter Macht besteht und wird weiterbestehen. Wir dürfen es nicht zulassen, dass das Gewicht dieses Zusammenwirkens unsere Freiheiten und unsere demokratischen Prozesse gefährdet.«*[47]

Ende 1961 verfügten die Sowjets über 50 Interkontinentalraketen. Hinzu kamen 150 Langstrecken- und annähernd 1000 Mittelstreckenbomber, deren

Radius aber nicht ausreichte, um die USA zu erreichen. Die USA verfügten über 63 Interkontinental- und 80 Polaris-Raketen, die sich auf Unterseebooten befanden und deshalb nicht präventiv zerstört werden konnten.[48] Weiter konnten 66 Mittelstreckenraketen vom Typ »Thor« von Großbritannien und die 45 »Jupiter«-Raketen von Italien und der Türkei aus ihre atomare Ladung in die Sowjetunion befördern.

Darüber hinaus hatten die USA 540 B-57-»Stratofortress«-Langstreckenbomber, die jeden Punkt der Erde von Luftstützpunkten in den USA aus angreifen konnten, weitere 1650 B-47/B-36-Mittelstreckenbomber und dazu noch auf 23 Flugzeugträgern weitere 1300 atomar bestückbare Kampfflugzeuge. Als besonders praktisch erwies sich nun der Ring amerikanischer Militärstützpunkte um die UdSSR, auf denen zunächst B-29- und dann B-52-Bomber des Strategischen Luftkommandos rund um die Uhr in Bereitschaft gehalten wurden. Sie alle waren in der Lage, jeden Punkt der Sowjetunion mit Atombomben zu bedrohen.

Im Oktober 1961 unterstrich der damalige stellvertretende Verteidigungsminister Roswell L. Gilpatric in einer Rede vor Geschäftsleuten in Virginia, dass

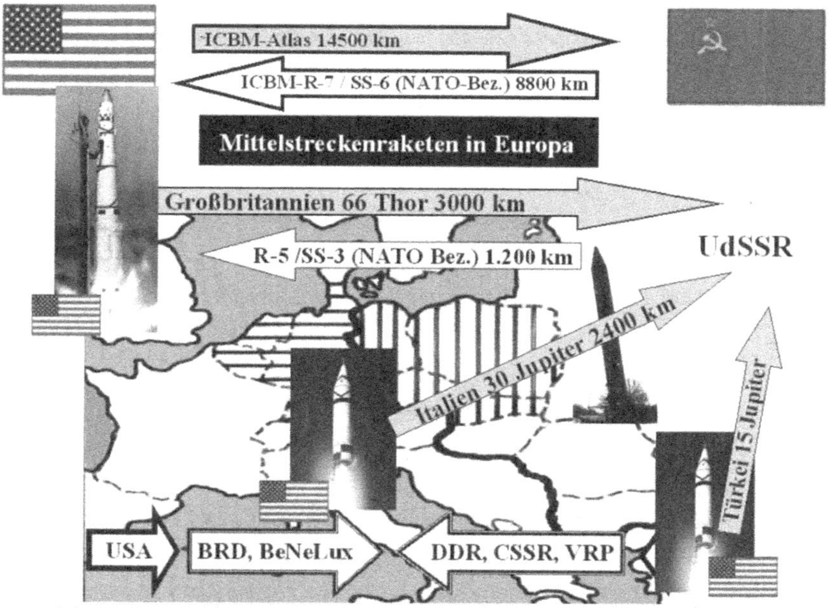


*»Strategie der massiven Vergeltung« 1959/60*

die USA selbst nach einem sowjetischen Angriff über ausreichende Mittel für einen Vergeltungsschlag verfügen würden.[49]

## Die Kuba-Krise 1962 – Zufälle verhindern Atomkrieg

Als nach der Revolution Fidel Castros 1959 das von amerikanischen Konzernen ausgeplünderte Kuba trotz massiver Embargos nicht in die Knie ging und sich immer mehr in an die UdSSR anlehnte, wurden CIA-Pläne zur »Befreiung« des Landes geschmiedet. Eine misslungene Söldnerinvasion in der »Schweinebucht« 1961 sollte durch einen atomaren Bombenangriff kompensiert werden, was der misstrauisch gewordene Kennedy verhinderte. Dank seiner Skepsis folgte der Präsident auch nicht dem Drängen der Militärs, amerikanische Truppen in Laos einzusetzen, sondern favorisierte wie die Sowjetunion eine neutrale Lösung. Als aber dann im August 1962 US-Aufklärer über der russischen Insel Sachalin aktiv wurden, brachen die alten Risse wieder auf.

Am 16. Oktober 1962 unterbreitete Geheimdienstoffizier A. C. Lundahl seinem Präsidenten Luftaufnahmen, die eine U-2 aus 21 000 Metern am Tag zuvor über Kuba, in der Nähe von San Christóbal, aufgenommen hatte und die den Aufbau sowjetischer Raketen zeigten. Kennedy war von dieser offensichtlichen Provokation durch die Sowjetunion schockiert und fragte seinen Sicherheitsberater McGeorge Bundy, wie wohl die Sowjets reagieren würden, wenn vor ihrer Haustür Raketen aufgestellt würden. Bundy konnte seinen Präsidenten aufklären: Bereits sieben Jahre zuvor hatten die USA in der Türkei 15 auf die UdSSR gerichtete Jupiter-C-Raketen stationiert.

In den folgenden 13 Tagen wurde eine Lösung gesucht, um eine direkte Konfrontation oder gar einen atomaren Krieg zu vermeiden, wie schon ein Jahr zuvor nach dem Desaster in der Schweinebucht. Durch den »Freedom of Information Act« (Gesetz zur Informationsfreiheit) kam 1997/98 der Geheimplan »Operation Northwoods« ans Licht. Die CIA und Teile der US-Regierung versuchten zwischen 1961 und 1965 den Sturz der kubanischen Revolutionsregierung herbeizuführen. Durch inszenierte Terroranschläge unter falscher Flagge gegen den zivilen Luft- und Schifffahrtsverkehr innerhalb der USA, für die man dann Fidel Castro verantwortlich machen wollte, sollte ein Vorwand zur Invasion Kubas geschaffen werden. Der ehemalige NSA-Offizier James Bamford urteilte, der

Generalstab habe Pläne verabschiedet, *»die vielleicht die schlimmsten waren, die je von einer US-amerikanischen Regierungsinstanz produziert worden sind. Im Namen des Antikommunismus schlugen die Militärs einen geheimen und blutigen Terrorkrieg gegen ihr eigenes Land vor, um die amerikanische Öffentlichkeit für den irrwitzigen Krieg zu gewinnen, den sie gegen Kuba führen wollten.«*[50] Unterzeichnet war das Dokument von Lyman L. Lemnitzer, dem Vorsitzenden des Generalstabs und späteren Oberkommandeur der NATO in Europa.

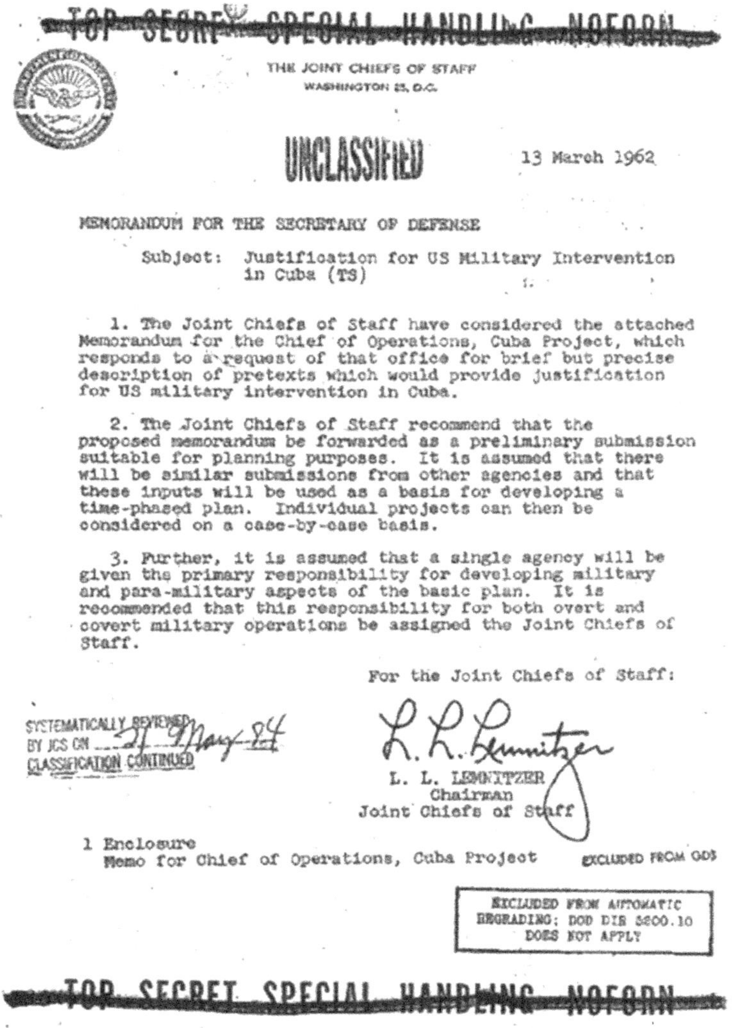

TOP SECRET SPECIAL HANDLING NOFORN

THE JOINT CHIEFS OF STAFF
WASHINGTON 25, D.C.

UNCLASSIFIED

13 March 1962

MEMORANDUM FOR THE SECRETARY OF DEFENSE

Subject: Justification for US Military Intervention in Cuba (TS)

1. The Joint Chiefs of Staff have considered the attached Memorandum for the Chief of Operations, Cuba Project, which responds to a request of that office for brief but precise description of pretexts which would provide justification for US military intervention in Cuba.

2. The Joint Chiefs of Staff recommend that the proposed memorandum be forwarded as a preliminary submission suitable for planning purposes. It is assumed that there will be similar submissions from other agencies and that these inputs will be used as a basis for developing a time-phased plan. Individual projects can then be considered on a case-by-case basis.

3. Further, it is assumed that a single agency will be given the primary responsibility for developing military and para-military aspects of the basic plan. It is recommended that this responsibility for both overt and covert military operations be assigned the Joint Chiefs of Staff.

For the Joint Chiefs of Staff:

L. L. Lemnitzer

L. L. LEMNITZER
Chairman
Joint Chiefs of Staff

SYSTEMATICALLY REVIEWED BY JCS ON 21 May 84 CLASSIFICATION CONTINUED

1 Enclosure
Memo for Chief of Operations, Cuba Project

EXCLUDED FROM GDS

EXCLUDED FROM AUTOMATIC REGRADING; DOD DIR 5200.10 DOES NOT APPLY

TOP SECRET SPECIAL HANDLING NOFORN

*Freigegebenes Geheimdokument über geplante Terroroperationen des US-Militärs*

Von den Militärs enttäuscht, berief Kennedy zwölf vertrauenswürdige Berater und Minister in einen Krisenstab. Dem »Executive Committee« gehörten u. a. Außenminister Dean Rusk, Verteidigungsminister Robert McNamara sowie Justizminister Robert F. Kennedy an. Drei Optionen wurden angedacht: ein Luftangriff auf die Raketenstellungen, eine Invasion Kubas oder eine Seeblockade. Gemäß den Alarmplänen wurden amerikanische Truppen und strategische Bomber in Bereitschaft versetzt, strategische Raketen entsichert, die Feuerbereitschaft hergestellt und U-Booten mit Polaris-Raketen der Kurs auf die Sowjetunion befohlen.

General LeMay, langjähriger Befehlshaber des Strategischen Bomberkommandos, war gegen eine Seeblockade und forderte stattdessen eine aggressivere Haltung gegenüber der Sowjetunion. Seiner Meinung nach sollten die USA einen nuklearen Krieg wagen, da sie ihn noch gewinnen könnten. Auf den Vorwurf, seine Kriegspläne stünden im Gegensatz zur offiziellen Politik, antwortete LeMay, *»Ich möchte deutlich machen, dass ich nicht einem Präventivkrieg das Wort rede; ich bin allerdings der Überzeugung, dass die USA nicht zögern würden, zuerst zuzuschlagen, wenn man sie nur weit genug in die Enge treibt.«*[51] Von der Richtigkeit seines Grundgedankens überzeugt, drängte er energisch auf eine Erlaubnis, die auf Kuba stationierten Raketenbasen zu bombardieren.

In der Öffentlichkeit geißelte Kennedy die heimliche *»Aufstellung kommunistischer Raketen in einem Gebiet, das für seine besonderen und historischen Verbindungen zu den Vereinigten Staaten bekannt ist«.*[52] Hinter den Kulissen aber verhandelte er mit Chruschtschow. Die Sowjetunion schlug den beidseitigen Abbau der Raketen in der Türkei und auf Kuba vor. Und unter der Bedingung, dass die USA Kuba nicht angriffen, erklärte sich Chruschtschow am 28. Oktober 1962 bereit, die Raketen auf Kuba abzuziehen und zur Wahrung von Kennedys Gesicht die Zugeständnisse der USA nicht zu veröffentlichen. Damit war die 13-tägige Krise beendet.

*»Kubas Schicksal und die Wahrung des sowjetischen Ansehens in jenem Teil der Welt beschäftigten mich sogar, wenn ich in Moskau Staatsgeschäften nachging oder in andere Bruderländer reiste«*, schrieb Chruschtschow im Rückblick. *»Wir mussten ein greifbares und wirksames Abschreckungsmittel schaffen gegen eine amerikanische Einmischung in der Karibischen See. Aber was für eins? Die logische Antwort waren Raketen.«* Angesichts der in Großbritannien, Italien und der Türkei stationier-

ten Mittelstreckenraketen, die allesamt auf die Sowjetunion zielten, würden nun die Amerikaner erfahren, *»wie einem zumute ist, wenn feindliche Raketen auf einen gerichtet sind«*, man tue nicht mehr, *»als ihnen ein bisschen von ihrer eigenen Medizin zu verabreichen«.*[53] Diese Medizin wollte man in Washington aber nicht schlucken.

Eine völlig unterschiedliche Denkweise hatte Russen und Amerikaner in diese Krise schlittern lassen. Was in Moskau als »rational« galt, wurde in Washington als gefährlich »irrational« wahrgenommen und umgekehrt. Dies hat sich bis heute nicht geändert. Für die Weltöffentlichkeit ging Kennedy aus der Kuba-Krise als Sieger hervor – der Rückzug der amerikanischen Jupiter-Raketen aus der Türkei als Gegenleistung blieb geheim. Hatte Chruschtschow wirklich eine Niederlage hinnehmen müssen? Auf den ersten Blick mag es so scheinen. Aber für die Sowjetunion war die gelungene Stationierung von 42 Raketen und 164 nuklearen Sprengköpfen zusammen mit 42 000 Offizieren und Soldaten auf Kuba eine Machtdemonstration gewesen und der Abzug der Jupiterraketen ein riesiger Erfolg. Kennedys vermeintlicher Sieg wirkte indes als Katalysator der Blockbildung innerhalb der westlichen Allianz und verstärkte die amerikanische »Hegemonie im Westen«.

Im Nachhinein besehen, hatten offenbar sowohl Kennedy als auch Chruschtschow ihren Anteil an der friedlichen Beilegung der Kuba-Krise. Für Chruschtschow endete sie mit einem Triumph des gesunden Menschenverstands, McNamara sah das vierzig Jahre später anders. Nach seiner Überzeugung wurde ein atomar geführter dritter Weltkrieg nur durch Zufälle vermieden.[54] In der CNN-Fernsehdokumentation »Cold War, Cuba: 1959–1962« wurde berichtet, er habe sich am kritischsten Tag gefragt, ob er den Sonnenuntergang wohl noch einmal sehen würde.[55] Er sah ihn wieder, aber seine Überzeugung, dass es einen begrenzten, kontrollierten, rationalen Atomkrieg geben könne, hatte er verloren.[56]

*»Eine unwahrscheinliche Kette von Ereignissen«*, schrieb der amerikanische Historiker Gaddis, habe die Welt einem dritten Weltkrieg näher gebracht *»als zu irgendeinem anderen Zeitpunkt in der zweiten Hälfte des 20. Jahrhunderts«.*[57]

Absolute Priorität wurde nun atomkriegsresistenten Befehls- und Kontrollsystemen eingeräumt. Dazu mussten Kommando-, Kontroll-, Kommunikations- und Aufklärungssysteme gegen den bei einer Atomexplosion hervorgerufenen elektromagnetischen Impuls (EMP) gehärtet werden, was viele Jahre in Anspruch nehmen sollte. Parallel dazu wurde ein Erstschlagspotenzial aufgebaut, welches zur »Enthauptung« und zur Entwaffnung der UdSSR ausreichend sein sollte. »Meister der Abschreckung« entwickelten einen einheitlichen Einsatzplan für alle Atomwaffen in Heer, Marine und Luftwaffe – den »Single Integrated Operational Plan« (Einzelner Integrierter Operationsplan, SIOP) – für den atomaren Ernstfall. Solche Pläne existieren *»für die regionalen Befehlsbereiche der Vereinigten Staaten im Pazifik, im Atlantik und in Europa ..., einschließlich der zahlenmäßig geringeren Streitkräfte von Amerikas engstem und einzigem nuklearen Verbündeten, Großbritannien«.*[58] Für den Fall einer höheren Eskalationsstufe diskutierte man über »flexible Reaktionen« und »selektive Einsätze«, obwohl es als wahrscheinlich galt, dass ein begrenzter Konflikt sowieso in einem ausgewachsenen Krieg enden würde.

Nach der Kuba-Krise begann eine Zeit vordergründiger Entspannung und partieller Rüstungsbegrenzung. Mit den Fortschritten bezüglich der Unempfindlichkeit gegen den EMP traten die alten Muster jedoch wieder hervor.

Aus dem Umstand, dass der Kriegsausbruch im Herbst 1962 durch etwas Irrationales verhindert worden war, nämlich durch die »Gleichheit in der Vernichtung«, zog McNamara eine Lehre und verlangte, dass beide Seiten gegenseitig ihre Städte bedrohen sollten mit der Absicht, die größtmögliche Zahl von Opfern zu verursachen.[59] Die neue Strategie wurde »Mutual Assured Destruction« genannt, gegenseitige abgesicherte Vernichtung – oder Gleichgewicht des Schreckens. Das war nichts anderes als eine Neuformulierung von Eisenhowers Einsicht, dass der Krieg aufgrund der Entwicklung thermonuklearer Waffen als Instrument der Staatskunst ausgedient habe.[60]

Auf dem diplomatischen Schachbrett spielten die nuklearen Waffen eine gewichtige Rolle. Dem französischen Staatschef de Gaulle waren die amerikanischen Weltmachtpläne unheimlich. Er hatte nicht nur das amerikanische Angebot von Polaris-Raketen, sondern auch das britische Beitrittsgesuch zur EWG mit der Begründung abgelehnt, Großbritannien sei das Trojanische Pferd der USA. Die engen Beziehungen zwischen Bonn und Paris hatten Washington zudem alarmiert. Da man eine Ausrüstung der Bundeswehr mit französischen Nuklearwaffen befürchtete, boten die USA Westdeutschland an, Partner einer multilateralen nuklearen Streitmacht zu werden.

Die amerikanischen Bemühungen waren jedoch nicht erfolgreich. Am 22. Januar 1963 wurde der Élysée-Vertrag über die deutsch-französische Zusammenarbeit unterzeichnet, eine Kooperation bezüglich Nuklearbewaffnung eingeschlossen. In Deutschland kam es daraufhin zum Streit zwischen »Gaullisten« und »Atlantikern«. Man einigte sich deshalb auf einen Kompromiss: In der Präambel des deutsch-französischen Vertrags wurde die transatlantische Partnerschaft bekräftigt.

Durch den überstandenen Schrecken nüchtern geworden, reagierten die beiden Großmächte mit der Entwicklung eines effizienten Krisenmanagements. Zwei Wochen vor seiner Reise nach Berlin läutete Kennedy am 10. Juni 1963 mit seiner »Friedensrede« eine Phase der Entspannung im Ost-West-Konflikt ein. Darin forderte er zur Überprüfung der amerikanischen Einstellung gegenüber Sowjetunion und Kaltem Krieg auf. In Moskau wurde die Rede mit Interesse vernommen, es erschien sogar eine russische Übersetzung in den Zeitungen.

Am 20. Juni 1963 wurde mit den »Vereinbarungen über eine direkte Fernschreib- und Telefonverbindung zwischen dem Kreml und dem Weißen Haus« der sogenannte »Heiße Draht« eingerichtet. Dazu gehörte das unausgesprochene Einverständnis beider Seiten, Satellitenaufklärung zu dulden, womit eine weitere von Eisenhowers Erkenntnissen bestätigt wurde: dass die Vereinigten Staaten und die Sowjetunion, indem sie mit Transparenz – dem »offenen Himmel« – zu leben lernten, die Möglichkeit eines Überraschungsangriffs verringerten.

Der Staatsbesuch von John F. Kennedy in der Bundesrepublik und in West-Berlin wurde zur triumphalen Sympathiebekundung, die am 26. Juni einen fast dramatischen Höhepunkt erreichte. Kennedy legte vor dem Rathaus in Berlin-Schöneberg sein Bekenntnis zu der geteilten Stadt ab: *»Vor zweitausend Jahren war der stolzeste Satz, den ein Mensch sagen konnte, der: Ich bin ein Bürger Roms! Heute ist der stolzeste Satz, den jemand in der freien Welt sagen kann: Ich bin ein Berliner.«*[61] Die Zuhörer riss es zu Jubelstürmen hin, die noch gesteigert wurden, als Kennedy den Kommunismus als menschenverachtende Staatsform geißelte. Seine aggressive Rhetorik stand in krassem Gegensatz zur »Friedensrede« nur zwei Wochen vorher. Kennedy wandte sich jedoch ausschließlich an seine Gastgeber. Um einer sowjetischen Fehlwahrnehmung[62] entgegenzuwirken, relativierte er seine Aussagen noch am selben Tag in einer Rede an der Freien

Universität Berlin: »*Ich denke, es ist notwendig, dass Großmächte zusammenarbeiten, um die menschliche Rasse zu erhalten, sonst können wir vernichtet werden.*«[63] Chruschtschow signalisierte, er habe verstanden, dass sich Kennedys Rhetorik nicht gegen die Sowjetunion gerichtet, sondern die Einbindung der BRD ins westliche Bündnis bezweckt hatte.[64]

Am 5. August 1963 schlossen die USA, Großbritannien und die UdSSR ein Abkommen über einen Atomteststopp – »Limited Test Ban Treaty« (LTBT) – für Versuche in der Atmosphäre, im Weltraum und unter Wasser; unterirdische Tests blieben jedoch erlaubt.[65] Kennedy betrachtete dies als den bis dahin bedeutendsten Erfolg seiner Amtszeit. Der indische Premier Jawaharal Nehru sprach sogar von einem weltpolitischen Wendepunkt.

Es folgten am 16. August 1963 der »Vertrag über die Zusammenarbeit in mehreren Bereichen der Erforschung des Kosmos« und am 17. Oktober 1963 das »Verbot der Entsendung kernwaffentragender Objekte in den Weltraum«. Das waren erste Schritte zur Verhinderung eines thermonuklearen Weltkrieges und zur Begrenzung des strategischen Wettrüstens.

US-Außenminister Dean Rusk konnte Bundeskanzler Adenauer und sein Kabinett von der Notwendigkeit des Beitritts zum LTBT überzeugen.[66] Kennedy hatte ihn nach Bonn gesandt, um das dort grassierende Misstrauen zu zerstreuen. Auch realisierte die Regierung, dass eine Ablehnung des Vertrags eine diplomatische Isolation zur Folge haben könnte. Deshalb unterzeichneten Repräsentanten der Bundesrepublik Deutschland am 19. August 1963 in Washington, London und Moskau den LTBT.

Vor Kennedys Amtsantritt hatten führende amerikanische Politologen und Militärs nach einer neuen Strategie gesucht, mit der die globalen Expansionsziele der USA durchgesetzt werden konnten. Henry Kissinger, Vertreter einer modifizierten Strategie, verlangte als oberstes Gebot die Aufgabe von bisherigen »Illusionen«. Denn »*wir sind nicht allmächtig. Wir sind nicht mehr unverwundbar*«.[67] So entstand über das Konzept einer »abgestuften Abschreckung« die »Strategie der flexiblen Reaktion«.

Kennedy begrüßte die neue Strategie. Eine Allianz wie die NATO müsse »*einen besseren Weg finden, als sich einzig und allein auf nukleare Waffen zu verlassen*«.[68]

Einem Atomwaffenkrieg sollten Stufen vorgeschaltet werden, *»die nicht mit dem Risiko totaler Vernichtung belastet sind«.*[69] Ergänzend wurde das strategische »Prinzip der 2½ Kriege« aufgestellt. Die US-Streitkräfte sollten imstande sein, zwei größere, nach Zielstellung, Raum und Waffeneinsatz begrenzte Kriege in Asien und Europa zu führen und gleichzeitig eine kleinere Intervention in Afrika, im Nahen Osten oder in Lateinamerika. Dazu wurde die Befähigung der USA-Streitkräfte zur konterrevolutionären Subversion als militärischer Interventionsmethode verlangt.

Die Strategie der »flexiblen Reaktion« erforderte bewegliche Streitkräfte. Kennedy gab die Weisung, statt der ursprünglich geplanten 50 nunmehr 129 moderne Langstreckentransportflugzeuge zu bauen. 1962/63 wurden 15 700 Soldaten einer US-Panzerdivision mit 550 Tonnen Waffen und Ausrüstungen in die BRD verlegt.

Ab Ende Februar 2020 wurden übrigens in der ersten Phase des NATO-Manövers »Defender 2020« rund 1700 US-Soldaten von Bremerhaven Richtung Osteuropa verlegt. Insgesamt handelte es sich mit 37 000 Soldaten aus 18 Nationen, darunter 20 000 US-Soldaten, um die größte Truppenverlegeübung der NATO seit Jahren.

1962 verkündete John F. Kennedy von einer erhöhten Plattform militärischer Stärke aus eine »Politik der Zusammenarbeit und des Konflikts«. Mit Fidel Castro wurde nun ein Ausgleich angestrebt. Am 22. November 1963 gingen Berichte über den Stand der vorbereitenden Gespräche mit Kuba im Weißen Haus ein. Der Präsident konnte sie nicht mehr lesen, denn an diesem Tag wurde er ermordet. Vier Tage später wurde er unter Anteilnahme der ganzen Welt auf dem Heldenfriedhof Arlington beigesetzt. Am 2. Oktober hatte er das Dekret »NSAM 263« unterzeichnet, das den Abzug des Militärs sowie der CIA-Experten aus Südvietnam vorsah. Noch am Tag der Beisetzung ließ der neue US-Präsident Lyndon B. Johnson das Dekret aufheben und durch das Memorandum 273 ersetzen. Johnson sah die Sicherheit des Westens bedroht, falls Südvietnam an die Kommunisten fallen würde. Das Memorandum erlaubte von der CIA unterstützte verdeckte Aktionen gegen Nordvietnam – später bekannt als Operationsplan 34A. Für McNamara wurde dadurch die Lage in Vietnam erst recht verworren.[70]

Johnson ergänzte die neue Strategie mit der Konzeption *»Politik des Brückenschlags«*[71] mit dem Ziel, einzelne sozialistische Staaten über einen *»inneren Erosionsprozess«* wieder in die westliche Welt einzugliedern. Wesentlichen Anteil daran hatten bekannte Politologen und Militärtheoretiker in den USA wie auch in Europa: die Amerikaner Henry Kissinger, James Schlesinger, Hermann Kahn, William W. Kaufmann, Robert E. Osgood, Thomas C. Schelling, Maxwell D. Taylor und James M. Gavin, die Engländer Leonard Teaton, John Maddox, Alastair Buchan, Lord Ismay, Basil H. Liddell Hart, die Franzosen Raymond Aron, André Beaufre, Charles Ailleret, Pierre M. Gallois, Ferdinand Otto Miksche und aus der BRD Wolf Graf von Baudissin, Ulrich de Maizière, Helmut Schmidt, Hans Speidel und Franz Josef Strauß. Obwohl sie alle im Einzelnen oft unterschiedliche, zum Teil sogar widersprüchliche Positionen bezogen, setzten sich die von Kissinger, Kahn, Schelling, Taylor und Liddell Hart maßgeblich beeinflussten Vorstellungen über die flexible Strategie im weitesten Sinne durch. Johnsons Visionen aber sollten 50 Jahre später in einem damals kaum vorstellbaren Maßstab wahr werden.

## Strategie der flexiblen Erwiderung

1963 war als verbindliche Strategie der NATO die Vorneverteidigung am Eisernen Vorhang angeordnet worden. Doch die Umsetzung stieß in Europa auf Schwierigkeiten. Zunächst beendete de Gaulle 1964 das amerikanische Projekt einer multilateralen Atomstreitmacht – Frankreich strebte nach eigenen Atomwaffen. Zwei Jahre später forderte er Strukturänderungen der NATO und drohte mit dem Austritt.[72] Nach einem Ultimatum, in dem de Gaulle den Abzug der NATO-Truppen bzw. ihre Unterstellung unter französisches Kommando forderte, zog sich Frankreich mit Wirkung vom 1. Juli 1967 aus der integrierten militärischen Kommandostruktur der NATO zurück, blieb aber weiterhin Mitglied der atlantischen Allianz. Das europäische NATO-Hauptquartier SHAPE zog daraufhin von Rocquencourt nach Brüssel um. Dort kam das »Defence Planning Committee« zur Überzeugung, dass ein volles Spektrum militärischer Fähigkeiten notwendig sei, um vor einer Aggression abzuschrecken oder ihr notwendigerweise entgegenzutreten. Diese Einsicht führte nun auch in Europa zum militärstrategischen Konzept der »flexiblen Erwiderung«, wie am 16. Januar 1968 in MC 14/3 offiziell festgehalten.

Bis dahin hatte die Strategie der »massiven Vergeltung« durch den Einsatz nuklearer Waffen gegolten. Über sie heißt es im Weißbuch des deutschen Verteidigungsministeriums, sie konnte *»Abschreckung nur gewährleisten, solange die Sowjetunion nicht in der Lage war, der atomaren Vergeltung mit gleichen Mitteln zu begegnen«.*[73] Für die neue Militärstrategie hatte das Bündnis nun drei Reaktionsmöglichkeiten vorgesehen, die je nach Lage nacheinander oder auch gleichzeitig ausgelöst werden konnten: Auf der untersten Stufe, der Direktverteidigung, sollte dem Aggressor auf gleicher Ebene begegnet werden, wobei der Einsatz nuklearer Waffen nicht ausgeschlossen wurde.[74] Sollte der Gegner sich hiervon nicht beeindrucken lassen, wird er mit der Gefahr der Eskalation konfrontiert. Die »vorbedachte Eskalation« soll den Angreifer bewegen, seine Kriegshandlungen einzustellen. Als »Überzeugungsmittel« hält sich das Bündnis Optionen auf den taktisch-nuklearen Einsatz von Atombomben in Europa offen.[75] Auf der strategisch-nuklearen Ebene ging es um den interkontinentalen atomaren Weltkrieg zwischen den USA und der UdSSR. Hier war als ultimative militärische Antwort der massive Nuklearwaffeneinsatz gegen das gesamte Nuklearpotenzial und andere militärischen

*Strategie der flexiblen Erwiderung, ca. 1965–1989*

Ziele des Gegners sowie gegen seine Ballungszentren und Industriekomplexe vorgesehen.[76]

*»Androhung ist das stärkste Abschreckungsmittel, ihre Anwendung wäre die stärkste der möglichen NATO-Reaktionen«*, unterstreicht das Weißbuch von 1983.[77] Aus amerikanischer Sicht war der Fall unbedingt zu vermeiden, wodurch »flexible Erwiderung« manchem Kritiker als unlogisch erschien. War doch die letzte Option gleichbedeutend mit kollektivem Selbstmord und somit ohne reelle Basis. Allein der Einstieg in die zweite Ebene hätte eine Katastrophe für die Bundesrepublik und ihrer Bürger bedeutet. Unbeeindruckt hiervon wurde in allen NATO-Kriegsspielen von den amerikanischen Truppenführern die Freigabe taktischer nuklearer Gefechtsfeldmunition gefordert.

Die Strategie der flexiblen Erwiderung versuchte das Dilemma des nuklearen Patts aufzulösen, ohne der NATO eine wirklich neue Handlungsfreiheit zu gewähren. Nach dem Ende des kurzen Atomwaffenmonopols der USA, schreibt Elmar Schmähling, beruhe ihre Wirksamkeit *»auf Glauben und Hoffen: Somit verschließt sie sich Fragen der Vernunft und Logik.«*[78]

Helmut Schmidt meinte, ihm widerstrebe eine *»Terminologie, die nur solche Waffen, welche Amerikaner und Russen töten, als ›strategisch‹ und Waffen, die ›nur‹ Polen oder Deutsche töten, als ›taktisch‹ bezeichnet. Das sind verharmlosende Begriffe für eine Waffenkategorie, die, in großer Zahl eingesetzt, den größeren Teil der mitteleuropäischen Völker töten oder zu Krüppeln machen würde.«*[79] In den Atomwaffen einer künftigen NATO-Strategie sah er nur noch den Zweck, *»die andere Seite davon abzuhalten, ihrerseits mit solchen Waffen zu drohen oder sie gar zu benutzen. Aber sich nur auf die nuklearen Waffen zu verlassen zur Abschreckung des anderen, dies halte ich für einen bodenlosen Leichtsinn.«* Und über die Ablösung der Strategie der »massiven Vergeltung« durch die der »flexiblen Reaktion« sagt er: *»Sie enthielt ein Stück intellektueller Einsicht, aus der die praktischen Folgerungen nicht wirklich gezogen worden sind.«*[80]

In seinem Buch »Strategie des Gleichgewichts« hatte Schmidt aufgezeigt, dass *»sich die Militärstrategie Moskaus mit einer leichten zeitlichen Verzögerung und unter starker ideologischer Verbrämung parallel zu derjenigen Washingtons entfaltet hat. Sie ist sowohl auf nuklearen als auch auf konventionellen Krieg eingestellt, auf eine Mischung beider Formen; ihre Flexibilität entspricht der westlichen Strategie der*

*›flexiblen Erwiderung‹. Sie ist sowohl auf einen globalen als auch auf einen europäischen oder auch auf einen ostasiatischen Krieg vorbereitet. Dem entspricht auch die stetige Verteilung der vorhandenen Land-, See- und Luftstreitkräfte einschließlich der Raketenstreitkräfte auf die verschiedenen möglichen Kriegsschauplätze.«*[81]

Während die Blöcke ihre künftige Militärstrategie absteckten und peinlich genau auf ein Gleichgewicht achteten, entwickelten sich die Europäischen Gemeinschaften (EG). Am 8. April 1965 wurde in Brüssel der EG-Fusionsvertrag unterzeichnet, der dann am 1. Juli 1967 in Kraft trat. Damit wurden die damals drei Europäischen Gemeinschaften unter einer gemeinsamen Kommission und einem gemeinsamen Rat vereinigt.

*»Es gibt keinen Weg zum Frieden,
denn Frieden ist der Weg.
Was man mit Gewalt gewinnt,
kann man nur mit Gewalt behalten.«*

Mahatma Gandhi

# Friedensbewegte Jahre

## Nukleares Kriegstheater

Im Januar 1965 riss das Cover des Nachrichtenmagazins *Der Spiegel* mit einer Szene des »Nuklearen Kriegstheaters«[1] die Bundesbürger aus ihren Friedensträumen: die Detonation eines minenartig verlegten Atomsprengkörpers in der Wüste von Nevada/USA, darunter die unheilverkündende Frage: »Atomminen an der Zonengrenze?«[2]

Detonation eines minenartig verlegten Atomsprengkörpers in der Wüste von Nevada/USA

Im Spiegel-Artikel »Trettners Minen-Spiel« wurde der Eindruck erweckt, die *»Minen-Planer«*, Verteidigungsminister Kai-Uwe von Hassel und sein Generalinspekteur General Heinz Trettner, favorisierten ein neues Verteidigungskonzept, das die Verlegung eines *»Atom-Minen-Gürtels entlang der Zonengrenze«* vorsah. Daraufhin stellte von Hassel im Bundestag unmissverständlich klar: *»Es gibt kein Atomminenfeld, es gibt keinen Atomminengürtel, es gab keinen Plan für ein Feld, einen Gürtel oder einen sonstigen Einsatz.«*[3]

Nach der inzwischen erfolgten Zurückstufung von geheimem Material lässt sich feststellen, dass die Bundeswehrführung damals im Gegensatz zu den USA den Einsatz von atomaren Sperrmitteln – bezeichnet als ADM (Atomic Demolition Munitions) – in der Tat für kaum verantwortbar hielt. Diese Auffassung vertrat vor allem Generalinspekteur Trettner, *»dem man in der Öffentlichkeit fälschlich vorwarf, Anhänger eines ›Atomminengürtels‹ quer durch Deutschland zu sein«*[4].

Anfang 1949 hatte das amerikanische Verteidigungsministerium General James R. Gavin mit dem Auftrag betraut, den Einsatz atomarer Waffen auf dem Gefechtsfeld zu studieren, und Gavin kam zu der Überzeugung, dass die taktische Anwendung angesichts der konventionellen Überlegenheit der Sowjetunion gerade in Europa Bedeutung erlangen könnte.[5] Studien des amerikanischen Pionierkorps legten ab 1951 bereits Punkte in Westdeutschland für ADM-Barrieren fest: im Bereich *»Fulda-Hessian-Gap, the Menningen-Gap, the Blackforest and the Upper Danube«*.[6] Beim Einsatz nuklearer Sperrmittel oder Gefechtsfeldwaffen musste hier ja keine Rückwirkung auf das eigene Territorium befürchtet werden.

Die Regierung Adenauer hatte mit der Billigung von MC 70 im April 1958 die amerikanischen Vorstellungen für die Ausrüstung der NATO-Divisionen mit konventionellen und taktisch-atomaren Waffen übernommen. Es ist schon erstaunlich, wie wenig die politische und militärische Führung der Bundesrepublik bis weit in die 60er-Jahre hinein von den nuklearen Absichten der USA erfuhr. Das Gebot »For american eyes only«, berichtet General a. D. Johann Adolf Graf von Kielmansegg, habe auch für ihn selbst noch während seiner Tätigkeit als Oberbefehlshaber der Landstreitkräfte in Mitteleuropa (von 1963 bis 1967) gegolten. *»Man kam an nichts heran. Wenn man mal an etwas herankam, dann nur auf Grund einer persönlichen guten Beziehung mit einem der amerikanischen Offiziere, die damit zu tun hatten«*.[7] Erst mit dem Besuch des stellvertretenden US-Verteidigungsministers Roswell Gilpatric am 13. Februar 1963 in Bonn wurde der Anstoß für eine gemeinsame Studie von Bundeswehr und US-Army über ADM gegeben.

Als auf der Herbstsitzung des NATO-Militärausschusses 1964 Vorschläge zum möglichen Einsatz atomarer Minen diskutiert wurden, gab es Irritationen. Wurde doch gleichzeitig über den Wechsel der bisherigen Strategie der »massiven Vergeltung« zur »flexiblen Reaktion« nachgedacht. In diesen Planungen war auch der Gebrauch atomarer Sprengkörper mit geringen KT-Werten[8] und begrenzter Strahlung eine Überlegung. Das im Mai 1965 vorgelegte Ergebnis der Studie verdeutlichte erneut die zurückhaltende Einstellung der Bundeswehr. Nach deutscher Auffassung sollte der ADM-Einsatz in der weniger bewohnten grenznahen Zone liegen, die Studie sah dagegen Sperrzonen im ganzen Land vor: 1. Sperrzone: Hamburg-Hannover-Kassel-Fulda-Nürnberg-Landshut (Bevölkerungszahl 7,4 Mio.), 2. Sperrzone: Bremen-Minden-Marburg-Tauberbischofsheim-Augsburg-Landsberg (Bevölkerungszahl 15 Mio.), 3. Sperrzone: Emden-Hanau-Sigmaringen-Konstanz (Bevölkerungszahl 24,6 Mio.). Für den Autor als Hauptmann war im Frühjahr 1973 im Verteidigungsfall die Verwendung als Führer eines »Atomaren Sperrzugs« vorgesehen: eines Bundeswehrzuges samt US-ADM-Trupp.

Nukleare Waffen waren bestens dazu geeignet, das eigene Gelände nachhaltig zu zerstören, um den Feind zur Vernichtung in die »Killing Grounds« abzudrängen. Nach der »Strategie der verbrannten Erde« sollte dem Feind nichts Brauchbares mehr in die Hände fallen. Euphorisch schildert der britische Militärschriftsteller Edgar O'Ballance die Möglichkeiten des Einsatzes: *»Gut platzierte atomare Landminen können auch einen Fluss stauen und so viele Kilometer Land überschwemmen und für vorgehende Truppen unpassierbar machen. Leicht zur Explosion zu bringen, können sie bei einem Rückzug zur Vernichtung sowohl von Häfen, Anlagen und Fabriken als auch von Brücken und Straßen benutzt werden.«* Abschließend gibt er die Vermutung wieder, *»dass ein paar hundert in Westeuropa gut platzierte Atomminen die gesamten grandiosen sowjetischen Eroberungspläne zum Stehen bringen würden und dass eine noch größere Anzahl von Atomminen die Idee der sowjetischen Armee, sich wie eine Dampfwalze ihren Weg zur Nordsee am Tage D plus spätestens 9 Tage zu bahnen, völlig vereiteln würde.«*[9] Folglich brachte das Pentagon 1968 die katalogschwere Felddienstanweisung Field Manual Nr. 101-31-3 heraus, exklusiv für den Einsatz von Nuklearwaffen und zum Gebrauch für Stabsoffiziere. Kapitel 10 war ausschließlich den Atomminen mit Sprengwirkungen von 0,01KT bis 50 KT gewidmet. Für die Kriegführung auf bundesdeutschem Boden waren vorausschauend Sprengkammern zur Aufnahme von konventionellem Sprengstoff vorbereitet und nukleare Sperrmittel für Sprengschächte in Straßen und Brücken vorgesehen.[10]

Im Oktober 1969 wurde Helmut Schmidt Verteidigungsminister in der Regierung Willy Brandt, er war damit auch verantwortlich für die nukleare Teilhabe der Bundesrepublik. Er setzte sich gegen den Protest durch, sodass infolge des NATO-Doppelbeschlusses vom 12. Dezember 1979 Pershing-IIA-Raketen in der Bundesrepublik aufgestellt wurden. Damit konnten von deutschem Boden aus Atomraketen Moskau bedrohen. Auf diesen Nachrüstungsbeschluss wird noch gesondert einzugehen sein. 2007 berichtete Schmidt, 1969 auf Pläne der NATO und der deutschen Militärs gestoßen zu sein, entlang der Zonengrenze »*Hunderte atomarer Landminen zu vergraben*«. Gemeinsam mit seinem Kollegen Melvin Laird habe er »*diesen todgefährlichen Unfug*« jedoch beseitigen können, denn »*wenn irgendein kommunistischer Kommandeur in der Verfolgung irgendwelcher flüchtiger Leute über die Grenze rüberkommt, und eine atomare Mine geht hoch, dann heben alle deutschen Soldaten die Hände hoch ...*«[11]

»*Mit diesem ›todgefährlichen Unfug‹ habe ich mich 1973 als junger Pionierhauptmann beschäftigen müssen*«, schrieb der Autor, inzwischen Major der Reserve, am 7. Dezember 2007 an Helmut Schmidt und die Zeit-Redaktion. »*In der Funktion als Mobilmachungssachbearbeiter eines Korps-Pionierbataillons musste ich den General-Defense-Plan umsetzen, während für meine Zweitverwendung als Wirkungsberater die Dienstanweisung u. a. das Erkunden und Vorbereiten von ›Atomic Demolition Muniton‹ (ADM)-Sperrpunkten vorsah.*« Anfang der 80er-Jahre sei dies sogar »*weiter gesteigert*« worden. Die Pioniertruppe habe für das Versenken von Atomminen im Boden »*modernste Bohrtechnik erhalten*«. Bei der Explosion wären dann bis über 200 000 Kubikmeter Erdreich in die Luft geschleudert worden »*und nach einer Minute als verstrahlter Niederschlag auf Mensch und Tier geregnet. Das potentielle Schlachtfeld Deutschland war jedenfalls bestens präpariert für diese Art des Waffengangs mit dem Feind aus Osten.*« Eine Antwort blieb aus.

Für die »Strategie der flexiblen Erwiderung« standen in den 70er-Jahren auf dem Gebiet der Bundesrepublik annähernd 2000 Atomsprengkörper von den kleinsten bis zu den größten Detonationswerten bereit. Von Jagdbombern ins Ziel geflogen, von Raketen als Gefechtskopf oder als Nuklearmunition der Artillerie verschossen sowie als »Atomminen« von den Pionieren unter die Erde gebracht. Die Ziele legte alljährlich die nukleare Planungsgruppe der NATO im Handbuch »Nuclear Yield Requirements« (Nukleare Erfolgsanforderungen) fest. Nach dem NATO-Operationsplan von 1981 sollten die angreifenden Streitkräfte des Warschauer Vertrags so nah wie möglich an der Grenze BRD/DDR zum Stehen gebracht und durch Gegenangriffe bzw. den Einsatz von Kernwaffen zerschlagen werden, wobei Atomminen beträchtliche Bedeutung beigemessen wurde.Und für den Fall, dass den BRD-Behörden die Kontrolle über »Bevölkerungsbewegungen« – also über ggf. flüchtende Bundesbürger – verloren ging, wurden die Kommandeure ermächtigt, die direkte militärische Kontrolle zu übernehmen.

1985 listete das Feldhandbuch der US-Armee 5-102 diverse Tunnel, Autobahnen und große Brücken, Dämme, Kanäle, Flugplätze, Häfen, Industrieanlagen, Verschiebebahnhöfe, Kraftwerke und schmale Täler als mögliche Einsatzorte auf. *»Doch nicht nur zum Stoppen des Vormarsches feindlicher Verbände, sondern auch zum Angriff sind Mini-Nukes eine feine Sache«*, schwärmten die Autoren. Kleine taktische Nuklearwaffen wären demnach eine sinnvolle Option in der modernen Kriegführung. Zudem war man überzeugt, die Folgeschäden wie atomarer Niederschlag (Fallout), freigesetzte Strahlung und Kollateralschäden kontrollieren und minimieren zu können. Das potenzielle Schlachtfeld Deutschland war jedenfalls bestens präpariert für diese Art des Waffengangs mit dem Feind. Auf der NATO-Schule in Oberammergau wurden noch 1983 (und vermutlich darüber hinaus) Kommandeure im taktischen Einsatz von ADM unterrichtet.

Viele Menschen sind täglich über Straßensprengschächte gefahren, ohne ihnen die geringste Beachtung zu schenken. Deren Abdeckung unterschied sich kaum von herkömmlichen Kanaldeckeln. Doch ihre Anordnung, in der Regel als Zweier- oder Dreiergruppe hintereinander installiert, hätte auffallen können. Die Sprengschächte haben mittlerweile ausgedient und werden auch wohl nie mehr beladen werden. Nur die Kanaldeckel mit der 30er-Schraube in der Mitte erinnern noch an eine Zeit, in der es direkt vor unserer Haustür beinahe einen Krieg apokalyptischen Ausmaßes gegeben hätte.

In den 70er-Jahren war es für viele bundesdeutsche Politiker und Journalisten fast schon ein Sport, die Überlegenheit des Warschauer Pakts mittels Piktogrammen und akribischen Aufzählungen von Soldaten, Divisionen, Panzern und Flugzeugen nachzuweisen. Diese »Erbsenzählerei« sagte indes wenig über das tatsächliche Kräfteverhältnis aus, da sie qualitative und militärstrategische Aspekte außen vorließ. Für die politischen Absichten im eigenen Land war sie jedoch äußerst wertvoll – ermöglichte sie doch unter dem Deckmantel der »Objektivität von Zahlen« eine gezielte Manipulation zur Erhöhung der Wehrbereitschaft und des Wehretats.[12] In diesem Sinne verwendete das Weißbuch

1973/1974 ausschließlich Indikatoren, die für eine Überlegenheit des Gegners sprachen, während die eigenen Rüstungsverstärkungen unterbewertet oder übergangen wurden.

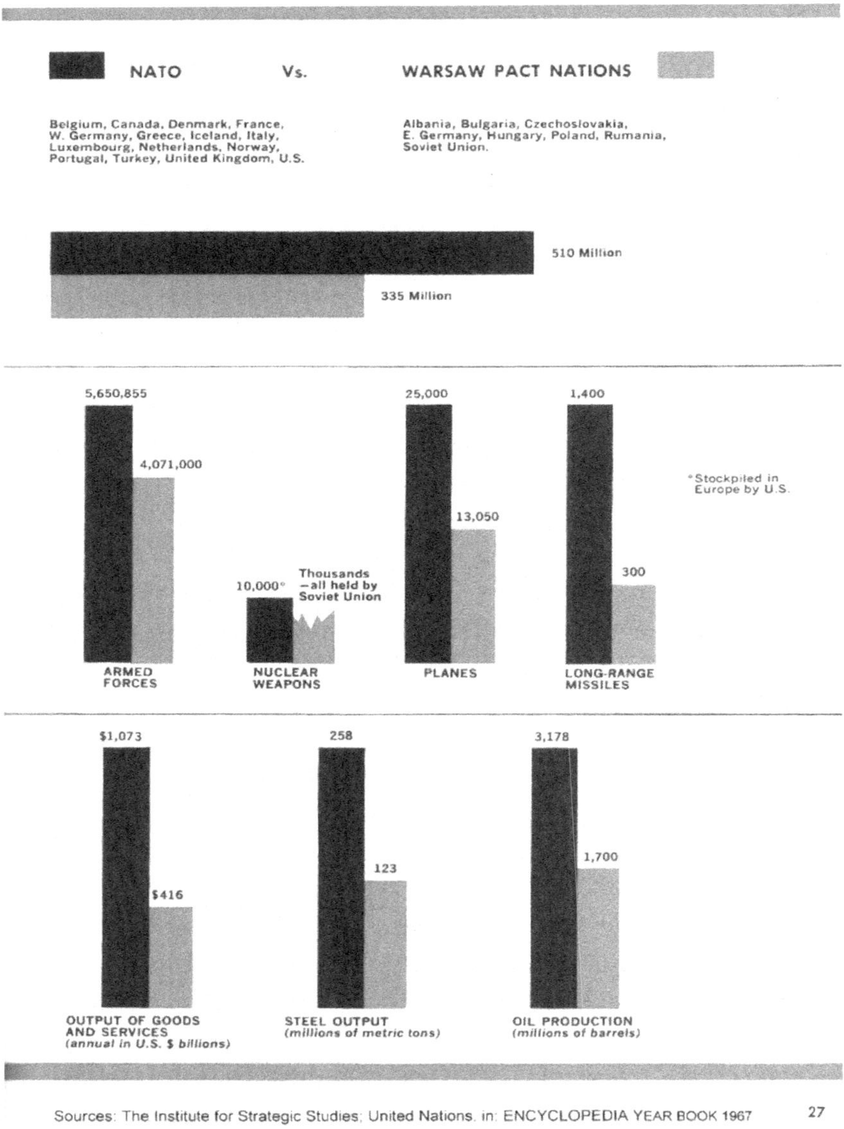


*Kräftevergleich NATO – Warschauer Pakt Mitte der 1960er (aus einer Enzyklopädie der Vereinten Nationen)*

Dabei hat man hier immer Äpfel mit Birnen verglichen. Das Zauberwort für die NATO hieß »assignierte Verbände«. Die Vertragsstaaten – bis auf die Bundesrepublik – unterstellten ihr ja lediglich Teile ihrer Streitkräfte. Und nur mit diesen Truppen konnte der amerikanische NATO-Oberbefehlshaber in Brüssel rechnen. Dem sowjetischen Oberbefehlshaber unterstanden indes alle Truppen der Warschauer Vertragsorganisation. Es war jedoch davon auszugehen, dass die NATO-Partner im Kriegsfall mit nur einer Unterschrift alle Streitkräfte den USA unterstellen würden. Ebenso wenig wurden die Reserven der USA (da außerhalb des Vertragsgebiets) im Gegensatz zu denen der UdSSR mitgezählt.

Die privilegierte geografische Situation der USA – geschützt durch zwei Ozeane und mit einem befreundeten und einem schwachen Nachbarland – floss ebenfalls nicht in die Sicherheitsabwägung mit ein. Die Sowjetunion hingegen hatte mit China einen mächtigen Konkurrenten im Rücken – bei einem Grenzkonflikt 1969 wäre es beinahe zum Krieg gekommen. Japan war mit den USA verbündet, für den asiatischen Grenzbereich mussten also ständig Truppen einsatzbereit gehalten werden. An der Westgrenze lagen die europäischen NATO-Staaten. Von einem Gleichgewicht konnte also keine Rede sein.

Das Institut für Strategische Studien der Vereinten Nationen veröffentlichte 1967 eine realistische Gegenüberstellung (siehe Abb. auf der Seite links). Vor diesem Hintergrund interpretierte die »sozialistische Verteidigungskoalition« die neue Strategie verständlicherweise anders. Sie stellte ein umfangreiches nukleares Aufrüsten seitens der USA fest: *»Durch eine angestrebte Überlegenheit auf dem Gebiet der strategischen Waffensysteme sollte eine Politik der militärischen Erpressung und Aggression gegenüber der sozialistischen Staatengemeinschaft ermöglicht werden.«*[13] Man sah eine *»Ära begrenzter Kriege«* gegen einzelne sozialistische Länder sowie gegen die nationalen Befreiungsbewegungen und Nationalstaaten an der Peripherie des sozialistischen Weltsystems heraufziehen, nicht zuletzt auch wegen der Forderung, die USA-Streitkräfte zur Subversion als Interventionsmethode zu befähigen sowie Untergrundarmeen, sogenannte »Stay-behind-Armeen«, einzubinden, z. B in Italien, Norwegen, Belgien und in der Türkei. In Deutschland lautete deren Tarnname »Bund Deutscher Jugend – Technischer Dienst«.

Am 18. März 1970 unterzeichnete US-General William C. Westmoreland die Dienstanweisung Field Manual 30-31B, worin zu sogenannten »False Flag

Operations« – Terrorismusanschlägen unter falscher Flagge – aufgerufen wurde, um die westeuropäische Bevölkerung und deren Regierungen von der kommunistischen Gefahr zu überzeugen und die Legislativen zu verschärften Gesetzen zu veranlassen. Dieses *»sehr brisante(s) Dokument, das in Italien entdeckt wurde, … bezieht sich nicht nur auf die Geheimarmeen, sondern grundsätzlich auf die Zusammenarbeit der US-Militärgeheimdienste mit Geheimdiensten in anderen Ländern und geheime antikommunistische Operationen.«*[14] Das Kriegsszenario war in drei Stufen (Triaden) gegliedert: Nach dem zunächst zwischen Weser und Weichsel konventionell geführten Krieg drohte die Stufe des taktisch geführten Atomkriegs in Europa. Hierfür wurden die Ausbildungs- und Führungsvorschriften in Nr. 305 der deutschen Heeresdienstvorschrift 100/100 »Führung im Gefecht« vom September 1973 angepasst: *»Atomsprengkörper sind die stärksten Kampfmittel und zugleich das wichtigste Element der Abschreckung. Ihre Wirkungen richten sich gegen Mensch und Material.«* Als letzte Stufe der Triade sollten die landgestützten Interkontinentalraketen, die U-Boot-gestützten ballistischen Raketen sowie Strategische Bomber zum Einsatz kommen.[15]

In Nr. 1101 wurden die Truppenführer zu besonderer Sorgfalt ermahnt: *»Die Truppenführer müssen sich ihrer hohen Verantwortung bei der Abwägung der Notwendigkeit des Einsatzes von Atomsprengkörpern im eigenen Lande bewusst sein.«* Das klingt wie Hohn. Die Bundesrepublik – ein handtuchartiges Gebilde mit einer durchschnittlichen Ost-West-Ausdehnung von 250 km – war für weiträumige Operationen völlig ungeeignet. In dem 100-Kilometer-Streifen westlich der Ostgrenze befanden sich wichtige Industrie- und Verkehrszentren wie Nürnberg, Kassel, Braunschweig, Hannover und Hamburg.[16] Erschwert wurde eine »Vorneverteidigung« noch durch den Umstand, dass hier etwa 30 Prozent der Bevölkerung und damit auch Bundeswehrreservisten lebten. Anfang 1968 fragte der Autor deshalb als Leutnant auf einem Lehrgang den Inspizienten für Erziehungs- und Bildungswesen der Bundeswehr, welche Maßnahmen geplant seien, um diese rechtzeitig einzuberufen und nicht in die Hände des Gegners fallen zu lassen. Der General war sich sicher, dass der Feind grenznah aufgehalten werden könne.

In der Bundesrepublik waren damals etwa 405 000 Soldaten aus Belgien, Frankreich, Großbritannien, Kanada, Niederlande und den Vereinigten Staaten stationiert, um Schulter an Schulter mit Verbänden der Bundeswehr, *»unmittelbar an der Trennungslinie zwischen West und Ost, im Schwerpunkt der Bedrohung Westeuro-*

*pas, verzugslos die Verteidigung aufnehmen zu können«.*[17] In den frontnahen Streifen standen Dänen, Deutsche, Niederländer, Briten und US-Amerikaner. Die Grenzen – mit Ausnahme zweier benachbarter US-Korps im Raum Nürnberg

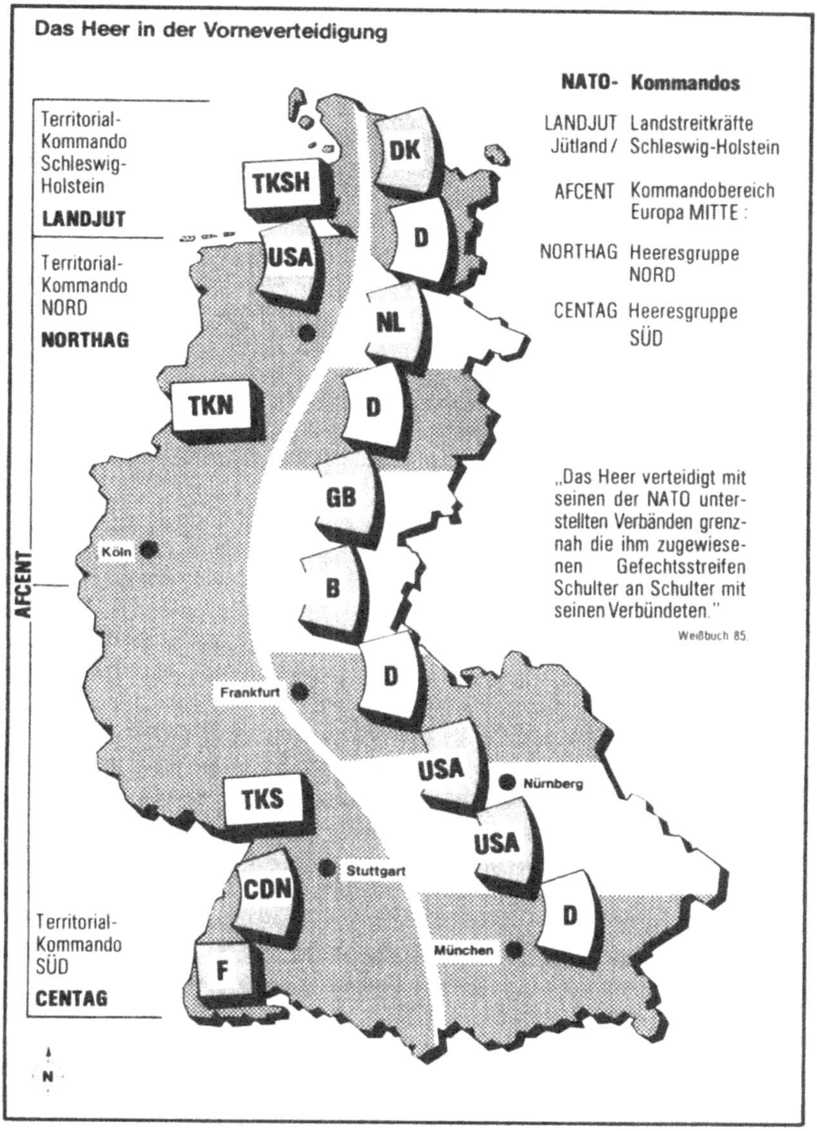


*Die Bundeswehr, bis 1990 perlenschnurähnlich eingebunden in die Truppen der Bündnispartner*

– waren auch Sprachgrenzen, was eine Kommunikation im Gefecht erheblich erschwert hätte. Im Sinne einer effektiveren Führung wäre eine andere Einteilung möglich und sinnvoll gewesen. Oder vertraute man den Deutschen nicht? Zwang das warnende Beispiel der Konvention von Tauroggen[18] oder vielleicht die Erinnerung an den Vertrag von Rapallo zu dieser Form von Einbindung?

Im Verteidigungsfall sollten die in der Vorneverteidigung eingesetzten Kräfte gemäß dem »Raschen Verstärkungsplan« (Rapid Reinforcement Plan) von 1981 zügig verstärkt werden. Weitere sieben bis acht Divisionen aus den Vereinigten Staaten sollten frühestens nach 30 Tagen verfügbar sein – so war es im Abkommen zwischen BRD und USA über die Unterstützung in Krise oder Krieg vom 15. April 1982 festgehalten.[19] Das erforderte eine logistische Meisterleistung – ähnlich wie Anfang 2020 in der ersten Phase von »Defender 2020« zu beobachten. Im Verteidigungsfall hätte die Bundeswehr nur auf 1,25 Millionen Soldaten anwachsen dürfen – annähernd zwei Millionen gut ausgebildete Bundeswehrreservisten hätten die Kämpfe also lediglich vom Fernseher oder vom Kellerfenster aus verfolgen können.

Vielleicht wäre vor der Wiedervereinigung 1989 auch ein Großteil von ihnen gefangen genommen und in eine NVA-Uniform gesteckt worden, wenn der deutsche Führungsstab mit seinen Vorstellungen über die Durchführung und Ziele eines gegnerischen Angriffs recht bekommen hätte: *»Im Falle eines Angriffs wird es voraussichtlich operative Zielsetzung des Warschauer Pakts sein, unter gleichzeitiger Bindung auf breiter Front die Verteidigungsräume in Durchbruchsabschnitten zu durchstoßen, durch schnelle und weiträumige Stöße in die Tiefe des Raumes den Zusammenhang der Verteidigung zu zerreißen und anschließend die aufgespalteten und mit Teilen eingeschlossenen NATO-Truppen zu zerschlagen. Hierzu wird der Warschauer Pakt starke Folgestaffeln/Reserven bilden, um durch staffelweisen Einsatz den Angriff ununterbrochen zu nähren, Hauptstoßrichtungen dorthin zu verlegen, wo sich ein Erfolg abzeichnet, in Durchbruchsabschnitten eine erdrückende Überlegenheit herzustellen.«*[20]

Am 9. November 1984 verabschiedete das Defence Planning Committee (DPC) der NATO die Richtlinie »Follow-on-Forces-Attack«. Im Zuge des FOFA-Konzeptes wurden bis zu einer Entfernung von 800 Kilometern jenseits der Front Ziele festgelegt: Flugplätze, Engpässe wie Brücken, Bahnhöfe u. Ä., verbunkerte (Atomwaffen, militärische Kommandozentralen oder Kraftstofflager) und bewegliche Ziele (Kampftruppen und Artilleriebataillone in 76 Divisionen, Atomwaffen und Unterstütztruppen).[21] Dabei ging es darum, den Angriff bis in die westlichen Militärbezirke der UdSSR zu führen. Zahlreiche NATO-Manöver wie »Reforger«[22] oder die große Stabsrahmenübung Wintex/Cimex – Letztere stand für zivil-militärische Zusammenarbeit – mit bis zu 2000 ausgewählten Geheimnisträgern sollten die Einsatzfähigkeit des Bündnisses unter Beweis stellen.[23] Inzwischen stehen die NATO-Truppen weit im Osten, in der Ukraine gab es einen vom Westen unterstützten Regime Change, und sogar in Georgien fanden bereits NATO-Manöver statt.

## Schachbrett Eurasien und NATO-Doppelbeschluss

Jimmy Carters Sicherheitsberater Zbigniew Brzeziński erwarb sich bald den Ruf eines »Hardliners«, der sich einer antirussischen und antimuslimischen Weltpolitik verschrieben hat. Er schürte den aufkommenden islamischen Fundamentalismus und pries ihn als Bollwerk gegen den Sowjetkommunismus, da der islamische Raum zwischen der südlichen Grenze der UdSSR und dem indischen Ozean die Chance bot, *»in den weichen Unterleib der Sowjetunion«* vorzudringen.[24] Als Einfallstor bot sich Afghanistan mit seiner schwachen prosowjetischen Regierung an, die mit einer starken fundamentalistisch-islamistischen Opposition zu kämpfen hatte. Am 3. Juli 1979 unterzeichnete Carter die erste Direktive zur heimlichen Unterstützung der Islamisten – und noch am gleichen Tag, so berichtete Brzeziński 1998, habe er dem Präsidenten erklärt, dass dies seiner Ansicht nach *»eine militärische Intervention der Sowjets nach sich ziehen würde«,*[25] was an Weihnachten, als die Sowjets auf der Grundlage eines »Freundschafts- und Beistandspakts« in Afghanistan einmarschierten, Realität wurde.

Als Zwischenschritt zur »globalen Vormachtstellung« der USA sollte ein muslimisch-fundamentalistischer Gürtel destabilisierend auf die muslimisch besiedelten Territorien der Sowjetunion einwirken. Vor diesem Hintergrund erscheinen der Sturz des Schahs und der Übergang der Macht auf die fundamentalistischen Mujaheddin durchaus sinnvoll.

Die geostrategischen Ziele Brzezińskis wurden von den meisten westlichen Politikern nicht erkannt. Deren Denken und Streben ging stets dahin, sich gegenüber dem Gegner durch gemeinsame Rüstungsbeschränkungen oder die Modernisierung von Waffensystemen Vorteile zu verschaffen. Nehmen wir den sogenannten »NATO-Doppelbeschluss«: Für Bundeskanzlerin Angela Merkel ein Beispiel dafür, dass die großen politischen Entscheidungen gegen die Mehrheit der Deutschen erfolgt seien.[26] Im Folgenden wird aufgezeigt, wie leichtfertig dies im Fall des Beschlusses geschah.

Als Bundeskanzler Helmut Schmidt im Sommer 1979 nach Moskau flog, wurde er noch auf dem Flughafen Scheremetjewo von Premierminister Alexei Kossygin und dessen Außenminister Andrei A. Gromyko empfangen, was die Bedeutung des Besuchs unterstrich. Hauptgegenstand der Gespräche dürfte die Einführung der modernen sowjetischen Mittelstreckenrakete SS-20 gewe-

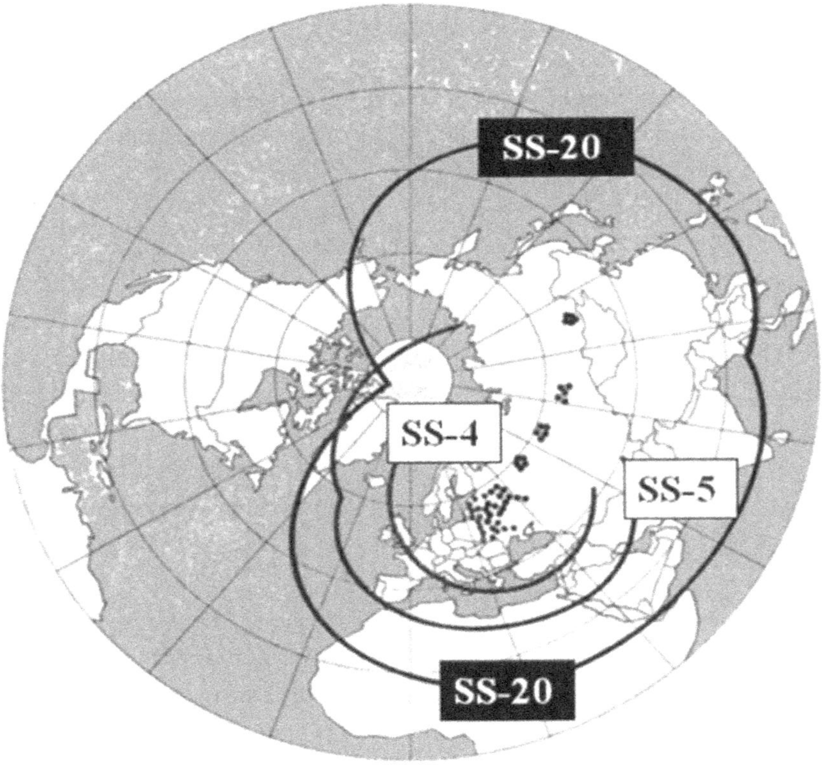


*Reichweitenvergleich der Mittelstreckenraketen SS-4/5 mit der modernisierten SS-20: Entgegen der NATO-Behauptung hatte sich an der Bedrohungslage durch Russland nichts geändert*

sen sein. Deren Reichweite lag bei 5700 Kilometern, sie konnte somit US-Territorium nicht erreichen. Mit ihrer höheren Treffgenauigkeit bei verringerter Sprengkraft war sie für den Einsatz gegen militärische Punktziele wie Kommandozentren geeignet, letztlich Einsatzmittel für die nukleare Stufe eines Kriegs auf europäischem Boden.

Obwohl sich also die Gesamtsituation nur marginal verändert hatte, wurden in Westeuropa Bedrohungsängste geschürt. Auf einer Sondersitzung in Brüssel beschlossen die Außen- und Verteidigungsminister der NATO 1979, das nukleare Mittelstreckenpotenzial in Westeuropa zu modernisieren und Abschussgeräte für das neue Pershing-II-System als Nachfolger der Pershing-Ia-Raketen aufzustellen. Während die Bundesregierung von 108 Raketen sprach, sah das amerikanische Beschaffungsprogramm insgesamt 385 Raketen vor. Daneben waren 464 bodengestützte Marschflugkörper (Cruise Missiles) vorgesehen.[27]

Die geplante Nachrüstung begründeten die NATO-Minister mit einem Rüstungsvorsprung des östlichen Lagers, das die Reichweite und Treffsicherheit seiner Mittelstreckenraketen vom Typ SS-20 verbessert habe. Als Folge davon könne *»die Glaubwürdigkeit der Abschreckungsstrategie des Bündnisses dadurch in Zweifel gezogen werden, daß die Lücke im Spektrum der dem Bündnis zur Verfügung stehenden nuklearen Reaktionen auf eine Aggression stärker akzentuiert würde«.*[28]

Bundeskanzler Helmut Schmidt befürwortete den Brüsseler Doppelbeschluss und boxte ihn gegen erheblichen Widerstand in der eigenen Partei durch. Zunächst aber sollte über eine Begrenzung der eurostrategischen Raketen in Ost und West verhandelt werden. Nur wenn die Gespräche mit den Vertretern des Warschauer Pakts bis Ende 1983 nicht zu einem befriedigenden Abschluss gelangen sollten, wollte man mit der Stationierung von Pershing II und Cruise Missiles beginnen, wodurch das Gleichgewicht zwischen den Militärbündnissen allerdings erheblich gestört würde. Mit einer Reichweite von 1800 Kilometern konnte Pershing II nämlich Moskau und alle umliegenden Kommandozentren erreichen und Ziele in den drei westlichen Militärbezirken der Sowjetunion abdecken. Durch eine erheblich verbesserte Treffgenauigkeit eignete sich das neue System somit für einen »Enthauptungsschlag«: Mit den Raketen *»würden wir jedes Mitglied des Politbüros erwischen, jedes Mitglied des*

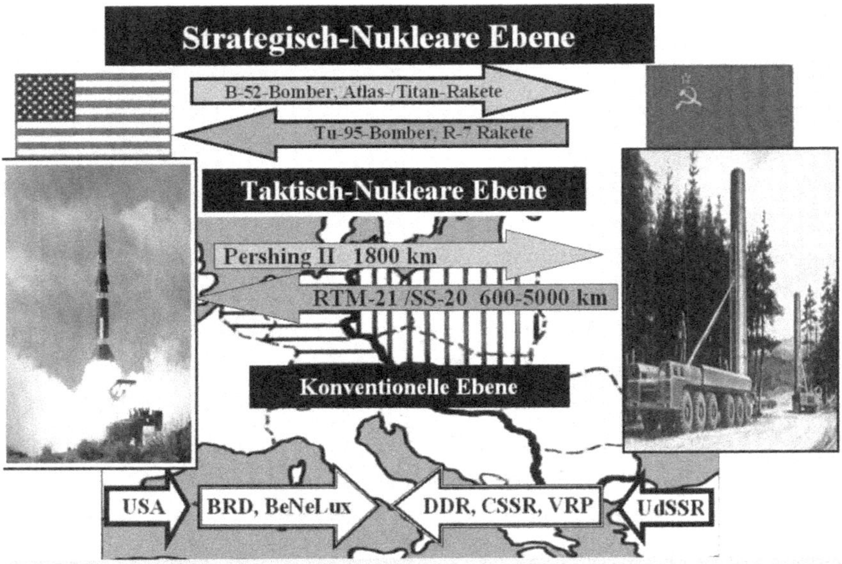


*Streit um die Mittelstreckenwaffen, 1979 bis ca. 1985*

*Zentralkomitees«*, freute sich Colin S. Gray, späterer Berater Reagans und des Außenministeriums, *»und wir würden alle wichtigen Bürokraten töten, wir würden also dem sowjetischen Huhn den Kopf abschneiden«.*[29]

Während die Befürworter nun einen Atomkrieg für präziser führbar hielten, befürchteten die Gegner ein Absinken der politisch-militärischen Hemmschwelle und das Risiko der nuklearstrategischen Eskalation, da der Kreml der Pershing II-Bedrohung präventiv entgegenwirken musste – mit unvorstellbaren Folgen für Westeuropa.

## Reagan: Traumkandidat der Hardliner

Mit Reagan zogen zahlreiche Neokonservative wie Dick Cheney, Paul Wolfowitz oder Richard Perle ins Weiße Haus ein. Verteidigungsminister Caspar Weinberger formulierte als Ziel der amerikanischen Militärpolitik, die Sowjetunion solle *»nicht mit einem Knall, sondern mit einem Winseln zugrunde gehen«.*[30] Und von Reagans Sowjetexperten Richard Pipes ist die bemerkenswerte Aussage überliefert, *»dass die sowjetischen Führer zwischen dem friedlichen Wandel ihres kommunistischen Systems oder dem Krieg wählen müssten«.*[31]

Am 20. Mai 1982 unterschrieb Reagan ein Acht-Seiten-Dokument über die nationale Sicherheit, das »*eine Kampagne für innere Reformen der Sowjetunion*« vorsah und auf ein »*Einschrumpfen des sowjetischen Imperiums*« abzielte.[32] Keine drei Wochen später, am 8. Juni 1982, kündigte er im britischen Parlament den Beginn eines »*Kreuzzugs für die Freiheit*«[33] an und ließ konkrete Schritte zur Verwirklichung dieser Ideen folgen. Auf der »Konferenz zur Demokratisierung kommunistischer Länder« im Oktober 1982 wurde proklamiert, die Idee der Demokratie auf dem »*Schlachtfeld der Ideen*« zu verbreiten, nicht aber mit den »*Spitzen der Bajonette*«.[34]

Die ständige Kriegs- und Nachrüstungsrhetorik schreckte viele Bundesbürger auf und ließ die Friedensbewegung kräftig wachsen. Am 10. Oktober 1981 lastete Friedensnobelpreisträger Willy Brandt auf der großen Kundgebung in Bonn die Schuld an der bevorstehenden Stationierung des »*atomaren Teufelszeugs*« der Verstocktheit der Genfer Abrüstungsrunde an.[35] Auch die Medien bezogen schon früh Position. So produzierte der Zeit-Kolumnist Theo Sommer im April 1981 zwei seitenfüllende Artikel: »Noch funktioniert das Gleichgewicht des Schreckens« und »Die Euro-Gleichung«. Beide Abhandlungen schmückten akribische grafische Gegenüberstellungen der militärischen Arsenale von NATO und Warschauer Pakt.[36] Die *Frankfurter Rundschau* vom 29. April 1981 zitierte US-Admiral Gene R. La Rocque: »*Die militärischen Planer der USA sind überzeugt, dass es früher oder später zum Krieg zwischen den USA und der UdSSR kommen wird – und dieser Krieg wird ein nuklearer sein. Die Amerikaner gehen davon aus, dass der Dritte Weltkrieg ebenso wie der Erste und Zweite in Europa ausgefochten wird.*«

Im Mai 1981 verknüpfte Bundeskanzler Helmut Schmidt sein politisches Schicksal mit der Zustimmung der SPD zum NATO-Doppelbeschluss. Nachdem er vor Funktionären in Recklinghausen eine indirekte Rücktrittsdrohung aussprach, wurde dem Kanzler die Unterstützung seiner Partei zugesichert. Diesem Vorbild folgte vierzehn Tage später der FDP-Vorsitzende Hans-Dietrich Genscher. Auch er drohte auf dem 32. Bundesparteitag der FDP mit seinem Rücktritt für den Fall, dass sich die Partei gegen den NATO-Doppelbeschluss ausspreche. Die FDP billigte den Beschluss mit 271 gegen 103 Stimmen.

Das brachte die Friedensgruppen bundesweit unter dem Motto »Verhindert die Nachrüstung! Leistet mit uns Widerstand!« auf die Straße. In den Flugblättern wurden die möglichen Folgen aufgezeigt: »*Ohne Vorwarnzeit könnten sie das Zentrum der UdSSR vernichten, ebenso aber wären wir dann das erste Ziel eines atomaren Vernichtungsschlages. Denn die neuen Raketen machen die Bundesrepublik zur gefährlichsten amerikanischen Abschussrampe, das heißt, unser Land wäre der erste Trümmerhaufen eines Atomkrieges, ganz gleich, von welcher Seite er ausginge. Die Bundesrepublik ist nur um den Preis ihrer totalen Zerstörung zu verteidigen.«* Weiter heißt es: »*Abrüstung werden wir nur durch unseren Widerstand durchsetzen!*«[37]

US-Außenminister Alexander Haig meinte hingegen, es gäbe »*bedeutendere Dinge, als im Frieden zu leben*«[38], und die Bundesregierung warntevor »*pazifistischen Strömungen*«.[39] *Die Zeit* vom 19. Juni 1981 räumte Befürwortern und Gegnern des NATO-Doppelbeschlusses jeweils eine Seite ein. Der außenpolitische Sprecher der CDU/CSU, Alois Mertes, hielt ein Plädoyer für landgestützte Mittelstreckenraketen, während der SPD-Landtagsabgeordnete in Baden-Württemberg, Erhard Eppler, unter der Überschrift »Deutschland – Vorfeld oder Schlachtfeld?« den Rüstungszwang hinterfragte.

## Der heiße Herbst 1983

In Erinnerung an den Kriegsbeginn 1939 begann die Friedensbewegung am 1. September 1983 pünktlich um 5.45 Uhr vor den beiden Eingängen des US-Militärdepots in Mutlangen einen dreitägigen Sitzstreik. Es wurde der Auftakt zum Widerstand gegen die Stationierung der Pershing-II-Raketen in der Bundesrepublik.

Nichtsdestotrotz wurde Ende 1983 mit der Aufstellung der 108 Pershing-II-Abschussrampen in der Bundesrepublik – und *nur* in der Bundesrepublik – begonnen. Diese Raketen, die sich als Magnete für einen Atomkrieg in Deutschland erweisen konnten, standen unter dem alleinigen Befehl des amerikanischen Präsidenten, der nicht müde wurde, von einem auf Europa begrenzten Atomkrieg zu sprechen. Amerikanische Truppen übten den Atom- und Giftgaskrieg in Hessen, sowjetische Truppen in Polen. Entgegen der Ankündigung der Nuklearen Planungsgruppe der NATO von Montebello[40] ging der Sozialdemokratische Pressedienst davon aus, dass »*sich die Zahl der nuklearen Sprengköpfe der US-Streitkräfte in Europa in den 1980er Jahren eher erhöhen als verringern wird*«. Eingeführt werden sollten 2180 Neutronensprengköpfe, 300 A-Sprengköpfe für die Pershing II, 560 A-Sprengköpfe für landgestützte Marschflugkörper sowie 500 A-Sprengköpfe für das Corps Weapons System.[41]

Bis spätestens 1988, so Verteidigungsminister Weinberger am 5. Oktober 1981, sollten die USA mit den neuen U-Boot-Raketen vom Typ Trident-II die Fähigkeit entwickelt haben, die Befehlszentren, Landraketen und U-Boot-Raketen der Sowjetunion binnen Minuten zu zerstören, also einen Erstschlag mit Aussicht auf Sieg zu führen.[42] Die Kabarettisten Dieter Hildebrandt und Gerhard Polt brachten in der Sendung *Scheibenwischer* vom 2. November 1983 die Stationierungsproblematik auf den Punkt. Polt: »*Aber Sie, mir san ja so souverän, dass mir schon seit Kriegsende auf unsere Hoheitsrechte verzichten. Da wär's doch gleich besser, mir würdn ein amerikanischer Bundesstaat werden…*« Hildebrandt: »*Ja, dann würden die sich das mit der Stationierung gut überlegen, weil wir wären ja dann ein Staatsgebiet und kein strategisches Gebiet mehr.*«

Eine 108 Kilometer lange Menschenkette zwischen Neu-Ulm und Stuttgart sowie eine Großkundgebung in Bonn bildeten am 22. Oktober 1983 den Höhepunkt der »Aktionswoche« gegen die NATO-Nachrüstung. Millionen Menschen in der Bundesrepublik, darunter auch viele Mitglieder der Regierungsparteien, waren über die Nachrüstungsabsichten zutiefst beunruhigt, und das mit Recht: Die USA waren nun in der Lage, einen begrenzten Atomkrieg nicht nur anzudrohen, sondern auch vom Boden der Bundesrepublik aus zu führen, ohne sich selbst zu gefährden. Ob Präventivschlag oder Krieg aus Versehen, ob kalkulierter begrenzter Atomkrieg oder die große militärische Auseinandersetzung zwischen den Blöcken, das Ergebnis wäre für die Bundesrepublik das gleiche: Sie wäre ausgelöscht.

Immer wieder wurde die Frage gestellt: »*Wie lässt es sich mit der Souveränität der Bundesrepublik vereinbaren, wenn in einer Krisensituation unser Schicksal vollständig in die Hände eines fremden Präsidenten gelegt wird?*«[43] Am 18. November 1983 warnten die Mitarbeiter der Münchner Max-Planck-Institute vor den neuen Atomraketen. »*Vielen Forschern wird ihre Verantwortung für die Möglichkeit eines Krieges, der in nie da gewesenem Ausmaß verheerend wäre, zunehmend bewusst.*«[44] Und am 22. November forderten Ärzte und Psychotherapeuten das Parlament auf, die Raketenstationierung aufzuschieben. »*Wir wollen in dieser lebensentscheidenden Frage durch eine Volksbefragung direkt mitbestimmen!*« Am gleichen Tag appellierten Bürger beider deutscher Staaten an den Bundestag: »*Sagen Sie nein!*«[45]

## Generale für Frieden und Abrüstung

1981 schlossen sich zwölf ehemalige NATO-Generale und -Admirale zur Gruppe »Generale für Frieden und Abrüstung« zusammen, um vor den Gefahren des nuklearen Wettrüstens zu warnen und die Notwendigkeit der Rüstungsbegrenzung zu betonen. Die Gruppe bestand aus folgenden Mitgliedern: den Generalen a. D. Gert Bastian, Günter Vollmer (Bundesrepublik Deutschland) und Johan Christie (Norwegen), Marshall Francisco da Costa Gomes (Portugal), den Generalen a. D. Michael N. Harbottle (England), Georgios Koumanakos, Antonios Papaspyrou, Miltiades Papathanassiou und Michalis Tombopoulos, (Griechenland), Michiel Herman von Meyenfeldt (Niederlande) sowie Nino Pasti (Italien) und Admiral a. D. Antoine Sanguinetti (Frankreich).

In ihrem Buch »Generale für den Frieden« warnten die ehemaligen NATO-Top-Soldaten, die u.a. als Offiziere in höchsten Stabsfunktionen, als Chefs militärischer Bildungsanstalten und Ministerberater gedient hatten – Marschall da Costa Gomes war sogar portugiesischer Staatspräsident – vor jeder weiteren Atomrüstung und bekannten sich zu der weltweiten, stetig größer werdenden Gegenbewegung. Als Experten wiesen sie nach, dass die im NATO-Doppelbeschluss vorgesehene Stationierung neuartiger amerikanischer Mittelstreckensysteme in Europa die Kriegsgefahr auf ein unerträgliches Maß steigern würde: *»Für uns steht nicht die Frage, zwischen sowjetischer oder amerikanischer Lebensweise zu wählen. Für uns bleibt nur, zwischen Leben und Tod zu entscheiden. Wir haben uns für das Leben entschieden.«*[46]

Das bisherige Ausbleiben des atomaren Kollapses, so warnten die Verfasser, *»kann uns keineswegs in Sicherheit und Vertrauen gegenüber künftigen Planungen und Entwicklungen wiegen«.*[47] Im Gegensatz zur Reagan-Administration konstatieren sie, dass die Truppenstärken des Warschauer Pakts in Mitteleuropa von 1968 bis 1983 nicht nur konstant geblieben sind, sondern sogar eine sinkende Tendenz erkennen ließen. Eine plausible Erklärung für die Vortäuschung der Unterlegenheit der NATO-Streitkräfte gibt Admiral a. D. Gene La Rocque, Leiter des Washingtoner »Zentrums für Verteidigungsinformation«: *»Die konstanten Zweifel an der amerikanischen Stärke, die Reagan und seine Berater seit Jahren gesät haben, sind sachlich falsch und schädlich für unsere internationale Position. Unser Land ist nicht militärisch schwach. ... Der Wunsch des gewählten Präsidenten nach einer großen nuklearen Aufrüstung steht* *mit seiner fixen Idee in logischer Verbindung, dass alle Probleme der Welt von der Sowjetunion ausgehen.«*[48]

Die amerikanischen nuklearstrategischen Vorstellungen tendierten nach Auffassung der Generale deutlich zum Unilateralismus, *»der allein amerikanische Interessen in den Mittelpunkt stellt und in diesem Sinn die amerikanische Politik von ihrer NATO-Bezogenheit befreien möchte. Nichts anderes steckt hinter der Betonung der globalen Verantwortung der US-Politik, der sich die regionalen Interessen der westeuropäischen NATO-Staaten unterzuordnen hätten.«*[49] Dieser Politik des neuen amerikanischen Sendungs- und Geltungsbewusstseins fühlten sich besonders der amerikanische Verteidigungsminister Caspar Weinberger und die UN-Botschafterin Jeane Kirkpatrick verpflichtet. Letztere konstatierte sogar kühl: *»Die NATO ist für einige zentrale Aspekte der US-Außenpolitik unerheblich.«*[50]

Die Generale für Frieden und Abrüstung hielten die US-Strategie, einen Atomkrieg siegreich beenden zu können, weder mit der Zielsetzung der NATO noch mit dem NATO-Vertrag und den Satzungen der UNO für vereinbar. Die Rolle von Kernwaffen als Instrumente der wechselseitigen Abschreckung und Kriegsverhütung würde in dem Maße ausgehöhlt, *»wie auf amerikanischer Seite der politische Wille zur Aufrechterhaltung einer wechselseitig gesicherten Vernichtungsfähigkeit dem Streben nach militärischer – und vor allem nuklearer – Überlegenheit Platz machte«.*[51]

Auch dem US-Amerikaner E. Field Horine, ehemaliger Offizier der US-Militärregierung im besetzten Deutschland, sorgte sich um die Folgen der Nachrüstung. Die *»routinemäßig und ständig wiederholte Behauptung, die NATO-Staaten seien dem Ostblock ›konventionell‹ weit unterlegen oder sie hätten z. B. den sowjetischen Mittelstreckenraketen ›nichts Gleichwertiges‹ entgegenzusetzen«*, sei völlig unverständlich.[52] Als Zeugen benennt er US-General Frederick J. Kroesen, General der 7. US-Armee in Heidelberg. Kroesen hatte anlässlich der NATO-Manövers »Reforger« ausdrücklich festgestellt, dass die Hinweise auf eine Überlegenheit des Warschauer Pakts auf ihn keinen Eindruck machten. Nach seiner Analyse müssten die Ostblockstaaten konventionell in einem Verhältnis von 6:1 angreifen, um sich einen Erfolg zu versprechen – wobei das »nukleare Eskalationsrisiko« noch gar nicht berücksichtigt war. Und Horine zitierte Ex-Präsident Carter, der 1979 versicherte: *»Nur eines unserer relativ unverwund-*

*baren Poseidon-U-Boote – das sind weniger als 2 % unserer Nuklearstreitmacht an U-Booten, Flugzeugen oder Langstreckenraketen – verfügt über genügend Sprengköpfe, um jede große und mittelgroße Stadt in der Sowjetunion zu zerstören. Unsere Abschreckung ist überwältigend.«*[53] Nicht eins, sondern vier solcher Poseidon-U-Boote mit ganzen 640 Sprengköpfen in bzw. um Europa sind allein der NATO unterstellt.[54]

Den einzigen Zweck in der Aufstellung der Pershing II sieht Horine in der Absicht der USA, die kleine Bundesrepublik als Abschussrampe für die nukleare »Enthauptung« der UdSSR zu missbrauchen. Der Gegenschlag mit den verbleibenden SS-20 hätte dann *»die physische und biologische Vernichtung des deutschen Volkes und der Völker Mitteleuropas zur Folge«.*[55]

Admiral a. D. Gene La Rocque in seiner schonungslosen Lagebeurteilung: *»Wenn die Befehle des Präsidenten der USA eintreffen, die mehr als 7000 Kernwaffen in Europa einzusetzen, und wenn die Befehle zu den Kommandeuren gelangen, wird die systematische Zerstörung von Europa beginnen.*

*Allein die NATO wird*

- *Tausende von nuklearen Artilleriegranaten auf die Ansammlungen von sowjetischen Soldaten abfeuern,*
- *auf ihrem Territorium Hunderte von Atomminen zur Explosion bringen, um Brücken zu zerstören und Verbindungslinien zu unterbrechen,*
- *Hunderte von Pershings und ›Cruise Missiles‹ mit nuklearen Gefechtsköpfen gegen vorherbestimmte Ziele in der Sowjetunion und Osteuropa einsetzen,*
- *mehr als tausend Flugzeuge mit Kernwaffen auf dem Gefechtsfeld einsetzen,*
- *Hunderte von auf Flugzeugträgern stationierten Bombern gegen Seeziele und an den Flanken des Gefechtsfelds mit Hunderten von Kernwaffen einsetzen,*
- *US-Raketen-U-Boote, die der NATO zugeordnet sind, mit zirka 500 Kernwaffenexplosionen auf dem Gefechtsfeld eingreifen lassen und*
- *weitere US-Schiffe zum Einsatz von ›Cruise Missiles‹ und zusätzlichen Kernwaffenexplosionen auf dem Gefechtsfeld veranlassen.*

*Alles in allem werden gegen 8.000 bis 10.000 Kernwaffenexplosionen allein von der NATO auf dem Kriegsschauplatz ausgelöst werden. Kriegsplanungen sehen die Zerstörung jeder sowjetischen oder Warschauer-Pakt-Division vor, die NATO-Streit-*

*kräfte bedrohen könnte ... Angenommen, die Sowjets reagieren in gleicher Weise, dann würden sie weitere 5.000 bis 6.000 Nuklearexplosionen auf dem Kriegsschauplatz hinzufügen. Die Gesamtwirkung von mehr als 15.000 explodierenden Kernwaffen in einer kurzen Zeitspanne ist unmöglich zu ermessen. In all unseren Versuchen mit Kernwaffen ist niemals mehr als eine Kernwaffe zum gleichen Zeitpunkt gezündet worden ... Amerikanische Schätzungen, die in Kongress-Hearings abgegeben wurden, gehen von etwa 100 Millionen Europäern aus, die in einem Kernwaffenkrieg in Europa sterben könnten.«*[56]

Trotz heftigster Proteste aus allen Schichten des Volkes votierte der Deutsche Bundestag mit den Stimmen der Koalition von CDU/CSU und FDP 1983 für die Aufstellung der neuen amerikanischen Waffensysteme auf bundesdeutschem Boden. Einen Tag später kündigte die Sowjetunion die Fortsetzung der Genfer Abrüstungsgespräche auf. Und nur drei Tage später trafen die ersten Pershing-2-Raketenteile an den vorbereiteten Aufstellungsorten bei Mutlangen und Schwäbisch Gmünd ein.

Bereits im Mai 1978 hatte die US-Army die Stationierung einer Brigade – das sind drei Bataillone mit je 36 Abschussrampen (ergibt 108) für Pershing II – auf westdeutschem Territorium angekündigt – eineinhalb Jahre bevor die SS-20 zur Begründung einer »Nachrüstung« im Rahmen der NATO-Beschlüsse vom Dezember 1979 herangezogen wurde. Und zehn Monate vor dem Doppelbeschluss hatte der US-Rüstungskonzern Martin einen 360-Millionen-Dollar-Auftrag zur Produktion der Pershing II erhalten.[57]

Im Mai 1984 zogen die UdSSR mit der Aufstellung von SS 20-Raketen in der DDR und der CSSR nach – damit war das eingetreten, was durch den Doppelbeschluss angeblich vermieden werden sollte. Doch hatte sich die Sowjetunion bei diesem Rüstungswettlauf allem Anschein nach übernommen und musste Ende der 80er-Jahre vor den USA kapitulieren. Die Rüstungsbefürworter schreiben sich den Sieg über das Sowjetimperium auf ihre Fahne. Doch ging ihm ein Ritt auf der Rasierklinge voraus. Ohne mit der Wimper zu zucken, hätten die Hasardeure des Profits die Zerstörung Europas in Kauf genommen. Europa ist nur knapp einer unvorstellbaren Katastrophe entkommen.

Die Friedensbewegung hatte den Prognosen von Beginn an widersprochen und warnend vorhergesagt, dass die Aufstellung der neuen Systeme zwangsläufig eine Nachrüstung der Gegenseite und eine weitere Drehung an der Rüstungsschraube nach sich ziehen würde. Für diese Warnung musste sie sich als »Handlanger sowjetischer Interessen« beschimpfen und des Antiamerikanismus verdächtigen lassen. Vor solchen Verdächtigungen war der ehemalige US-Verteidigungsminister McNamara gefeit. Und selbst für ihn gab es keine militärische Notwendigkeit, *»Pershing-II und Cruise Missiles aufzustellen, um eine stabile Abschreckung aufrechtzuerhalten.«*[58] Wer hätte es besser wissen können? Der einstige NATO-Stratege warnte nun in der *Frankfurter Rundschau* vom 10. Oktober 1983: *»Worüber sich die Westdeutschen klar werden müssen, das ist, daß ihr Kulturkreis völlig verwüstet wird, wenn sie sich weiter an die NATO-Strategie halten.«*

Der Versuch der USA, einen Atomkrieg gegen Russland von Europa aus zu führen und ihn auf Europa zu begrenzen, scheiterte an der glaubwürdigen Ankündigung der Sowjetunion, sie würde jeden Schlag, der ihr Territorium erreiche, mit einem Gegenschlag auf das Territorium der USA beantworten.

Im März 1985 verstarb Staats- und Parteichef Konstantin Tschernenko; einen Tag später wählte das Zentralkomitee der KPdSU Michail Gorbatschow zum neuen Generalsekretär der Partei. Der staunenden Welt verkündete Gorbatschow die Programme »Perestroijka« und »Glasnost«. Die beiden Begriffe stehen für die Umgestaltung des gesellschaftlichen Lebens, Öffnung zu mehr Freiheit und Kritik im Innern sowie Öffnung nach außen. Die sowjetische Wirtschaft sollte mobilisiert, selbstständige Entscheidungen sollten gefördert und die Korruption bekämpft werden.

Gorbatschows Handlungsspielraum erhöhte sich noch, als vier Monate später der seit 1957 amtierende sowjetische Außenminister Andrei A. Gromyko zum Vorsitzenden des Präsidiums des Obersten Sowjets und damit faktisch zum Staatspräsidenten der UdSSR gewählt wurde und Gorbatschows Vertrauter Eduard Schewardnadse die Nachfolge Gromykos antrat. Dazu, dass die apokalyptischen Visionen eines Atomkriegs in Europa nicht Realität geworden sind, hat Gorbatschow einen entscheidenden Beitrag geleistet. Nicht auszudenken, wenn in der Phase einer bereits wirtschaftlich angeschlagenen Sowjetunion ein kalter Krieger die Macht übernommen hätte! Am 12. März 1985 eröffneten in Genf die USA und die UdSSR ihre Gespräche über eine Begrenzung der atomaren Waffen auf der Erde und im Weltraum.

Am 1. Mai 1985 traf US-Präsident Ronald Reagan zu einem sechstägigen Besuch in der Bundesrepublik Deutschland ein. Gemeinsam legte er mit Bundeskanzler Kohl an der Gedenkstätte des KZ Bergen-Belsen Kränze nieder. In Bitburg erfolgte ein Versöhnungshandschlag an den Gräbern der gefallenen Soldaten beider Seiten. Das erschien vielen als aufgesetzte NATO-Zeremonie und führte zu Kritik, als bekannt wurde, dass in den Gräbern auch Angehörige der ehemaligen Waffen-SS ruhten – die meisten gerade mal siebzehn Jahre alt. Alfred Grosser fand den Besuch in Bitburg jedoch nicht unberechtigt und erkannte in den Emotionen, die er im Ausland hervorrief, viel Heuchelei. Für ihn wäre jedoch Dachau der richtige Ort gewesen, und *»sei es nur, um unzähligen Ausländern und vielen Deutschen klar zu machen, dass die Konzentrationslager zwar von Deutschen, aber auch für Deutsche eingerichtet worden waren«.*[59]

Während in der NATO Nachrüstungsfragen die Tagesordnung beherrschten, wuchs die Europäische Gemeinschaft ständig weiter: 1973 Beitritt Dänemarks, Irlands und Großbritanniens, 1981 Beitritt Griechenlands und 1986 Portugals und Spaniens. Unter der Schirmherrschaft Italiens wurde am 9. September 1985 die erste Regierungskonferenz eröffnet. Höhepunkt war die Annahme der Einheitlichen Europäischen Akte am 28. Februar 1986 in Brüssel. Dadurch wurden die Verträge zur Gründung der Europäischen Gemeinschaften geändert und die politische Zusammenarbeit eingerichtet. Mit dem Inkrafttreten der Einheitlichen Europäischen Akte (EEA) wurde der Name »Europäisches Parlament« (den das Plenum seit 1962 benutzt hatte) offiziell bestätigt.[60]

*»Ich sehe noch immer die Gefahr eines Atomkrieges.
Ein solcher Krieg wäre der letzte
in der Menschheitsgeschichte.
Danach gäbe es niemand mehr,
der noch Krieg führen könnte.«*

Michail Gorbatschow

# Kalter Krieg reloaded

## Aufbruch in eine neue Welt?

Am 1. Juli 1991 lösten die Teilnehmerstaaten des Warschauer Vertrags ihren militärischen Beistandspakt auf, und am 26. Dezember gab es auch die Sowjetunion nicht mehr. Die beiden Ereignisse markieren eine Zeitenwende in der internationalen Politik, und die Welt blickte hoffnungsvoll nach vorn. Bis heute wird der Sieg über das sozialistische Gesellschaftssystem als Ergebnis der unnachgiebigen Politik der Stärke und der immer weiter gesteigerten Rüstungsanstrengungen gefeiert. Der Zusammenbruch der Sowjetunion und die folgende Freigabe Ostmitteleuropas sind daraus jedoch nicht zwingend abzuleiten.

Michail Gorbatschow wollte eine Reform der erstarrten politisch-bürokratischen Struktur in der Sowjetunion erzwingen. Dazu meinte er westliche Standards übernehmen und Kooperationsbeziehungen mit den Satellitenstaaten und sogar mit dem »Klassenfeind« eingehen zu müssen. Seine äußert schwierige Aufgabe bestand in der Lösung von gleich vier »*Transformationsproblemen*«, schreibt Karl Kaiser: das kommunistische in ein demokratisches System umzuwandeln, die Planwirtschaft in eine soziale Marktwirtschaft, den Zentralstaat in eine Föderation und die imperialistische Außenpolitik in eine demokratische.[1]

Für den deutschen Historiker Bernd Stöver war Gorbatschows Reformbewegung »*keine Kapitulation vor dem Westen, sondern der Versuch, ein fast siebzigjähriges politisches System von innen zu reformieren und überleben zu lassen*«. Das

*Ronald Reagan und Michail Gorbatschow in Genf, November 1995. Symbolträchtig: Während Reagan noch die Fäuste ballt, geht Gorbatschow ihm mit ausgestreckter Hand entgegen*

Scheitern dieses Versuchs habe vornehmlich darin gelegen, *»daß die Herrschaft Moskaus nicht nur in Ostmitteleuropa, sondern vor allem auch in den nicht-russischen Sowjetrepubliken zunehmend als Bürde für die eigenständige nationale Entwicklung verstanden worden war«.*[2] Valentin Falin, langjähriger sowjetischer Botschafter in Bonn, konnte an Gorbatschows Politik indes wenig Positives erkennen. Er warf ihm vor, die Wirtschaft ruiniert und die Goldreserven verkauft zu haben. Gorbatschow sei *»eher Napoleon als Lenin«.*[3]

Wie sehr in jener Zeit amerikanisches Denken die öffentliche Diskussion in Sicherheitsfragen bestimmte und bis heute geradezu den Gradmesser darstellt für alles, was sich in Europa und darüber hinaus zuträgt, zeigt sich etwa an denBildern der neuesten sowjetischen Waffensysteme in »Soviet Military Power«, einer Publikation des amerikanischen Verteidigungsministeriums aus dem Sommer 1988. Ein Jahr zuvor hatte der verteidigungspolitische Sprecher der CDU/CSU-Fraktion Willy Wimmer als erster westlicher Abgeordneter überhaupt der Roten Armee einen Besuch abgestattet. Erstaunt stellte er fest, dass man »miteinander konnte«. Die zweite Sensation erwartete ihn im Hauptquartier der CIA in Langley. Wie in jedem Jahr war er als Vorsitzender der Arbeitsgruppe Verteidigung mit seinen Kolleginnen und Kollegen nach Washington geflogen, um politische Gespräche zu führen und militärische Anlagen zu besuchen. Wimmer spricht von Jahren einer sehr engen und überaus erfreulichen Zusammenarbeit, Dialog habe hoch im Kurs gestanden und sei ohne Barrieren praktiziert worden.[4]

Im Sommer 1988 wurden ihm im CIA-Hauptquartier die neuesten Überlegungen zur europäischen Lage vorgetragen: Anders als über Jahrzehnte behauptet, sei der Charakter der sowjetischen Politik sowie auch der russischen Streitkräfte in Europa als »Resultat von Napoleon und Hitler« rein defensiver Natur und strikt ausgerichtet auf den »Schutz von Mütterchen Russland«. Wimmer: *»Wir waren geradezu elektrisiert, und über sofortige Berichte des deutschen Militärattachés nach Bonn brach dort das blanke Entsetzen aus. Man beschuldigte die Amerikaner, den deutschen Verteidigungswillen zu untergraben. Wir saßen in Washington mitten drin, weil ich im Weißen Haus nach der Unterrichtung bei der CIA weitere Einzelheiten aus den laufenden amerikanisch-sowjetischen Verhandlungen erfuhr.«*

War der Kalte Krieg, der ein halbes Jahrhundert lang den Menschen viel Leid gebracht und unnötig wichtige Ressourcen verbraucht hat, also nur ein agitatorisches Spiel? Diese Täuschung der Menschen ist so gewaltig, dass sich der Verstand weigert, sie zu erfassen – ein Phänomen, das schon Heraklit von Ephesos kannte: *»Durch ihre Unglaubhaftigkeit entzieht sich die Wahrheit dem Erkanntwerden.«*[5]

Im Frühjahr 1989 nahm Willy Wimmer als deutscher Verteidigungsminister (üb.) an der letzten NATO-Stabsrahmenübung Wintex/Cimex teil. Hier ging man von »Migrationsströmen quer durch Westeuropa« aus, und der Krieg gegen die Rote Armee – deren Frontbefehlshaber nur wenige Monate zuvor Wimmers Partner, ja auch seine guten Freunde geworden waren –, wurde konventionell wie nuklear ausgefochten. *»Warum war diese Übung in meinem Urteil und für mein weiteres Leben so wichtig?«*, fragt er und gibt sich selbst die Antwort: *»Ich konnte ermessen, welchen Wert meine Heimat und damit das deutsche Vaterland für die Militärplanung unter amerikanisch-britischer Dominanz hatte.«*[6] Die NATO verlangte im Rahmen von Wintex/Cimex einen Atomwaffeneinsatz gegen Potsdam und Dresden, doch auf Wimmers Bitte an Bundeskanzler Helmut Kohl hin verließ die BRD sofort die Übung, da sie mit nationalen deutschen Interessen nicht zu vereinbaren war.[7]

Für Wimmer stellten sich folgende Fragen: *»Bis zu welchem Maß wurden deutsche Überlegungen überhaupt berücksichtigt und trafen auf das strategische amerikanische Interesse, aus einem Konflikt in Europa nicht eine unmittelbare Konfrontation zwischen den USA und der Sowjetunion werden zu lassen? Wo schien die sowjetische Schmerzgrenze zu sein, wenn es um Nukleareinsätze oder große Bodenoperationen ging, weit entfernt von der damaligen innerdeutschen Grenze? Vor dieser Kulisse sind die Entwicklungen nach 1990 seitenverkehrt auf die Erkenntnisse aus der Blütezeit des Kalten Kriegs zu legen und erlauben eine realistische Beurteilung der heutigen Lage. Die zentrale Frage lautet also: Welchen Einfluss haben wir und inwieweit* *sind wir nur eine Funktion amerikanischer Interessen, auf die wir noch nicht einmal eine verbale Mitwirkung haben?«*[8]

## Streben nach unipolarer Weltordnung

Eine kleine Finanzelite – letztlich das erweiterte Umfeld der Familien, welche einst die FED gegründet haben – und ihre besternten Handlanger im Pentagon streben nach weltweiter Einflussnahme. Dabei steht nicht die Eroberung von Ländern und Regionen, sondern die Beherrschung der Handelslinien und Märkte sowie die Sicherung von Ressourcen im Vordergrund. Dafür wurde ein Netz »globaler Sicherheit« geknüpft. Während vermehrt zur Steuerung der Wahrnehmung professionelle US-amerikanische Spin-Doktoren beauftragt wurden, begannen US-Administration und regierungsnahe Organisationen wie Freedom House[9], mögliche Kriegsgründe emotional zu unterfüttern und Revolutionen farbenfroh zu ummanteln. Die Aufgaben von Pentagon und CIA blieben unverändert: Ersteres betätigt sich als Geburtshelfer oder Unterstützer von »Befreiungsarmeen«, Letztere auf ihrem Spezialgebiet der »verdeckten Aktionen«. Die Welt wurde nach dem Ende des Kalten Krieges nicht friedlicher. Mochte der groß angelegte konventionelle Krieg in den letzten Zügen liegen, der Krieg selbst erfreute sich bester Gesundheit.[10]

*»Als Relikte des Zweiten Weltkrieges sollten die Kommandobereiche der pazifischen und atlantischen Front unter neuem Namen überdauern. US-Präsident Harry S. Truman ließ am 1. Januar 1947 das Pazifische Kommando (PACOM) einrichten und dessen Hauptquartier in Honolulu/Hawaii stationieren. Ronald Reagan weitete dann das Operationsgebiet auf China, die Mongolei, Südkorea und Madagaskar aus.«*[11] Aus den US-Streitkräften in Europa – den »US Forces European Theater« (USFET) mit dem Hauptquartier im I.G.-Farben-Haus – ging im März 1947 das Europäische Kommando (EUCOM) hervor.[12] Dessen Verantwortungsbereich umfasst alle militärischen Aktionen der USA in Europa, Afrika und einem Teil des Nahen und Mittleren Ostens. Es ist das einzige US-Oberkommando, das sich außerhalb der USA befindet. Nur wenige Monate nach der Kuba-Krise entstand im Juni 1963 das »Southern Command« (SOUTHCOM). Es ist verantwortlich für die Koordination und Führung aller militärischen Operationen der USA in Süd- und Mittelamerika und in der Karibik.

## CENTCOM sichert Carters Doktrin militärisch ab

Am 23. Januar 1980 stellte US-Präsident Jimmy Carter in seiner »Rede zur Lage der Nation« seine Doktrin vor: »*Jeder Versuch einer fremden Macht, die Kontrolle über die Region am Persischen Golf zu erlangen, wird als Angriff auf die lebenswichtigen Interessen der Vereinigten Staaten angesehen. Jeglicher Angriff wird mit allen Mitteln zurückgeschlagen werden, auch mit militärischen.*«[13] Carters Sicherheitsberater Zbigniew Brzeziński entwarf zur militärischen Absicherung dieser ressourcenreichen Region eine Militärarchitektur mit schnell beweglichen Einsatzkräften, aus der später das zentrale US-Kommando CENTCOM hervorging. Ursprünglich zum Kriseneinsatz gedacht, sind dessen Truppen heute primär im Irak und Afghanistan eingesetzt. Stützpunkte befinden sich in Kuwait, Bahrain, Katar, den Vereinigten Arabischen Emiraten, Oman, Pakistan, Djibouti (Camp Le Monier) und mehreren Ländern Zentralasiens. Am 1. Oktober 1999 wurden CENTCOM die Länder Kasachstan, Usbekistan, Turkmenistan, Tadschikistan und Kirgistan zugeordnet.

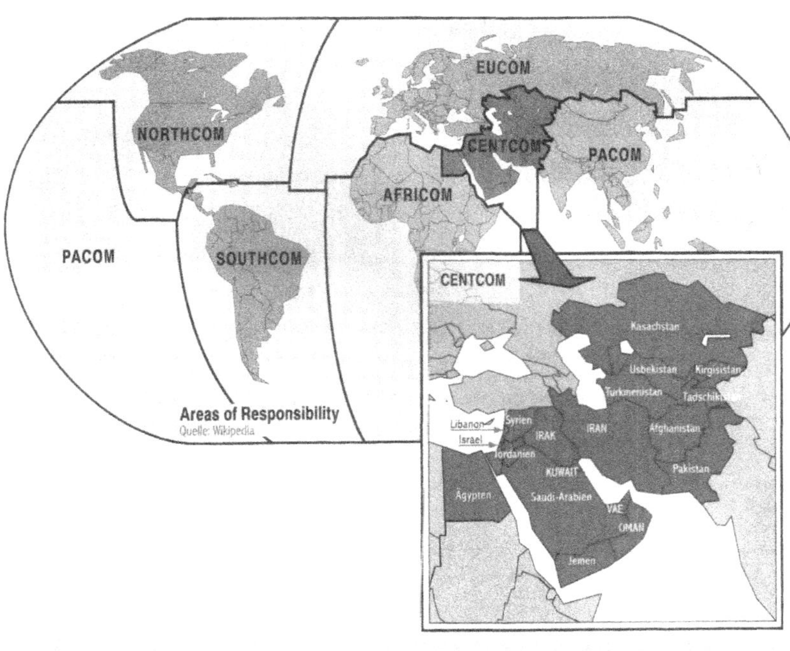


*Sechs US-Regionalkommandos umspannen die Welt. CENTCOM liegt direkt unterhalb des Herzlandes, damit kommt ihm zentrale geopolitische Bedeutung zu*

Am 23. November 1988 wurde General H. Norman Schwarzkopf zum Befehlshaber von CENTCOM ernannt. Angesichts der reduzierten sowjetischen Aggression verlangte er einen den Gegebenheiten angepassten Operationsplan, dieser »OPLAN 1002« schloss einen sowjetischen Angriff aus.[14]

## Einladung zum Picknick am Eisernen Vorhang

Die Veränderungen lagen schon seit 1988 in der Luft: Neben den Leipziger Friedensgebeten gab es in der DDR vereinzelt Demonstrationen gegen das Wettrüsten in Ost und West, und im März 1989 trafen sich ranghohe Offiziere der Bundeswehr und der NVA in Hamburg zu einem Meinungsaustausch. Am 2. Mai begann Ungarn mit dem Abbau der Grenzbefestigungen zu Österreich: Außenminister Gyula Horn und sein österreichischer Kollege Alois Mock zerschnitten bei Sopron am 27. Juni gar den Stacheldrahtzaun an der gemeinsamen Grenze. Die Kontrollen aber blieben.

In der DDR löste dies dennoch einen Strom nach Ungarn aus. Am 13. August musste die Bonner Botschaft in Budapest wegen Überfüllung geschlossen werden, von dort wollten rund 180 DDR-Bürger ausreisen. Sechs Tage später kam es zur *»größten Massenflucht … seit dem Mauerbau. Etwa 900 Menschen nutzen das von dem Präsidenten der Paneuropa-Union, Otto von Habsburg (1912–2011), initiierte ›Paneuropäische Picknick‹«*, um über die »grüne« ungarisch-österreichische Grenze zu gelangen.[15] So stellt das Haus der Geschichte das Ereignis dar – die dramatischen Bilder vom 19. August 1989 mögen bei vielen noch präsent sein. Kein Geringerer als der ungarische Staatsminister Imre Pozsgay, einer der Schirmherren des Picknicks, hatte zuvor die katholische Hilfsorganisation »Malteser« kontaktiert, die kümmerten sich um die Urlauber, die zur Flucht in den Westen nach Ungarn gekommen waren. Imre Pozsgays Botschaft an sie: Die Grenze werde einige Stunden offen sein, sie *»könnten den Weg schon finden, wenn sie sich zufällig in der Nähe aufhalten würden«.*[16]

Am gleichen Tag hörte Walburga Douglas Habsburg, die Tochter von Otto von Habsburg und Vizepräsidentin der Paneuropa-Union, im Radio Moskau Erich Honecker über ihren Vater schimpfen: *»Habsburg verteilte Flugblätter bis weit nach Polen hinein, auf denen die ostdeutschen Urlauber zu einem Picknick eingeladen wurden. Als sie dann zu dem Picknick kamen, gab man ihnen Geschenke, zu* *essen und Deutsche Mark, dann hat man sie überredet in den Westen zu kommen.«*[17] In der Tat wurden Flyer ausgegeben und die Fahrt zum Picknickort organisiert. Walburga Douglas von Habsburg selbst verteilte die Flugblätter auf den Brücken von Budapest und den Campingplätzen rund um den Plattensee und sprach mit vielen DDR-Bürgern. *»Aber als ich seine Hasstiraden auf meinen Vater*

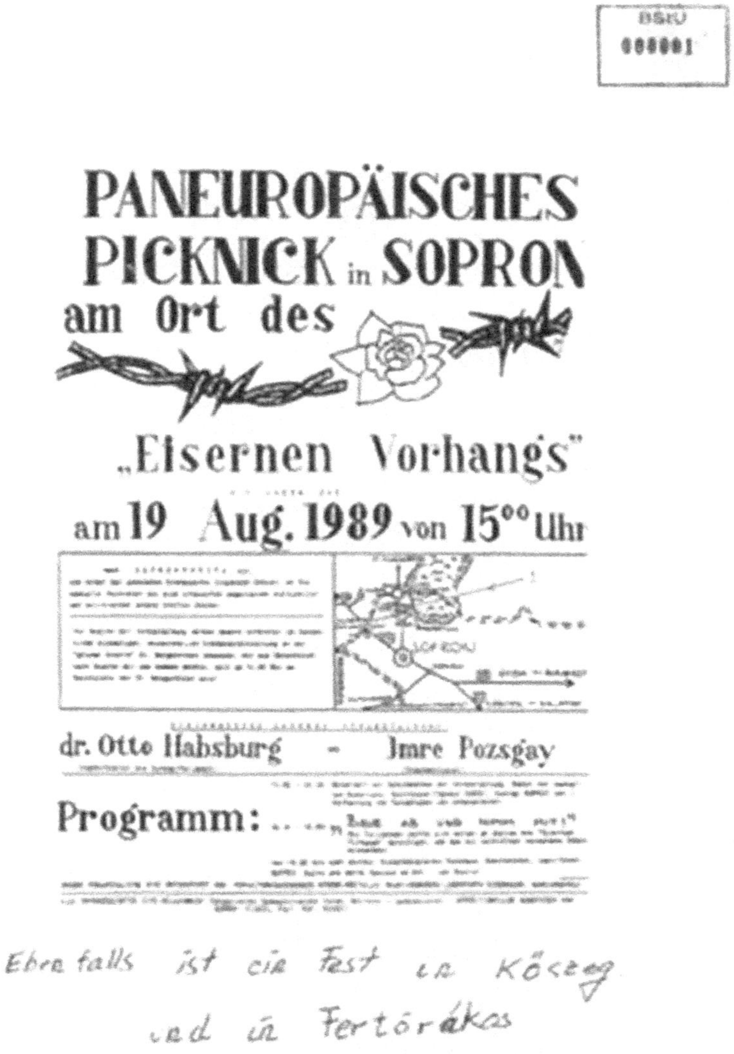


*Handzettel der Paneuropa-Union, der die DDR-Bürger dazu aufrief, sich zu einem Picknick an die ungarisch-österreichische Grenze zu begeben*

*hörte, dachte ich mir, wenn sich der Honecker so aufregt, dann haben wir alles richtig gemacht.«*[18]

Laszlo Nagy, früher Aktivist des Ungarisch-Demokratischen-Forums, *»wundert sich noch heute, dass ein Chauffeur der bundesdeutschen Botschaft in Budapest im Vorfeld des Picknicks säckeweise Flugblätter rund um den Plattensee verteilt hatte – ›Einladungen‹ zum Picknick – in deutsch und ungarisch. Das unsichtbare Mitwirken des Bundesnachrichtendienstes und anderer Geheimdienste gilt inzwischen als offenes Geheimnis.«*[19]

Dem Reformer Imre Poszgay war zwar von der Regierung die Schirmherrschaft erlaubt worden, aber seine Teilnahme am Paneuropäischen Picknick in Sopron war nicht erwünscht. Aus Solidarität fehlte dann auch Otto von Habsburg, dessen Aufgabe Tochter Walburga übernahm. Auf die Frage, »Was bedeutet das Paneuropäische Picknick heute noch?«, antwortete sie 2009 anlässlich des 20. Jahrestags: *»Damals begann nicht nur die deutsche, sondern auch die europäische Wiedervereinigung, und die ist noch nicht abgeschlossen. Es gibt noch immer europäische Länder, die außerhalb der Europäischen Union stehen. Und es gibt noch immer Visapflicht innerhalb Europas, das ist doch ein Anachronismus. Der Gründer der Paneuropa-Union, Richard Coudenhove-Kalergi, hat gesagt: ›Es gibt nur einen radikalen Weg, die europäischen Grenzfragen dauernd und gerecht zu lösen; dieser Weg heißt nicht Verschiebung, sondern Aufhebung der Grenzen.‹ Wir haben also noch viel Arbeit vor uns.«*[20]

Der Picknick-Mythos wurde *»in der Erinnerungskultur nachträglich zum Meilenstein jener Vorgänge stilisiert, die zum Ende der DDR, zur deutschen Wiedervereinigung und zum Zerbrechen des Ostblocks führten«*.[21] War das bewusst von der ungarischen Regierung unterstützte Picknick auch ein Test, um zu sehen, wie Berlin, Prag, Bukarest oder Moskau reagieren würden?

## Die Montagsdemonstrationen in Leipzig

Am 4. September fand dann in Leipzig die erste Massendemonstration statt, daraus entwickelten sich die Montagsdemonstrationen, ein bedeutender Bestandteil der friedlichen Revolution in der DDR im Herbst 1989. Während dort friedlich demonstriert wurde, musste der Autor einem Einberufungsbefehl folgen. Vom 13. bis zum 19. September lief die große Heeresübung »Offenes Visier« an. Dies sollte symbolisieren: Wir sind gerüstet, aber frei von Argwohn. In seinem Grußwort hielt der Kommandierende General des I. Korps, Generalleutnant Jörn Söder, fest: *»Wir tun dies alles, um unsere militärische Leistungsfähigkeit zu zeigen und unsere Bereitschaft, sie als Soldaten auch anwenden zu wollen.«*[22] Dazu wurden 30 000 Soldaten, 10 000 Radfahrzeuge und 2000 Panzer aufgeboten – mit Kriegsbrückenschlägen über Weser und Aller. Der Autor war dabei »wehrübender Schatten« des Divisionspionierführers der 1. Panzerdivision – aufgestellt im Münsterland –, die den Auftrag hatte, eine an der Ostgrenze kämpfende Division abzulösen. Es sollte die letzte Großübung sein – bis »Defender 2020«.

Derweil brachen in der DDR die Massendemonstrationen nicht ab. Am 2. Oktober 1989 sowie während der Feierlichkeiten zum 40. Jahrestag der Gründung der DDR am 7. und 8. Oktober gingen Sicherheitskräfte in Leipzig teilweise mit Gewalt gegen die Demonstrierenden vor. Schließlich wurde der Druck auf die DDR-Führung so groß, dass am 9. November 1989 die Grenze geöffnet wurde, so das Klischee. Aber war es wirklich so? Hat die DDR tatsächlich plötzlich die Mauer geöffnet? Nein, die SED-Führung unter Egon Krenz war eigentlich bestrebt, die Grenzöffnung wegen der historischen Relevanz nicht auf den 9. November fallen zu lassen. Die neuen Reiseregelungen sollten frühestens am 10. November bekanntgegeben werden. Die Pressemitteilung für den Allgemeinen Deutschen Nachrichtendienst trug die Sperrfrist 4 Uhr früh, 10. 11. 1989.[23]

Am 9. November gegen 18 Uhr hielt das Zentralkomiteeder SED im Berliner Internationalen Pressezentrum eine Konferenz ab, geführt von Günter Schabowski, dem ehemaligen Chefredakteur des *Neuen Deutschland.* Neben ihm auf dem Podium die Gewerkschaftsfunktionärin Helga Labs, Außenhandelsminister Gerhard Beil und Manfred Banaschak, Chefredakteur einer Parteizeitung. Am Ende der dahindümpelnden Konferenz stellte Riccardo Ehrman von der italienischen Nachrichten- und Presseagentur ANSA die unbeholfene Frage, ob die angekündigte Reiseregelung ein Fehler sei. Daraufhin las Schabowski schnell vom Blatt den Beschlussentwurf des Ministerrats ab: *»Privatreisen nach dem Ausland können ohne Vorliegen von Voraussetzungen – Reiseanlässe und Verwandtschaftsverhältnisse – beantragt werden. Die Genehmigungen werden kurzfristig erteilt. Die zuständigen Abteilungen Pass- und Meldewesen der VP – der*

*Volkspolizeikreisämter – in der DDR sind angewiesen, Visa zur ständigen Ausreise unverzüglich zu erteilen, ohne dass dafür noch geltende Voraussetzungen für eine ständige Ausreise vorliegen müssen. Ständige Ausreisen können über alle Grenzübergangsstellen der DDR zur BRD erfolgen …«* Auf die Frage der Journalisten »*Wann tritt das in Kraft?*«, antwortet Schabowski stammelnd: »*Das tritt nach meiner Kenntnis … ist das sofort, unverzüglich …«*[24]

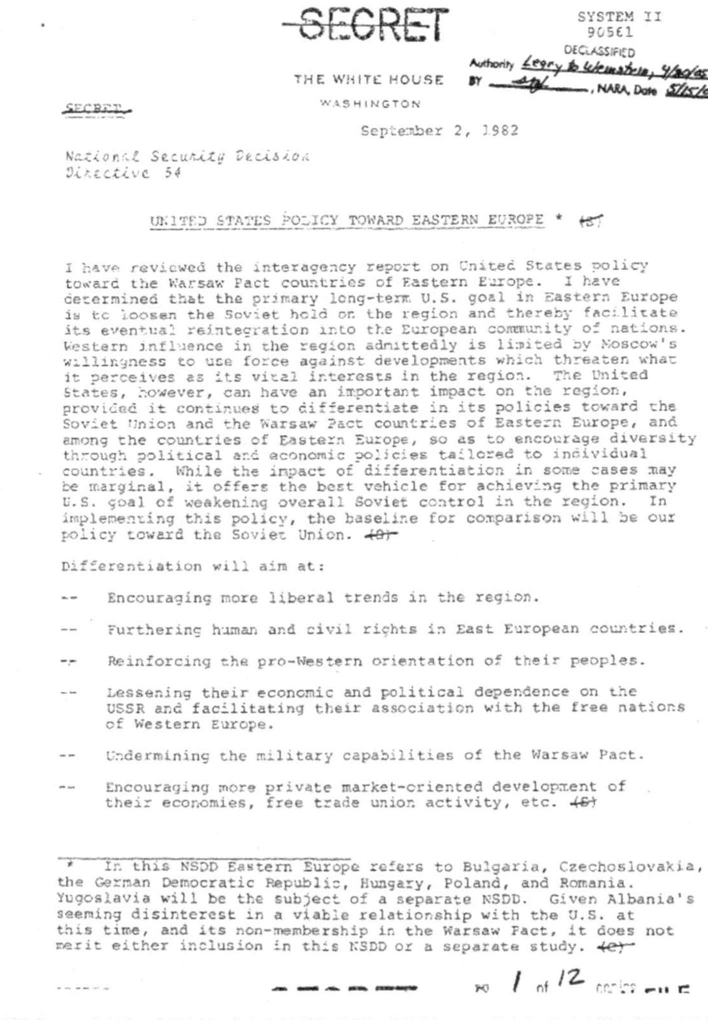

~~SECRET~~

SYSTEM II
90561

DECLASSIFIED
Authority
BY , NARA, Date

THE WHITE HOUSE
WASHINGTON

~~SECRET~~

September 2, 1982

National Security Decision
Directive 54

UNITED STATES POLICY TOWARD EASTERN EUROPE * ~~(S)~~

I have reviewed the interagency report on United States policy toward the Warsaw Pact countries of Eastern Europe. I have determined that the primary long-term U.S. goal in Eastern Europe is to loosen the Soviet hold on the region and thereby facilitate its eventual reintegration into the European community of nations. Western influence in the region admittedly is limited by Moscow's willingness to use force against developments which threaten what it perceives as its vital interests in the region. The United States, however, can have an important impact on the region, provided it continues to differentiate in its policies toward the Soviet Union and the Warsaw Pact countries of Eastern Europe, and among the countries of Eastern Europe, so as to encourage diversity through political and economic policies tailored to individual countries. While the impact of differentiation in some cases may be marginal, it offers the best vehicle for achieving the primary U.S. goal of weakening overall Soviet control in the region. In implementing this policy, the baseline for comparison will be our policy toward the Soviet Union. ~~(S)~~

Differentiation will aim at:

-- Encouraging more liberal trends in the region.

-- Furthering human and civil rights in East European countries.

-- Reinforcing the pro-Western orientation of their peoples.

-- Lessening their economic and political dependence on the USSR and facilitating their association with the free nations of Western Europe.

-- Undermining the military capabilities of the Warsaw Pact.

-- Encouraging more private market-oriented development of their economies, free trade union activity, etc. ~~(S)~~

* In this NSDD Eastern Europe refers to Bulgaria, Czechoslovakia, the German Democratic Republic, Hungary, Poland, and Romania. Yugoslavia will be the subject of a separate NSDD. Given Albania's seeming disinterest in a viable relationship with the U.S. at this time, and its non-membership in the Warsaw Pact, it does not merit either inclusion in this NSDD or a separate study. ~~(C)~~

no 1 of 12 copies

*Geheime Sicherheitsanweisung des Weißen Hauses von 1982 zur Zerstörung des Warschauer Paktes*

War der weltgewandte Vollprofi Schabowski wirklich so ahnungslos, wie er heute dargestellt wird? Als geschickter »Wendehals« ging er nach dem Ende der DDR in Sack und Asche, während Egon Krenz eine Haftstrafe antreten musste. Letztlich aber standen Reagan und Gorbatschow hinter der Öffnung der Mauer. 1987 hatte Reagan ihm vom Brandenburger Tor aus zugerufen: *»Mr. Gorbachev, open this gate, tear down this wall – Herr Gorbatschow, öffnen Sie dieses Tor, reißen Sie diese Mauer nieder!«*[25]

Im September 1982 hatte Reagan die NSDD 54 unterzeichnet. Darin wurde allen US-Behörden, auch der CIA, befohlen, oppositionelle Gruppen in Osteuropa aktiv zu unterstützen.Diese Anweisung zum Unterwandern der Warschauer-Pakt-Herrschaft muss sehr erfolgreich umgesetzt worden sein. So ist durchaus nicht auszuschließen, dass die sogenannte »Wende« eine Inszenierung auf dem Weg zur unipolaren Herrschaft der USA war.

Der amerikanische Journalist James Markham, Büroleiter der *Times* in Paris, berichtete über Bürgerkriege und Revolutionen rund um den Globus und kannte auch die Strukturen der US-Geheimdienste. Ihm zufolge organisierte die CIA auf der Grundlage von NSDD 54 unter dem Codenamen »Lysakus« eine ca. 2400 SED-Funktionäre umfassende mittlere Leitungsebene, *»die sich als eine Art innerparteiliche Oppositionsstruktur seit 1983, als Andropow erste Anzeichen für Glasnost und Perestroika erkennen ließ«.*[26] Vor diesem Hintergrund muss auch untersucht werden, wie lange die Bürgerrechtsbewegung vor dem Herbst 1989 unterwandert wurde, wie alte Kader sich an die Spitze der Demokratiebewegung setzen konnten, die später als Inoffizielle Mitarbeiter (IM) der Staatssicherheit enttarnt wurden. Stellvertretend seien genannt: Wolfgang Schnur, Ibrahim Böhme und sogar Lothar de Maizière.

## Mauerfall und Zwei-plus-Vier-Vertrag

Nach dem Mauerfall kam Bewegung in die Politik. Als erstes Mitglied des Warschauer Pakts stellte Ungarn am 16. November 1989 einen Aufnahmeantrag für den Europarat. Vierzehn Tage später gab die tschechoslowakische Regierung den Abbau der Grenzsperren zu Österreich bekannt. Auf dem EG-Gipfel am 8./9. Dezember in Straßburg erkannten die Staats- und Regierungschefs in einer Grundsatzerklärung zum Wandel in Mittel- und Osteuropa prinzipiell das Recht der Deutschen auf Einheit an. Der Ruf nach Wiedervereinigung wurde dann auch bei den Montagsdemonstrationen erhoben. Gleichzeitig fand in West-Berlin die erste Viermächtekonferenz seit 18 Jahren statt.

Im Februar 1990 einigten sich NATO und Warschauer Vertragsorganisation auf eine Reduzierung ihrer in Mitteleuropa stationierten Soldaten auf jeweils 195 000 Mann. Am Rand der Konferenz trafen die Außenminister der Bundesrepublik und der DDR sowie die der vier Siegermächte Frankreich, Großbritannien, UdSSR und USA zusammen und vereinbarten auf einer »Zwei plus Vier«-Konferenz die *»äußeren Aspekte der Herstellung der deutschen Einheit«*.[27] Am 8. März beschloss der Ministerrat der DDR, die 109 000 IM von ihren Verpflichtungen, u. a.der Schweigepflicht, zu entbinden.

Eine Woche später musste Wolfgang Schnur, Vorsitzender des Demokratischen Aufbruchs (DA), zurücktreten. Der DA war am 29. Oktober 1989 mit über hundert Vertretern in Berlin gegründet worden und wurde im Mai 1990 in eine politische Partei umgewandelt.[28] Pressesprecherin wurde Angela Merkel. Sie war zuvor weder in der zivilen noch in der kirchlichen Opposition aktiv gewesen, vielmehr als Mitarbeiterin an der Akademie der Wissenschaften der DDR in der Betriebsgewerkschaftsleitung und von 1981 an FDJ-Sekretärin für Agitation und Propaganda, was sie bis heute bestreitet.[29] Merkel hatte stets angegeben, in der FDJ-Grundorganisation ihres Instituts für Kultur zuständig gewesen zu sein. Als die Reformwelle 1989 die DDR erfasste, soll sie für einen demokratisch geprägten Sozialismus in einer eigenständigen DDR eingetreten sein: *»Wenn wir die DDR reformieren, dann nicht im bundesrepublikanischen Sinn.«*[30] 1990 stimmte eine Mehrheit des DA für einen Beitritt zur westdeutschen CDU nach vorhergehender Fusion mit der Ost-CDU.

Die aus 35 KSZE-Staaten bestehende Bonner Konferenz über Wirtschaftliche Zusammenarbeit in Europa einigte sich am 11. April 1990 auf ein Abschlussdokument, in dem erstmals auch die osteuropäischen Staaten für ein freies Unternehmertum und ein Mehrparteiensystem plädierten. Die Warschauer Vertragsorganisation hatte schon 1967 eine Konferenz über Sicherheit und Zusammenarbeit in Europa vorgeschlagen, um die Auflösung der bestehenden Allianzen zu beschleunigen und den Einfluss der USA einzudämmen. *»Im Zuge der weltweiten Entspannungspolitik sowie nach Inkrafttreten der Ostverträge und des Grundlagenvertrages Mitte der 1970er Jahre wächst dann in Ost und West* *das Interesse an einer weitreichenden Verständigung. Schließlich wird die KSZE am 3. Juli 1973 in Helsinki eröffnet. An der Konferenz nehmen 7 Staaten des Warschauer Paktes, 13 neutrale Länder und die 15 NATO-Staaten teil. Die Beteiligung der USA und Kanadas erfolgt auf ausdrücklichen Wunsch der EG-Staaten.«*[31]

In Schengen/Luxemburg wurden am 19. Juni 1990 von Regierungsvertretern der BRD, Frankreichs und der Benelux-Staaten Zusatzvereinbarungen zum Schengener Abkommen unterzeichnet. Danach wurden ab 1992 die Personenkontrollen an den gemeinsamen Binnengrenzen abgeschafft. Mitte Juli begann die dritte Runde der Zwei-plus-Vier-Verhandlungen in Paris. Die Außenminister beider deutscher und der anderen vier Staaten bestätigten in Anwesenheit des polnischen Außenministers die Oder-Neiße-Grenze als polnische Westgrenze. Die Welt schien sich tatsächlich in Richtung Frieden zu bewegen.

## Krieg gegen den Irak

Am 2. August schreckte die Meldung über den irakischen Einmarsch in das Emirat Kuwait die Welt auf. Noch am selben Tag verurteilte der UN-Sicherheitsrat die irakische Militäraktion, und am 6. August verhängte er ein Handelsembargo. Nun war der Blick der Medien starr auf den Aggressor und die Golfregion gerichtet. Doch bereits im März 1990 hatten die Generalstabsoffiziere im Fort McPherson/Georgia begonnen, eine detaillierte Blaupause für einen Krieg gegen den Irak im Raum Kuwait/Saudi Arabien zu entwickeln. Der Operationsplan 1002-90 beschrieb den Weg der Divisionen nach Saudi-Arabien und legte Funkfrequenzen, Wasserstellen, die Behandlung der Verwundeten sowie Vorgaben zur Benutzung der Medien fest.

Keine zwei Jahre zuvor, am 20. August 1988, war der Erste Golfkrieg zwischen dem Irak und dem Iran nach acht Jahren und unter hohen menschlichen und wirtschaftlichen Verlusten beendet worden. Zur Erinnerung: Am 4. November 1979 hatten iranische Studenten im Verlauf der Islamischen Revolution die US-Botschaft in Teheran besetzt und 52 Diplomaten als Geiseln genommen, Washington verhängte daraufhin Sanktionen gegen den Iran und begann nach der gescheiterten Geiselbefreiung, den Irak im Krieg gegen den Iran mit Aufklärungsdaten über iranische Stellungen und Biotechnologie zu unterstützen. Deutschland lieferte Rüstungsgüter, während Israel den Iran mit Waffen belieferte. Als Saddam Hussein am 16. März 1988 einen Giftgasangriff auf die hauptsächlich von Kurden bewohnte irakische Stadt Halabdscha durchführen ließ – zwischen 3200 und 5000 Menschen starben qualvoll –, regte sich im Westen kein Protest. Der FAZ-Journalist Udo Ulfkotte war damals vor Ort und zog sich Vergiftungen zu, die später als Berufskrankheit anerkannt wurden. Sein eindrucksvoller Artikel mit erschütternden Bildern des Angriffs wurde von der FAZ-Redaktion aus Rücksicht auf die USA abgelehnt.[32]

Mit Ende des Ersten Golfkriegs am 20. August 1988 schwenkten die USA auf einen anderen Kurs um. Innerhalb des Kongresses mündeten die Bestrebungen, den Irak wegen der Verletzungen der Menschenrechte diplomatisch und ökonomisch zu isolieren, in einer Gesetzesvorlage, die zwar den Senat passierte, aber vom Repräsentantenhaus nicht übernommen wurde. Gezielt wurde Kuwait ermuntert, auf den Irak keine Rücksicht zu nehmen. Mitte Juli 1990 warf der Irak dem Nachbarland Kuwait und den Vereinigten Arabischen Emiraten vor, die im Rahmen der OPEC vereinbarte Fördermenge an Erdöl deutlich zu überschreiten und dadurch einen Preisverfall herbeizuführen. Außerdem wurde Kuwait bezichtigt, im Ölfeld Rumailah entlang der gemeinsamen Grenze mittels Seitenbohrungen aus irakischen Ölfeldern gefördert zu haben. Die irakische Wahrnehmung eines ökonomischen Krieges Kuwaits gegen das Nachbarland wurde von Henry M. Schuler, Direktor des Energiesicherheitsprogramms am Washingtoner Center for Strategic and International Studies, bestätigt.[33]

Als die Verhandlungen gescheitert waren, ließ Saddam am 31. Juli 1990 an den Grenzen Kuwaits irakische Streitkräfte mit 100 000 Soldaten aufmarschieren. Obgleich die irakische US-Botschafterin April Glaspie Besorgnis darüber äußerte, deutete Hussein ihre Aussage, die USA hätten *»keine Meinung zu innerarabischen Streitigkeiten wie Ihren Unstimmigkeiten bezüglich der Grenze mit Kuwait«*, als Zustimmung für sein weiteres Vorgehen. Glaspie unterstrich diese Aussage mit einem Hinweis auf den damaligen Außenminister der USA: *»James Baker hat unsere amtlichen Sprecher beauftragt, diese Anweisung zu betonen.«*[34]

Am 2. August 1990 besetzten dann irakische Truppen das Emirat Kuwait. Der autokratische Sabah-Clan floh, und einige Tage später wurde die Republik Kuwait ausgerufen. Mit diesem Coup verfügte der Irak schlagartig über 25 Prozent aller Welt-Ölreserven und konnte nicht nur auf Ölpreise und Fördermengen erheblichen Einfluss nehmen, sondern auch Druck auf die Industrienationen ausüben. Noch am Tag des Überfalls stellte der UN-Sicherheitsrat in der umgehend verfassten UN-Resolution 660 fest, dass mit der irakischen Invasion Kuwaits ein Bruch des Weltfriedens und der internationalen Sicherheit vorliege. Am 10. August verurteilte die Arabische Liga den irakischen Truppeneinmarsch und erwog zum Schutz Saudi-Arabiens sowie der übrigen Golf-Anrainerstaaten die Aufstellung einer Friedenstruppe. Zwei Tage später verband Saddam Hussein sein Rückzugsangebot mit der Forderung nach dem Abzug aller israelischen Truppen aus den seit 1967 besetzten Gebieten und verwies dabei auf die bis heute nicht umgesetzten Resolutionen 242 von 1967 und 338 von 1973.[35]

Nun ängstigten die USA den saudi-arabischen König Fahd mit einer militärischen Bedrohung durch Saddam, untermauert von gefakten Luftaufnahmen des Pentagons, die angeblich den irakischen Aufmarsch an der Grenze zum saudischen Königreich zeigten.[36] Daraufhin schloss sich Fahd der »Koalition der Willigen« an und öffnete sein Land für US-Stützpunkte. Diese Allianz funktioniert nun seit fast 30 Jahren. Nach den Spannungen in der Golfregion Ende Juli 2019 schickte das US-Militär Soldaten nach Saudi-Arabien. Der Schritt diene als *»zusätzliche Abschreckungsmaßname«* und dazu, *»die Streitkräfte und Interessen der USA in der Region vor Bedrohungen zu schützen«*, teilte CENTCOM mit.[37]

Am 11. September 1990 erklärte Präsident George H. W. Bush im Kongress: *»Nach Verhandlungen und Versprechungen des irakischen Diktators Saddam Hussein, keine Gewalt anzuwenden, ist eine mächtige Armee in das vertrauensselige und viel schwächere Nachbarland Kuwait einmarschiert. Innerhalb von drei Tagen strömten 120 000 Soldaten und 850 Panzer nach Kuwait und bewegten sich nach Süden, um Saudi-Arabien zu bedrohen. Zu diesem Zeitpunkt entschloss ich mich, diese Aggression aufzuhalten.«*[38] Die Lösung aller Weltprobleme sah Bush in einer neuen Weltordnung, damit beginne eine *»neue Ära, die frei von der Bedrohung durch den Terror, stärker im Streben nach Gerechtigkeit und sicherer in der Suche nach Frieden ist. Eine Ära, in der die Nationen der Welt, Ost und West, Nord und Süd, gedeihen und in Harmonie leben können … Hundert Generationen haben diesen schwer zu beschreitenden Weg zum Frieden gesucht, während tausend Kriege über die Spanne der menschlichen Bemühungen hinweg wüteten, und heute kämpft diese neue Welt darum, geboren zu werden. Eine Welt, die ganz anders ist als die, die wir bisher kannten. Eine Welt, in der die Rechtsstaatlichkeit die Herrschaft des Dschungels ver-*

*drängt. Eine Welt, in der die Nationen die gemeinsame Verantwortung für Freiheit und Gerechtigkeit anerkennen. Eine Welt, in der die Starken die Rechte der Schwachen respektieren.«*[39]

Was waren die Triebkräfte und Interessen der Bush-Administration, gegen den bisher tolerierten Machthaber des Irak derart massiv vorzugehen und Kuwait zu einer so grundsätzlichen Angelegenheit werden lassen? Es waren eindeutig geopolitische Vorgaben. Präsident Carter hatte 1980 den Nahen Osten ausdrücklich zur Einflusssphäre der USA erklärt (Carter-Doktrin), in der sie ihre Vormachtstellung unter allen Umständen zu verteidigen hätten. Drei Jahre später entstand CENTCOM, es liegt direkt unterhalb von Mackinders Herzland und umfasst Länder wie Ägypten, Sudan, Kenia, Äthiopien, Somalia usw. Von CENTCOM wurde die Operation »Desert Storm« (1991) geführt, die Kriege in Afghanistan sowie im Irak. Seit 2015 werden CENTCOM-Truppen vor allem in Afghanistan unter der Schirmherrschaft der Operation »Freedom's Sentinel« eingesetzt, die ihrerseits Teil der »Resolute Support Mission« der NATO ist (von 2015 bis heute), sowie in Irak und Syrien seit 2014 als Teil der Operation »Inherent Resolve« in unterstützender und beratender Funktion. Aller Voraussicht nach werden die USA dauerhaft in der Region bleiben.

Völkerrechtsbrüche und die Besetzung von Staatsgebieten hatten die USA in der Vergangenheit nicht nur selbst durchgeführt, sondern auch häufig toleriert, z. B. die militärische Okkupation Nord-Zyperns durch Fallschirmjäger des NATO-Verbündeten Türkei, die mit Völkermord einhergehende brutale Besetzung Ost-Timors durch den US-Freund Indonesien, die jahrzehntelange Besetzung des Gazastreifens, der Westbank, der Golanhöhen und von Teilen des Libanon durch Israel. Und als 1980 der Irak den Iran überfiel, war dies ebenso völkerrechtswidrig wie später der Überfall auf Kuwait. Statt Zwangsmaßnahmen gegen den Irak zu verhängen, unterstützten die USA und die westliche Welt ihn damals jedoch mit Gerät und Waffen, auch Biowaffen.

Abgesehen von den geopolitischen Zielen der USA sollte – was sich auch der Verbündete Saudi-Arabien wünschte – eine Führerschaft Saddam Husseins in der arabischen Welt unbedingt vermieden werden. Im Sinn der Carter-Doktrin sollte CENTCOM die konservativen Staaten am Golf vor internem Umsturz und äußerer Bedrohung schützen. Es ging um nichts anderes als elementare US-Sicherheitsinteressen, die mit den Energieinteressen aufs Engste verwoben waren.

Einen Monat nachdem Bush den Vereinten Nationen seine »neue Weltordnung« vorgestellt hatte, erwiesen sich seine hehren Worte als Makulatur: Wie schon 1898 im Krieg gegen Spanien erfolgreich erprobt, manipulierte man die Bevölkerung mithilfe psychologischer Kriegführung – flankiert von immensen Geldern – in eine opferbereite Kriegszustimmung hinein. Allein 20 PR-Agenturen und Lobbyisten der in den USA operierenden kuwaitischen Lobbyorganisation »Citizens for a free Kuwait« wurden für eine Kampagne engagiert, um zweifelnde Politiker und die Bürger der USA und anderer Staaten von der Notwendigkeit eines Waffengangs am Golf zu überzeugen. Der ehemalige US-Botschafter von Bahrain, Sam Zakhem, führte zwei Frontgruppen – der »Coalition for Americans at Risk« sowie der »Freedom Task Force« – 7,7 Millionen Dollar zu und unterhielt einen Stab von fünfzig Rednern für Kriegspropaganda und öffentliche Events, während die Rendon-Group und Neil & Co. monatlich sechsstellige Beträge in Lobbyarbeit steckten.[40] Am 10. Oktober 1990 schilderte die 15-jährige Kuwaiterin Nijirah al-Sabah, Tochter des kuwaitischen UN-Botschafters Saud Nasir al-Sabah, vor dem Menschenrechtsausschuss des US-Senats unter Tränen ihre Erlebnisse als freiwillige Helferin in einer kuwaitischen Entbindungsabteilung: Entmenschte irakische Soldaten hätten das Spital gestürmt, die Brutkästen geraubt und 312 Babies auf dem kalten Boden sterben lassen.[41] Fragen wurden nicht gestellt: Die Welt wollte es einfach glauben.

Die Demaskierung der »neuen Weltordnung« ging weiter. Obwohl der Sieg über den Kommunismus zum Greifen nah war, wurde am 5. November 1990 das Gesetz über die Auslandsgelder für 1991 im US-Kongress verabschiedet. Damit wurden den verbliebenen sozialistischen Ländern – Angola, Kambodscha, Kuba, Iran, Irak, Jugoslawien, Libyen, Syrien, Korea (DPRK) und Vietnam – die Geldmittel gekappt. Am ärgsten betroffen war die Bundesrepublik Jugoslawien. Da das Gesetz auch Einfluss auf IWF- und Weltbank-Finanzierungen hatte, kam es einem Exekutionsbefehl gleich: Den einzelnen Republiken sollten die Geldmittel weiter zufließen, sofern sie sich von Jugoslawien lossagten und kapitalistisch wurden.[42] Die im Gesetz enthaltenen Vorschriften waren anscheinend so verheerend, dass selbst in einem CIA-Bericht ein blutiger Bürgerkrieg als Folge vorausgesagt wurde.[43] Tatsächlich geriet die jugoslawische Bundesregierung bald in eine tiefgreifende Krise, da sie nicht imstande war, die enormen Zinsen auf Auslandsschulden zu zahlen oder gar Rohstoffe für die Industrie zu ordern. Dagegen erhielten Länder, die sich wie Polen eilig in Richtung einer kapitalistischen Marktwirtschaft bewegten, spezielle Finanzierungen.[44]

Am 27. November 1990 konnten mit dem medienwirksamen Auftritt einer »kuwaitischen Krankenschwester« im Plenarsaal des Sicherheitsrats der Vereinten Nationen die Herzen der Welt für einen Krieg gewonnen werden. Hier trat Nijirah al-Sabah gemeinsam mit einem weiteren Augenzeugen auf, der als der Chirurg Dr. Behbehani vorgestellt wurde und nach eigenen Angaben einem Begräbnis von 40 Babys beigewohnt hatte. Und am 29. November ermächtigte der UN-Sicherheitsrat die Mitgliedstaaten mit der UN-Resolution 678 zu militärischer Gewalt gegen den Irak.

Auf dem Gipfeltreffen der 34 KSZE-Staaten im November in Paris wurde der Kalte Krieg definitiv für beendet erklärt. Am Rand des Gipfels verabschiedeten die NATO- und die Warschauer-Pakt-Staaten eine gemeinsame Erklärung, in der sie ihre Verpflichtung zum Nichtangriff bestätigen. Abschließend verkündeten die Staats- und Regierungschefs feierlich die »Charta von Paris für ein neues Europa« – Hoffnung auf ein neues, friedlicheres Jahrzehnt. Das aber war anscheinend verfrüht, denn schon am 2. Januar 1991 beschloss der Nordatlantikrat der NATO – angeblich auf Bitten der Türkei –, Teile der Luftkomponente der Allied Command Europe Mobile Force (AMF), das waren mehr als 40 Kampfflugzeuge aus Belgien, Deutschland und Italien, in die Türkei zu verlegen.

Trotz einiger Zweifel am Wahrheitsgehalt der »Brutkastengeschichte« bezogen sich in der Kongressdebatte vom 12. Januar sieben Senatoren auf diese Geschichte. Drei Tage später sollte sie zum Krieg führen. Bush hatte sich fünfmal auf den Vorfall berufen und erklärt, dass diese *»schrecklichen Gräueltaten«* einem *»Wiedersehen mit Hitler«* gleichkämen.[45] Und dieser Präsident hatte nur wenige Monate zuvor eine »neue Ära« beschworen, *»die frei von der Bedrohung durch den Terror, stärker im Streben nach Gerechtigkeit und sicherer in der Suche nach Frieden ist«!*

Am 16. Januar 1991 ließ er eine weitere programmatische Rede folgen, die von CNN weltweit live ausgestrahlt wurde. Hier definierte Bush ein neues Koordinatensystem mit den politischen und militärischen Zielen der nach dem Wegfall der auf den Ost-West-Gegensatz bezogenen ideologischen Freund-Feind-Schemata übriggebliebenen Weltmacht. Mit dieser Transformation sollte das bisherige, europäisch orientierte Konzept der bipolaren nuklearen Abschreckung in eine neue, *»primär konventionell instrumentalisierte und primär auf die Nord-Süd-Beziehungen«* ausgerichtete Abschreckungsbeziehung überführt werden.[46]

Tags darauf begann die Operation »Wüstensturm«: Soldaten aus 34 Ländern – Afghanistan, Argentinien, Australien, Bahrain, Bangladesch, Kanada, der Tschechoslowakei, Dänemark, Ägypten, Frankreich, Griechenland, Ungarn, Honduras, Italien, Katar, Kuwait, Marokko, der Niederlande, Niger, Norwegen, Oman, Pakistan, Polen, Portugal, Saudi-Arabien, Senegal, Südkorea, Spanien, Syrien, der Türkei, den Vereinigten Arabischen Emiraten, dem Vereinigten Königreich und der Vereinigten Staaten – starteten einen massiven Luftkrieg gegen den Irak.

Währenddessen trat in Bonn der Bundestag zusammen. Kanzler Kohl gab dem Irak die alleinige Schuld am Kriegsausbruch, dagegen verurteilten Grüne/Bündnis 90 in einer Resolution den Angriff. Ein Entschließungsantrag der SPD fand keine Mehrheit, weil er Passagen enthielt wie *»dass Sanktionen und Diplomatie keine ausreichende Chance gehabt hätten«*[47].

Während der Krieg die Wüste erbeben ließ, verkündete Bush in seiner Botschaft zur Lage der Nation am 29. Januar 1991: *»Die Welt kann diese Gelegenheit ergreifen, um die alte Verheißung einer neuen Weltordnung zu erfüllen, in der Brutalität sich nicht auszahlt und Aggression auf kollektiven Widerstand trifft ...«*[48] Dieses Credo des Präsidenten goss der Politikberater des Weißen Hauses und Kolumnist der *Washington Post* Charles Krauthammer in seinem viel beachteten Aufsatz »The unipolar Moment« in Blei: *»Unsere beste Hoffnung auf Sicherheit ... ist Amerikas Stärke und die Willenskraft, eine unipolare Welt zu führen und ohne Scham die Regeln der Weltordnung festzulegen und sie auch durchzusetzen.«*[49]

Als am 1. März 1991 Außenminister Hans-Dietrich Genscher Verteidigungsminister Richard Cheney und US-Präsident Bush besuchte, wurde mit großer Zufriedenheit registriert, dass Bonn für den Golfkrieg 5,5 Milliarden Dollar (es sollten insgesamt 18 werden) zugesagt und bereits 2,9 Milliarden überwiesen hatte. Hinzu kamen Sachleistungen in Milliardenhöhe.[50] Vom US-Kongress kam jedoch Kritik an der Verweigerungshaltung der Bundesrepublik hinsichtlich des Einsatzes von Truppen. Dabei hatte man Israel eine Patriot-Raketenbatterie für die Abwehr der irakischen Scud, dazu ABC-Spürpanzer, Gerät und Ausrüstung zum Schutz der Zivilbevölkerung vor Angriffen mit biologischen und chemischen Kampfstoffen geschickt und zum Schutz türkischer Flugplätze Luftabwehrraketen der Typen Roland und Hawk samt 530 deutschen Soldaten zusätzlich zu den dort bereits stationierten Alpha Jets samt 200 Mann Besatzung bereitgestellt und die Marine mit Kampfflugzeugen und weiteren Schiffen ins Mittelmeer entsandt. Insgesamt standen 3100 deutsche Soldaten an der Grenze zum Kriegsgebiet – die größte Mobilisierung außerhalb Deutschlands seit dem Zweiten Weltkrieg.[51]

Gedrängt von den Verbündeten, hatte die Bundesrepublik ihre bewährten und auf dem Grundgesetz basierenden Prinzipien ihrer Außenpolitik preisgegeben. Und die Wiedervereinigung lag erst wenige Monate zurück. Eine sichtbar aktive Kriegsbeteiligung wäre sicherlich auf Widerstand gestoßen. Zwei Jahre später sollte sich die Bevölkerung an Auslandseinsätze gewöhnen. Im April 1993 beschloss der Bundestag, die für die Bundesrepublik noch als »humanitär« verbrämte UN-Mission UNOSOM II mit 1700 Soldaten zu unterstützen. Die Somalia-Entsendung 1993 war ein wichtiger Schritt bei der Gewöhnung der deutschen Bevölkerung an weitere Kriegseinsätze in aller Welt. Heute meldet die Bundeswehr zwölf Einsätze auf drei Kontinenten: Kosovo, Libanon, Irak, Afghanistan, Westsahara, Mali, Sudan, Südsudan, Jemen, Jordanien, Syrien und Horn von Afrika, dazu Missionen in Litauen, Ägäis, Nordatlantik und Mittelmeer.[52]

Nach der »Befreiung« Kuwaits – der autokratische Sabah-Clan samt seinem feudalistischen System war wieder an der Macht und Demokratie weiterhin ein Fremdwort – beschwor Präsident Bush am 6. März 1991 *»die sehr reale Aussicht«* auf eine neue Weltordnung, in der *»die Grundsätze der Gerechtigkeit und des Fairplay ... die Schwachen vor den Starken schützen«*. In leuchtenden Farben malte er eine neue Welt aus, *»in der die Vereinten Nationen, befreit vom Patt des Kalten Krieges, die historische Vision ihrer Gründerväter verwirklichen werden; eine Welt, in der Freiheit und Menschenwürde ihren Platz in allen Ländern finden.«*[53]

Nun, für den Irak sollte sich diese Vision nicht erfüllen. Gezielt wurde die dortige Infrastruktur und damit auch die Umwelt angegriffen: Elektrizitätsanlagen, Nachrichtentechnik, Hafeneinrichtungen, Ölraffinerien und -pipelines, Eisenbahnen und Brücken.Der angeblich »saubere Bombenkrieg« war nichts als eine Lüge zur Beruhigung der Öffentlichkeit. Neben dem Einsatz von Streubomben hatten die alliierten Truppen 320 Tonnen Geschosse aus abgereichertem Uran-235 verschossen. Nach Durchdringen der Panzerung verwandelt sich das erhitzte Geschoss in ein schwach strahlendes Feinststaub-Aerosol. Die strahlenden Nanopartikel führen zu einem Anstieg der Krebsraten und zu Schädigungen im Erbgut. Von 1990 bis 1995 erforschte derTropenarzt und Epidemiologe Horst-

Siegwart Günther die bis dahin unbekannten Krankheitssymptome.[54] Besonders auffällig waren die vielen, entsetzlich missgebildeten Säuglinge, schwere Störungen der Nieren- und Leberfunktion sowie bösartige Hauttumore und andere Krebsarten.[55] Verzögert traten die Krankheitssymptome dann bei amerikanischen und britischen Golfkriegsveteranen und ihren Kindern auf. Günther und sein amerikanischer Kollege Doug Rokke konnten neben weiteren Wissenschaftlern den ursächlichen Zusammenhang mit der Einatmung der radioaktiven Feinstaubpartikel nachweisen.[56] Da der Wind diesen »Todesstaub«[57] um die ganze Welt trägt, forderten sie das sofortige Verbot der Uranmunition. Der UN-Prozess zur Ächtung der Waffe wird seit Jahren behindert, insbesondere durch Stimmenthaltung in der UN-Generalversammlung.[58]

Die hoffnungslose Situation in ihrem Land führte zur Flucht von über 600 000 Irakern in die Türkei und über 900 000 in den Iran. Vor ihrem Abzug gaben die USA der kurdischen wie auch der schiitischen Minderheit ein zweideutiges Signal zum Aufstand, der Irak konnte diesen mit den verbliebenen Kampfhubschraubern jedoch nachhaltig unterdrücken. Mittels Flugverbotszonen unterbanden die USA derartige Übergriffe. Viele fragten sich, warum Saddam Hussein nur teilweise entwaffnet und nicht vollständig besiegt worden war. Der damalige Generalstabschef Colin Powell gab eine einleuchtende Erklärung: »... *in der Praxis hatten wir die Absicht, Bagdad so viel Macht zu lassen, dass es für den Iran, der sich gegenüber den Vereinigten Staaten nach wie vor sehr feindselig verhielt, weiterhin eine Bedrohung darstellte*«.[59] Das alte angelsächsische Spiel der Balance of Power!

Die Kosten des Zweiten Golfkriegs bezifferte der Kongress auf etwa 61,1 Milliarden US-Dollar, wovon die USA nur 9 Milliarden trugen. Der Rest verteilte sich auf andere Staaten. Im April 1991 hielt sich der deutsche Verteidigungsminister Gerhard Stoltenberg zu Gesprächen in Washington auf. US-Verteidigungsminister Cheney wies auf eine wichtige Erkenntnis aus dem Golfkrieg hin: die direkte Berührung europäischer Sicherheit im Nahen Osten. Weiter äußerte sich Cheney besorgt über den wirtschaftlichen Niedergang in der Sowjetunion. Sicherheitsberater Brent Scowcroft ging ebenfalls auf die verschärften inneren Konflikte in der Sowjetunion ein und betonte, dass die NATO als das *»einzige voll funktionsfähige System westlicher Sicherheit«* auch in Zukunft unentbehrlich sei. Als Quintessenz des Besuchs hielt Stoltenberg fest, in Zukunft müsse die Bundesrepublik bei internationalen Aktionen aktiver werden, andernfalls werde sie außenpolitisch in Schwierigkeiten geraten.[60]

## Der Balkan wird neu geordnet

Anfang November 1990 verabschiedete der Kongress das Gesetz über die Bewilligung von Auslandsmitteln für 1991. Damit wurden die Mittel für Jugoslawien dramatisch gekürzt, weil die strategische Rolle des Landes für die NATO mit der erwarteten Auflösung des Warschauer Pakts obsolet geworden war. Die Prophezeiung der CIA sollte sich schneller als erwartet erfüllen: Am 25. Juni 1991 erklärten die Teilrepubliken Kroatien und Slowenien ihre Unabhängigkeit, und zwei Tage später brach der Bürgerkrieg aus. Gleichzeitig erfolgte ein letztes Aufbäumen der Sowjetunion, Michail Gorbatschow wurde vom 18. bis zum 21. August auf der Krim festgesetzt und isoliert. Die Führer des Putschversuchs waren angeblich Mitglieder einer strukturkonservativen und reaktionären Junta sowie Kommunisten der KPdSU. Boris Jelzin, Präsident der sowjetischen Teilrepublik Russland, forderte die Bevölkerung zum Widerstand auf, und die Putschisten kapitulierten nach drei Tagen. Bis Ende August erklärten sich die Republiken Georgien, Estland, Lettland, Kirgisien und Usbekistan für unabhängig.

Im Herbst taten das auch die jugoslawischen Teilrepubliken Mazedonien und Bosnien-Herzegowina – Letztere gegen den Protest der serbischen Bevölkerungsminderheit. Der UN-Sicherheitsrat sah sich nun veranlasst, gegen Jugoslawien ein Waffenembargo zu verhängen.

Anlässlich der NATO-Tagung Anfang November 1991 in Rom wurde ein neues »Strategisches Konzept des Bündnisses« vorgestellt, das den Aufbau von Schnellreaktions- sowie Krisenreaktionskräften vorsah. Im Vorfeld hatte es sich Bundeskanzler Kohl zum Ziel gesetzt, die verfassungsrechtliche Grundlage für die Teilnahme deutscher Soldaten an kollektiven Operationen der UNO oder der Westeuropäischen Union (WEU) auch außerhalb des NATO-Gebiets zu schaffen. Die strategische Neuausrichtung der Bundeswehr legte er in die Hände des agilen Militärplaners Klaus Naumann und ernannte ihn zum bisher jüngsten Generalinspekteur der Bundeswehr. Nun wurden die NATO-Beschlüsse schnell umgesetzt. Auf das sogenannte Stoltenberg-Papier[61] vom Februar 1992 mit der militärpolitischen und -strategischen Neuausrichtung der Bundeswehr folgten im November die vom neuen Verteidigungsminister Volker Rühe erlassenen Verteidigungspolitischen Richtlinien.

Ende November 1991 bat die Belgrader Regierung offiziell um die Entsendung einer UN-Friedenstruppe zur Errichtung von Pufferzonen zwischen den Kriegsparteien. Während die EG ihre Wirtschaftssanktionen gegen Serbien und Montenegro bestehen ließ, beschlossen die Außenminister am 17. Dezember in Brüssel die völkerrechtliche Anerkennung der anderen jugoslawischen Teilrepubliken, die dann Anfang 1992 erfolgte. Im Dezember 1991 war mit dem Beitritt von acht ehemaligen Sowjetrepubliken zur Gemeinschaft Unabhängiger Staaten (GUS) die Sowjetunion Geschichte. Als letzte Amtshandlung übergab Michail Gorbatschow Russlands Präsidenten Boris Jelzin das Kommando über die strategischen Atomwaffen und ließ die rote Flagge vom Kreml einholen. Russland hielt zwar noch an Jugoslawien als Völkerrechtssubjekt fest, folgte aber Anfang 1992 der Anerkennungspolitik der EU. Außenminister Kosyrew vereinbarte mit Ljubljana und Zagreb die Aufnahme diplomatischer Beziehungen, mit Rücksicht auf Griechenland und die EG jedoch nicht mit Skopje. Im Mai 1992 versuchte Außenminister Kosyrew auf einer Jugoslawienreise vergeblich zwischen den Kriegsparteien zu vermitteln. Er stand dabei unter dem Druck der national-kommunistischen Opposition, die ihm Servilität gegenüber dem Westen und Verrat am serbischen »Brudervolk« vorwarf.[62] Höhepunkt der Zusammenarbeit mit dem Westen war die Zustimmung Russlands zu den am 29. Mai 1992 über Restjugoslawien verhängten Wirtschaftssanktionen, die Belgrad sich selbst zuzuschreiben habe.[63]

## Neue Aufgaben für die NATO

Während sich Russland neu finden musste und bereit war, mit dem Westen gemeinsame Politik zu machen, übertrug US-Verteidigungsminister Richard Cheney seinem Staatssekretär Paul Wolfowitz die Ausarbeitung der neuen US-Strategie für die Gewährleistung der globalen Vorherrschaft der USA. Unterstützt wurde er von Lewis Libby und Zalmay Khalilzad. Am 18. Februar 1992 legten sie die »Defence Planning Guidance« – ein 46-Seiten-Dokument – für die Fiskaljahre 1994 bis 1999 vor. Hier finden sich bereits die Grundlinien der US-amerikanischen Politik nach dem 11. September 2001: *»Unser Hauptziel ist die Verhinderung des Aufstiegs eines Rivalen. Dies ist die Grundprämisse der neuen regionalen Verteidigungsstrategie; sie verlangt jede Anstrengung, feindliche Mächte an der Kontrolle einer Region und ihrer Ressourcen sowie damit verbundenen globalen Machtambitionen zu hindern. Diese Regionen schließen Westeuropa, Ostasien,* *das Territorium der früheren Sowjetunion und Südwestasien ein.«*[64] Weiter wurde die Sicherung amerikanischer globaler Interessen und die Verbreitung »amerikanischer Werte« durch Unterstützung demokratischer Regierungsformen und offener Wirtschaftssysteme verlangt. Die Interessen werden unverhohlen genannt: Zugang zu den wichtigsten Rohstoffen, besonders den Ölvorkommen am Persischen Golf, sowie die Verhinderung der Verbreitung von Massenvernichtungswaffen. Hierzu wurde ein präemptives Handeln gegen eine hypothetische Bedrohung empfohlen: *»die USA sollten bereit sein, den Einsatz nuklearer, biologischer oder chemischer Waffen von vornherein zu verhindern«.*[65] Nun sollte die NATO nicht mehr nur das Instrument der westlichen Verteidigungs- und Sicherheitspolitik sein, sondern auch zuständig für den US-Einfluss auf europäische Sicherheitsbelange (siehe Balkankriege/Ukraine).

Mit der Auflösung des kommunistischen Machtblocks hätte das vereinte Deutschland seine Bundeswehr eigentlich auflösen können. Das schien aber nicht im Sinn des Paten aus Übersee zu sein, denn die USA hatten bereits seit 1987 mit der Transformation ihrer Streitkräfte für weltweite Einsätze begonnen. Verzögert folgte die Bundeswehr.

In der »Londoner Erklärung« vom 6. Juli 1990 feierte sich die NATO als das *»erfolgreichste Verteidigungsbündnis der Geschichte«* und wies auf ihre neue Rolle hin, *»noch stärker eine treibende Kraft des Wandels«*[66] in Europa werden. Der stabilisierende Faktor in Europa, die OSZE, war für die USA obsolet geworden und für Europa damit die Chance vertan, die OSZE zu einem europäischen kollektiven Sicherheitssystem unter Einschluss Russlands auszugestalten. Ziel der USA war eine Revision der NATO-Strategie nach den Vorstellungen einer neuen Weltordnung. Dazu sollte die NATO nach dem Ende des Ost-West-Konflikts zu einem weltweit agierenden Interventionsbündnis ausgebaut werden.

Eine Bedrohung wurde nicht mehr im Osten, sondern im Süden verortet. Während den Gefahren militärisch begegnet wurde, musste zugleich der freie Zugang zu den Außenmärkten und Ressourcen im Sinne von Generals Alfred M. Gray abgesichert werden.[67] Dem Geostrategen schwebte eine Institution vor, mit der die verteidigungs- und sicherheitspolitischen Kontakte zu den sich entwickelnden Demokratien Mittel- und Osteuropas und Eurasiens hergestellt werden konnten. Colin Powell – damals Vorsitzender des Vereinigten Generalstabs – billigte den Plan, und am 5. Juni 1993 wurde das »George C. Marshall

European Center for Security Studies« mit Sitz in Garmisch-Partenkirchen feierlich eingeweiht, um mit Unterstützung Deutschlands osteuropäische und zentralasiatische Kader in Führungs- und Kommunikationstechnik auf die gemeinsame Zusammenarbeit vorzubereiten.

## Der Vertrag von Maastricht

Am 7. Februar 1992 erhoben die Außen- und Finanzminister die Sektgläser auf den »Vertrag über die Europäische Union« mit dem Plan einer Währungsunion – kurz »Vertrag von Maastricht«. Vielen Ökonomen, besonders in Deutschland, war weniger zum Feiern zumute, sie waren beunruhigt, einige gar entsetzt über die Pläne, da die Euro-Union nicht stabil sein werde und Konflikte heraufbeschwöre. Die Befürworter betonten vor allem die Vorteile einer gemeinsamen Währung: keine Umtauschkosten, geringe Transaktionskosten und in der Folge zunehmender Handel. Der Bevölkerung wurde mehr Wachstum und Wohl-

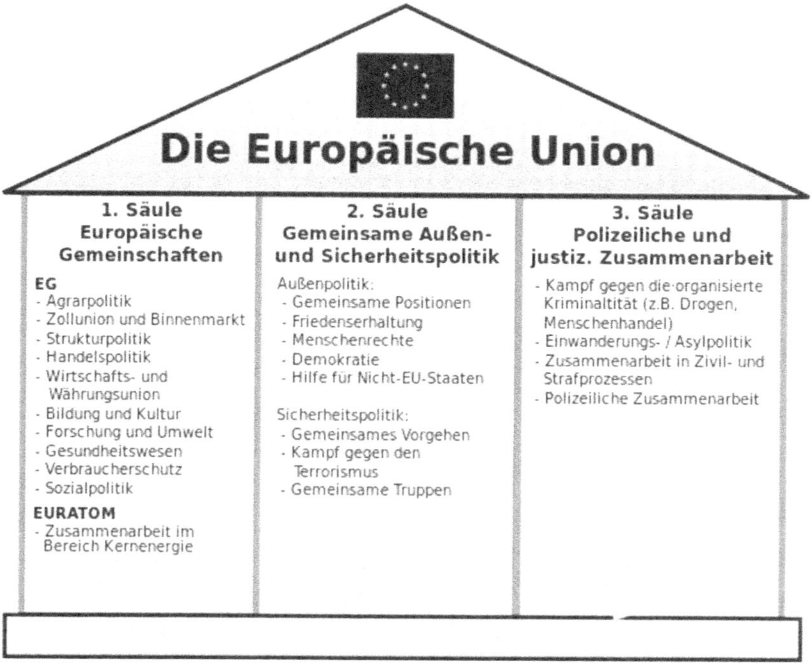


*Die Inhalte der zweiten und dritten Säule blieben bis heute bloße Lippenbekenntnisse*

stand in Aussicht gestellt. Die Chefvolkswirte der Deutschen Bank, der Commerzbank und der Dresdner Bank befürworteten den Euro.

Im Juni 1992 veröffentlichten 60 Ökonomen das Manifest »Die währungspolitischen Beschlüsse von Maastricht: Eine Gefahr für Europa«, das Renate Ohr von der Universität Göttingen formuliert hatte. Die *Frankfurter Allgemeine Zeitung* druckte das Manifest am 11. Juni 1992 ab unter der Überschrift »Die EG-Währungsunion führt zur Zerreißprobe«. Unterzeichnet hatten es einige renommierte Wirtschaftswissenschaftler, etwa der Bonner Geldtheoretiker Manfred J. M. Neumann und der Präsident des Kieler Instituts für Weltwirtschaft, Herbert Giersch. Auch der frühere SPD-Wirtschafts- und Finanzminister Karl Schiller gehörte dazu.[68] Den Kritikern aber schlug die kalte Verachtung der Bundesregierung entgegen. Zur Beschwichtigung der Bevölkerung bekräftigte Finanzminister Theo Waigel, dass die Konvergenzkriterien für die Teilnahme am Euro (Inflation sowie Staatsdefizit und -schuldenstand) keinesfalls aufgeweicht würden. Die einseitige Diskussion versperrte den Blick auf die drei Säulen des neuen Hauses EU (siehe Abb. auf S. 213).

## Vitale Sicherheitsinteressen?

Deutschland zeigte sich auch bei der Umsetzung der NATO-Beschlüsse als Musterschüler. In Rühes Verteidigungspolitischen Richtlinien wurde die neue strategische Ausrichtung der Bundeswehr offen formuliert; als Begründung wurden *»vitale Sicherheitsinteressen«* aufgezählt.[69] Während Politiker wie Bundeswehrvertreter den politischen Stellenwert der VPR gern heruntergespielten, verwies das Bundesverteidigungsministerium 1995 kurz und knapp auf den damit *»erweiterte(n) Auftrag der Bundeswehr«.*[70]

Der ehemalige Staatssekretär im Verteidigungsministerium Lothar Rühl konstatierte, die *»kollektive Verteidigung«* des Bündnisgebietes in Europa könne nicht *»die Kernfunktion«* der NATO bleiben, Landstreitkräfte nicht mehr den Schwerpunkt bilden. *»Die Hauptaufgabe der alliierten Streitkräfte ist die militärische Unterstützung der Krisenbeherrschung und Konfliktverhütung geworden: das Eingreifen in bedrohliche Situationen als Prävention. Dazu sind europäische Luft-, See- und Eingreifkräfte mit einer luftbeweglichen Landkomponente ohne den kostspieligen Ballast großer Mobilmachungsorganisationen notwendig.«*[71] In der Umbauphase des Militärs beruhigten Begriffe wie »Konfliktverhütung« und »friedenserhaltende Maßnahmen« die Bürger und lenkten von den wahren Absichten ab, in der VPR aber wird Deutschland als *»kontinentale Mittelmacht«* mit weltweiten Interessen bezeichnet und die *»Aufrechterhaltung des freien Welthandels und des ungehinderten Zugangs zu Märkten und Rohstoffen in aller Welt im Rahmen einer gerechteren Weltwirtschaftsordnung«* festgelegt. Gemäß Punkt 10 soll *»im Sinne unserer Interessen«* und *»gegründet auf unsere Wirtschaftskraft, unseren militärischen Beitrag und vor allem unsere Glaubwürdigkeit als stabile, handlungsfähige Demokratie«* Einfluss auf internationale Institutionen genommen werden.[72]

Mit den VPR mutierte die Bundeswehr zu einem Instrument der deutschen Außenpolitik - parlamentarische Debatten fanden nicht mehr statt. Das Aberwitzige: Die Bundeswehr konnte mit einfacher Bundestagsmehrheit für weltweite Kampfeinsätze eingesetzt werden, für den Verteidigungsfall wurde jedoch eine Zweidrittelmehrheit benötigt. Behutsam wurden der deutschen Bevölkerung Einsätze außerhalb des NATO-Gebiets, sogenannte Out-of-Area-Einsätze, schmackhaft gemacht. Das Verteidigungsministerium pries die von 1991 bis 1994 nach Kambodscha entsandten 150 Sanitätssoldaten als »Engel von PnomPenh«. Sie waren dort für die Versorgung der UN-Blauhelme zuständig und agierten unter dem Etikett »humanitärer Einsatz«. Nach dem gewaltsamen Tod des Sanitätsfeldwebels Alexander Arndt stellte Verteidigungsminister Rühe klar, dass sich die deutsche Öffentlichkeit an tote deutsche Soldaten gewöhnen müsse. Der Tod eines Soldaten gehöre zur *»Normalität«*.[73]

Nun wurde der rechtliche Rahmen für einen Einsatz weiter gelockert: Am 13. Januar 1993 beantragte die Regierungskoalition, die Bundeswehr künftig sowohl bei *»friedenserhaltenden«* und *»friedensherstellenden«* Maßnahmen im Rahmen der UNO als auch unabhängig davon *»im Rahmen von regionalen Abmachungen«* oder *»gemeinsam mit anderen Staaten«* einzusetzen. Hilfsflüge nach Sarajewo, Überwachung des über Serbien und Montenegro verhängten Embargos durch Marineeinheiten der *Deutschland* in der Adria im Rahmen von NATO und WEU – diese Einsätze konnten gerade noch als verfassungskonform gelten, weil die Schiffe der Bundesmarine nur überwachen, aber nicht Embargobrecher mit Gewalt aufbringen sollten.

Auch an der Überwachung des über Bosnien-Herzegowina verhängten Flugverbots beteiligten sich seit Oktober 1992 deutsche Soldaten in den AWACS-

Flugzeugen der NATO. Im März 1993 erhielten die AWACS zusätzlich den Auftrag, das Flugverbot mittels Feuerleitung militärisch durchzusetzen – das bedeutete den direkten Kampfeinsatz für deutsche Soldaten, den ersten seit Ende des Zweiten Weltkriegs: In Somalia sollten sie in einem »sicheren Raum« humanitäre Aufgaben übernehmen: Bau von Feldlazaretten, Brunnen und Schulen. Da aber die USA im dem Bürgerkrieg massiv Partei ergriffen, stand die somalische Bevölkerung der UN-Präsenz größtenteils ablehnend gegenüber. »*Die UNO-Streitmacht ist zur Besatzungsmacht geworden, die auch vor Massakern nicht zurückschreckt – und so die Rebellion erst recht schürt*«, schrieb der *Spiegel* am 20. September 1993. Im März 1994 zogen die deutschen Soldaten unverrichteter Dinge wieder ab. Zurück blieben ungelöste Probleme und ein weiterhin schwelender Bürgerkrieg.

Die Bundesregierung erhoffte sich durch den Einsatz der Bundeswehr im Ausland einen ständigen Sitz im Sicherheitsrat der Vereinten Nationen und die Rückkehr zur Weltpolitik.[74] Die ideologische Wende klappte perfekt. Im verteidigungspolitischen Weißbuch von 1985 hieß es noch: »*Die Bundeswehr ist kein Instrument zur selbstständigen militärischen Machtentfaltung der Bundesrepublik.*« Im Weißbuch von Verteidigungsminister Volker Rühe (1994) wird dagegen nur lapidar festgestellt: »*Die Bundeswehr ist eines unter mehreren Instrumenten deutscher Außenpolitik.*«[75]

Die Absicht der vorsichtig gesteigerten Eskalation bei den Out-of-area-Einsätzen der Bundeswehr von Kambodscha bis Somalia bringt der CDU-Politiker Heinrich Lummer klar zur Sprache: Sie »*dienen primär der Gewöhnung der Menschen an die Möglichkeit des Krieges als (neuem-altem) Mittel deutscher Politik. Die Instrumentalisierung sogenannter humanitärer Intervention hingegen hat weniger mit Humanität als vielmehr mit der Notwendigkeit zur Umrüstung der Bundeswehr von einer offensiv orientierten Territorialverteidigungsmacht hin zu einer im Konzert der Großmächte handlungsfähigen Interventionsstreitmacht zu tun.*«[76]

Viele Bürger in West und Ost hatten nach dem Kollaps des kommunistischen Systems auf den endgültigen Sieg der liberalen Demokratie, den »*Endpunkt der ideologischen Evolution der Menschheit*«, gehofft.[77] Sie sollten jedoch enttäuscht werden. Anstelle der übersichtlichen Blockkonfrontation traten viele neue undurchschaubare Konflikte und Kriege in den Blickpunkt der Weltöffentlichkeit: das auseinanderbrechende Jugoslawien, der Golfkrieg, Ruanda – der »ewige Frieden« war wieder in weite Ferne gerückt.

*»Sollte es noch einmal zu einem*
*Krieg in Europa kommen,*
*wird er durch irgendeinen Unsinn*
*auf dem Balkan ausgelöst werden.«*

Otto von Bismarck (1815-1898)

# Ein neues imperiales Zeitalter

## Wachwechsel im Weißen Haus: Hoffnungsträger Bill Clinton

In seiner Antrittsrede im Januar 1993 wies Bill Clinton auf die Notwendigkeit der Globalisierung und die damit verbundenen Veränderungen hin – *»zum Schutz der amerikanischen Ideale von Leben, Freiheit und dem Streben nach Glück«*[1]. Er forderte die im Schatten des Kalten Kriegs aufgewachsene Generation auf, *»Verantwortung in einer vom Sonnenschein erwärmten Welt«* zu übernehmen, die allerdings von *»uraltem Hass und neuen Plagen«* bedroht sei. Da der Zusammenbruch des Kommunismus *»alte Feindschaften und neue Gefahren«* hervorbringe, müsse Amerika fortfahren, *»die Welt zu führen«*. Sollten die vitalen Interessen herausgefordert werden, warnte Clinton, werde es handeln, *»mit friedlicher Diplomatie oder, wenn notwendig, mit Macht«*. Dabei verwies er auf die mutigen Amerikaner, die im Persischen Golf, in Somalia und anderswo ihrer Nation dienten. Clinton beendete seine Rede mit den Worten: *»Von diesem freudigen Gipfel hören wir aus dem Tal den Ruf zum Dienen. Wir hören die Trompeten ... Wir haben die Wache gewechselt. Gott schütze Euch.«*[2]

Die außenpolitischen Koordinaten änderten sich durch die Machtübernahme der Demokraten keineswegs. Wenn es um Krieg oder Interventionen geht, herrscht im amerikanischen Kongress immer überparteiliche Einigkeit. Und so setzte Clinton die Politik seines Vorgängers fort, er unterstützte weiterhin Präsident Jelzin und drängte auf Friedensverhandlungen zwischen den kriegführenden Parteien in Bosnien-Herzegowina. Im Rahmen der Friedensgespräche unterzeichneten der bosnische Präsident Alija Izetbegović und Kroatenführer

Mate Boban im März 1993 den Friedensplan der UNO, der bosnische Serbenführer Radovan Karadžić verweigerte jedoch seine Zustimmung. Ende Juli einigten sich die Bürgerkriegsparteien auf einen Verfassungsentwurf, der eine Union aus drei Republiken – der serbischen, der kroatischen und der muslimischen – vorsah. Ungeachtet dessen eroberten die bosnischen Serben den Berg Igman und vervollständigten damit die Einkesselung von Sarajevo. Zugleich entwickelte sich ein weiterer Krisenherd in Georgien.

## Ein neues Feindbild: der Islamismus

In der Sommerausgabe 1993 der CFR-Hauspostille *Foreign Affairs* erschien der bald stark diskutierte Artikelvon Samuel P. Huntington »Der Kampf der Kulturen«[3]. Als ehemaliges Mitglied der »Kommission für integrierte Langzeitstrategie« und Leiter des John-M.-Olin-Instituts für strategische Studien der Universität Harvard besaß Huntington die Kompetenz, eine Weltkarte zu entwerfen, die hervorragend zu den vorherrschenden außenpolitischen US-Strategien und Stimmungen passte. Dass der Aufsatz einen beachtlichen Widerhall auslöste, lag auch daran, dass nur wenige Monate zuvor, am 26. Februar 1993, das World Trade Center (WTC) in New York erstmals Ziel eines Bombenanschlags von islamistischen Fundamentalisten war, die mittels einer 550-Kilo-Bombe aus Dieselkraftstoff und Dünger versucht hatten – so die offizielle Version –, das WTC zum Einsturz zu bringen. Zum Zeitpunkt der Explosion befanden sich dort rund 100 000 Menschen, von denen sechs getötet und über tausend verletzt wurden.

Huntingtons Artikel erinnerte an einen zurückliegenden, ebenso richtungweisenden Beitrag in *Foreign Affairs* vom 1. Juli 1947, eine Analyse des außenpolitischen Planungschefs George Kennan, die anonym abgedruckt worden war und den Begriff »Eindämmung« für die amerikanische Außenpolitik gegenüber der Sowjetunion einführte. Als zentrales Gebot der Truman-Doktrin bestimmte Kennan die Blockkonfrontation bis 1989. Der Mauerfall markierte aber nicht das Ende des Kalten Kriegs, auch nicht den Höhepunkt, sondern eine schleichende Ausdehnung. Huntington findet das in Ordnung. Als grundlegende Ursache der globalen Konflikte sieht er den jeweiligen kulturellen Hintergrund, wobei für ihn sieben bis acht Zivilisationen als Hauptakteure von Konflikten auftreten können: die westliche, die konfuzianische, die japanische, die islamische, die hinduistische, die slawisch-orthodoxe, die lateinamerikanische und möglicherweise die afrikanische. Eine der umstrittensten Aussagen des Aufsatzes – *»Der Islam hat blutige Grenzen«* – verschärfte Huntington in seinem Buch zum selben Thema: *»Die Grenzen des Islam sind in der Tat blutig, und das Innere ist es ebenfalls.«*[4]

In einem Interview mit der Zeit hielt Huntington den Islam indes nicht grundsätzlich für blutrünstig, sah aber viele Faktoren: *»Einer ist das historische Gefühl unter Muslimen, vor allem unter Arabern, dass sie vom Westen unterjocht und ausgebeutet worden seien. Ein anderer ist Groll über konkrete westliche Politik, insbesondere der amerikanischen Unterstützung Israels. Ein dritter ist die ›demografische Beule‹ in der islamischen Welt. Die Altersgruppe 15 bis 30 ist dort die größte. Diese jungen Männer finden zu Hause keine Jobs. Sie versuchen nach Europa auszuweichen oder lassen sich für den Kampf gegen Nichtmuslime rekrutieren. Al-Qaida zahlt sehr gut.«*[5] Für Huntington ist Krieg die logische Konsequenz aus dem kriegerischen Selbstverständnis des Islam und Mohammed als religiöses Vorbild gleichzeitig ein Kämpfer – im Gegensatz zum friedlichen Christus oder Buddha.[6]

In seinem später erschienenen Buch »Kampf der Kulturen« – damals *»geflügeltes Wort im politischen Diskurs und an den gehobenen Stammtischen«*[7] – empfiehlt Huntington eine Strategie, die an das römische Divide et Impera erinnert: *»Der Westen muss seine politischen Strategien koordinieren ... er muss Differenzen zwischen nichtwestlichen Staaten fördern und ausnutzen.«*[8] Zwangsläufig münde dieser Kampf in einen Streit um Erdölressourcen im südchinesischen Meer, um dann nach dem Zusammenschluss der islamischen und der konfuzianischen Zivilisationen gegen den Westen in einem nuklearen Weltkrieg zu enden. Huntington schlussfolgert: *»Im Kampf der Kulturen werden Europa und Amerika vereint marschieren müssen oder sie werden getrennt geschlagen.«*[9] Das war natürlich Musik in den Ohren des militärisch-industriellen Komplexes.

Rechtfertigte Huntingtons Prognose also *»die Aufrechterhaltung einer starken amerikanischen Rüstung«*[10]? Und war es Zufall, dass seine Theorie auf die beiden dringendsten Probleme amerikanischer Außenpolitik – den islamischen Fundamentalismus und die wachsende wirtschaftliche Konkurrenz Japans und Chinas – eine Antwort lieferte? Seine neue Formel *»The west versus the rest«* (Der Westen gegen den Rest) ersetzte jedenfalls nahtlos das alte Ost-West-Schema. Damit konnte das Hegemoniekonzept der Nachkriegszeit samt Überbau einer »Pax americana« nahtlos fortgeführt werden.

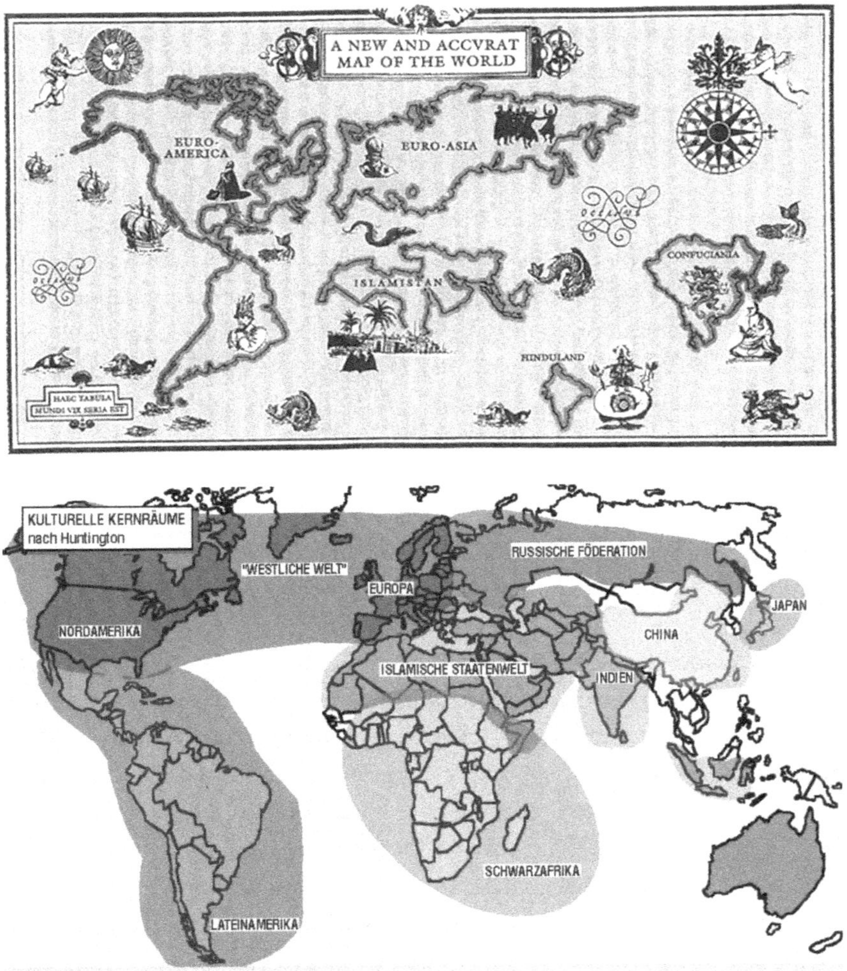


*Fiktive Landkarte, die nach Ende des Kalten Krieges (1991) im* Economist *erschien (oben): Der Atlantik teilt Euro-Amerika von Eurasien, was der heutigen Konfliktzone entspricht. Samuel L. Huntington griff diese Idee für seine kulturellen Kernräume auf*

In der gleichen Ausgabe des *Economist* erschien der Artikel »History got its timing wrong« (Die Geschichte hat sich mit dem Zeitpunkt vertan) von Brian Beedham. Demnach hätte der Kommunismus noch eine Generation länger dauern sollen, um die westliche Integration in Ruhe vollenden zu können. Damit stünde die Frage im Raum: Was wird aus dem wiedervereinigten Deutschland? Wird es sich Russland annähern und erneut einen »Sonderweg« gehen? Mit dem Hinweis auf mögliche künftige Konflikte im Süden und Osten der

EU suggerierte Beedham, dass »*ein kleiner, begrenzter Krieg am Rande Europas möglicherweise die Identität der westlichen Gemeinschaft festigen und integrative Prozesse neu beschleunigen könnte*«. Das trat ja nur ein Jahr später auf dem Balkan ein. Es sei sogar angedacht worden, dass das neue Gebilde »*Teil eines anderen, größeren, loseren Gebildes sein wird, welches Nordamerika mit einschließt*«[11]. Dieser Gesamtraum deckt sich mit dem Raum der lateinischen Christenheit – ähnlich wie bei Huntington.

## Die neue transatlantische Agenda

Nachdem in den Leitartikeln monatelang einer offenbar gedächtnislosen Öffentlichkeit eine »neue atlantische Gemeinschaft« gepriesen wurde, gab es bereits erste Schritte zum Aufbau eines atlantischen Imperiums: Anfang Dezember 1995 wurde die »Neue Transatlantische Agenda« (NTA) verabschiedet. In Ergänzung der Erklärung zur Festigung der transatlantischen Partnerschaft nannte sie vier Hauptziele:

- die Förderung von Frieden und Stabilität, Demokratie und Entwicklung in der ganzen Welt;
- die Reaktion auf globale Herausforderungen;
- Beitrag zur Ausweitung des Welthandels und zu engeren Wirtschaftsbeziehungen;
- Brückenschlag über den Atlantik (gemeinsamer Aktionsplan EU-USA).[12]

Das war ein ehrgeiziger Aufgabenkatalog, bei dem letztlich auch jeder Missbrauch möglich war – vor allem wenn man die amerikanische Vorliebe für einfache Weltbilder kennt. Der Iran hatte inzwischen die Sowjetunion als »Reich des Bösen« abgelöst, der iranisch-islamische Fundamentalismus wurde nunmehr als die größte Bedrohung amerikanischer Interessen im Nahen Osten angesehen. So fuhr Demokrat Clinton einen schärferen Kurs gegen den Iran als seine republikanischen Vorgänger Reagan und Bush, was im Kongress einen regelrechten Wettstreit um die härtere Linie gegenüber Teheran auslöste. Nun verkündete Clinton die »zweifache Eindämmung« von Irak und Iran mittels Wirtschaftssanktionen und politischer Ausgrenzung – bis heute Leitlinie amerikanischer Politik. Politischer Architekt der »zweifachen Eindämmung«

*Flagge der Vereinigten Staaten von Euro-Amerika: konsequente Umsetzung der US-Pläne für eine Einbindung Westeuropas*

war Clintons Berater für den Nahen und Mittleren Osten, Martin Indyk, der den Begriff am 18. Mai 1993 in einer Rede vor dem Washington Institute for Near East Policy prägte. Dort sprach Indyk auch von der Notwendigkeit, nach Ende des Kalten Kriegs die Region neu zu gestalten, wobei er den gesamten Raum vom östlichen Mittelmeer bis zu den postsowjetischen Republiken Zentralasiens umschrieb. Im Hinblick auf kommende Bedrohungen sollten die europäischen und japanischen Verbündeten ebenso wie Russland und China davon überzeugt werden, Iran beim Erwerb von Atomwaffen oder konventionellen Waffen nicht zu unterstützen. Ebenso wenig sollte Irans wirtschaftliche Lage durch Herstellung normaler Handelsbeziehungen erleichtert werden. Die ehemaligen Nationalen Sicherheitsberater Zbigniew Brzeziński und Brent Scowcroft sahen allerdings in der Isolierung Teherans durch die USA die Gefahr einer Annäherung zwischen Iran und Russland.[13]

## US-Intervention für die bosnischen Muslime

Am Ende der ersten einhundert Tage im Präsidentenamt war man, so Clinton, von einer befriedigenden Lösung der Bosnienkrise weit entfernt.[14] Senator Joseph Biden aus Delaware verlangte gemeinsam mit sieben Balkanexperten des Außenministeriums bereits militärische Aktionen gegen die bosnischen Serben.[15]

In Bosnien-Herzegowina – mit etwa 45 Prozent Muslimen, 30 Prozent Serben und rund 17 Prozent Kroaten – waren im Lauf der Jahrhunderte drei Expansionsbewegungen aufeinandergeprallt: *»jene des katholischen Heiligen Römischen Reiches aus dem Westen, jene des orthodoxen Christentums aus dem*

*Osten und jene des Osmanischen Reiches aus dem Süden«*[16]. Alija Izetbegović, islamischer Aktivist, Gründer und Parteivorsitzender der Partei der demokratischen Aktion und erster Präsident der Republik Bosnien und Herzegowina, wollte aus seinem Land nach dem Vorbild Israels ein Vaterland für alle südslawischen Muslime machen.[17] Mitte April 1992 ersuchte er die Türkei um Beistand, und Ende April verkündete Slobodan Milošević den Zusammenschluss Serbiens und Montenegros zu einem neuen jugoslawischen Staat und befahl den Rückzug seiner Armee aus Bosnien. Zurück blieben die bosnisch-serbischen Soldaten unter Führung von Ratko Mladić. In den folgenden Kämpfen zwischen muslimischen und serbischen Bosniern strebte jede Seite nach Territorialgewinnen sowie Erfolgen an der Medienfront. Außenminister Haris Silajdzic rief im August die Organisation islamischer Staaten auf, Bosnien im Kampf gegen die serbischen Aggressoren zu unterstützen.

Noch standen Briten und Franzosen aufseiten der Serben, den Bündnispartnern aus dem Zweiten Weltkrieg. Bei einem geeinten Bosnien unter muslimischer Führung fürchteten sie, dass in Europa ein Stützpunkt für islamische Extremisten entstehen könnte. Am 26. März 1993 sicherten Clinton und Kohl in Washington Präsident Izetbegović ihre Unterstützung zu, und fünf Tage später wurde die Flugverbotszone über ganz Bosnien ausgeweitet. *»Am 22. April 1993 bat mich der Holocaust-Überlebende Eli Wiesel bei der Einweihung des Holocaust Memorial Museum öffentlich und sehr eindringlich, mehr zu tun, um das Grauen zu stoppen«*, so Clinton in seiner Biografie.[18] Wiesel selbst hielt eine Schlüsselrede, in der er den Serben die alleinige Schuld am Krieg gab und zum Bombeneinsatz gegenüber Belgrad und Serbien aufforderte. Bei dieser Eröffnungsfeier befanden sich Mr. Tudjman and Mr. Izetbegović unter den Ehrengästen – serbische Holocaustüberlebende waren nicht geladen.

Präsident Izetbegovič war am Ende des Zweiten Weltkriegs noch ein Anhänger des Dritten Reiches. Die 13. SS-Division Handschar rekrutierte sich aus bosnischen Muslimen und war gefürchtet für ihre Gräuel. Ohne dass je radikal-islamische Tendenzen in Jugoslawien in Erscheinung getreten waren, veröffentlichte er 1970 – und 1990 in neuer Auflage – seine rassistisch eingefärbte »Islamische Deklaration«. Dort proklamierte er: *»Es kann keinen Frieden und keine Koexistenz zwischen dem Islamischen Glauben und nicht-islamischen Gesellschaften und politischen Institutionen geben.«*[19] Folgerichtig forderte er einen eigenständigen islamischen Staat. Dies wurde von Saudi-Arabien nachhaltig unterstützt, wie heute überall in Bosnien zu sehen ist. Die riesige König-Fahd-Moschee wurde ebenso mit saudischem Geld finanziert wie Hunderte von anderen nagelneuen und schneeweißen Moscheen. »*Der Islam in Bosnien galt traditionell als besonders europäisch, als friedlich und liberal. Doch seit Jahren haben strenggläubige muslimische Gruppierungen in dem Land Zulauf. Das liegt wohl auch am Einfluss der Golfstaaten*«, heißt es in einem Beitrag des *Deutschlandfunks* zu diesem Thema.[20]

Im Gegensatz dazu hatten die Serben heroisch gegen das nationalsozialistische Deutschland gekämpft. Nun wurden sie trotzdem mit Hitlerdeutschland gleichgesetzt. Wie konnte das geschehen? Die Aufgabe, sie zu Faschisten zu stempeln, übernahmen renommierte US-Public-Relations-Agenturen, wie »Ruder Finn Global Public Affairs«[21] und »Waterman Associates«. 1993 arbeitete die PR-Firma Ruder Finn nicht nur für den Kosovo, sondern auch für Kroatien und die Führung von Bosnien-Herzegowina, mit dem Ziel, über die öffentliche Meinung Amerika in diesen Bruderkrieg zu verwickeln. In einem Interview mit dem Direktor von Ruder Finn, James Harff, beleuchtete Jacques Merlino vom französischen Fernsehsender TV 2 die Rolle des Medienkartells bei der Aufbereitung und Präsentation politischer Sachverhalte. Besonders stolz zeigte sich Harff auf die Leistung, die Geschichte auf den Kopf gestellt und die »*jüdische Meinung auf unsere Seite*« gezogen zu haben, »*eine sensible Angelegenheit*«[22], so Harff, war doch die kroatische und bosnische Vergangenheit stark von einem brutalen Antisemitismus geprägt. Als hilfreich erwies sich, dass Mitbegründer David Finn den hohen ethischen Anspruch der Firma stets mit einem Hinweis auf seine jüdische Herkunft begründen konnte.

*Mit Fotos, die an KZs erinnern, konnte die breite Öffentlichkeit in den Krieg gegen Jugoslawien hineinmanipuliert werden*

Die große Chance für Ruder Finn kam am 5. August 1992. An diesem Tag präsentierten die britischen ITN-Journalisten Penny Marshall und Ian Williams der erschütterten Weltöffentlichkeit den abgemagerten Fikret Alic in einer Gruppe bosnischer Muslime, die dem Anschein nach auf einem stacheldrahtumzäunten Lagergelände eingesperrt waren. Sie erhielten für ihre Reportagen hoch dotierte Journalistenpreise. In Wirklichkeit aber standen die britischen Reporter im stacheldrahtumzäunten Bauhof der Lokalverwaltung.[23] Ungeprüft wurde nun auf die Existenz eines serbischen Konzentrationslagers in Trnopolje geschlossen, und über Nacht wurden die Bilder zum Symbol der Grausamkeit des Bosnienkriegs.

Die westlichen Regierungen forcierten ihre Bemühungen, auf die Entwicklungen in Bosnien diplomatisch und militärisch Einfluss zu nehmen. Nachdem in US-Zeitungen über serbische Lager berichtetet wurde, kontaktierte Harffs PR-Firma drei große jüdische Organisationen[24], um ihnen mit dem Hinweis auf die Ähnlichkeit zwischen den Lagern in Serbien und Konzentrationslagern der Nazis nahezulegen, Solidaritätsanzeigen für die muslimischen Bosniaken in der *New York Times* zu schalten und vor dem Gebäude der UN Protestkundgebungen durchzuführen.[25] *»Fast unmittelbar anschließend war eine deutliche Veränderung des Pressetenors festzustellen; man gebrauchte Worte mit hohem emotionalen Gehalt, wie z. B. ›ethnische Säuberung‹, ›Konzentrationslager‹ etc., bei denen man sofort an Nazi-Deutschland und die Gaskammern von Auschwitz denkt.«*[26] *»Niemand konnte dagegen angehen, ohne sich Revisionismus vorwerfen lassen zu müssen.«*[27] Von Merlino auf den Wahrheitsgehalt angesprochen, betonte Harff, dass es nicht Aufgabe der Firma sei, Informationen entsprechend zu überprüfen.[28]

Die PR-Agenturen setzten ohne jedes moralische Ethos und bar jeder Verantwortung Serben mit Nationalsozialisten gleich.Die überspitzte Kurzfassung lautete: *»Die Serben verfielen in einen nationalistischen Wahn und wollten ein Großserbien errichten, Slobodan Milošević, ein unverbesserlicher Kommunist, schwang sich zu ihrem Führer auf, griff mit der Jugoslawischen Volksarmee die nichtserbischen Republiken und Völker an und ließ sie dabei Massenvergewaltigungen, ethnische Säuberungen und Völkermord begehen; die anderen exjugoslawischen Nationen – Slowenen, Kroaten, Bosnier, Albaner, Mazedonier – waren friedliebende, demokratische Völker.«*[29] Besonders anfällig für derart offensichtliche Propaganda – mit etwas geschichtlichem Wissen hätte man die Absicht leicht durchschauen können – waren Funktionäre der Grünen. Der damalige grüne Staatssekretär im Auswärtigen Amt, Ludger Vollmer, verstieg sich gar zu der Aussage: *»Es war und ist Miloševićs Absicht, einen Teil seines Staatsvolkes zu vertreiben und auszurotten. Wer* *von dieser Analyse nicht ausgeht, ist für mich kein ernsthafter Gesprächspartner. Für mich steht fest: Das, was Milošević betreibt, ist Völkermord. Und er bedient sich der gleichen Kategorien, derer Hitler sich bedient hat.«*[30]

Den Feldzug der PR-Agenturen untersuchte Noam Chomsky 1999 im Internet: »*Eine Datenbanksuche danach, wie oft das Stichwort ›Völkermord‹ allein während der ersten Kriegswoche in den US-Medien fiel, brach beim Limit von 1.000 Treffern ab.«*[31] Bereits 1991 beschäftigte das US-Verteidigungsministerium mehr als 1000 Public-Relations-Mitarbeiter.[32] Darüber hinaus betrieb die Regierung zunehmend das »Outsourcing« der militärischen PR-Arbeit.

Die Propaganda blickt auch in Großbritannien auf eine lange Tradition zurück: 1749 schrieb David Hume: »*Wenn sich England im Kriege befindet, werde dem Gegner Grausamkeit, Heimtücke und Angriffslust unterstellt. Die eigene Sache und die der Verbündeten aber würden als moderat und gerechtfertigt angesehen. Der Anführer des Gegners sei blutrünstig und habe Freude an Tod und Zerstörung. Die Gewalt, die von der eigenen Seite ausgeübt werde, aber sei ein unvermeidbares Übel des Krieges.«*[33]

Mit entsprechendem Einsatz von Propaganda entschloss sich die Clinton-Regierung am 1. Mai 1993, das UN-Waffenembargo für die bosnischen Muslime aufzuheben und die bosnischen Serben gegebenenfalls mit Luftschlägen zu »disziplinieren«. Darin sahen die europäischen Alliierten – sie hatten im Gegensatz zu den USA größere Truppenkontingente in Bosnien zur Verfügung gestellt – eine nachhaltige Gefahr für die Sicherheit ihrer Soldaten. So verwarf man die Intervention und einigte sich auf die Eindämmung des Konflikts.

## Auftakt zum Endspiel in Bosnien

Das Bündnis zwischen den USA und den Mudschaheddin erlebte nun auf dem Balkan eine Neuauflage. Dem österreichischen Staatsschutz lagen Informationen vor, wonach sich extremistische Moslembrüder in Bosnien-Herzegowina engagierten und eine »Dschihad-Front« aufbauten. Mithilfe internationaler islamischer Hilfsorganisationen, etwa die durch Saudi-Arabien geförderte Al-Haramain Islamic Foundation, sollen Mudschaheddin mit Erfahrungen im Afghanistankrieg durch Österreich in die Krisengebiete geschleust worden sein.[34] Islamisten aus aller Welt machten Bosnien zum Schlachtfeld ihres Glaubens – ähnlich wie in den 30er-Jahren die europäische Linke dem vom Faschismus bedrängten Spanien zu Hilfe eilte.

Zwischen 1992 und 1998 sollen insgesamt einige hundert Araber offiziell einen bosnischen Pass und eine neue Identität bekommen haben, in den Botschaften *»überall im Ausland genügte eine Loyalitätserklärung und die Versicherung, sich niemals an Aggressionen gegenüber Bosnien zu beteiligen«.*[35] Da wundert es nicht, dass auch junge Bosnier ihr Heil in einem bis dahin nicht virulenten militanten Islam suchten. Einige Hundert ließen sich jeweils sechs Monate lang in Bin Ladens afghanischen Lagern ausbilden und religiös schulen. Von der Welt weitgehend unbeachtet, erhielt auch Osama Bin Laden in der bosnischen Auslandsvertretung zu Wien 1993 einen bosnischen Pass.[36] Der militante Saudi war während des Afghanistankriegs in den 80er-Jahren *»ironischerweise durch die CIA zur Bekämpfung sowjetischer Eindringlinge«*[37] rekrutiert worden und organisierte im Auftrag der USA und Saudi-Arabiens Ausbildungslager für Widerstandskämpfer. Heute halten die vielfältigen Ableger von Al-Qaida, Islamischer Staat, Al-Shabaab, Al-Nusra oder Daesh, um nur einige zu nennen, die Welt in Atem.

Am 5. Februar 1994 detonierte auf dem Marktplatz der von bosnischen Serben umstellten Stadt Sarajewo eine Granate. Zweifel an der Urheberschaft– laut Untersuchungen des Kraters wurde die Granate hinter den Linien der Angreifer abgefeuert – wurden umgehend unterdrückt.[38] Diese Granate lieferte die Rechtfertigung für einen Militäreinsatz. *»Es ist Zeit zu handeln, es sind genug Worte gewechselt worden«*, tönte NATO-Generalsekretär Manfred Wörner kurz darauf in Brüssel und kündigte einen *»historischen Moment«* in der Geschichte der Allianz an: *»den ersten gemeinsamen Kampfeinsatz seit ihrer Gründung im Jahre 1949«.*[39] Während die NATO ultimativ von den bosnischen Serben den Rückzug ihrer schweren Waffen aus der Umgebung von Sarajewo verlangte, beorderten die USA, Frankreich und Großbritannien Flugzeugträger in die Adria. *»Wie beim Aufmarsch zum Golfkrieg rüstet wieder eine internationale Streitmacht gegen den Feind«*, berichtete der *Spiegel* am 14. Februar 1994. *»Von Flughäfen in Deutschland, Griechenland, Italien und England steigen Tag und Nacht Überwachungsflugzeuge auf. Sie registrieren jede Flugbewegung über der Krisenregion des zerfallenen Jugoslawien.«*

Ende April 1994 erhielt die Regierung von Kroatien von den USA grünes Licht für einen Waffenschmuggel nach Bosnien. Dazu wurden Schiffsladungen mit

Waffen aus dem Iran und anderen muslimischen Ländern in kroatischen Häfen gelöscht und zur muslimischen Regierung von Bosnien transportiert. Die Leitung der Operation lag in den Händen von Anthony Lake, dem Chef des nationalen Sicherheitsbüros, und Peter Galbraith, US-Botschafter in Kroatien.

Unter Bruch des Waffenembargos schleuste auch die CIA in Partnerschaft mit dem pakistanischen Geheimdienst ISI Waffen aus China, dem Iran und Nordkorea zur Muslimischen Armee Bosnien-Herzegowinas (ABiH). Mit den Waffen kamen auch die Wächter der iranischen Revolutionsgarde sowie Hunderte von Mudschaheddin aus der ganzen muslimischen Welt: aus Brunei, Malaysia, Pakistan, Saudi-Arabien, Sudan und der Türkei. Dessen ungeachtet wurden bis 1994 drei hochrangige US-Delegationen nach Belgrad entsandt, *»um die jugoslawische Regierung auf amerikanischen Kurs zu bringen, jedoch vergeblich. Damit ist Jugoslawien der einzige Staat der Region, der sich dem Druck der USA nicht beugt.«*[40]

Bosnien-Herzegowina aber stand fest an Amerikas Seite – und auch an der von Saudi-Arabien. Anlässlich der Feierlichkeiten zur Neueröffnung der amerikanischen Botschaft in Sarajevo am 24. Juni 1994 ließ die US-Botschafterin in der UNO, Madeleine Albright, verlauten: *»Ihre Zukunft und die Zukunft Amerikas sind untrennbar miteinander verbunden.«*[41] Die Missachtung des Selbstbestimmungsrechts und die willkürliche Aufteilung der Region in abhängige, allein nicht lebensfähige Territorien schien nun die Präsenz des Militärs über viele Jahre erforderlich zu machen.

Ende 1994 kontrollierten die bosnischen Serben rund 60 Prozent Bosniens, vor allem Ostbosnien mit Ausnahme der Enklaven Srebrenica, Zepa und Gorazde. Vor dem Entscheidungskampf befanden sich die Kriegsparteien auf annähernd gleichem Niveau: Die Serben konnten auf ihre Überlegenheit bei schweren Waffen bauen und die Moslems auf die Unterstützung der islamischen Staaten und der USA.[42] Und die Clinton-Regierung war bereit, dafür sehr weit zu gehen: *»UN-Beamte führten Ende Februar [1995, Anm. d. Verf.] formell Klage darüber, daß kurz vorher mehrere Flüge von nicht identifizierten Lockheed Martin C-130 Hercules militärische Transporte in die Gegend von (der Moslem-Hochburg) Tuzla geliefert hatten. Nichtsdestotrotz wuchs die Häufigkeit dieser Flüge bis zu dem Punkt, daß am 30. Juni 1995 ein hoher französischer Offizier die USA offiziell beschuldigte, die muslimischen Streitkräfte mit Waffen und Aufklärungsdaten zu versorgen und so das (UN)-Embargo zu brechen.«*[43]

Über diese Aktivitäten wurden die europäischen Bündnispartner von den USA nur unzulänglich informiert. Nervös wurden sie, als sie bemerkten, dass die bosnischen Moslems über die USA-Verbündeten Türkei, Saudi-Arabien und Pakistan mit amerikanischen Waffen versorgt wurden.[44]

Im Mai 1995 wurde mit finanzieller Hilfe von George Soros das überparteiliche Balkan-Institut gegründet mit dem Ziel, USA und NATO zum Einsatz auf dem Balkan zu bewegen. Im Lenkungsausschuss vereinten sich Militaristen wie Donald Rumsfeld, ehemalige Vietnamkriegsgegner aus der Demokratischen Partei wie Eugene McCarthy, Geostrategen wie Zbigniew Brzeziński und neokonservative Urgesteine wie Albert Wohlstetter und dessen Zögling Norman Podhoretz, der im Ost-West-Konflikt einen Kampf zwischen Zivilisation und Barbarei erkennen wollte.

## Ethnische Säuberung als Teil westlicher Realpolitik

Im Frühjahr 1995 begann Washington eine neue Balkankarte mit überschaubaren Frontlinien zu zeichnen. *»Laßt uns eine einfache Lösung haben«*, sagten Robert Frasure und Richard Holbrooke, *»keine Korridore, keine Enklaven.«*[45] Demgemäß sollten die ostbosnischen Gebiete an die Serben fallen und die Moslems anderweitig entschädigt werden. Bemerkenswert offen sprach Clintons Sicherheitsberater Sandy Vershbow über die US-Vorstellungen bezüglich Srebrenica: *»... bereits im Juni schien uns die Lage Srebrenicas ziemlich hoffnungslos. Eine Art Tausch für mehr Land für die Moslems in Mittelbosnien erschien uns sinnvoll.«*[46]

Nach Rücksprache mit seinem Präsidenten Jacques Chirac signalisierte UNPROFOR-Kommandeur Bernard Janvier frühzeitig und konferenzöffentlich – somit auch für die Serben erfahrbar –, dass man Srebrenica nicht verteidigen werde. Der stellvertretende AbiH-Befehlshaber Jovan Divjak war sich sicher, dass Srebrenica und Zepa von der muslimischen Regierung regelrecht geopfert würden.[47] Am 11. Juli wurde Srebrenica dann unter den Augen holländischer UN-Soldaten von rund 1500 serbischen Soldaten des Generals Ratko Mladic überrannt, drei- bis viertausend Verteidiger[48] wurden bezwungen und anschließend ermordet, die muslimischen Einwohner vertrieben. Der muslimische Stadtkommandant Ramiz Becirovic vermutete, dass seine eigene Regierung die Enklave preisgegeben hatte.[49]

Von der entfesselten bosnisch-serbischen Soldateska angewidert, drohten Frankreich, Großbritannien und die USA mit Vergeltungsschlägen, während einige muslimische Staaten, etwa die Türkei, die Vereinigten Arabischen Emirate und Malaysia, Finanzmittel und Waffen zur Verfügung stellten. Im August 1995 erklärten neun Außenminister islamischer Länder das UN-Waffenembargo für nichtig, und im September billigten die 52 Mitglieder der Organisation der Islamischen Staaten (OIC-Länder) Waffen- und Wirtschaftshilfe.[50]

Der spätere deutsche Außenminister Joseph Fischer übte unter dem Eindruck der Berichte über serbische Massaker an bosnischen Muslimen auf die Partei der Grünen massiven Druck aus. Hatte er noch 1991 den Pazifismus gegen den Golfkrieg verteidigt und befürchtet, die *»Selbstbeschränkung deutscher Außenpolitik«* werde schrittweise aufgehoben und der Bundestag an der *»humanitären Nase«* in den Krieg geführt,[51] so forderte er nun eine *»Interventionspflicht bei Völkermord«* als einen *»unveräußerlichen Kern des Antifaschismus«*.[52] Damit war in der grünen Außenpolitik die Wende eingeleitet, sie sollte vier Jahre später bizarre Früchte tragen.

Während bosnisch-serbische Truppen weiterhin gegen bosnisch-muslimische Stellungen anrannten, bereiteten die USA und Kroatien die Operation Sturm zur Vertreibung der zahlenmäßig unterlegenen Krajina-Serben vor. Dazu konnte die kroatische Armee (HV) auf hochkarätige Unterstützer aus einer Zagreber »Beraterfirma« zurückgreifen: den früheren US-Generalstabschef Carl Vuono, einen alten Freund von Golfkrieg-II-Sieger Norman Schwarzkopf,[53] sowie Ex-NATO-Europa-Oberbefehlshaber John Galvin. Dazu gesellten sich noch rund zwei Dutzend Experten aus Spezialeinheiten des Heeres und der Marine. Darüber hinaus spielte die halb offizielle Pentagon-Firma Military Professional Ressources Inc. (MPRI)[54] bei der Aufrüstung Kroatiens eine führende Rolle. Später gab die US-Botschaft in Zagreb an, man habe sich *»um die Transformation einer vormals kommunistischen in eine westliche Armee«* kümmern wollen.[55] In engem Kontakt zu MPRI stand auch der in den USA ausgebildete HV-Kommandeur Agim Çeku, einer der kroatischen Chefplaner der Operation Sturm. Dank elektronischer Aufklärung durch AWACS und Spionagesatelliten wurde die kroatische Führung bestens informiert.[56] Und als sich die Kroaten dann auf den Feind warfen, kämpften sie nach klassischer NATO-Strategie.[57]

UN-Generalsekretär Boutros Boutros-Ghali gab im September 1994 eine Erklärung heraus, in der er den Ausbruch der Feindseligkeiten in Kroatien scharf verurteilte und die Parteien eindringlich aufforderte, das humanitäre Völkerrecht und die Menschenrechte der betroffenen Bevölkerung zu achten.[58] Das aber ließ die Kroaten kalt. Hatten sie doch das Placet der USA, was weitaus wichtiger war. Aufgrund von Boutros-Ghalis zunehmend kritischer Position gegenüber der US-Regierung verweigerten die USA ihm dann die Zustimmung für eine weitere Amtsperiode.

Dem *London Independent* vom 6. August 1995 fielen schon nach dem zweiten Kampftag Parallelen zum Vietnamkrieg auf: *»Wiederbewaffnung und Ausbildung der kroatischen Streitkräfte, die zur Vorbereitung der laufenden Offensive durchgeführt worden waren, [sind] Teil eines typischen CIA-Einsatzes: Wahrscheinlich des weitestreichenden Einsatzes dieser Art seit dem Ende des Vietnamkrieges.«* Der unerbittliche Vormarsch trieb die seit Jahrhunderten ansässige serbische Bevölkerung vor sich her und löste die größte Flüchtlingswelle auf dem Balkan seit dem Zerfall Jugoslawiens aus. 90 Prozent aller serbischen Dörfer wurden zerstört.[59] Hier verzichteten die westlichen Medien auf einen Sturm der Entrüstung. Der US-Sonderbeauftragte für den Balkan, Richard Holbrooke, gab später an: *»Mindestens 100.000 serbische Flüchtlinge waren unterwegs nach Banja Luka oder noch weiter in den Osten.«*[60]

Von den mehr als 300 000 vertriebenen Krajina-Serben kehrten bis zum Jahr 2000 nur etwa 80 000 zurück.[61] Der ehemalige stellvertretende Oberbefehlshaber der bosnisch-serbischen Armee, General Jovan Divjak, konstatierte: *»Die USA und Europa haben Kroatien bei der Rückeroberung der Krajina und der folgenden ethnischen Säuberung massiv unterstützt.«*[62] Und Huntington schrieb: *»Der Westen schwieg, als 1995 die auf Vordermann gebrachte kroatische Armee einen Angriff auf die Serben in der Krajina unternahm, die dort seit Jahrhunderten siedelten …«*[63]

## Der Weg von Srebrenica nach Dayton

Für die geplante Operation Deliberate Force, womit die bosnischen Serben zur Einsicht gebracht werden sollten, hoben die Amerikaner das Zwei-Schlüssel-Verfahren, wonach sowohl die UN als auch NATO den Zielen zustimmen müssen, einfach auf. US-NATO-Botschafter Robert Hunter: *»Wenn wir kämpfen* *sollen, dann nur nach NATO-Regeln ... NATO-Befehlshierarchie, NATO-Taktik, NATO-Kontrolle.«*[64] Da immer ein US-Amerikaner den Oberbefehl über die NATO hat, verfügten sie nun über die volle Handlungsfreiheit, und mit der Übernahme der Luftschlagautorität brauchten sie nicht mehr auf Strukturen außerhalb der NATO Rücksicht zu nehmen – ein entscheidender Schritt zu einer stärkeren Involvierung des Westens in den Krieg.[65]

Nun fehlte nur noch das auslösende Moment. Beim nächsten Zwischenfall, so drohte Richard Holbrooke am 27. August 1995, würden Lufteinsätze gegen die bosnischen Serben geflogen. Prompt explodierte am nächsten Morgen – wieder auf dem Marktplatz in Sarajevo– eine 120-mm-Werfer-Granate. 37 Menschen, vornehmlich Frauen und Kinder, wurden getötet und weitere 40 verwundet.[66] Die grauenvollen Bilder gingen unter lautstarker Empörung um die Welt. Die muslimische Armeeführung machte die bosnischen Serben verantwortlich, obwohl General Ratko Mladić bestritt, dass seine Soldaten die Granate abgefeuert hätten. Kaum 24 Stunden später erklärte ein UN-Sprecher, die Granate sei zweifelsfrei aus serbischen Stellungen abgefeuert worden. Eine dreistündige Untersuchung hatte ausgereicht – der einseitige Bericht wurde nicht veröffentlicht.[67]

Diese Granate gab den Anstoß zur Operation Deliberate Force.[68] Vorausschauend hatten die USA ihre Luft-Tankerflotte in Europa massiv verstärkt. Am 30. August begannen über 200 Kampfflugzeuge von acht NATO-Nationen – darunter die Bundesrepublik Deutschland –, an die 3500 Lufteinsätze gegen serbische Ziele in Sarajevo, Pale, Tuzla und Gorazde zu fliegen. Bis zum 19. September mussten die bosnischen Serben rund 15 Prozent ihres Landes aufgeben.[69] Die von den USA erwünschte Landaufteilung von 51:49 Prozent für die muslimischen Bosnier war damit erreicht und eine weitere *»Verschiebung für den Regisseur aus Übersee auf keinen Fall mehr wünschenswert«*[70]. Nun begann Hoolbrooke eine Pendelmission zwischen dem kroatischen Präsidenten Tudjman, dem bosnischen Präsidenten Izetbegović und dem serbischen Präsidenten Milošević. Als Termin für den Beginn der Friedensverhandlungen wurde – nach dem Modell der Camp-David-Gespräche 1978 zwischen Israel und Ägypten – der 31. Oktober 1995 fixiert.[71] Mit Leuchtlettern »Welcome, President Milošević« wurde der serbische Präsident auf der US-Luftwaffenbasis begrüßt, der noch auf dem Rollfeld die »Friedensinitiative« der USA würdigte. Dagegen warnte Präsident Tudjman hintersinnig: *»Wenn wir versuchen, nachzu-*

*weisen, wer schuld ist an dem, was passiert ist, werden wir nie den Frieden, den wir suchen, finden.«*[72] Izetbegović präsentierte die Moslems weiterhin als die hilflosen Opfer der »serbischen Aggression« und baute im Stillen auf eine Allianz zwischen Sarajevo und Washington.[73]

Nach fast vier Jahren Krieg einigten sich die drei Präsidenten am 21. November 1995. Kurz zuvor waren Ratko Mladić und Radovan Karadzić als direkt Verantwortliche für das Massaker von Srebrenica vor dem Haager Tribunal angeklagt worden. Damit war der erst vier Monate zurückliegende Massenmord in Srebrenica kein Thema mehr und ermöglichte es Milošević, anstelle von Mladić und Karadzić die Vereinbarungen von Dayton zu unterzeichnen und Sarajevo zu opfern. Somit blieb Bosnien-Herzegowina als Gesamtstaat bestehen. Neben

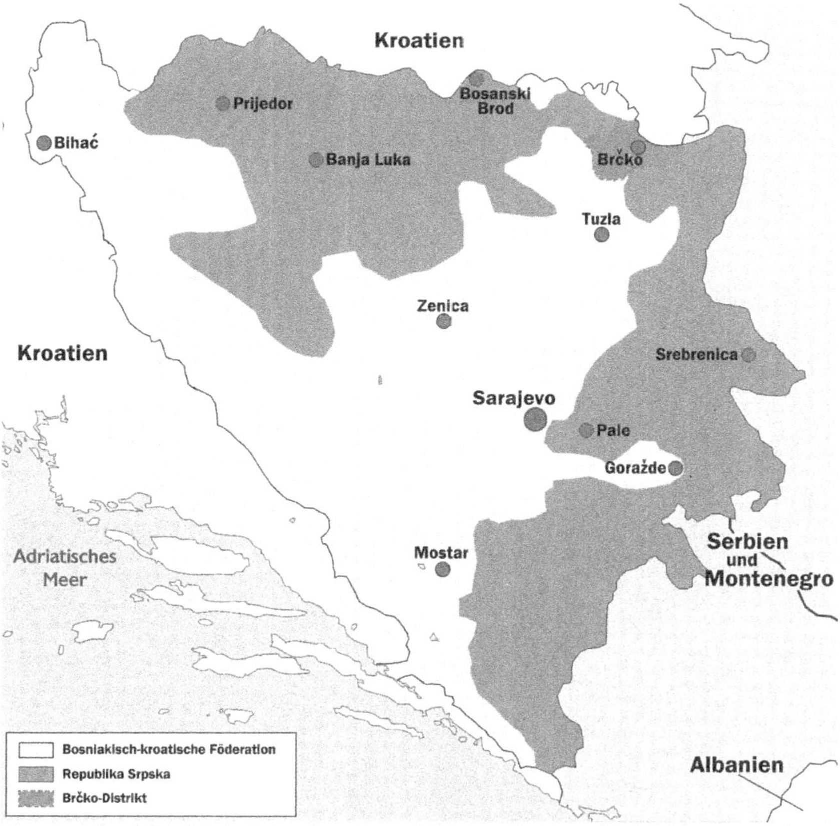


*Bosnien und Herzegowina, ein vom Westen geschaffenes künstliches Gebilde, in dem Spannungen vorprogrammiert sind*

der muslimisch-kroatischen Föderation würde es die Republika Srpska auf bosnischen Boden geben – de facto eine Zypern-Lösung für Bosnien.

Am 14. Dezember 1995 wurde der Friedensvertrag für Bosnien-Herzegowina in Paris im Rahmen einer großen Zeremonie feierlich unterzeichnet. Während die Bevölkerung im geschundenen ehemaligen Jugoslawien fast ausnahmslos zu den Verlierern gehörte, durfte sich Milošević als Gewinner fühlen. Vom Paria des Balkans war er zum Friedensbringer und zum Garanten für das Stillhalten der bosnischen Serben avanciert.

Wirklicher Sieger auf diesem Schachbrett war jedoch die Clinton-Administration. Im Gegensatz zu den Republikanern mit ihrer eher isolationistischen Tendenz ging es Clinton darum, die USA in Bosnien mit den europäischen Partnern wieder ins diplomatische Spiel zu bringen, um dadurch die NATO-Erweiterung voranzutreiben. Auch der innenpolitische Effekt war nicht zu unterschätzen. Rechtzeitig zur Wiederwahl war das leidige Thema Balkan mit einem angenehmen Nebeneffekt gelöst: Eine 60 000 Mann starke »Internationale Friedenstruppe für Bosnien« (IFOR) hatte offiziell die Befehlsgewalt über die UN-Schutztruppen übernommen und stand nun auf ehemals jugoslawi-

*Präsident Milošević (vorne links) im Gespräch mit Amtskollege Clinton im Dezember 1995. Mitte links US-Unterhändler Richard Holbrooke, neben ihm General Wesley Clark*

schem Boden, wo der Westen während des Kalten Kriegs nie hätte Fuß fassen können. Die Planungen gingen aber noch weiter: Clinton forderte alle Bürger Bosniens – Serben, Bosnier, Kroaten, Christen und Muslime – auf, durch gegenseitige Toleranz für eine rasche Umsetzung des Friedensabkommens von Dayton Sorge zu tragen; die Albaner erwähnte er dabei nicht. Warum? Nun ja, die USA förderten bereits den Aufbau einer Untergrundarmee im Kosovo und schickten NATO-Stabsoffiziere in die Ausbildungslager der UÇK.

Die politische Macht in Bosnien lag nun in den Händen des ehemaligen schwedischen Premiers Carl Bildt als oberstem Repräsentanten der Vereinigten Staaten und der EU. Der bosnischen Zentralbank, geführt von einem vom IWF ernannten Gouverneur, wurde nicht erlaubt, eignes Geld zu drucken. Michel Chossudovsky von der Universität Ottawa brachte das Ergebnis des Dayton-Abkommens auf den Punkt: *»Während der Westen seine Unterstützung für die Demokratie kundtut, liegt die tatsächliche politische Macht in den Händen eines parallelen bosnischen ›Staates‹, dessen Exekutivposten von Nicht-Staatsbürgern besetzt werden. Westliche Gläubiger haben ihre Interessen in einer Verfassung festgezurrt, die hastig in ihrem Sinne verfasst wurde. Ihre Pläne für den Wiederaufbau Bosniens scheinen eher auf die Befriedigung der Gläubiger als auf die Grundbedürfnisse der Bosnier abgestimmt zu sein.«*[74]

Mit dem Vertrag von Dayton war die Aufgabe des Balkan Institute erfüllt. Neu gewandet, warb es nun unter dem Namen Balkan Action Council (BAC) für den Sturz von Präsident Slobodan Milošević. Da beim Friedensabkommen in Dayton die Kosovaren nicht zugegen waren, wurde die Unzufriedenheit von Teilen der albanischen Bevölkerungsmehrheit genutzt, um die Untergrundarmee UÇK zu aktivieren – durchaus im Sinn des Westens. Ende November 1997 unterbreiteten der französische und der deutsche Außenminister dem jugoslawischen Präsidenten einen »Vermittlungsvorschlag«: Die Bundesrepublik Jugoslawien sollte dem Kosovo einen Sonderstatus einräumen. Auf Miloševićs Ablehnung hin drohte US-Sondergesandter Robert Gelhard mit militärischer Intervention. Die Außenminister der »Bosnien-Kontaktgruppe« schlugen in die gleiche Kerbe. Wer hätte je von einem vergleichbaren Engagement der europäischen Regierungen gegenüber dem NATO-Partner Türkei angesichts seiner Kurdenpolitik gehört?

Als williger Arm für die vorgesehene Intervention bot sich die für die Unabhängigkeit des Kosovo kämpfende UÇK an. Sie war 1996 erstmals in Erscheinung

*Frisch eingekleidete UÇK-Rekruten vor der Diskothek Casanova in Solingen – die deutsche Polizei blieb nur Beobachter. Nach ihrer Vereidigung 1998/99 fuhren die Soldaten mit Bussen quer durch die Bundesrepublik direkt an die Front*

getreten und operierte neben der Demokratischen Liga des Kosovo, welche sich für eine friedliche Lösung des Konflikts zwischen Serben und Kosovo-Albanern einsetzte. Im Sommer 1998 rief die UÇK alle Albaner, auch die im Ausland lebenden, zum bewaffneten Kampf auf. Damit befand sich diese separatistische Terrororganisation auf einer Ebene mit der ETA in Spanien, der IRA in Nordirland oder der PKK in der Türkei. Unter den Augen der deutschen Öffentlichkeit liefen Unterstützungsgelder über ein Bonner Büro, während in der Solinger Diskothek »Casanova« das zentrale Rekrutierungsbüro der UÇK seine Arbeit aufnahm. Zahlreiche Kosovo-Albaner und auch freiwillige Deutsche drängten sich vor dem Eingang, um ihre Verpflichtungserklärung zu unterschreiben und den Eid zu leisten: *»Erneut, die annehmbare und respektierte Ideologie der Befreiungsarmee Kosovas, ist das Albanertum, dem allein beugen wir uns, allein dafür opfern wir uns. Alles für die Freiheit, das Vaterland und das Albanertum, auch das Leben. Dies ist das Motto und der Eid der Soldaten der UÇK.«*[75] Anschließend flanierten die neu eingetretenen UÇK-Rekruten in Kampfanzügen durch Solingen.

In einer wöchentlich verkehrenden Buslinie wurden die UÇK-Soldaten nach Albanien gebracht. Niemand hielt sie auf, obwohl sich die Bundesrepublik dadurch der indirekten Unterstützung einer militärisch operierenden Sezessionsbewegung schuldig machte. Noch schwerer wog der Verstoß gegen die Friedenspflicht. In der Bundesrepublik lebten annähernd zwei Millionen Bürger aus dem ehemaligen Jugoslawien, Serben, Kroaten, Albaner, Bosnier, Mazedonier, friedlich nebeneinander. Waren sich die Verantwortlichen nicht bewusst, dass der Funke des Hasses und der Gewalt schnell auf die Bundesrepublik hätte überspringen können? Nun machte die UÇK mit Anschlägen auf die serbischen Sicherheitskräfte, der Ermordung von kosovo-albanischen »Kollaborateuren« sowie folgender Erklärung auf sich aufmerksam: *»Das gestiegene internationale Interesse, besonders der amerikanischen und der französisch-deutschen Diplomatie, begrüßend, erklären wir, dass die Lösung der albanischen Frage nicht allein in den gegenwärtigen Grenzen Kosovas festgelegt werden kann, sondern sie muss als Ganze gelöst werden ... Die Befreiungsarmee Kosovas ruft alle für die Befreiung des Landes fähigen Albaner auf, sich mit unseren Einheiten, die in den Gebieten kämpfen, zu vereinigen, in der Art, dass Kosova für den Feind ein unpassierbares Land wird. Tod den Feinden und Verrätern! Ehre den für die Freiheit Gefallenen!«*[76]

Bald kontrollierte die UÇK nach eigenen Angaben bereits 40 Prozent des Kosovo. Daraufhin führten die serbische Polizei und das Heer Gegenoperationen durch, um sie aus den »befreiten« Gebieten zu vertreiben. Dabei unterschieden sich die Einsätze der serbischen Polizeimilizen kaum von der Taktik der britischen Armee gegen die IRA. Im September 1998 trieb die Kosovo-Krise dem vorläufigen Höhepunkt zu. Das Flüchtlingshilfswerk der UN schätzte die Zahl der Flüchtlinge bereits auf knapp 300 000.

Am 20. September richteten neokonservativ geprägte Institutionen – darunter PNAC und BAC – einen Offenen Brief an Clinton unter der Überschrift »Herr Präsident, Milošević ist das Problem«. Die Unterzeichner postulierten einen Regimewechsel in Belgrad, einen neuen politischen Status für den Kosovo sowie finanzielle Unterstützung der innerserbischen demokratischen Opposition. Nachdem der Waffenstillstand im Kosovo ausgehandelt werden konnte, folgte am 16. Oktober die Einrichtung der Kosovo Verification Mission (KVM) durch die OSZE. Am 13. November 1998 erklärte Außenminister Joschka Fischer im Bundestag, der Rückzug der jugoslawischen Truppen und Sondereinheiten sei »weitestgehend« durchgeführt. Auch der ranghöchste Offizier der NATO und Leiter des Militärausschusses, General Klaus Naumann, bestätigte, dass Milošević seine Zusagen im Großen und Ganzen eingehalten habe. Die UÇK aber besetzte die geräumten Landstriche und verübte Gräueltaten an der Zivilbevölkerung. Dies blieb jedoch von Deutschland und den anderen NATO-Staaten ungerügt.

Am 18. November 1998 beurteilte das deutsche Auswärtige Amt die Lage in Jugoslawien wie folgt: »*Mittlerweile ist ein Teil der Bewohner wieder in einige der betroffenen Ortschaften zurückgekehrt. Nach Rückzug der Sicherheitskräfte ist der Rückkehrprozess offenbar in größerem Rahmen in Gang gekommen. Der Konflikt wirkt sich nicht auf den gesamten Kosovo aus. So verläuft das öffentliche Leben in Städten wie Priština, Gnijlan und Urosevic in relativ normalen Bahnen.*« Weiter wird festgehalten: »*Eine explizit an die albanische Volkszugehörigkeit anknüpfende politische Verfolgung ist auch im Kosovo nicht festzustellen. ... Das Vorgehen der Sicherheitskräfte war nicht gegen Kosovo-Albaner als ethnisch definierte Gruppe gerichtet, sondern gegen den militärischen Gegner und dessen ... Unterstützer.*«[77]

Kritische Stimmen trauten der NATO und Amerika zu, dass sie die OSZE als Konfliktverhüterin im Kosovo nur deshalb ins Spiel gebracht hatten, um sie in eine Falle zu locken. Auf starken Druck von Außenministerin Albright hatte man den umstrittenen US-Diplomaten William Walker zum Leiter der

OSZE-Mission (KVM) ernannt, der sich dank erfolgreicher Vertuschungsversuche den Spitznamen »Mr. Massacre« erworben hatte.[78] Walker unterstützte seinerzeit die Contras in Nicaragua und war gemeinsam mit Oliver North tief in die Iran-Contra-Affäre verstrickt.[79] Nach einem Bericht der *Sunday Times* vom 12. März 2000 waren die amerikanischen »diplomatischen Beobachter« von der KVM-Mission eng an die CIA gebunden.

Kaum traf Walker im Kosovo ein, begann die serbische Führung denn auch zu klagen, die ganze OSZE-Mission diene nur dem Zweck, Vorwände für eine militärische Intervention der NATO zu fabrizieren. Als Instrument dafür diente die UÇK. Anfang Januar 1999 hatten die Rebellen drei Polizisten in ihren Fahrzeugen getötet. Nur wenige Tage später kam ein weiterer Polizist südlich von Stimlje durch einen Hinterhalt ums Leben. Danach begann die serbische Polizei mit der Vorbereitung der Operation gegen die UÇK-Basis in Racak. Die KVM wusste, dass die UÇK für eine Reihe von Hinterhalten, Entführungen und Ermordungen in der Nähe von Racak verantwortlich war. Das Dorf hatte man mittels Schützengräben entsprechend befestigt. Der Vizepräsident der OSZE-Vollversammlung Willy Wimmer schwamm damals vergebens gegen den breiten Mainstream in den Medien. Ende 1998 hatte er bereits die Absicht der NATO kritisiert, eine militärische Intervention umsetzen zu wollen.[80] Am 12. Januar 1999 machte Wimmer im Deutschlandfunk deutlich, dass die Europäische Union in ihrer Friedenspolitik von den USA ausgebremst wurde.

*»Schreckliche Nachrichten«*, so schrieb Verteidigungsminister Rudolf Scharping am 17. Januar 1999 in sein Kriegstagebuch. *»In Racak hat vorgestern ein Massaker stattgefunden, bei dem 45 Albaner ermordet wurden. Nicht nur in Brüssel wächst die Zahl derer, die glauben, dass ein militärisches Engagement im Kosovo unausweichlich werden kann«*[81] – für Madeleine Albright war das angebliche Massaker ein *»galvanisierendes Ereignis«*, für Joschka Fischer der *»Wendepunkt«*.[82] Die USA wollten sofort mit der Bombardierung Jugoslawiens beginnen, berichtete Ludger Volmer.[83] Es war tatsächlich ein Wendepunkt, wenn auch ganz anders, als Fischer es gemeint hatte: *»Denn noch nie ist die Bevölkerung von einer deutschen Regierung nach dem Zweiten Weltkrieg so belogen worden.«*[84]

Von einem Medientross begleitet, erschien einen Tag nach dem angeblichen Massaker William Walker in Racak. Mit bedeutungsvoller Miene trat er vor das Mikrofon. *»Ich sehe Leichen, denen, wie bei einer Hinrichtung, aus kürzes-*

*ter Entfernung ins Gesicht geschossen wurde. ... Ich war in anderen Kriegsgebieten und habe sehr grauenvolle Dinge erlebt. Dies übertrifft aber alles, was ich je in meinem Leben gesehen habe.«*[85] Dieser Aussage widersprach am 8. Februar 2001 der damalige leitende Bundeswehrgeneral bei der OSZE, Heinz Loquai, in der ARD-Sendung *Monitor*: *»Zu dieser Zeit konnte er überhaupt noch kein Urteil fällen, aber dieses Urteil wurde von der OSZE übernommen, wurde von den Vereinten Nationen übernommen, wurde kritiklos von allen nationalen Regierungen übernommen. Die NATO kam am Tag darauf zu einer Sondersitzung zusammen, ein völlig ungewöhnliches Ereignis. Man kann schon sagen, mit diesem Verhalten hat Walker die Lunte zum Krieg gezündet.«*[86]

Ende Januar 1999 berichtete CNN über Kriegsvorbereitungen gegen Serbien. Madeleine Albright hatte erkannt, dass die USA aus dem Kosovo-Konflikt geostrategische Vorteile ziehen konnten: Ausweitung der NATO nach Osteuropa mit Aufbau von Militärbasen und Zugriff auf den strategisch bedeutsamen Balkan mit seinen Meerzugängen in Albanien.In Rambouillet wurde derweil am 15. März 1999 weiterverhandelt. Während die kosovo-albanische Delegation drei Tage später den von der Balkan-Kontaktgruppe ausgearbeiteten Vertragsentwurf unterzeichnete, verweigerten die Serben ihre Unterschrift wegen eines für sie nicht verhandelbaren Anhangs. Darin hieß es unmissverständlich: *»Das NATO-Personal soll sich mitsamt seinen Fahrzeugen, Schiffen, Flugzeugen und Ausrüstung innerhalb der gesamten Bundesrepublik Jugoslawien inklusive ihres Luftraums und ihrer Territorialgewässer frei und ungehindert sowie ohne Zugangsbeschränkungen bewegen können.«*[87] Obendrein sollte die NATO in allen rechtlichen Verfahren, ob zivil-, verwaltungs- oder strafrechtlich, Immunität genießen. Der Anhang wurde von Außenminister Fischer dem Kabinett und dem Parlament sowie der Öffentlichkeit unterschlagen. Finanzminister Lafontaine etwa erfuhr davon erst viel später aus der Presse, ebenso die verteidigungspolitische Sprecherin der Grünen, Angelika Beer, die äußerte: *»Hätte ich das gewusst, hätte ich dem Kriegseinsatz nicht zugestimmt.«* Und Rudolf Augstein urteilte: *»Die USA hatten in Rambouillet militärische Bedingungen gestellt, die kein Serbe mit Schulbildung hätte unterschreiben können.«*[88]

In diesen hektischen Tagen kurz vor dem Beginn des Jugoslawienkriegs verabschiedete der US-Kongress am 19. März das sogenannte »Seidenstraßenstrategiegesetz«. Darin definierten die USA umfassende wirtschaftliche und strategische Interessen in der Region vom Mittelmeer bis nach Zentralasien.

In Übereinstimmung mit dem von Brzeziński entwickelten geostrategischen Konzept zielte das Gesetz darauf ab, Wettbewerber im Ölgeschäft, darunter Russland, Iran und China, zu schwächen und den Bereich vom Balkan und dem Schwarzen Meer bis an die chinesische Grenze in einen Flickenteppich amerikanischer Protektorate zu verwandeln.[89] Die alte historische Seidenstraße endete im Donaudelta – so erklären sich die US-Aktivitäten auf dem Balkan und auch der Krieg gegen das sozialistische, mit China befreundete Restjugoslawien selbst.

Hans-Dietrich Genscher schrieb im Vorwort zu Brzezińskis Buch »Die einzige Weltmacht«: *»Will Amerika auch künftig seine Weltmachtstellung behalten, so muß es seine ganze Aufmerksamkeit diesem Gebiet [Eurasien] zuwenden. Hier leben 74 Prozent der Weltbevölkerung, hier liegt der größte Teil der natürlichen Weltressourcen einschließlich der Energievorräte, und hier werden 60 Prozent des Weltbruttosozialproduktes erwirtschaftet. Im Raum von Lissabon bis Wladiwostok entscheidet sich deshalb das künftige Schicksal Amerikas.«*[90]

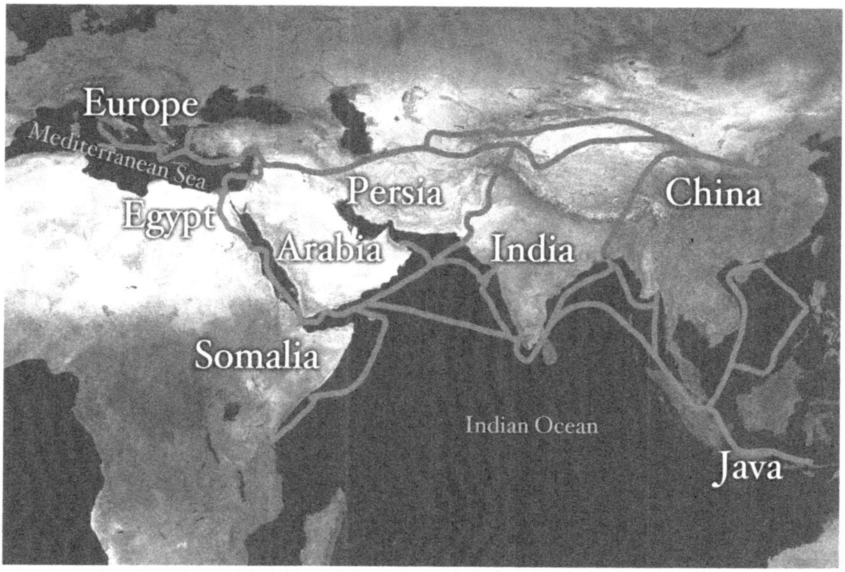


*Das Seidenstraßenstrategiegesetz wurde von Präsident Clinton am 19. März 1999, fünf Tage vor dem völkerrechtswidrigen Angriff auf Jugoslawien, vorgestellt. Zufall, dass der Balkan das Tor zur Seidenstraße ist? (Im Bild die historische Route, die auch China als Jahrhundertprojekt neu beleben möchte)*

Die Lageanalyse des Verteidigungsministeriums vom 23. März 1999 erhärtet die Vermutung einer Kriegsabsicht seitens der USA: »*Das Anlaufen einer koordinierten Großoffensive der serbisch-jugoslawischen Kräfte gegen die UÇK im Kosovo kann bislang nicht bestätigt werden.*« Zu einer groß angelegten Operation gegen die UÇK im gesamten Kosovo seien die serbisch-jugoslawischen Kräfte gar nicht fähig. Die Nachrichtenoffiziere sähen es deutlich: »*Die UÇK ihrerseits wird wahrscheinlich weiter versuchen, durch die bekannten Hit-and-run-Aktionen die serbisch-jugoslawischen Kräfte zu massiven Reaktionen zu provozieren in der Hoffnung, dass diese in ihren Ergebnissen hinsichtlich Zerstörungen und Flüchtlingen ein Ausmaß annehmen, das sofortige Luftschläge der NATO heraufbeschwört.*«[91]

Aufgrund der NATO-Drohung, mit massiven Luftschlägen gegen Jugoslawien vorzugehen, räumten auch die OSZE-Beobachter das Feld. Auf diese Weise wurde nicht nur der Anspruch »NATO first« durchgesetzt, sondern auch die vielleicht letzte Chance für eine gewaltärmere Lösung des Kosovo-Konflikts verspielt.[92] Zuvor ging die OSZE den Beschwerden aller Bevölkerungsgruppen nach und protokollierte Menschenrechtsverletzungen. Vom Beginn der Untersuchungstätigkeit 1998 an bis zu ihrem Abzug wurden 87 kosovo-albanische Zivilisten, einschließlich der 45 von Racak, von serbischen Sicherheitskräften getötet, während 54 Tote auf das Konto der UÇK gingen. Bei weiteren 87 ungeklärten Tötungsdelikten waren in 33 Fällen die Opfer Serben oder loyale Albaner.[93] Nicht erfasst wurden die Schicksale der von der UÇK Verschleppten. Bis Mitte März 1999 waren das laut Internationalem Rotem Kreuz 146 Personen.

Während sein Stab im Pentagon tagte, hielt Präsident Bill Clinton bei der Jahreshauptversammlung einer großen US-Gewerkschaft, die 1,4 Millionen Krankenschwestern, Sozialarbeiter und andere Angestellte des öffentlichen Dienstes vertritt, eine Rede, worin er auf die laufenden Verhandlungen in Rambouillet einging und seinem Publikum die Hintergründe deutlichmachte: »*Wenn wir starke wirtschaftliche Beziehungen haben werden, die unsere Fähigkeit einschließen, rund um die Welt zu verkaufen, muß Europa ein Schlüssel sein. Und wenn wir wollen, daß Leute unsere Lasten der Führung teilen, mit allen Problemen, die zwangsläufig auftauchen werden, muß Europa unser Partner sein. Nun, das ist die Bedeutung dieser Kosovo-Geschichte.*«[94]

Von jugoslawischer Seite waren die Inhalte des Rambouillet-Papiers durchaus akzeptiert. Der Kosovo sollte eine umfassende Autonomie erhalten, aber unter serbischer Hoheit bleiben, die UÇK entwaffnet und NATO-Militär im Kosovo stationiert werden. Präsident Milošević widersetzte sich, wie gesagt, nur dem Zusatz, der die Aufgabe der Souveränität Jugoslawiens bedeutet hätte.[95] Im Fall eines Scheiterns der Verhandlungen hatte Präsident Clinton mit Luftschlägen gedroht. Offensichtlich wurde im Weißen Haus der im Wiener Übereinkommen verankerte Artikel 52 ignoriert: *»Ein Vertrag ist nichtig, wenn sein Abschluss durch Androhung oder Anwendung von Gewalt unter Verletzung der in der Charta der Vereinten Nationen niedergelegten Grundsätze des Völkerrechts herbeigeführt wurde.«* Noch in der Nacht zum 24. März gab NATO-Oberbefehlshaber General Wesley Clark den Befehl zum Luftangriff auf Jugoslawien.

82 Jahre nach der »Deklaration von Korfu« – 1917 beschlossen Briten und Serben einen Vielvölkerstaat aus Serben, Kroaten und Slowenen als Erbe der Donaumonarchie – zerschlug England im Bündnis mit den USA das von ihm selbst 1917 geschaffene Jugoslawien. Stand es der NATO-Osterweiterung im Weg? Oder hatte es sich zu sehr an China gebunden, wie der Angriff auf die chinesische Botschaft in Belgrad vermuten lässt? Christopher Clark meint, die NATO habe die Serben viel stärker unter Druck gesetzt als Österreich-Ungarn im Juli 1914, und fragt: *»Lag das vor allem daran, dass Russland als Großmacht aus dem Spiel war?«*[96] Die Kriege und Bürgerkriege der Gegenwart (Irak, Libyen, Syrien, Ukraine, Ägypten usw.) zeigen, dass die Blutspur der Strategen des Ersten Weltkrieges bis in die heutige Zeit reicht und das Gemetzel so lange kein Ende finden wird, bis die Triebkräfte aufgedeckt sind und die Konflikte in eine nachhaltige Friedenslösung münden.

Ungeachtet der täglichen Luftschläge trafen sich die NATO-Mitglieder am 23. April 1999 in Washington zur Feier des 50. Gründungsjubiläums. Hier stellte US-Präsident Clinton das neue strategische Konzept vor: weg vom reinen Verteidigungsbündnis und hin zur Krisenbewältigung im euro-atlantischen Raum, wobei die NATO zukünftig »in begrenztem Rahmen« ohne UN-Mandat tätig werden könne.

Der ehemalige stellvertretende NATO-Oberbefehlshaber General a. D. Gerd Schmückle kommentierte die neue Interventionspolitik der NATO treffend: *»Letzten Endes entscheiden die Interessen der Vereinigten Staaten darüber, wo interveniert wird. Alles dreht sich um die Ökonomie. Wo gibt es Öl, wo sind die zukünftigen Ölquellen?«*[97] Am 5. Mai 1999 wurde die UÇK in der *Washington Times* als

Terrororganisation gebrandmarkt: »*Die UÇK -Mitglieder, die von der Clinton-Regierung in der 41-tägigen Nato- Bombenkampagne aufgewertet wurden, um den jugoslawischen Präsidenten Milošević wieder an den Verhandlungstisch zu bringen, wurden in geheimen Lagern in Afghanistan, Bosnien-Herzegowina und anderswo ausgebildet.*« Des Weiteren wird auf eine Verbindung zwischen Bin Laden mit seiner Organisation Al-Qaida und der UÇK verwiesen, »*die ein gemeinsames Lager, ein Zentrum für islamische Terroristen, in Tropoje in Albanien betreiben*«. Viele Grenzübertritte von »*ausländischen Kämpfern*« in den Kosovo seien dokumentiert, darunter auch Veteranen des militanten Islamischen Jihad aus Bosnien, Tschetschenien und Afghanistan.

Ende Mai 1999 ging der völkerrechtswidrige Krieg mit seinen menschenverachtenden Angriffen aus der Luft in den dritten Monat: kaum Schäden beim Militär, dafür wurden Kultur- und Bildungsstätten vernichtet, das Land fast aller Arbeitsplätze beraubt, die Umwelt nachhaltig vergiftet, die Infrastruktur zerstört. Am 9. Juni wurde dann der Waffenstillstand unterzeichnet. Mit insgesamt 38 400 Lufteinsätzen hatte die NATO nach 78 Tagen den Rückzug aller jugoslawischen militärischen, polizeilichen und paramilitärischen Kräfte aus dem Kosovo erreicht. Das war schon in Rambouillet von serbischer Seite angeboten worden. Experten des Pentagons stellten bei ihren Untersuchungen vor Ort fest, dass die NATO nur 14 Panzer, 18 Truppentransporter und 20 Artilleriegeschütze getroffen hatte. Die Hauptlast der Angriffe trug die Zivilbevölkerung, die nicht nur über 2000 Todesopfer beklagte, sondern bis heute unter dem Uranwaffeneinsatz und der Bombardierung der Industrie mit verheerenden Folgen für Gesundheit und Umwelt zu leiden hat. Immer noch werden bei Serben vermehrt bösartige Krebserkrankungen diagnostiziert. Das Drehbuch der Vernichtung – Bombing nach General Warden – ist bekannt.

Neben der nachhaltigen Schädigung der Infrastruktur sollte die Zivilbevölkerung demoralisiert werden – alles Verstöße gegen das Genfer Abkommen, wonach »*Angriffe streng auf militärische Ziele zu beschränken sind*« und »*die natürliche Umwelt vor ausgedehnten, lang anhaltenden und schweren Schäden zu schützen ist*«.[98] Eine Woche vor Kriegsende hatte der Internationale Gerichtshof in Den Haag bemerkt, dass das Vorgehen der NATO »*ernsthafte Fragen*« aufwerfe, vor allem die, ob es in Einklang mit internationalem Recht stehe, und UN-Menschenrechtskommissarin Mary Robinson kritisierte den Einsatz von Splitterbomben und die Zerstörung ziviler Einrichtungen wie Schulen und Krankenhäuser.[99]

Derartigen Reflexionen waren nur wenige deutsche Politiker und Intellektuelle zugänglich. Oscar Lafontaine berichtet in seinem Buch »Das Herz schlägt links« über die unerträglichen Aussagen seiner ehemaligen Ministerkollegen Fischer und Scharping: Letzterer sprach vom *»Blick in die Fratze der deutschen Vergangenheit, von Völkermord, Selektierung, Konzentrationslagern«*, Fischer meinte gar: *»Ich habe nicht nur gelernt, nie wieder Krieg, sondern auch, nie wieder Auschwitz. Die Bomben sind nötig, um die Serbische SS zu stoppen.«*[100] In einem Offenen Brief an Fischer und Scharping kritisierten die Auschwitz-Überlebenden Walter Bloch, Peter Gingold, Kurt Goldstein und andere den Vergleich zwischen Kosovo und Auschwitz. Sie sahen in der Aussage des in Erklärungsnot geratenen Außenministers den Versuch, mit der aufgrund der Lehren aus dem faschistischen Krieg und dem Holocaust geschaffenen UNO-Charta einen neuen Krieg zu begründen.[101] Auch der OSZE-Beobachter und Bundeswehrgeneral Loquai kritisierte: *»Damit werden die Verbrechen der Nazis an den Juden in einer Art und Weise verharmlost, die man sonst als ›Auschwitzlüge‹ bezeichnet. Wenn ein normaler Bürger in Deutschland das tun würde, müßte er mit einem Gerichtsverfahren rechnen.«*[102] Für den Sozialphilosophen Jürgen Habermas – Ikone der 68er – reichten die erschütternden Bilder der Vertriebenentrecks nach Mazedonien, Montenegro und Albanien als Nachweis einer von langer Hand geplanten ethnischen Säuberung. Er ist überzeugt, dass Rambouillet einen mörderischen Ethnonationalismus stoppen sollte.[103] Der österreichische Schriftsteller Peter Handke dagegen verurteilte von Beginn an die NATO-Aktionen scharf als Verbrechen und zeigte mit den Angegriffenen in Serbien persönliche Solidarität. *»Moral ist ein neues Wort für Willkür«*, entgegnete er am 15. Mai 1999 in einem Interview mit der *Süddeutschen Zeitung* all denjenigen, *»die wie die Schriftsteller Günter Grass, Stefan Heym, Hans Magnus Enzensberger, die Kabarettistin Ellen Tiedtke oder der Sänger der bekannten Kölner Rockgruppe BAP, Wolfgang Niedecken, die Bombardierung des Kosovo aus Gründen der Moral unterstützten, schwiegen oder für ein Eingreifen der UNO eintraten«*.

Anlässlich des 20. Jahrestags der Bombardierung fand vom 22. bis 23. März 2019 in Belgrad eine internationale Konferenz statt. Sie stand unter dem Motto »NATO-Aggression – niemals vergessen – 1999–2019 – Frieden und Fortschritt statt Krieg und Armut«. Veranstalter waren das Belgrader Forum für eine Welt von Gleichberechtigten, der Serbische Club der Generäle und Admiräle und die Serbische Gastgesellschaft in Kooperation mit dem Weltfriedensrat (World Peace Council, WPC). Es sprachen Vertreter aus nahezu 50

Ländern, darunter auch der Autor; dessen Rede trug die Überschrift: »Nicht gegeneinander aufhetzen lassen«.[104] Eingeladen hatte ihn der letzte jugoslawische Außenminister Zivadin Jovanovic. Von Willy Wimmer wurde ein Grußwort verlesen, ansonsten fehlten Vertreter der politischen Parteien.

Laut Bekunden US-Offizieller war die Bombardierung der chinesischen Botschaft in Belgrad am 7. Mai 1999 ein Versehen. Sollten die Zielplaner derartige Dilettanten sein? Da müsste sich die Welt wohl auf das Schlimmste gefasst machen. Nein, die Botschaft tauchte zwar nicht in der Zielplanung auf, wurde aber am nächsten Tag in der Liste der »erfolgreich« angegriffenen Ziele geführt, wie NATO-Stabsoffiziere in Brüssel hinter vorgehaltener Hand wissen ließen. Wollten die Amerikaner den Chinesen die Lektion erteilen, dass sie in Europa unerwünscht sind? Oder sollte nur ein zu enger Schulterschluss der VR China mit den EU-Unterhändlern verhindert werden?

Der Waffenstillstand diente als Vorlage für die UN-Resolution 1244, die der UN-Sicherheitsrat am 10. Juni *»eingedenk der Ziele und Grundsätze der Charta der Vereinten Nationen und der Hauptverantwortung des Sicherheitsrats für die Wahrung des Weltfriedens und der internationalen Sicherheit«* verabschiedete. Unter Punkt 17 begrüßte die Europäische Union mit anderen internationalen Organisationen die gegenwärtig geleistete Arbeit mit dem Ziel, *»einen umfassenden Ansatz für die wirtschaftliche Entwicklung und Stabilisierung der von der Kosovo-Krise betroffenen Region zu entwickeln, einschließlich der Umsetzung eines Stabilitätspakts für Südosteuropa unter breiter internationaler Beteiligung, um die Förderung der Demokratie, wirtschaftlichen Wohlstands, der Stabilität und der regionalen Zusammenarbeit zu begünstigen«.*[105] Weiter wird unzweideutig festgehalten, dass der Kosovo ein Bestandteil der Bundesrepublik Jugoslawien sei. *»Kosovo kann eine substantielle Autonomie innerhalb der Bundesrepublik Jugoslawien genießen.«*[106] Dies spiegelt das Ergebnis des Krieges wider, den Jugoslawien zwar verloren hat, aus dem die NATO jedoch auch nicht als eindeutiger Sieger hervorging. Auf der Grundlage der UN-Resolution wurde der Kosovo unter internationale Verwaltung gestellt. Diese umfasste eine zivile und eine militärische Komponente: Die Interim Administration Mission in Kosovo (UNMIK) und die Kosovo Force (KFOR). Letztere sollte als multinationale militärische Formation unter der Leitung der NATO die Sicherheit des Kosovo gewährleisten. Sie ist bis heute vor Ort.

Am Tag der Verabschiedung von 1244 erklärte US-Präsident Clinton der Weltöffentlichkeit die Motive seines Handelns: *»Als ich unsere bewaffneten Streitkräfte in den Kampf befahl, hatten wir drei klare Ziele: den Völkern im Kosovo, die Opfer einiger der brutalsten Gräueltaten seit dem Zweiten Weltkrieg sind, zu ermöglichen, in Sicherheit und Selbstverwaltung in ihre Heimat zurückzukehren; von den serbischen Kräften, die für diese Gräueltaten verantwortlich sind, zu verlangen, den Kosovo zu verlassen; und internationale Sicherheitskräfte mit der NATO als ihrem Kern einzusetzen, um alle Menschen dieses unruhigen Landes, Serben wie Albaner, zu schützen.«*[107] Geschickt hatte Clinton diese drei Ziele den Ergebnissen angepasst. Sie waren nicht mehr mit denen identisch, die Clinton am Anfang nannte. So war die Rückkehr der kosovarischen Völker kein ursprüngliches Ziel, da die meisten ihre Heimat noch nicht verlassen hatten. Es ist leicht, Ziele zu erreichen, wenn man sie verändern kann, damit sie den Ergebnissen entsprechen. Das neue Ziel, Schutz der gesamten Bevölkerung im Kosovo, sollte sich unter den Augen der NATO ins Gegenteil, in eine umfassende ethnische Säuberung verkehren. Clinton selbst berichtete: *»Laut Informationen des Flüchtlingshilfswerks UNHCR sind seit Juni 1999 rund 250.000 Menschen aus dem Kosovo vertrieben worden, wohingegen die Schätzungen des jugoslawischen Außenministeriums*

*Nach Ramstein die zweitgrößte US-Militärbasis der Welt: Camp Bondsteel im Kosovo, in Benutzung seit 1999*

*sogar eine Zahl von ca. 350.000 nennen. Die Mehrzahl der Vertriebenen bestand aus Serben sowie Roma, Juden, Türken und anderen Minderheitengruppen.«*[108]

Gleichzeitig mit der Übernahme des Kosovo begannen die US-Streitkräfte damit, ca. 25 Kilometer südlich von Pristina Camp Bondsteel aufzubauen, das größte Camp seit Ende des Vietnamkriegs. Hier können bis zu 7000 Armeeangehörige aufgenommen werden.[109] Camp Bondsteel wurde zum Außenposten der USA für Operationen im Nahen Osten ausgebaut, der Grund für 99 Jahre gepachtet. So reicht die langfristige Bedeutung dieser im Zentrum Europas liegenden Basis weit über den Kosovo mit seinen zwei Millionen Einwohnern hinaus.

Anfang Dezember 1999 veranstaltete das Zentrum für strategische und internationale Studien (CSIS) in Washington eine Konferenz zum Thema »Die Geopolitik der Energie für das 21. Jahrhundert«. Eine Neuauflage des »Großen Spiels« aus dem 19. Jahrhundert? Geschickt hatte es England einst verstanden, dem niedergehenden Osmanischen Reich mithilfe Frankreichs und Russlands den Transkaukasus, Zentralasien und die Kaspische Senke zu entreißen. Nun eiferte Amerika – die »einzig verbliebene Weltmacht« – England nach. Die Vereinigten Staaten wollen das »Große Spiel« spielen und dabei noch die Pax Romana oder Pax Britannica übertreffen. *»Im letzten Jahrzehnt des 20. Jahrhunderts hat sich die Weltlage tiefgreifend verändert. Zum ersten Mal in der Geschichte trat ein außereurasischer Staat nicht nur als der Schiedsrichter eurasischer Machtverhältnisse, sondern als die überragende Weltmacht schlechthin hervor«*, analysierte Brzeziński in »Die einzige Weltmacht«.[110] Europa sei noch weit davon entfernt, eine gewichtige Rolle zu spielen. *»Tatsache ist schlicht und einfach, dass Westeuropa und zunehmend auch Mitteleuropa weitgehend ein amerikanisches Protektorat bleiben, dessen alliierte Staaten an Vasallen und Tributpflichtige von einst erinnern. Dies ist kein gesunder Zustand, weder für Amerika noch für die europäischen Nationen.«*[111] Dabei käme der Weltpolitik ein starkes und geeintes Europa zugute.

Oskar Lafontaine zufolge ist eine *»gemeinsame europäische Verteidigungs- und Sicherheitspolitik«*, das habe der Kosovokrieg gezeigt, *»notwendiger denn je«.*[112] War das aber von den USA jemals gewollt? Unmittelbar nach dem Ende des Kosovokriegs schlug die Geburtsstunde der Europäischen Sicherheits- und Verteidigungspolitik mit dem gesamten Spektrum der sogenannten »Petersberg-Aufgaben«.[113] Für die USA eher ein Grund, den Einfluss der Verbündeten bei militärischen Interventionen in Zukunft so gering wie möglich zu halten, wie noch im EU-Verfassungsentwurf zu sehen sein wird.

## Der Anfang der NATO-Osterweiterung

Übertönt vom Bombenkrieg, trat am 1. Mai 1999 der Vertrag von Amsterdam als Revision des Maastrichter Vertrags von 1993 in Kraft. Drei Ziele wurden formuliert:

1. Erhöhung der Handlungsmöglichkeiten der EU, vor allem in der Innen- und Justizpolitik sowie eine gemeinsame Außen- und Sicherheitspolitik;
2. Verbesserung der Bürgernähe, etwa sozial und ökologisch, Demokratisierung der Entscheidungsprozesse, größere Transparenz der Verfahrensabläufe;
3. Reformierung der EU-Institutionen im Hinblick auf die bevorstehende NATO-Osterweiterung.

Im digitalen Lexikon der Bundeszentrale für politische Bildung ist zu lesen: *»Der Vertrag fixierte außerdem eine vertiefte polizeiliche Zusammenarbeit und die Weiterentwicklung des Europäischen Polizeiamts Europol, und er band die aus dem EU-Rahmen herausgelöste Schengen-Zusammenarbeit wieder in den EG-Vertrag ein. Ferner führte er das Amt eines ›Hohen Vertreters‹ für die ›Gemeinsame Außen- und Sicherheitspolitik‹ GASP ein.«*[114] Die angesprochene Osterweiterung deckte wieder den Zwillingscharakter von EU und NATO auf. Waren doch erst am 12. März 1999 Polen, Ungarn und Tschechien der NATO beigetreten. War der Jugoslawienkrieg ein Testlauf für die neue NATO-Strategie?

Hinter den üblichen Floskeln von Freiheit und Demokratie standen wie immer handfeste wirtschaftliche und geopolitische Interessen. Diese wurden Ende April 2000 bei einer Konferenz des US-Außenministeriums zu den Themen Balkan und NATO-Osterweiterung in Bratislava unverblümt erläutert. In seiner Funktion als Vizepräsident der OSZE war auch Willy Wimmer geladen, der so alarmiert war, dass er Bundeskanzler Gerhard Schröder sofort in einem Brief über die wahren Hintergründe des Jugoslawienkriegs und die künftigen geostrategischen Absichten der USA informierte.[115] Darin hieß es: *»Es gelte,* *bei der jetzt anstehenden NATO-Erweiterung die räumliche Situation zwischen der Ostsee und Anatolien so wiederherzustellen, wie es in der Hochzeit der römischen Ausdehnung gewesen sei. Dazu müsse Polen nach Norden und Süden mit demokratischen Staaten als Nachbarn umgeben werden, Rumänien und Bulgarien die Landesverbindung zur Türkei sicherstellen, Serbien (wohl zwecks Sicherstellung einer US-Militärpräsenz) auf Dauer aus der europäischen Entwicklung ausgeklammert werden.«*[116]

Dieser Plan wird seitdem konsequent umgesetzt. Verärgert stellte Helmut Schmidt am Ende der ersten Kriegswoche fest: »*Gegängelt von den USA, haben wir das internationale Recht und die Charta der Vereinten Nationen missachtet.*«[117] Der US-Politologe und Kriegsforscher Daniel Kolko schrieb im *Tagesspiegel* vom 8. Mai 1999: »*Für die USA ging es darum, militärische Macht zu demonstrieren und ihre Vormachtstellung in der NATO auszubauen.*« Der mit einer Lüge erzwungene Krieg ersetzte das Völkerrecht durch das »Recht der Mächtigen«.

*»Möglicherweise muss die Geschichte des Terrorismus neu geschrieben werden. Man weiß nicht mehr, welche Anschläge von Terroristen und welche vom Staat zu verantworten sind.«*

Jürgen Trittin

# 9/11 und die Spirale des Terrorismus

## Projekt für ein neues amerikanisches Jahrhundert

Zeitgleich zur Eskalation auf dem Balkan arbeitete ein Stab um Richard Perle vom American Enterprise Institute an einerAggressionsstrategie für den Nahen Osten. So entstand die Studie »Ein sauberer Bruch. Eine neue Strategie zur Sicherung des Reichs«.[1] Darin wurde dem damaligen israelischen Ministerpräsidenten Benjamin Netanjahu vorgeschlagen, die Oslo-Politik des Verhandelns mit den Palästinensern aufzugeben und die Region politisch-militärisch aufzurollen. *»Am Anfang müsse als ›äußerst wichtiges strategisches Ziel‹ der Regime Change im Irak stehen, um dann in Phase zwei die Probleme in Libanon, Syrien und Iran anzupacken. Syrien müsse aus dem Libanon verdrängt werden, anschließend könne Israel mit US-amerikanischer Protektion rechnen, wenn es ›die strategische Initiative‹ ergreift, entlang seiner nördlichen Grenzen Hisbollah angreift und anschließend Syrien und Iran als die eigentlich Verantwortlichen.«*[2] Es sollte sich tatsächlich so entwickeln.

Im Frühjahr 1997 wurde im Umfeld dieser Studiengruppe die neokonservative Denkfabrik Project for A New American Century (PNAC) mit Sitz in Washington D. C. gegründet.[3] Sie war Teil eines weitreichenden Netzwerks von Think Tanks, Medien, Bildungseinrichtungen, Stiftungen und PR-Agenturen und zog praktischerweise in dasselbe Gebäude, in dem das American Enterprise Institute residierte. Vorsitzender des PNAC, das offiziell bis 2006 existierte, war der Herausgeber des *Weekly Standard,* William Kristol. Zu den Mitgliedern gehörten alle »Neocons« mit Rang und Namen: Richard Perle, Dick Cheney, Donald Rumsfeld, Paul Wolfowitz, Richard Armitage (ab 2001 Vizeaußenminister) und John Bolton, 2001 Staatssekretär für Rüstungskontrolle und Internationale Sicherheit, später UN-Botschafter und ab März 2018 Nationaler Sicherheitsberater unter Präsident Trump. Weitere Mitglieder oder PNAC-Assoziierte waren George W. Bushs Bruder Jeb, der spätere CIA-Direktor James Woolsey, Investment-Banker John Lehman (2002 Mitglied der 9/11-Untersuchungskommission), Steve Forbes vom *Forbes Magazine,* William J. Bennett, Direktor der Drogenaufsichtsbehörde, Zalmay Khalilzad (ab 2003 Botschafter in Afghanistan und im Irak) u. a. m. Gründungsmitglied war auch Eliot Cohen, einer der ersten, der öffentlich einen Krieg gegen den Irak und Iran propagierte. Cohen ist Professor an der Paul H. Nitze School of Advanced International Studies (SAIS), die wiederum Teil der Johns Hopkins University ist.

*Wichtige Mitglieder des PNAC, die ab 2001 allesamt ranghohe Posten in der Bush-Regierung einnahmen: Dick Cheney (Vizepräsident, 2. v. re.), Donald Rumsfeld (Verteidigungsminister, 2. v. li.), Paul Wolfowitz (stellvertretender Verteidigungsminister und späterer Weltbank-Direktor, ganz li.) und Richard Perle (Präsidentenberater, ganz re.)*

PNAC warb für eine globale Führerschaft der Vereinigten Staaten und redete weltweiten Interventionen das Wort. Daneben postulierte man die weltweite Errichtung dauerhafter Militärstützpunkte, um sich weitgehend unangreifbar zu machen. Als »globale Ordnungshüter« müssten die USA für die Einhaltung von Recht und Gesetz sorgen. Beim Scheitern von Diplomatie seien Militäraktionen als akzeptables Mittel zu erachten, und das auch ohne Absprachen oder Rücksichtnahmen auf Verbündete, supranationale Organisationen, Verträge oder Ähnliches. Damit wären die mühselig errungenen Fortschritte seit dem Westfälischen Frieden passé.

Am 20. Januar 2001 wies George W. Bush in einem Nebensatz seiner teilweise kryptische Vereidigungsrede darauf hin, dass er sich auch mit Massenvernichtungswaffen beschäftigen werde: »*Die Feinde der Freiheit und unseres Landes sollen sich nicht täuschen: Die Vereinigten Staaten engagieren sich aufgrund ihrer Geschichte und ihrer Entscheidung weiterhin auf der Welt. ... Wir werden Aggression und bösem Glauben mit Entschlossenheit und Stärke begegnen. Und allen Nationen gegenüber werden wir uns für die Werte aussprechen, die unsere Nation ins Leben gerufen haben. ... Bei all diesen Unterfangen werde ich die Werte unserer Geschichte zum Anliegen unserer Zeit machen. Diese Arbeit dauert an. Die Geschichte dauert an. Und ein Engel reitet immer noch in den Wirbelsturm und dirigiert diesen Sturm.*«[4] Einige der Zukunftsvisionen sind hier durchaus bedenklich. Was meinte Bush damit, als er versprach, bei seinen politischen Prinzipien die Werte »*unserer Geschichte zum Anliegen unserer Zeit zu machen*«? Auf welche Werte bezog er sich da? Versteht er darunter die der Neokonservativen in seiner Regierung, der »Vulcans«, wie sie genannt wurden? Deren Politikempfehlungen wurden immer radikaler. Schon im Wahlkampf war aufgefallen, dass Bush in der Außenpolitik auf den Wissens- und Erfahrungsschatz seines Beraterteams angewiesen war.

Im September 2000 – ein Jahr vor 9/11 – publizierte PNAC den Bericht »Der Neuaufbau der amerikanischen Verteidigung: Strategien, Streitkräfte und Ressourcen für ein neues Jahrhundert«. Darin wird die Regierung aufgefordert, mit allen zur Verfügung stehenden Mitteln – einschließlich der militärischen – die unangefochtene Überlegenheit der USA auf dem Globus anzustreben. Die Armee müsse fähig sein, »*auf verschiedenen Kriegsschauplätzen gleichzeitig zu kämpfen und zu siegen*«. In der PNAC-Denkschrift sahen Kritiker ein Manifest, das die Grundlinien eines ehrgeizigen Plans zur Etablierung eines neuartigen Imperialismus aufzeigt – unverhohlen würde die Geopolitik der USA durch die Ölinteressen bestimmt. Auf Seite 63 findet sich eine Aussage, die hellhörig macht: Der Prozess grundlegender Veränderung werde lange dauern – »*es sei denn, es tritt eine Katastrophe oder ein anderes beschleunigendes Ereignis ein*«.[5]

Das Wetterleuchten war nicht zu übersehen. Obwohl die Iraker zunehmend unter den Kriegsfolgen litten, herrschte Saddam Hussein unangefochten, die Anti-Saddam-Kriegskoalition war längst zerbrochen, und in Washington regierte wieder ein Bush. Drohte ein dritter Golfkrieg?

Rede von George W. Bush im Camp Bondsteel am 24. Juli 2001, welche die Bedeutung des Stützpunkts hervorhob: vom Kosovo bis nach Kaschmir ...

In den ersten neun Monaten war die Außenpolitik der Bush-Regierung vor allem durch einen *»unverhüllten Unilateralismus«* geprägt.[6] Das bedeutete die Abkehr von internationalen Klimaschutzregeln und vom Internationalen Strafgerichtshof. Zum Abschluss seiner zweiten Europareise sprach Bush im Juli 2001 in Camp Bondsteel vorüber 5000 US-Soldaten. Dabei hob er hervor: *»Von Kosovo bis nach Kaschmir ... ist Freiheit und Toleranz das definierte Ziel für unsere Welt. Und Ihr Dienst setzt hierfür ein Beispiel für die ganze Welt.«*[7]

## Lauschangriff auf Europa

Im Herbst 2000 sollte ein Sonderausschuss des Europäischen Parlaments klären, ob es ein vom amerikanischen Geheimdienst und von Großbritannien betriebenes System mit Codenamen Echelon zum Abhören von Kommunikation gibt – ein Schnüffelsystem für jedes Telefongespräch, jedes Telefax, jede E-Mail in Europa.

Am 5. September 2001 wurde die Existenz von Echelon amtlich. *»Es arbeitet global und wird mit einem Abhörverbund der sogenannten UK-USA-Staaten – das sind Amerika, das Vereinigte Königreich, Kanada, Australien und Neuseeland*

*– realisiert. Dies ist keine zufällige Mixtur, dieser Abwehrverbund hat seine historischen Wurzeln im Zweiten Weltkrieg. Es hat im wesentlichen nur Zugriff auf interkontinentale Kommunikation, die entweder über Kommunikationssatelliten vermittelt wird oder über Unterwasserkabel läuft, die in den obengenannten Ländern anlanden. ... Das System arbeitet also wie ein Staubsauger, und die Nachrichtendienste stellen den Filter ein. ... Die Suchmaschine kann Telefonnummern, Stimmen von Topzielen, den Inhalt von E-Mails und von Maschinenschrifttelefaxen erfassen.«*[8]

Der Bericht des EU-Untersuchungsausschusses, im Plenum vorgetragen von Gerhard Schmid, verwies auf eine starke Indizienkette und den Umstand, dass die Nachrichtendienste der angesprochenen Staaten auf jede öffentliche Gegendarstellung verzichtet hätten. Für ihn spielte bei der Bewertung des Systems der beabsichtigte Zweck eine wichtige Rolle: »*Wenn es um den Kampf gegen die internationale organisierte Kriminalität, Drogenhandel, Menschenhandel, Waffenhandel, Terrorismus, Proliferation, um das Einhalten von Embargos oder Fragen der nationalen Sicherheit geht, ist gegen den Zweck als solches nichts zu sagen. Wenn damit Unternehmen ausspioniert werden, um damit der eigenen Wirtschaft Vorteile zu verschaffen, dann muss das anders bewertet werden. ... Das Problem entsteht dann, wenn nicht allgemeine Sachverhalte aufgeklärt werden, sondern wenn Details der Industrie des eigenen Landes zugespielt werden, damit sie einen Wettbewerbsvorteil bekommt. Zwischen EU-Staaten wäre ein solches Verhalten im übrigen nicht vereinbar mit dem EU-Recht, weil es eine Art verbotener Staatsbeihilfe ist. Im internationalen Bereich ist es mehr als ein unfreundlicher Akt, und zwischen Verbündeten ist es ein Skandal! ... Sie (die USA) haben aber zugegeben, dass sie im Detail abhören, wenn es um international ausgeschriebene Großaufträge geht. Das Argument und die Rechtfertigung dabei ist, die europäischen Firmen würden ja bestechen und man müsste sich dagegen wehren. Inzwischen ist so etwas innerhalb der OECD durch Konvention verboten, und die Mitgliedstaaten der Europäischen Union haben dies in innerstaatliches Recht umgesetzt. Wenn die Vereinigten Staaten von Amerika trotzdem mit Cowboymentalität auf einem Faustrecht bestehen, dann ist das mit der Idee, dass solche Dinge durch internationale Rechtsvereinbarungen geregelt werden, nicht vereinbar.*«

Diese Passage wurde vom Beifall des Parlaments unterbrochen. Dann zeigte Schmid den Weg aus dem Dilemma auf: »*Wir haben eine Menge von Vorschlägen entwickelt, auch was die Kontrolle der Dienste bei uns betrifft, auch was einen Kodex zwischen den EU-Staaten betrifft und ähnliches. Letztlich landen wir aber bei einem einfachen Hauptproblem. Der Schutz der Privatsphäre wird durch die Rechtsord-*

*nungen von Nationalstaaten gewährleistet. Die Kommunikation wird aber zunehmend international. Es gibt keinen Weltstaat, der sie schützt. Wir müssen internationale Rechtsvereinbarungen finden, damit wir - das ist eines der vielen Probleme der Globalisierung - auch da den Schutz der Privatsphäre bekommen. Ansonsten bleibt ein zweites Problem. ... Sed quis custodiet ipsos custodes, d. h. wer bewacht denn die Wächter? Das bleibt das Dauerproblem!«*

## Amerika unter Beschuss

Am 11. September 2001, dem Tag des Friedens der Vereinten Nationen, stand in einem als top secret eingestuften Manöver des North American Aerospace Defense Command (NORAD) die Abwehr von Angriffen ziviler Flugzeuge auf exponierte Ziele der USA auf dem Programm. Dieses Manöver hatte man Wochen zuvor keinem Luftwaffengeneral, sondern einem Zivilisten übertragen: Vizepräsident Dick Cheney. NORAD zählte seit dem Sputnik-Schock jeden Flugkörper, dessen Durchmesser größer als ein Fußball war – außer am 11. September 2001.

Während Cheney Kriegsgott spielen durfte, stand für US-Präsident George W. Bush ein leichter Termin an: eine Lesung vor Zweitklässlern in Sarasota/Florida. Bereits während der Begrüßung wurde dem Präsidenten von seinem Berater Karl Rove etwas von einem Flugzeugabsturz in einen Tower zugeflüstert. Bush vermutete, es handle sich um eine kleine zweimotorige Maschine, also wurde das Programm fortgesetzt. Wenige Minuten später flüstert Stabschef Andy Card Bush erneut etwas zu. Der Präsident aber zeigte kaum eine Regung, blieb sitzen und hörte sich die Geschichten der Kinder weiter an, fast 20 Minuten lang.[9]

Um 9.31 Uhr schließlich gab ein sichtlich bewegter Präsident ein kaum einminütiges Statement ab: »*Wir haben heute eine nationale Tragödie erlitten. Zwei Flugzeuge sind in einem offensichtlich terroristischen Anschlag in das World Trade Center gerast. Ich habe mit dem Vizepräsidenten, dem Gouverneur von New York und dem Direktor des FBI gesprochen, und ich habe angeordnet, dass sämtliche Mittel der Bundesregierung eingesetzt werden, um den Opfern und ihren Familien zu helfen und eine vollständige Untersuchung einzuleiten, diejenigen aufzuspüren, die diese Tat ausgeführt haben. Terrorismus gegen unser Land wird keine Zukunft haben. ... Gott segne die Opfer, ihre Familien und Amerika.*«[10]

Inzwischen hatte sich Vizepräsident Cheney zum Bunker in den atomwaffensicheren Situation Room begeben. Dort stand Verkehrsminister Norman Y. Mineta mit der Zentrale der nationalen Flugsicherheitsbehörde in ständiger Verbindung. Der außer Kontrolle geratene American-Airlines-Flug 77 wurde bereits überwacht, als sich die Boeing 757 auf Washington zubewegte, dann aber über den Potomac abdrehte. Die Maschine führte eine 360-Grad-Wendung aus und leitete bei einer Geschwindigkeit von 800 Kilometer/Stunde einen Abstieg von 2000 Metern ein. Um maximalen Schaden hervorzurufen, näherte sie sich dem Pentagon in einer horizontalen Flugbahn und kappte dabei die Stromkabel über der Straße.

Dann erreichte den Bunker die Nachricht, dass es im Pentagon um 9.43 Uhr eine Explosion gegeben habe. Umgehend wurde der amerikanische Luftraum – erstmalig in der amerikanischen Geschichte – geschlossen. Kein ziviles Flugzeug durfte starten. Der Luftverkehr in die USA wurde nach Kanada umgeleitet.

Derweil saß US-Präsident Bush im Präsidentenflugzeug »Air Force One«. Dort wurde eine kurze Stellungnahme auf Videoband aufgezeichnet. Um 10.41 Uhr drängte Cheney den Präsidenten, nicht nach Washington zurückzukehren. Sofort drehte die Maschine ab, um den Luftwaffenstützpunkt Barksdale in Louisiana anzufliegen. In den nächsten acht Stunden, in denen der amerikanische Luftraum vollständig von Jets geräumt war, durchquerte eine einzige blau-weiße Boeing 747 mit etwa 65 Passagieren, Besatzung, Presse und George W. Bush an Bord, den Osten der Vereinigten Staaten.[11]

In dieser Situation verabreichte George W. Bushs Leibarzt, Richard Tubb, dem Präsidenten und seinen Mitarbeitern das nebenwirkungsreiche (Halluzination, Depression und Durchfall) Gegenmittel Ciprofloxacin gegen den Milzbranderreger Anthrax.[12] Das war vorrauschauend, denn schon bald nach dem 11. September 2001 tauchten Briefe mit Milzbranderregern in der US-Post auf. Fünf Amerikaner wurden getötet und 17 krank. Die panische Angst vor einer Anthrax-Infektion beherrschte die amerikanische Öffentlichkeit noch mehr als der 9/11-Schock. Erstmals in der Geschichte der USA wurde der Kongress geschlossen. Schnell war Saddam Hussein als Täter ausgemacht, und es drohte ein unmittelbarer Krieg gegen den Irak.

Die darauffolgende Untersuchung durch das FBI und dessen Partner – Codename »Amerithrax« – war eine der größten und komplexesten in der Geschichte der Strafverfolgung. Die Spur führte nach Maryland, direkt in das 1941 eingerichtete Biowaffenlabor »United States Army Medical Research Institute of Infectious Diseases« in Fort Detrick[13] zu Bruce Edwards Ivins: Mikrobiologe, Immunologe und Forscher für B-Waffen. Es gilt als gesichert, dass es sich bei den Milzbranderregern um Vertreter eines Stammes handelt, der erstmals 1928 in einem Labor in Ames im US-Bundesstaat Iowa isoliert wurde.[14]

Nach sieben Ermittlungsjahren verkündeten im August 2008 das Justizministerium und Beamte des FBI einen Durchbruch in diesem Fall und gaben Dokumente und Informationen heraus, die zeigten, dass eine Anklage gegen Bruce Ivins unmittelbar bevorstand. Ivins, der bis zu 30 000 Menschen den tödlichen Sporen ausgesetzt hatte, nahm sich das Leben.[15]

Richard Tubb diente von 1995 bis 2009 in drei Präsidialverwaltungen. Er war der Leibarzt von George W. Bush sowie von Vizepräsident Al Gore während der Clinton-Regierung. Anfang 2013 wechselte er in den Vorstand von British American Tobacco (BAT). Vorsitzender Richard Burrows kommentierte: *»Diese Ernennung ist ein weiterer Beweis für unser Engagement, die Wissenschaft in den Mittelpunkt unseres Geschäfts zu stellen, und ich freue mich auf die Rolle, die Richard bei der Entwicklung unserer Strategie spielen wird.«*[16] In der Pressemitteilung wurde hervorgehoben, dass Tubb *»eine führende Persönlichkeit des öffentlichen Gesundheitswesens sei, die sich aktiv an der Wissenschaft und der politischen Entwicklung der Schadensminderung durch Tabak und alternative Nikotinprodukte beteiligt«.*[17]

Tubbs offizieller Lebenslauf der US-Luftwaffe erwähnt jedoch keine Arbeit im Bereich der Schadensminimierung durch Tabak.[18] Und auch im Jahr 2013 durchgeführte Recherchen in Datenbanken für Gesundheitsveröffentlichungen ergaben keine Treffer. 2018 wurde er als Vorstandsmitglied einer kanadischen Firma namens Parallax gelistet, deren Mission es ist, *»die Geißel des Zigarettenrauchens mit einem sicheren und reinen Produkt zu beenden«.*[19] Dazu Tubb: *»Ich möchte da ansetzen, wo die Führungsgruppe von LexisNexis Risk Solutions das Beste für die Menschen tut, die es am meisten brauchen – meine Patienten und die der Heiler im ganzen Land sowie ihre weiteren Unterstützer. Tue das Richtige, indem du Gutes tust.«*[20]

Was macht die Tabakindustrie Gutes? Nun, Tabakpflanzen sollen beim Kampf gegen Corona helfen! Passende Genlabore hat sie schon. Der Zigarettenriese Reynolds American mit Marken wie Camel oder Pall Mall erprobt beispielsweise ein Verfahren, bei dem schnell wachsende Tabakpflanzen einen Impfstoff herstellen. Diese Versuche gehen auf die Ebolakrise im Jahr 2015 zurück. Schon 2012 hatten die Forscher des US-Verteidigungsministeriums die Pflanzenforschung im Auge, um schnell zehn Millionen Grippeimpfungen produzieren zu können. Diese »*pflanzenbasierten Lösungen*«, wie Pentagon-Forscher Alan Magill sie nennt, könnten im Lauf der Zeit sogar wirksamer sein als das heute typische Vorgehen. Bislang züchtet man Viren nämlich in Eiern.[21]

Zurück zu 9/11: Um 18.55 Uhr beriet sich Bush im Weißen Haus mit Rice, Hughes, Card, Fleischer und anderen über Form und Inhalt der Rede an die Nation. Zwölf Stunden vergingen, ehe sich George W. Bush endlich in einer nicht einmal sieben Minuten währenden Ansprache an die Bürger wendete. Seit 1814, als britische Soldaten das Weiße Haus anzündeten, hatte es keine feindlichen Kriegshandlungen auf dem Territorium der USA mehr gegeben. Und seit dem Vietnamkrieg waren noch nie so viele Todesopfer zu beklagen. Bush verkündete nun: »*Terroristische Anschläge können zwar die Fundamente unserer größten Gebäude erschüttern, aber nicht das Fundament Amerikas. Sie können Eisen und Stahl zerbersten lassen, aber sie können der eisernen Entschlossenheit Amerikas nichts anhaben. Amerika wurde zum Angriffsziel, weil wir in der Welt die strahlendste Fackel der Freiheit und der Selbstverwirklichung sind. Und niemand wird den Glanz dieses Lichts auslöschen.*«

Dieser blutige Dienstag war mehr als Pearl Harbor, mehr als ein Angriff auf eine US-Militärbasis in einer entfernten Kolonie. In den Stunden danach wuchs die Nation zusammen. Die Mehrheit der Amerikaner verlangte nach rascher und furchtbarer Vergeltung. Eine halbe Stunde nach der Ansprache traf sich Bush mit dem gesamten Sicherheitsrat und nach einer weiteren halben Stunde mit den wichtigsten Beratern, die sein Kriegskabinett bilden sollten. Powell, aus Peru zurück, beschrieb die nächsten diplomatischen Aufgaben: die Auseinandersetzung mit Afghanistan und den herrschenden Taliban, die dem vermuteten Drahtzieher dieser unmenschlichen Anschläge, Bin Laden, Unterschlupf gewährten.

Medien und Politiker der westlichen Welt setzten in den nächsten Tagen mit erstaunlicher Schnelligkeit sein Bild auf ihre Steckbriefe. Genauso schnell entstand der Hass. Es musste einen Verantwortlichen für die entsetzlichen Anschläge geben, eine Personifikation des Bösen. Die annähernd 3000 Opfer aus 62 Nationen bewegten nicht nur Amerika. Der Deutsche Bundestag brach am Nachmittag seine Beratungen über den Haushalt 2002 ab, und Bundeskanzler Schröder berief den Bundessicherheitsrat ein. Er erklärte: »*Wir alle – alle Deutschen – sind voller Entsetzen über die terroristischen Anschläge in den Vereinigten Staaten. Dies ist eine Kriegserklärung gegen die gesamte zivilisierte Welt. Wer diesen Terroristen hilft oder sie schützt, verstößt gegen alle fundamentalen Werte, die das Zusammenleben der Völker, auch untereinander, begründen.*« Am Abend verkündete er den uneingeschränkten Schulterschluss: »*Es geht jetzt um die Solidarität mit den Vereinigten Staaten, es geht um die Tatsache, dass Deutschland fest an der Seite der Vereinigten Staaten steht, und uneingeschränkt, ich betone das, uneingeschränkte Solidarität übt. Und damit sind alle im Bundestag vertretenen Parteien einverstanden ...*«[22]

Nach den Terroranschlägen wurde der Nationale Sicherheitsrat der USA – auch als Kriegskabinett bezeichnet – das wichtigste außenpolitische Beratungsgremium. Ihm gehörten Außenminister Colin Powell und sein Stellvertreter Richard Armitage, Verteidigungsminister Donald Rumsfeld und sein Stellvertreter Paul Wolfowitz, die Nationale Sicherheitsberaterin Condoleeza Rice, Vizepräsident Richard Cheney, der Vorsitzende der Vereinigten Stabschefs, General Richard Myers und CIA Direktor George Tenet an.

Am 12. September stimmte der Nordatlantikrat überein, dass der Anschlag – falls festgestellt wird, dass er vom Ausland aus gegen die Vereinigten Staaten verübt wurde – als Bündnisfall im Sinne von Artikel 5 des Washingtoner Vertrags gewertet wird: »*Ein bewaffneter Angriff gegen einen oder mehrere Verbündete in Europa oder Nordamerika wird als Angriff gegen alle angesehen.*« Zahlreiche Friedens- und Literaturnobelpreisträger warnten erfolglos vor einer Eskalation der Gewalt. Wie viele andere forderten sie, die Ursachen des Terrorismus zu bekämpfen. Eugen Drewermann fragte angesichts von Bushs Forderung nach einem »*monumentalen Krieg gegen das Böse*«, ob wir in derart mythischen Größen die Welt in Schwarz und Weiß einteilen dürfen. Können wir die Hölle besiegen, wenn wir durch unsere eigenen Taten selbst jedem Teufel noch Herr und Meister sein wollen? Wie soll der Terrorismus bekämpft werden angesichts der westlichen Doppelstandards? Drewermann: »*Da warten 15 bis 20 Millionen Kurden auf Freiheit, zum Teil auf NATO-Gebiet, und man spielt mit ihnen*

*Aufstand gegen Saddam Hussein. Da warten 2,5 Millionen Palästinenser auf das Recht auf Selbstbestimmung, und man zeigt sich außer Stande, die Verzweiflung zu begreifen, die Menschen in den Selbstmord treibt. Da sterben nach Schätzungen der UNO durch das amerikanisch-britische Handelsembargo gegen den Irak pro Monat etwa 3000 Menschen an Mangelversorgung – das sind in 10 Jahren seit 1991 rund 1 Million Menschen – ein stummer Krieg, fast unbemerkt. Da rüstet man die Taliban im Kampf gegen die sowjetische Besatzungsarmee auf, nur um Afghanistan jetzt zum Erzfeind zu erklären.«* Drewermann forderte dazu auf, nicht länger an Vergeltung, Strafe und Rache zu glauben. Man müsse aufhören, *»die Symptome einer menschheitlichen Krankheit ›chirurgisch‹ entfernen zu wollen, deren Keime wir selber verbreiten. Krieg ist kein Heilmittel. Er ist die Krankheit selbst.«*[23]

Alle Friedensaufrufe perlten an den Verantwortlichen ab. Dagegen wurde mithilfe regionaler Verbündeter ein massiver Truppenring der USA und Großbritanniens immer enger um Afghanistan gezogen. Wer die US-Kriegspolitik kritisch hinterfragt, wird hier in Deutschland schnell als Verschwörungstheoretiker gebrandmarkt. Eine Verschwörung ist eine geheime Zusammenarbeit mehrerer Personen zum Nachteil Dritter, und eine Theorie ist im Allgemeinen eine durch Denken gewonnene Erkenntnis im Gegensatz zum durch Erfahrung gewonnenen Wissen. Eine Verschwörungstheorie ist also nichts Ehrenrühriges.

## Kronzeuge der US-Kriegspolitik

Zweifelsohne haben sich Regierungsvertreter der USA nach dem Terroranschlag vom 11. September 2001 zum Nachteil Dritter verabredet. Kronzeuge war kein Geringerer als der US-Vier-Sterne-General a. D. Wesley Clark. Er befehligte 1999 den Kosovokrieg. 2004 bewarb er sich vergeblich als demokratischer Präsidentschaftskandidat. Seine Aussage am 3. Oktober 2007: *»Und was am 11. September 2001 geschehen ist – da hatten wir keine Strategie, wir hatten keine Einigung der beiden Parteien über die weitere Vorgehensweise ... Stattdessen hatten wir einen politischen Staatsstreich ... Einige eiskalte, hartgesottene Menschen haben die US-Außenpolitik an sich gerissen, und sie haben sich nie die Mühe gemacht, uns darüber zu informieren.«* Clark berichtet weiter, er sei zehn Tage nach 9/11 im Pentagon gewesen und habe Donald Rumsfeld getroffen. Im Laufe des Gesprächs habe Rumsfeld geäußert: *»Ich wollte Ihnen nur sagen, niemand wird uns sagen, wo oder wann wir bombardieren können, niemand.«* Später habe ihn ein Offizier vom Vereinigten Generalstab angerufen und gesagt: »*Sir, wir beabsichtigen, den Irak anzugreifen.*« Als Clark fragte, warum, habe der Offizier geantwortet: »*Wir wissen es nicht.*« Clark fragte: »*Wollen sie Saddam in Zusammenhang mit 9/11 bringen?*« Er sagte: »*Nein. ... Ich schätze, sie wissen nicht, was sie mit dem Terrorismus tun sollen, aber sie können Länder angreifen und sie wollen dabei stark aussehen. Ich vermute, sie glauben, dass wenn sie ein Land runterkriegen, das wird die Terroristen einschüchtern.*« Clark verwies nun auf den Spruch, der besagt: »*Wenn das einzige Werkzeug, das du hast, ein Hammer ist, dann muss jedes Problem zu einem Eisennagel werden.*«

Etwa sechs Wochen später habe Clark im Pentagon denselben Offizier getroffen und ihn gefragt: »*Warum haben wir den Irak nicht angegriffen?*« Er sagte: »*Wir haben vor, den Irak anzugreifen. Oh, Sir, es ist schlimmer als das.*« Clark berichtet: »*Und dann nahm er ein Papier von seinem Schreibtisch und sagte zu mir: ›Ich habe gerade dieses Memo aus dem Büro des Verteidigungsministers bekommen, und hier steht, wir werden 7 Länder angreifen und deren Regierungen innerhalb von 5 Jahren stürzen. Wir werden mit dem Irak beginnen und dann nehmen wir uns Syrien, Libanon, Libyen, Somalia, den Sudan und den Iran vor, sieben Länder in fünf Jahren.‹ Ich sagte: ›Ist dieses Dokument geheim?‹ Er sagte: ›Ja, Sir.‹*«

Clark behielt die Information lange Zeit für sich. »*Ich war wie gelähmt, ich konnte mit niemandem darüber sprechen. Und ich konnte nicht glauben, dass das die Wahrheit sein kann, aber es ist Wirklichkeit, das, was später geschehen ist. Diese Leute haben die Kontrolle über die Politik in den Vereinigten Staaten übernommen.*«[24]

Ende September 2001 rief Al-Qaida die Muslime in aller Welt auf, sich auf einen heiligen Krieg vorzubereiten. Bis zum 1. Oktober verlegte das Pentagon mindestens 30 000 Soldaten, mehr als 300 Militärflugzeuge und zwei Flugzeugträger in die Krisenregion. Nachdem am 2. Oktober die Mitglieder der NATO-Allianz den Bündnisfall erklärt hatten, bat die amerikanische Regierung tags darauf um konkrete Hilfe im Kampf gegen den Terrorismus und legte ihren Partnern eine Liste mit Forderungen vor. Präsident Bush wiederholte seine Warnung an die Taliban und drohte Konsequenzen an, falls Afghanistan bin Laden nicht ausliefern würde. Die Taliban verlangten einen formellen Auslieferungsantrag und wiesen darauf hin, dass in Afghanistan Asyl ein hohes Rechtsgut sei und nur vom obersten Mullah-Rat aufgehoben werden könne.

Anfang Oktober brachte Generalleutnant a. D. Nikolai Leonow, ehemals stellvertretender Chef der Aufklärung des KGB, seine Bedenken zum Ausdruck, dass die USA bei ihrem beabsichtigten militärischen Einsatz in Afghanistan die UNO missachten könnten. Er verwies auf die Luftangriffe gegen Jugoslawien. Hier hatte sich die Weltgemeinschaft ausgeschwiegen und auf Einhaltung des Rechts verzichtet. Leonow befürchtete im Wiederholungsfall die *»Erosion des ganzen Systems«* der nach dem Zweiten Weltkrieg aufgebauten internationalen Beziehungen: *»Völkerrechtsnormen, Friedens- und Sicherheitsgarantien verwandeln sich zunehmend in eine Fiktion.«* Weiterhin warnte er, die USA könnten unter dem Vorwand des Kampfs gegen den Terrorismus größere strategische Ziele verfolgen. Unter der für sie günstigen moralischen psychologischen Situation in der Welt seien sie *»bestrebt, stoßartig, binnen kurzer Frist die beherrschenden militärstrategischen und politischen Positionen in den wichtigsten erdöl- und erdgasführenden Gebieten am Golf, am Kaspischen Meer und in Mittelasien einzunehmen.«* Seine Vermutung sieht Leonow im Desinteresse der USA bestätigt, ein Internationales Zentrum zur Bekämpfung des Terrorismus zu bilden und in die Lösung dieser Aufgabe alle Länder der Welt einzuschalten. Die künftigen US-amerikanischen Militärstützpunkte und Aufklärungszentren in den mittelasiatischen Staaten und in Afghanistan selbst würden zukünftig das strategische Kräfteverhältnis weitläufig verändern und die Interessen Russlands, Chinas und Indiens offensichtlich tangieren. In diesem Zusammenhang werde die NATO an den Grenzen Russlands nicht nur im Westen, sondern auch im Süden vorrücken. *»Dann muss man erwarten, dass diese Region zu einer ›Zone vitaler Interessen der USA‹ mit allen sich daraus ergebenden Folgen erklärt wird. Die Praxis zeigt, dass sich die USA-Militärs stets langfristig dort festsetzen, wohin sie einmal gekommen sind.«*[25]

*»Amerika schlägt zurück«* und *»Amerikanische und britische Bombenziele in Afghanistan«*, so lauteten die Schlagzeilen der *International Herald Tribune* vom 8. Oktober 2001. Am Tag zuvor hatten 25 von Flugzeugträgern gestartete Kampfflugzeuge sowie 15 Langstrecken- und landgestützte B-1, B-2 und B-52 Bomber ihre Cruise Missiles auf strategische Ziele abgeschossen. Die Befürchtungen General Leonows hatten sich erfüllt: Für diese Operation hatten die USA ebenfalls auf ein Mandat der Vereinten Nationen verzichtet.

In vorauseilendem Gehorsam bekräftigte Bundeskanzler Gerhard Schröder im Bundestag die Bereitschaft der Bundesrepublik, sich im Rahmen einer internationalen Antiterror-Koalition auch an militärischen Operationen zu beteiligen, da nach den Terroranschlägen vom 11. September die Etappe deutscher Nachkriegspolitik *»unwiederbringlich vorbei«* sei. Das sahen friedensbewegte Menschen in Deutschland und der ganzen Welt völlig anders. In Berlin versammelten sich etwa 50 000 Menschen, um gegen die amerikanisch-britischen Militärschläge zu protestieren. Auf Transparenten und Plakaten kritisierten die Teilnehmer die Luftangriffe als falsche Antwort auf 9/11. Und die beiden nordamerikanischen Friedensikonen Noam Chomsky und Michel Chossudovsky wurden nicht müde, zu betonen, dass Islamisten à la bin Laden und fundamentalistische Regime wie Saudi-Arabien auf dem Boden der kriegerischen Politik der USA und deren Erdölinteressen gewachsen sind.[26]

US-Präsident Bush nannte zwar Flugbasen und andere Militäranlagen sowie Trainingslager der Al-Qaida als Ziele, doch die ununterbrochene Bombardierung der Städte Kabul, Kandahar und Jalalabad forderte auch zahlreiche zivile Opfer. Die immer gern benutzte Phrase von »chirurgischen Schlägen« wurde im Kampf Moderne gegen Mittelalter erneut propagiert.

Ohne nennenswerte Kritik verabschiedete der amerikanische Kongress am 26. Oktober 2001 den »Patriot Act«, ein eilig geschnürtes, 342 Seiten starkes Gesetzgebungswerk zur *»Einigung und Stärkung Amerikas durch Bereitstellung geeigneter Instrumente, zur Eindämmung und Verhinderung von Terrorismus«*. Es ermöglichte Einschnitte in die »Bill of Rights« und beschränkte verfassungsrechtliche Freiheiten. Darunter fiel die Vereinfachung der Überwachung aller Kommunikationsformen wie E-Mails, Internet und Mobiltelefone. Die Liste der unter Terrorismusverdacht fallenden Taten wurde erheblich erweitert, Hausdurchsuchungen erleichtert, die Zusammenarbeit zwischen Polizei und Geheimdiensten verstärkt. Sie erhalten grünes Licht für das Installieren von Wanzen und Abhöranlagen, die Kontrolle finanzieller Transaktionen und andere Formen der Spionage, buchstäblich nach Belieben. Das sollte aber erst der Anfang sein.Zugleich wurde im Zuge einer der größten Reformen des US-amerikanischen Militärs der Kommandobereich Nordamerika NORTHCOM geschaffen. Dieses Regionalkommando ist zuständig von der mexikanischen Grenze bis zu kanadischen Territorien in der Arktis. Der weitere Auftrag, militärische und zivile Behörden in der Heimatverteidigung zu unterstützen, wird als Verstoß gegen die US-Verfassung und den »Posse Comitatus Act« gewertet. Dieses Gesetz von 1878 sieht eine strenge Trennung von Polizei und Militär vor.

## Die Welt nach dem 11. September 2001

Für die Bush-Administration stand unverrückbar fest, dass Osama bin Laden hinter dem Terroranschlag vom 11. September stand. Wie 15 andere der 19 Flugzeugentführer kam er aus Saudi-Arabien – aus Afghanistan oder dem Irak stammte niemand. Der Antiterrorexperte des FBI John O'Neill – er kam im World Trade Center ums Leben – hatte lange zuvor erkannt, dass der Islamo-Faschismus in erster Linie ein saudisches Problem ist. *»Alles, was nötig ist, um die Organisation Osama bin Ladens zu demontieren, ist in Saudi-Arabien zu finden.«*[27]

Da hätte man genau hinsehen müssen, aber das wurde offensichtlich vermieden – sind doch die Verbindungen zwischen dem Haus Bush und dem Haus Saud sehr eng. Sie gehen auf George Bush senior zurück. Prinz Bandar bin Sultan, saudischer Botschafter in Washington, durfte Mitglieder des Bin-Laden-Clans nach dem 11. September heimlich aus den Vereinigten Staaten verschwinden lassen, bevor diese vom FBI verhört werden konnten. Die Angehörigen der 9/11-Opfer strebten eine Klage gegen Saudi-Arabien an. Dazu wollte Bush eine Kommission unter der Leitung des früheren Außenministers Henry Kissinger einsetzen, die Opferfamilien aber lehnten ihn ab, weil er finanzielle und politische Verbindungen nach Saudi-Arabien hatte, unter anderem auch zur Familie bin Laden. Kissinger lehnte die geforderte Offenlegung seiner Einkommens- und Wirtschaftsbeziehung ab und trat zurück.[28]

Von Anfang an behinderte das Justizministerium die Klage gegen Saudi-Arabien, dessen Hauptverteidigung Ex-Außenminister James Baker übernahm – Berater der Familie Bush in Rechtsfragen. Zur Sicherheit ließ Bush 28 Seiten des vom Kongress in Auftrag gegebenen 9/11-Untersuchungsberichts schwärzen, die detailliert die Rolle Saudi-Arabiens dokumentieren. Ende 2013 brachten die Angehörigen sogar eine Resolution in den Kongress ein, sie forderten, der Präsident solle den geschwärzten Abschnitt deklassieren, denn die die Bevölkerung der Vereinigten Staaten erwartete Antworten auf die Fragen zu den Anschlägen. Bis heute ist kein Präsident dieser Aufforderung nachgekommen.

Beim Schmieden von Allianzen im Kampf gegen den Terrorismus hatte die Bush-Administration keine Berührungsängste mit Regierungen, die die Menschenrechte nicht gerade hoch achteten, etwa mit Pakistan, China, Algerien und

Tunesien. Bevor sich am 7. Oktober 2001 amerikanische und britische Bomber ihre Ziele in Afghanistan suchten, bestand auch ein Waffenbündnis mit dem despotischen Nordallianz-General Raschid Dostum. Die Ereignisse nach dem Fall von Kunduz, der letzten Hochburg der Taliban in Nordafghanistan, dokumentierte am 21. November 2001 der irische Journalist und Dokumentarfilmer Jamie Doran. Sein Film beleuchtet die Behandlung von 8000 Gefangenen, die sich der Nordallianz und den amerikanischen Truppen ergeben hatten. 3000 wurden zunächst in ein Gefängnis der Stadt Shibarghan verbracht und dann in unbelüftete Container gepfercht – in jedem Container 200 bis 300 Gefangene. Von zwangsverpflichteten ortsansässigen LKW-Fahrern wurden die Container in die Wüste bei Masar-i-Sharif gefahren und dort abgestellt. Im Beisein amerikanischer Soldaten wurden die Überlebenden dann liquidiert. Trotz Kenntnis der Vorgänge führten die UN keine richterliche Untersuchung durch.

Jamie Doran recherchierte persönlich vor Ort und drehte den Dokumentarfilm »Das Massaker von Mazar«, der am 13. Juni 2002 in Straßburg Abgeordneten des Europaparlaments und Pressevertretern gezeigt wurde. Der Fraktionschef der Vereinigten Linken, Francis Wurtz, forderte das Internationale Komitee des Roten Kreuzes auf, die Anschuldigungen zu überprüfen. Im Gegensatz zur amerikanischen Presse wurde in den französischen und deutschen Zeitungen ausführlich über den Film berichtet. Und sowohl das Pentagon als auch das US-Außenministerium dementierten eine Beteiligung der USA an der Folter und Ermordung von Kriegsgefangenen.

Zeitgleich gab der in Boston ansässige Verband Ärzte für Menschenrechte eine Erklärung heraus, in der sofortige Maßnahmen zum Schutz des mutmaßlichen Massengrabs in der Nähe von Mazar-i-Sharif verlangt wurde – bisher vergeblich. Während die CIA jede Untersuchung verhinderte, gedachte Bill Clinton im September 2003 bei einer medienwirksamen Gedenkfeier der muslimischen Opfer auf dem Friedhof von Potocari bei Srebrenica und forderte mit bewegten Worten, die Hauptverantwortlichen des Massakers von 1995 festzunehmen und durch das Haager UN-Kriegsverbrechertribunal zu bestrafen. Nach dem Abkommen von Dayton und den Friedensfeiern Ende 1995 in Paris war Srebrenica kein Thema gewesen. Erst Anfang 1999 wurde es für den Krieg gegen Serbien instrumentalisiert, seitdem sind die Feiern auf dem Friedhof von Potocari ein jährliches Ritual.

Am 28. Januar 2002 verwies Präsident Bush in seiner Rede zur Lage der Nation auf einen Erfolg: »*Terroristen, die einst Afghanistan besetzten, sitzen jetzt in Zellen von Guantanamo Bay*«. Dann verkündete er der erstaunten Welt, dass die USA in Zukunft »*Präemptivkriege*« führen würden, und bezeichnete die Länder Irak, Iran und Nordkorea als »*Achse des Bösen*«. Während beim Präventivkrieg tatsächlich eine Gefahr vorliegt, reicht für den Präemptivkrieg eine »gefühlte« Bedrohung aus. Zum Abschluss seiner Ansprache schwor Bush die Amerikaner kämpferisch auf die Fortsetzung des Antiterrorfeldzugs ein. Auch warnte er vor einem »*falschen Sicherheitsgefühl*« und betonte, dass der Krieg erst begonnen habe.[29]

Ideen des Präventiv- und Cyberkriegs wurden im Pentagon favorisiert, und dafür wurde aufgerüstet. Der Rüstungssektor war der einzige, der neue Arbeitsplätze generierte: In der Privatwirtschaft stieg die Zahl der Jobs von 2,5 auf 3,8 Millionen. Das Militärbudget der USA wurde für 2002 auf 486 Mrd. Dollar erhöht (2018 waren es dann 654 Mrd.).[30] Neben strategischen und taktischen Atomwaffen wurde die Entwicklung von Miniatombomben vorangetrieben, für »chirurgische« Einsätze gegen »Schurkenstaaten«.

Während der 38. Münchner Konferenz für Sicherheitspolitik im Februar 2002 machte der stellvertretende Verteidigungsminister Paul Wolfowitz deutlich, dass der Krieg gegen den Terror noch lange nicht vorbei sei. US-Senator John McCain ergänzte, man sei in Washington der festen Überzeugung, »*ein Mandat zu haben, um das terroristische Netzwerk, das Europa und Amerika bedroht, zu besiegen und zu zerstören*«. Die Front sei klar, also sollten sie »*nicht davor zurückschrecken, dies auch wahrzunehmen*«.[31] In Bagdad sitze ein Terrorist, der auf die Ressourcen eines ganzen Staates zurückgreifen könne und sich seit Langem den Forderungen der internationalen Gemeinschaft, auf Massenvernichtungswaffen zu verzichten, widersetze. Doch, so McCain, »*der Tag der Abrechnung kommt*«.[32]

Daraufhin meldeten sich in Deutschland kritische Stimmen zu Wort. Der FDP-Vorsitzende Guido Westerwelle forderte die Bundesregierung auf, gegen Bushs Gerede von der »Achse des Bösen« zu protestieren. Es könne weder aus deutscher noch europäischer Sicht hingenommen werden, dass amerikanische Kriegsdrohungen gegen Länder wie Nordkorea, den Iran oder den Irak ausgesprochen werden.

Am 1. Juni 2002 betonte Bush vor Kadetten der US-Militärakademie West Point die Notwendigkeit des Präemptivkriegs für die Zukunft der amerikanischen Außenpolitik und der nationalen Verteidigung: »*Wenn wir darauf warten, dass sich die Bedrohungen vollständig bewahrheiten, haben wir zu lange gewartet. Unsere Sicherheit wird eine Umgestaltung des Militärs erfordern, das Sie führen werden – ein Militär, das jederzeit bereit sein muss, in jeder dunklen Ecke der Welt zuzuschlagen. Und unsere Sicherheit wird von allen Amerikanern verlangen, dass sie vorausschauend und entschlossen sind, dass sie bereit sind, wenn nötig präemptiv zu handeln, um unsere Freiheit und unser Leben zu verteidigen.*«[33] Diese Sicht der Dinge unterstützten auch einige Intellektuelle wie Charles Krauthammer, die nach dem Sieg über das »*Evil Empire*« die einzigartige Vormachtstellung der Vereinigten Staaten zum Vorteil nationaler Interessen zu nutzen gedachten.[34]

Ungeniert rückten die Neokonservativen unter Missachtung internationaler Normen die militärischen Mittel im Sinn der Realpolitik in den Vordergrund, für »*jede Chance, innerhalb einer sozialen Beziehung den eigenen Willen auch gegen Widerstreben durchzusetzen, gleichviel worauf diese Chance beruht*«.[35] Die Entscheidung für einen Irakkrieg wurde vom Vorsitzenden des Defense Policy Boards, Richard Perle, und dem neokonservativen Pentagonmitarbeiter Douglas Feith stark forciert. Dagegen aber regte sich weltweit Widerstand. *Le Nouvel Observateur* beschrieb die neokonservativen Intellektuellen in Bushs Umgebung als Chefideologen eines zu errichtenden amerikanischen Imperiums.[36] *Der Spiegel* berichtete am 4. August 2003, die Neokonservativen gälten als »*eine Verschwörergruppe, als kleiner, elitärer Orden, der der Regierung Bush den Weg weist – und wenn es krumme Wege sind, ihr das gute Gewissen besorgt*«.

Am 12. September 2002 beschwor Bush die Generalversammlung der Vereinten Nationen in New York, man könne nicht untätig abwarten, während die Bedrohung wachse. Am Ende seiner Rede leuchtete seine demokratische Erlösungsvision: »*Wenn wir unserer Verantwortung nachkommen, wenn wir diese Gefahr überwinden, können wir einer ganz anderen Zukunft entgegensehen. Das irakische Volk kann seine Gefangenschaft abschütteln. Es kann sich eines Tages bei einem demokratischen Afghanistan und einem demokratischen Palästina einreihen und in der ganzen moslemischen Welt Reformen anregen.*«[37]

Am 16. September 2002 schaltete die Organisation »Amerikaner gegen den Krieg mit dem Irak« eine ganzseitige Anzeige in der *Los Angeles Times*. Ihre

Forderung war von mehr als 1000 Amerikanern unterzeichnet, u. a. dem Bürgerrechtler Jesse Jackson sowie den Kongressabgeordneten Barbara Lee und Maxine Walters. Die Kritik zielte vor allem darauf ab, *»dass die Bush-Regierung mit dem geplanten Krieg von innenpolitischen Problemen ablenken will und bislang keine Beweise für die Existenz von Massenvernichtungswaffen im Irak oder eine Verbindung zwischen dem Irak und al-Qaida vorgelegt hat«.*[38]

Am 17. September beschloss die US-Regierung die neue Nationale Sicherheitsstrategie zur weltweiten Verteidigung von Freiheit und Gerechtigkeit. Darin wurde auf dem Recht bestanden, zur nationalen Selbstverteidigung Kriege auch ohne UN-Mandat zu führen, denn es dürfe erst gar nicht zu einer akuten Bedrohung der USA kommen. Diese »Bush-Doktrin« wurde 2005 erneuert und blieb bis Januar 2009 in Kraft.

Von namhaften Wissenschaftlern und Künstlern unterzeichnet, erschien in der *New York Times* vom 19. September 2002 eine »Gewissensbekundung«: »Nicht in unserem Namen«. Scharf wurde darin die seit den Terroranschlägen praktizierte Politik der Bush-Regierung kritisiert und der Kongress aufgefordert, seinen verfassungsrechtlichen Pflichten nachzukommen bzw. den Präsidenten nicht zu willkürlichen Kriegshandlungen zu ermächtigen. Am 7. Oktober 2002, dem Jahrestag des Angriffs auf Afghanistan, fanden Demonstrationen in New York, Los Angeles, San Francisco, Chicago und anderen Städten statt. Die Initiative »Not in our name« protestierte nicht nur gegen die von Bush angeworfene »Kriegsmaschinerie«, sondern auch gegen die Einschränkung der Bürgerrechte.

In London riefen Labour-Abgeordnete wie Jeremy Corbyn, Gewerkschaften, linke Organisationen, Menschenrechtsgruppen, Kirchen, Intellektuelle und Künstler zur Antikriegs-Demonstration auf. Als Sprecher vorgesehen waren u. a. der ehemalige UN-Waffeninspektor Scott Ritter, der Bürgermeister von London Ken Livingstone und der Bischof von Bath and Wells Peter Price. Die *»Öl- und Kriegsfraktion von Bush«* ziele nicht auf Waffeninspektionen, sondern wolle einen Regimewechsel. Leiden würde bei einem Krieg nur die Zivilbevölkerung.[39] Gleichzeitig demonstrierten in Washington Globalisierungsgegner gegen die Weltbank und den Weltwährungsfonds.

Anfang Oktober 2002 legte die CIA dem Geheimdienstausschuss des Senats eine Einschätzung vor, in der behauptet wurde, der Irak besitze Massenvernichtungsmittel. Sie war aus älteren Berichten zusammengestellt worden und sollte entsprechende Angaben von Regierungsvertretern nachträglich untermauern. Daraufhin ermächtigte der Kongress den Präsidenten mit großer Mehrheit zum unilateralen Irakkrieg mit der Begründung, »*der Irak setze entgegen seinen internationalen Verpflichtungen seine ABC-Waffenprogramme fort. Er unterstütze und beherberge Terrororganisationen, darunter Mitglieder von Al-Qaida. Er setze die brutale Unterdrückung seiner Zivilbevölkerung fort und bedrohe damit Frieden und Stabilität in der Region. Er habe ein Attentat auf George Bush senior geplant, halte einen US-Bürger als Geisel fest und habe tausende Male auf Militärs gefeuert, die UN-Resolutionen durchsetzten. Die Anschläge vom 11. September 2001 unterstrichen die ernste Gefahr, dass Terrorgruppen Massenvernichtungsmittel erwerben könnten. Der Irak habe Fähigkeit und Willen gezeigt, diese Waffen einzusetzen, und bedrohe die USA entweder durch einen Überraschungsangriff damit oder durch ihre Weitergabe an Terroristen, die einen solchen Angriff ausführen würden. Das Risiko der extremen Schäden dadurch rechtfertige die Selbstverteidigung der USA.*«[40]

Am 29. Januar 2003 behauptete Bush in seiner Regierungserklärung: »*Die britische Regierung hat erfahren, dass Saddam Hussein kürzlich erhebliche Mengen von Uran aus Afrika nachgefragt hat.*«[41] Um das UN-Kriegsmandat zu erreichen, versuchte nun Colin Powell, Iraks Verstöße gegen die Auflagen der Resolution 1441 umfassend mit selbst fabrizierten Dokumenten zu belegen. Weil die Belege nicht überzeugten, stimmten die Vetomächte Frankreich, Russland und China sowie die meisten nicht ständigen Ratsmitglieder, darunter auch Deutschland, gegen die Kriegsresolution. Wenn die Sitzung eines bewiesen hatte, dann die Entschlossenheit der USA, das Problem Saddam Hussein endgültig zu beseitigen.[42]

Deutschland und Frankreich legten einen Plan für mehr Waffeninspektoren vor und sprachen sich für den Einsatz von Blauhelmsoldaten aus. Daraufhin gab die US-Regierung ihr Streben nach einem UN-Kriegsmandat auf. Am 7. März 2003 legte die Kommission der Vereinten Nationen für Überwachung, Überprüfung und Inspektion (UNMOVIC) ihren Abschlussbericht vor. Über 500 Inspektionen hatten keine Funde verbotener Waffen erbracht und keine Spuren ihrer Herstellung nachweisen können, auch nicht an Orten, die die CIA als wahrscheinliche Waffenfabriken angegeben hatte. Der Leiter von UNMOVIC Hans Blix fand die Behauptung der CIA unglaubhaft, dass es diese Waffen gebe und die CIA nicht wisse, wo.[43] Er verlangte nun zwei bis drei Monate mehr Zeit, um Waffenverstecke an bisher nicht inspizierten Orten des Irak auszuschließen. Die USA und Großbritannien lehnten ab.

Der britische Anwalt und General Peter H. Goldsmith warnte vor einer Strafverfolgung wegen des Verbrechens eines Angriffskriegs. Ein solches Strafverfahren hatten die USA und Großbritannien 1990 gegen Saddam Hussein wegen der Besetzung Kuwaits vorgeschlagen.[44]

Ungeachtet aller rechtlichen Bedenken begann am 20. März 2003 der Zweite Irakkrieg bzw. Dritte Golfkrieg mit der Bombardierung ausgewählter Ziele in Bagdad. Er endete mit der Eroberung Iraks und dem Sturz von Saddam Hussein, der 2006 gehenkt wurde. Im Mai 2003 erklärte Bush: »*Die Schlacht im Irak war ein Sieg im Kampf gegen den Terrorismus, der am 11. September begonnen hat. Die Befreiung des Irak war ein entscheidender Schritt im Kampf gegen den Terror. Wir haben einen Verbündeten von Al-Qaida [damit war Saddam Hussein gemeint, Anm. d. Verf.] beseitigt. Und eine Finanzierungsquelle des internationalen Terrorismus trockengelegt.*«[45]

Der ehemalige Geheimdienstchef Greg Thielman kennt dagegen »*keinen einzigen Experten in der US-Administration für Terrorismus, der Osama bin Laden als einen Alliierten von Saddam betrachten würde.*« Thielman konnte nicht verstehen, warum die USA nicht nach den Tätern des Verbrechens vom 11. September suchten: »*Jeder würde denken, dass es höchste Priorität haben sollte, die Leute zu finden, die dafür verantwortlich sind. Stattdessen haben einige in der Regierung hier offenbar eine glänzende Gelegenheit gesehen, missliebige Regierungen ins Visier zu nehmen. Anstatt sich darauf zu konzentrieren, die Leute zu kriegen, die gerade die USA angegriffen hatten. Ich bin immer noch schockiert darüber, wie man unmittelbar nach diesen tragischen Anschlägen so reagieren konnte.*«[46] Die ARD-Sendung *Monitor* berichtete am 28. August 2003: »*Der Wunsch, den Irak anzugreifen und das Regime zu beseitigen, war schon in den frühen 90ern da, kurz nach dem 1. Golfkrieg. Es gab wohl unmittelbar nach dem 11. September eine Vereinbarung zwischen Vize-Präsident Cheney, Verteidigungsminister Rumsfeld und den anderen, dass dies eine Möglichkeit sei, gegen Saddam vorzugehen, obwohl es keinerlei Verbindung zu den Anschlägen vom 11. September gab.*«

Im Zusammenhang mit der Resolution 1483 unterzeichnete Präsident Bush am 22. Mai die Executive Order 13303. Während Erstere die ökonomischen

Sanktionen gegen den Irak festlegte, garantierte Letztere amerikanischen Ölfirmen wie Exxon-Mobil, Chevron-Texaco etc. absolute Straffreiheit bei Menschenrechtsverletzungen, z. B. Zwangsarbeit, und Umweltdelikten: Wenn ein amerikanischer Öltanker mit irakischem Öl eine Ölkatastrophe verursachte, konnte der Konzern nicht haftbar gemacht werden. Dabei war es egal, ob die Katastrophe vor einer irakischen oder einer US-Küste passierte.

Diese Präsidentenorder bestätigte die von Kriegsgegnern befürchteten wirklichen Ziele. Damals prangerten viele Historiker und Investigativjournalisten das kampagnenartige Täuschungsmanöver der Regierung an, welches die Zustimmung für die schon getroffene Kriegsentscheidung herbeiführen sollte.

In Großbritannien wurde Sir John Chilcot zum Vorsitzenden einer Kommission ernannt, die die Kriegsgründe untersuchen sollte. Der Bericht zur Rolle des Landes im Irakkrieg, der ursprünglich einige Monate nach den Zeugenbefragungen 2011 erscheinen sollte, verzögerte sich mehrmals, weil die britische Regierung den E-Mail-Verkehr zwischen Blair und Bush nicht freigab und viele Zeugen ihre Aussagen nicht veröffentlicht sehen wollten. Er erschien 2016 und bestätigte alle schon vor der Kriegsentscheidung vorgebrachten Bedenken.

Im Oktober 2015 wurde eine Notiz von Colin Powell vom März 2002 bekannt, wonach Blair sich einer Militäraktion der USA im Irak auf jeden Fall anschließen werde. Blair hatte den britischen Wählern damals versichert, er plane keine Kriegsbeteiligung.[47] Nach Ansicht der meisten Völkerrechtler wurde durch den Irakkrieg das Verbot von Angriffs- und Präventivkriegen nach Artikel 2 der UN-Charta gebrochen und das Gewaltmonopol des UN-Sicherheitsrats für den Verteidigungskrieg übergangen. Das wussten die kriegführenden Regierungen, und sie wussten auch, dass es vor allem um wirtschaftliche und geopolitische Interessen der USA und Großbritanniens ging.

Das Center for Economic and Social Rights – Träger: Ford Foundation – hielt 2003 fest: Da der Irak die USA nicht bewaffnet angegriffen habe und auch nicht am Anschlag des 11. September 2001 beteiligt gewesen sei, bestehe kein Recht zur Selbstverteidigung nach Artikel 51 der UN-Charta. Völkerrechtler in Australien sowie 16 weitere in Großbritannien urteilten öffentlich: Der Krieg war rechtswidrig.[48]

Heute herrscht in Afghanistan noch immer Krieg, im Irak Chaos, und die Attentäter von 9/11 sind nach wie vor nicht zur Rechenschaft gezogen worden. 2011 wurde der mutmaßliche Drahtzieher bin Laden von US-Soldaten bei der von Barack Obama befohlenen Erstürmung seines Anwesens in Pakistan einfach erschossen. Bin Laden muss aber einen Stab von Helfern gehabt haben und hätte sicher einiges erzählen könnten. Das aber soll anscheinend weiterhin im Dunklen bleiben.

# Der gescheiterte Vertrag über eine Verfassung für Europa

## Geburtswehen eines Vertrags

Im Februar 2002 begann der Verfassungskonvent mit der Arbeit am »Vertrag über eine Verfassung für Europa«. An die Spitze der Präambel setzte man ein Zitat von Thukydides: *»Die Verfassung, die wir haben …, heißt Demokratie, weil der Staat nicht auf wenige Bürger, sondern auf die Mehrheit ausgerichtet ist.«* Ein machtvolles Motto, um das der Konvent bald kämpfen musste, letztlich ohne Erfolg: 2004 wurde es unter irischer Ratspräsidentschaft gestrichen. Auch andere Teile der Präambel schrieb man in Hinsicht auf weniger verbindliche Werte und Normen deutlich um. Kiran Klaus Patel stellte Entwurf und endgültige Fassung 2017 gegenüber (vgl. Abb. unten).[1] Geschickt wird hier der Hinweis auf die Tradition und die angestammten Bewohner Europas unterschlagen, es gibt nur noch das »Erbe«.

| **Entwurf des Verfassungsvertrages vom 18. Juli 2003 (Europäischer Konvent)** | **Fassung des Verfassungsvertrages vom 29. Oktober 2004 (Unterzeichnung in Rom)** |
|---|---|
| PRÄAMBEL<br>(…)<br>Die Verfassung, die wir haben … heißt Demokratie, weil der Staat nicht auf wenige Bürger, sondern auf die Mehrheit ausgerichtet ist.<br>Thukydides, II, 37 | PRÄAMBEL<br><br>SEINE MAJESTÄT DER KÖNIG DER BELGIER, DER PRÄSIDENT DER TSCHECHISCHEN REPUBLIK, (…) IHRE MAJESTÄT DIE KÖNIGIN DES VEREINIGTEN KÖNIGREICHS GROSSBRITANNIEN UND NORDIRLAND --- |
| In dem Bewusstsein, dass der Kontinent Europa ein Träger der Zivilisation ist und dass seine Bewohner, die ihn seit Urzeiten in immer neuen Schüben besiedelt haben, im Laufe der Jahrhunderte die Werte entwickelt haben, die den Humanismus begründen: Gleichheit der Menschen, Freiheit, Geltung der Vernunft, Schöpfend aus den kulturellen, religiösen und humanistischen Überlieferungen Europas, deren Werte in seinem Erbe weiter lebendig sind und die zentrale Stellung des Menschen und die Unverletzlichkeit und Unveräußerlichkeit seiner Rechte sowie den Vorrang des Rechts in der Gesellschaft verankert haben, | SCHÖPFEND aus dem kulturellen, religiösen und humanistischen Erbe Europas, aus dem sich die unverletzlichen und unveräußerlichen Rechte des Menschen sowie Freiheit, Demokratie, Gleichheit und Rechtsstaatlichkeit als universelle Werte entwickelt haben. |

*Das Defizit an Demokratie im EU-Verfassungsvertrag wird schon an der Anpassung der Präambel deutlich (Auszug aus der Gegenüberstellung von K. Patel)*

Nach neun Monaten der Verhandlungen, begleitet von krisenhaften Momenten, legte der Europäische Rat am 18. Juni 2004 endlich den Verfassungsvertrag vor, ein Dokument von 349 Seiten. Trotz straffer Kürzung blieben noch 448 Artikel.

2004 wurde die Verfassung in Rom mit viel Pathos im Blitzlichtgewitter der internationalen Presse von den Staats- und Regierungschefs der EU-Mitgliedstaaten unterzeichnet – 47 Jahre nachdem an gleicher Stelle 1957 die Römischen Verträge unterschrieben worden waren.

## Soll das vereinigte Europa katholisch werden?

Die Verfassung erlangte vor der Statue von Papst Innozenz X. Gültigkeit, gegenüber stand die Statue von Papst Urban VIII. Sind diese beiden Würdenträger als Paten des neuen Europa geeignet? Nein, ganz im Gegenteil: Innozenz X. – Papst von 1644 bis 1655 – verweigerte 1648 die Unterschrift unter den Westfälischen Frieden, der den 30-jährigen Krieg beendete. Ein Jahr später eroberten seine Truppen die Stadt Castor und machten sie dem Erdboden gleich. Grund und Boden wurden dem Kirchenstaat einverleibt.

Urban VIII., sein Vorgänger auf dem Heiligen Stuhl (1623–1644), ließ viele antike Heiligtümer schänden, so auch das von Kaiser Hadrian allen Göttern geweihte Pantheon, ein Symbol für Religionsvielfalt und Toleranz. Mit Kanonen rüstete er seine Engelsburg in Rom auf. Unter ihm erreichte die Inquisition einen Höhepunkt, auch Galileo Galilei wurde verurteilt. Hätte es in Europa oder auch in Rom nicht angemessenere Räume für die Unterzeichnung gegeben? Dieser geschichtsbelastete Ort steht komplett im Widerspruch zu den hehren Werten der Präambel. Oder war er gar bewusst gewählt? Ging es am Ende um autoritäre Herrschaft?

Der Vertrag, der das politische System der Europäischen Union reformieren sollte, bestand aus Präambel, vier Teilen und Anhang. Teil I (Artikel I-1 bis Artikel I-59) beschreibt die Grundbestimmungen zu Zielen und Werten, Zuständigkeiten und Organen der EU, Teil II (Artikel II-1 bis Artikel II-54) beinhaltet die Charta der Grundrechte, Teil III (Artikel III-1 bis Artikel III-342) enthält die besonderen Bestimmungen zu den Organen der EU und den Politikfeldern mit mehr als 300 Artikeln und entspricht aufgrund seines Umfangs und seiner komplexen Detailregelungen am wenigsten dem Bild eines klaren und übersichtlichen Verfassungstextes.[2] Teil IV (Artikel IV-1 bis Artikel IV-10) enthält die Schlussbestimmungen. Im Anhang befindet sich eine Vielzahl von Protokollen, z. B. zur Subsidiarität und Verhältnismäßigkeit, über die Stimmgewichtung im Europäischen Rat und im Ministerrat, sowie Erklärungen.

Die wichtigsten Neuerungen der Verfassung/des Vertrags umfassen:

- Wahl des Präsidenten des Europäischen Rats,
- Stärkung des Präsidenten der EU-Kommission,
- Schaffung eines europäischen Außenministers,
- Mitentscheidungsrechte des Parlaments,
- Einbindung der nationalen Parlamente im europäischen Gesetzgebungsprozess,
- klarere Abgrenzung der Zuständigkeiten zwischen der EU und ihren Mitgliedstaaten.

In diesen Neuerungen des Vertrags sind bei genauem Hinsehen eine schleichende Entdemokratisierung sowie eine Entmachtung des Parlaments und der nationalen Staaten zu erkennen. »Mitentscheidung« und »Einbindung« heißt so viel wie: keine Entscheidungsgewalt!

## Allgemeine Kritik

Kritisiert wurde der Grundsatz der »offenen Marktwirtschaft mit freiem Wettbewerb« (Art. III-177 VVE). Diese Wirtschaftspolitik und das Wirtschaftswachstum erhielten so den Rang von Verfassungszielen, während die Sozialpolitik kaum berücksichtigt werde; es fehle auch eine Klausel zur Sozialpflichtigkeit von Eigentum, wie sie etwa im deutschen Grundgesetz enthalten ist (Art. 14 Abs. 2 GG). Moniert wurde zudem die versäumte Chance, das Demokratiedefizit der Europäischen Union zu überwinden und die Kompetenzen des Europäischen Parlaments im Sinn einer Gewaltenteilung zu stärken. Die Entscheidungskompetenz in wichtigen Fragen lag weiterhin allein intergouvernemental im Rat der EU oder im Europäischen Rat.

In den Punkten zur gemeinsamen Sicherheits- und Verteidigungspolitik wurde eine Militarisierung der EU gesehen. Besonders umstritten war ein Passus in Art. I-41 VVE, dem zufolge sich die Mitgliedstaaten verpflichteten, *»ihre militärischen Fähigkeiten schrittweise zu verbessern«*, worin Kritiker eine Verpflichtung zur Aufrüstung sahen. Auch die Kompetenzen der neu zu gründenden Europäischen Verteidigungsagentur (Ermittlung des Rüstungsbedarfs) wurden kritisiert ebenso wie die mangelnden Kompetenzen des Europäischen Parlaments hinsichtlich militärischer Aktionen der EU (nach Art. III-304 VVE), das zwar Fragen stellen darf, aber anders als etwa der Bundestag in Deutschland keine Entscheidungsbefugnis hat.

Der Europäische Gerichtshof sollte für die Überprüfung militärischer Aktionen der EU (der nach Art. III-376 VVE) nicht zuständig sein. Und schließlich fehlte vielen der Bezug auf die christlichen Wurzeln Europas.

Bis auf die Präambel waren die vier Teile und die Protokolle in einer Sprache verfasst, für die eigentlich ein Jurastudium mit Schwerpunkt Verwaltungs- und Staatsrecht nötig gewesen wäre. Verteidigungspolitik wird 28-mal und Sicherheitspolitik 43-mal behandelt. Der Nordatlantikvertrag wird 8-mal erwähnt. Die wesentlichen Aussagen zur Verteidigungspolitik finden sich in den angehängten Protokollen. Nachfolgend die wichtigsten Passagen:

**Artikel I-12 Abs. (4)**
**Grundsätze**

Die Union ist dafür zuständig, eine gemeinsame Außen- und Sicherheitspolitik einschließlich der schrittweisen Festlegung einer gemeinsamen Verteidigungspolitik zu erarbeiten und zu verwirklichen.

**Artikel I-16 Abs. (1)**
**Die Gemeinsame Außen- und Sicherheitspolitik**

Die Zuständigkeit der Union in der Gemeinsamen Außen- und Sicherheitspolitik erstreckt sich auf alle Bereiche der Außenpolitik sowie auf sämtliche Fragen im Zusammenhang mit der Sicherheit der Union, einschließlich der schrittweisen Festlegung einer gemeinsamen Verteidigungspolitik, die zu einer gemeinsamen Verteidigung führen kann.

### Artikel I-28 Abs. (2)
### Der Außenminister der Union

Der Außenminister der Union leitet die Gemeinsame Außen- und Sicherheitspolitik der Union. Er trägt durch seine Vorschläge zur Festlegung dieser Politik bei und führt sie im Auftrag des Rates durch. Er handelt ebenso im Bereich der Gemeinsamen Sicherheits- und Verteidigungspolitik.

### Artikel I-41
### Besondere Bestimmungen über die Gemeinsame Sicherheits- und Verteidigungspolitik

(1) Die Gemeinsame Sicherheits- und Verteidigungspolitik ist integraler Bestandteil der Gemeinsamen Außen- und Sicherheitspolitik. Sie sichert der Union eine auf zivile und militärische Mittel gestützte Fähigkeit zu Operationen. Auf diese kann die Union bei Missionen außerhalb der Union zur Friedenssicherung, Konfliktverhütung und Stärkung der internationalen Sicherheit in Übereinstimmung mit den Grundsätzen der Charta der Vereinten Nationen zurückgreifen. Sie erfüllt diese Aufgaben mit Hilfe der Fähigkeiten, die von den Mitgliedstaaten bereitgestellt werden.
(2) Die Gemeinsame Sicherheits- und Verteidigungspolitik umfasst die schrittweise Festlegung einer gemeinsamen Verteidigungspolitik der Union. Diese führt zu einer gemeinsamen Verteidigung, sobald der Europäische Rat dies einstimmig beschlossen hat. Er empfiehlt in diesem Fall den Mitgliedstaaten, einen Beschluss in diesem Sinne im Einklang mit ihren verfassungsrechtlichen Vorschriften zu erlassen.
Die Politik der Union nach diesem Artikel berührt nicht den besonderen Charakter der Sicherheits- und Verteidigungspolitik bestimmter Mitgliedstaaten; sie achtet die Verpflichtungen bestimmter Mitgliedstaaten, die ihre gemeinsame Verteidigung in der Nordatlantikvertrags-Organisation verwirklicht sehen, aufgrund des Nordatlantikvertrags und ist vereinbar mit der in jenem Rahmen festgelegten gemeinsamen Sicherheits- und Verteidigungspolitik.
(3) Die Mitgliedstaaten stellen der Union für die Umsetzung der Gemeinsamen Sicherheits- und Verteidigungspolitik zivile und militärische Fähigkeiten als Beitrag zur Verwirklichung der vom Rat festgelegten Ziele zur Verfügung. Die Mitgliedstaaten, die zusammen multinationale Streitkräfte aufstellen, können diese auch für die Gemeinsame Sicherheits- und Verteidigungspolitik zur Verfügung stellen.

Die Mitgliedstaaten verpflichten sich, ihre militärischen Fähigkeiten schrittweise zu verbessern. Es wird eine Agentur für die Bereiche Entwicklung der Verteidigungsfähigkeiten, Forschung, Beschaffung und Rüstung (Europäische Verteidigungsagentur) eingerichtet, deren Aufgabe es ist, den operativen Bedarf zu ermitteln und Maßnahmen zur Bedarfsdeckung zu fördern, zur Ermittlung von Maßnahmen zur Stärkung der industriellen und technologischen Basis des Verteidigungssektors beizutragen und diese Maßnahmen gegebenenfalls durchzuführen, sich an der Festlegung einer europäischen Politik im Bereich der Fähigkeiten und der Rüstung zu beteiligen sowie den Rat bei der Beurteilung der Verbesserung der militärischen Fähigkeiten zu unterstützen.

(4) Europäische Beschlüsse zur Gemeinsamen Sicherheits- und Verteidigungspolitik, einschließlich der Beschlüsse über die Einleitung einer Mission nach diesem Artikel, werden vom Rat einstimmig auf Vorschlag des Außenministers der Union oder auf Initiative eines Mitgliedstaats erlassen. Der Außenminister der Union kann gegebenenfalls gemeinsam mit der Kommission den Rückgriff auf einzelstaatliche Mittel sowie auf Instrumente der Union vorschlagen.

(5) Der Rat kann zur Wahrung der Werte der Union und im Dienste ihrer Interessen eine Gruppe von Mitgliedstaaten mit der Durchführung einer Mission im Rahmen der Union beauftragen. Die Durchführung einer solchen Mission fällt unter Artikel III-310.

(6) Die Mitgliedstaaten, die anspruchsvollere Kriterien in Bezug auf die militärischen Fähigkeiten erfüllen und die im Hinblick auf Missionen mit höchsten Anforderungen untereinander weiter gehende Verpflichtungen eingegangen sind, begründen eine Ständige Strukturierte Zusammenarbeit im Rahmen der Union. Diese Zusammenarbeit erfolgt nach Maßgabe von Artikel III-312. Sie berührt nicht die Bestimmungen des Artikels III-309.

(7) Im Falle eines bewaffneten Angriffs auf das Hoheitsgebiet eines Mitgliedstaats müssen die anderen Mitgliedstaaten nach Artikel 51 der Charta der Vereinten Nationen alle in ihrer Macht stehende Hilfe und Unterstützung leisten. Dies lässt den besonderen Charakter der Sicherheits- und Verteidigungspolitik bestimmter Mitgliedstaaten unberührt.

Die Verpflichtungen und die Zusammenarbeit in diesem Bereich bleiben im Einklang mit den im Rahmen der Nordatlantikvertrags-Organisation eingegangenen Verpflichtungen, die für die ihr angehörenden Staaten weiterhin das Fundament ihrer kollektiven Verteidigung und das Instrument für deren Verwirklichung ist.

(8) Das Europäische Parlament wird zu den wichtigsten Aspekten und den grundlegenden Weichenstellungen der Gemeinsamen Sicherheits- und Verteidigungspolitik regelmäßig gehört. Es wird über ihre Entwicklung auf dem Laufenden gehalten.

### Gemeinsame Bestimmungen

### Artikel III-294

(1) Die Union bestimmt und verwirklicht im Rahmen der Grundsätze und Ziele ihres auswärtigen Handelns eine Gemeinsame Außen- und Sicherheitspolitik, die sich auf alle Bereiche der Außen- und Sicherheitspolitik erstreckt.

(2) Die Mitgliedstaaten unterstützen die Gemeinsame Außen- und Sicherheitspolitik aktiv und vorbehaltlos im Geiste der Loyalität und der gegenseitigen Solidarität.

Der Rat und der Außenminister der Union tragen für die Einhaltung dieser Grundsätze Sorge.

(3) Die Union verfolgt ihre Gemeinsame Außen- und Sicherheitspolitik, indem sie

a) die allgemeinen Leitlinien bestimmt,
b) Europäische Beschlüsse erlässt zur Festlegung
   I) der von der Union durchzuführenden Aktionen,
   II) der von der Union einzunehmenden Standpunkte,
   III) der Einzelheiten der Durchführung der unter den Ziffern i und ii genannten Europäischen Beschlüsse,
c) und die systematische Zusammenarbeit der Mitgliedstaaten bei der Führung ihrer Politik ausbaut.

### Artikel III-295

(1) Der Europäische Rat bestimmt die allgemeinen Leitlinien der Gemeinsamen Außen- und Sicherheitspolitik, und zwar auch bei Fragen mit verteidigungspolitischen Bezügen.

Wenn eine internationale Entwicklung es erfordert, beruft der Präsident des Europäischen Rates eine außerordentliche Tagung des Europäi-

schen Rates ein, um die strategischen Vorgaben für die Politik der Union angesichts dieser Entwicklung festzulegen.
(2) Der Rat erlässt die für die Festlegung und Durchführung der Gemeinsamen Außen- und Sicherheitspolitik erforderlichen Europäischen Beschlüsse auf der Grundlage der vom Europäischen Rat festgelegten allgemeinen Leitlinien und strategischen Vorgaben.

**Art. III 297 Abs. (1)**

Verlangt eine internationale Situation ein operatives Vorgehen der Union, so erlässt der Rat die erforderlichen Europäischen Beschlüsse. In diesen Beschlüssen werden die Ziele, der Umfang, die der Union zur Verfügung zu stellenden Mittel sowie die Durchführungsbedingungen und erforderlichenfalls die Dauer der Aktion festgelegt.

**Artikel III-300 Abs. (1)**

Europäische Beschlüsse nach diesem Kapitel werden vom Rat einstimmig erlassen.
Jedes Mitglied des Rates, das sich bei einer Abstimmung seiner Stimme enthält, kann hierzu eine förmliche Erklärung abgeben. In diesem Fall ist es nicht verpflichtet, den Europäischen Beschluss durchzuführen, akzeptiert jedoch, dass dieser für die Union bindend ist. Im Geiste gegenseitiger Solidarität unterlässt der betreffende Mitgliedstaat alles, was dem auf diesem Beschluss beruhenden Vorgehen der Union zuwiderlaufen oder es behindern könnte, und die anderen Mitgliedstaaten respektieren seinen Standpunkt. Vertreten die Mitglieder des Rates, die bei ihrer Stimmenthaltung eine solche Erklärung abgeben, mindestens ein Drittel der Mitgliedstaaten, die mindestens ein Drittel der Unionsbevölkerung ausmachen, so wird der Beschluss nicht erlassen.

**Gemeinsame Sicherheits- und Verteidigungspolitik**

**Artikel III-309**

(1) Die in Artikel I-41 Absatz 1 vorgesehenen Missionen, bei deren Durchführung die Union auf zivile und militärische Mittel zurückgreifen kann, umfassen gemeinsame Abrüstungsmaßnahmen, humanitäre Aufgaben und Rettungseinsätze, Aufgaben der militärischen Beratung und Unterstützung, Aufgaben der Konfliktverhütung und der Erhaltung des

Friedens sowie Kampfeinsätze im Rahmen der Krisenbewältigung einschließlich Frieden schaffender Maßnahmen und Operationen zur Stabilisierung der Lage nach Konflikten. Mit allen diesen Missionen kann zur Bekämpfung des Terrorismus beigetragen werden, unter anderem auch durch die Unterstützung für Drittländer bei der Bekämpfung des Terrorismus in ihrem Hoheitsgebiet.
(2) Der Rat erlässt die Europäischen Beschlüsse über Missionen nach Absatz 1; in den Beschlüssen sind Ziel und Umfang der Missionen sowie die für sie geltenden allgemeinen Durchführungsbestimmungen festgelegt. Der Außenminister der Union sorgt unter Aufsicht des Rates und in engem und ständigem Benehmen mit dem Politischen und Sicherheitspolitischen Komitee für die Koordinierung der zivilen und militärischen Aspekte dieser Missionen.

**Artikel III-310**

(1) Im Rahmen der nach Artikel III-309 erlassenen Europäischen Beschlüsse kann der Rat die Durchführung einer Mission einer Gruppe von Mitgliedstaaten übertragen, die dies wünschen und über die für eine derartige Mission erforderlichen Fähigkeiten verfügen. Die betreffenden Mitgliedstaaten vereinbaren in Absprache mit dem Außenminister der Union untereinander die Ausführung der Mission.
(2) Die an der Durchführung der Mission teilnehmenden Mitgliedstaaten unterrichten den Rat von sich aus oder auf Antrag eines anderen Mitgliedstaats regelmäßig über den Stand der Mission. Die teilnehmenden Mitgliedstaaten befassen den Rat sofort, wenn sich aus der Durchführung der Mission schwerwiegende Konsequenzen ergeben oder das Ziel der Mission, ihr Umfang oder die für sie geltenden Regelungen, wie sie in den in Absatz 1 genannten Europäischen Beschlüssen festgelegt sind, geändert werden müssen. Der Rat erlässt in diesen Fällen die erforderlichen Europäischen Beschlüsse.

**Artikel III-311**

(1) Aufgabe der nach Artikel I-41 Absatz 3 errichteten, dem Rat unterstellten Agentur für die Bereiche Entwicklung der Verteidigungsfähigkeiten, Forschung, Beschaffung und Rüstung (Europäische Verteidigungsagentur) ist es,

a) bei der Ermittlung der Ziele im Bereich der militärischen Fähigkeiten der Mitgliedstaaten und der Beurteilung, ob die von den Mitgliedstaaten in Bezug auf diese Fähigkeiten eingegangenen Verpflichtungen erfüllt wurden, mitzuwirken;
b) auf eine Harmonisierung des operativen Bedarfs sowie die Festlegung effizienter und kompatibler Beschaffungsverfahren hinzuwirken;
c) multilaterale Projekte zur Erfüllung der Ziele im Bereich der militärischen Fähigkeiten vorzuschlagen, und für die Koordinierung der von den Mitgliedstaaten durchgeführten Programme sowie die Verwaltung spezifischer Kooperationsprogramme zu sorgen;
d) die Forschung auf dem Gebiet der Verteidigungstechnologie zu unterstützen, gemeinsame Forschungsaktivitäten sowie Studien zu technischen Lösungen, die dem künftigen operativen Bedarf gerecht werden, zu koordinieren und zu planen;
e) dazu beizutragen, dass zweckdienliche Maßnahmen zur Stärkung der industriellen und technologischen Basis des Verteidigungssektors und für einen wirkungsvolleren Einsatz der Verteidigungsausgaben ermittelt werden, und diese Maßnahmen gegebenenfalls durchzuführen.

(2) Alle Mitgliedstaaten können auf Wunsch an der Arbeit der Europäischen Verteidigungsagentur teilnehmen. Der Rat erlässt mit qualifizierter Mehrheit einen Europäischen Beschluss, in dem die Rechtsstellung, der Sitz und die Funktionsweise der Agentur festgelegt werden. Dieser Beschluss trägt dem Umfang der effektiven Beteiligung an den Tätigkeiten der Agentur Rechnung. Innerhalb der Agentur werden spezielle Gruppen gebildet, in denen Mitgliedstaaten zusammenkommen, die gemeinsame Projekte durchführen. Die Agentur versieht ihre Aufgaben erforderlichenfalls in Verbindung mit der Kommission.

Protokoll über die ständige strukturierte Zusammenarbeit gemäß Artikel I-41 Absatz 6 und Artikel III-312 der Verfassung. Die Hohen Vertragsparteien,

gestützt auf Artikel I-41 Absatz 6 und Artikel III-312 der Verfassung,

Eingedenk dessen, dass die Gemeinsame Sicherheits- und Verteidigungspolitik der Union den besonderen Charakter der Sicherheits- und Verteidigungspolitik bestimmter Mitgliedstaaten unberührt lässt,

Eingedenk dessen, dass die Gemeinsame Sicherheits- und Verteidigungspolitik der Union die aus dem Nordatlantikvertrag erwachsenden Verpflichtungen der Mitgliedstaaten achtet, die ihre gemeinsame Verteidigung als durch die Nordatlantikvertrags-Organisation verwirklicht betrachten, die das Fundament der kollektiven Verteidigung ihrer Mitglieder bleibt, und dass sie mit der in jenem Rahmen festgelegten gemeinsamen Sicherheits- und Verteidigungspolitik vereinbar ist,
In der Überzeugung, dass eine maßgeblichere Rolle der Union im Bereich von Sicherheit und Verteidigung im Einklang mit den so genannten Berlin-plus-Vereinbarungen zur Vitalität eines erneuerten Atlantischen Bündnisses beitragen wird,
In der Erkenntnis, dass die Organisation der Vereinten Nationen die Union für die Durchführung dringender Missionen nach den Kapiteln VI und VII der Charta der Vereinten Nationen um Unterstützung ersuchen kann,
In der Erkenntnis, dass die Stärkung der Sicherheits- und Verteidigungspolitik von den Mitgliedstaaten Anstrengungen im Bereich der Fähigkeiten erfordern wird,
In dem Bewusstsein, dass der Eintritt in eine neue Phase der Entwicklung der Europäischen Sicherheits- und Verteidigungspolitik von den Mitgliedstaaten, die dazu bereit sind, entschiedene Anstrengungen erfordert,
Eingedenk der Bedeutung, die der umfassenden Beteiligung des Außenministers der Union an den Arbeiten im Rahmen der Ständigen Strukturierten Zusammenarbeit zukommt,
Sind über folgende Bestimmungen übereingekommen, die dem Vertrag über eine Verfassung für Europa beigefügt sind:

**Artikel 1**

An der Ständigen Strukturierten Zusammenarbeit nach Artikel I-41 Absatz 6 der Verfassung kann jeder Mitgliedstaat teilnehmen, der sich ab dem Zeitpunkt des Inkrafttretens des Vertrags über eine Verfassung für Europa verpflichtet,

a) seine Verteidigungsfähigkeiten durch Ausbau seiner nationalen Beiträge und gegebenenfalls durch Beteiligung an multinationalen Streitkräften, an den wichtigsten europäischen Ausrüstungsprogrammen und an der Tätigkeit der Agentur für die Bereiche Entwicklung der Verteidigungsfähigkeiten, Forschung, Beschaffung und

Rüstung (Europäische Verteidigungsagentur) intensiver zu entwickeln und

b) spätestens 2007 über die Fähigkeit zu verfügen, entweder als nationales Kontingent oder als Teil von multinationalen Truppenverbänden bewaffnete Einheiten bereitzustellen, die auf die in Aussicht genommenen Missionen ausgerichtet sind, taktisch als Gefechtsverband konzipiert sind, über Unterstützung unter anderem für Transport und Logistik verfügen und fähig sind, innerhalb von 5 bis 30 Tagen Missionen nach Artikel III-309 aufzunehmen, um insbesondere Ersuchen der Organisation der Vereinten Nationen nachzukommen, und diese Missionen für eine Dauer von zunächst 30 Tagen, die bis auf 120 Tage ausgedehnt werden kann, aufrechtzuerhalten.

**Artikel 2**

Die an der Ständigen Strukturierten Zusammenarbeit teilnehmenden Mitgliedstaaten verpflichten sich zwecks Erreichung der in Artikel 1 genannten Ziele zu

a) einer Zusammenarbeit ab dem Inkrafttreten des Vertrags über eine Verfassung für Europa zur Verwirklichung der vereinbarten Ziele für die Höhe der Investitionsausgaben für Verteidigungsgüter und zur regelmäßigen Überprüfung dieser Ziele im Lichte des Sicherheitsumfelds und der internationalen Verantwortung der Union;

b) einer möglichst weit gehenden Angleichung ihres Verteidigungsinstrumentariums, indem sie insbesondere die Ermittlung des militärischen Bedarfs harmonisieren, ihre Verteidigungsmittel und -fähigkeiten gemeinsam nutzen und gegebenenfalls spezialisieren sowie die Zusammenarbeit auf den Gebieten Ausbildung und Logistik stärken;

c) konkreten Maßnahmen zur Stärkung der Verfügbarkeit, der Interoperabilität, der Flexibilität und der Verlegefähigkeit ihrer Truppen insbesondere, indem sie gemeinsame Ziele für die Entsendung von Streitkräften aufstellen und gegebenenfalls ihre nationalen Beschlussfassungsverfahren überprüfen;

d) einer Zusammenarbeit mit dem Ziel, dass sie die erforderlichen Maßnahmen ergreifen, um unter anderem durch multinationale Konzepte und unbeschadet der sie betreffenden Verpflichtungen im

Rahmen der Nordatlantikvertrags-Organisation die im Rahmen des »Mechanismus zur Entwicklung der Fähigkeiten« festgestellten Lücken zu schließen;

e) einer eventuellen Mitwirkung an der Entwicklung gemeinsamer oder europäischer Programme für wichtige Güter im Rahmen der Europäischen Verteidigungsagentur.

**Artikel 3**

Die Europäische Verteidigungsagentur trägt zur regelmäßigen Beurteilung der Beiträge der teilnehmenden Mitgliedstaaten zu den Fähigkeiten bei, insbesondere der Beiträge nach den unter anderem auf der Grundlage von Artikel 2 aufgestellten Kriterien, und erstattet hierüber mindestens einmal jährlich Bericht. Die Beurteilung kann als Grundlage für die Empfehlungen sowie für die Europäischen Beschlüsse des Rates dienen, die nach Artikel III-312 der Verfassung erlassen werden.

## Euphemistische Verankerung von Militäreinsätzen

In Artikel 42 EU (Ex-Art 17 EUV) werden die Militäreinsätze verharmlosend als »*Missionen außerhalb der Union zur Friedenssicherung, Konfliktverhütung und Stärkung der internationalen Sicherheit in Übereinstimmung mit den Grundsätzen der Charta der Vereinten Nationen*« aufgeführt. Diese Missionen werden seit 1994 zum Einstieg in den Krieg missbraucht!

In der US-Militäranweisung Tradoc 525-5 vom August 1994 findet sich nachfolgendes Schema: Zwischen den sich überschneidenden Kreisen MRC/LRC (regionale Kriege) und »General War« wurde ein weiterer Kreis eingefügt: Operations Other Than War (OOTW). Der Weg in einen größeren Krieg wird eingeleitet durch subversive Operationen mit wohlklingendem Namen Civil Support, Peace Operations, Disaster Relief usw.

In den Protokollen hält der Verfassungsvertrag fest, dass die Union die aus dem Nordatlantikvertrag erwachsenden Verpflichtungen der Mitgliedstaaten achtet und ihre gemeinsame Verteidigung als durch die Nordatlantikvertragsorganisation verwirklicht betrachtet. Weiter soll der Vertrag zur Vitalität eines erneuerten Atlantischen Bündnisses beitragen. Militär braucht zum effektiven

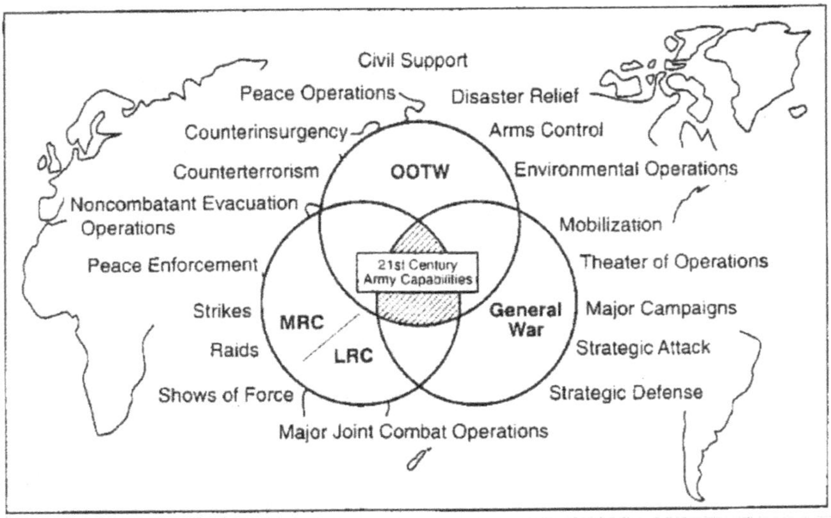


*»Operations Other Than War« (OOTW): über zivile Unterstützung und friedensbildende Maßnahmen in den Krieg*

Einsatz klare Strukturen. Eine EU-Armee neben NATO-Strukturen ist eine Totgeburt. NATO-Mitgliedschaft und bilaterale Verflechtungen einzelner EU-Staaten stehen einem handlungsfähigen Europa entgegen, auch das Netz von US-Stützpunkten in Europa und wegen der Bedeutung Deutschlands als Brückenkopf und Flugzeugträger.

Deutschland stellte sich zwar öffentlich vehement gegen den Irakkrieg, hat das amerikanische Vorhaben aber nicht behindert und sogar in begrenztem Rahmen eine Zusammenarbeit angeboten. Trotz des Neins von Kanzler Gerhard Schröder unterstützte Deutschland die USA, indem die Bundeswehr US-Einrichtungen bewachte. US-Flugzeuge durften über Deutschland hinweg in das »Einsatzgebiet« fliegen; von US-EUCOM aus, der europäischen Militärkommandozentrale der USA in Stuttgart, wurden die Operationen geplant. Drei Stunden nach dem Einschlag der ersten amerikanischen Bomben setzten zwei in Bagdad verbliebene BND-Agenten ihren Bericht aus Bagdad verschlüsselt an ihre Zentrale in Pullach ab. Nur 15 Minuten später machten sich die beiden Deutschen mit ihrem gepanzerten Geländewagen auf zu einer Erkundungsfahrt. Der Bericht endet mit der Formel »*Viele Grüße aus Bagdad, R. M. und V. H.*«.[3] Im weiteren Verlauf klärten die Agenten Objekte auf und leiteten ihre Ergebnisse nach Deutschland zur Übermittlung an US-Stellen weiter. Offenbar gab es vier schriftliche Meldungen mit elf Zielen.[4] In der rot-grünen Regierung war Frank-Walter Steinmeier für den Bundesnachrichtendienst verantwortlich. BND-Agent Reiner M. wurde später mit einem Orden des US-Militärs ausgezeichnet – wofür?

Das Beispiel zeigt, dass die bilateralen Bindungen von EU-/NATO-Staaten an die USA das gemeinsame Agieren der EU in sicherheitspolitischen Fragen gar nicht zulässt. Die der NATO unterstellten (assignierten) nationalen Verbände werden ausschließlich aus dem Pentagon geführt. Daneben militärische EU-Strukturen mit eigenen Stäben, eigenen Kommandozentralen, eigener Logistik aufzubauen wäre eine kaum zu stemmende Aufgabe. Wenn sich die EU für eine Militärkomponente entscheidet, dann muss die NATO aufgelöst werden. Die EU-Streitkräfte könnten dann ja mit den US-Streitkräften im Rahmen gültiger Gesetze eingesetzt werden. Das würden die USA aber niemals zulassen. An dieser Stelle muss auch angesichts der fatalen Entwicklung seit 1990 gefragt werden, ob die NATO im Einklang mit der EU in den letzten 30 Jahren überhaupt etwas zur Friedenssicherung, Konfliktverhütung und Stärkung der internationalen Sicherheit beigetragen hat. Das Gegenteil war und ist leider der Fall!

## Das Scheitern des »großen Projekts«

Nun musste der Verfassungsvertrag noch von allen EU-Staaten entweder durch die nationalen Parlamente oder in Volksabstimmungen ratifiziert werden. Der Deutsche Bundestag stimmte am 12. Mai 2004 mit fast 95 Prozent der Stimmen zu: 568 Ja-Stimmen, zwei SPD-Stimmen Enthaltung, 23 Nein-Stimmen, darunter 20 aus den Reihen der Union. Acht der insgesamt 601 Parlamentarier haben gefehlt oder an der Abstimmung nicht teilgenommen.

Der CSU-Bundestagsabgeordnete Peter Gauweiler lehnte den Verfassungsvertrag rundweg ab. Seiner Ansicht nach hätte der Bundestag gar nicht zustimmen dürfen, denn das Grundgesetz und die Verfassungen der Bundesländer stünden durch die EU-Verfassung *»faktisch zur Disposition«*. Er kündigte eine Klage gegen die EU-Verfassung vor dem Bundesverfassungsgericht an. Auch der bayerische Ministerpräsident Stoiber stimmte trotzig gegen die Verfassung: *»Europa wird nicht neoliberal.«* Und wer von der *»Pflicht zur Aufrüstung«* spreche, rede *»einen absoluten Unsinn«*.[5] Ströbele hingegen, das Sprachrohr der links-grünen Kritiker, stimmte am Ende mit Ja und begründete dies ausführlich auf seiner Homepage.[6]

Hermann Scheer, Präsident von Eurosolar, Träger des Alternativen Nobelpreises und sozialdemokratisches Urgestein, enthielt sich bei der Ratifizierung der EU-Verfassung der Stimme. Seine Begründung: »*Der demokratische, gewaltengeteilte Verfassungsstaat ist der bedeutendste und erhaltensbedürftigste zivilisatorische Fortschritt der Geschichte ... Vor diesem Hintergrund betrachte ich es als einen gravierenden Mangel des ›Vertrags über eine Verfassung für Europa‹, dass nach wie vor das alleinige Initiativrecht für Richtlinien (künftig: Gesetze) der Europäischen Union bei der EU-Kommission verbleibt und dieses dem Europaparlament vorenthalten bleibt. Damit erhält das Europaparlament nicht den konstitutionellen Rang einer Legislative. Es bleibt vor allem dadurch bei dem schwerwiegenden Mangel an demokratischer Legitimität der EU-Organe, der bereits die Verträge von Maastricht, Amsterdam und Nizza charakterisiert ... Umso schwerwiegender ist deshalb, dass dennoch das Prinzip der demokratischen Gewaltenteilung nicht unumstößlich verankert, sondern de facto sogar ausgehöhlt wird ... Es geht nicht um die Frage Nationalstaat versus Europa, sondern um die Frage der Aufrechterhaltung eines größtmöglichen Maßes an demokratischer Selbstverwaltung überall in Europa versus unverhältnismäßiger politischer Zentralisierung. Die wichtigste Aufgabe des Verfassungskonvents wäre es gewesen, den europäischen Integrationsprozess zu vertiefen bei gleichzeitiger Überwindung der Demokratielücke. Dieses ist erneut nicht gelungen.*«[7]

Auf dem Friedensfestival »Unite The Nations« am 25. Juli 2009 vor dem Berliner Brandenburger Tor entwarf Hermann Scheer Visionen zur Energierevolution. Anschließend wurde er von einem jungen Mann gefragt, wie er in der Verfassungsfrage abgestimmt habe. Er habe sich enthalten und beantwortete die Frage nach dem Warum wie folgt: Die Abgeordneten hätten den Verfassungstext erst kurzfristig bekommen, und die Zeit hätte nicht gereicht, um den Text sorgfältig zu studieren. Diese Antwort enttäuschte den jungen Mann, der meinte, dass man dann nur mit Nein hätte abstimmen können.

Der Verfassungsvertrag sollte eigentlich am 1. November 2006 in Kraft treten, erlangte jedoch keine Rechtskraft, da der Vertrag in Frankreich und den Niederlanden nicht ratifiziert wurde. Mit dem Projekt »Vertrag von Lissabon« entkamen die EU-Eliten dem Dilemma. Doch dieser Vertrag unterschied sich inhaltlich lediglich in zehn von 250 Passagen vom ursprünglichen Verfassungsvertrag, und war noch komplizierter. So wundert es nicht, dass die Kritik nicht verstummte. Valery Giscard d'Estaing erklärte, der Vertrag von Lissabon nehme nur »*kosmetische*« Änderungen vor und stelle die Inhalte des EU-Verfassungsvertrags lediglich anders dar, um diese *»leichter verdaulich«* zu machen und neue Referenden zu vermeiden. Der frühere Präsident des Verfassungskonvents kritisierte besonders das Weglassen der EU-Flagge und der Hymne aus dem neuen Vertragstext.[8]

Viele bemängelten, dass der Vertrag von Lissabon keine Antwort auf die sozialen und demokratischen Bedenken gebe, die in den Referenden in Frankreich und den Niederlanden zu einer Ablehnung geführt hätten. Zur Beschwichtigung strich man unter den Zielen der EU den Passus *»Binnenmarkt mit freiem und unverfälschten Wettbewerb«*. Die Sicherstellung eines freien und unverfälschten Wettbewerbs wurde jedoch zugleich in einem Protokoll festgehalten, diese Änderunghatte also lediglich symbolischen Wert.

Allgemein kritisiert wurden die weiterhin nur indirekte, mittelbare demokratische Legitimation der EU-Kommission sowie die Beibehaltung der degressiven Proportionalität bei der Sitzverteilung im EU-Parlament, die damit begründet wird, dass das Parlament keinen einheitlichen Volkswillen widerspiegelt. Das Bundesverfassungsgericht sah darin einen Verstoß gegen Artikel 20 Absatz 1 und Absatz 2, Artikel 23 Absatz 1 und Artikel 79 Absatz 3 Grundgesetz und

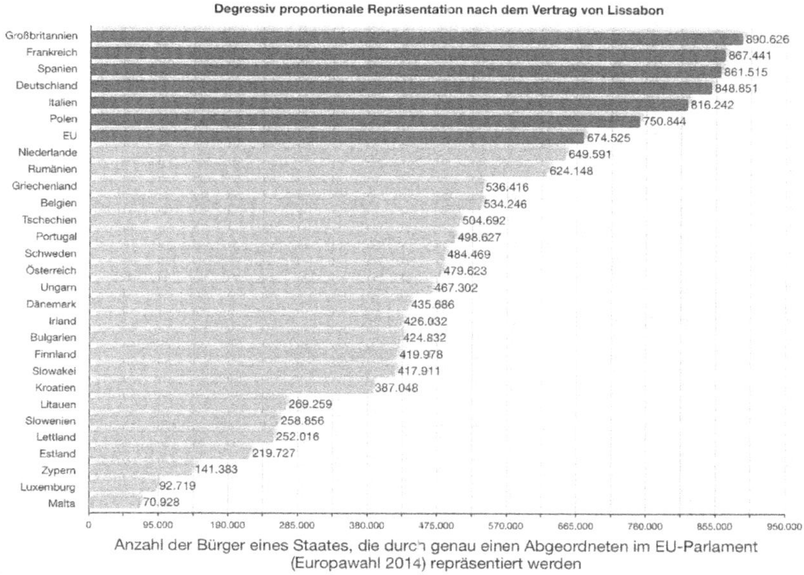


*Ungleiche Gewichtung der Stimmen in der EU*

den Antragsteller in seinen Rechten aus Artikel 38 Absatz 1 Grundgesetz verletzt.[9]

Weiter wurde die Nebenrolle des Parlaments kritisiert – es habe weder ein Initiativrecht, noch irgendwelche Zuständigkeiten in der Außen- und Sicherheitspolitik. Auf besonderen Widerstand stieß Art. 42 (Ex-Artikel I/41). Damit steht einer Militarisierung der EU auch für »strategische Interessen« nichts mehr im Weg. Militäreinsätze können am Parlament vorbei zur Konfliktverhütung (Präventivschlag möglich), zur Krisenbewältigung, für Frieden schaffende Maßnahmen und zur Terrorismusbekämpfung auch außerhalb der EU geführt werden.

Starke Kritik rief in der öffentlichen Diskussion die mögliche Einführung der Todesstrafe auch in Ländern mit einem absoluten Verbot (Deutschland/Österreich) hervor. Erläuterungen zu Art. 2 Abs. 2 der Europäischen Menschenrechtskonvention:

*»Eine Tötung wird nicht als Verletzung dieses Artikels betrachtet, wenn sie durch eine Gewaltanwendung verursacht wird, die unbedingt erforderlich ist, um*

*a) jemanden gegen rechtswidrige Gewalt zu verteidigen;*

*b) jemanden rechtmäßig festzunehmen oder jemanden, dem die Freiheit rechtmäßig entzogen ist, an der Flucht zu hindern;*

*c) einen Aufruhr oder Aufstand rechtmäßig niederzuschlagen.«*[10]

Einen Aufruhr oder Aufstand rechtmäßig niederschlagen? Welches Szenario hatten die Verfasser hier wohl vor Augen? Am 24. April 2008 stimmte der Bundestag dem EU-Reformvertrag von Lissabon mit Zweidrittelmehrheit (514-Ja/58-Nein/1-Enthaltung und 39 fehlend) zu. Er tritt an die Stelle der gescheiterten europäischen Verfassung und soll die EU effizienter machen. Mit verhältnismäßig geringem Aufwand sollte also viel bewirkt werden. Ein genauer Blick nach Straßburg und Brüssel lässt da Zweifel aufkommen.

Bereits Anfang 2007 hatte Bundespräsident Roman Herzog auf die durch Fehlentwicklungen in der EU ernsthaft bedrohte parlamentarische Demokratie in Deutschland hingewiesen: »... *es stellt sich die Frage, ob man die Bundesrepublik Deutschland überhaupt noch uneingeschränkt als parlamentarische Demokratie bezeichnen kann*«, heißt es in einer Stellungnahme, die er gemeinsam mit Lüder Gerken für die *Welt am Sonntag* vom 7. Februar 2007 schrieb. Die Politik der europäischen Union *»leidet in besorgniserregender Weise unter einem Demokratiedefizit und einer faktischen Aufhebung der Gewaltenteilung«*. Der Bundestag sei in die für Deutschland relevante EU-Gesetzgebung nicht so eingebunden, wie es das Grundgesetz für das deutsche Parlament verlange. Viele Bundestagsabgeordnete seien über diese Entwicklung ebenfalls beunruhigt, scheuten aber davor zurück, dies öffentlich zu äußern. Außerdem erlange die EU immer weitere Kompetenzen, ohne dass dies sachlich angebracht sei. Die heutigen politischen Strukturen, die *»dieser schleichenden Zentralisierung Einhalt gebieten sollen, hätten versagt«*. Herzog und Gerken kommen zu dem Schluss, dass diese Probleme durch derartige EU-Verträge nicht gelöst werden können. Sie verlangten eine konstruktive öffentliche Debatte und machten einige Vorschläge zur Demokratisierung. Der derzeitige Entwurf sei jedenfalls abzulehnen.

## Lech Kaczynski: Sterben für die Quadratwurzel

Nach zähen Beratungen einigte sich der Verfassungskonvent 2003 auf die Variante der doppelten Mehrheiten im EU-Ministerrat. Im Entwurf zum Vertrag von Lissabon sollen für eine qualifizierte Mehrheit im Rat der Europäischen Union mindestens 55 Prozent der Mitgliedstaaten einem Beschlussvorschlag zustimmen, wobei jedes Land eine Stimme hat. Des Weiteren müssen die zustimmenden Mitgliedstaaten insgesamt mindestens 65 Prozent der EU-Bevölkerung repräsentieren (Art. 238 – ehemals Art. 205 – Absätze 1 und 2 EGV). Dagegen liefen nun in Polen die Zwillingsbrüder Lech und Jaroslaw Kaczynski Sturm und verlangten eine eigene Formel nach dem »Quadratwurzelmodell«: Allen Bürgern einer Staatengemeinschaft kommt nur dann gleich viel Macht zu, wenn der Machtindex jedes Landes proportional zur Quadratwurzel seiner Einwohnerzahl ist.[11] Zwei polnische Mathematiker stellten den *»jagiellonischen Kompromiss«* vor, benannt nach der Dynastie, unter deren Herrschaft Polen in Europa einst mächtig war. Auf dem Brüsseler EU-Gipfel vom 21./22. Juni 2007 verkündete Staatschef Lech Kaczynski, er sei bereit, *»für die Quadratwurzel zu sterben«*.[12]

Den Vorsitz auf dem Gipfel hatte Bundeskanzlerin Angela Merkel. Sie hätte sich bei Lech Kaczynski lächelnd für diesen Vorschlag bedanken können, einen Vorschlag, der die kleineren Staaten weitaus besser berücksichtigt. Zur Erhellung: Deutschland hat 83 Millionen Einwohner (Quadratwurzel aus 83 ist 9).

Polen hat 38 Millionen Einwohnen (Quadratwurzel wäre 6). Wenn sich nun die deutschen Bundesländer (Nordrheinwestfalen hat 17 Millionen Einwohner, die Quadratwurzel wäre 4) direkt in die EU einbringen würden, kämen sie – je nach Aufrundungsverfahren – auf jeweils 25 bis 32 Stimmen. Das hätte vielleicht das verkrampfte deutsch-polnische Klima etwas lockern können.

Premierminister und Parteichef Jaroslaw Kaczynski identifizierte vor allem Deutschland als den außenpolitischen Gegner in der EU: »*Wir befinden uns in einer ungewöhnlichen Situation – die Deutschen haben uns einen unvorstellbaren Schaden zugefügt, uns wiederholt ungeheures Leid zugefügt, haben in unvorstellbarem Ausmaße Verbrechen an Polen verübt – und die Polen lieben heute die Deutschen, und die Deutschen lieben die Polen nicht*«, klagte der Premierminister im staatlichen Radio und unterstrich die polnischen Forderungen nach mehr Mitsprache in der EU. »*Wir verlangen nur, dass wir zurück erhalten, was uns weggenommen wurde. Wenn Polen nicht die Jahre 1939 bis 1945 hätte durchmachen müssen, wären wir heute ein Staat von 66 Millionen*«.[13] Die geplante Ostsee-Pipeline wurde zur deutsch-russischen Verschwörung gegen Polen aufgebauscht.

Als Politiker schienen die Kaczynskis seit den 90er-Jahren regelrecht ein Programm abzuarbeiten, mit dem das an Polen im Lauf von über 300 Jahren verübte historische Unrecht getilgt werden sollte. Leider wird dabei der Balken im eigenen Auge verdrängt: Der aus einer jüdischen Gelehrtenfamilie stammende Journalist Immanuel Birnbaum (1894–1982) schildert eindrücklich seine Erlebnisse auf der Bahnfahrt im Sommer 1939 nach Riga. In seinem Abteil wurde er Zeuge, wie polnische Offiziere davon schwärmten, »*daß sie ein paar Tage nach dem sicher bevorstehenden Kriegsausbruch in Berlin einrücken würden.*«[14] Für Birnbaum stand der Krieg unverrückbar fest, denn Polen hatte am 23. März 1939 die Teilmobilmachung befohlen. Ende April 1939 hatte Birnbaum eine wichtige außenpolitische Erklärung des polnischen Außenministers und Oberst der polnischen Armee Józef Beck für die *Basler Nachrichten* dahingehend kommentiert, dass ein Krieg durch die Ablehnung der Vorschläge Hitlers unvermeidlich und ein Kriegsausbruch auch zwischen Deutschland und Polens westlichen Verbündeten wahrscheinlich geworden sei.[15]

Ein noch eindrucksvollerer Zeitzeuge ist der ehemalige polnische Präsident, General Wojciech Jaruzelski. Er beschrieb in seinen Erinnerungen die Kriegsatmosphäre im Sommer 1939: »*Seltsamerweise verbanden die jungen Leute meines*

*Alters damit aber keinerlei Gefühl der Bedrohung oder Gefahr ... Der Erste Weltkrieg war den Polen nicht im Gedächtnis geblieben. Während der Unabhängigkeit mußten sowohl Soldaten, die an der Seite der Alliierten oder in den Reihen der Zarenarmee, als auch diejenigen, die mit den Österreichern gekämpft hatten (die berühmten Legionen von Pilsudski), integriert werden. Der Krieg von 1920 gegen Sowjetrußland wurde als erfolgreich angesehen und hatte ein Gefühl der Unbesiegbarkeit hinterlassen. Immer wieder tauchte dabei dieser Diminutiv ›kleiner Krieg‹ und die folkloristische Umschreibung des Krieges als Abenteuer auf. Der zweite Grund war die Propaganda des Staates, der Regierung und der Armee. Wir sind eine Macht. Wir sind ein großes Land. Niemand wird uns irgendetwas wegnehmen. Einmal drangen wir in der Tschechoslowakei ein und nahmen die Region Teschen in Besitz (in Absprache mit Deutschland, das einen Tag zuvor, am 1. Oktober 1938, in das von Deutschen bewohnte Sudetengebiet einmarschiert war, Anm. d. Verf.). Dann richteten wir ein Ultimatum an Litauen, das sich zurückziehen mußte. Überall Defilees und Paraden; eine ständige Zurschaustellung von Macht. Und vor allem eine dauernde Geringschätzung der Kräfte des Gegners. Die Panzer der Deutschen sind aus Pappe, oder sie bleiben im Schlamm und im Sand der polnischen Ebenen stecken. Unsere Kavallerie fegt sie schneller hinweg, als es dauert, diesen Satz zu sagen. Die Bolschewiken zählen sowieso nicht, eine Armee auf tönernen Füßen. Und außerdem haben wir mächtige Verbündete im Westen. Deshalb konnten wir von einem zukünftigen Krieg sprechen, ohne dabei die geringste Bedrohung oder Gefahr zu empfinden. Heute erscheint das unerhört, und wenn ich daran denke, schäme ich mich. Doch damals wünschten wir uns diesen Krieg herbei. Wir konnten endlich zeigen, wozu wir fähig sind, wir würden Helden sein, wir gingen überall hin, wo wir gebraucht würden, um zu kämpfen, und wir würden diesen Deutschen zeigen, mit wem sie es zu tun hatten. Manchmal, wenn wir erfuhren, daß jemand eine neue Friedensinitiative gestartet hatte, oder wenn die Spannungen nachgelassen hatten, fragten wir uns: ›Wozu soll das gut sein?‹. Verpassen wir den Deutschen eine Tracht Prügel, marschieren wir nach Berlin und damit Schluß! Unser Alter und eine im Wesentlichen romantische Vorstellung von der Geschichte – ›Wie hübsch ist doch der Krieg‹ – sind die Gründe für diese totale Leichtfertigkeit. Die Wahrheit sollte uns auf grausame Weise aus diesen Träumen reißen. Doch das kam später.«*[16]

2020 werden in Polen US- und NATO-Kampfverbände Fähnchen schwenkend begrüßt. Eine Eskalation droht und damit noch größeres Leid als in den gesamten 300 Jahren zuvor. Es gilt sich immer wieder zu vergegenwärtigen, dass es nichts Wichtigeres gibt, als mit seinen Nachbarn in Frieden zu leben.

2007 standen die Polen mit ihrer Forderung ziemlich einsam da. Die wenigsten Entscheidungen in der EU fallen per Kampfabstimmung. Dazu erklärte Hans Brunmayr, Kommunikationschef im Rat: »*Jede einzelne Abstimmung in den vergangenen zehn Jahren wäre sowohl mit Quadratwurzelgesetz als auch mit doppelter Mehrheit genauso ausgegangen wie mit der bisherigen Stimmgewichtung.*«[17]

*»Nicht wer zuerst die Waffen ergreift,*
*ist Anstifter des Unheils,*
*sondern wer dazu nötigt.«*

Niccolò Machiavelli

# EU und NATO vor neuen Aufgaben

## Krieg gegen den Terrorismus

Seit dem 11. September 2001 – der *»richtig große(n) Krise«*, wie sie sich David Rockefeller vor dem US-Business Council 1994 gewünscht hatte, damit *»die Nationen ... die Neue Weltordnung akzeptieren«*[1] –, haben Mitarbeiter der amerikanischen Regierung ausländische Geheimdienste, Armeen und Polizeiorganisationen überall auf der Erde tief durchdrungen. Weil liberale Imperien vergangener Jahrhunderte wie Venedig und Großbritannien dynamischen Veränderungen Vorschub leisteten und damit die Voraussetzungen für ihren Untergang schufen, tun die USA das mit besonderer Verschlagenheit. Sie agieren geschickt im Verborgenen und hinter verschlossenen Türen, wie es Militärhistoriker Eliot Cohen empfohlen hatte: *»Nicht schimpfen, nicht drohen, sondern schlechtes Betragen still und streng bestrafen, so haben es die Römer gemacht.«*[2] In 6000 US-Militärbasen auf eigenem Territorium und weiteren 702 in über 130 Ländern sind über 500 000 Soldaten, Spione, Techniker und andere stationiert, die nicht nur direkt die Erfüllung der militärischen Ambitionen der USA in der Welt gewährleisten, sondern auch Telefonanrufe, Faxe und E-Mails sämtlicher Erdenbewohner überwachen sollen.

Das Netz amerikanischer Militärstützpunkte im Ausland ist zum Großteil ein Vermächtnis des Zweiten Weltkriegs und des Kalten Kriegs. Neue Gefahren waren nun Terrorismus und muslimischer Fundamentalismus. Standen sich im Kalten Krieg Armeen gegenüber, so findet nun ein asymmetrischer Krieg statt. Was nützen die besten Nachtsichtgeräte, wenn die Selbstmordattentäter am helllichten Tag zuschlagen?

Die Stationierung amerikanischer Truppen vom Balkan über Zentralasien bis zum Persischen Golf zeige, so der Staatssekretär im amerikanischen Verteidigungsministerium Douglas Feithim September 2004, *»dass die Annahmen aus dem Kalten Krieg in Bezug auf das militärische Einsatzkonzept der Vereinigten Staaten im Ausland überholt sind. Es ist an der Zeit, unser Einsatzkonzept zu ändern, um mit unseren Bündnispartnern und Freunden an den Aufgaben des 21. Jahrhunderts arbeiten zu können.«*[3] An die Stelle großer Garnisonen wie in Deutschland oder Südkorea müsse ein flexibel anpassbaresNetz von Militärbasen treten.

Für die Versorgung der US-Stützpunkte mit Gütern und zivilen Dienstleistungen sind Unternehmen wie Kellogg und Brown & Root zuständig, das Geschäft mit dem Militär zählt mittlerweile zu den lukrativsten Handelszweigen. Nach der neuen US-Strategie wurde unter dem Kommando eines Zwei-Sterne-Generals auf einem Flugstützpunkt 350 Kilometer südlich der Hauptstadt Algier der Einsatz von Großtransportern für Operationen in Afrika oder im Nahen Osten vorbereitet. Weitere 400 Soldaten von US-Spezialeinheiten sollten nahe der Sahara-Stadt Tamanrasset operieren. Hinter dieser Nordafrika-Strategie stand die Befürchtung, dass sich islamistische Terroristen, ihrer einstigen Basis Afghanistan beraubt, in der Sahara und der Sahel-Zone einrichten könnten.

Schon einmal machten die USA in Algerien Jagd auf Terroristen, nämlich 1815 auf die Berberpiraten. Damals griffen sie mit einem Geschwader die Korsarenhauptstadt Algier an, um die von dort ausgehende Piraterie zu beenden. Die USA sind für viele immer noch der entscheidende Motor des Welthandels und das Ziel unzähliger Träume. 80 Millionen Bürger erwirtschaften ein Bruttoinlandsprodukt von sieben Billionen Dollar. Die Staaten der Europäischen Union erwirtschaften zwar drei Billionen mehr, verspielen aber ihre ökonomische Stärke in politischer Uneinigkeit. Die US-Regierung hat 2004 für das Militär über 400 Milliarden Dollar ausgegeben, mehr als die 15 nächstgrößten Militärnationen zusammengenommen. Selbst ein Zusammenschluss der nach den USA mächtigsten Nationen wie Japan, Deutschland, Großbritannien oder Russland könnte momentan politisch, ökonomisch oder militärisch nicht viel ausrichten. Mit Vorliebe schicken die USA im Rahmen ihres *»Menschenrechtsimperialismus«*[4] führende Leute ihrer *»Vasallenstaaten«*[5] an die Menschenrechtsfront. Besonders wenn es gilt, sogenannten Risikostaaten oder »Schurkenstaaten« eine Mahnung oder Warnung zu übermitteln. Man denke etwa an die

Iranreise von Bundestagspräsident Wolfgang Thierse im Februar 2001 oder Reisen von Außenminister Joschka Fischer, der bei seinem Besuch in China im Juli 2004 sehr offen Defizite bei der Achtung der Menschenrechte kritisierte und seinen chinesischen Amtskollegen Li Zhaoxing auf die große Besorgnis über die Todesstrafe und die sogenannte Administrativhaft in Umerziehungslagern hinwies.[6] Die USA lassen ermahnen oder warnen und halten sich häufig im Hintergrund.

## Europa zeigt Putin die kalte Schulter

Wie soll Europa angesichts derartiger US-Politik eine eigenständige und zugleich partnerschaftliche Politik betreiben können? Für Walter Hallstein, den ehemaligen Präsidenten der EWG-Kommission, bedeutete Partnerschaft *»das Gegenteil einer monolithischen Atlantischen Gemeinschaft, in der die europäischen Staaten als Brückenkopf gegen den Osten fungieren wie einst die hellenischen Siedlungen in Kleinasien. ... Das Freie Europa muss seine eigene Persönlichkeit entwickeln, um ein Partner für Amerika zu werden und als Magnet auf die Länder Osteuropas zu wirken.«*[7] Charles de Gaulle hegte weder Sympathien für seinen politischen Gegner Hallstein noch für den Kommunismus. Doch er betrachtete *»Russland immer als integralen Bestandteil der europäischen Kultur, als einen verirrten Bruder in der Gewalt einer drückenden und bedrückenden Ideologie, von der er sich schließlich befreien würde, um sich seinen europäischen Geschwistern wieder anzuschließen«.*[8]

Den Versuch hatte Wladimir Putin am 25. September 2001 gewagt. In seiner halbstündigen Rede als erster russischer Präsident vor dem Deutschen Bundestag trug er in der – wie er sagte – *»Sprache von Goethe, Schiller und Kant«* seine Ansichten zu den deutsch-russischen Beziehungen, zur Entwicklung Russlands und des vereinigten Europas und zum Problem der internationalen Sicherheit vor: *»Die Welt befindet sich auf einer neuen Etappe ihrer Entwicklung. Wir verstehen: Ohne eine moderne, dauerhafte und standfeste internationale Sicherheitsarchitektur schaffen wir auf dem Kontinent nie ein Vertrauensklima und ohne dieses Vertrauensklima ist kein einheitliches Großeuropa möglich. Heute sind wir verpflichtet zu sagen, dass wir unsere Stereotypen und Ambitionen loswerden und der Bevölkerung Europas und der ganzen Welt Sicherheit zusammen gewährleisten.«*[9]

Am Ende seiner richtungsweisenden Rede erhielt der russische Präsident stehenden Applaus. Seine ausgestreckte Hand aber wurde nicht ergriffen, und der vom Kanzleramt selbstbewusst verkündete »*Schulterschluss Russlands, der EU und der USA*« blieb nur ein frommer Wunsch. Spätestens seit dem Zweiten Irakkrieg wurden die höchst unterschiedlichen Vorstellungen über die Ziele des Antiterrorkampfs deutlich. Nur abseits der großen Politik erwies sich die von Putin und Schröder beschworene besondere deutsch-russische Beziehung als beständig. Auch unter US-Präsident Obama wurde Russland stiefmütterlich, wenn nicht feindlich behandelt. Während der Krimkrise 2014 verspottete Obama Russland als »*Regionalmacht*«, die USA dagegen agierten als »*Weltmacht*«.[10]

## Deutschland als US-Flugzeugträger

Angesichts der wirtschaftlichen Erfolge Chinas in Afrika rief die konservative Heritage Foundation – eine Denkfabrik mit Sitz in Washington – nach mehr US-Präsenz in Afrika und machte sich zum Anwalt für ein afrikanisches US-Regionalkommando. Im Februar 2007 versprach Präsident Bush, das US-Kommando AFRICOM zu schaffen. Damit sollte der wachsenden Bedeutung des rohstoff- und energiereichen Kontinents für die Lebens- und Sicherheitsinteressen der USA Rechnung getragen werden. Aus der Erfahrung von 30 Militäroperationen seit 1990 hofften die Pentagonstrategen, durch eine erhöhte Zusammenarbeit auf mehr Erfolg bei zukünftigen militärischen Operationen.[11] Sie werden stets aus dem Hauptquartier von EUCOM in Stuttgart-Vaihingen geleitet – dem »*virtuellen Feldherrenhügel für alle Aktionen der Air Force, der Army und der Navy zwischen Grönland und dem Kap der guten Hoffnung*«[12]. Die AFRICOM-Operationen werden von Stuttgart aus gesteuert, da kein afrikanisches Land das US-Regionalkommando beherbergen wollte.

Der »Flugzeugträger« Bundesrepublik Deutschland hält umfassende Infrastruktur vor. Von Ramstein, dem größten Stützpunkt der US-Luftwaffe außerhalb der USA, wurde schon die Luftversorgung der Soldaten für die Kriege auf dem Balkan und in Afghanistan organisiert. Von der US-Airbase Spangdahlem in der Eifel starten die gefürchteten Tarnkappenbomber F-117-A, während die Rhein-Main-Airbase in Frankfurt als zweite große Drehscheibe der US-Airforce agiert. Dort können die riesigen amerikanischen Militärtransporter Galaxy und Globemaster einen Zwischenstopp einlegen. Auch sind hier die mächtigen Tankflugzeuge KC-1 35 Stratotanker stationiert. Nach Ramstein werden die in Afghanistan oder im Irak verwundeten Soldaten geflogen, um in den US-Lazaretten in Wiesbaden oder Landstuhl für ihre Heimkehr in die USA oder die Rückkehr auf das Schlachtfeld behandelt zu werden.

Daran dürfte sich auch zukünftig nichts ändern, nimmt man Barack Obamas Aussagen ernst: »*Solange Russland und China ihre großen militärischen Streitkräfte behalten und der Versuchung nicht ganz widerstehen können, ihr militärisches Gewicht auch zur Geltung zu bringen,*[13] *und solange ein paar Schurkenstaaten bereit sind, andere souveräne Staaten anzugreifen, wie es Saddam 1991 mit Kuwait tat, solange werden wir immer wieder, wenn auch widerstrebend, den Weltpolizisten spielen müssen. Das wird sich nicht ändern, und es sollte sich auch nicht ändern.*«[14] Getreu seiner Ankündigung wies der US-Präsident im Februar 2009 die massive Truppenaufstockung in Afghanistan an. 17 000 Soldaten sollten zusätzlich am Hindukusch stationiert werden. Damit erhöhte sich die Zahl der amerikanischen Streitkräfte hier um fast 50 Prozent. Mit dieser ersten militärischen Maßnahme seiner Präsidentschaft wollte Obama »*eine sich stetig verschlechternde Situation stabilisieren*«.[15]

## Der Kosovo gerät unter die Fittiche von USA/EU

Entgegen der heute noch gültigen UN-Resolution 1244 vom 10. Juni 1999, worin alle Mitgliedstaaten ihr Bekenntnis zur Souveränität und territorialen Unversehrtheit der Bundesrepublik Jugoslawien und der anderen Staaten der Region bekräftigten, stellte UN-Vermittler Martti Ahtisaari am 2. Februar 2007 in Priština und Belgrad Pläne für eine international überwachte Unabhängigkeit des Kosovo vor. Eine verantwortliche Kosovo-Regierung sollte die Rechte von Serben, Roma, Goranern, Bosniaken, Türken u. a. nicht nur garantieren, sondern auch ihre Einhaltung durchsetzen. Damit verließen Ahtisaari und sein Diplomatenteam den Boden der UN-Resolution 1244, welche ein multiethnisches Kosovo garantiert, allerdings ohne Abspaltung.

Mit diesem Plan schlugen die Vereinten Nationen erstmalig seit 62 Jahren vor, ein Mitglied zu zerstückeln. Viele Völkerrechtler, unter ihnen Thomas Fleiner vom Freiburger Institut für Föderalismus, halten dies für einen Präzedenzfall.

Ein Streit mit der Vetomacht Russland, die Konflikte mit eigenen Minderheiten befürchtete, war also vorprogrammiert.

Unter den Augen von KFOR sowie der UN-Verwaltung UNMIK wurden bis 2007 230 000 Serben und Angehörige anderer Minderheiten vertrieben und 165 Kirchen und Klöster zerstört. *»Zwangsläufig werden in der künftigen Kosovo-Regierung einige mutmaßliche Kriegsverbrecher und Angehörige der kriminellen Clans sitzen, welche Menschen- und Drogenhandel betreiben«*, schrieb Dusan Simko am 28. Juni 2007 im Schweizer Magazin *Zeit-Fragen.* Ahtisaaris Plan klammert diese Entwicklung völlig aus und missachtet die Tatsache, dass sowohl die serbische Regierung als auch die Verfassung Serbiens, die den Kosovo als untrennbaren Bestandteil des eigenen Staates bezeichnet, demokratisch legitimiert sind.

Im April 2007 verkündete US-Außenstaatssekretär Nicholas Burns im Kongressausschuss für auswärtige Angelegenheiten, dass die USA in jedem Fall die Unabhängigkeit des Kosovo anerkennen werden, auch wenn es nicht zu einer entsprechenden Resolution des UN-Sicherheitsrats kommen sollte. Von da an war die Resolution 1244, in der das Recht aller Flüchtlinge und Vertriebenen auf sichere Rückkehr in ihre Heimat bekräftigt wurde, nichts mehr wert.

Bei den von den Serben boykottierten Parlamentswahlen vom 17. November 2007 wurde die Demokratische Partei des Kosovo des Oppositionsführers Hashim Thaçi stärkste Partei. Nachdem die letzte Verhandlungsrunde zwischen Serben und Kosovo-Albanern im November 2007 ohne eine Einigung endete, schloss Präsident Sejdiu eine Fortsetzung der Verhandlungen aus. Stattdessen wurde eine sehr schnelle Unabhängigkeitserklärung des Kosovo angekündigt. Schon Anfang Februar leistete die Europäische Union mit dem Start der Eulex-Mission Geburtshilfe, um dem Land beim Aufbau von Polizei, Justiz und Verwaltung zu helfen.[16] Militärisch abgesichert wurde dies von 16 000 Soldaten der KFOR-Truppe, die auch weiterhin Ausschreitungen in dem multiethnischen Gebiet, dessen Bewohner sich zu Albanien bzw. Serbien zugehörig oder aber als Bürger eines unabhängigen Staates sehen, verhindern sollten. Weiter wollte die EU eine führende Rolle bei der Umsetzung einer Regelung für den künftigen Status des Kosovo übernehmen, *»um zu einem stabilen, lebensfähigen, friedlichen, demokratischen und multi-ethnischen Kosovo zu gelangen, der auf der Grundlage gutnachbarschaftlicher Beziehungen zu Zusammenarbeit und Stabilität* *in der Region beiträgt und der sich der Rechtsstaatlichkeit und dem Schutz von Minderheiten und des kulturellen und religiösen Erbes verpflichtet.«*[17]

Völkerrechtlich ist diese Mission jedoch äußerst problematisch, da sich die Resolution 1244 nur auf eine befristete zivile Präsenz unter der Leitung der Vereinten Nationen bezieht, ein derartiger EU-Einsatz aber nicht vorgesehen ist. So bestreiten Serbien und Russland die Rechtmäßigkeit der Mission. Aufgrund der unterschiedlichen Haltungen seiner ständigen Mitglieder zur Kosovo-Frage ist auch vom UN-Sicherheitsrat keine bestätigende Resolution zu erwarten.

Nach dem Beschluss des kosovarischen Parlaments vom 17. Februar 2008, die Republik Kosovo als unabhängigen Staat auszurufen, erwies sich die abschließende Feststellung in der Resolution 1244, *»daß die Situation in der Region auch weiterhin eine Bedrohung des Weltfriedens und der internationalen Sicherheit darstellt«*,[18] als durchaus begründet.

Während die Kosovo-Albaner die Abspaltung von Serbien feierten, wollten Völkerrechtsexperten dieses Gebilde aber nicht als Staat bezeichnen und hielten es sogar für bedenklich, weil es Separatisten in aller Welt ermuntern könnte. Angesichts fehlender Polizei, Armee, Richter usw. hängt der Kosovo am Tropf der EU. Norman Paech, emeritierter Professor für Völkerrecht und seinerzeit Mandatsträger der Linken im Bundestag, bezeichnete den Status der Provinz wegen ihrer Abhängigkeit von der EU als *»Protektorat«* und *»neue Form des Kolonialismus«*.[19] In seinem an Deutlichkeit kaum zu überbietenden Gutachten hält er die einseitige Unabhängigkeitserklärung für nicht möglich, weil es kein Sezessionsrecht gibt, sondern nur das Recht auf Respektierung, welches auch in der Resolution 1244 umschrieben ist: *»... die Souveränität und territoriale Integrität Serbiens ist zu achten«*. Somit ist eine Trennung nur in beiderseitiger Übereinstimmung möglich und eine legale Anerkennung eines so gebildeten Staates ausgeschlossen. Artikel 25 der UNO-Charta legt die Achtung der territorialen Integrität fest und lässt die Unterstützung einer einseitig vorgenommenen Abspaltung nicht zu.

*»Weswegen kriegt man denn eigentlich keine neue UNO-Resolution?«*, fragte Norman Paech, um die einleuchtende Antwort zu geben: *»Weil nicht etwa Moskau sagt, das ist unser Claim, sondern auch die haben diese völkerrechtlichen Probleme. Auch China hat das. Nordzypern ist nie anerkannt worden von der EU, und zwar*

*auch aus diesen völkerrechtlichen Gründen: eine einseitige Sezession ist nicht rechtmäßig. Nur sagt man, in diesem Falle müssen wir das Völkerrecht eben mal beiseite lassen. Und das ist die große Gefahr: diese Doppelstandards, die man öfters hat. Schon 1999, auch da war der Überfall auf Jugoslawien und die Bombardierung eindeutig völkerrechtswidrig ... Nein, das Wichtige ist, dass ein Friedenszustand erreicht wird auf der Basis der geltenden Regeln des Völkerrechts, sonst bricht alles zusammen, sonst ist es alles beliebig. Denken Sie an die Folgewirkungen, das was man dem Kosovo jetzt zugesteht, wird man nie den Kurden zugestehen, wird man auch den Katalanen oder den Basken nicht zugestehen. Aber man schnitzt sich immer sein eigenes Völkerrecht, und das ist als Basis der Außenpolitik außerordentlich gefährlich.«*[20]

Auch Daniel-Erasmus Khan, Professor für Völkerrecht an der Universität der Bundeswehr München, spricht von einem völkerrechtlich problematischen staatsähnlichen Gebilde. Nach Khan hat zwar jedes Volk ein Recht auf Selbstbestimmung, doch könne sich ein Gebiet nicht einfach aus einem Staatenverbund herauslösen. Im Völkerrecht ist das im äußersten Fall erlaubt, wenn schwere Menschenrechtsverletzungen gegen die ansässige Bevölkerung verübt worden sind. Paradoxerweise hat sich Serbien nach dem Krieg im Jahr 1999 im Gegensatz zu den Kosovo-Albanern nichts zuschulden kommen lassen. Für Khan standen bei der EU die Zeichen von Anfang an auf Unabhängigkeit. Die angeblichen ethnischen Säuberungen Miloševićs führten zum Krieg gegen Jugoslawien, während die folgenden ethnischen Säuberungen mit der Unabhängigkeit des Kosovo belohnt wurden – was für eine fatale Signalwirkung![21]

Wenige Stunden nach der Unabhängigkeitserklärung des Kosovo forderte Russland vor dem Weltsicherheitsrat die Annullierung dieses Schritts. Der russische UN-Botschafter Witali Tschurkin betonte, dass die UN-Resolution 1244 so lange in Kraft bleibe, bis eine Einigung zwischen Serbien und dem Kosovo gefunden sei. »*Eine einseitige Unabhängigkeitserklärung kann es nicht geben.*« Tschurkin befand sich damit in bester Gesellschaft: Am 4. März 1861 beschwor US-Präsident Abraham Lincoln die Einheit der Union und der Nation, nachdem sich sieben Südstaaten unabhängig erklärt hatten, und machte unmissverständlich deutlich, dass er den Sezessionsbestrebungen der Südstaaten nicht nachgeben werde. Russland befürchtete, dass andere Regionen mit »separatistischen Tendenzen« dem Beispiel folgen könnten. »*Man sagt uns*«, so Putin, »*das Kosovo sei ein besonderer Fall. Aber das ist eine Lüge. Es ist die alte Geschichte: ein ethnischer Konflikt, bei dem auf beiden Seiten Verbrechen begangen werden.*«[22]

Die chinesische Regierung befürchtete, dass der Kosovo zum Präzedenzfall werden und neben dem Konflikt mit Taiwan auch den Unabhängigkeitsbestrebungen in Tibet und in der Region Xinjiang Auftrieb geben könnte. Auch die abtrünnigen georgischen Regionen Abchasien und Südossetien sahen nun eine Chance für die Anerkennung ihrer Unabhängigkeit durch Russland und die Vereinten Nationen. Für den abchasischen Präsidenten Sergei Bagapsch stellte die Situation im Kosovo tatsächlich einen Präzedenzfall dar, der nicht als Einzelfall ausgelegt werden könne. So werde sich Abchasien in Kürze an das russische Parlament und den UN-Sicherheitsrat wenden, um eine Anerkennung seiner Unabhängigkeit zu beantragen. Damit zeichneten sich neue Problemfelder ab. Auf die Frage, warum die EU angesichts dieser Problematik der Unabhängigkeit des Kosovo überhaupt zugestimmt hat, gibt Professor Khan eine lapidare Antwort: »*Für die Europäer ist das ein Prestigeprojekt. Die EU will eben beweisen, dass der Krieg im Jahr 1999 nicht umsonst war.*«[23]

Dabei war die Entscheidung der EU nicht unstrittig. Ging doch nun in einigen europäischen Ländern wie Spanien und Frankreich die Angst um, dass die Unabhängigkeitsbestrebungen eine Eigendynamik entwickeln und Basken sowie Korsen bestärken könnte, Bomben zu legen. Andere europäische Länder wie Griechenland, Slowakei, Niederlande, Portugal und Tschechien knüpften eine Anerkennung an Bedingungen, etwa einen speziellen Rechtsschutz der serbischen Minderheit im Kosovo.

Mit der Anerkennung der einseitig ausgerufenen Unabhängigkeit der südserbischen Provinz Kosovo haben europäische Staaten nach Altbundeskanzler Gerhard Schröder einen Fehler gemacht, der ihren Interessen widerspricht. Für Schröder hat die Europäische Union in dieser Frage dem Druck der USA nachgegeben.

Erstaunlicherweise gab auch die Türkei, die selbst mit starken Minderheiten ringt, unmittelbar nach der Anerkennung durch die USA ihre Zustimmung bekannt. Auf der Grundlage des Vertrags von Lausanne (1923) hatte sie bei ihrer Gründung zwar die Armenier und Griechen, aber nicht die Kurden – schätzungsweise 20 Prozent der türkischen Gesamtbevölkerung – als ethnische Minderheit anerkannt. Viele Kurden kamen im 11. Jahrhundert mit dem Einfall der Seldschuken unter türkischen Einfluss. Der im August 1984 ausgebrochene Konflikt zwischen der kurdischen Organisation PKK und den türkischen Sicherheitskräften forderte bisher Millionen Vertriebene und Zehntausende von Todesopfern.

Am 21. Februar 2008, nur drei Tage nach der Anerkennung des Kosovo, startete die türkische Armee mit der Operation »Sonne« die 25. Bodenoffensive seit 1983 in den Nordirak, an der schätzungsweise 10 000 Soldaten beteiligt waren. Der damalige EU-Außenbeauftragte Javier Solana sagte, die EU habe zwar Verständnis für die Terrorprobleme der Türkei, der Einmarsch sei aber *»nicht die beste Antwort«.*[24] Die USA mit ihren Aufklärungsfliegern informierten Ankara über die Bewegungen der PKK im Nordirak. Bei den Zusammenstößen mit der PKK kam es zu heftigem Widerstand und zu beiderseitigen Verlusten.

Im April 2008 wurde der von Russland abgelehnte und im UN-Sicherheitsrat nicht einmal zur Abstimmung gelangte »Ahtisaari-Plan« mit kleinen Abweichungen als Kosovo-Verfassung in Priština ratifiziert und trat am 15. Juni in Kraft. Der Protektoratsstatus des Kosovo wird seither von der EU überwacht. Dank der hartnäckigen Weigerung Serbiens, Russlands und anderer Staaten blieb die UN-Resolution 1244, die ja Serbiens Souveränität über den Kosovo anerkennt, weiter formal in Kraft – eine glühende Lunte am Pulverfass Balkan.

Über die »souveräne« Regierung des Kosovo hat die EU ihren Internationalen Zivilen Repräsentanten in Person von Pieter Feith gestellt. Als de facto oberster EU-Europäer im Kosovo hat er das Recht, *»Korrekturmaßnahmen zur Nachbesserung jeglicher Handlungen der Autoritäten des Kosovo zu ergreifen«*, wobei dies *»die Annullierung von Gesetzen oder Entscheidungen der kosovarischen Autoritäten (beinhaltet), ohne jedoch darauf beschränkt zu bleiben«.*[25] Der Kosovokrieg bahnte somit den Weg zum endgültigen Griff der USA nach Eurasien.

*Brandenburger Tor, 25. Juli 2009: Der Autor als Redner auf dem Friedenfestival Berlin*

*»Wir benötigen eine Politik, die weltweit auf Beseitigung der Konfliktursachen gerichtet ist«*, lautete der Appell des Autors auf dem Berliner Friedensfestival 2009. Als wesentliche Konfliktursachen nannte er den Kosovokrieg als Zeitenwende, die Wiederkehr der Geo-Macht-Politik und die Militarisierung der EU.[26]

## Geopolitisches Tauziehen um Pipeline-Trassen

Unter dem Stichwort »Gasversorgung ohne Russland« einigten sich EU- und Transitländer am 8. Mai 2009 auf dem Gipfel »The EU Southern Corridor Summit« in Prag über den Bau einer Pipeline mit dem Projektnamen »Nabucco«. Sie soll unter Umgehung Russlands vom Kaspischen Meer über die Türkei und den Balkan bis kurz vor Wien führen. Neben der EU unterzeichneten Aserbaidschan, Ägypten, Georgien und die Türkei den Vertrag, während Vertreter Kasachstans, Usbekistans und Turkmenistans nur an den Beratungen teilnahmen.

Der mit Bedacht gewählte Name »Nabucco« – in Erinnerung an Verdis monumentale Freiheitsoper – und der Symbolgehalt des Gipfelmottos »Southern Corridor – New Silk Road« ließen wenig Raum für kritische Fragen. Die hätten aber gestellt werden müssen. Im nur fünf Tage vor der Bombardierung Jugoslawiens vom US-Kongress verabschiedeten Seidenstraßenstrategiegesetz (siehe auch S. 240 f.) wurden ganz offen die Interessen in der Region definiert: *»Kasachstan und Turkmenistan besitzen große Öl- und Gasreserven rund um das Kaspische Meer ...«* Schonungslos forderte damals der Kongressbericht *»Russlands Monopol über die Öl- und Gastransportrouten zu brechen ... und den Bau von Ost-West-Pipelines zu ermutigen«.*[27]

In dem Vorhaben sah die Türkei ein willkommenes Instrument, um ihre EU-Mitgliedschaft zu forcieren. Im Januar 2009 forderte der türkische Ministerpräsident Recep Tayyip Erdoğan die Beschleunigung der EU-Beitrittsverhandlungen und brachte diese erstmals direkt mit »Nabucco« in Verbindung: Im Fall des Scheiterns der Verhandlungen betrachte die Türkei das Projekt als *»gefährdet«*. Im gleichen Jahr unterzeichnete Außenminister Fischer einen Beratervertrag mit der Betreibergesellschaft, der ihm jährlich ein sechsstelliges Salär garantierte.[28] Während er das Vorhaben politisch und öffentlichkeitswirksam vorantreiben sollte, fungierte Kanzler Gerhard Schröder als Aufsichtsratschef der Betreibergesellschaft der im Bau befindlichen Ostseepipeline zwischen Russland und Deutschland.

2012 schlossen Aserbaidschan und die Türkei eine Vereinbarung über die Transanatolische Pipeline. Das Erdgas sollte von »Nabucco-West« an der bulgarisch-türkischen Grenze übernommen und durch Bulgarien, Rumänien und Ungarn nach Österreich transportiert werden. Als ein Jahr später das aserbaidschanische Gaskonsortium Shah Deniz II das Gas aus dem riesigen Vorkommen in Aserbaidschan nicht über die geplante Röhre Nabucco-West, sondern über das Konkurrenzprojekt Trans-Adria-Pipeline (TAP) nach Europa pumpen wollte, wurde »Nabucco« beendet.

Der künstlich entfachte Unruheherd auf dem Balkan sollte nicht zur Ruhe kommen. Serbien setzte sich gegen die von EU/NATO/USA betriebene einseitige Unabhängigkeit des Kosovo zur Wehr und legte am 17. April 2009 vor dem Internationalen Gerichtshof in Den Haag seine Argumente dagegen vor. Bevor die fünfzehn Richter die Akten studieren konnten, unterstrich US-Vizepräsident Biden bei einem Besuch im Kosovo im Mai die Unabhängigkeit des Landes als unumkehrbar. Eine deutlichere Missachtung eines höchsten Gerichts ist kaum denkbar. Hier wird deutlich, dass der Kosovokrieg eine einschneidende Zäsur darstellt. Die UN hatten offensichtlich für Washington keine Bedeutung mehr! Zugleich hob Biden das erneuerte Engagement seines Landes in Europa unter der Regierung Obama hervor: »*Wir sind zurück, und wir werden bleiben.*«[29]

## Die Osterweiterung der NATO

Schon bald nach der Auflösung des Ost-West-Gegensatzes im Kalten Krieg strebte der Westen eine Kombination von NATO-Osterweiterung und EU-Ausdehnung an. Es sollten viele der ehemaligen Sowjetrepubliken wie zum Beispiel Georgien, Aserbaidschan, Ukraine und Usbekistan in die westliche Einflusszone integriert werden.

Auf dem NATO-Gipfel in Madrid 1997 wurden den ehemaligen Warschauer-Pakt-Staaten Polen, Tschechien und Ungarn erstmals Beitrittsverhandlungen angeboten. Russland lehnte die Osterweiterung als falschen Weg zu einer neuen europäischen Sicherheitsordnung ab. Mit der NATO-Russland-Grundakte von 1997 versuchten die USA, Russlands Vorbehalte abzuschwächen. Darin erklärten NATO und Russland ihre Absicht, eine starke, stabile, dauerhafte und gleichberechtigte Partnerschaft aufzubauen. Ziel sei es, die Sicherheit und Stabilität im euroatlantischen Raum zu stärken. Die völkerrechtliche Absichtserklärung war bald Makulatur, denn am 12. März 1999 erfolgte der feierliche Eintritt der drei ehemaligen Ostblockstaaten. Beim Gipfeltreffen in Prag im

November 2002 lud die NATO die Länder Bulgarien, Estland, Lettland, Litauen, Rumänien, Slowakei und Slowenien zu Beitrittsgesprächen ein, sie traten am 29. März 2004 der NATO bei. Auf dem NATO-Gipfel in Bukarest im April 2008 wurde dann der Beitritt Albaniens und Kroatiens offiziell beschlossen. Ihr Beitritt wurde spektakulär für den NATO-Gipfel im April 2009 in Kehl und Straßburg geplant und am 1. April 2009 vollzogen.

2008 teilte die NATO mit, dass Nordmazedonien der Militärallianz beitreten dürfe, sobald der Namenskonflikt mit Griechenland beigelegt sei. Moskau befürchtete, dies den russischen Einfluss im Westbalkan schwächen könnte und lehnte den Beitritt ab. Nach der Wahl des westorientierten Zoran Zaev zum Ministerpräsidenten einigten sich im Juni 2018 Griechenland und Nordmazedonien vorerst auf einen Namen und ebneten damit den Weg für den Beitritt. Im Juli 2018 lud die NATO offiziell zu Beitrittsgesprächen ein – am 27. März 2020 wurde Nordmazedonien offiziell 30. Mitglied der NATO.

## Regime Change: Implantierung williger Regierungen

Eduard Schewardnadse, der im Westen geachtete ehemalige Außenminister Gorbatschows – von 1995 bis 2003 Präsident Georgiens – hatte im Sommer 2003 die Amerikaner vor den Kopf gestoßen, indem er nicht verhindert hatte, dass der halbstaatliche russische Energiekonzern Gazprom und Anatoli Tschubais' Unternehmen Inter Raoues in aller Stille das Gas- und Stromversorgungsnetz Georgiens übernommen hatten. Damit drohte Washington die Kontrolle über die kaspischen Pipeline-Routen zu verlieren.[30]

Am Sturz Schewardnadses hatte sich die mit der demokratischen Partei verbundene US-Denkfabrik National Endowment for Democracy mit dem erklärten Ziel der weltweiten Förderung der liberalen Demokratie beteiligt. Dieses internationale Intrigen- und Subversionszentrum war nach Aussagen des Wall-Street-Journal-Kolumnisten George Melloan daran beteiligt, Schewardnadses Justizminister Micheil Saakaschwili die Methoden zu vermitteln, mit denen die Aufständischen in Serbien Slobodan Milošević abgesetzt hatten.[31]

Saakaschwili zeigte sich dankbar. In einer Kolumne der *Financial Times* vom 2. Dezember 2003 rühmte er zunächst die Rede, die Bush am 19. November

2003 in London gehalten hatte, als *»Verpflichtung zur weltweiten Verbreitung der Demokratie«*. Am Ende seines Artikels bekannte sich Saakaschwili zur *»echten Marktwirtschaft«* und bezeichnete die Pipeline von Baku in Aserbaidschan über Tiflis zum türkischen Hafen Ceyhan als *»nichts Geringeres denn die Wiederbelebung der alten Seidenstraße«*. Am 5. Dezember reiste dann Donald Rumsfeld nach Tiflis, um den Abzug der russischen Truppen aus Georgien zu verlangen. Tatsächlich glichen die Abläufe in Kiew denen in Tiflis bis hin zu den freiwilligen Milizen, die plötzlich wie aus dem Untergrund auftauchten, aber besondere Uniformen trugen. Auch das überraschende Auftauchen religiöser Symbole fehlte nicht. Sollen mithilfe »spontaner« Volksbewegungen gegen vermeintliche Wahlfälschungen ehemals kommunistische Autokraten gegen Politiker mit »enger Bindung« an die USA ausgetauscht werden?

Als »unabhängige moralische Instanz« spielten die Medien erstmals in Serbien bei der »Aufdeckung« von Wahlmanipulationen eine zentrale Rolle. Dort gelang es der Bürgerbewegung Otpor (Widerstand), Präsident Slobodan Milošević nach den Wahlen am 5. Oktober 2000 auszuhebeln. Otpor hatte als studentische Urzelle mit etwa 15 Mitgliedern begonnen und war im Lauf von etwa zwei Jahren zu einer riesigen Massenbewegung mit 100 000 Aktiven angewachsen. Diesen Erfolg verdankte sie dem System des amerikanischen Politologen Gene Sharp der Albert Einstein Institution, der das Instrumentarium des friedlichen Widerstands untersuchte und in seinem Buch »From Dictatorship to Democracy. A Conceptual Framework for Liberation« (Von der Diktatur zur Demokratie. Ein Leitfaden zur Befreiung), übersetzt in Dutzende Sprachen, eine Art Gebrauchsanweisung zum Umsturz entwickelte. 5000 Exemplare wurden an die Otpor-Aktivisten verteilt.[32] Wichtige Kapitel handeln davon, wie man die *»Achillesferse«* von Diktaturen erkennen kann, welche Rolle strategische Planung spielt und welche friedlichen Widerstandsaktionen es überhaupt gibt. Im Anhang des Buchs sind ungefähr 200 Techniken aufgelistet, die in drei Hauptgruppen zerfallen. Erstens: Überzeugungsarbeit, die sich an andere Bürger richtet (öffentliche Reden, Briefe, Banner und Sticker, aber auch »Walk-outs«, z. B. das demonstrative Verlassen einer Regierungskundgebung, und ironische Aktionen wie öffentliche »Begräbnisse« des Diktators; zweitens: Verweigerung, z. B. Boykotte, Arbeiterstreiks, Studentenstreiks und Aktionen zivilen Ungehorsams; drittens: gewaltlose Interventionwie etwa Hungerstreiks, Sitzblockaden, Lahmlegungen und alle Belästigungen von Autoritäten.

Mithilfe der US-Organisation Freedom House – sie setzt sich ebenfalls für die weltweite Förderung der liberalen Demokratien ein und ist verlinkt mit dem US-Außenministerium und der CIA – erfolgte die finanzielle, ideologische und aktive Unterstützung von Otpor. Aber auch die Organisationen der beiden US-Parteien – National Democratic Institute sowie International Republican Institute – stehen immer hilfreich an der Seite der Protestgruppen.

Im November 2003 unterstützten serbische Aktivisten die georgische Studentenbewegung Kmara. Eine weitere zentrale Rolle in der Organisation des Widerstands um Micheil Saakaschwili gegen Eduard Schewardnadse spielte der Direktor des Open Society Institute von George Soros in Tiblissi, Alexander »Kakha« Lomaia. Im März 2004 organisierte Freedom House eine Konferenz in Washington zur Koordination des gewaltlosen Kampfs in der Ukraine, in Kuba und im Iran. Während die Bush-Administration allein 34 Millionen Dollar an die ukrainische Opposition zahlte, halfen Otpor und Kmara ihren ukrainischen Kommilitonen von Pora beim Aufbau einer Zeltstadt.[33]

Der westorientierte Wiktor A. Juschtschenko war von Dezember 1999 bis Mai 2001 Ministerpräsident und in der Folge der Orangenen Revolution im Jahr 2004 Präsident der Ukraine (Januar 2005 bis Februar 2010). Nach dem Beitritt der Ukraine in die WTO und die NATO sollte als Fernziel der EU-Beitritt stehen. George W. Bush wollte dafür 10 Milliarden Dollar investieren. Derartige Geschenke weckten auch anderswo Appetit. Anfang März 2005 entstand nach dem gleichen Vorgehensmuster die »Zedernrevolution« im Libanon, und nur vierzehn Tage später die »Tulpen- oder Nelkenrevolution« in Kirgisien.

Neben Open Society Institute und Freedom House ist auch die US-Agency for International Development (USAID) eingebunden, wenn es um Transformation, Übernahme und Einfluss geht. Dazu wurden und werden »Hilfsprojekte« in den ehemaligen eurasischen Sowjetrepubliken in Bildung, Kultur, Tourismus und anderen Bereichen gefördert. Über diese Einflussnahme soll ein proamerikanisches Klima entstehen, damit man den Ländern das neoliberale Wirtschaftsmodell überstülpen kann. Da USAID mit amerikanischen Geheimdiensten zusammenarbeitet – gemäß der Vorgabe »Operations Other than War« (»andere Operationen als Krieg«) – und allem Anschein nach auch versucht, gewählte Regierungen zu destabilisieren und Wahlen zu beeinflussen, haben die lateinamerikanischen Länder Kuba, Bolivien, Ecuador, Dominikanische Republik und Nicaragua 2012 in einer gemeinsamen Resolution beschlossen, deren Mitglieder auszuweisen. Auch aus Russland wurde USAID ausgewiesen. Dazu wurde eine Registrierungspflicht für Nichtregierungsorganisationen eingeführt.

Flankiert werden diese Maßnahmen durch das Programm »Operation Earnest Voice« (OEV) als Bestandteil der psychologischen Kriegführung, das Kämpfer und Sympathisanten im Internet verunsichern soll; es wird gegen Dschihadisten in Pakistan, Afghanistan und im Nahen Osten eingesetzt. Der damalige Befehlshaber von CENTCOM, General David Petraeus, beschrieb OEV als einen Versuch, *»extremistischer Ideologie und Propaganda entgegenzuwirken und sicherzustellen, dass glaubwürdige Stimmen in der Region gehört werden«*. Er sagte, das Ziel des US-Militärs sei es, *»als Erster die Wahrheit zu erfahren«*. Sein Nachfolger General James Mattis bestätigte vor demselben Ausschuss, dass OEV *»alle Aktivitäten unterstützt, die mit der Herabwürdigung der feindlichen Erzählung verbunden sind, einschließlich des Web-Engagements und der webbasierten Produktvertriebsmöglichkeiten«.*[34]

Nun trübt nur noch das Warten auf den Beitritt Georgiens und der Ukraine die Stimmung.

Auf der Internationalen 43. Münchner Sicherheitskonferenz Anfang Februar 2007 hielt Wladimir Putin eine staatsmännische Rede vor Politikern, Militärs, Unternehmern und Experten aus mehr als 40 Ländern. Er begann mit der Erklärung, *»dass die Problematik der internationalen Sicherheit bedeutend breiter ist als die Fragen der militärpolitischen Stabilität. Dazu gehören die Beständigkeit der Weltwirtschaft, die Überwindung der Armut, die ökonomische Sicherheit und die Entwicklung des Dialogs zwischen den Zivilisationen.«*

Dann folgte eine kritische Auseinandersetzung mit dem Streben nach der Weltherrschaft, nach einem monopolaren Zustand. Putin wies auf derartige Perioden in der Menschheitsgeschichte hin: »*... es gibt ein Zentrum der Macht, ein Zentrum der Stärke, ein Entscheidungszentrum. Es ist die Welt eines einzigen Hausherrn, eines Souveräns. Und das ist am Ende nicht nur tödlich für alle, die sich innerhalb dieses Systems befinden, sondern auch für den Souverän selbst, weil es ihn von innen zerstört. Das hat natürlich nichts mit Demokratie gemein. Weil Demokratie bekanntermaßen die Herrschaft der Mehrheit bedeutet, unter Berücksichtigung der Interessen* *und Meinungen der Minderheit. Nebenbei gesagt, lehrt man uns – Russland – ständig Demokratie. Nur die, die uns lehren, haben selbst, aus irgendeinem Grund, keine rechte Lust zu lernen. Ich denke, dass für die heutige Welt das monopolare Modell nicht nur ungeeignet, sondern überhaupt unmöglich ist. Nicht nur, weil für eine Einzelführerschaft in der heutigen Welt weder die militärpolitischen noch die ökonomischen Ressourcen ausreichen. Was noch wichtiger ist – das Modell selbst erweist sich als nicht praktikabel, weil es selbst keine Basis hat und nicht die sittlich-moralische Basis der modernen Zivilisation sein kann.«*[35]

Die fortgesetzten Erweiterungsabsichten der NATO und die Bedrohung durch die geplante Raketenabwehr in Osteuropa bezeichnete Putin als ernste Provokation. US-Vizepräsident Mike Pence hingegen beanspruchte unter dem Applaus vieler Anwesender die weltweite Führungsrolle USA. Ein konstruktiver Beitrag zum weltweiten Frieden?

Als im April 2008 auf der NATO-Gipfelkonferenz in Bukarest diskutiert wurde, der Ukraine und Georgien einen Plan zur Aufnahme in die NATO anzubieten, erklärte Putin: *»Wir betrachten die Ankunft eines Militärblocks (an unseren Grenzen), dessen Verpflichtungen zur Mitgliedschaft Artikel 5 [die Beistandsverpflichtung der NATO-Mitglieder, Anm. d. Verf.] einschließt, als eine direkte Bedrohung der Sicherheit unseres Landes.«*[36]

Im August 2008 – parallel zu den Eröffnungsfeiern der Olympischen Spiele in Peking – provozierte Georgien den Krieg gegen Russland. Im Vorfeld war dem georgischen Präsidenten Saakaschwili, so berichtete BBC, mitgeteilt worden, dass eine Mitgliedschaft Georgiens in der NATO eine *»Spirale der Konfrontation«*[37] in Gang setzen würde. Wie erwartet, brachen in der EU Gräben zwischen Ost und West auf. Für die Vertreter der ehemaligen Sowjetrepubliken – Polen, Balten und Tschechen – stand von vornherein fest, dass Russland sein kleines Nachbarland überfallen hatte; sie forderten, von London unterstützt, eine harte Reaktion. Im Westen der EU sah man den Konflikt differenzierter.

Im Dezember 2008 bekräftigten die Recherchen der von der EU auf deutschen Vorschlag eingesetzten Unabhängigen Untersuchungskommission zum Konflikt in Georgien Steinmeiers Sicht. In dem Bericht der Kommission, verfasst von ihrer der Schweizer Diplomatin Heidi Tagliavini, heißt es, der Krieg sei von Georgien begonnen worden.[38] Bis heute wird die NATO-Osterweiterung von russischer Seite als Vertragsbruch des Westens wahrgenommen, auch wenn sie auf Ersuchen der ehemaligen Sowjetrepubliken oder Vertragsstaaten des Warschauer Pakts erfolgte.

2007 kritisierte der russische Literaturnobelpreisträger Alexander Solschenizyn *»die Versuche der NATO, Teile der zerfallenen UdSSR in ihre Sphäre zu ziehen, vor allem – was besonders schmerzlich war – die Ukraine, ein mit uns eng verwandtes Land, mit dem wir durch Millionen familiärer Beziehungen verbunden sind. Diese könnten durch eine militärische Bündnisgrenze im Nu zerschnitten werden.«*[39]

Im Februar 1990 teilte der britische Außenminister Douglas Hurd seinem deutschen Amtskollegen Genscher mit, dass Gorbatschow eine Erweiterung der NATO nach Osteuropa ausschließen wolle. US-Außenminister Baker reis-

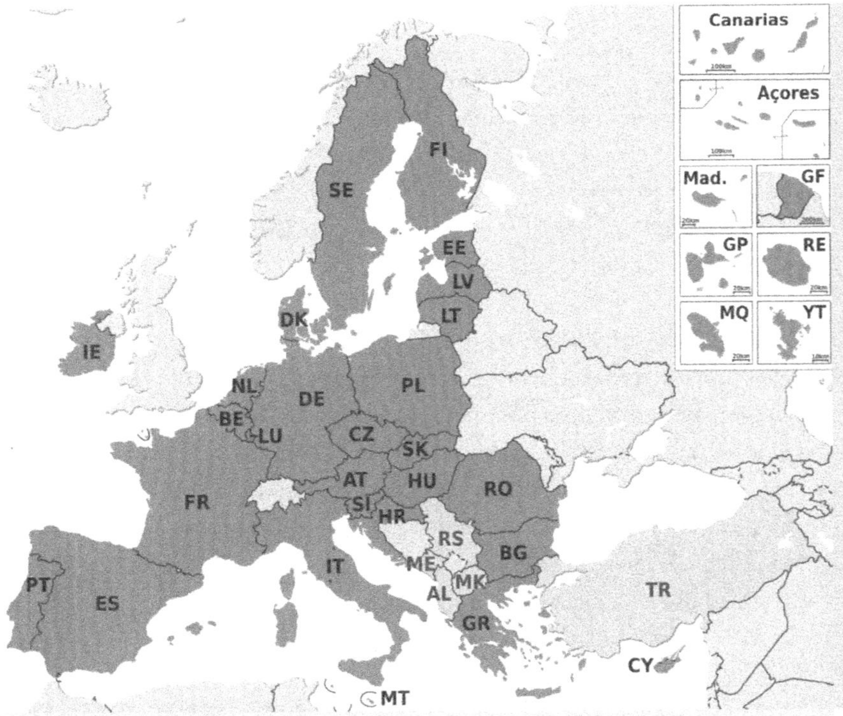


*Paralleles Wachstum von EU (linke Seite) und NATO (rechte Seite). Jüngstes Mitglied der 19 EU-Staaten ist Litauen (seit 1. Januar 2015), weitere EU-Beitrittskandidaten sind Albanien, Montenegro, Nordmazedonien, Serbien und die Türkei. Die NATO hat 30 Mitglieder, zuletzt trat Nordmazedonien bei (am 27. März 2020). Beitrittskandidat ist Bosnien und Herzegowina*

te damals zu Gesprächen nach Moskau und erklärte im Katharinensaal des Kremls, dass die NATO ihren Einflussbereich *»nicht einen Inch weiter nach Osten ausdehnen, falls die Sowjets der NATO-Mitgliedschaft eines geeinten Deutschland zustimmten«.*[40] Als Ergebnis der Unterredung mit Gorbatschow notierte er: *»Vereintes Deutschland verankert in politisch veränderter NATO«* – deren Machtbereich sich nicht ostwärts verschieben würde.[41] Für den deutschen Bundeskanzler hinterließ Baker einen geheimen Brief, in dem er das Gespräch mit Gorbatschow wörtlich aufgezeichnet hatte: *»Wäre Ihnen ein vereinigtes Deutschland außerhalb der NATO, unabhängig und ohne US-Streitkräfte lieber, oder würden Sie ein Deutschland im Rahmen der NATO bevorzugen, begleitet von der Zusage, dass sich die Jurisdiktion [der Machtbereich, Anm. d. Verf.] der NATO nicht einen Zentimeter ostwärts von ihrer jetzigen Position bewegt?«* Gorbatschow habe geantwortet: *»Jedwede Ausdehnung der NATO wäre sicherlich inakzeptabel.«*[42]

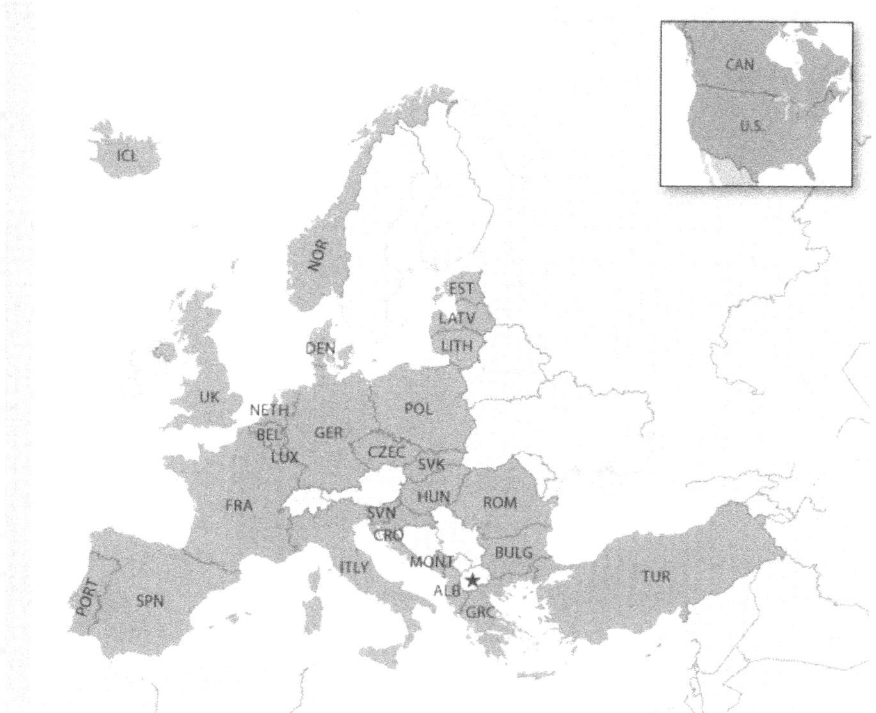

2019 schrieb Generalmajor a. D. Jürgen Reichardt, der ehemalige Verteidigungsminister und Generalsekretär der NATO Manfred Wörner habe 1994 im privaten Kreis geäußert, dass er anlässlich des Zusammenbruchs des Warschauer Pakts im Auftrag der Regierungschefs der NATO-Mitgliedsstaaten unter anderem in Kiew, Minsk und Moskau ausdrücklich zu versichern hatte, dass die NATO nicht nachrücken würde, wenn Mitgliedsstaaten aus dem Warschauer Pakt austreten wollten, und dass das NATO-Gebiet an der deutschen Staatsgrenze enden würde.[43]

Die Hoffnungen der Menschen in West und Ost auf eine friedlichere Zukunft nach dem Ende des Kalten Kriegs wurde gerade in Russland/Weißrussland, Georgien und der Ukraine enttäuscht. Die nicht enden wollenden farbigen Revolutionen, NATO-Osterweiterungen und Großmanöver vor der russischen Haustür rufen nicht nur Bitterkeit, sondern auch Widerstand hervor.

Die NATO-Osterweiterung ist bis auf die Ukraine, Georgien und Serbien erfolgreich umgesetzt worden und ermöglicht das Aufmarschieren von NATO-Verbänden im Vorhof Russlands. Und mit der NATO kommt die entsprechende EU-Erweiterung. Eine langfristige Politik, wie sie nur eine weltweit agierende Großmacht umsetzen kann. Vorangetrieben wird sie zum Großteil von den Interessen weltweit agierender Profiteure, für die eine friedliche Kooperation Macht- und Umsatzeinbußen bedeutet, allen voran der militärisch-industrielle-Komplex. Und nach dem Kalten Krieg steigerten sich die Konflikte bis heute – zuerst in Jugoslawien, dann im Nahen/Mittleren Osten, Nordafrika und der Ukraine.

Auf die propagandistische Medienberichterstattung gegen Russland anlässlich der Ukraine-Krise wies Udo Ulfkotte in seinem Bestseller »Gekaufte Journalisten« hin: verbale Täuschungstricks von Politik und Medien, die manipulative Technik der Euphemisierung von undemokratischen Entscheidungen und Prozessen im Westen sowie die mangelnde Verifizierung von False-Flag-Aktionen. In den USA nenne man das *»political correctness«*, die inzwischen auch weite Teile der deutschen Medienberichterstatter erfasst habe.[44]

*»Die Ukraine,ein neuer und wichtiger Raum*
*auf dem eurasischen Schachbrett,*
*ist ein geopolitischer Dreh- und Angelpunkt,*
*weil ihre bloße Existenz als unabhängiger Staat*
*zur Umwandlung Rußlands beiträgt.*
*Ohne die Ukraine ist Rußland*
*kein eurasisches Reich mehr.«*

Zbigniew Brzeziński

# Ukraine: Rammbock gegen Russland

## Die strategische Bedeutung der Ukraine

In der Geopolitik der Briten bereits vor dem Ersten Weltkrieg ebenso wie in der der Amerikaner nach dem Zweiten Weltkrieg und vor allem nach dem Kalten Krieg spielte die Ukraine eine Schlüsselrolle. Nach Russland ist die Ukraine mit 603 000 Quadratkilometern das zweitgrößte Land Europas; sie grenzt im Westen an Polen, Ungarn und die Slowakei, im Norden an Belarus

*Die Halbinsel Krim und das Asowsche Meer als neuralgische Zone*

(Weißrussland), im Süden ans Schwarze Meer und im Osten an Russland. Die lange gemeinsame Grenze mit den russischen Nachbarn spielt im Krieg um die Ostukraine eine entscheidende Rolle.

Das Land ist in vielfältiger Weise in West und Ost geteilt: Der Westen ist durch den Einfluss der Habsburger von Landwirtschaft und Katholizismus geprägt und Ukrainisch sprechend, im Osten (östliches Donezkbecken) waren Zarentum und orthodoxe Kirche, die Schwerindustrie und die russische Sprache vorherrschend. Diese gewachsenen Unterschiede und für den russischsprachigen Bevölkerungsteil die Nähe Russlands, verstärkt durch viele Familienbande, machte es für die Strategen im Weißen Haus nicht leicht, die Ukraine einfach so in den Westen zu überführen.

Der polnisch-stämmige geopolitische Altmeister Zbigniew Brzeziński war bis zu seinem Tod 2017 einflussreicher als manche Präsidenten. 1997 ließ er in seinem schonungslos offenen Buch »Die einzige Weltmacht« an den Ambitionen der USA in Bezug auf Europa keinen Zweifel: *»Tatsache ist schlicht und einfach, daß Westeuropa und zunehmend auch Mitteleuropa weitgehend ein amerikanisches Protektorat bleiben, dessen alliierte Staaten an Vasallen und Tributpflichtige von einst erinnern.«*[1]

Was ist das übergeordnete Motiv? Für England war das ab 1871 vereinte und wirtschaftlich aufstrebende Deutschland die Hauptgefahr. Und seit Ende des 19. Jahrhunderts ist einer Elite der angelsächsischen Länder jedes Mittel recht, um eine starke Mittelmacht in Europa zu verhindern: Wirtschafts- und Handelskriege, Intrigen, gezielte Destabilisierungsmaßnahmen. Das hatte schon Bismarck erkannt: *»Menschlichkeit, Friede und Freiheit ist immer ihr Vorwand, wenn es nicht Christentum und Ausbreitung der Segnungen der Gesittung unter Wilden und Halbbarbaren sein kann, zur Abwechslung. In Wahrheit aber schrieben die Times und die Königin [Viktoria, Anm. d. Verf.] im Interesse von England, das mit dem unsern nichts gemein hatte. Das Interesse Englands ist, daß das Deutsche Reich mit Rußland schlecht steht, unser Interesse, daß wir mit ihm so gutstehen, als es der Sachlage nach möglich ist.«*[2] Die Aussage Bismarcks wurde 127 Jahre später von George Friedman, Vorsitzender des US-amerikanischen Think Tanks Stratfor, noch weit übertroffen, indem er deutlich machte, dass die USA keine »Beziehungen« mit Europa hätten, es gäbe nur bilaterale Beziehungen zu den einzelnen Staaten. Dann kam er zum Punkt: *»Also, aus urzeitlichem, urweltlichem Interesse der USA, wofür wir seit Jahrhunderten die Kriege führen – Ersten und Zweiten Weltkrieg* *und Kalter Krieg – waren die Beziehungen zwischen Deutschland und Russland. Weil vereint sind sie die einzige Macht, die uns bedrohen kann, und unser Interesse war es, sicherzustellen, dass das nicht geschieht.«*[3]

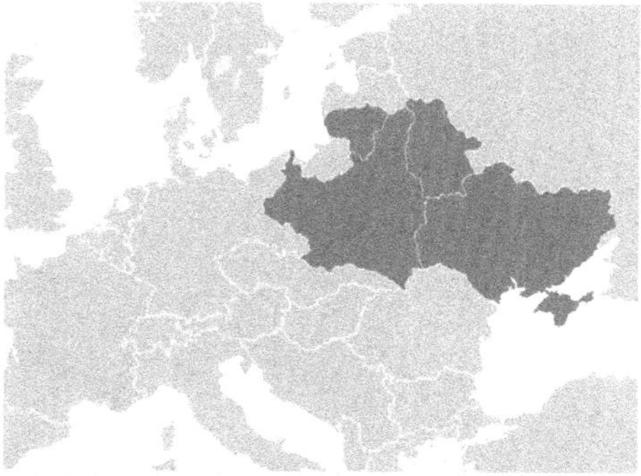

Das Intermarium nach Piłsudski: ein alter polnisch-litauischer Traum

Die Idee eines Gürtels von Pufferstaaten zwischen Deutschland und Russland gibt es schon seit 1919. Der polnische Marschall Jósef Piłsudski nannte ihn »Intermarium«. Und bald trennte tatsächlich ein Staatengürtel von Finnland über die baltischen Staaten und Polen bis Rumänien die Sowjetunion vom übrigen Europa – zum Schutz vor der »bolschewistischen Weltrevolution«.

Um heute den angloamerikanischen Albtraum einer deutsch-russischen Kombination zu verhindern, muss die Konfrontation mit Russland weiter bestehen bleiben, d. h. ein Keil zwischen Deutschland und Russland geschlagen werden. In seinem Vortrag ging Friedman auf die Motive der US-Politik ein: Rom als das große Vorbild – diese Vorliebe ist ja für jeden sichtbar an den Repräsentationsbauten in Washington wie etwa dem Capitol. Spätestens seit der Unabhängigkeit sehen sich die USA als die rechtmäßigen Nachfahren der alten Römer, die so klug waren, keine Truppen in entlegene Regionen außerhalb des Römischen Imperiums zu entsenden. Stattdessen wurden dort proömische Könige eingesetzt, die für die Erhaltung des Friedens verantwortlich waren. Die Imperien, welche versuchten, die okkupierten Gebiete direkt zu regieren, seien gescheitert, z. B. das Dritte Reich. Da musste man schon klug vorgehen, bekannte Friedman. Und das tun die USA in der Tat! Brillant, wie die farbigen Revolutionen angezettelt und die Schleusen für den Krieg geöffnet wurden. Alles nach Drehbuch.

Im Strategiepapier »Tradoc 525-5« aus dem Jahr 1994 sind die Eskalationsstufen klar beschrieben: Aufruhr (Turmoil), Krise (Crisis), Konflikt (Conflict), Krieg (War, vgl. Abb. auf S. 320).[4] Erst vor diesem Hintergrund werden die US-amerikanischen Aktivitäten seit Ende des Kalten Krieges verständlich. Im Fall der Ukraine sind die Stufen besonders offensichtlich: Aufruhr (Maidan), Krise (Slawjansk), Konflikt (Krim) und schließlich Krieg, der bisher auf die Ostukraine begrenzt blieb.[5]

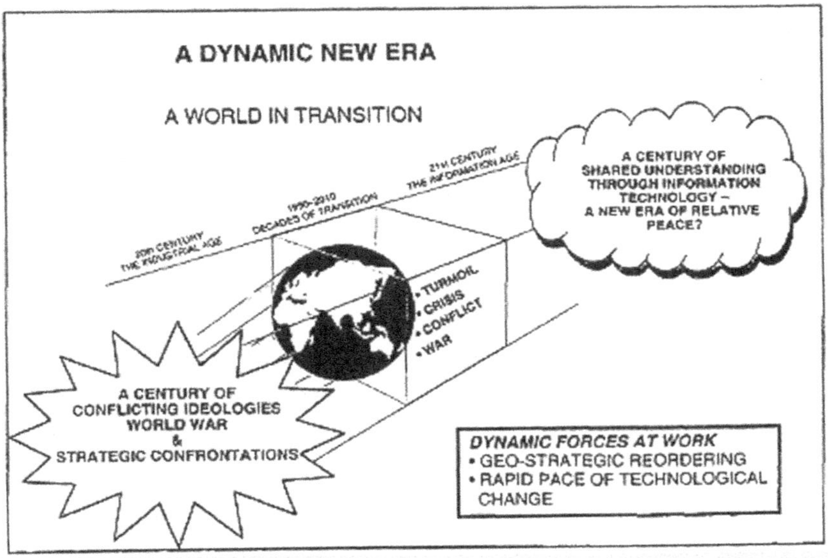


*Über vier Eskalationsstufen zum Umbau der Welt: Das, was heute geschieht, folgt einem Plan (Skizze aus dem Tradoc-Dokument 525-5 aus dem Jahr 1994)*

Auslöser der sogenannten »Orangenen Revolution« waren die ukrainischen Präsidentschaftswahlen 2004: auf der einen Seite der russlandfreundliche Wiktor Janukowytsch, auf der anderen der vom Westen favorisierte Wiktor A. Juschtschenko. Er hatte versprochen, im Fall des Sieges den Plan für einen euroasiatischen Wirtschaftsraum zu zerreißen. Trotz westlicher Unterstützung unterlag Juschtschenko. Da jedoch beide die 50-Prozent-Marke verfehlten, wurde eine Stichwahl durchgeführt. Wieder siegte, wenn auch knapp, Wiktor Janukowytsch. Die Anhänger Juschtschenkos sowie die Wahlbeobachter der OSZE reklamierten auf Wahlbetrug, und mehr als 100 000 Menschen strömten auf den Maidan und protestierten dagegen. Rasch erreichten die massiven Proteste auch die westlichen Städte der Ukraine, und nachdem Janukowytsch offiziell als Wahlsieger bestätigt worden war, beschloss die Juschtschenko-Fraktion, die Regierung mit Generalstreiks und Sitzblockaden zu behindern.

Im Ablauf der Orangenen Revolution erkannte der langjährige Moskau- und Osteuropakorrespondent des *Guardian*, Ian Traynors, ein Muster, das in Jugoslawien entwickelt wurde, um die Regierung von Slobodan Milošević zu stürzen, und das in Form der »Rosenrevolution« auch in Georgien angewendet wurde.[6] An der Protestbewegung war maßgeblich die ukrainische Studentenbewegung

Pora beteiligt – ähnlich der serbischen Umsturzbewegung Optor, die den prowestlichen Vojislav Kostunica in Serbien an die Macht brachte.Die analoge Bewegung in Georgien 2003 nannte sich Kmara, in Weißrussland Subr.

In allen Fällen wurden diese Bewegungen von professionellen »Beratern« ausgebildet, finanziert und geführt, hinter denen westliche Regierungen, Agenturen und Organisationen standen, z. B. die Konrad Adenauer Stiftung, das US-Außenministerium sowie USAID in Zusammenarbeit mit dem National Democratic Institute, dem International Republican Institute, der Organisation Freedom House sowie das Open Society Institute von George Soros.[7] Die konzertierten Aktionen hatten zunächst Erfolg. Aufgrund der wochenlangen Proteste wurde die erste Stichwahl für ungültig befunden. Bei der Wiederholung am 26. Dezember 2004 erhielt dann Juschtschenko die meisten Stimmen und wurde als Nachfolger von Leonid Kutschma im Januar 2005 in Kiew vereidigt. In der Außenpolitik setzten die Orangenen vollkommen neue Akzente. Im April 2005 unterschrieben Präsident Juschtschenko und NATO-Generalsekretär Jaap de Hoop Scheffer eine Vereinbarung zur Vorbereitung der Aufnahme der Ukraine in die NATO. Von der oft beschworenen Neutralität des Landes konnte keine Rede mehr sein. *»Dieses Treffen hatte revolutionären Charakter ... Zum ersten Mal hat man anerkannt, [dass] die Ukraine atlantisch werden will und werden kann«*, erklärte Oleksandr Schnirkow, ein »orangener« Mitarbeiter beim Institut für internationale Beziehungen in Kiew.[8]

**USA für Aufnahme der Ukraine in Nato und WTO**

**Washington** (AFP/dpa) – Die USA unterstützen die Bestrebungen der Ukraine, Mitglied der Welthandelsorganisation (WTO) und der NATO zu werden. Das sagte US-Präsident George W. Bush am Montag nach einem Treffen mit dem ukrainischen Präsidenten Viktor Juschtschenko im Weißen Haus in Washington. Bush sagte, es müssten „einige Schritte vollzogen" werden, damit die Ukraine ein Partner der USA und anderer Länder innerhalb der NATO sein könne. Außerdem erklärte der US-Präsident: „Ich möchte den Ukrainern deutlich machen, dass sie sich nicht zwischen der Freundschaft mit der Europäischen Union und mit den USA entscheiden müssen." Sie könnten zugleich Mitglied der EU werden und ein Freund der USA sein. Bush stellte zusätzliche 60 Millionen Dollar an finanzieller Unterstützung in Aussicht. Er äußerte Verständnis dafür, dass Juschtschenko in diesem Jahr das ukrainische Truppenkontingent aus dem Irak abziehen wolle.

*Eskalation mit Ansage: Nachdem die USA verkündet hatten, dass sie für eine Aufnahme der Ukraine in die NATO sind, wurde der Tradoc-Fahrplan abgespult (Artikel in der* Süddeutschen Zeitung *vom 5. April 2005)*

Bei ihrer aufgeschlossenen Haltung dem atlantischen Militärbündnis gegenüber konnten sich die Orangenen der Mehrheit in der Bevölkerung allerdings nicht sicher sein. Ihre Schwerpunkte lagen in der westlichen Einbindung und damit der Türöffnung für westliches Kapital bei gleichzeitiger eigener Bereicherung. Weiter forcierten sie den Beitritt zur WTO – ohne Übergangsfristen oder irgendwelche besonderen Vorbedingungen. Kredite des IWF brachten die Ukraine bereits 2014 in Abhängigkeit von westlichem Kapital. Die Kreditbedingungen beinhalteten die Forderung nach Privatisierung von Wohnraum, der Erhöhung von Massensteuern sowie der Streichung sämtlicher Subventionen im Sozialbereich: die übliche wirtschaftsliberale Schocktherapie. Das westliche Traumpaar Juschtschenko und seine attraktive Ministerpräsidentin Timoschenko fuhr einen russlandfeindlichen Kurs und revidierte die russischen Vorzugsbedingungen beim Gaseinkauf. Ab Januar 2009 galt ein neuer Liefervertrag mit einem an den Weltmarkt gekoppelten Gaspreis. Nun musste die EU der nationalistischen und neoliberalen Regierung unter die Arme greifen.

Konfrontiert mit dem totalen wirtschaftlichen Desaster als Folge der neoliberalen Politik begann der Wahlkampf 2010. Viktor Janukowytsch machte sich für eine blockfreie Ukraine stark und setzte damit auf die Rückkehr zur außenpolitischen Linie unter Kutschma, die zusammen mit der Wirtschaftspolitik und den günstigen Kreditbedingungen in den 1990er Jahren – der Ukraine die bislang längste Phase wirtschaftlichen Aufschwungs beschert hatte. Zudem setzte der Kandidat der »Partei der Regionen« auf eine gemäßigte wirtschaftsfreundliche Politik. Angesichts der anhaltenden Stärke des orangenen Lagers vor allem in der Westukraine ließen Vertreter der Kommunistischen Partei verkünden, die Präsidentschaftswahl sei eine zwischen zwei Übeln, und rief dazu auf, dem Vertreter des »nationalen Kapitals« Janukowytsch den Vorzug vor der Repräsentantin der »Kompradorenbourgeoisie«[9] Timoschenko zu geben.[87] Die Wahl gewann Janukowytsch (49 Prozent, Timoschenko 45 Prozent), Präsident Juschtschenko erhielt lediglich 5,45 Prozent der Stimmen.

2010 erhielt die Ukraine den noch von Juschtschenko/Timoschenko ausgehandelten IWF-Kredit. Eine zentrale Bedingung stellte die »Reform« des Rentensystems dar. Solch eine Reform hätte massive Rentenkürzungen durch Privatisierungen sowie das Eindringen ausländischen Kapitals bedeutet. Außerdem diktierten die IWF-Bedingungen das Einfrieren der Löhne und Renten sowie die Kürzung der Subventionen für Treibstoff und Heizung. Die neue Regierung unter Ministerpräsident Mykola Asarow stellte jedoch im Frühjahr 2011 die Kooperation mit dem IWF ein, und die dritte Tranche des 15-Milliarden-Dollar-Kredits kam nicht mehr zur Auszahlung. Die einseitige Bindung an den Westen wurde immer mehr gelockert. Im September 2010 erhielt die Ukraine von der Volksrepublik China einen 4-Milliarden-Dollar-Kredit für Infrastrukturprojekte. Im Juli 2012 folgte ein Kredit von insgesamt über 4,5 Milliarden Dollar zur Entwicklung der ukrainischen Landwirtschaft, zusätzlich konnte die Ukraine die Exporte in das Reich der Mitte massiv ausbauen. 2013 umfasste das jährliche Getreideexportvolumen bereits über vier Millionen Tonnen. Zur wirtschaftlichen Komponente kam noch eine militärische hinzu. Schon 1999 hatte China der Ukraine einen Flugzeugträger abgekauft, der nach der Überholung 2011 unter dem Namen *Liaoning* zur ersten Probefahrt auslief, ebenso Kampfjets. Und die Gasturbinen an Chinas modernsten Zerstörern wurden bereits 1990 aus der Ukraine importiert.[10]

Generell bemühte sich die neue Regierung um eine ausgleichende Außenpolitik mit der Öffnung zu Ländern des globalen Südens – von Südamerika über Afrika bis nach China. Noch im ersten Amtsjahr unterzeichnete Janukowytsch mit Präsident Hugo Chávez ein Abkommen, das die venezolanischen Ölfelder für ukrainische Unternehmen öffnete.[11] Darüber hinaus einigten sich Chávez und Janukowytsch auf den Transit venezolanischen Öls nach Belarus und den Kauf von Antonow-Flugzeugen durch Venezuela. Beim Staatsbesuch Janukowytschs in Indien im Dezember 2012 baute die Ukraine auch dort ihre wirtschaftlichen Beziehungen durch eine Reihe von Verträgen aus. Im Fokus der indischen Interessen steht dabei – wie bei China – die Kooperation mit den Rüstungsbetrieben im Osten der Ukraine.

In der Innen- und Wirtschaftspolitik priorisierte die Regierung unter Janukowytsch die Stärkung der Mittelschicht und die Verbesserung der sozialen Lage der Arbeiter. Insgesamt unterschied sich diese Politik fundamental vom neoliberalen und einseitig auf Washington, Brüssel und Berlin zugeschnittenen Kurs der Vorgängerregierung, denn Janukowytsch hatte weder eine einseitige Anbindung an die EU und die NATO noch einen einseitig prorussischen Kurs angestrebt. Im November 2013 unterzeichneten offizielle Vertreter ein Abkommen zur Förderung von Schiefergas mit dem US-Energiekonzern Chevron. Die Methode des Frackings sollte dafür genutzt werden, die Ukraine bis 2020 von russischem Gas unabhängig machen.[12]

Das Gespann Janukowytsch/Asarow favorisierte eine Annäherung an die Eurasische Union, zu der bis Anfang 2014 die Staaten Armenien, Belarus, Kasachstan und Russland gehörten. Das bedeutete für die NATO-/EU-Strategen einen herben Rückschlag, obwohl die Regierung Asarow auch die Assoziierung mit der EU betrieb. Auf dem Brüsseler Gipfel machte Kommissionspräsident Barroso 2013 unmissverständlich klar, dass ein Beitritt in die von Russland geführte Zollunion nicht mit einer Annäherung an die EU oder einem Beitritt vereinbar sei, die Ukraine müsse sich entscheiden.[13] Nur wenige erkannten die Gefahr, dass diese kompromisslose Haltung die Ukraine in die Arme Russlands treiben könnte.

Am 21. November 2013 stoppte Präsident Janukowytsch jedoch alle Aktivitäten bezüglich der Assoziierung. Da er sich durch die Verträge mit Chevron unabhängiger von Russland und in einer gestärkten Position fühlte, glaubte er anscheinend, die EU-Assoziierung aufgrund der nachhaltigen Eingriffe in Staat und Gesellschaft vorerst unterbrechen zu können. Außerdem stand vom zweiteiligen Assoziierungsabkommen nicht Teil 1 (Wirtschaft), sondern nur Teil 2 (Politik) zur Unterschrift. Die EU hatte es an Kredite des IWF gekoppelt und daran die Forderung einer massiven Abwertung der nationalen Währung der Ukraine sowie des Einfrierens von Löhnen, Pensionen und Sozialabgaben gebunden. Weiter sah man eine einseitige Ausrichtung auf den Markt der Europäischen Union vor. Der frühere EU-Erweiterungskommissar Günter Verheugen erkannte in den Verhandlungen zwei Fehler: Einerseits habe die EU der Ukraine keine langfristige Perspektive gegeben, andererseits habe man unterschätzt, welchem Druck die Ukraine von außen ausgesetzt war, und den Eindruck entstehen lassen, dass die Ukraine Gegenstand eines Tauziehens zwischen der EU und Russland sei.[14] Außerdem werde in diesem Assoziierungsvertrag erstmalig eine militärische Komponente fixiert.[15]

Mit dem vorläufigen Stopp verband Janukowytsch die Bitte um finanzielle Hilfen der EU und des IWF für den maroden Staatshaushalt der Ukraine. Als sie ihm ausgeschlagen wurde, wandte er sich an Russland. Mit der Erklärung, dass er auf das Abkommen mit der Europäischen Union verzichten werde, senkte Russland den Preis für seine Erdgaslieferungen um etwa ein Drittel und stellte Käufe ukrainischer Staatsanleihen in Höhe von 15 Milliarden Dollar in Aussicht.[16] Bis zum Sturz Janukowytschs flossen drei Milliarden an die Ukraine.

## Der Maidan-Putsch

Nach der Absage der EU-Assoziierung kam es auf dem Maidan-Platz in Kiew prompt zu spontanen Protesten verschiedenster oppositioneller Gruppen, vor allem von Studenten. Ein äußerst brutaler Polizeieinsatz der Spezialeinheit Berkut führte Ende November 2013 zu einer Welle der Solidarisierung mit den Demonstranten. Immer mehr Demonstranten, vor allem aus den Westteilen des Landes, reisten zum Maidan. Von der Medienöffentlichkeit des Westens kaum beachtet, flog Janukowytsch nach Peking, um die ukrainisch-chinesischen Beziehungen weiter voranzubringen. Am 5. Dezember wurden langfristige wirtschaftliche und politische Verträge geschlossen; der Bau eines Tiefseehafens nahe der Stadt Jewpatorija auf der Krim sollte mit zig Milliarden Dollar gefördert werden. Darüber hinaus gab es Zusagen für Investitionen und Aufträge in Höhe von 8 Milliarden US-Dollar. Die Kredite der VR China an die Ukraine von 2009 bis 2013 hatten insgesamt ein Volumen von 16,5 Milliarden US-Dollar.

Währenddessen gingen die Proteste weiter. Dabei konnten die Demonstranten aus den Erfahrungen der zehn Jahre zuvor stattgefundenen Orangenen Revolution schöpfen und ihre Schlagkraft steigern. Führende Politiker aus den NATO- und EU-Staaten stellten sich betont auf ihre Seite. Die ukrainische Regierung ließ sogar zu, dass etwa der deutsche Außenminister Guido Westerwelle auf dem Maidan auftrat. – Man stelle sich einmal vor, der russische Außenminister Lawrow beteiligt sich an einer Kundgebung in Berlin gegen die Regierungspolitik der Bundesregierung! Auch der US-Scharfmacher gegen Russland, John McCain, ließ sich auf dem Maidan feiern, und die Referatsleiterin im US-Außenministerium, Victoria Nuland, verteilte dort Gebäck.

*Ein strahlender John McCain auf dem Euromaidan, nur wenige Wochen nach dem Putsch in der Ukraine*

Bei Gebäck blieb es nicht. Die Maidan-Bewegung trat zunehmend bewaffnet auf, wobei rechte und faschistische Gruppen wie die Organisationen Swoboda und Rechter Sektor eine große Rolle spielten. Diese Entwicklung wurde in den westlichen Medien bagatellisiert oder gar als russische Propaganda abgetan. Verheugen hingegen fand klare Worte: »*Die Website von Swoboda ist eine wahre Fundgrube an völkischer Ideologie. Die sind getrieben von Russen-Hass, von Juden-Hass und Polen-Hass. Es ist schierer Nationalismus, überzogener exzessiver Nationalismus. Sie rufen nach Atomwaffen für die Ukraine.*«[17] Nicht mit ihrem Ausplaudern der 5-Mrd.-Dollar-Umsturzfinanzierung ging Frau Nuland in die Geschichte ein, dafür mit dem Ausspruch »*Fuck the EU*« aus einem wenige Tage vor dem Putsch vom russischen Geheimdienst abgehörten Telefonat mit US-Botschafter Geoffrey Pyatt (»*Jaz is our man!*« – Jazenjuk ist unser Mann).

Was hatte sie derart in Rage gebracht? Europas Konservative um Angela Merkel setzten auf den prominenten Boxer Vitali Klitschko als neue Führungsfigur in Kiew gegen den Einfluss aus Moskau.[18] Nuland aber hatte einen eigenen Favoriten, sie schlug als zukünftigen Ministerpräsidenten der Ukraine den Banker Arsenij Jazenjuk vor.[19] Er begründete 2007 die Open Ukraine Foundation, finanziert durch amerikanische, britische und andere Partner – u. a. die U.S.-Ukraine Foundation (USUF), das Außenministerium der Vereinigten Staaten, die NATO, Chatham House, Swedbank, Black Sea Trust for Regional Cooperation, durch ein Projekt des German Marshall Fund und National Endowment for Democracy (NED) – sowie von der ukrainischen Viktor-Pinchuk-Stiftung.

Nulands Vorgehen zwei Wochen vor dem Putsch zeigt klar die Federführung der USA bei den Vorbereitungen zum Umsturz in der Ukraine. Am 20. Februar 2014 eskalierten auf dem Maidan die Zusammenstöße zwischen den bewaffneten Aufständischen, insbesondere dem Rechten Sektor, und der Polizei. In einer Dokumentation des ARD-Magazins *Monitor* vom 10. April 2014 wird die offizielle Darstellung der Vorgänge durch die neue ukrainische Regierung unter Jazenjuk infrage gestellt. Schüsse von Scharfschützen erfolgten auf Demonstranten demnach aus deren Rücken, aus dem von der Opposition besetzen Hotel Ukraina. Eine Aufklärung blieb aus. Der Posten des Generalstaatsanwalts wurde dann mit einem Führer der Swoboda besetzt.Ein Schelm, der Böses dabei denkt.

Am 21./22. Februar wurde unter Führung des Rechten Sektors das Parlament besetzt. Präsident Janukowytsch verließ das Land in Richtung Russland. Für seine Abwahl wurde zwar eine Mehrheit, nicht aber die laut Verfassung notwendige Dreiviertelmehrheit erreicht, dennoch übernahm er wie geplant das Amt. Zufrieden erklärte US-Präsident Obama: »*Wir, die USA, haben einen Deal zum Machtübergang vermittelt.*«[20]

## Geopolitischer Wettlauf um die Krim

Die russischsprachige Bevölkerung der Ostukraine reagierte schnell, indem Aktivisten öffentliche Gebäude besetzten. Sie erkannten die aus dem Putsch hervorgegangene Regierung, deren Mitglieder sich zum Teil als russenhassende rechte Nationalisten gebärdet hatten, nicht an. Am 16. März 2014 führten die Behörden der Krim eine Volksbefragung durch, in der die große Mehrheit für einen Anschluss an Russland votierte, und Russland nahm das Aufnahmegesuch an. Während Politiker und Medien im Westen gebetsmühlenartig wiederholen, Russland habe die Halbinsel Krim völkerrechtswidrig »annektiert«, vertritt Reinhard Merkel, emeritierter Professor für Strafrecht und Rechtsphilosophie an der Universität Hamburg, eine andere Auffassung. Bei aller Empörung über das russische Vorgehen könne nicht ernsthaft bezweifelt werden, dass das Referendum den Willen einer großen Mehrheit der Krim-Bevölkerung wiedergab. Somit liege keine Annexion, die eine gewaltsame Aneignung gegen den Willen der Bevölkerung voraussetzt vor, sondern eher eine Sezession. Zweifelsfrei hingegen hätten die Behörden mit der Durchführung der Volksabstimmung und dem Vollzug ihres Ergebnisses gegen die ukrainische Verfassung verstoßen.[21] Aber war die ukrainische Verfassung durch den faschistischen Putsch und die verfassungswidrige Abwahl des rechtmäßigen Präsidenten nicht schon längst außer Kraft gesetzt?

In dem Disput sollte auch die Geschichte der Ukraine und vor allem der Krim im Auge behalten werden. 1954 übertrug der ukrainisch-stämmige sowjetische Staatschef Nikita Chruschtschow die Krim der Ukrainischen Sowjetrepublik. Da dies innerhalb der Sowjetunion geschah, hatte es wenig Auswirkungen. Mit der Auflösung der Sowjetunion 1991 wurde die Halbinsel, die sich kurz zuvor als Autonome Republik innerhalb der Ukrainischen SSR erklärt hatte, Bestandteil der Ukraine.

Russland hatte in der Budapester Erklärung 1994 im Gegenzug für den Verzicht der Ukraine auf die auf ihrem Gebiet befindlichen Atomwaffen aus Sowjetzeiten die Unverletzlichkeit der Grenzen der Ukraine anerkannt. Doch für Russland ist die Krim mit dem Hafen Sewastopol ein geostrategischer Angelpunkt. Nur von hier aus sind Marineoperationen in den Mittelmeerraum möglich. 1997 gab es eine Verständigung mit der Aufteilung der Flotte zwischen beiden Ländern und dem Verbleib auch der russischen Marine auf der Krim bis

2017, 2010 wurde dies durch Präsident Janukowytsch gegen verbilligte Erdgaslieferungen bis 2042 verlängert.

Die Zusammenarbeit zwischen der ukrainischen Regierung und den US-Militärbehörden lief noch im September 2013 erstaunlich gut. Anfang September

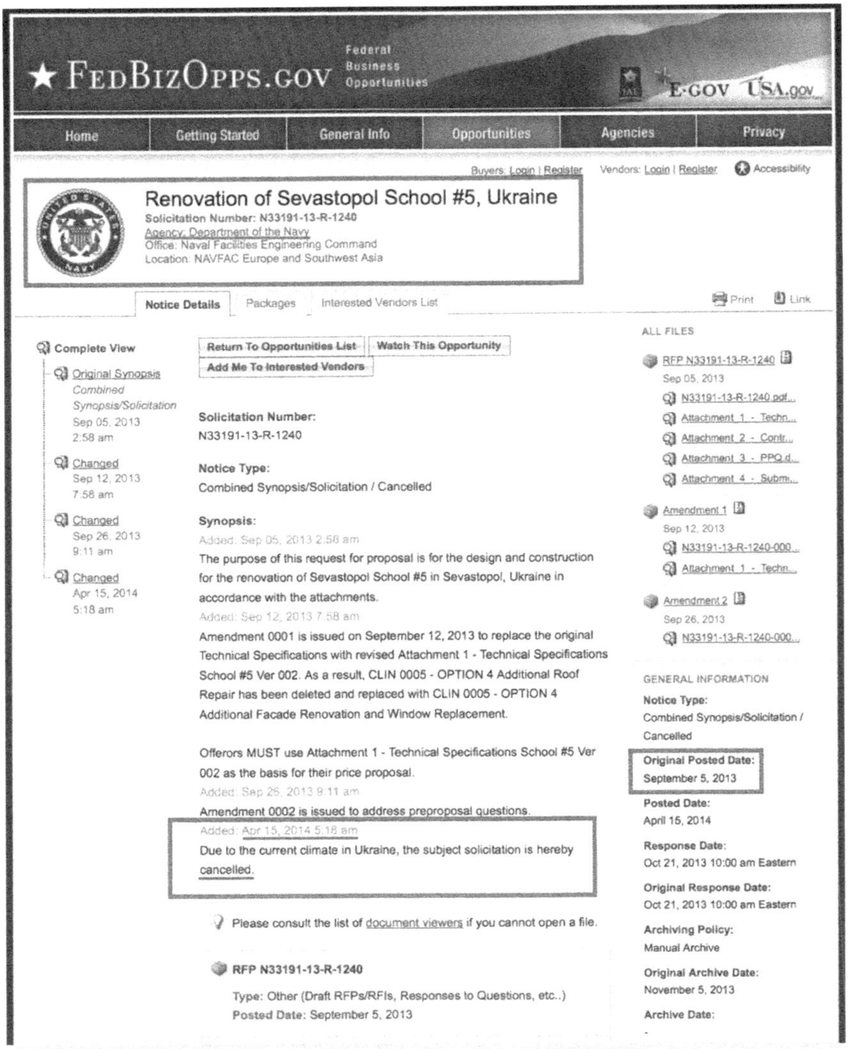

★ FedBizOpps.gov Federal Business Opportunities

E-GOV USA.gov

Home | Getting Started | General Info | Opportunities | Agencies | Privacy

Buyers: Login | Register Vendors: Login | Register Accessibility

**Renovation of Sevastopol School #5, Ukraine**

Solicitation Number: N33191-13-R-1240
Agency: Department of the Navy
Office: Naval Facilities Engineering Command
Location: NAVFAC Europe and Southwest Asia

Notice Details | Packages | Interested Vendors List | Print | Link

Complete View
- Original Synopsis
  Combined Synopsis/Solicitation
  Sep 05, 2013
  2:58 am
- Changed
  Sep 12, 2013
  7:58 am
- Changed
  Sep 26, 2013
  9:11 am
- Changed
  Apr 15, 2014
  5:18 am

Return To Opportunities List | Watch This Opportunity | Add Me To Interested Vendors

**Solicitation Number:**
N33191-13-R-1240

**Notice Type:**
Combined Synopsis/Solicitation / Cancelled

**Synopsis:**
Added: Sep 05, 2013 2:58 am
The purpose of this request for proposal is for the design and construction for the renovation of Sevastopol School #5 in Sevastopol, Ukraine in accordance with the attachments.
Added: Sep 12, 2013 7:58 am
Amendment 0001 is issued on September 12, 2013 to replace the original Technical Specifications with revised Attachment 1 - Technical Specifications School #5 Ver 002. As a result, CLIN 0005 - OPTION 4 Additional Roof Repair has been deleted and replaced with CLIN 0005 - OPTION 4 Additional Facade Renovation and Window Replacement.

Offerors MUST use Attachment 1 - Technical Specifications School #5 Ver 002 as the basis for their price proposal.
Added: Sep 26, 2013 9:11 am
Amendment 0002 is issued to address preproposal questions.
Added: Apr 15, 2014 5:18 am
Due to the current climate in Ukraine, the subject solicitation is hereby cancelled.

Please consult the list of document viewers if you cannot open a file.

**RFP N33191-13-R-1240**
Type: Other (Draft RFPs/RFIs, Responses to Questions, etc..)
Posted Date: September 5, 2013

ALL FILES
- RFP N33191-13-R-1240
  Sep 05, 2013
  - N33191-13-R-1240.pdf...
  - Attachment 1 - Techn...
  - Attachment 2 - Contr...
  - Attachment 3 - PPQ.d...
  - Attachment 4 - Subm...
- Amendment 1
  Sep 12, 2013
  - N33191-13-R-1240-000...
  - Attachment 1 - Techn...
- Amendment 2
  Sep 26, 2013
  - N33191-13-R-1240-000...

GENERAL INFORMATION

**Notice Type:**
Combined Synopsis/Solicitation / Cancelled

**Original Posted Date:**
September 5, 2013

**Posted Date:**
April 15, 2014

**Response Date:**
Oct 21, 2013 10:00 am Eastern

**Original Response Date:**
Oct 21, 2013 10:00 am Eastern

**Archiving Policy:**
Manual Archive

**Original Archive Date:**
November 5, 2013

**Archive Date:**
-

*Die Infrastukturabteilung der US-Marine hat die Renovierung eines Schulgebäudes in Sewastopol (Krim) bis ins Detail vorbereitet – und das bereits im Vorfeld der Ukrainekrise, wie dieser Registereintrag beweist*

hatte der US-Navy-Infrastruktur-Stab im Rahmen der Ausschreibung für die Renovierung eines großen Schulgebäudes in Sewastopol – der Maßnahmenkatalog bis zum letzten Pinkelbecken umfasste ca. einhundert Seiten – von den Anbietern die Vorlage eines technischen Vorschlags und der bisherigen Leistung sowie eines Preisvorschlags zur Bewertung verlangt. Die geschätzten Baukosten lagen zwischen 250 000 und 500 000 Dollar. Der Auftragnehmer musste alle Arbeiten innerhalb von 330 Kalendertagen nach der Auftragsvergabe abschließen.[22] Solche Bauaktivitäten der US-Navy in Nachbarschaft zum Marinearsenal Russlands sind schon merkwürdig (siehe auch Abb. auf linken Seite). Dachten die USA daran, den Russen die Basis auf der Krim streitig machen zu können? Jedenfalls rückte diese Option nach dem Referendum erst mal in weite Ferne. Kein Wunder, dass sich der Westen in der Bewertung für den Terminus Annexion entschied und somit die Vorboten des Kriegs aktivieren konnte: Sanktionen. Friedman: *»Wir wollen die Russische Föderation nicht vernichten, sondern nur etwas verletzen bzw. ihr Schaden zufügen.«*[23]

## US-Resolution 758: Permanente Kriegserklärung an Russland

Im Juli 2014 trat John F. Tefft den amerikanischen Botschafterposten in Moskau an. Er hatte sich vorher in der Ukraine, in Georgien und Lettland einen Namen als Unruhestifter und Umsturzexperte gemacht. Nun sollte er wohl die russische Bevölkerung gegen Präsident Putin aufwiegeln. Am 4. Dezember 2014 verabschiedete der US-Kongress mit überwältigender Mehrheit die Resolution 758: Auf ein langes Sündenregister der russischen Föderation aus Halbwahrheiten und dreisten Lügen folgen 22 Forderungen, die den Kongress und den Präsidenten zu feindseligen Handlungen zwingen.

Noch am gleichen Tag bezeichnete Ron Paul, Urgestein des Kongresses und zweimaliger Präsidentschaftskandidat der Demokraten, die Resolution als fahrlässige Kriegserklärung an Russland. Das Dokument sei *»16 Seiten Kriegspropaganda, die selbst Neocons die Schamröte ins Gesicht treiben würde, wenn sie dazu fähig wären«.*[24] Ein Auftrag an den US-Präsidenten lautete etwa, die Einsatzbereitschaft der eigenen Streitkräfte und derjenigen der anderen NATO-Staaten zu überprüfen und die aus der Beistandsklausel erwachsene Verpflichtung zur kollektiven Verteidigung ernst zu nehmen.

Botschafter John Tefft spricht am 9. Oktober 2005 zu Soldaten auf einer georgischen Militärbasis. Drei Jahre später greift Georgien Russland an

Das EU-Parlament verabschiedete im Januar 2015 eine gleichlautende Resolution. Damit steht die Europäische Union bereits voll im US-Kriegsgespann – kein Thema für die öffentlich-rechtlichen Medien. Diese befremdliche Vasallentreue zeigt, wie stark die transatlantische Fessel Europa im Griff hat (vgl. auch S. 335 ff.).

Die sogenannte »Krim-Aggression« war nun also willkommener Anlass für die Verhängung der Sanktionen; sie dient noch heute als Begründung für einen beispiellosen Aufmarsch der NATO an der russischen Grenze entgegen den Absprachen von 1990. Es ist nicht auszuschließen, dass der Regimewechsel in Kiew sogar das Ziel hatte, in Konfrontation mit Russland zu geraten. Bundeskanzlerin Angela Merkel sprach bei ihrem wegen der »Krim-Annexion« um einen Tag verschobenen Moskaubesuch anlässlich des 70. Jahrestags des Siegs über den Faschismus am 10. Mai 2015 von einer *»verbrecherischen und völkerrechtswidrigen Aggression«*[25] – nicht Hitler-Deutschlands, sondern Russlands!

Wenn hier überhaupt von einer Aggression die Rede sein kann, dann gegenüber Russland bzw. gegen diejenigen Ukrainer, die ihre alte Ordnung verteidigen wollen. Der neu gewählte ukrainische Präsident Poroschenko setzte unter dem irreführenden Motto »Krieg gegen den Terror« im Mai 2014 die Armee gegen

Bürger in den Gebieten um Donezk und Slawjansk ein, die sich dem Regime Change widersetzten. Sie hatten als Antwort auf den Maidan-Putsch in den Regionen der Ostukraine sogenannte Volksrepubliken ausgerufen. Der IWF machte Druck: Ohne Herrschaft der Zentralregierung über die wirtschaftlich stärker entwickelte Ostukraine sollten keine Mittel fließen.[26]

## Eskalation: Der Abschuss der MH17

Verschärft wurde die Konfrontation zwischen dem Westen und Russland durch den Absturz der malaysischen Maschine MH17 im Juli 2014, was Russland angelastet und zur Stimmungsmache sowie Begründung von Sanktionsmaßnahmen instrumentalisiert wurde. In der Redaktion des *Spiegel* kannte man den Schuldigen ganz genau, obwohl die Absturzstelle nicht zugänglich war und die Flugschreiber noch nicht ausgewertet waren.[27] Man titelte: *»Stoppt Putin jetzt«*, eingerahmt von den Porträts der Opfer.

*Der Spiegel* hatte nach dem Abschuss eines mit Mekka-Pilgern besetzten iranischen Airbus A300 (Iran-Air-Flug 655) beim Überflug der Straße von Hormuz am 3. Juli 1988 durch den US-Kreuzer Vincennes immerhin einen kritischen Artikel gebracht. US-Präsident Ronald Reagan beklagte damals in einer 28-Zeilen-Meldung den Tod der 290 Zivilisten als *»entsetzliche menschliche Tragödie«* und betonte, dass der Flug IR 655 das Opfer einer *»korrekten Verteidigungshandlung«* geworden sei.[28] Diese Formulierung tauchte dann in jeder Stellungnahme der Regierung auf und wurde von der Regierung Thatcher sofort aufgegriffen. Die übrigen Verbündeten zogen gehorsam nach. Darüberverständigte sich z. B. auch Hans-Dietrich Genscher mit Frankreichs Außenminister Roland Dumas. Präsident Reagan erklärte das Thema

*Russlandfeindliche Propaganda der untersten Schublade*

*Iranische Gedenkmarke zum Abschuss des mit Mekka-Pilgern besetzten Airbus durch ein US-Kriegsschiff. In deutschen Medien blieb der Vorfall weitgehend unerwähnt*

nach zwei Tagen einfach als *»abgeschlossen«.*[29] George Bush sen. zeichnete nach der offiziellen Untersuchung von 1990 William Rogers mit dem Legion-of-Merit-Orden »für außerordentliche Pflichterfüllung im Einsatz« aus, und die anderen an der Entscheidung für den Flugzeugabschuss beteiligten Offiziere wurden alle befördert.

## Die Rolle Russlands aus der Sicht von US-Geheimdienstveteranen

Bald tobte im Osten der Ukraine ein heißer Krieg, der in kurzer Zeit weit über 2000 Todesopfer forderte. Parallel dazu fand in den westlichen Staaten – orchestriert von Regierungen, Geheimdiensten und Medienkonzernen – ein Kampf um die öffentliche Meinung mit dem Ziel statt, massiv Stimmung gegen Russland zu machen. Ohne Zweifel verfolgte auch Moskau in der Ukraine seine eigene Interessenpolitik. Doch ist der Kreml für den Putsch in der Ukraine verantwortlich? Welche Rolle spielen die geopolitischen Ambitionen der NATO? Diese Fragen beantwortet der ehemalige CIA-Offizier Raymond

McGovern, fast drei Jahrzehnte lang für die morgendliche Berichterstattung im Weißen Haus zuständig. Nachdem ab 2002, also kurz vor dem Irakkrieg, die Arbeit des Geheimdienstes durch Missbrauch und Manipulationen von Informationen zur Rechtfertigung eines Aggressionskriegs seitens der Regierung korrumpiert wurde, schlossen sich ihm zufolge 2003 ehemalige CIA-Mitarbeiter zusammen, um alternative Analysen zu geopolitischen Konflikten zu liefern und dafür die Organisation Veteran Intelligence Professionals for Sanity (VIPS) zu gründen. Damals wie heute gäbe es Leute in der Regierung und in den Medien – er nennt allen voran die *New York Times*, die ganz bewusst Kriege schüren.[30]

McGovern ist überzeugt, dass die Russen nicht in das Baltikum einmarschieren werden, hat aber Verständnis für die Sorgen der Menschen hinsichtlich ihres mächtigen Nachbarn. Vor dem vom Westen gesponserten Staatsstreich gegen die verfassungsmäßig gewählte Regierung in Kiew hatte der Kreml nicht die Absicht, die Krim wiedereinzugliedern. Verständnis hat McGovern auch für Russland mit seinen über 25 Millionen Kriegstoten, dessen Sicherheitsinteressen durch die Vorgänge in der Ukraine stark tangiert sind. Zudem fühle sich Russland durch die rechtsradikalen Kräfte in der Ukraine an die Vergangenheit erinnert, als der ukrainische Nationalistenführer Stepan Bandera mit den Nationalsozialisten gegen die Sowjetunion kollaborierte. Heute trieben rechtsextremistische Kräfte NS-Fahnen schwingend in der Ukraine ihr Unwesen. McGovern nennt die Leute um Swoboda sowie das Asow-Regiment, eine schwer bewaffnete rechtsnationalistische Militärorganisation. Obwohl die UNO diese Gruppen als rechtsextrem einstufe, erfahre man im Westen und vor allem in Deutschland nicht viel darüber, denn das passe nicht in das Schwarz-Weiß-Bild von der guten Ukraine und dem bösen Russland.

Als vor dem NATO-Gipfel in Wales Anfang September 2014 US-Satellitenbilder von angeblichen russischen Truppenbewegungen in der Ostukraine auftauchten, verfassten ehemalige US-Geheimdienstler einen Offenen Brief an Bundeskanzlerin Angela Merkel, worin sie sie vor gefälschten Beweisen gegen Russland warnten.[31] Doch obwohl der Krieg weiterging, verschwand der russisch-ukrainische Konflikt zunehmend aus der westlichen Öffentlichkeit. Am 5. September 2014 wurde in der weißrussischen Hauptstadt Minsk ein durch die OSZE vermittelter Waffenstillstand vereinbart (Minsk I). Doch der war brüchig. In drei Anläufen wurde schließlich durch die Regierungschefs Deutschlands, Russlands und Frankreichs unter Beteiligung der Konfliktparteien am 12. Februar 2015 das Minsker Abkommen (Minsk II) ausgehandelt.[32]

Die Krise dient noch immer zur Begründung von Sanktionen gegen Russland, der weiteren Konzentration von NATO-Truppen an der russischen Grenze sowie von verstärkten Rüstungsausgaben des Westens bis hin zu Überlegungen zur Atomaufrüstung Deutschlands.

Im Schatten der Krise konnten USA, EU und NATO dafür sorgen, dass die Regierung in Kiew auf Brüssel und Washington hört. Allen voran das Gespann Poroschenko/Jazenjuk. Westliche Medien ließen weitgehend unter den Tisch fallen, dass der Oligarch Petro Poroschenko u. a. im Besitz eines Rüstungskonzerns, eines Fernsehsenders und eines Schokoladenkonzerns ist und Arseni Jazenjuk ursprünglich Banker war mit mehreren Aufenthalten in den USA. Vor diesem Hintergrund verwundert es kaum, dass am 2. Dezember 2014 die amerikanische Investmentbankerin und ehemalige US-Außenamtsangestellte Natalja Jaresko per Dekret im Eilverfahren Finanzministerin, der Georgier Alexander Kwitaschwili – er hatte in Georgien Erfahrungen mit der Privatisierung des Gesundheitssektors gesammelt – Gesundheitsminister und der litauische Investmentbanker Aivaras Abromavičius Wirtschaftsminister der Ukraine wurden.

2015 kam dann der ehemalige georgische Politiker Micheil Saakaschwili in die Ukraine, um als Gouverneur von Odessa dabei zu helfen, das von Moldawien abgespaltene Transnistrien zu belagern und von der Schwarzmeerhafenstadt Odessa abzutrennen. Für dieses Amt musste er auf seine georgische Staatsbürgerschaft verzichten, was ihm nicht schwerfiel, da er dort als Straftäter gesucht wurde. Am 28. Juni 2018 wurde Saakaschwili von einem georgischen Gericht in Abwesenheit zu sechs Jahren Gefängnis verurteilt. Inzwischen ist er staatenlos.

Die permanente Einflussnahme des Westens auf die Ukraine seit der Auflösung der Sowjetunion, die in der Unterstützung des Maidan-Putschs gipfelte, die zeitliche Abfolge und damit die kausale Verbindung der Ereignisse oder das Selbstbestimmungsrecht der Krim-Einwohner spielen in der Argumentation westlicher Offizieller oder Medien keine Rolle. Dagegen wird in der westlichen

Öffentlichkeit durch ständiges Wiederholen der einseitigen Argumente und Totschweigen der Gegenargumente eine Meinungsmanipulation und Gehirnwäsche im Sinn der Psychologischen Operationen (PSYOP) durchgeführt. Eine treibende Rolle spielen bei der NATO-Eskalation die neuen Mitglieder Estland, Lettland, Litauen und Polen. Auch in diesen Staaten konnte der Westen »befreundete« Regierungen implantieren. Die ehemaligen Ostblockstaaten berufen sich auf eine Bedrohung und geben sich damit als willkommenes Werkzeug für einen Truppenaufmarsch an Russlands Westgrenze her.

Im Herbst 2015 führte die NATO erstmalig seit dem Irakkrieg von 2003 ein Großmanöver durch: Trident Juncture – mit über fünf Wochen Dauer und 36 000 Soldaten aus allen Mitgliedsländern das bislang größte. Im Mittelpunkt stand der Einsatz der Eingreiftruppe NATO Response Force (NRF) in einem multinationalen strategischen, operativen und taktischen Umfeld, der die Stärke des Militärbündnisses unter Beweis stellen sollte. Offiziell stand das Großmanöver in keinem Zusammenhang mit den Spannungen zwischen dem Westen und Russland, und so fiel zum einen die massive deutsche Beteiligung von 3000 Soldaten und zum anderen die Führungsrolle in Organisation und Leitung des deutschen Generals Hans-Lothar Domröse ins Auge, für den einzig die »Geschwindigkeit« der Kriegführung zählte – *»zu Wasser, zu Lande und in der Luft«.*[33] Bundeswehr-Generalleutnant Richard Roßmanith konstatierte stolz: *»Die NATO ist das stärkste Militärbündnis der Welt. Von ›Trident Juncture‹ gehen unmissverständliche Signale der Handlungsfähigkeit, Reaktionsfähigkeit und des Zusammenhalts des Bündnisses aus. Und die wichtigste Botschaft lautet: Jeder sollte sich gut überlegen, wie er mit uns umgeht.«*[34] Zeitgleich warnte Außenminister Steinmeier in seiner Rede vor der UN-Vollversammlung Russland vor weiteren »Alleingängen« im Syrien-Konflikt. Mit »Trident Juncture« hatte die NATO offenbar begonnen, die Welt auf einen permanenten weltweiten Kriegszustand einzustimmen, und die Deutschen standen Gewehr bei Fuß.

## Die Deutschen als Sprachrohr der transatlantischen Kriegstreiber

Unmerklich wurde weiter an der Eskalationsschraube gedreht. Im Januar 2015 berieten die NATO-Verteidigungsminister über die Nuklearstrategie, und nur 14 Tage später tagte erstmals seit dem Ende des Kalten Krieges die NATO-

Nuklear-Planungsgruppe, die jeweils die atomaren Zielpunkte festlegt. Die Gelder für die Modernisierung der im Rahmen der nuklearen Teilhabe vorgesehenen Atombomben wurden bereits im US-Haushalt berücksichtigt. Am 22. September 2015 berichtete *Frontal 21* über die Stationierung neuer amerikanischer Atombomben auf dem Bundeswehr Fliegerhorst Büchel in Rheinland Pfalz.

Nun sollten die NATO-Manöver in der mittel-/osteuropäischen Tiefebene, also im Vorfeld Russlands, nicht mehr abreißen. Vom 7. bis zum 17. Juni 2016 fand in Nordpolen ein NATO-Großmanöver mit dem abschreckenden Namen »Anakonda« statt – unter diesem Motto hatte Nordstaatengeneral Sherman nach dem amerikanischen Bürgerkrieg die Südstaaten »erwürgt«. Nun formierte sich die Anakonda in Nordpolen, bestehend aus über 31 000 Soldaten, u. a. aus Polen, Estland, Großbritannien, Kanada, Litauen, den Niederlanden, Tschechien, Ungarn und den Vereinigten Staaten sowie Panzerpionieren aus Deutschland. Geübt wurde die Abwehr eines Angriffs eines *»Landes aus dem Norden«.*[35]

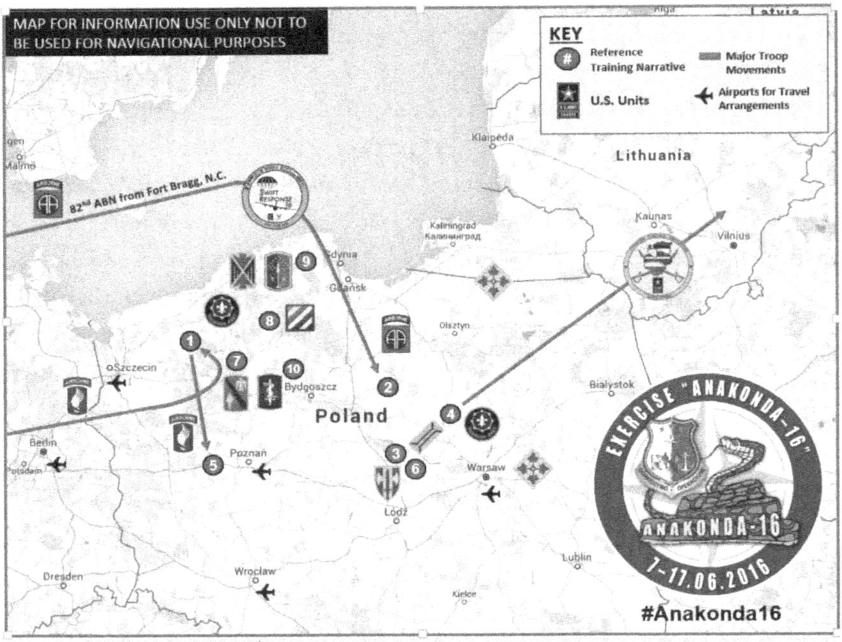


*Eine gefährliche Würgeschlange als Namensgeber einer NATO-Großübung*

2016 hatte die NATO begonnen, ihre Präsenz an der Grenze zu Russland zu verstärken. Als Reaktion auf die Angliederung der Krim an Russland wurde je ein Bataillon nach Polen, Litauen, Lettland und Estland verlegt. In Litauen übernahm die Bundeswehr die Führung der »Ostflankenverstärkung«. Damit die Aktion nicht als dauerhafte Militärpräsenz gewertet werden kann, tauscht die NATO die Truppen alle sechs Monate aus. Polen reicht das noch nicht. Bei seiner Visite in Washington Mitte September 2018 bat Staatspräsident Andrzej Duda US-Präsident Trump um die Verlegung einer ganzen US-Panzerdivision nach Polen in das neu zu schaffende »Fort Trump«. Dafür ist Polen bereit, zwei Milliarden Dollar zu zahlen. In Washington ist nicht vergessen, wie enthusiastisch die Polen im Januar 2017 die Ankunft einer aus Norddeutschland anmarschierten gepanzerten US-Brigade – rund 3500 US-Soldaten samt entsprechender Ausrüstung aus Colorado im schlesischen Zagan, nur 100 Kilometer von der deutschen Grenze entfernt, begrüßten. Dieser Verband wird alle neun Monate durch ein Rotationskontingent im Rahmen der NATO-Aktion Atlantic Resolve ersetzt. Mit den US-Amerikanern teilen die Polen die Vorbehalte gegenüber Moskau und misstrauen multinationalen Bündnissen wie EU und NATO, daher der bilaterale Militär-Deal.[36]

2018 probte die NATO in Polen und im Baltikum die Abwehr russischer Streitkräfte. Am jährlichen NATO-Manöver Saber Strike (deutsch: Säbelhieb) nahmen etwa 18 000 Soldaten aus 19 NATO- und Nicht-NATO-Staaten teil. Es gehört zu einer Reihe regelmäßiger Manöver in der Region. Außerdem gibt es noch Noble Jump (Ausgezeichneter Sprung), Flaming Thunder (Flammender Donner) und Iron Wolf (Eiserner Wolf). Dreh- und Angelpunkt der Militärübungen ist die Region um Kaliningrad. Die an Litauen grenzende russische Exklave ist Standort russischer Raketen des Typs Iskander und nur durch einen 100 Kilometer breiten Korridor – den sogenannten Suwalki-Korridor – vom russischen Verbündeten Weißrussland getrennt. Angeblich ist das Baltikum nur zu halten, wenn die NATO diesen Korridor öffnen kann, so eine Studie des US-Think Tanks RAND.[37]

Mit dem NATO-Großmanöver Defender 2020 gedachten die NATO-Strategen alles Bisherige in den Schatten zu stellen. Es sollte die größte Übung seit 25 Jahren werden und in Deutschland, Polen, Litauen, Lettland, Estland und Georgien stattfinden, um die schnelle Verlegung von rund 37 000 Soldaten nach Polen und ins Baltikum zu üben. Im Zentrum dabei Deutschland wegen

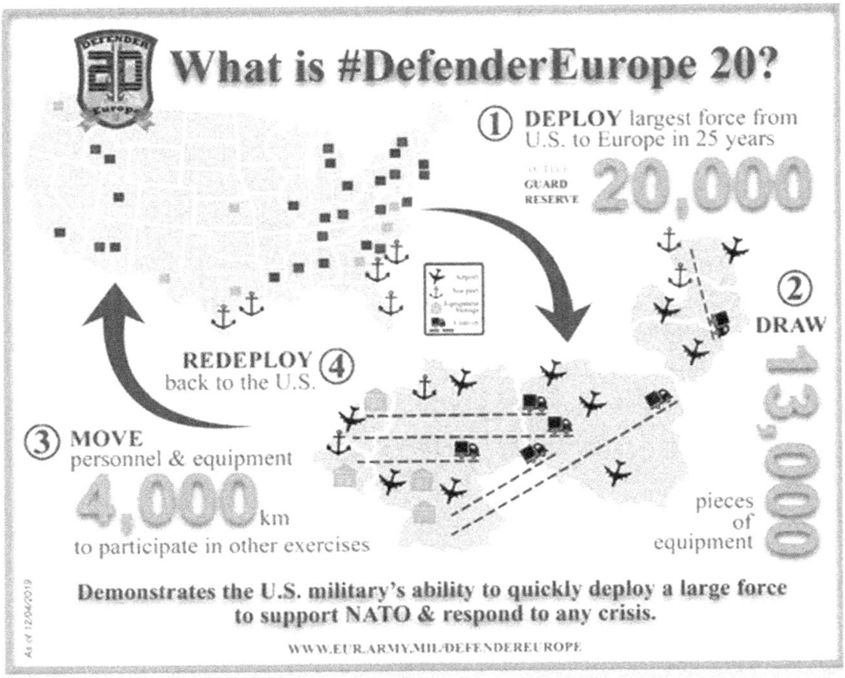


*NATO-Großübung Defender 2020: Generalprobe für das kommende Kriegstheater?*

seiner geografischen Lage als logistische Drehscheibe. Dies zeigte die Entschlossenheit von Verteidigungsministerin Annegret Kramp-Karrenbauer, *»das Spektrum an Fähigkeiten, über das wir verfügen, auch zur Verfügung zu stellen«.*[38] Doch was Vernunftsgründe nicht schafften, gelang Covid-19: Defender 2020 wurde abgesagt. Der unbeachtete Krieg im Osten der Ukraine aber geht weiter, und die nukleare Rüstungsspirale schraubt sich unbeirrt immer höher.

*»Wir sind der Ansicht, dass Versuche, die von Gott gegebene Vielfalt der modernen Zivilisation dem Kasernenprinzip der monopolaren Welt zu unterwerfen, eine große Gefahr in sich bergen.«*

Wladimir W. Putin

# USA: Vom »gütigen« Hegemon zur rücksichtslosen Weltmacht?

## Welt im Übergang

Mit dem Auseinanderfallen von Warschauer Pakt und Sowjetunion gehörte das globale Koordinatensystem der US-amerikanischen Außenpolitik der Vergangenheit an. Der zentrale Antagonist im Ost-West-Konflikt – unter Gorbatschow noch zum »gelenkten« Kooperationspartner mutiert – hatte aufgehört zu bestehen. Die übriggebliebene Supermacht USA nutzte die Gunst der Stunde und begann den Balkan und den Mittleren Osten mit Krieg zu überziehen. Mit ihren gigantischen militärischen, wirtschaftlichen und kulturellen Ressourcen beanspruchten sie eine Weltordnung jenseits des Völkerrechts nach eigenen Regeln und Interessen.[1]

Seit dem Ende des Kalten Kriegs verfolgen die USA in Wort und Tat eine neue weltpolitische Strategie mit dem Ziel einer unilateralen Weltordnung unter ihrer Führung. Anfang 1992, nach dem Zweiten Golfkrieg, betonte dies Paul Wolfowitz in dem Strategiepapier Defense Planning Guidance. Die Vereinigten Staaten könnten zu »präemptiven Angriffen« gezwungen sein, um den Einsatz oder die Entwicklung von Massenvernichtungswaffen durch feindliche Staaten zu verhindern.[2]

In Tradoc 525-5 wiederum ist die »*Entwicklung von volldimensionalen Operationen für die strategische Armee des frühen einundzwanzigsten Jahrhunderts*« konzipiert: Das moderne Kriegstheater setze auf weiterentwickelte Technik, z. B. Kampfroboter und Drohnen sowie »Non-Nation Forces«, also Söldnerarmeen, die sich an keine Gesetze halten müssen und nach Erfolg bezahlt werden. Der Weg in die beabsichtigte Transformation führe über die gezielte Destabilisierung des Staates, bei dem man einen Regime Change herbeiführen will. Dabei werden alle Register des Schattenkriegs gezogen, vom Finanz- über den Cyberkrieg und den Einsatz verdeckter Spezialeinheiten bis zum Drohnenkrieg und False Flag Attacks. Es beginnt mit »Demokratieförderung« im Stil des National Endowment for Democracy, gefolgt von Aufruhr, Krise, Konflikt und schließlich Krieg (vgl. S. 321 f.).

Ein Jahr nach 9/11 unterzeichnete George W. Bush das zentrale sicherheitspolitische Dokument seiner Amtszeit: »National Security Strategy 2002«, die sogenannte »Bush-Doktrin«, in der eine neue Bedrohung auftaucht: der internationale Terrorismus – Schurkenstaaten, die als sogenannte »Achse des Bösen« bezeichnet werden: Nordkorea, Irak, Iran, Afghanistan (bis zum Sturz des Taliban-Regimes), Syrien, Jemen, Sudan und Kuba, bis auf Kuba deckungsgleich mit den zu zerstörenden Staaten, die ein namentlich nicht genannter General seinem ehemaligen Vorgesetzten Wesley Clark mitteilte.[3] Gegen all diese Staaten wurden präemptive Militäreinsätze gefordert, um die »Transformation« zu mehr Demokratisierung, wirtschaftlicher Entwicklung und sozialer Modernisierung einzuleiten. Eine Beteiligung der UN wird dabei nicht in Erwägung gezogen. Durch ihr militärisches Übergewicht, die Dominanz des Dollars, die Macht der Börsenaufsicht sowie ihre weltumspannenden transatlantischen Netzwerke sind die USA in der Lage, Entscheidungen in den verschiedenen Regulierungsgremien der Weltwirtschaft zu beeinflussen, so auch auf den Kurs der UN, internationale Wirtschaftsorganisationen wie das Bretton-Woods-System, die WTO und die OECD sowie vor allem auf die internationalen Sicherheitssysteme. Die USA treiben mit Erfolg Keile in andere Bündnisse, wie etwa die BRICS-Staaten. Brasilien ist dafür ein trauriges Beispiel: Man denke z. B. an den herbeigeführten Regime Change, um Dilma Rousseff durch Jair Bolsonaro zu ersetzen.

Als einzige verbliebene Weltmacht meinen die USA eine unilateralistische Politik verfolgen zu müssen: dauerhafte Einschränkung des russischen Machteinflusses, Einbindung Europas als Juniorpartner, Abschwächung aller anderen Groß- und Regionalmächte sowie die Instrumentalisierung und Entmachtung der Vereinten Nationen und der globalen Finanz- und Wirtschaftsorganisationen für die US-Interessen.[4] Seit Inkrafttreten von Tradoc 525-5 hat sich ein globales Sicherheitssystem gebildet, indem UN-Sicherheitsrat und NATO lediglich Ergänzungs- und Hilfsfunktionen haben. Die UN müssen nicht einmal mehr die Aufgabe eines »Legitimationsbeschaffers à la carte« übernehmen, wie es in den Jahren zuvor der Fall war.

Die in den 1990er-Jahren durchgeführten Operationen wie z. B. der Zweite Golfkrieg, die Peacekeeping-Operationen in Somalia und Bosnien, die Bombardierung der Flugverbotszonen über dem Irak und der Krieg gegen Serbien wurden allesamt von den Vereinigten Staaten mit den je unterschiedlich zusammengesetzten Ad-hoc-Koalitionen geführt – wie in Tradoc 525-5 vorgegeben. Als militärisches und sicherheitspolitisches Instrument zur Behauptung der US-Vorherrschaft ist die NATO willkommen. Sie soll als ein Global Player und zentraler Akteur im Sinn der US-Politik auftreten und agieren.

Doch wurden den USA immer wieder Steine in den Weg gelegt, etwa durch regionale oder internationale Blockbildungen. So wurde 1991 die GUS, bestehend aus Russland, Weißrussland und der Ukraine, ins Leben gerufen. Seit dem Putsch auf dem Maidan konnten die USA dort einen mächtigen Keil einschlagen. 2006 gründete sich die Vereinigung aufstrebender Volkswirtschaften, bestehend aus Brasilien, Russland, Indien, China und Südafrika: BRICS. Auch dieser Block hat an Bedrohung für die USA verloren. 2001 formierte sich die Shanghaier Organisation für Zusammenarbeit SOZ: China, Kasachstan, Kirgisistan, Russland, Tadschikistan und Usbekistan schlossen ein eurasisches Bündnis für Politik, Wirtschaft und Sicherheit. Im Juni 2017 traten Indien und Pakistan bei. Damit vertritt die SOZ circa 40 Prozent der Weltbevölkerung. Seit Dezember 2004 hat sie Beobachterstatus bei den Vereinten Nationen. Und seit 2012 hat der NATO-Partner Türkei neben Armenien, Aserbaidschan, Nepal und Sri Lanka einen Status als SOZ-Dialogpartner. Da auch Ägypten, Bangladesch, die Ukraine (2012) und Syrien (2013) Interesse bekundet haben, in die Organisation aufgenommen zu werden, hat das US-State-Department genügend zu tun.

Seit 1967 existiert bereits die Organisation Südostasiatischer Nationen (ASEAN), 1994 entstand der Gemeinsame Markt Südamerikas (MERCOSUR) mit Argentinien, Brasilien, Paraguay und Uruguay. Venezuela trat im Juli 2012 bei, ist jedoch seit dem 1. Dezember 2016 dauerhaft suspendiert. Da dürften die USA ihre Hand im Spiel gehabt haben. Auch das Verhältnis zur EU ist nicht immer spannungsfrei. So führte die Installation des Euro als zweite internationale Reservewährung neben dem Dollar, zudem die Spannungen in der WTO (u. a. wegen der Freihandelsabkommen, die die Monopolstellung internationaler Konzerne begünstigten) sowie die Bemühungen der Europäischen Union um eine eigene »Sicherheits- und Verteidigungsidentität« zu Konflikten. Auch war die Mehrheit der westeuropäischen Länder zusammen mit Russland, China und Indien der Ansicht, die dringlichsten Krisen der Welt nicht durch die Anwendung militärischer Gewalt lösen zu können. Sie befürworteten eine Konfliktlösung unter Beteiligung aller Betroffenen. Der selbsternannte »Weltpolizist« war nicht in der Lage oder nicht willens, für die konfliktgeladenen und hochkomplexen globalen Probleme auch nur Lösungsansätze zu formulieren.

Seit dem 11. September 2001 setzen die USA ihre imperiale Machtpolitik auf internationaler Ebene mit militärischer Gewalt um und nehmen die Ideale von Demokratie, Freiheit und Menschenrechten nur als Vorwand für ihre gewalttätige Politik. Ein wohlwollender Hegemon handelt anders.

## George W. Bush: USA sind eine arktische Nation

In der National Security Presidential Directive 66, die Präsident Bush am 9. Januar 2009 erließ, also elf Tage vor Ende seiner Amtszeit, wurden die USA als *»arktische Nation«* bezeichnet und das Vorhaben bekundet, *»eine souveräne US-Seepräsenz in die Arktis zu projizieren, um zentrale US-Interessen zu fördern«.*[5] Dabei berücksichtigt die NSPD 66 die durch die Klimaveränderung erhöhten menschlichen Aktivitäten im Arktischen Raum. Nachdem die US-Administration lange Jahre versuchte, das Phänomen »Klimawandel« zu leugnen, wies der US-Kongress im September 2008 die Regierung an, der Erderwärmung in allen relevanten Sicherheitsdokumenten eine hohe Priorität einzuräumen.[6] Folgerichtig wurde nun auch in der EU erkannt, dass europäische Sicherheitsinteressen durch die erhöhte Zugänglichkeit der enormen Kohlenwasserstoffressourcen in der Arktis berührt würden. Den ersten Schritt für eine europäische arktische Geostrategie stellt eine Ende 2008 veröffentlichte Mitteilung der EU-Kommission dar. Dort wurden die EU-Interessen an der Region offen beschrieben: *»Die Ressourcen der Arktis könnten dazu beitragen, die Energieversorgungssicherheit und die allgemeine Rohstoffversorgungssicherheit in der EU zu verbessern.«*[7]

Mit der Ausbeutung der arktischen Ölvorräte, die auf bis zu 25 Prozent der Weltvorkommen geschätzt wurden, könnte eine für die internationale Stabilität nicht absehbare geostrategische Dynamik entstehen.[8] Deshalb forderte die EU-Kommission eine Politik, *»die auf der entstehenden Geostrategie der Arktisregion aufbaut, wobei unter anderem der Ressourcenzugang und die Öffnung neuer Handelsrouten zu berücksichtigen sind«.*[9] Im Bericht zur Umsetzung der europäischen Sicherheitsstrategie vom Dezember 2008 wurden die Auswirkungen des Klimawandels auf die Sicherheit nochmals hervorgehoben: *»Der Klimawandel kann auch Streitigkeiten über Handelsrouten, Meeresgebiete und vormals unerreichbare Ressourcen auslösen.«*[10] Vorausblickend verlangte 2004 das European Defense Paper die *»ökonomische Überlebensfähigkeit der EU, Stabilitätsexport zum Schutz der Handelsrouten und den Fluss von Rohstoffen«* zu sichern.[11] Offen wird vom *»präventivem Engagement«* gesprochen und sogar die Möglichkeit erwähnt, britische und französische Nuklearstreitkräfte mit einzubeziehen.

Keine drei Wochen nach Bushs Unterschrift unter NSPD 66 hielt NATO-Generalsekretär Jaap de Hoop Scheffer in Brüssel eine Rede über die kommende Bedeutung der Arktis: *»Und auch wenn die langfristigen Auswirkungen des Klimawandels und des Rückgangs der Eiskappe in der Arktis noch unklar sind, so ist doch ganz deutlich, dass der hohe Norden in den kommenden Jahren noch mehr Aufmerksamkeit der Allianz erfordern wird.«*[12] Umgehend wurden die entsprechenden Manöver auf den Weg gebracht. Am 18. Juni 2009 endete in der nordschwedischen Provinz Norrbotten die von deutschen Medien kaum erwähnte Militärübung Loyal Arrow 2009. Befehl und Kontrolle unterstanden dem alliierten Luftwaffenhauptquartier im deutschen Ramstein. Offen bekundeter Hintergrund waren vor allem die durch den Klimawandel leichter zugänglichen Ölreserven im hohen Norden.

Im Norden Schwedens, das keinem Bündnis angehört, wurde am 5. und 6. Juni 2009 unter der Leitung des italienischen Brigadegenerals Gianni Baron eine Übungstruppe aufgestellt mit annähernd 900 Soldaten aus Deutschland, Finnland, dem Vereinigten Königreich, Italien, Norwegen, Polen, Portugal, Schweden, der Türkei und den Vereinigten Staaten.[13] Zugleich kam der britische Flugzeugträger *HMS Illustrius* mit 1000 Soldaten an Bord in der Bottnischen Bucht an, und diverse Kampfflugzeuge, auch deutsche Tornados, F-15 und polnische F-16, ja sogar ein Stratotanker der US-Air-Force, landeten auf dem Luftwaffenstützpunkt in Luleå. Die insgesamt 50 Militärflugzeuge konnten weitere Basen in Norwegen und Finnland anfliegen.

Die bis dahin größte Luftwaffenübung seit dem Kalten Krieg begann am 8. Juni in schwedisch-finnischen Gewässern – nur fünf Flugminuten von St. Petersburg entfernt. Eine einzigartige Gelegenheit, um die schnelle Eingreiftruppe NATO Response Force zu trainieren, schwärmte der Pressesprecher des NATO-Luft-Hauptquartiers Andreas Faas.[14] In der Übung sollten die deutschen Tornados bodengebundene Luftabwehr (Radarsysteme) und Luftfahrzeuge mit Raketen beschießen, andere Einheiten übten das Bergen von feindlichen abgestürzten Piloten.

Das Manövergebiet wurde sicher nicht nur wegen der idealen Übungsbedingungen im Luftraum ausgewählt, der über 650 Kilometer von Nord nach Süd und 350 Kilometer von West nach Ost umfasst, die Region steht auch für die zunehmende strategische Bedeutung der Arktis.[15] Sokann man das Manöver mit Recht als Training von Einsätzen in einem potenziellen Krisengebiet sehen. Den Menschen in der nordschwedischen Provinz steckt der Kalte Krieg noch in den Knochen. Russland ist nahe, und es droht ein Kampf um die Erschließung der Bodenschätze. Diesen Kampf spielt das Drehbuch der Luftwaffenübung durch: In dem Szenario hilft die NATO dem rohstoffreichen »Bothnia« gegen die Bedrohung durch den mächtigen Nachbarn »Lapistan«. Da protestierten die Sami, die Ureinwohner von Nordschweden, gegen die NATO-Übung, denn sie wollten weder als feindliche Nation dastehen, noch durch die Bezeichnung »Lapistan« an den abwertenden Ausdruck »Lappen« erinnert werden.

Während der letzten Phase des Manövers in Nordschweden starteten die USA bereits am anderen Ende der Arktis ihre Operation »Northern Edge 2009« mit mehr als 200 Flugzeugen, einschließlich B-52, F-16 sowie Blackhawk-Hubschraubern, die vom 15. bis zum 26. Juni von Alaska aus eingesetzt wurden. Außerhalb des Golfs von Alaska operierte der nuklearangetriebene Superflugzeugträger *USS John C. Stennis* mit seinen 70 Kampfflugzeugen und über 5000 Seeleuten.[16]

Die schnelle Reaktion des US-Militärs und der NATO auf NSPD 66 macht deutlich, wie sich NATO- und US-Interessen spiegeln und wie beachtlich die gemeinsamen Muskelreflexe sein können.

## Obama, der erste pazifische Präsident der USA

Am Ende seines ersten Amtsjahrs bezeichnete sich Barack Obama in einer Grundsatzrede in Japan als *»erster pazifischer Präsident«* der USA, denn die *»Geschichte von Amerika und des asiatischen pazifischen Raumes sind nie enger miteinander verbunden gewesen«.*[17] Er betonte den Führungsanspruch der USA in der Welt und kündigte ein stärkeres Engagement in den asiatischen Ländern an. Noch deutlicher drückte sich Admiral Samuel Locklear anlässlich seiner Nominierung zum Chef des amerikanischen Pazifik-Kommandos vor dem Verteidigungsausschuss des US-Senats aus: *»Wir sind eine Großmacht in Asien. Die Chinesen und die anderen Länder der Region müssen begreifen, dass die USA bereit sind, dort ihre nationalen Interessen zu verteidigen.«*[18]

Im Jahreskalender von 2010 zeigt Obamas Antiterrorbehörde eine Bedrohungskarte. Gewarnt wird vor einem *»panislamischen Kalifat«* des seit über zehn Jahren weltweit gesuchten Top-Terroristen Osama bin Laden.[19] Mit dem Aufbau dieses Kalifats von der nördlichen Westspitze Afrikas bis nach Zentralasien würden verstärkte Unruhen einhergehen. Zur Überraschung der restlichen Welt brach noch im gleichen Jahr die erste Revolution aus. Nachdem sich am

*Im »Anti-Terrorismus-Kalender 2010« der US-Regierung farbig hervorgehoben: das fiktive Kalifat Osama Bin Ladens. Noch im gleichen Jahr brach der Arabische Frühling aus, in den beiden Folgejahren wurden Libyen und Syrien angegriffen*

17. Dezember 2010 der junge tunesische Markthändler und »Revolutionär« Mohamed Bouazizi aus Verzweiflung über Arbeitslosigkeit und Korruption mit Benzin übergossen und in Brand gesteckt hatte, schien im arabischen Gürtel des Mittelmeerraums das Gespenst der Befreiung auferstanden zu sein.

Der Ruf nach Freiheit, Demokratie und Menschenrechten ergriff fortan die arabischen Länder. Im Westen riefen die Demonstrationen des »Arabischen Frühlings« auch Ängste hervor, da hier seit eh und je Stabilität und Berechenbarkeit im Vordergrund stehen. Mit dem ägyptischen Folterdiktator Husni Mubarak trat dann ein echter Freund des Westens ab. Beim gewaltsamen Staatsstreich 2013 kam der Feldmarschall und ehemalige Chef des Militärgeheimdienstes Abdel Fattah al-Sisi an die Macht. Im Februar 2019 wurde er sogar für ein Jahr zum Präsidenten der Afrikanischen Union gewählt. Sein Herrschaftsstil gilt als deutlich diktatorischer als der von Husni Mubarak. Unter ihm brütet der repressive Militärstaat Ägypten mehr Frustration und Extremismus aus als je zuvor. Zahlreiche Beteiligte an der Revolte – Gruppen und Einzelpersonen – waren direkt von US-Organisationen wie International Republican Institute, The National Democratic Institute und Freedom House trainiert und finanziert worden.

The New York Times

**U.S. Groups Helped Nurture Arab Uprisings**

By RON NIXON

*Die* New York Times *titelte am 14. April 2011: »US-Gruppierungen halfen beim Gedeihen der arabischen Aufstände«. Der Arabische Frühling – auch nur eine inszenierte Farbenrevolution?*

Der Arabische Frühling weckte bei vielen Menschen in Nordafrika große Hoffnungen – aber auch bei europäischen Intellektuellen. Die Dramaturgie im Hintergrund konnte nur von wenigen erkannt werden. Bei einem Vortrag des Verfassers dieser Zeilen im Münchner Eine-Welt-Haus verließen einige Zuhörer unter Protest den Saal. Für sie war die Vorstellung bewusst inszenierter Revolten anscheinend einfach zu schmerzhaft.

Paul Craig Roberts hat die Doppelmoral der USA im August 2012 treffend beschrieben: »*Scheinheiligkeit ist Washingtons Kennzeichen, und alle außer den völlig in einer Wahnwelt Lebenden haben sich jetzt daran gewöhnt, dass ihre Beherrscher auf eine Art sprechen – und das Gegenteil tun. Es ist jetzt Teil des amerikanischen Charakters, dass wir uns selbst als Mitglieder der ›rechtschaffenen Nation‹, des ›unentbehrlichen Volkes‹ betrachten, während unsere Beherrscher rund um den Erdkreis Kriegsverbrechen begehen.«*[20]

Anfang Oktober 2011 hatte US-Außenministerin Hillary Clinton die neue Außenpolitik des »ersten pazifischen Präsidenten« als »Schwenk nach Asien« in die Welt trompetet: *»Die Zukunft der Politik wird in Asien entschieden, nicht in Afghanistan oder im Irak, und die Vereinigten Staaten werden im Mittelpunkt der Aktion stehen.«*[21] Damit sei die Verlegung des Einsatzschwerpunkts des US-Militärs vom Großraum Naher Osten nach Asien zwangsläufig.

## Regime Change in Libyen

Am Tag der Ermordung des libyschen Staatschefs Muammar al-Gaddafi besuchte Hillary Clinton Tripolis. Als die Nachricht von Gaddafis Tod eintraf, legte sie in bester Bush-Manier nach und zitierte unter Abwandlung den großen römischen Feldherrn Julius Cäsar: *»Wir kamen, wir sahen – und er starb.«*[22] Dann lachte sie. Lachte darüber, dass der libysche Herrscher bei seiner Gefangennahme grausam von einem aufgewiegelten Mob unter Anwesenheit von

»Wir kamen, wir sahen – und er starb!« *Hillary Clinton nach der brutalen Ermordung Gaddafis im Interview mit CBS*

US-Amerikanern gelyncht wurde. Die letzten, brutalen Minuten im Leben des Diktators und die anschließende Misshandlung seiner Leiche wurden von mehreren Rebellenkämpfern mit Handykameras festgehalten und gingen um die Welt.[23]

Sich am Tod eines Feindes zu weiden ist ein archaisches Relikt aus finsteren Zeiten, und Hillary Clintons freimütiger Jubel über Gaddafis Tod lässt ahnen, dass es mit dem »Change« in der Obama-Administration nicht so weit her war. Was war in Libyen geschehen? Nun, Ende September 2001 war das nordafrikanische Land unter dem damaligen Verteidigungsminister Rumsfeld auf die Liste der sieben zu zerstörenden Staaten gesetzt worden. Mit einer zeitlichen Verzögerung war es im März 2011 dann so weit.

Nach 9/11 hatte sich der libysche Staatschef auf dem Gebiet der Erdölförderung gegenüber dem Westen sehr entgegenkommend gezeigt. Über Nacht wurde so aus dem »bad guy« ein »good guy«. Nachdem die diplomatischen Beziehungen zwischen Washington und Tripolis wieder etabliert waren und die amerikanischen Ölkonzerne ihre Tätigkeit im Land aufgenommen hatten, erklärte US-Außenministerin Condoleezza Rice: *»Libyen ist ein wichtiges Vorbild in einer Welt, die von den Regierungen Irans und Nordkoreas eine gründliche Umkehr erwartet.«*[24] Der britische Premierminister Blair stimmte in den Chor mit ein und lobte Gaddafi als *»soliden Partner des Westens«*[25], und in Paris bereitete Nicolas Sarkozy Gaddafi 2007 einen triumphalen Empfang. Der lapidare Kommentar des Chefredakteurs von *Mediapart*, EdwyPlenel: *»Gaddafi musste wieder salonfähig gemacht werden. Das war die Gegenleistung für die finanzielle Unterstützung. Versprochen wurden wohl 50 Millionen Euro.«*[26] Die Wahlkampfhilfe – das Gerichtsverfahren wegen illegaler Wahlkampffinanzierung steht noch aus – hielt Sarkozy dann aber nicht davon ab, bei der späteren Ermordung seines damaligen Gasts, aufgrund der Einflüsterungen des Pariser Mode-Philosophen Bernhard Henry Levy, aktiv behilflich zu sein.[27]

Im März 2011 verabschiedete der UN-Sicherheitsrat mit zehn Befürwortern und fünf Enthaltungen – darunter Deutschland, Russland und China – die von Frankreich eingebrachte Resolution 1973. Darin wurde eine Flugverbotszone über Libyen »zum Schutz der Zivilbevölkerung« vor weiteren Angriffen der Luftstreitkräfte des Gaddafi-Regimes verhängt. Damit wurde nach dem Golfkrieg von 1991 zum zweiten Mal in der 66-jährigen Geschichte der Vereinten Nationen der Einsatz nahezu uneingeschränkter militärischer Zwangsmittel gegen ein Mitgliedsland autorisiert. Noch am Tag zuvor hatten die USA mit Südafrika, Nigeria und Gabun zum Teil erhebliche Bedenken vorgebracht. Doch vollzog die Obama-Administration nicht zuletzt auf Druck des Kongresses einen deutlichen Kurswechsel, dem auch die drei afrikanischen Staaten folgten. Mit dieser Resolution konnten nun bei Verstoß nicht nur libysche Kampfflugzeuge und -hubschrauber attackiert, sondern auch Luftangriffe gegen Gaddafis Regierungstruppen sowie gegen libysche Schiffe im Mittelmeer geflogen werden. Ausdrücklich ausgeschlossen wird in der Resolution lediglich die *»Stationierung von Besatzungstruppen jeglicher Art auf libyschem Territorium«.*[28]

Zweifel an den Berichten der Aufständischen über systematische Luftschläge seitens Gaddafi wären angebracht gewesen. Laut dpa vom 18. März 2011 waren *»wasserdichte Beweise für Angriffe des Gaddafi-Regimes auf die Zivilbevölkerung«* trotz Spionagesatelliten und AWACS-Aufklärungsflugzeugen *»Mangelware«.* Binnen 24 Stunden wurde die westliche Militäroperation zum Regime Change und ging völkerrechtswidrig über das UN-Mandat hinaus. *»Langzeitherrscher Muammar al-Gaddafi, zuvor noch von Europa heftig umworben, sollte beseitigt, die Opposition in Benghasi gestärkt werden. Diesem weiteren Krieg im Namen von Humanität und Demokratie folgte das totale Chaos, wie zuvor im Irak und in Afghanistan«*, brachte es die ehemalige österreichische Außenminsterin Karin Kneissl auf den Punkt.[29]

Entscheidend ist immer die Frage nach dem »Cui bono«. Die NATO-Staaten dürften sich von Gaddafis Nachfolgern freien Zugang zu den Bodenschätzen des Landes und militärische Kooperation erwartet haben. Zugleich bot das die Möglichkeit, den Konkurrenten China auszubooten. Die wirtschaftlichen Aktivitäten des Reichs der Mitte im Osten Libyens waren den USA und der EU ein Dorn im Auge. Es ging um Ressourcen und afrikanische Märkte.[30]

## Mit arabischen Despoten gegen Muammar Gaddafi

Der etwaige Einsatz militärischer Mittel seitens der »westlichen Wertegemeinschaft« sollte in enger Kooperation mit den Staaten der Arabischen Liga stattfinden, die mit der Mehrheit von 17 ihrer 22 Mitgliedsstaaten die Verhängung einer Flugverbotszone über Libyen gefordert hatte. Ausgerechnet in den despotischen Staaten des Golfkooperationsrats (Gulf Cooperation Council – GCC) suchte der Westen seine Hilfstruppen. Dem GCC gehören Bahrain, Katar, Kuwait, Oman, Saudi-Arabien und die Vereinigten Arabischen Emirate an, alles Staaten, die ihren Bürgern elementare demokratische Rechte vorenthalten. So steht der König in Saudi-Arabien über den Gesetzen, in Oman sind politische Parteien verboten, die Rechtssysteme Kuwaits und Katars sowie der Vereinigten Arabischen Emirate sind bestenfalls das, was das Auswärtige Amt als *»patriarchalisches Präsidialsystem mit traditionellen Konsultationsmechanismen«* bezeichnet.[31] Trotz des repressiven Charakters des Golfkooperationsrats baute die Europäische Union die Zusammenarbeit in der Terrorismusbekämpfung und vor allem auch im politischen und sicherheitspolitischen Bereich aus.[32] Mit der Unterstützung demokratischer Kräfte hatte der im Eiltempo vorbereitete Militäreinsatz gegen Gaddafi jedenfalls denkbar wenig zu tun.

In einem gemeinsamen Zeitungsappell erklärten US-Präsident Barack Obama, der britische Premier David Cameron und Frankreichs Staatschef Nicolas Sarkozy am 15. April 2011 u. a. in der *Washington Post,* der *Times* und in *Le Figaro* ihre Entschlossenheit, Gaddafi mit aller Macht zu verjagen. Gaddafi und dessen Familienmitglieder müssten *»definitiv«* gehen, sonst drohe Libyen zu einem *»Zufluchtsort für Extremisten«* und einem *»gescheiterten Staat«* zu werden. Das UN-Mandat für den Libyen-Einsatz umfasse zwar nicht den Sturz Gaddafis, schrieben die Staats- und Regierungschefs. Es sei jedoch undenkbar, dass *»jemand, der versucht hat, sein eigenes Volk zu massakrieren, an dessen zukünftiger Regierung beteiligt ist«*. Am Ende ihres Briefs griffen die Herren tief in die Propagandakiste: *»Seine Raketen und Geschosse regneten auf wehrlose Zivilisten herab. Die Stadt Misrata erleidet eine mittelalterliche Belagerung.«* Keine 24 Stunden später geht die von in Libyen operierenden westlichen Geheimdiensten bestätigte Meldung »Gaddafi lässt angeblich Streubomben einsetzen« um die Welt. Sodann wurde befürchtet, dass der libysche Diktator auch in Besitz von Giftgas sei.[33] Die wichtigsten Produzenten und Anwender von Streubomben sind im Übrigen die USA. Und wer steht hinter den Rebellen? Sind das wirklich Demokraten oder nur willige, bezahlte Agenten?

Die libyschen Rebellenführer Abdel-Hakim al-Hasidi und Sufyan Bin Qumu haben jedenfalls einen verdächtigen Wandel in ihrem Werdegang, der eine enge Nähe zur CIA nahelegt. Beide waren jahrelang als Terroristen in Guantánamo inhaftiert, bis sie 2008 im Rahmen einer Aussöhnung mit den libyschen Islamisten entlassen wurden. Al-Hasidi hatte nach eigener Aussage bereits in Afghanistan für Al-Qaida gekämpft. 2002 wurde er von pakistanischer Seite verhaftet und an die USA ausgeliefert, die ihn dann zu Gaddafi ins Gefängnis schickten. Nach seinem Wandel vom Saulus zum Paulus fungiert er nun plötzlich als Verbündeter der »westlichen Wertegemeinschaft« und befehligt unter anderem auch Al-Qaida-Kämpfer, nach seiner Aussage natürlich keine Terroristen, sondern lediglich Patrioten und gute Muslime. Sufyan Bin Qumu wurde 2001 in Afghanistan von den US-Truppen als Terrorist verhaftet und bildete nach seiner »Bekehrung« in der Hafenstadt Derna Rekruten für die Rebellen aus.[34]

Nicht alle der Rebellenführer kommen aus dem Gefängnis. Der ehemalige Führer der libyschen Rebellenarmee etwa, Chalifa Hifter, verbrachte die letzten 20 Jahre im idyllischen vorstädtischen Virginia und somit nur wenige Kilometer von der CIA-Zentrale in Langley entfernt. Am 19. März 2011 veröffentlichte die *Daily Mail* ein schmeichelhaftes Portrait, in dem sie Hifter als einen *»der beiden militärischen Größen der Revolution«* beschrieb. Er sei *»kürzlich aus dem amerikanischen Exil zurückgekehrt, um den Bodentruppen der Rebellen eine gewisse taktische Geschlossenheit zu geben.«* Das könnte dem ehemaligen Kommandeur der libyschen Armee durchaus gelingen. Nach einem verheerenden militärischen Abenteuer im Tschad in den späten 1980er-Jahren wechselte Hifter zur Opposition und emigrierte schließlich in die USA, wo er bis Mitte März 2011 mit seiner Familie lebte.

Die NATO-Intervention in Libyen hat in den vergangenen neun Jahren das Land ins Chaos gestürzt. Anstatt in Libyen Demokratie und Freiheit zu entwickeln, installierten die Rebellen im Sinn von Weltbank und IWF und als Gegenstück zur staatlichen Bank von Tripolis die private »Zentralbank von Bengasi«.[35] Das dürfte die Herren des Papiergelds erfreut haben.[36]

Muammar al-Gaddafi appellierte am 30. April 2011 an die Europäer, welche die USA im Zuge des NATO-Kriegs gegen Libyen unterstützten: *»Ihr sollt mich recht verstehen. Wenn ihr mich bedrängt und destabilisieren wollt, werdet ihr Verwirrung stiften, Bin Laden in die Hände spielen und bewaffnete Rebellenhaufen begünstigen. Folgendes wird sich ereignen: Ihr werdet von einer Immigrationswelle aus Afrika überschwemmt werden, die von Libyen aus nach Europa überschwappt.*

*Es wird niemand mehr da sein, um sie aufzuhalten.«*[37] Ein halbes Jahr später wurde Gaddafi tot durch die Straßen von Sirte geschleppt und sein Leichnam geschändet. Der Westen hatte sein Ziel erreicht und den widerspenstigen Staatsführer ermordet, Libyens Nationalbank wurde umgehend unter »internationale Aufsicht« gestellt, die weitere Geschichte ist bekannt. Der Ansturm auf Europa erreichte 2015 seinen bisherigen Höhepunkt. Die Prophezeiung Gaddafis wurde wahr. Neun Monate vor dem Ende seiner Amtszeit bezeichnete Obama sein Vorgehen nach dem Sturz des libyschen Langzeitmachthabers Muammar al-Gaddafi 2011 als größten Fehler und nannte als Grund: *»Wahrscheinlich, dass ich nicht für den Tag nach der Intervention in Libyen geplant habe, die mir damals als richtige Entscheidung erschien.«*[38]

## »Assad muss weg«

Angela Merkel schleuderte im August 2011 ihr *»Assad muss weg!«* auf die Weltbühne.[39] Und noch während der Krieg gegen Gaddafi tobte, machte sie eine neue Front auf: gegen Syrien, ein Land, das 2001 auf die Liste der mit Krieg zu überziehenden Länder geraten war. Die Einmischung in innere Angelegenheiten eines Staates und die Aufforderung zum Regime Change ist eine völkerrechtswidrige Handlung. Aber auch Hillary Clinton zählte bereits die Tage von Baschar al-Assad.

Demokratien, die sich zum Krieg gegen ein Land entschlossen haben, müssen diesen vor ihren Bürgern legitimieren. Was ist dann einleuchtender als die Dämonisierung des Staatschefs? Der frühere Botschafter Indiens in Syrien (2009 bis 2012), V. P. Haran, gab der Schweizer Wochenzeitung *Zeit-Fragen* 2016 ein aufschlussreiches Interview. Für ihn ist die Darstellung des Westens, *»der syrische Präsident Assad sollte durch einen Volksaufstand gestürzt werden«*, nicht haltbar. *»Der Krieg wurde von außen angezettelt, unter anderem von den Golf-Staaten und der al-Kaida. Mit ihr arbeiteten die USA über den al-Nusra-Flügel zusammen. Assad hat die Gefahr unterschätzt – weil er wusste, dass sein Volk hinter ihm steht.«*[40] Haran hatte Syrien als friedvolles Land empfunden und keine unterschwelligen Spannungen bemerkt. Die durchschnittliche Wachstumsrate der syrischen Wirtschaft lag bei mehr als 5 Prozent, die Arbeitslosigkeit bei etwa 8 Prozent, wobei es jedoch eine hohe Quote an gebildeten Arbeitslosen gab, so Haran weiter. Syriens Auslandsschulden lagen bei komfortablen 12,5 Prozent des BIP, davon ein Großteil bei Russland – das aber viele der Schulden abschrieb. Das echte Problem sei die Dürre im Nordosten, die zu einer massiven Umsiedlung in den Süden und Südwesten geführt habe. *»Als sich die Situation in Tunesien und Ägypten anspannte, trat Präsident Bashar al-Assad im Fernsehen auf und erklärte, dass die politischen und wirtschaftlichen Bedingungen in Syrien anders seien. Er sagte, er sei zuversichtlich, dass Syrien nicht den gleichen Weg einschlagen werde.«* Das war laut dem indischen Botschafter auch die generelle Einschätzung der diplomatischen Gemeinschaft, die sich darüber einig war, dass Assad die Unterstützung von etwa 80 Prozent der Einwohner Syriens hatte. Für Haran ist das übrigens auch ein Grund dafür, dass Syriens Präsident noch immer an der Macht ist. Es habe keine hinreichende interne Opposition gegeben: *»Viele der Probleme in Syrien sind ausländischer Herkunft, aus Quellen, die versuchen, sich eines unbequemen Regimes zu entledigen. 67 Prozent der gesamten arabischen Welt hatten ihn in einer Umfrage 2009 zur beliebtesten arabischen Person gewählt.«* Assad konnte jedoch die im Jahr 2000 begonnenen Reformen wegen der Opposition durch die Baath-Partei nicht zu Ende führen. *»Bashar al-Assad hat die volle Unterstützung dieser Minderheiten und sogar ein großer Anteil der sunnitischen Muslime unterstützt ihn. Doch bis zu dem Zeitpunkt, als ich das Land 2012 verließ, hatte sich Syrien sehr verändert. Während die ersten paar Jahre wie im Himmel waren, begannen sich die Dinge Anfang 2011 zu verschlechtern ... Es war offenkundig, dass al-Kaida aus dem Irak seit April 2011 in Syrien war.«*[41]

F. William Engdahl kommt zur gleichen Einschätzung: *»Als Assad im März 2011 mit dem Iran und dem Irak ein Abkommen über eine alternative Pipeline unterzeichnete, begannen der Westen und besonders Saudi-Arabien, Milliarden von Dollars in die Aufrüstung von Söldnertruppen zu stecken, darunter in die al-Qaida-Dschihadisten, die nach Syrien geschickt wurden, um das Land ins Chaos zu stürzen und Assad abzusetzen.«*[42] Auch von anderen Seiten wurde bestätigt, dass bewaffnete Kämpfer von islamistischen Organisationen zu diesem Zeitpunkt über die türkische, libanesische und jordanische Grenze nach Syrien einsickerten. Victoria Nuland gab zu: *»Wir haben Kontakte zu Syrern, die einen Wechsel herbeiführen wollen, im In- und Ausland geknüpft«* und dass Obama Präsident Assad aufgefordert habe, *»Reformen einzuleiten oder die Macht abzugeben«.*[43]

Handfeste Gründe für die Forderung nach einem Regime Change liegen auf der Hand: Syrien besitzt riesige Ölvorkommen, hat natürliches Erdgas und Wasser. Syrien hat keine Schulden beim IWF und hatte wie Libyen vor dem

Krieg eine staatliche Zentralbank (im Gegensatz dazu sind die allermeisten Zentralbanken der Welt heute in den Händen weniger Privatbankiers). Syrien lehnt genmanipulierte Lebensmittel ab und ist – das ist vielleicht der Hauptgrund – eng mit dem Iran verbunden, der durch Syrien eine Pipeline zum Mittelmeer bauen darf. Dagegen hatte Assad die Unterzeichnung eines entsprechenden Abkommens mit Katar, das über die größten Erdgasvorkommen der Erde verfügt, abgelehnt. Der mit tödlicher Verbissenheit verfolgte Sturz des syrischen Präsidenten steht darüber hinaus in Verbindung mit den abenteuerlichen Umstrukturierungsplänen von US-Denkfabriken. Sie projektieren die Aufteilung der Region anhand von ethnischen, religiösen und clanbedingten Spaltungslinien im »Greater Middle East Project« der USA als *»Entwicklungsmodell«.*[44] Eine Fortsetzung des unseligen Sykes-Picot-Abkommens vom 16. Mai 1916? In dieser geheimen Übereinkunft zwischen den Regierungen Großbritanniens und Frankreichs wurden deren koloniale Interessengebiete im Nahen Osten nach der erwarteten Niederlage des Osmanischen Reichs im Ersten Weltkrieg willkürlich festgelegt. Diese Demütigung stachelt noch heute manch einen archaischen Kämpfer an.

Ende Juni 2012 fand in Genf die Syrien-Konferenz der fünf UN-Vetomächte USA, Russland, China, Frankreich und Großbritannien sowie der Türkei und mehrerer Staaten der Arabischen Liga statt. Dem Iran hatte der Westen die Teilnahme verwehrt. Von westlicher Seite wurde eine Übergangsregierung mit Ausschluss Assads in Damaskus angestrebt, Russland verlangte dagegen die Einbeziehung des syrischen Präsidenten. Daraufhin äußerte sich der iranische Außenminister Ali Akbar Salehi, dass die Krise in Syrien nur über einen internen Dialog zu lösen sei und dass die *»vom Westen aufgedrängten Pläne jenseits jeglicher Logik«* seien.[45] Derartige Konferenzen scheinen häufig nur der Ablenkung und Vernebelung zu dienen. Bereits ab April 2012 hatte Obama verdeckt Waffen aus Libyen an die syrischen Rebellen liefern lassen. Vor dem britischen Unterhaus enthüllte der Liberaldemokrat Paddy Ashdown am 1. Juli 2012, dass die Rebellen gar keine Waffen bräuchten, da sie schon 3500 Tonnen Waffen aus dem frisch in die EU aufgenommenen Kroatien erhalten hätten – durch Vermittlung der CIA und finanziert von Saudi-Arabien und Katar. Der Großteil der Waffen sei an salafistische und wahhabitische Gruppen gegangen. Der Meldung auf BBC online vom 7. Februar 2013 zufolge bestätigte das US-Verteidigungsministerium zum ersten Mal die Unterstützung der syrischen Rebellen. *»Vor dem Kongress erklärte Verteidigungsminister Leon Panetta, dass er* *die Lieferung von Waffen an Rebellen, die die loyal zu Assad stehenden Streitkräfte bekämpfen, noch immer unterstütze. Der Plan hierzu gehe auf Hillary Clinton in ihrer Zeit als US-Außenministerin und den damaligen CIA-Direktor David Petraeus zurück.«*[46] Frankreich war bereits im Oktober 2011 vom syrischen Außenministerium aufgefordert worden, die Unterstützung bewaffneter syrischer Gruppen zu unterlassen. Neben Frankreich leisteten auch andere NATO-Staaten vielfältige militärische Unterstützung für die Rebellen.[47]

Während die USA erklärten, die syrische Regierung sei für den Aufstieg von Dschihadisten im Bürgerkriegsland verantwortlich, sagte der ehemalige Geheimdienstchef des Pentagons, Michael Flynn, in einem Al-Jazeera-Interview, US-Politiker hätten sehr genau gewusst, dass die Hauptkräfte hinter dem Aufstand in Syrien Extremisten waren, diese aber dennoch bewusst unterstützt.

Am 12. Dezember 2012 stimmte der Deutsche Bundestag über die Stationierung von zwei mobilen Patriot-Flugabwehrsystemen und den Einsatz von AWACS-Radar-Flugzeugen in der Türkei ab. Angeblich sollte Syrien damit von einem Raketenangriff – vielleicht sogar mit Chemiesprengköpfen – auf den Bündnispartner Türkei abgeschreckt werden. Das Abstimmungsergebnis: 461 mal Ja, 86 mal Nein, acht Enthaltungen. Angesichts der deutschen Verantwortung für die Vermeidung von Krieg hätte das Ergebnis durchaus kontroverser ausfallen müssen. Mit dem abgesegneten Einsatz erhöhte sich die Kriegsgefahr immens. Die verheerenden Folgen für die gesamte Region, angefangen beim Libanon bis hin zum Iran, waren nicht auszudenken. Der entstandene Flächenbrand hätte in einen Weltkrieg münden können. Eine verantwortungslose Entscheidung!

AWACS-Flugzeuge sollten per Radar unterstützend den syrischen Luftraum nach anfliegenden Raketen, Flugzeugen und Hubschraubern abtasten. Was für ein abwegiges Szenario! Auf einen derartigen Angriff hätte der größte Militärpakt der Welt nur gewartet, um dem Assad-Regime endlich militärisch den Garaus zu machen.[48] Dieses Motiv findet man erst bei genauem Hinsehen: Die geschürte irrationale Angst vor einem Chemiewaffeneinsatz erinnert an die Kriegsvorbereitungen gegen den Irak 2002/03. Und die AWACS-Flugzeuge sind in der Lage, ein ständiges detailliertes Lagebild aller Flugbewegungen über Syrien zu erstellen. Das sichert die Effektivität sowohl der Patriot-Batterien als auch der Kommandozentrale im pfälzischen Ramstein. Daneben können auch militante Rebellen mit diesen Luftlagebildern versorgt werden, vor allem diejenigen, die über Luft-Boden-Raketen verfügen. Diese Kooperation hatte ja schon mit Saddam Hussein im Irak-Iran-Krieg zwischen 1980 und 1988 funktioniert.

Die Entscheidung des Bundestags ist kaum nachvollziehbar vor dem Hintergrund, dass in Syrien ein Stellvertreterkrieg tobt zwischen Saudi-Arabien, Katar, den USA, Frankreich, Großbritannien und der Türkei auf der einen und Syrien mit Unterstützung Russlands, Irans und moralisch auch Chinas auf der anderen Seite. Überhaupt nicht mehr zu verstehen ist das Agieren auf EU-Ebene. Wie der Investigativjournalist Thierry Meyssan entgegen den Darstellungen westlicher Mediendienste enthüllte, waren französische Offiziere schon früh an den Terrorakten gegen die syrische Bevölkerung beteiligt. Die einseitige ideelle und tätige Parteinahme der EU in diesem Konflikt ist problematisch. Nur das Veto Chinas und Russlands im Sicherheitsrat verhinderte bis dahin einen offiziellen militärischen Eingriff in Syrien. Zudem sei die Kompetenz, Krieg zu führen, den Nationalstaaten vorbehalten. Eine solche Anmaßung wäre für die europäische Bevölkerung ein Fiasko, denn sie kann die EU-Politfunktionäre so gut wie gar nicht kontrollieren. In einem demokratischen Staat steht die Armee unter parlamentarischer Kontrolle und nicht im Machtbereich eines abgeschotteten Kommissariats.[49]

Im April 2014 erschien der US-Länderterrorismusbericht für 2013. Bei Syrien tauchte der Islamische Staat nicht auf. Sechs Wochen später wurde die Terrortruppe jedoch zur weltgrößten Bedrohung aufgeblasen: In der Folge erhielt Obama vom Kongress grünes Licht für einen »Long-Term-War in Middle East«. Das Erstarken terroristischer Gruppen wie des IS mit all seinen gefährlichen Folgen sei eine *»vorsätzliche Entscheidung«* gewesen, sagte der US-General Michael Flynn. Die USA hätten die Ausrufung des IS bewusst in Kauf genommen.[50] Der ehemalige Direktor der DIA stellte sich öffentlich entschieden hinter eine Analyse seiner Behörde vom August 2012. Sie wurde im Frühjahr 2015 auf Anordnung eines US-Gerichts freigegeben. Ihre Kernaussagen lauten:

1. Schon 2012 sei der Aufstand in Syrien von extremistischen Organisationen wie Al-Qaida im Irak (ISI) angeführt worden und nicht von demokratischen Rebellen oder Demonstranten.
2. Das werde entsprechend den Wünschen des Westens und einiger arabischer Staaten ein *»salafistisches Hoheitsgebiet«* in Ost-Syrien ermöglichen, das Syrien vom schiitisch kontrollierten Irak und Iran trennen werde.

3. Dadurch entstünden *»ideale Voraussetzungen«* für eine Rückkehr des ISI nach Mossul und Ramadi sowie für einen Islamischen Staat im Irak und in Syrien.

Demnach war es sogar das Ziel der oppositionellen Kräfte sowie von USA, Saudi-Arabien, Jordanien, Katar und anderen, ultrakonservative islamische Fundamentalisten, u. a. Salafisten, im Osten Syriens an die Macht zu bringen, um Assad zu isolieren und zu stürzen. Dahinter steckt auch die Angst der Sunniten vor dem Einfluss eines vitalen schiitischen Halbmonds von Teheran bis Damaskus und Beirut. Das US-Außenministerium versuchte intensiv, die frühen Warnungen der DIA zu verharmlosen. Auch viele Medien spielten den Bericht herunter. Sie hätten ja sonst zugeben müssen, dass ihre Berichterstattung über Syrien jahrelang falsch war.

Am 10. September 2014, unmittelbar vor dem 13. Jahrestag von 9/11, erläuterte Präsident Obama unter Vermeidung des Wortes »Krieg« seine Strategie gegen die Terrormiliz »Islamischer Staat«. Großspurig kündigte er an: *»Wir werden den IS durch eine umfassende und anhaltende Strategie zur Terrorismusbekämpfung zersetzen und letztlich zerstören.«* Er werde nicht zögern, in *»Syrien sowie im Irak gegen den IS vorzugehen«*. Zur Beruhigung der US-Bürger versprach Obama jedoch, dass sich die USA *»nicht in einen weiteren Bodenkrieg im Irak hineinziehen lassen werden«*.[51] Es werde vor allem darum gehen, die Finanzierung des IS abzuschneiden und den Zustrom von Kämpfern aus dem Nahen Osten einzudämmen. Die Air Force werde das Terrorkalifat aus der Luft angreifen, und 475 weitere Militärberater und Angehörige der Streitkräfte würden am Boden Iraker und Kurden unterstützen. *»Das ist amerikanische Führung in ihrer besten Form«*, schwärmte Obama in seiner Kriegsbotschaft pathetisch. *»Wir halten zu den Menschen, die für ihre eigene Freiheit kämpfen.«*[52]

Die 13 Jahre Krieg gegen den Terror, in denen die USA ihre islamischen Verbündeten mehrfach wechselten, hatten die Situation nicht verbessert, und Obamas Strategie war vor diesem Hintergrund alles andere als schlüssig. Vielmehr sieht es so aus, als würden die USA immer tiefer in einen Krieg driften, auch wenn Trump die Truppen im Nahen Osten nicht weiter verstärkt und sich dort militärisch zurückhält. Der islamische Raum versinkt zunehmend im Chaos, das die Sicherheit an den Südostgrenzen der EU bedroht.

Vor seiner Rede hatte Obama vom saudischen König Abdullah die Zustimmung erhalten, in Saudi-Arabien syrische Oppositionskämpfer zu bewaffnen und auszubilden. Nun appellierte er an den Kongress, rasch die Mittel dafür freizugeben. Bereits eine Woche nach Obamas Rede billigte das US-Repräsentantenhaus mit 273 zu 156 Stimmen diese Aufrüstung und Ausbildung gemäßigter syrischer Rebellen.[53] Einen Tag später, am 18. September 2014, votierte auch der Senat dafür. Die Rebellen sollten gleichzeitig gegen den IS und gegen die Regierung von Präsident Bashar al-Assad kämpfen. Bei entsprechendem Erfolg wurden modernere Waffensysteme in Aussicht gestellt. Die Ausgaben für das Ausbildungsprogramm der jährlich 5000 Rebellen beliefen sich laut Pentagon-Chef Chuck Hagel auf 500 Millionen Dollar pro Jahr.[54]

Am 19. September flog ein Fallschirmjägerausbildungsteam mit einer Bundeswehr-Transall in die Kurdenhauptstadt Erbil, um US-freundlichen Widerstandskämpfern die Handhabung von Panzerabwehrwaffen, Maschinengewehren usw. beizubringen. Als weiterer Beitrag im Kampf gegen den IS wurden zudem gebrauchte Waffen im Wert von 70 Millionen Euro aus Bundeswehrbeständen geliefert. Die Peschmerga-Soldaten sollten u. a. 16 000 Gewehre und mehrere Millionen Schuss Munition für den Kampf gegen die Extremisten erhalten, und 30 kurdische Soldaten sollten noch im September in der Infanterieschule Hammelburg mit der Schulung an komplizierterem Militärgerät wie den Panzerabwehrraketen Milan beginnen.[55] Wie zu erwarten, tauchten bald Waffen aus diesen Lieferungen in den Basaren auf.

Die marxistisch ausgerichtete Untergrundorganisation Partiya Karkerên Kurdistan (PKK) wurde allerdings nicht unterstützt, die türkische Regierung hatte sogar den Segen der Allianz für den Kampf gegen die PKK. Noch im Oktober 2011 war die türkische Armee zum wiederholten Mal auf breiter Front an fünf Stellen in den Nordirak einmarschiert. An den Gefechten gegen die PKK-Anhänger waren nach Angaben des Generalstabs 22 Bataillone beteiligt, also knapp 20 000 Mann, vornehmlich mit Waffen aus dem Westen. Nach dem Ersten Weltkrieg hatten die Alliierten die Kurden im Vertrag von Lausanne auf den Iran, den Irak, Syrien und die Türkei aufgeteilt. Mehr als die Hälfte der Kurden leben im NATO-Staat Türkei – bis heute ohne Selbstbestimmungsrecht.

Schon im Juni 2014 hatte der einflussreiche republikanische Senator Rand Paul, Sohn des Abgeordneten Ron Paul, in einem Interview mit CNN öffentlich versichert, dass die USA die Terrorgruppe »Islamischer Staat im Irak und in Syrien« (ISIS) unterstützt hätten. *»Jetzt haben wir eine chaotische Situation«*[56], stellte er fest. In den Country Reports on Terrorism 2013 (Länderterrorismusberichte des Jahres 2013) – herausgegeben im April 2014 – werden nur Islamic Jihad Union (IJU) und Islamic Movement of Uzbekistan (IMU) aufgeführt. Von IS/ISL/ISIS kein Wort, obwohl diese Gruppe dann 2014 angeblich die größte Gefahr darstellte! Ähnlich Merkwürdiges war schon drei Jahre zuvor passiert. Als 2011 der libysche Staatschef Gaddafi in Ungnade fiel, scheuten sich USA und NATO nicht, bereits im Frühjahr 2011 mit der noch im Länderterrorismusbericht von 2010 (veröffentlicht Anfang August 2011) offiziell als Terrororganisation eingestuften Libyan Islamic Fighting Group (LIFG) zusammenzuarbeiten, um Gaddafi zu stürzen.[57] Folglich wurde die LIFG Ende Juni 2011 von der Terrorliste gestrichen.

Da das UN-Mandat für Libyen nur den Schutz von Zivilisten (durch die Errichtung einer Flugverbotszone für libysche Kampfjets) erlaubte, unterlagen die Geheimoperationen auf libyschem Boden nicht der NATO-Befehlsstruktur.[58] 2010 hatte Gaddafi noch als große Stütze im Kampf gegen den Terrorismus gegolten, wie im Report aus 2011 unter dem Stichwort Libyen festgehalten war: *»Die libysche Regierung zeigt weiterhin starkes und aktives Engagement bei der Bekämpfung terroristischer Organisationen und des gewalttätigen Extremismus durch bilaterale und regionale Anti-Terror- und Sicherheitszusammenarbeit ... Regional ist Libyen ein Anti-Terror-Verbündeter, der mit den Nachbarländern zusammenarbeitet, um gemeinsam auf die Terrordrohungen von al-Qaida im islamischen Maghreb (AQIM) und anderen extremistischen Gruppen reagieren zu können.«*

Vor dem Hintergrund solcher Geheimoperationen fragt man sich, warum IS/ISIL/ISIS im Sommer 2014 plötzlich zu einer derartigen Gefahr stilisiert wurde. Diente die Terrorbekämpfung der USA zur Tarnung ihrer Absicht, Putins Kriegsschiffe aus dem syrischen Hafen Tartus zu verbannen? Wollte man Saudi-Arabien mit dem Sturz des Alewiten Assad einen Gefallen tun? Oder sollte gar der Weg für ein sunnitisches Kalifat geebnet werden?

Ohne Genehmigung des syrischen Staates und ohne entsprechendes UN-Mandat wurden syrische Ziele von den USA bombardiert – hat das noch etwas mit Völkerrecht zu tun, und hat sich die Lage der syrischen Bevölkerung dadurch verbessert?

## US-Langzeitstrategie: Win in a Complex World 2020–2040

Anfang Oktober 2014 erläuterten auf der Konferenz der Association of the United States Army (AUSA) hohe Offiziere und Vertreter des US-Verteidigungsministeriums vor Lobbyisten der Waffenindustrie das neue Strategieokument »Tradoc 525-3-1: Win in an Complex World 2020–2040«. Das United States Army »Training and Doctrine Command« (TRADOC) ist eins der wichtigsten Heereskommandos der US-Armee. Das Papier wurde von Bill Van Auken und David North im Sprachrohr des Internationalen Komitees der Vierten Internationale unter dem Titel: »US-Armee entwirft Blaupause für dritten Weltkrieg« treffend kommentiert. Sie sahen äußerst bedrohliche Implikationen, denn die Streitkräfte sollten sich an erster Stelle auf den *»Abbau der Bedrohung durch Russland und China«* vorbereiten, an zweiter Stelle stand die Bedrohung durch Nordkorea und Iran und erst an dritter der Terrorismus.[59]

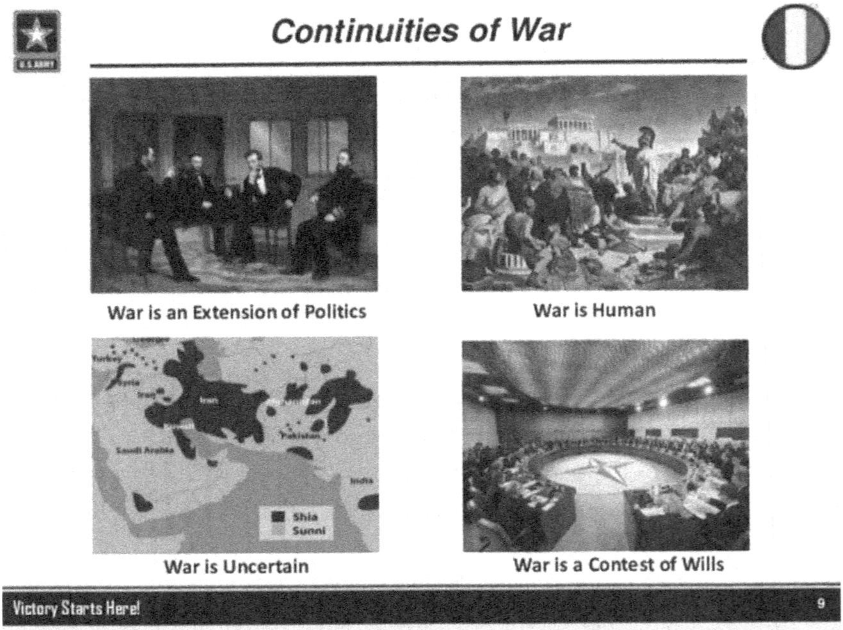


»Krieg ist eine Erweiterung der Politik, Krieg ist menschlich, Krieg ist unsicher, Krieg ist ein Wettbewerb des Willens« *(aus dem Tradoc-Handbuch 525-3-1: Win in a Complex World 2020–2040). Im Bild unten links sieht man die kommenden Kriegsschauplätze*

Bei dem genannten Hauptziel »Abbau der Bedrohung durch Russland und China« wird nicht auf eine direkte Eroberung einzelner Staaten gesetzt, sondern auf eine gezielte Doppelstrategie von Destabilisierung und Einflussnahme über Nichtregierungsorganisationen und Geheimdienste. Also erst die Erzeugung von Chaos, dann die Etablierung der gewünschten Strukturen.

Krieg ist für eine Weltmacht ein natürlicher, fester Bestandteil der Politik. Es wird deutlich, dass die USA sich nicht als eine Nation unter anderen Nationen sehen. Sie verfügen vielmehr über gigantische militärische, wirtschaftliche sowie kulturelle Ressourcen und beanspruchen folglich eine imperiale Machtstellung sowie eine umfassende Weltordnung nach ihren Regeln und Interessen.

Im Oktober 2014 schrieb der amerikanische Philosoph und Linguist Noam Chomsky unter Berufung auf eine internationale Umfrage über die USA, dass sein Land als *»die größte Bedrohung für den Weltfrieden heute«* eingestuft werden müsse, weit vor dem zweitplatzierten Pakistan. Danach folge lange kein anderes.[60] Führt der imperialistische Kurs und der Militarismus der USA also zu einer neuen Weltordnung oder eher zu einer neuen globalen Unordnung? Wenn sich die USA nicht auf ihre alte Stärke besinnen, dürfte ihr Abstieg besiegelt sein.[61] Und die Kriegsgefahr nimmt eher zu als ab. Angesichts des ungebrochenen Vormarschs der Dschihadisten weitete Russland seine militärische Unterstützung für die syrische Armee aus, während Frankreich und Großbritannien nun auch aufgrund der Flüchtlingskrise in das Kampfgeschehen eingreifen wollten.[62]

Am 4. Dezember 2015 segneten die Abgeordneten des Bundestags – die Hälfte schien schon im verlängerten Wochenende – den Syrien-Einsatz der Bundeswehr ab: 445 Ja-Stimmen, 145 Nein-Stimmen und sieben Enthaltungen. *»Vorgesehen ist, dass bis zu 1.200 Soldaten mit sechs Aufklärungsflugzeugen des Typs Recce-Tornado, einem Tankflugzeug, Satellitentechnik sowie einer Fregatte den Kampf gegen den ›Islamischen Staat‹ (IS) unterstützen sollen.«*[63] Als Einsatzgebiete sind neben Syrien das östliche Mittelmeer, der Persische Golf, das Rote Meer und das angrenzende Meer vorgesehen.

Inzwischen dürfte es sich wohl auch bis in die letzte Redaktionsstube herumgesprochen haben, dass der sogenannte Islamische Staat 2012 im Kampf gegen den syrischen Präsidenten Assad von den USA miterschaffen wurde. Während

Israel die sunnitischen Desperados gegen die Hisbollah einsetzt, benutzt die Türkei sie gegen die kurdische PKK; für Saudi-Arabien sind sie ohnehin eine Allzweckwaffe. Die USA nahmen im August 2014 nicht einmal halbherzig den Kampf gegen den IS auf, sie schauten vielmehr zu, wie der IS durch einen breiten Korridor Öl in die Türkei verkaufte.

Die Bundesrepublik hatte mit dem Syrieneinsatz nach dem völkerrechtswidrigen Jugoslawienkrieg 1999 und dem verantwortungslosen Afghanistankrieg seit 2001 den dritten Kriegseinsatz in der Geschichte der Bundeswehr beschlossen, und das in einer Region, in der die Fronten und die Verbündeten täglich wechseln. Seither ist Deutschland in einen Krieg verwickelt, der – ähnlich wie im Juni/Juli 1914 – die Lunte an ein Pulverfass legt. Angesichts der Erfahrungen aus und vor dem Ersten Weltkrieg wäre ein Innehalten angebracht gewesen, eine Erinnerung an das Jahr 1911, als mit der zweiten Marokkokrise und dem italienischen Angriff auf Tripolis der Weltkrieg im Grunde schon begann. Nahtlos folgten 1912/13 die beiden Balkankriege – und dann bedurfte es nur noch eines Zündfunkens zum Weltkrieg. Auch der Krieg in Syrien hat durch die hochexplosive Gemengelage das Potenzial zu einer großen Konfrontation.

104 Jahre nach der Marokkokrise ging die Bundesrepublik Deutschland also gemeinsam mit England und Frankreich in einen Krieg – mit Ländern, die damals gegen bestehende Verträge Marokko die Souveränität genommen haben. Sie scheren sich heute ebenfalls einen Dreck um die Souveränität Syriens, wie schon im Fall Libyens. In Afghanistan ist in den 18 Kriegsjahren der Ruf Deutschlands schwer beschädigt worden. So wird es auch im moslemisch-arabischen Raum kommen. Und das, obwohl in der Bundesrepublik bereits viele Menschen aus dieser Region leben und die Politik zur Wahrung des inneren Friedens verpflichtet ist.

Es gab also erstaunlich viele Parallelen zur Situation vor dem Ersten Weltkrieg, und wieder scheinen wir in dem Bemühen, helfen zu wollen, in eine ähnliche Schuldfalle zu laufen. Außerdem gibt es im Westen neben geostrategischen noch andere, nicht gerade moralische Motive, den Krieg weiter anzuheizen, und zwar die damit verbundenen steigenden Gewinne der Rüstungsindustrie. Auch sie beliefen sich im Ersten Weltkrieg auf enorme Summen. *»Aus der Sicht der Verteidigungsindustrie ist es der perfekte Krieg«*, so Richard Aboulafia von der Marktforschungsfirma Teal Group.[64]

Die Kriege im Gefolge der Geostrategie höhlen das Völkerrecht aus und beschädigen fundamentale Menschenrechte, für deren Einhaltung sie angeblich geführt werden. Wirkliche Friedensarbeit erfordert den Mut, diese Zusammenhänge gegen den Widerstand der Mächtigen aufzudecken und die Werte des abendländischen Humanismus gegen ihre angeblichen Verfechter zu verteidigen.

## Regime Change in Belarus?

2002 wurden Angriffe bei gefühlter Bedrohung als militärisches Instrument legitimiert. Die Nationale Sicherheitsberaterin Condoleeza Rice bezeichnete die Bush-Doktrin als einzigen Weg zur wirksamen Bekämpfung von Terroristen und Tyrannen.[65] Den Präsidenten von Belarus, Alexander Lukaschenko, titulierte sie als letzten Diktator Europas. Dazu muss man wissen, dass Lukaschenko 1997 alle Organisationen des Multimilliardärs George Soros in seinem Land hatte schließen lassen. So etwas hat irgendwann Konsequenzen. Die Staaten, die sich dem Zugriff des US-Kapitals entzogen, wurden regelmäßig zu Diktaturen gestempelt. Auf dem NATO-Gipfel in Riga 2006 sprach Rice Klartext: *»Ich denke, es ist ganz klar, dass wir uns tatsächlich in einem globalen Kampf befinden und nicht den Luxus haben, zu Hause zu sitzen und zuzulassen, dass die Bedrohung auf uns zukommt. ... Wir müssen in der Offensive zurückschlagen.«*[66]

Über 20 Jahre hatte Lukaschenko dem Westen getrotzt und ihn dann auch noch am 19. Juni 2020 mit einer Veröffentlichung herausgefordert. Er schrieb, dass der Westen Belarus 940 Millionen Dollar in Form sogenannter Schnellfinanzierung angeboten habe und betonte gleichzeitig, dass zusätzliche Bedingungen dafür, die sich nicht auf den finanziellen Teil beziehen, für das Land nicht akzeptabel seien. *»Wir hören z. B. die Forderungen, unsere Coronavirus-Reaktion nach dem Vorbild Italiens (totaler Lockdown) zu gestalten. Ich möchte nicht, dass sich die italienische Situation in Belarus wiederholt. Wir haben unser eigenes Land und unsere eigene Situation«*, erklärte der Präsident und führte über das Interesse der Weltbank aus: *»Sie ist bereit, uns zehnmal mehr zu finanzieren, als sie ursprünglich als Zeichen der Anerkennung für unseren effizienten Kampf gegen dieses Virus angeboten hatte. Die Weltbank hat sogar das Gesundheitsministerium gebeten, die Erfahrungen weiterzugeben. In der Zwischenzeit fordert der IWF weiterhin Quarantänemaßnahmen, Isolation und eine Ausgangssperre von uns. Das ist Unsinn. Wir tanzen nicht nach der Pfeife der anderen.«*[67]

Tanzen vielleicht andere nach der Pfeife des IWF? Deren Exekutivdirektorium gewährt seit Ende März 2020 von Covid-19 betroffenen Mitgliedsländern Finanzhilfe und Schuldendiensterleichterungen. Diese Hilfen wurden vom Catastrophe Containment and Relief Trust, dem Treuhandfonds für Katastropheneindämmung und -hilfe, kurz CCRT, bereitgestellt. Insgesamt stellte der IWF rund ein Viertel seiner Kreditvergabekapazität von einer Billion Dollar den Mitgliedsländern zur Verfügung.[68] Die größten Summen erhielten Ägypten (7,9 Mrd.), die Ukraine (5,0 Mrd.), Südafrika (4,3 Mrd.), Nigeria (3,4 Mrd.), Jordanien (1,7 Mrd.) und Pakistan (1,4 Mrd.). Darüber hinaus wurden 28 Ländern über 250 Mio. Dollar Schulden erlassen.

Lukaschenkos Ende indes scheint eingeläutet. Am 10. August 2020, dem Tag nach der Wahl, verkündete die Wahlkommission das vorläufige Endergebnis in Belarus: 80,23 Prozent für Präsident Alexander Lukaschenko, 9,9 Prozent für die Oppositionskandidatin Swetlana Tichanowskaja – eine Übersetzerin ohne jegliche politische Erfahrung –, den Rest teilten sich andere Oppositionsvertreter. Tichanowskaja war nachgerückt, als der eigentliche Kandidat, ihr Ehemann Sergej, ein zwielichtiger Unternehmer und YouTube-Blogger, bei einer Demonstration gegen die Annäherung Belarus an Russland verhaftet wurde. Das offizielle Wahlergebnis erklärte sie für unglaubwürdig: *»Ich werde meinen eigenen Augen glauben: Die Mehrheit war für uns.«*[69] Als Folge erlebt Weißruss-

*Oppositionelle Proteste in Belarus: Vorstufe zur nächsten Farbenrevolution?*

land derzeit die wohl größten Proteste in der jüngsten Geschichte des Landes, und der Westen macht Druck auf Lukaschenko.

Frankreichs Präsident Emmanuel Macron hat die Europäische Union aufgefordert, die Demonstrationen im Land zu unterstützen. *»Die EU muss sich weiterhin für die Hunderttausenden Weißrussen, die friedlich für die Achtung ihrer Rechte, Freiheit und Souveränität protestieren, einsetzen«*, schrieb er auf Twitter.[70] Auch Bundesfinanzminister und SPD-Kanzlerkandidat Olaf Scholz verlangte umgehend den Rückzug Lukaschenkos: *»Das ist ein schlimmer Diktator.«*[71] Wegen der Polizeiaktionen gegen Demonstranten berief EU-Ratschef Michel einen Sondergipfel für den 19. August ein.[72] Das Ergebnis war das erwartete: Alle 27 Staaten erkannten die Wahl nicht an. Zugleich wurden Sanktionen gegen Weißrussland verhängt. Sie dürften Lukaschenko kaum, dafür aber vornehmlich das Volk treffen.

Ein dem Autor persönlich bekannter OSZE-Offizieller und langjähriger Kenner der Situation von Weißrussland schrieb ihm am 12. August 2020, dass er die Ansicht, Belarus sei die »letzte Diktatur Europas« und ein Polizeistaat, uneingeschränkt teile und führte auf:

- Trotz wirtschaftlicher Stagnation gehe es den Menschen im Land weitgehend wirtschaftlich gut. Außerhalb von Minsk entstehe mithilfe eines chinesischen Unternehmens ein Technologiepark. Brest, Minsk, Baryssau, Masyr und die anderen Orte zeigten sich auffallend sauber und sehr sicher. Zerlumpte Gestalten in ärmlichen Kleidern seien zu keinem Zeitpunkt zu sehen. Die Klischees, die westliche Medien gerne verbreiten, träfen nicht zu.
- Auf verschiedenen Seminaren der Staatlichen Belarussischen Universität BGU über europäische Sicherheit traf er Vertreter der Opposition an, darunter Tatsiana Karatkewitsch und Arseny Sivitski vom Center of-Strategy and Foreign Policy Researches. Dabei gewann er den Eindruck, dass keiner von beiden ein umfassendes politisches Programm hatte. In wirtschaftspolitischer Hinsicht gab es nur ein Credo: Wenn Russland uns nicht weiter finanzieren kann oder will, dann muss es eben Europa tun.
- Der OSZE-Insider hielt Lukaschenko zugute, dass er nie den Raubtierkapitalismus zuließ, wie ihn Russland in den 1990er-Jahren erlebte. Es gab auch keinen Oligarchenkampf wie in der Ukraine, stattdessen

aber Kritik an Lukaschenko, der das Land angeblich wie einen landwirtschaftlichen Großbetrieb führe.

- Deutlich mehr Sorgen als die aktuellen Proteste machen ihm die geopolitischen Spielchen, die seit Monaten getrieben würden, allem voran der Aufmarsch der NATO an den Grenzen von Belarus. Er hofft, dass der Westen nicht versucht, die notwendige Lösung politischer Probleme dahingehend zu nutzen, ein Land *»aus dem russischen Orbit«* zu schießen – und dadurch ins Chaos. Er erwartet jedoch nicht, dass die EU die katastrophale Rolle erkennt, die sie in der Ukraine spiele, da sie zu selbstverliebt sei. Sie wird Lukaschenko mit weiteren Sanktionen belegen und so ihre politische Ratlosigkeit demonstrieren.

Lukaschenko hatte bereits nach der Wahl die Verlegung von Fallschirmjägern nach Grodno im Westen des Landes angeordnet. Er begründete dies mit der angeblich angespannten Sicherheitslage dort. Er behauptete, NATO-Truppen hielten sich nicht weit von der Grenze entfernt auf. Vom Militärbündnis wurde dies jedoch zurückgewiesen.[73]

US-Außenminister Pompeo auf Staatsbesuch in Belarus am 1. Februar 2020, noch vor Corona. Was er mit Präsident Lukaschenko wohl seinerzeit besprach?

Fast zeitgleich trat US-Außenminister Mike Pompeo seine fünftägige Reise nach Tschechien, Slowenien, Polen und Österreich an und lobte vor dem Abflug am 11. August 2020 alle vier Staaten als *»große Freunde Amerikas«*.[74] Am folgenden Freitag fand im barocken Schloss Belvedere des Prinzen Eugen von Savoyen das Treffen mit Außenminister Alexander Schallenberg (ÖVP) statt. Im anschließenden Interview mit *ZIB2* plauderte der österreichische Außenminister Alexander Schallenberg über die Ziele der Europäischen Union in den letzten Jahren: Es sei darum gegangen, Weißrussland von Russland zu entfremden und aus der engen Zusammenarbeit mit Moskau herauszubrechen.

Ist Minsk der Schlussstein im NATO-Limes gen Osten, fragt folglich der Sicherheitsexperte Willy Wimmer. Ist das die Zielvorstellung, welche die Europäische Union von einer gedeihlichen Entwicklung in Europa als dem gemeinsamen Kontinent hat? *»Verantwortliche Sprecher aus dem Deutschen Bundestag lassen sich offen darüber aus, mit welchem politischen Werkzeugkasten sie sich daran machen werden, die letzte Lücke in dem NATO-Limes gegen Russland zu zu machen.«* Offen werde vom »Maidan-Modell« nach dem Putsch in der Ukraine gesprochen oder das Beispiel »Runder Tische« zum Machtübergang in Minsk favorisiert.[75] Es ist zu befürchten, dass Pompeo mit seiner Visite in Mitteleuropa jene Fakten geschaffen hat, die darauf abzielen, Russland nicht nur aus Europa hinauszudrängen (darunter fällt auch das amerikanisch-polnische Vorgehen gegen »Nord Stream 2«), sondern als weltpolitischen Akteur bedeutungslos werden zu lassen. Wimmer beendet seinen Artikel mit den Worten: *»Wenige Tage vor dem Gedenken an den deutschen Angriff auf Polen am 1. September 1939 als Vollendung des Rache-Diktates von Versailles 1919 sind das üble Perspektiven für Europa.«*

Inzwischen gibt es auch Reaktionen aus Moskau. Am 18. August sagte Außenminister Sergej Lawrow, dass die Wahl in Belarus nicht ideal verlaufen sei, und versuchte, die Situation bei seinem geopolitisch wichtigen Nachbarn zu entspannen. Zugleich warnte Russland vor einer erneuten ausländischen Einmischung in das osteuropäische Land zum eigenen Vorteil. Der Westen wolle Belarus eine Ordnung aufzwingen. *»Es geht nicht um Lukaschenko, Menschenrechte und Demokratie. Es geht um Geopolitik. Es geht um die Regeln, die unsere westlichen Partner im täglichen Leben auf unserem Kontinent und in anderen Teilen durchsetzen wollen«*, führte er aus und verwies auf die Vergangenheit: *»Wir haben diesen Kampf schon gesehen, nach dem Ende der Sowjetunion. Zuletzt natürlich in der Ukraine.«*[76]

Zur momentanen Krise steuert der erfahrene indische Diplomat M. K. Bhadrakumar eine hilfreiche Analyse bei. Er sieht in den laufenden Vorgängen die zunehmende Einmischung der »neuen europäischen« Nachbarn von Belarus und die Vorbereitung einer Bühne für eine »farbige Revolution« mit potenziell antirussischer Ausrichtung. Anlässlich des Besuchs des US-Außenministers wurde am 15. August ein Abkommen über die verstärkte Verteidigungszusammenarbeit zwischen den USA und Polen unterzeichnet, das so zu einem Dreh- und Angelpunkt der regionalen Sicherheit gemacht würde. Es bilde die rechtliche

Grundlage für die Errichtung amerikanischer Militärstützpunkte in Polen. Bekanntermaßen sollen 12 000 US-Soldaten aus Deutschland abgezogen werden, von denen dann ein Teil in Polen stationiert wird.

Von den USA zu einem regionalen Schwergewicht emporgehoben, wurde Polen nach Ansicht Bhadrakumars gegen seine östlichen Nachbarn angestachelt und betrachte *»Belarus als ein wertvolles Grundstück, das das militärische Gleichgewicht an Russlands Westgrenzen verschieben könnte«*. Als Reaktion wies Moskau darauf hin, dass das jüngste Verteidigungsabkommen zwischen den USA und Polen dazu beitragen würde, *»die Offensivfähigkeit der US-Streitkräfte in Polen qualitativ zu stärken«*. Bhadrakumar kommentiert dies so: *»Die rechte polnische Regierung freut sich, als das Trojanische Pferd der USA innerhalb der EU aufzutreten.«*[77]

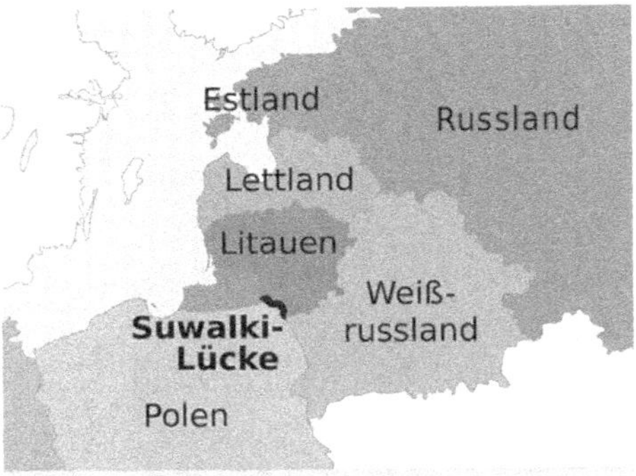

Der Suwalki-Lücke kommt große strategische Bedeutung zu

Weshalb hat Belarus geopolitisch so eine Wichtigkeit? Das Land schnürt den Weg der NATO-Truppen in Richtung baltische Staaten ein. Die sogenannte Suwalki-Lücke zwischen Kaliningrad und Belarus bereitet der NATO Kopfzerbrechen. Denn die Lücke könnte schnell geschlossen werden, wodurch die im Baltikum stationierten, knapp 3500 NATO-Soldaten in der Falle säßen. Mit einem neutralisierten Belarus wäre die NATO hier einen Schritt weiter. Bhadrakumar stellt die große Frage, *»ob die Kalten Krieger in Washington und die ›Neuen Europäer‹ in Mitteleuropa sich mit etwas weniger zufrieden geben würden als mit einem Regimewechsel in Belarus, der dieses Land in ihre Umlaufbahn bringt«*. Droht nun vielleicht ein Remake von 1939?

## Bundeswehreinsatz in Syrien: eine Friedensoperation?

Am 18. Oktober 2016 hat Volker Reusing zusammen mit dem Autor Verfassungsbeschwerde gegen den Beschluss des Bundestags vom 4. Dezember 2015 über den Syrieneinsatz der Bundeswehr eingereicht. Der Bundestag verstoße mit seiner Entscheidung gegen die UNO-Charta. Außer zur Landesverteidigung darf die Bundeswehr gem. Art. 24 Abs. 2 GG Kampfeinsätze nur zur Herbeiführung einer friedlichen und dauerhaften Ordnung in Europa und zwischen den Völkern der Welt durchführen. *»Der Einsatz verletzt objektiv die Angriffskriegsverbote des Grundgesetzes und der Uno-Charta und stört das friedliche Zusammenleben der Völker (Art. 26 GG, Art. 2 Abs. 4 Uno-Charta). Im Juni 2016 hat der Protest der syrischen Regierung bewiesen, dass diese den ihr gegenüber ungefragten und nicht mit ihr abgestimmten Einsatz ablehnt. Auch der Parlamentsvorbehalt (Art. 115a GG) ist verletzt, denn die Zustimmung des Bundestags hätte auch bereits vor dem EU-Bündnisfallbeschluss vom 16./17.11.2015 (Az. 14120/15) eingeholt werden müssen.Die Bündnisfall-Klausel (Art. 42 Abs. 7 EUV) ist zudem noch gar nicht gültig gewesen, denn zuvor hätte, wie bereits das Lissabon-Urteil vom 30.06.2009 festgestellt hat, erst auf EU-Ebene beschlossen werden müssen, dass die EU eine gemeinsame Verteidigungspolitik haben wolle, und dem von den nationalen Parlamenten aller EU-Mitgliedsstaaten zugestimmt werden müssen (Art. 42 Abs. 2 Unterabs. 1 EUV). Zumindest letzteres ist nie geschehen.«*[78]

Gemäß dem vorgeschalteten Annahmeverfahren aus dem Jahr 1963 wird eine Verfassungsbeschwerde nur angenommen, wenn ihr grundsätzliche verfassungsrechtliche Bedeutung zukommt, das zur Durchsetzung verfassungsrechtlich gewährleisteter Rechte angezeigt ist oder wenn dem Beschwerdeführer sonst ein besonders schwerer Nachteil entstünde. Diese Voraussetzung wurde für unsere Beschwerde verneint, also wurde sie abgewiesen.[79] Die Anzahl der Verfassungsbeschwerden und einstweiligen Anordnungen, die in den beiden Karlsruher Senaten gar nicht erst zur Entscheidung angenommen wurden, lag im Jahr 2017 bei 5250 – neu eingegangen waren 5784.

Im Oktober 2016 erhob weltweit die »Hands Off Syria Coalition« ihre *»Stimmen gegen die Gewalt des Krieges und den enormen Druck von Kriegspropaganda, Lügen und einer politischen Agenda, die verwendet werden, um diesen Krieg und jeden der vergangenen Kriege der USA zu rechtfertigen«*. Die unterzeichnenden Organisationen und Einzelpersonen unterstützten die folgenden »Punkte der Einheit« und würden *»als Ad-hoc-Koalition zusammenarbeiten, um zu helfen, die Regimewechsel-Intervention durch die USA, die NATO und ihre regionalen Verbündeten und die Tötung unschuldiger Menschen in Syrien zu beenden«*.[80] Die Forderungen im Einzelnen:

- sofortiges Ende der US-Politik des erzwungenen Regimewechsels in Syrien;
- volle Anerkennung und Einhaltung der Grundsätze des Völkerrechts und der UN-Charta durch die USA, die NATO und ihre Verbündeten, einschließlich der Achtung für die Unabhängigkeit und die territoriale Integrität Syriens;
- sofortiges Ende aller ausländischen Aggressionen gegen Syrien und ernsthafte Bemühungen um eine politische Lösung des Krieges;
- sofortiges Ende aller militärischen, finanziellen, logistischen und nachrichtendienstlichen Unterstützung durch die USA, die NATO und ihre regionalen Verbündeten für die ausländischen Söldner und Extremisten im Nahen Osten;
- sofortiges Ende der Wirtschaftssanktionen gegen Syrien. Massive internationale Hilfe für Vertriebene in Syrien und syrische Flüchtlinge im Ausland.

*»Nur in einem friedlichen und unabhängigen Syrien, das frei von ausländischen Aggressionen ist, können die Syrer ihre Souveränitätsrechte frei ausüben, ihren freien Willen ausdrücken und freie Entscheidungen über ihre Regierung und die Führung ihres Landes treffen.«* Alle Unterstützer des Friedens und des Rechts auf Selbstbestimmung der Völker auf der ganzen Welt seien aufgefordert, sich anzuschließen, diese humanitären Forderungen zu erfüllen. Doch blieben sie bis heute ungehört.

Eine weitere dubiose Gruppierung sind die zu Helden des Zivilschutzes stilisierten »Weißhelme« (White Helmets). Für den Pulitzer-Preisträger Seymour Hersh versteckt sich dahinter eine Propagandaorganisation: *»Zu oft haben wir Jahr für Jahr dasselbe Kind auf Fotos gesehen, immer mit Staub bedeckt«*, sagte er und fügte hinzu, dass die Weißhelme sich an Anti-Assad-Aktivitäten beteiligen.[81] Eine solche Taktik sei *»sehr einfach«*, weil Assad von so vielen *»gehasst«* würde.

Die private Zivilschutzorganisation – nicht zu verwechseln mit staatlichen syrischen Zivilschutzkräften – wurde 2013 vom Briten James Le Mesurier mithilfe des Westens ins Leben gerufen und ist nur in den nicht von der Regierung kontrollierten Teilen des Landes aktiv. Um sich auf ihre »Rettungstätigkeit« vorzubereiten, ließen sich im März 2013 rund 20 Syrer in der Türkei von Le

Mesurier, einem ehemaligen Offizier des britischen Militärgeheimdienstes, der schon an der Intervention der NATO im Kosovo beteiligt war, ausbilden.[82] »*Bildmaterial belegt, dass ›Weißhelme‹ Tote abtransportieren, die zuvor von Kämpfern der Nusra Front oder anderer islamistischer Kampfgruppen hingerichtet wurden. Es gibt Bilder, auf denen sie Waffen tragen und an der Seite bewaffneter Islamisten die Einnahme von syrischen Orten feiern. Eine Filmsequenz zeigt den Abtransport von getöteten syrischen Soldaten auf einem Pick-Up. ›Weißhelme‹ stehen auf den Leichen und machen ein Siegeszeichen in die Kamera, die den Vorgang festhält*«, schrieb die Syrienkennerin Karin Leukefeld anlässlich des mysteriösen Todes von Le Mesurier am 11. November 2019.[83]

Die koordinierte Förderung wurde über die in den Niederlanden registrierte Stiftung Mayday Rescue abgewickelt. Aus Großbritannien flossen bis 2016 32 Millionen Pfund.[84] Das wird noch übertroffen von der Organisation USAID. Sie hat der in Washington residierenden Gesellschaft Chemonics im Januar 2013 für Syrien 128,5 Millionen Dollar zur Finanzierung »*eines friedlichen Übergangs zu einem demokratischen und stabilen Syrien*« überwiesen.[85] Bis Februar 2018 sind mindesten 32 Millionen Dollar davon direkt an die Weißhelme geflossen.[86] Deren Budget bestand zu etwa einem Drittel aus Spenden der USA.[87] Weitere staatliche Förderer waren Stand 2016 auch Kanada, Dänemark, Deutschland (bis 2018 insgesamt rund 12 Millionen Euro), ferner Japan, die Niederlande und Neuseeland. Daneben unterstützen auch private Gruppen die Weißhelme, so das in Großbritannien registrierte »The Voices Project«.[88]

Die Queen verlieh James Le Mesurier für seinen Dienste im syrischen Zivilschutz und den Schutz der Zivilbevölkerung in Syrien den »Most Excellent Order of the British Empire«. Zum Schutz der Zivilbevölkerung in Syrien – ein Witz? Daneben forderte ein unüberhörbarer Chor den Friedennobelpreis. In welchem Namen und welchem Auftrag hat Le Mesurier diese Propagandaorganisation koordiniert?

Unbestritten dürfte es sein, dass die Aussagen der Weißhelme wohl kaum repräsentativ für die Mehrheit der Syrer sind und sie von Organisationen gefördert werden, die ihrerseits Geld von jenen Regierungen erhalten, die einen Regimewechsel in Syrien herbeiführen wollen. »*Trotzdem erwecken unsere Medien und die US-Regierung immer noch den Eindruck, die von den Weißhelmen verbreiteten*

*Informationen kämen von einem neutralen Beobachter. Dabei stammen sie in Wirklichkeit von einer Organisation, die ebenfalls auf einen Sturz der syrischen Regierung hinarbeitet«*, berichtet der investigative amerikanische Journalist Ben Swann.[89] Im März 2018 verfügte US-Präsident Donald Trump ein Einfrieren der gesamten humanitären Syrienhilfe, wovon auch die Weißhelme betroffen waren.

Nach dem Abschuss eines russischen Kampfjets am 24. November 2015 im syrischen Grenzgebiet durch das türkische Militär kritisierte Vizekanzler Sigmar Gabriel das Agieren Ankaras in der Syrien-Krise scharf. Der mit dem Fallschirm abgesprungene Pilot wurde nach der Gefangennahme durch die mit den Türken kämpfenden islamistischen Turkmenen hingerichtet. Gabriel: *»Erstmal zeigt der Zwischenfall, dass wir einen Spieler dabei haben, der nach Aussage von verschiedenen Teilen der Region unkalkulierbar ist: Das ist die Türkei und damit nicht die Russen.«*[90] Dabei scheint es unwahrscheinlich zu sein, dass der NATO-Partner Türkei einen derartig eskalationsfähigen Vorgang ohne Zustimmung der USA anordnete. Während die Regierung in Damaskus der Türkei eine Verletzung ihrer Souveränität vorwarf, sagte der russische Außenminister Sergej Lawrow lediglich seinen Besuch in der Türkei ab, und Putin akzeptierte die Entschuldigung von Erdogan. Dennoch: Bei dem unübersichtlichen Frontverlauf im syrischen Stellvertreterkrieg könnte ein geringfügiger Vorfall in einer Eskalation enden, die für ganz Europa katastrophale Folgen hätte. Dass diese bisher ausgeblieben ist, ist nicht zuletzt Wladimir Putin zu verdanken.

In dieser fragilen Phase – mit gefährlichen Brennpunkten in der Ukraine und in Syrien – forderten Teilnehmer der Münchner Sicherheitskonferenz (MSC) Ende Januar 2017 den beschleunigten Umbau der EU zur Kriegsallianz. Der europäische Staatenbund müsse in der Lage sein, jederzeit eine mit der Militäroperation gegen Libyen 2011 vergleichbare »Mission« durchzuführen, so eine gemeinsame Studie der MSC, der Unternehmensberatung McKinsey und der Eliteuniversität Hertie School of Governance. Verlangt werden drastische Erhöhungen der Verteidigungsbudgets der EU-Mitgliedsländer und Investitionen in modernes Kriegsgerät. Ziel ist die Vereinheitlichung der europäischen Rüstungsstandards und der weitere Ausbau der staatlichen Forschungsförderung.

Trotz eindrucksvoller weltweiter Manöver der US-Streitkräfte legte Mitte 2017 das US Army War College die Einjahresstudie »At Our Own Peril« (Auf eigene Gefahr) vor, in der festgestellt wird, dass die Welt in eine völlig neue Phase der Transformation eingetreten sei, in welcher die Macht der USA schwinde, die Weltordnung zerfalle und die Autorität der Regierungen überall zerbröckele.[91] Die Studie beruht auf einem jahrelangen intensiven Forschungsprozess, in den wichtige Pentagon-Abteilungen und die US Army einbezogen waren.

Von den konservativen und imperial denkenden Verfassern der Studie ist keine Selbstreflexion, sind keine kreativen Lösungsansätze zu erwarten. Friedensarbeit und Deeskalation von Spannungen sind nicht vorgesehen. Die Feindbilder sind die gleichen geblieben, wie schon in Tradoc 525-3-1 beschrieben: Die rivalisierenden Großmächte wie Russland und China stellen eine wachsende Bedrohung für die Durchsetzung von US-Interessen dar – wobei kaum Konkretes ausgesagt wird. Iran und Nordkorea werden als wesentliche Hindernisse für die Ausweitung des imperialen Einflusses der USA in bestimmten Weltregionen empfunden, denn, so heißt es,*»sie unterwerfen sichweder der gegenwärtigen Weltordnung, noch erkennen sie diese Ordnung an. ... Sie maßen sich sogar an, den Einfluss der USA in ihren eigenen Einflussbereichen einzudämmen und wollen ihn dort durch eigene Regeln ersetzen.«* Auch könnten Aufstände in der Art des Arabischen Frühlings in absehbarer Zukunft nicht nur im Mittleren Osten, sondern überall auf der Welt ausbrechen und das Vertrauen in amtierende Regierungen untergraben. Das Dokument deutet an, dass solche populistischen zivilen Unruhen auch in westlichen Staaten und sogar in den USA selbst ausbrechen könnten. Beklagt wird, dass die USA zwar ein global agierender, politischer, wirtschaftlicher und militärischer Riese bleiben, ihre Position *»für Mitbewerber aber nicht mehr unangreifbar«* sein wird. Das Zeitalter, in dem die USA mithilfe ihrer Verbündeten durchsetzen konnten, was immer sie wollten, sei vorbei.

Besonderes Gewicht wird auf Desinformation und Verschleierung gelegt: Informationen über *»gefährliche Fakten – die Enthüllung von Staatsgeheimnissen durch Whistleblower wie Edward Snowden oder Bradley Manning – könnten sehr nachteilige taktische, operative oder strategische Folgen haben«*. Die US-Geheimdienste sollen gestärkt und effektiver eingesetzt werden, die Überwachung soll ausgeweitet und die Propaganda wirksamer gemacht werden, damit die öffentliche Meinung noch stärker manipuliert werden kann. So soll die US-Regierung ihre geheimdienstlichen Fähigkeiten zur massenhaften Überwachung, die als *»die am weitesten reichenden und am besten entwickelten der Welt anzusehen sind, effektiver nutzen«*. Zusätzlich gestützt auf ihre weit vorgeschobene Militärpräsenz und ihre militärische Überlegenheit, befänden sich die USA in »*einer beneidenswerten Position der Stärke*«.

Der beklagte Verlust der Vorrangstellung der USA kann nach Ansicht der Autoren nur durch eine weitere Verstärkung der US-Streitkräfte rückgängig gemacht werden. Die USA müssten die Möglichkeit behalten, auf jede Region der Welt zugreifen zu können, wann immer sie wollten: »*Wenn den USA der Zutritt zu Schlüsselregionen der Welt verwehrt oder ihr Agieren darin eingeschränkt wird, untergräbt das sowohl die Sicherheit der USA als auch die ihrer Verbündeten.*« So soll das globale Netz von US-Militärbasen ausgebaut werden, um den Zugang zu »*strategisch wichtigen Regionen, Märkten und Ressourcen zu sichern*« und die globale Verbreitung des US-Kapitalismus zu gewährleisten.

Die Fortsetzung der bisherigen US-Politik wird nach Meinung des norwegischen Zukunftsforschers Johan Galtung zum »*Kollaps des US-Imperiums*«[92] führen. Dagegen sehen die Verfasser der Studie ihr Dokument nicht als Entmutigung, sondern als »*Weckruf*«. Galtung gilt als Gründervater der Friedens- und Konfliktforschung. Er machte zahlreiche korrekte Vorhersagen über Weltereignisse, vor allem über den Zusammenbruch des Sowjetreichs, die iranische Revolution von 1978, den Aufstand auf dem Tiananmen-Platz von 1989 in Peking, die Wirtschaftskrisen von 1987, 2008 und 2011 und sogar die Anschläge vom 11. September.[93]

## Rivale China

Mit Obama, dem »pazifischen« Präsidenten, verschob das amerikanische Militär seine Kapazitäten erfolgreich in Richtung Asien. Dann kam Donald Trump. Noch im Wahlkampf brachte er 2016 sein Buch »Great Again!« heraus. Im Kapitel »Außenpolitik: Kämpfen für den Frieden« prognostizierte er, dass China in den kommendenzehn Jahren die USA als weltgrößte Wirtschaft ablösen werde, und stellte fest: »*Wir haben uns kampflos ergeben.*« Es gebe Menschen, so Trump weiter, die wünschten, er würde China nicht als ihren Feind bezeichnen – »*... aber das ist das Land doch!*«[94] Diese Einstellung wird dem chinesischen Präsidenten Xi Jinping wohl kaum verborgen geblieben sein. Am Wahltag gratulierte er Trump und drückte die Hoffnung auf eine Zusammenarbeit »*mit Respekt und ohne Konfrontation*«[95] aus.

Der Aufstieg Chinas ist den USA ein Dorn im Auge. Nach der Katastrophe in Libyen hat China begonnen, aus der zweiten Reihe heraus die Interventions- und Regime-Change-Pläne in Syrien und Venezuela erfolgreich zu durchkreuzen. Von der Öffentlichkeit im Westen unbemerkt, machte der chinesische Drachen in den letzten Jahrzehnten technologisch, wirtschaftlich, aber auch, was den Wohlstand betrifft, einen riesigen Sprung nach vorn.

| | **1989** | **2019** |
|---|---|---|
| USA | 22 | 15 |
| Deutschland | 6 | 3 |
| China | 3 | 18 |

*Bruttoinlandsprodukte im Vergleich (in Prozent): 2019 hat China denselben Anteil wie Deutschland und die USA zusammen. Ist ein weiterer Abstieg nur durch Krieg aufzuhalten?*

Der Politikwissenschaftler Graham Allison vertritt in seinem 2017 erschienen Buch »Destined for War. Can America and China Escape Thucydides' Trap?« die These, dass sich China heute in der Rolle der zu Beginn des 20. Jahrhunderts aufsteigenden europäischen Landmacht Deutschland befindet. Was heute die USA sind, war damals die globale Seemacht Großbritannien. Die Thucydides-Falle beschreibt einen in der Geschichte immer wiederkehrenden Vorgang – den Abstieg einer Großmacht und den Aufstieg einer zweitrangigen Macht –, was häufig in einen Krieg mündete. Darauf spielte der chinesische Staatsrat und Außenminister Wang Yi an, als er 2017 sagte: *»China hat das Vertrauen, den historischen Präzedenzfall durch einen verbesserten Dialog und Koordination mit der US-Seite zu vermeiden.«*[96] Wang sieht in einer internationalen Kooperation die einzig mögliche Wahl – hier sei auf die Shanghai-Organisation, die BRICS-Staaten und das Konzept Neue Seidenstraße verwiesen. In einer vernetzten Welt müssten die Interessen der aufstrebenden und der etablierten Mächte für alle Seiten zufriedenstellend in Einklang gebracht werden. Konflikte würden, so Wang, nur zu einer No-win-Situation führen. Das Schicksal Deutschlands und Großbritanniens nach dem Ersten Weltkrieg ist dafür ein eindrucksvoller Beweis. Aber werden die USA – immerhin bei China hoch verschuldet – diese Konkurrenz einfach hinnehmen?

Zehn Jahre nach Obamas Grundsatzrede und vier Jahre nach dem Tradoc-Strategiepapier scheint die Trump-Administration entschlossen, *»China im Kampf um globale ökonomische, technologische und militärische Vorherrschaft zu schlagen«.*[97] In gewohnter Weise wird nun das bekannte Operationsbesteck ausgepackt: Agitation und Propaganda, Sanktionen, Destabilisierung der China-Anrainer durch islamische Terrorgruppen (wie der von den USA ins Leben gerufenen Terrorgruppe Al-Qaida), Zündeln in der Straße von Taiwan und an der chinesischen Westgrenze sowie der Aufruhr in Hongkong. Während dort vermummte Aktivisten Straßen blockierten, Pflastersteine und Brandsätze werfen, wurden am anderen Ende Chinas, in der Provinz Xinjiang, die Uiguren, ein mehrheitlich sunnitisches Turkvolk, gegen Peking in Stellung gebracht. Im Kampf gegen den Terror hatten die USA 22 Uiguren gefangen genommen und in Guantanamo inhaftiert. Nun erkannte Washington deren revolutionäres Potenzial und begann Aufnahmeländer zu suchen. Fünf fanden in Albanien Asyl, die restlichen 17 sollte die Bundesrepublik aufnehmen, was schließlich abgelehnt wurde. Dafür hat sich in München dank eines uigurischen Mitarbeiters des CIA-Sprachrohrs *Radio Free Europe* die größte Uigurengemeinde außerhalb von Xinjiang gebildet.[98]

Beim Thema Uiguren rückt Afghanistan wieder in den Fokus: Vom Nordosten verläuft der Wachankorridor, ein 300 Kilometer langer Landstrich am Fuß des Pamirgebirges, in den südlichen Teil Xinjiangs. Dieser strategisch wichtige Raum muss für die Absichten der USA geöffnet bleiben, daher gibt es auch keinen Abzug aus Afghanistan. Am Pfropfen zum Korridor patrouillieren seit 2002 Bundeswehrsoldaten – ein Ende ist nicht abzusehen.

Immer wieder orchestrieren westliche Leitmedien das Leid der Uiguren, ob *Tagesschau, New York Times* oder *Der Spiegel.* Die Propagandaschlacht gegen China läuft auf Hochtouren. Zum Vorwurf des Völkermords scheint es nur noch ein kleiner Schritt zu sein. Im Westen des riesigen Landes kollidiert das Weltbild Chinas und seines Nachbarn Russland mit dem der USA und ihrer vornehmlich westlichen Verbündeten. Für Willy Wimmer sollte der Zerfall der Sowjetunion *»nicht zu Endloskriegen in Zentralasien diesseits und jenseits des Tian-Shan-Gebirges führen«*, deshalb die Shanghai-Kooperation nach dem Modell der KSZE. *»Dieses europäische Erfolgsmodell«*, so Wimmer weiter, *»stieß in Asien auf die Sabotagehaltung der USA. Nicht friedlicher Ausgleich, sondern das Auskämpfen amerikanischer Interessen war angesagt, bis zum letzten Uiguren«.*[99]

Wagen wir eine tiefere Analyse: Lange bevor Donald Trump ins Weiße Haus einzog, wurden die entsprechenden Strategiepapiere verabschiedet. Das US-Militär samt allen US-Geheimdiensten und weiteren Regierungsbehörden konnte sich auf einen langen Quasikrieg vorbereiten, *»was sowohl wachsenden ökonomischen und diplomatischen Druck auf China als auch den Aufbau militärischer Kräfte entlang seiner Peripherie umfasste«.*[100] Seit dem Amtsantritt des jetzigen Präsidenten eskalieren derartige Initiativen zu einem Kampf im Stil des Kalten Kriegs. Auf dem Schachbrett bewegen sich weiße, westliche Figuren, die teils überschneidende und auch divergierende Interessen haben. Die absteigende Großmacht USA muss den Rivalen China niederhalten, während die Vertreter des ehemaligen britischen Empire – und hier vor allem die »City of London« – andere Prioritäten haben. Den Niedergang der USA könnten sie dazu nutzen, das alte Empire wieder aufleben zu lassen. In dieser Hinsicht macht der Brexit durchaus Sinn. Die Bank HSBC (Hongkong & Shanghai Banking Cooperation Holdings), eine britische Großbank mit Sitz in London – steht laut *Forbes* auf Platz 9 in der gesamten asiatisch-pazifischen Region.[101] Bei einem Aufstieg Chinas wird die HSBC deutliche Gewinne machen. Somit hat die City of London wenig Interesse an einem flächendeckenden Krieg in China. Und während die Kreise um Trump möglichst eine militärische Auseinandersetzung mit Russland vermeiden wollen (da u. a. zu kostenintensiv), sehen die Londoner Strategen einmal mehr die Chance, das europäische Festland durch einen Krieg zwischen Deutschland und Russland nachhaltig schwächen zu können. In diesem Krieg würden auch große Gewinne locken, da Great Britain dank Brexit auf dem Kontinent nicht kämpfen müsste.

Für die kriegsgewillten Parteien – im Visier: Russland und China – käme es darauf an, geeignete Hilfsvölker zu mobilisieren. Im asiatischen Raum könnten Japan, Indien, Pakistan gewonnen oder in Konflikte verwickelt werden, während in Europa die baltischen Staaten und auch Polen für einen Krieg gegen Russland zu mobilisieren wären. Der französische Staatschef Macron hält die NATO für hirntot. Da dürfte er falsch liegen. Die Befehlsstrukturen der NATO enden im Pentagon. Es wäre ein großer Fehler, das Militärpotenzial der USA und deren Einwirkungsmöglichkeiten zu unterschätzen. Hirntot dürfte hingegen die EU sein. Die neue Führungsspitze ist fest in transatlantische Netzwerke eingebunden und wird die Union im Sinne der USA instrumentalisieren. Doch was ist mit Deutschland? Wird sich das Land nach all den schmerzhaften Erfahrungen aus dem letzten Jahrhundert noch einmal in einen

Weltkrieg manipulieren lassen? Die Frage muss wohl leider mit Ja beantwortet werden. Allein der Hinweis auf den schändlichen Angriff auf das friedliche Polen am 1. September 1939 wird auch die letzten Zweifler aus der Reserve holen, wenn es gilt, dem »bedrohten Polen« beizustehen. Und die antirussische Propaganda wirkt bereits jetzt.

Ein stürzendes Weltreich ist unberechenbar. Heute haben wir es mit noch viel mächtigeren Interessengruppen zu tun als Anfang des 20. Jahrhunderts, als die Rhodes-Milner-Gruppe bzw. ein kleiner konspirativer Kreis britischer Politiker hinter dem Rücken von Kabinett und Parlament intrigierte und die Ahnungslosen mit zerstörerischen Welteroberungsstrategien überrumpelte. Auch die heutigen Globalisierungsstrategen und Finanzjongleure wollen unter dem Signum von Humanität, Frieden und Freiheit eine unipolare Welt schaffen mit einer alles kontrollierenden Regierung. Nun kommt es darauf an, den Zusammenhang der immer gleichen Macht- und Profitinteressen zu durchschauen und für andere transparent zu machen, sodass sie nicht länger unter einer raffinierten humanitären Tarnkappe verschwinden können.

# EU am Ende oder nur am Scheideweg?

## 2019: Hoffnungsvolle Europawahl endet im Demokratiedefizit

Vom 23. bis 26. Mai 2019 fand in den Mitgliedstaaten der EU die neunte Direktwahl zum Europäischen Parlament statt. Teilnahmeberechtigt waren rund 427 Millionen Menschen. Die in 28 EU-Staaten durchgeführte detaillierte Eurobarometer-Umfrage von rund 28 000 Bürgerinnen und Bürgern in der ganzen EU brachte erstaunlich positive Ergebnisse. Mehr als die Hälfte der Befragten waren der Überzeugung, dass ihre Stimme etwas zählt.[1] Spitzenkandidaten wie Manfred Weber oder Frans Timmermanns waren den meisten vertraut. Beim Wunschkandidaten wurde das Kreuz gemacht – damit aber, wie sich später herausstellen sollte, nicht der Mehrheitskandidat Weber gewählt, sondern eine Person, die gar nicht am Wahlkampf teilgenommen hatte: die deutsche Verteidigungsministerin Ursula von der Leyen. Staatspräsident Macron hatte den Spitzenkandidaten der konservativen Parteienfamilie EVP, den CSU-Mann Manfred Weber, vehement abgelehnt. Macron soll diesen schlicht für zu leichtgewichtig befunden haben, um mit Leuten wie Donald Trump oder Wladimir Putin zu verhandeln.[2] Umgehend schlug Ratspräsident Donald Tusk von der Leyen vor und ergänzte die Offerte noch mit einem Gesamtpaket. Die Chefin des Weltwährungsfonds, die Französin Christine Lagarde, sollte an die Spitze der Europäischen Zentralbank wechseln, der belgische Regierungschef Charles Michel von den Liberalen Nachfolger von Tusk als Ratspräsident werden und der spanische Außenminister Joseph Borrell, ein Sozialist, als Außenbeauftragter die EU vertreten.

## Ein transatlantisch gefestigtes Triumvirat

In diesem Quartett haben drei Personen besonders einflussreiche Stellungen. Sie bilden quasi ein Triumvirat, wie man so ein dreiköpfiges Leitungsgremium im imperialen Rom nannte. Was verbindet Ursula von der Leyen (EU-Kommissionschefin), Christine Lagarde (EZB-Vorsitz) und Joseph Borell (Hoher Beauftragter für Außenpolitik) miteinander? Alle können Studienaufenthalte in den USA aufweisen, dadurch ist die Nähe zu den transatlantischen Netzwerken nicht verwunderlich, ebenso die »distanzierten« Äußerungen zu Russland. Zu dem nicht gerade demokratisch zustande gekommenen Personalpaket gehörte außerdem noch Charles Michel als Kandidat für den Posten des Ratspräsidenten – also eine Art Zeremonienmeister.

Die Damen haben sogar noch ein inniges Verhältnis zu den Bilderbergern, deren Treffen Ursula von der Leyen als Verteidigungsministerin 2015, 2016, 2018 und 2019 besuchte und Christine Lagarde als IWF-Chefin 2013 und 2014. Sie trat nach dem Jurastudium 1981 in das Pariser Büro der US-Rechtsanwaltskanzlei Baker & McKenzie ein und stand dort von 1999 bis 2004 an der Spitze. Lagarde hat zwar keine Erfahrung im Bankengeschäft, dafür ist sie im strategischen Denken bewandert. Als Mitglied der Denkfabrik CSIS führte sie von 1995 bis 2002 gemeinsam mit Zbigniew Brzeziński das Aktionskomitee USA-EU-Polen an, wo sie sich speziell in der Arbeitsgruppe »Rüstungsindustrie USA-Polen« (1995–2002) engagierte. 2003 gehörte sie auch der Euro-Atlantic Action Commission in Washington an. Wenn man die heutigen Militäraktivitäten Polens analysiert, muss man feststellen, dass Frau Lagarde großartige Vorarbeit geleistet hat, die von Frau von der Leyen zielstrebig weitergeführt wurde. Von ihr stammt ja der Slogan der »Militärunion« und das forcierte Vorantreiben der Zusammenarbeit bis hin zu einer europäischen Armee. Sie steht für die Militarisierung der gesamten EU und ist eine Vertreterin des militärischen-industriellen Komplexes.[3]

Das liegt auf der Linie von Macron, der bei seiner Grundsatzrede im September 2017 deutlich machte, dass er sehr an einer Militarisierung der EU interessiert sei. Die Kandidatur von der Leyens und Lagardes dürfte bei den US-amerikanischen Vertretern der parteiübergreifenden Kriegskoalition bzw. des Tiefen Staats auf großes Wohlwollen gestoßen sein: die EU als Außenstelle der NATO und als Vorposten für französische Afrika-Kriege.[4] Seit dem völkerrechtswidrigen Krieg gegen Jugoslawien behält sich die NATO das Recht vor, im Ausnahmefall und auf der Basis eines Konsensbeschlusses der Bündnispartner ohne UN-Mandat militärisch zu intervenieren und ist damit zum Offensivbündnis geworden. Seither reißt der Strom der in Bremerhaven und Antwerpen gelöschten Kriegsgüter in Richtung russischer Grenze nicht mehr ab.

Paul Craig Roberts, mittlerweile mahnender Publizist, hoffte nach dem Brexit-Votum 2016 auf ein Auseinanderbrechen der *»bösartigen Institutionen«* EU und

NATO und damit auf die Vermeidung des dritten Weltkriegs: Ohne sie *»könnte Washington Europa und das Vereinigte Königreich nicht in einen Konflikt mit Russland zwingen, hätte Washington in 15 Jahren nicht sieben muslimische Länder zerstören können, ohne als verhasste Kriegsverbrecherregierung isoliert zu werden. Kein Mitglied dieser Regierung hätte je ins Ausland reisen können, ohne verhaftet und vor Gericht gestellt zu werden.«*[5]

Dies wird für viele schwer zu verdauen gewesen sein. Roberts' Worte stehen jedoch im Raum, und es ist an der Zeit, sie zu überprüfen. Die jahrzehntelangen Propagandakampagnen zur EU als *»erfolgreichstes Friedensprojekt in der Geschichte der Menschheit«*[6] wirken nach wie vor. In Anlehnung an die berühmte Maxime Immanuel Kants konstatierte der britische Philosoph, Journalist und Autor John Laughland 2015: *»Die Freiheit für Deutschland ist der Ausgang aus einer 70-jährigen Vormundschaft durch die Amerikaner.«*[7] Das dürfte auch für die Freiheit Europas gelten.

## Regieren nach Gutsherrenart

Ein weiteres Beispiel für das Demokratiedefizit der EU wird ersichtlich aus den Antworten zu Parlamentarischen Anfragen an die Europäische Kommission, etwa bezüglich Kontakten zwischen hohen EU-Vertretern und George Soros: »*Die ungarische Tageszeitung ›Magyar Idök‹ berichtete in ihrer Ausgabe vom 12. Januar [2019] ausführlich über anhaltende und intensive Kontakte zwischen dem Großspekulanten und ›Philanthropen‹ George Soros bzw. Vertretern seiner Organisationen und führenden EU-Politikern.*

*Demnach haben sich zwölf beim Europäischen Parlament akkreditierte Lobbyisten der Soros-Organisation ›Open Society European Policy Institute‹ (OSEPI) 52mal mit Mitgliedern des LIBE-Ausschusses [Ausschuss für bürgerliche Freiheiten, Justiz und Inneres des Europäischen Parlaments, Anm. d. Verf.] getroffen. Darüber hinaus hat sich George Soros seit dem Amtsantritt des Präsidenten der Kommission Jean-Claude Juncker (2014), mehr als 20mal offiziell mit den Mitgliedern der Kommission getroffen.*

*Auch der Vizepräsident der Kommission, Frans Timmermans traf sich [im September 2015] mit Soros und Vertretern seines Netzwerkes in New York. Im April 2017 fand darüber hinaus ein Treffen mit dem Präsidenten der Kommission, Jean-Claude*

*Juncker, in Brüssel statt. Ein weiterer politisch gewichtiger Gesprächspartner Soros' war das für Fragen der Migration zuständige Mitglied der Kommission, Dimitris Avramopoulos; er soll [im Juni und November 2015] mit Soros-Lobbyisten verhandelt haben.*

1. *Inwieweit kann die Kommission die genannten Treffen wichtiger EU-Vertreter mit George Soros bzw. Vertretern seiner Organisationen bestätigen?*
2. *Was war Anlass und Inhalt der Gespräche? (Bitte einzeln für alle genannten Treffen aufführen!)*
3. *Wie begründet die Kommission die unterbliebene Information der Öffentlichkeit über die Vielzahl politisch brisanter Kontakte, die hohe EU-Funktionäre über Jahre hinweg mit Soros und Funktionären seines Netzwerkes pflegten?«*[8]

Am 1. April 2019 antwortete Präsident Juncker: »*Die laufende öffentliche Kampagne der ungarischen Regierung verzerrt die Wahrheit und versucht ein dunkles Bild einer geheimen Verschwörung zu zeichnen, um die Migration nach Europa zu fördern. Die Kommission ist der Ansicht, dass die ungarischen Bürger Fakten statt Fiktion verdienen. Die Wahrheit ist, dass es keine Verschwörung gibt. Die Behauptungen der ungarischen Regierung sind schlimmstenfalls schlichtweg falsch und bestenfalls äußerst irreführend. Und nichts davon hat mit George Soros zu tun. Die Kommission hat daher die Dinge Punkt für Punkt richtiggestellt.*[9]

*Da die Kommission im EU-Legislativprozess das Initiativrecht hat, wollen Interessenvertreter der Kommission natürlich ihre Sichtweisen zu einem politischen Thema oder einer legislativen Initiative darlegen. Die Kommission muss allen Parteien wie auch den Bürgerinnen und Bürgern, der Zivilgesellschaft und Interessenverbänden zuhören. Interessenvertreter können außerdem wertvolle Beiträge zur Initiierung und Umsetzung von Gesetzen und Politikmaßnahmen leisten, die die Besonderheiten des betreffenden Bereichs vollständig berücksichtigen. Die übergeordneten Grundsätze der Kommission für diese Kontakte sind Transparenz, Integrität und gleicher Zugang. Diese Grundsätze werden bei allen Treffen gleichermaßen angewendet, unabhängig vom jeweiligen Gesprächspartner.*

*Die Kommission trifft sich mit Interessenvertretern je nach Bedarf, und jede Anfrage wird einzeln bewertet. Die meisten Anfragen gehen von Interessenvertretern aus. Informationen über Treffen zwischen Kommissaren, ihren Kabinettsmitgliedern,*

*Generaldirektoren und Interessenvertretern werden seit 2014 auf den jeweiligen Webseiten veröffentlicht, wobei das Datum des Treffens, der Ort, der jeweilige Gesprächspartner und das diskutierte Thema angegeben wurden. Angesichts der Vielzahl an Gesprächspartnern und der über mehr als vier Jahre hinweg besprochenen Themen ist die Anzahl der Treffen zwischen verschiedenen Kommissionsdienststellen und dem Open Society European Policy Institute (OSEPI) nicht ungewöhnlich.*

*Die Kommission bedauert, keine weiteren Einzelheiten bereitstellen zu können. Was Treffen des OSEPI mit anderen EU-Institutionen betrifft, so ist es Gepflogenheit der Kommission, die internen Angelegenheiten anderer EU-Institutionen nicht zu kommentieren.*«[10]

Die Anfrage wurde also nicht beantwortet. Auch wenn es lästig sein könnte – sie nach Gutsherrenart vom Tisch zu wischen ist sicherlich kein Stil, der das Vertrauen in die Repräsentanten rechtfertigt.

Im August 2016 schrieb Caroline B. Glick in der *Jerusalem Post:* »*Das Erste, was wir sehen, ist die größenwahnsinnige Natur von Soros' philanthropischem Projekt.*

*George Soros: immer wieder Taktgeber auf der Münchner Sicherheitskonferenz (Bild: 2015)*

*Kaum ein Winkel der Welt ist unberührt von seinen Bemühungen. Kein Politikbereich bleibt ausgespart.«*[11] Aktueller Anlass war der Hackerangriff der Gruppe »DC Leaks« auf die Open Society Foundations, in dessen Folge 2500 Dokumente unter dem Titel »Soros Internal Files – Big Data« in die Öffentlichkeit kamen. Sie deckten ein weltweit einflussreiches Netzwerk auf und sollten wohl der Demontage von Präsidentschaftskandidatin Hillary Clinton dienen, deren Wahlkampf George Soros unterstützt hatte, laut Glick mit über 30 Millionen Dollar.[12]

Die globalen Aktivitäten des heute 90-jährigen Soros wurden von »DC Leaks« dokumentiert. Das Netz der Gruppen und Einzelpersonen, die er unterstützt – mehr als 50 globale und regionale Stiftungen, Organisationen und Gruppierungen –, ist selbst für Eingeweihte schwer zu überblicken. Soros war Dramaturg und Sponsor fast jeder Farbenrevolution der letzten 25 Jahre. Ziel seiner Aktivitäten ist u. a. die Destabilisierung westlicher Demokratien und ihrer Institutionen, um die Aufrechterhaltung ihrer gesellschaftlichen Ordnung und ihrer nationalen Identität zu erschweren. Caroline Glick zeigt dies am Beispiel der Organisation »Black Lives Matter« (BLM), die allein im Jahr 2015 650 000 US-Dollar aus Soros' Netzwerk bekam. Die BLM-Agitation soll das Vertrauen in die Polizei untergraben und sie als einen Hort rassistischer Unterdrückung hinstellen. Durch die Einschüchterung der Polizei werden, abgesehen von der Demoralisierung der Polizisten, die sich ja bemühen, Verbrechen und Gewalt zu bekämpfen, Gewaltverbrechen auch noch gefördert.

Dazu passt zu Soros' Forderung nach »offenen Grenzen«. Auch illegale Einwanderung ist ein Mittel zur Unterminierung der Stabilität westlicher Gesellschaften. Soros fördert direkt eine immigrantenfreundliche journalistische Berichterstattung – wer vor Problemen warnt, wird als Rassist dämonisiert. Sogar in Israel macht Soros Stimmung gegen die Bemühungen der Regierung um die Eindämmung illegaler Einwanderung aus Afrika über Ägypten. Gleich zu Beginn der Krise 2015 entwarf er für die EU öffentlich einen Masterplan: Sie solle jährlich eine Million Flüchtlinge aufnehmen und pro Asylbewerber *»während der ersten zwei Jahre jährlich 15 000 Euro für Wohnen, Gesundheit und Ausbildung bereitstellen – und den Mitgliedstaaten die Aufnahme von Flüchtlingen schmackhafter machen«.*[13] Weiter müsse die EU den Frontstaaten (Türkei, Griechenland, Italien etc.) mindestens 8 bis 10 Mrd. Euro jährlich garantieren; der Rest solle von den Vereinigten Staaten und dem Rest der Welt aufgebracht werden.

In Anbetracht der Tatsache, dass die Flüchtlingsströme in erster Linie auf das Konto der Kriegspolitik seit 2001 von USA und Saudi-Arabien gehen, ist das ein mehr als merkwürdiger Vorschlag. Wohlgemerkt: George Soros ist kein demokratisch legitimierter Politiker, er hat riesige Summen mit Spekulationen verdient, z. B. während der Finanzkrise, als ahnungslose Bürger einen Großteil ihrer Ersparnisse verloren, und steht vollkommen hinter den Zielen der Globalisierungselite. Die Ausbeutung der Ressourcen und der menschlichen Arbeitskraft wird durch seine propagandistische Vision einer grenzenlosen Welt eher verschärft als verhindert.

Gesellschaftliche Normen sind Soros ein Dorn im Auge. So unterstützt er etwa die radikalen Forderungen des Genderismus wie die Auflösung sexueller Privatheit, etwa durch gemeinsame Unterbringung in einer gemischtgeschlechtlichen Armee, oder die allgemeine sexuelle Entgrenzung. Die Auflösung gesellschaftlicher Standards und das Chaos schaffen weltweit den Nährboden für Ausbeutung von Ressourcen und kriminelle Strukturen. Mit seinem undurchschaubaren Netzwerk an Organisationen, die vordergründig für Menschenrechte und Demokratie eintreten, unterläuft Soros vorhandene rechtstaatliche Strukturen und manipuliert die Öffentlichkeit dahin, wo er sie haben will. Caroline Glick: *»Die von Soros unterstützten Direkte-Demokratie-Bewegungen sind nichts weniger als Aufrufe zur Herrschaft des Mobs.«* Sie appelliert an die Bürger der westlichen Länder, die subversiven Aktivitäten endlich zu durchschauen und für ihr Recht auf traditionelle Werte und gesellschaftliche Stabilität zu kämpfen.

*MoveOn.org: Die ausgewiesene Maxime auf der Website lautet »Demokratie in Aktion«, in Wirklichkeit wird der politische Willen von ihrem finanziellen Förderer Soros umgesetzt*

Seit Trumps Wahlsieg haben sich die von Soros dominierten Organisationen und Medien dem Kampf gegen den Präsidenten verschworen. Ein Beispiel ist das politische Aktionsbündnis MoveOn.org mit 7 Millionen Mitgliedern, gegründet 1998 zur Abwehr der Amtsenthebung von Bill Clinton. Ab 2004 ist es zunehmend für George Soros tätig. Im selben Jahr entstand als Ableger Campact und 2007 die international agierende Tochter Avaaz (siehe auch S. 405 f.). 2008 wurde Barack Obama, 2016 erst Bernie Sanders, dann Hillary Clinton massiv im Wahlkampf unterstützt.

Am 21. April 2017 berichtete der Brüsseler Korrespondent des britischen *Express* Nick Gutteridge von einem bevorstehenden Treffen Junckers mit Soros in Brüssel zwecks Planung rechtlicher Schritte gegen die ungarische Regierung.[14] Der EU-Kommissionspräsident und ein dubioser Superspekulant planen gemeinsam rechtliche Schritte gegen Ungarn! Was hat das mit demokratischen Regeln zu tun?

Zur Art und Weise, wie in Brüssel Politik gemacht wird, bemerkte Jean-Claude Juncker bereits in den 1990er-Jahren lapidar: »*Wir beschließen etwas, stellen das dann in den Raum und warten einige Zeit ab, was passiert. Wenn es dann kein großes Geschrei gibt und keine Aufstände, weil die meisten gar nicht begreifen, was da beschlossen wurde, dann machen wir weiter – Schritt für Schritt, bis es kein Zurück mehr gibt.*«[15]

## Nach vier Jahren Gezerre: endlich Brexit-Day

Dreieinhalb Jahre, zwei Premierminister und zwei Unterhauswahlen nach dem ersten Brexit-Votum wurde der Austritt Großbritanniens realisiert. »*Ein großer Moment für unser Land*«, freute sich Boris Johnson, Vorreiter der Brexit-Bewegung und heute amtierender Regierungschef.[16] Die Feiern hielten sich indes in Grenzen. Ein Feuerwerk hatte die Stadtverwaltung untersagt, und auch Big Ben läutete nicht. Der Brexit hat das Land gespalten und die EU rein geografisch verändert: Der Mittelpunkt verlagerte sich nach Osten – nach Gadheim in Franken.

Welche Bedeutung hat der Austritt nun für Paris respektive Berlin und für die NATO? Da Großbritannien nur Teile seiner Streitkräfte in der NATO assigniert hat, war der Großteil der britischen Verteidigung immer schon in

*Am 1. Februar 2020 war es so weit: Großbritannien verließ unspektakulär die EU – und die britischen Medien feierten es*

nationaler Hand. Das betrifft auch den Einsatz der Nuklearstreitkräfte. Die wichtigsten verteidigungspolitischen Beziehungen sind bilateral, insbesondere mit den USA und dem Commonwealth sowie im Nahen Osten. »*Die EU als Organisation spielte in keinem von Großbritanniens letzten Kriegen eine wichtige Rolle, weder im Irak, in Afghanistan, Libyen noch im Kampf gegen den IS*«, hieß es in den Arbeitspapieren der Bundesakademie für Sicherheitspolitik.[17] Stimmt das? Als Organisation hat die EU tatsächlich wenig Bedeutung, wenn man bedenkt, wie groß die Schnittmengen mit der NATO sind. Die Aktivitäten der beiden Organisationen sind nicht klar zu trennen.

Auf die Frage, ob die EU infolge des Brexits zerfällt, antwortete Herfried Münkler pointiert: »*Die Schwierigkeit, in die sich die Briten selbst gebracht haben, die innere Spaltung des Landes, bleibt bestehen. Das dürfte weitere Kandidaten davon abhalten, die EU zu verlassen. Aber mit Großbritannien verliert die EU auch an Handlungsfähigkeit, nicht nur militärisch. Besonders Deutschland wird dies noch zu spüren bekommen. Nicht allein wegen der engen Wirtschaftsverbindungen zur Insel. In der Dauerdebatte zwischen französischem Staatsdirigismus und britischem Wirtschaftsliberalismus konnten Länder wie Deutschland und Österreich bequeme Vermittlerrollen einnehmen. Diese komfortable Mittellage ist überholt. Noch eine Folge zeichnet sich ab: Die verbleibende EU wird sehr viel kontinentaleuropäischer geprägt sein, die transatlantische Position wird schwächer.*«[18]

Münkler scheint die militärische Bedeutung für die EU überzubewerten. Geografisch wird sie in der Tat kontinentaleuropäischer, der ideelle Einfluss der politischen Eliten Europas war und ist jedoch durch die USA geprägt. Hier dürften die Abhängigkeiten noch größer werden.

Der Journalist und Filmemacher Ulrich Gellermann hat einen anderen Blickwinkel als Münkler. Er gab auf die Frage »Was ist das für ein Land, das die EU verlässt?« eine bedenkenswerte Antwort: *»Es ist das Land, in dem seit Jahr und Tag ein Journalist einsitzt, ein Mann, der im Gefängnis gefoltert wird und für den weder die Brexiteers noch die Remainers einen Finger gekrümmt haben. Ein Land, das im Interesse der USA unbedingt den Journalisten Julian Assange mundtot machen will und alle erdenklichen Rechte mit Füssen tritt: die Pressefreiheit, das Recht auf freie Meinung, das absolute Folterverbot. Großbritannien unterstützte die Osterweiterung, die die EU politisch uneiniger denn je gemacht hat, und die paranoide Russophobie Polens und der baltischen Staaten, die andere europäische Länder in einen gefährlichen Konflikt mit Russland drängt, der ihren eigenen Interessen zuwiderläuft. Großbritannien war ein US-Pfahl im Fleisch der Westeuropäer.«*[19]

Für Gellermann zeigte die Kampagne zum Verbleib der Briten in der EU nachdrücklich, von welch imperialem Geist die EU-Eliten durchdrungen sind. Sie führten immer das Wort »Europa« im Mund, doch sei der europäische Kontinent viel größer als die Europäische Union, *»die gierig ihre Zähne in jedes weitere Land schlug, das ihren Markt vergrößerte, ihre Ungleichheit und ihre asoziale Steuerpolitik. Ein Monster, das keine demokratische Verfassung kennt, nur eine unersättliche Bürokratie.«* Das fehlende Demokratieverständnis machte Gellermann auch an der Abstimmung über den Entwurf der EU-Verfassung fest, der in den Niederlanden und in Frankreich scheiterte. Umgehend wurde vom Europäischen Rat, dem Gremium der Staats- und Regierungschefs der Europäischen Union, der »Vertrag von Lissabon« ausgebrütet, der an den Völkern vorbei vom EU-Parlament abgenickt werden konnte. Auf der Grundlage dieses »Vertrags von Lissabon« können mit weltweiten EU-Militäreinsätzen die imperialen Interessen der EU durchgesetzt werden. So mutierte ein ursprüngliches Wirtschaftsbündnis zu einem offensiven »Verteidigungsbündnis«.

Aus heutiger Sicht und nach den Vorgängen in der Ukraine kaum noch nachvollziehbar: Ein Jahr nachdem die EU-Länder Frankreich und Großbritannien Krieg gegen Libyen geführt hatten, erhielt die Europäische Union am 10. Dezember 2012 den Friedensnobelpreis für *»den erfolgreichen Kampf für Frieden und Versöhnung und für Demokratie sowie die Menschenrechte«*. Angesichts der im Lissabon-Vertrag geforderten weiteren Militarisierung konnte die Verleihung nicht ohne Kritik bleiben. Die früheren Preisträger Mairead Corrigan-Maguire, Adolfo Pérez Esquivel und der südafrikanische Erzbischof Desmond Tutu protestieren gegen die Preisverleihung. Die Gemeinschaft sei kein Vorkämpfer für den Frieden. Sie strebe nicht nach der Verwirklichung von Nobels globaler Friedensordnung ohne Militär und gründe kollektive Sicherheit auf militärischen Zwang und die Durchführung von Kriegen.[20]

## Von der Leyen und ihr »Green Deal«

Auf dem Weltwirtschaftsforum in Davos am 22. Januar 2020 ließ Ursula von der Leyen durchblicken, wie sie und ihre Mitstreiter die Zukunft des Kontinents planen. Mit ihrem »Green Deal« als Antwort auf das Statement von US-Präsident Trump – er bezeichnete die Handelsbeziehungen Europas mit den USA als *»unfair«* und forderte Greta Thunberg auf, andere Länder in den Fokus ihrer Kritik zu nehmen, die USA seien *»sauber«*[21] – habe sie ein »Zeichen gesetzt«, wie es in den Medien später hieß. Da die »alte Weltordnung« nach Einschätzung von der Leyens nicht mehr funktioniert, braucht die Welt etwas Neues. Vielleicht in dem Sinn, wie es von geistesverwandten Prominenten wie etwa Ex-Bundesfinanzminister Wolfgang Schäuble, David Rockefeller oder den US-Präsidenten George W. Bush, Bill Clinton und Barack Obama immer wieder eingefordert wurde?

Je katastrophaler eine Krise ausfalle, sagte Schäuble einmal, umso größer seien die Möglichkeiten, Veränderungen durchzusetzen. Dass eine solche »Neue Weltordnung« nur unter Abschaffung der Nationalstaaten durchgesetzt werden kann, ist das hartnäckig vorgetragene Credo, dem auch von der Leyen in ihrer Rede folgt, indem sie sich für »globale Zusammenarbeit« und gegen Nationalismus ausspricht. Für den Chefredakteur des *Antizyklischen Börsenbriefs*, Andreas Hoose, drängt sich in der Tat der Verdacht auf, *»dass während der Durchsetzung der ›Neuen Weltordnung‹ mit dem ›Klimawandel‹ rein zufällig ein internationales Problem ›entstanden ist‹ (oder sollte man besser sagen: geschaffen wurde?), das jetzt – angeblich – nur noch von einer übergeordneten Instanz gelöst werden kann«.*[22]

*»Für die Europäische Kommission hat der europäische ›Grüne Deal‹ oberste Priorität«*, betonte die Kommissionspräsidentin und verkündete trotzig: *»Europa wird bis 2050 der erste klimaneutrale Kontinent der Welt sein. Im vergangenen Monat forderten 44 der größten europäischen Investoren mit Vermögenswerten im Umfang von 6 Billionen Euro die EU auf, die Klimaneutralität gesetzlich zu verankern. Diese Investoren wollen ein solches Gesetz. Ihrer Auffassung nach wird dadurch das nötige Vertrauen geschaffen und für eine entsprechende Rechenschaftspflicht und Zuverlässigkeit gesorgt, die notwendig sind, um langfristige Investitionen zu tätigen ... Der europäische Green Deal ist unsere neue Wachstumsstrategie.«*[23] Die eigentliche Botschaft von der Leyens findet Hoose zwischen den Zeilen: *»Ohne das Wort in den Mund zu nehmen, wirbt die EU-Kommissionspräsidentin in ihrer Rede von Davos unverkennbar für eine ›sozialistische‹, nämlich unter Kooperation aller Staaten der Welt geführte Ordnungsmacht. Nur diese sei in der Lage, die globalen Probleme zu lösen, namentlich und vor allen anderen den angeblich existenzbedrohenden Klimawandel«.*[24]

Nur wenige Wochen später machte die Coronakrise völlig unerwartet eine neue Front auf, und von der Leyen meinte am 2. April 2020 enttäuscht: *»Es muss anerkannt werden, dass in den ersten Tagen der Krise angesichts der Notwendigkeit einer gemeinsamen europäischen Antwort zu viele nur an die eigenen Probleme dachten.«* Weiter schrieb sie: *»Es war ein schädliches Verhalten, das hätte vermieden werden können.«*[25] Italien versprach sie als Trostpflaster Hilfen in Milliardenhöhe für Kurzarbeiter: *»Die Union wird bis zu hundert Milliarden Euro zugunsten der am stärksten betroffenen Länder, angefangen mit Italien, bereitstellen, um die Kürzung der Gehälter der Kurzarbeiter auszugleichen ... Alle Mitgliedsländer werden dazu beitragen, dieses neue Instrument ... zu ermöglichen.«* Italien habe in der Krise so viele Tote wie kein anderes Land gemeldet, gefolgt von Spanien. Dabei lag Italien am 24. April 2020 nur noch auf Platz 18.[26] Die wirtschaftlichen Schäden durch die strikten Ausgangssperren seien enorm. Inzwischen habe Europa aber das Tempo geändert. *»Wir haben alles, was möglich ist, getan, um die europäischen Länder dazu zu bringen, wie ein Team zu handeln und eine koordinierte Antwort auf ein gemeinsames Problem zu gewährleisten.«* Eine Initiative namens »Sure« plane Kredite, die mithilfe von Garantien aus allen Mitgliedstaaten finanziert werden sollen.[27]

## Lagarde in Aktion: milliardenschwere Notfallprogramme

Am 18. März 2020 kündigte EZB-Präsidentin Christine Lagarde ein Notfallprogramm im Kampf gegen die wirtschaftlichen Folgen der Coronakrise an und stellte dafür 750 Milliarden Euro bereit. Sie ließ erklären: »*Der Rat der EZB sieht sich in der Pflicht, alle Bürger der Euro-Zone in dieser extrem herausfordernden Zeit zu unterstützen.*«[28] Man werde daher sicherstellen, dass alle wirtschaftlichen Sektoren von den Unterstützungsmaßnahmen profitieren könnten, um diesen Schock zu überstehen. Kurz nach der Entscheidung twitterte sie: »*Es gibt für unser Versprechen keine Grenzen.*« Für den Chefvolkswirt der Deutschen Bank in New York, Torsten Slok, zeigt dies, dass es sich um ein wirklich umfangreiches Programm handle. Es sei der Versuch, die Märkte zu beruhigen und sicherzustellen, dass die Geldpolitik reibungslos funktioniere. Die Größe und die Flexibilität des Programms seien bemerkenswert: Die Finanzmärkte hätten damit ein Sicherheitsnetz von der EZB bekommen.[29]

Das milliardenschwere neue Anleihekaufprogramm der Währungshüter trägt den Titel: »Pandemic Emergency Purchase Programme«, also Pandemie-Notkaufprogramm, damit reagierte die EZB auf die Börsenpanik. Sie hatte nicht nur die Aktien- und Devisenmärkte, sondern auch die Rohstoffe- und Anleihemärkte erfasst. Die Investoren wollten nur noch Liquiditätschaffen. Mit dem EZB-Programm wird allerdings nur die spekulierende Finanzindustrie geschützt. Nun können sogar wieder griechische Anleihen gekauft werden. Chefvolkswirt Slok reagierte euphorisch. Die EZB ermögliche ein monatliches Kaufvolumen von gut 100 Milliarden Euro. »*Das ist mehr als jene 80 Milliarden Euro, die Draghi einstmals in der Eurokrise eingesetzt hat und zeigt, dass wirklich Feuerkraft hinter dem Programm steckt.*«[30]

Doch woher kommt die »Feuerkraft«? Aus der Luft? »Feuerkraft« bräuchte jetzt der Mittelstand: Handwerksbetriebe, Selbstständige, Firmen. In Zeiten, in denen die Unternehmenstore der Industrieländer geschlossen werden müssen, wäre es notwendig, auch die Börse zu schließen. Die Börse wird sich erholen, sobald sich die Wirtschaft erholt hat, doch bei geöffneten Börsen besteht die Gefahr der destruktiven Spekulation. Kurz vor der Entscheidung der EZB wurden in Nachbarländern Verbote zum Aufbau von Netto-Leerverkaufspositionen erlassen: von der spanischen Nationalen Wertpapierbörsenkommission CNMV am 17. März 2020, von der italienischen Börsenaufsichtsbehörde

CONSOB, der französischen Finanzmarktaufsichtsbehörde AMF, der belgischen Finanzmarktaufsicht FSMA, der griechischen Finanzaufsicht HCMC sowie der österreichischen Finanzmarktaufsichtsbehörde FMA jeweils am 18. März 2020.[31] In Deutschland gab es keine Verbote.

Unter Leerverkauf (Short Sale) wird ein Verkauf von Basiswerten (Devisen/Wertpapieren) verstanden, die sich zum Zeitpunkt des Eingehens der Verkaufsvereinbarung nicht im Eigentum des Verkäufers befinden. Im Zuge der Finanzkrise ab 2007 wurden seinerzeit noch Leerverkäufe von Finanzwerten in Deutschland, aber auch in Großbritannien, den Vereinigten Staaten, Frankreich, Australien, Kanada, Taiwan, Portugal, Irland und Österreich verboten oder eingeschränkt. Doch schon Ende Januar 2010 wurde das Verbot ungedeckter Leerverkäufe in Deutschland aufgrund der Normalisierung der Lage wieder aufgehoben. Mit Wirkung zum 25. März 2010 führte die Aufsichtsbehörde ein Transparenzsystem für Leerverkäufe ein, das zehn Institute betraf.[32] Die Regelung galt zunächst bis 31. Januar 2011 und wurde dann bis zum 25. März 2012 verlängert.

Nachdem die britische Regierung für den Finanzplatz London Nachteile befürchtete, klagte Großbritannien gegen das EU-Verbot von Leerverkäufen beim Europäischen Gerichtshof. Im Januar 2014 kam das für die Briten und viele Börsianer niederschmetternde Urteil: Die EU darf Leerverkäufe verbieten.[33] Dieser für die »City of London« herbe Schlag könnte der britischen Finanzelite den Brexit, der zwei Jahre später auf den Weg gebracht wurde, schmackhaft gemacht haben. Die wirtschaftliche Situation ist indes im Frühjahr 2020 bedeutend bedrohlicher als in der Bankenkrise 2007/2008.

## Die Ursachen der Bankenkrise 2008

Am 15. September 2008 musste die Investmentbank Lehman Brothers Insolvenz anmelden. Der ebenfalls angeschlagenen Konkurrent Merrill Lynch wurde von der Bank of America aufgekauft. Als Folge erlitt der US-Leitindex Dow Jones den stärksten Tagesverlust seit dem 11. September 2001. Die Börsen stürzten weltweit ab, und die Notenbanken begannen den Geldmarkt im zweistelligen Milliardenbereich mit Euro zu stützen. Die wirkliche Ursache lag jedoch weiter zurück. Am 12. November 1999 herrschte im Weißen

Haus Jubelstimmung, als US-Präsident Bill Clinton den Glass-Steagall Act von Franklin D. Roosevelt aus dem Jahr 1933 aufhob und damit das bis dahin erfolgreiche Trennbankensystem, die Trennung des Börsen- und Kapitalmarkts vom Kreditmarkt, abschaffte. Clinton ersetzte dieses erfolgreiche Gesetz durch den »Gramm-Leach-Bliley Financial Services Modernization Act«. Mit diesem »Gesetz zur Modernisierung der Finanzdienstleistungen« wurde die Bankenkontrolle an eine Gruppe privater Großbanken übertragen, also quasi der Bock zum Gärtner gemacht. Es entstand eine Spaltung zwischen der reellen Arbeit und Produktion und dem virtuellen Geldkapital, wobei das Finanzkapital über das Realkapital der Industrie triumphierte. Die Weltgeldmenge in ihren unterschiedlichen Formen hat sich nicht zuletzt dadurch in den vergangenen drei Jahrzehnten mehr als vervierzigfacht (!), die Gütermenge jedoch nur vervierfacht.[34]

*Der Vorsitzende der Federal Reserve, Alan Greenspan (Bildmitte), mit US-Finanzminister Robert Rubin (li.) und dessen Nachfolger Lawrence Summers im Februar 1999 auf dem Cover des* Time Magazine. *Der Titel: Das Komitee der Weltretter. Neun Monate später sollten sie die Voraussetzung dafür schaffen, dass es zur Finanzkrise 2007 kommen konnte*

Maßgeblich beteiligt am Erlass des Gesetzes war US-Finanzminister Robert Rubin. Von 1964 bis 1992 hatte der gelernte Wirtschaftswissenschaftler bei der amerikanischen Investmentbank Goldman Sachs gearbeitet. Nun konnte er die Fesseln des Glass-Steagall Acts abstreifen und die Trennung von Kredit- und Investmentbanken aufheben. Die Reform ermöglichte u. a. die Fusion der Travelers Group und der Citicorp zur Citigroup, einem Bankengiganten, der inzwischen all das repräsentiert, was im amerikanischen Finanzwesen falsch läuft. Diese Entwicklung zur ungebremsten Konzentration des Kapitals war bereits nach der Bankenkrise im Gefolge des Börsencrashs an der Wall Street im Jahr 1929 zu erkennen.

Die damalige Krise endete erst, als 1933 Franklin D. Roosevelt mit dem Versprechen eines »New Deals« (im Spielermilieu Ausdruck für das Neumischen der Karten) Präsident wurde. Er schloss als Erstes die Banken und führte das Trennbankengesetz ein: den besagten Glass-Steagall Act. Dadurch wurden Investment- und Handelsbanken streng voneinander getrennt und Insiderkredite von Banken für ihre Partner untersagt. Geldinstitute konnten somit nicht mehr zuerst bei einem gefährdeten Unternehmen investieren und dann bei drohender Insolvenz diesem Unternehmen unverantwortlich hohe Kredite geben. Zugleich wurde zum Schutz der kleinen Sparer die Bundeseinlagenversicherung FDIC (Federal Deposit Insurance Corporation) gegründet. Wenige Monate später verbot das Wertpapier- und Börsengesetz diverse Wall-Street-Spekulationen. Für die Kontrolle sorgte die neugeschaffene Börsenaufsicht SEC.

Unmittelbar nach Aufhebung des Glass-Steagall Acts wechselte Rubin – wen überrascht es? – als Berater bzw. Direktor zur Citigroup. Bis zu seinem Ausscheiden im Januar 2009 wusste er die völlige Liberalisierung des Bankensystems zu seinen Gunsten zu nutzen. Rubin war sich sicher, dass der amerikanische Staat alle seine Verluste tragen und die Bank nicht einfach implodieren lassen würde, denn sie war »too big to fail« – zu groß, um unterzugehen.[35]

Zu Rubins Schützlingen gehörten die späteren Finanzminister Lawrence Summers und Timothy Geithner. Beide waren bereits 1997 im Namen der US-Finanzbehörde aktiv in der Asienkrise involviert: War das die Generalprobe für die kommenden Entwicklungen? Während dieser »Rettungsaktion« wurde offiziell mit dem IWF verhandelt, während die großen Wall-Street-Banken einschließlich Chase, Bank of America, Citigroup und J. P. Morgan sowie die »Big Five« der Investment Banken (Goldman Sachs, Morgan Stanley, Lehman Brothers, Bear Stearns und Salomon Smith Barney) hinsichtlich einer Schuldenübernahme durch Dritte »konsultiert« wurden. Waren das nicht die Kräfte, von denen die Krise ausgegangen war?

Ausgerechnet der Wallstreet-Liebling Barack Obama sollte nun als nächster US-Präsident den außer Kontrolle geratenen Finanzsektor bändigen. Schon angesichts seines engeren Kreises von wirtschaftspolitischen Beratern waren Zweifel angebracht, denn dort fanden sich neben den beiden kapitalistischen Schlachtrössern Robert Rubin und Paul Volcker, langjähriger Vorsitzender der FED, nur unerfahrene »junge Wilde« wie Austan Goolsbee und Jason Furman.[36]

Von dieser Riege war kaum die notwendige Rückabwicklung des Gramm-Leach-Bliley Acts, also die Wiedereinführung der Trennung von Geschäfts- und Investmentbanken, zu erwarten. Unter Obama wurde das Thema dann auch nicht mehr aufgegriffen. Die Macht der Spekulanten ist wohl zu groß.

Ein weiterer Hauptakteur des Beerdigungsakts von 1999 war der FED-Präsident Alan Greenspan, der sich später zumindest vor der Financial Crisis Inquiry Commission verantworten musste. Dabei ging es um Ramschhypotheken (»Subprime«), die Verbriefung solcher Kredite sowie um die Rolle, die etwa die Immobilienfinanzierer Fannie Mae und Freddie Mac dabei spielten.

## Vergebliche Warnungen

Im engeren Kreis der wirtschaftspolitischen Berater von Obama fehlte der sachkundige, weitsichtige und mutige demokratische Senator Byron Dorgan. Er vertrat den Bundesstaat North Dakota ab 1981 im US-Repräsentantenhaus sowie von 1992 bis 2011 im US-Senat und hatte wenige Tage vor Clintons

*Senator Byron Dorgan warnte Präsident Clinton vor der Aufhebung des Trennbankensystems und zeigte die Folgen auf. Der Bankencrash acht Jahre später gab ihm recht (im Bild mit Moderatorin Rachel Maddow auf msnbc im März 2009)*

Schachzug 1999 im Parlament gewarnt: »*Wenn wir in zehn Jahren zurückblicken, werden wir sagen, dass wir es nicht hätten tun sollen. Aber wir haben es getan, weil wir die Lehren der Vergangenheit vergessen, und dass das, was in den 1930er-Jahren galt, auch im Jahr 2010 gelten wird.*« Beim Ausbau der Spar- und Darlehenskassen in den 1980ern hatte er genug Erfahrungen gesammelt, um bitter zu konstatieren: »*Wir haben nun im Namen der Modernisierung beschlossen, die Lehren aus der Vergangenheit, der Sicherheit und der Solidität zu vergessen.*«[37] Daher bezeichnete Dorgan in der Haushaltsdebatte des US-Senats jede Diskussion über den Haushalt angesichts des Finanzkollapses als hinfällig und erinnerte daran, dass er einer von nur acht Senatoren gewesen war, die 1999 gegen die Aufhebung des Glass-Steagall Acts gestimmt hatten. Er habe damals gewarnt, die Folge werde ein gewaltiges, steuerfinanziertes Rettungspaket für ein zusammenbrechendes, von Derivaten zerrüttetes Bankensystem sein.

Bei der monatlichen Pressekonferenz der Europäischen Zentralbank am 8. April 2010 in Frankfurt ging EZB-Präsident Jean-Claude Trichet auf die Frage, ob es nicht einfacher wäre, das bankrotte Finanzsystem entlang der Glass-Steagall-Kriterien auseinander zu sortieren und zu reorganisieren, statt wertlose Bankpapiere mit Garantien der Zentralbank zu schützen, nicht ein. Glass-Steagall sei ein amerikanisches Gesetz, welches er nicht kommentieren könne. Laut Analyse der Harvard-Professorin und Wirtschaftsexpertin Elizabeth Warren hat die Aufhebung dieses Gesetzes durch Clinton entscheidend zur globalen Finanzkrise von 2008–2009 beigetragen.[38] Der IWF schätzte die Gesamtverluste auf 11,9 Billionen US-Dollar.[39] Diese gigantische Zahl bedeutet für jedes Kind, jede Frau und jeden Mann auf der Welt die stolze Summe von 2973 US-Dollar. In den USA gingen zwischen Juli 2008 und März 2009 7,4 Trillionen (in Europa Billionen = 10 hoch 12) Dollar an Aktien und 3,4 Trillionen Dollar an Immobilien verloren, das macht für jeden US-Amerikaner 324 000 Dollar.[40] Die Explosion pseudofinanzieller Werte wurde von den Politikern vieler Länder nicht etwa unterbunden, sondern kräftig gefördert. Friedhelm Hengsbach kommt in der *Süddeutschen Zeitung* vom 1. Oktober 2008 zu dem Schluss: »*In erster Linie sind nicht die einzelnen Akteure als korrupt einzustufen, sondern das Regelsystem selbst.*«

Obamas Bankreformen führten – wie schon beschrieben – nicht zur Wiedereinführung des Trennbankensystems, sondern dazu, dass bestimmte Unternehmen de facto vor Insolvenz geschützt sind, weil sie aufgrund ihrer schieren

Größe durch eine Staatsintervention im Rahmen eines »Bail-out« (engl. aus der Klemme helfen) gerettet würden, um nicht die gesamte Volks- oder gar Weltwirtschaft zu gefährden. Dasselbe gilt für große Industrieunternehmen. Die prominente Bankenkritikerin Elizabeth Warren vergleicht den Konkurs im Kapitalismus mit der Hölle im Christentum. Zur Schadensbegrenzung müssten den Menschen gelegentlich die Folterwerkzeuge gezeigt werden.

Hoffnung auf eine Regulierung des Bankensystems keimte auf, als Donald Trump im Wahlkampf 2016 gegen die Wall Street wetterte und eine Rückkehr zur Trennung von Investmentbanken und Kreditinstituten befürwortete. Hatte Trump die Bemerkung über das Trennbankensystem lediglich gemacht, um Vertretern von Regionalbanken Unterstützung zu signalisieren? Die republikanische Partei nahm die Rückkehr zu Glass-Steagall jedenfalls in ihr Parteiprogramm auf. Trumps Berufung des US-amerikanischen Investors Steven T. Mnuchin zum Finanzminister – nach Robert Rubin und Henry Paulson der dritte Ex-Goldman-Sachs-Mitarbeiter auf diesem Posten – zeigte jedoch in eine andere Richtung. Wegen umstrittener Transaktionen in früheren Jahren musste sich Mnuchin bei der Anhörung im Senat Anfang 2017 auf scharfe Fragen einstellen. Mit der Aussage »*Wir unterstützen keine Trennung von Banken und Investmentbanken*« beruhigte Mnuchin die Vertreter des spekulativen

*US-Finanzminister Steven Mnuchin (re.) mit Außenminister Mike Pompeo*

Kapitals. Es wäre ein *»großer Fehler«* mit bedeutenden Konsequenzen für Finanzmärkte und die Konjunktur.[41]

An dieser Stelle lohnt ein genauerer Blick auf die Person Steven Mnuchin (geb. 1962). Wie sein Vater studierte er an der Eliteuniversität Yale; er war Mitglied des Ordens Skulls & Bones und wirkte an der Studentenzeitung *Yale Daily News* mit. Während seiner Zeit in Yale wohnte er im eleganten Taft Hotel in New Haven.[42] Ab 1985 arbeitete er als Investmentbanker bei Goldman Sachs im Bereich Hypothekenpapiere und Kreditversicherungen, der bei der Finanzkrise ab 2007 eine große Rolle spielte. Von seinem Mentor Michael P. Mortara erfuhr er, wie das Unternehmen in den 1980er-Jahren durch den billigen Aufkauf von Anteilen schwächelnder US-Sparkassen selbst in der Krise profitieren konnte.[43] Nach neun Jahren bei Goldman Sachs wurde Mnuchin – wie schon sein Vater – Partner des Unternehmens. Die Investmentbank verließ er 2002, um sich anderen Projekten zu widmen. 2004 brachte Mnuchin einen eigenen Hedgefonds namens Dune Capital Management[44] auf den Markt, vier Jahre später erwarb er – mithilfe seines Partners und Großfinanziers George Soros – für 900 Millionen Dollar die Rechte an 59 Filmen des Studios Dreamworks, das sich kurz zuvor der Medienmulti Viacom einverleibt hatte. Auch für Soros' Fund Management war Mnuchin tätig.[45]

In der Finanzkrise kehrte Mnuchin als Vorstand der Immobilienbank OneWest (ab 2015 Teil der CIT Group) wieder ins Bankgeschäft zurück. Gemeinsam mit anderen Investoren – darunter die Hedgefonds-Größen Soros und Paulson, Ex-Goldman-Sachs-Vorstand und Private-Equity-Finanzier Christopher Flowers und Tech-Milliardär Michael Dell – übernahm Mnuchin 2009 das Finanzunternehmen, das sich seitdem IndyMac Bank nennt. In mehreren Verfahren wurde gegen Mnuchin wegen unlauterer Geschäftspraktiken ermittelt, als Chef der Immobilienbank OneWest bekam er den Spottnamen »Mr. Zwangsversteigerung«.[46] 2015 veräußerte die Gruppe den Finanzdienstleister, und zwar für mehr als das Doppelte des Einsatzes von 1,55 Milliarden Dollar.[47]

Die Familie Mnuchin staubte rund 3,2 Millionen Dollar aus betrügerischen Transaktionen mit dem inzwischen verurteilten Geschäftsmann Bernard Madoff ab.[48] Das Geld musste nicht an die Opfer zurückgezahlt werden, weil es geflossen war, bevor das betrügerische Schneeballsystem von Madoff aufflog. Eine erstaunliche Lebensleistung! Sie weist Herrn Mnuchin jedoch weniger als wichtigsten Finanzminister der westlichen Welt, sondern eher als gewieften Interessenvertreter der Hedgefonds-Lobby aus. Als Finanzchef der Trump-Wahlkampagne – 2008 hatte er noch für Obama und Clinton gespendet – war es wohl zwangsläufig, dass er den obersten Posten des Finanzministeriums ergatterte.

Ist es vor diesem Hintergrund Zufall, dass der EU-Rat 2019 jemandem wie Christine Lagarde die Führung der EZB übertrug – einer Juristin wohlgemerkt, gänzlich ohne Notenbankerfahrung, dafür aber besten transatlantischen Beziehungen? Seit der Krise von 2007/08 und der anschließenden Eurokrise hält die EZB das europäische Finanzsystem dadurch am Leben, dass das Spiel einfach weitergeht – mit riesigen Gewinnen auf Seiten der Plutokraten,während zugleich die Risiken im System gewaltig gestiegen sind. Angesichts der in den vergangenen zehn Jahren entstandenen Rekordverschuldung von Staaten, Unternehmen und Privathaushalten und der Rezession im Zuge von Corona kann Lagarde gar nicht mehr anders, als diesen Kurs zu verschärfen und den Zusammenbruch weiter hinauszuzögern – zur Freude der spekulierenden Finanzelite. Dagegen hat die arbeitende Bevölkerung, insbesondere in den unteren Einkommensschichten, menschliche Kälte und soziale Gewissenlosigkeit zu erwarten. Mit der Entscheidung für Christine Lagarde als EZB-Chefin hat der EU-Rat definitiv auf jemanden gesetzt, der für diese Entwicklung die richtigen Eigenschaften mitbringt.[49] Henry Paulson sowie dessen Nachfolger im US-Finanzministerium, Timothy Geithner, loben die Französin. Nur der ehemalige Chefökonom des IWF, Simon Johnson, sieht sie mit realistischeren Augen: Sie schmeiße Kredite zum Fenster hinaus, um die Euro-Länder mit einer *»Casino-Strategie«* zu retten.[50]

## Brüssel als Spielball der Lobbyisten

Schätzungsweise 25 000 Lobbyisten mit einem Jahresbudget von 1,5 Milliarden Euro nehmen in Brüssel Einfluss auf die EU-Institutionen – die zweitmeisten weltweit hinter Washington.[51] Lobbyakteure aus Firmen, Agenturen, Anwaltskanzleien, Branchenverbänden, Nichtregierungsorganisationen und anderen Interessengruppen kommen aus der ganzen Welt – oder haben bereits Büros dort –, um die Politik in ihrem Sinn zu beeinflussen. Zwei Drittel der rund 12 000 Lobbyorganisationen in der belgischen Hauptstadt arbeiten ihrerseits für Unternehmen und Wirtschaftsverbände.[52] Die Lobbyvertreter überhäufen die Abgeordneten mit ihren Änderungsanträgen für Gesetzesvorlagen. Viele genießen privilegierten Zugang zu den EU-Kommissaren. Das gilt auch für die vielen NGOs – über 20 000 sollen weltweit aktiv sein.[53] Ihren Sitz in Brüssel haben etwa das Politische Büro des weltweiten WWF-Netzwerks und auch das Europäische Umweltbüro, beide Empfänger sehr großer EU-Förderungen im Bereich »Umwelt«. Die Umweltverbände sind untereinander vernetzt und üben sehr starken Einfluss aus.

Die europäische Demokratie laufe Gefahr, ausgehöhlt zu werden zu einer wirtschaftsdominierten Lobbykratie, mahnt eine Organisation, die sich für mehr Transparenz und strengere Regulierung einsetzt: LobbyControl. In der EU-Hauptstadt werde in dieser Hinsicht bislang viel zu wenig getan, so der gemeinnützige Verein, der 2019 den ersten EU-Lobbyreport vorgelegt hat. Unter anderem wird darin nüchtern festgestellt, dass die Schutzmaßnahmen gegen Konzerneinflüsse völlig unzureichend sind. Gerade auf EU-Ebene sei es für Lobbyisten besonders leicht, *»unbemerkt von den Augen einer kritischen Öffentlichkeit Einfluss zu nehmen«.*[54]

## Glaubwürdigkeit des Europäischen Gerichtshofs für Menschenrechte angeschlagen

Am 25. Februar 2020 berichtete John Laughland über die Verbindungen der Richter am Europäischen Gerichtshofs für Menschenrechte (EGMR) zum Megaspekulanten George Soros. Ausgelöst wurde sein Artikel durch eine Studie des Europäischen Zentrums für Recht und Gerechtigkeit in Straßburg. Diese NGO, die häufig am Gerichtshof auftritt, um Kampagnen zu sozialen, familiären und religiösen Fragen durchzuführen, hatte mehrere Interessenkonflikte zwischen Richtern des EGMR und den von George Soros finanzierten NGOs aufgedeckt.

Der Gerichtshof wurde 1959 in Straßburg von den Mitgliedstaaten des Europarats eingerichtet, um die Einhaltung der Europäischen Menschenrechtskonvention (EMRK) sicherzustellen. Der Konvention sind bislang alle 47 Mitglieder des Europarats beigetreten. Somit unterstehen mit Ausnahme von Weißrussland und dem Vatikanstaat sämtliche international anerkannten europäischen Staaten einschließlich Russland, Zypern und der drei Kaukasusrepubliken Armenien, Aserbaidschan und Georgien sowie die nicht zu Europa gehörende Türkei der Jurisdiktion des EGMR. Der Gerichtshof urteilt über Beschwerden einzelner Personen sowie Personengruppen und Staaten, die sich auf Verletzungen der in der Europäischen Menschenrechtskonvention anerkannten Rechte beziehen. Die vom EGMR gefällten Urteile sind für die betroffenen Staaten bindend.[55]

*»Die Studie hat ergeben, dass von den 100 Richtern, die im Zeitraum 2009–2019 auf der Richterbank des ›Europäischen Gerichtshofs für Menschenrechte‹ gedient haben, fast ein Viertel (22) starke Verbindungen zu George Soros' ›Open Society Foundations‹ oder zu NGOs, die von ihr finanziert werden, wie ›Amnesty International‹ und anderen, haben. ›Human Rights Watch‹ zum Beispiel hat seit 2010 100 Millionen Dollar von der ›Open Society Foundation‹ erhalten. Einige der NGOs erhalten einen so großen Teil ihres Budgets von Soros, dass sie faktisch hundertprozentige Tochtergesellschaften seiner Stiftung sind«*, recherchierte Laughland.[56] Es kamen beträchtliche Verbindungen zwischen den Richtern und den NGOs ans Licht: Jahrelang arbeiteten sie als Mitglieder des Vorstands oder des Exekutivrats dieser NGOs, erhielten Lehraufträge an von ihnen finanzierten Instituten, waren tätig als angestellte Programmdirektoren für die Open Society Foundations oder andere assoziierte NGOs.

Der Bulgare Yonko Grozev ist ein Paradebeispiel: Als Leiter der Open Society Justice Initiative verteidigte er 2018 den Fall Pussy Riot gegen Russland. Anschließend wurde er zum Richter am EGMR gewählt. Nachfolgend weitere Fälle, die laut Birgit Stöger das Beziehungsgeflecht zwischen dem Gerichtshof und den Soros-Organisationen belegen:[57]

- Richter Lech Garlicki (Polen): hat an mehreren Bildungsprogrammen in Zusammenarbeit mit dem Open Society Institute (heute Open Society Foundations, kurz OSF) und der von Soros gegründeten Central European University, beide in Budapest, teilgenommen.
- Richter EgidijusKüris (Litauen): von 1993 bis 1995 Vorstandsmitglied der OSF in Litauen.
- Richterin Julia Laffranque (Estland): zwischen 2000 und 2004 Mitglied des Exekutivrats des Zentrums für politische Studien, einer im Jahr 2000 durch das OSF ins Leben gerufenen und finanzierten Einrichtung.

- Richterin Ljiljana Mijovid (Bosnien und Herzegowina): von 2001 bis 2004 Mitglied des Executive Council der Open Society Foundations in Bosnien und Herzegowina sowie seit 2001 Mitglied der bosnischen OSF.
- Richter Darian Pavli (Albanien): ehemaliger Student der Central European University, von 2003 bis 2015 Rechtsanwalt bei der Open Society Justice Initiative und von 2016 bis 2017 Programmdirektor der OSF für Albanien.
- Richter Jan Sikuta (Slowakei): von 2000 bis 2003 Mitglied der Fachausschüsse der OSF in der Slowakei.
- Richter Ksenija Turkovid (Kroatien): von 2005 bis 2006 Vorstandsmitglied des Open Society Institute of Croatia und Mitglied des Forschungsteams derselben Organisation von 1994 bis 1998.
- Richter MärflogMits (Lettland): unterrichtet seit 1999 an der Riga Graduate School of Law (auch eine Soros-Gründung), an der er 2014 zum Vizerektor berufen wurde, sowie im Judicial Training Center in Lettland, gegründet und kofinanziert von der Open Society of Latvia.
- Richter Andräs Sajó (Ungarn): 2001 bis 2007 Vorstandsmitglied der Open Society Justice Initiative, New York, und von 1992 bis 2008 Professor an der Central European University, Budapest.
- Richter Nebojäa Vudinid (Montenegro): schrieb zwischen 2005 und 2008 verschiedene Artikel für die OSF. Vorstandsmitglied von zwei NGOs, die von der OSF finanziert werden.
- Richterin Ineta Ziemele (Lettland): unterrichtet seit 2001 an der Riga Graduate School of Law.

Eine beträchtliche Zahl, wenn man bedenkt, dass seit Gründung des Europäischen Gerichtshofs für Menschenrechte 182 Richter aus 47 Staaten entsendet wurden![58] Die NGOs sind im EGMR im Allgemeinen sehr aktiv. So hat z. B. die Helsinki-Stiftung für Menschenrechte in Polen im Jahr 2017 16 Anträge eingereicht und 32 Fälle verteidigt. Nach Laughland saßen in einigen Fällen Richter auf dem Richterstuhl, *»um über Fälle zu entscheiden, die von NGOs, für die sie zuvor gearbeitet hatten, vor Gericht gebracht wurden, ohne einen Interessenkonflikt zu erklären und ohne sich von der Verhandlung der Fälle zurückzuziehen.«* In einem Fall, der 2018 entschieden wurde, wurden sogar 10 der 14 NGOs, die den Fall eingebracht hatten, von der OSF finanziert, während 6 der 17 Richter, die den Fall selbst verhandelt hatten, Verbindungen zu derselben von Soros finanzierten Gruppe hatten.[59]

In der Weigerung der Richter, sich zurückzuziehen, sieht Laughland ein *»schändliches berufliches Versagen«*, das zeige, dass Europas oberste Menschenrechtsorganisation in Wirklichkeit nicht unabhängig ist, sondern Teil einer wahren »Menschenrechtsindustrie« – einer Pyramide aus Geld und einem engen Netz beruflicher Beziehungen, an deren Spitze George Soros mit seinen Milliarden sitzt. NGOs sollten die »Zivilgesellschaft« unabhängig von Staaten repräsentieren; in Wirklichkeit seien sehr viele von ihnen die Schöpfung von Akteuren ohne demokratische Legitimation, wie der Open Society Foundations. Das korrupte System führt Laughland darauf zurück, *»dass Soros und die von ihm finanzierten NGOs die Menschenrechtsindustrie auf dem gesamten Balkan und in den baltischen Staaten dominieren«*. Seine Millionen überschwemmten diese kleinen, armen Länder (er hat z. B. seit 1992 131 Millionen Dollar allein in Albanien ausgegeben), und sie ernennen ihrerseits Richter für den Gerichtshof.

Am 2. Mai 2018 erschien in der Schweizer *Weltwoche* der Artikel »Und wer sichert die Qualität bei den Hütern der Menschenrechte?«. Im Untertitel wurde darauf verwiesen, dass undurchsichtige Stellenbesetzungen und mangelhafte Qualifikationen einzelner Richter des EGMR – des Kronjuwels des Europarats

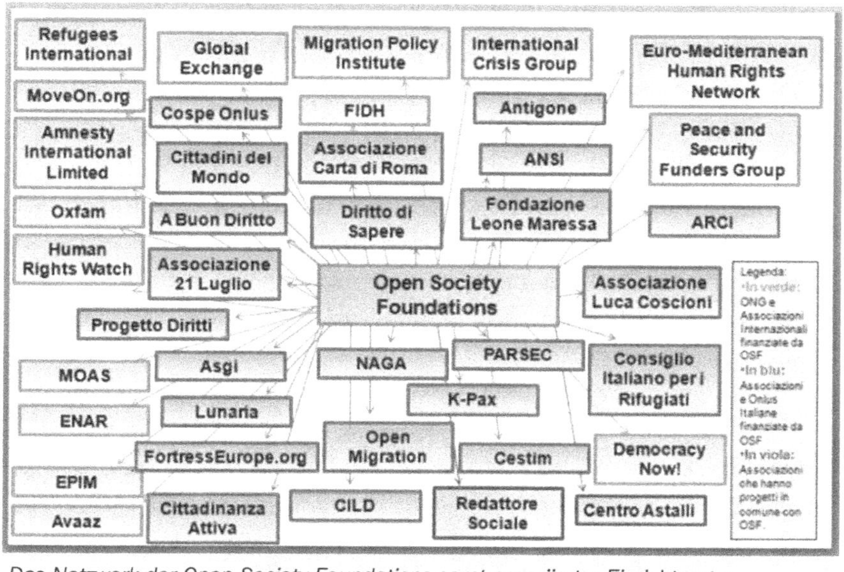

*Das Netzwerk der Open Society Foundations samt assoziierter Einrichtungen, mit denen George Soros Einfluss auf die Weltpolitik nimmt*

– der Behörde zu schaffen machten, und das Problem ist seitdem nicht kleiner geworden. Heute ist der Gerichtshof eine Farce. Die am EGMR ernannten Richter brauchen nicht die geringste juristische Erfahrung zu haben. Etwa 51 Prozent derjenigen, die seit 2009 auf der Richterbank saßen, waren noch nie zuvor Richter oder Magistrate gewesen, stattdessen sehr oft Menschenrechtsaktivisten aus den Soros-NGOs. Das scheint indes beabsichtigt zu sein, denn schon im Jahr 1978 verkündete der EGMR, dass die Konvention *»ein lebendiges Instrument ist, das im Lichte der heutigen Verhältnisse ausgelegt werden muss«*,[60] und dass die Richter daher das Recht haben, neue Dinge in die Konvention einzulesen, anstatt sich an sie zu binden. Ein solcher juristischer Aktivismus ist nach Laughland eine Travestie der Rechtsstaatlichkeit.

Der Bericht des Europäischen Zentrums für Recht und Gerechtigkeit identifiziert und dokumentiert erstmals die korrumpierende Wirkung der Politik von George Soros gegenüber dem obersten Organ der EU. *»Bis heute hat der EGMR keine der im Bericht dargelegten Tatsachen geleugnet, und in dem Maße, wie diese Tatsachen nicht geleugnet werden können, weil sie aus der EMRK selbst stammen, liegt seine Glaubwürdigkeit als unabhängiges Rechtsorgan nun in Trümmern.«*[61]

Im Dezember 2015 stufte die russische Generalstaatsanwaltschaft zwei seiner Organisationen, die Open Society Foundations und die OSI Assistance Foundation, als unerwünscht ein. Soros wurde eine russlandfeindliche Rhetorik sowie Einmischung in die Interessen des Landes vorgeworfen, und seine Fonds wurden beschuldigt, Staatsstreiche wie den »Euromaidan« 2013/2014 in der Ukraine finanziert zu haben. Soros bestritt zwar eine Verwicklung, gab dann aber 2014 in einem CNN-Interview doch zu, sein 1991 gegründeter, ukrainischer Ableger der Soros-Stiftungen habe während der aktuellen Ereignisse in der Ukraine eine wichtige Rolle gespielt.[62] Zudem versprach Soros wohl seinerzeit, ab 2016 über zehn Jahre verteilt 500 Milliarden Dollar in die Ukraine zu investieren.[63] Laut der von ihm unterstützten Internetzeitung *Ukrajinska Prawda* soll mit seinen Investitionen auch der Einfluss Russlands auf die Ukraine *»massiv zurückgedrängt werden«*.[64] Diese Zusammenhänge sind hierzulande weitgehend unbekannt, sie waren für die Leitmedien einmal mehr kein berichtenswertes Thema.

## Kampagnenbetreiber: Wo bleibt die Wahrhaftigkeit?

Nichtregierungsorganisationen wie Cap Anamur, Greenpeace oder Attac haben sich in der Vergangenheit mutig für die Schwächeren auf diesem Planeten eingesetzt. Sie verschafften sich mit spektakulären Aktionen Aufmerksamkeit für ihr Anliegen, kämpften gegen Tierversuche, führten Kampagnen gegen die sogenannten Freihandelsabkommendurch. Von der breiten Öffentlichkeit wurden sie für ihre Uneigennützigkeit bewundert. Doch die Organisationen haben sich verändert. Bei Greenpeace etwa fällt auf, dass amerikanische Firmen in den letzten Jahren aus dem Blickfeld geraten sind. Angeprangert werden heute hauptsächlich Umweltsünder aus Russland, China oder Brasilien.

Die für eine hoffnungsvolle Zukunft notwendige Wahrhaftigkeit ist bei vielen NGOs nur noch an der aktivistischen Basis zu finden, die durch ihren Idealismus angetrieben wird. Die Führungsriegen lassen sich nicht selten instrumentalisieren oder folgen – häufig ohne es zu wissen – dubiosen Interessen, die den offiziell angestrebten Werten zuwiderlaufen. Haben Sie sich noch nie gefragt, wie es möglich ist, dass schlagartig Massen an Demonstranten generalstabsmäßig mobilisiert werden, und dass diese mit einheitlichen, industriell fabrizierten Fähnchen und Spruchbändern ausgestattet sind? Wessen Pläne werden da wirklich verfolgt, wer kontrolliert und finanziert das Ganze?

Der deutsche Kampagnenbetreiber Campact hat sich 2004 als abgeschotteter Verein unter Christoph Bautz und Felix Kolb zu einer Bürgerbewegung mit inzwischen über zwei Millionen Menschen organisiert. Die beiden Vorsitzenden sind verantwortlich für die Themenauswahl, die Geschäftsführung und die Außendarstellung des Vereins. Dazu wendet sich Campact mit »Online-Appellen« direkt an die Verantwortlichen in Parlamenten, Regierungen und Konzernen. Die Selbstdarstellung auf der Website lässt zunächst eine basisdemokratische Grundhaltung vermuten: *»Wir schmieden Bündnisse, debattieren mit Politiker/innen und tragen unseren Protest auf die Straße«* – mit großen Demonstrationen und auch lokalen Aktionen. Weiter heißt es dort: *»So treiben unsere Kampagnen sozialen, ökologischen und demokratischen Fortschritt voran – für eine Welt, in der alle Menschen in Frieden leben und ihre Freiheit gleichermaßen verwirklichen können.«*[65]

Campact wurde nach dem Vorbild der amerikanischen Interessen- und Aktionsgruppe MoveOn.org aufgebaut. Ziel ist nach eigenen Angaben Einfluss auf Politik und Gesellschaft mittels digitaler Vernetzung und Lobbyarbeit. MoveOn.org hatte 2008 großen Anteil an der Wahl von Barack Obama zum US-Präsidenten. In der Folge ging es darum, *»Obama und die Demokratische Partei zu kontrollieren, als Teil der Soros-Bemühungen, die US-Verfassung zu schrotten und Amerika in die ›Progressive‹ linkssozialistische Soros-geführte Hegemonie zu führen, die Amerikas Stimme für individuelle Freiheit zum Schweigen bringen will«.*[66]

Bei MoveOn.org lernte der kanadisch-britische Wirtschafts- und Politikwissenschaftler Ricken Patel, Internettools aktivistisch zu nutzen. 2007 gründete er dann mit Unterstützung von George Soros die international tätige NGO Avaaz, die mit über 40 Millionen Mitgliedern Cyber-Aktivismus betreibt.[67] Neben MoveOn.org halfen weitere NGOs, z. B. Service Employees International Union, eine US-Gewerkschaft und »GetUp!«, ein australischer Kampagnenbetreiber sowie Einzelpersonen, darunter der US-Kongressabgeordnete Tom Perriello, Präsident des Center for American Progress Action Fund, der australische Unternehmer David Madden, ein Ex-Mitarbeiter der Weltbank und Andrea Woodhouse, sie war ebenfalls bei der Weltbank. Bei Avaaz kann es sich also kaum um eine Graswurzelbewegung junger Idealisten handeln, wie sich die Organisation selbst gern sieht.[68] Darstellung und Arbeitsweise aber sprechen junge Idealisten unverblümt an: Die vor Sendungsbewusstsein strotzenden Aufrufe triggern die Empfänger mit hohen Dringlichkeitsstufen und behaupten, dass vom unmittelbaren Handeln der Mitglieder Leben und Tod anderer abhinge. Selbstbewusst wird die eigene Durchschlagskraft mit Aktivitäten während eines G20- oder G8-Gipfels belegt, wo mit Bergen von Unterschriften bei den Entscheidern »Druck gemacht« wird. Ist Avaaz tatsächlich die moralische Instanz, das Weltgewissen, für das es sich ausgibt? Es wird einem zumindest leicht gemacht, sich mit den Forderungen von Avaaz zu identifizieren. *»Nicht etwa durch die Qualität der Information und eine transparente, nachvollziehbare Informationsleistung, sondern durch die hohe Qualität einer Serviceleistung, die durch die Art der Information anschließendes Engagement erleichtert. Die Information wird also durch die nachfolgend vorgeschlagene Aktion in den Augen der Klientel zu einer seriösen. Subtile Manipulation?«*[69] Avaaz rühmt sich, reaktionsschnelle Kampagnen zu aktuellen Ereignissen auf aller Welt zu starten. Bleibt bei derart zügigen und eindeutigen Voten nicht der verantwortungsvolle Umgang mit den Fakten auf der Strecke?

Zurück zu Campact: Mit populären Aktionen, z. B. gegen Monsanto und Glyphosat, haben sich die Betreiber das Vertrauen vieler Bürger erschlichen. Nun soll es Dividende bringen. Bei Campact möchte man das erfolgreiche Vorgehen von MoveOn.org bei der Installation Obamas 2008 wiederholen – mit nach Möglichkeit rot-rot-grünen Wahlbündnissen in Deutschland. Die Vorstellung, dass die Herren Bautz und Kolb über ihren Verein in die Position gelangt sind, den Kanzler der Bundesrepublik »machen« zu können, wirkt befremdlich – und doch entspricht es der gesellschaftlichen Realität.

Warum ist für Campact die Auflösung bzw. Rückführung der NATO auf das Gebiet vor der Wiedervereinigung kein Thema? In den Zwei-plus-Vier-Gesprächen wurde seinerzeit zugesichert, dass keine NATO-Osterweiterung stattfindet. Warum zeigen die Betreiber der Kampagnen angesichts der drohenden Gefahr eines Weltkriegs wenig bis kaum Interesse an Völkerverständigung? Aufklärung darüber, dass Rot-Grün Deutschland 1999 in den Krieg gegen Restjugoslawien führte und sich mit dieser Koalition Ähnliches – dieses Mal mit dem Ziel Russland – wiederholen könnte: Fehlanzeige.

Der Einfluss von NGOs ist groß – und damit auch die Gefahr des manipulativen Missbrauchs. Campact wäre glaubwürdig, wenn als zentrale Forderung für den Wahlkampf Frieden und Gewaltlosigkeit obenan stünde – oder auch einmal die Machenschaften des militärisch-industriellen Komplexes ins Visier genommen würden. Stattdessen geht es bei den Kampagnen um Megaställe, Handelsabkommen, Steuerpolitik, die Energiewende oder den Kohleausstieg. Es mutet schon seltsam an, wenn ausgerechnet diejenigen, die durch skrupellose Spekulation wesentlich zu den globalen Missständen beigetragen haben, sich plötzlich für das Leid des Menschen und der Natur zu interessieren scheinen und gegen industrielle Ausbeutung bzw. die gesellschaftlichen Auswirkungen des Turbokapitalismus mobil machen, ohne ein Wort über die zerstörerischen illegalen Kriege von Libyen bis zum Irak zu verlieren. Der Verdacht, dass hier berechtigte Anliegen der Bürger als Tarnung benutzt werden, um sie in Wirklichkeit mittels Click-Kampagnen auszuhorchen und ihnen gleichzeitig das beruhigende Gefühl zu geben, sich für eine gute Sache zu engagieren, während sie in Wirklichkeit für ganz andere Ziele manipuliert und tatsächliche Missstände verschleiert werden, ist nicht von der Hand zu weisen.

5-Seen Wochen Anzeiger
starnbergeranzeiger.de
Ausgabe 15/2020

STARNBERGER ANZEIGER

Zur Herstellung dieser Ausgabe wird Recycling-Papier verwendet. 100% recovered paper

Jahrgang 47 · 8. April 2020

Lilienthalstraße 1 · 82205 Gilching · Tel. 0 81 05/38 44 44 · Zustell-Service Tel. 0 89/5 46 55 - 138

**Liebe Leserinnen, liebe Leser,** die Zustellung unserer Zeitung werden wir für Sie weiterhin aufrecht erhalten. Sollte es auch in unserem Verbreitungsgebiet wegen der Gesundheitssituation zu Einschränkungen bei der gedruckten Zeitung kommen, finden Sie alle Informationen und Prospekte auf jeden Fall in unserer digitalen Ausgabe. Melden Sie sich einfach bei www.briefkasten-digital.de an und greifen Sie auf den vollen Service und alle Informationen zu.

www.briefkasten-digital.de

**Unabhängiger Journalismus und Faktenchecks für die Gesellschaft**

**Für die Gesellschaft und mit der Gesellschaft" lautet das Motto von CORRECTIV. Auf Veranstaltungen kommt das Team mit Bürger/innen ins Gespräch.** Bild: Ivo Mayr / CORRECTIV

*Die selbsternannten Wahrheitsprüfer von Correctiv können ihre Botschaft bis auf Gemeindeebene verbreiten. Sie müssen einflussreiche Unterstützer haben*

## »Faktenchecker« gegen »Fake News«

Die von den Leitmedien unterschlagenen, zumeist auf investigativen Internetportalen veröffentlichten Informationen als »Fake News« zu diffamieren, ist schon seit Jahren bewährte Praxis. Das wird nun noch durch Organisationen wie Correctiv getoppt. Dieses noch recht junge Rechercheprojekt prüft u. a. im

Auftrag von Facebook, ob veröffentlichte Beiträge »Falschnachrichten« enthalten. Nach eigenen Angaben deckt Correctiv tagtäglich Desinformation, Gerüchte und Halbwahrweiten auf. Das läuft aber bisweilen auf Willkür hinaus, da bei der Gelegenheit oft auch unliebsame, nicht der eigenen Gesinnung entsprechende Fakten einfach aus dem Netz verschwinden. Letzte Schutzinstanz sind dann die Gerichte. So hat im Mai 2020 das liberal-konservative Meinungsmagazin *Tichys Einblick* des ehemaligen Chefredakteurs der *Wirtschaftswoche,* Roland Tichy, einen Streit mit Correctiv vor dem Oberlandesgericht Karlsruhe gewonnen: Sollte Correctiv künftig den strittigen Artikel mit einem Faktencheck-Hinweis versehen, droht dem Rechercheteam ein Ordnungsgeld von bis zu 250 000 Euro bzw. bis zu zwei Jahre Haft.[70]

Correctiv wirbt auch damit, Schulungsprogramme zur Förderung der Medienkompetenz durchzuführen. Diese »Bildungsarbeit« reicht hinunter bis zu den Lokalblätternin den Gemeinden. So erschien am 8. April 2020 als Aufmacher des kostenlosen *Starnberger Anzeigers* die hoffnungsvolle Botschaft einer unabhängigen Kontrolle des Journalismus (vgl. Seite links). Im Text unter dem Bild war zu lesen: *»Das gemeinnützige Recherchezentrum Correctiv nahm im Juli 2014 seine Arbeit auf. Einige mutige Journalisten wollen nicht mehr nur berichten, sondern mit ihrem Journalismus etwas verändern. Die Arbeit von Correctiv ist spendenfinanziert. So ist der Journalismus nicht von Quoten oder der Politik getrieben, sondern orientiert sich an Bürgerinnen und Bürgern.«* Bleibt die Frage, wer die Spender sind.

Eine einfache Recherche ergab, dass Correctiv allein 2016 925 000 Euro von der SPD-affinen Brost-Stiftung entgegennahm. Zwei weitere Förderer von Correctiv, die niederländische Adessium Foundation eines ehemaligen Investmentbankers sowie die OSF von George Soros, unterstützten auch das 1997 gegründete International Consortium of Investigative Journalists (ICIJ). Es gehörte bis Januar 2017 zum Center for Public Integrity, einer US-amerikanischen Non-Profit-Organisation für Investigativjournalismus.[71] Auch die Bundeszentrale für politische Bildung unter der Präsidentschaft des Sozialdemokraten Thomas Krüger spendete knapp 100 000 Euro.

In dem seitenfüllenden Artikel des Lokalblatts heißt es weiter: *»Mithilfe von investigativem Journalismus, Beteiligungsmöglichkeiten und Bildungsangeboten stärkt Correctiv eine offene und demokratische Gesellschaft, die durch Machtmissbrauch,*

*Falschmeldungen und Korruption gefährdet ist.«* Der Publizist und römisch-katholische Theologe David Berger beschreibt die selbsternannten Wahrheitsrichter ironisch aus der Innenperspektive: »*Wir sind ein kleines Trüppchen ehemaliger Zeitungsschreiber. Wir sind links, darum ist es OK, wenn wir aus Fakt & Meinung oft und gerne eine wilde Propaganda-Mischung basteln gegen unsere nicht-linken Feindbilder. Wir dürfen das, denn wir sind links = die Guten, das ist ja wohl klar.«*[72]

Am 16. Januar 2017 war auf den *NachDenkSeiten* zu lesen: »*Ausgerechnet ›Correctiv‹ soll Facebook von Falschmeldungen befreien? Da wird doch der Bock zum Gärtner gemacht! … Wer finanziert eigentlich die Arbeit von Correctiv? … Anders als die NachDenkSeiten finanziert sich Correctiv … zu einem ganz erheblichen Teil über Großspenden von Stiftungen, die nicht unbedingt dafür bekannt sind, im Hintergrund zu bleiben. Vorsitzender des ›Ethik-Rates‹, der die Arbeit von Correctiv fachlich überwacht, ist übrigens niemand anderes als Bodo Hombach, seines Zeichens ehemaliger Kanzleramtschef von Gerhard Schröder, Chefarchitekt der Agenda 2010 und aktuell Vorstand der Brost Stiftung, die der mit Abstand größte Finanzier von Correctiv ist. Doch die Brost Stiftung ist nicht der einzige fragwürdige Finanzier dieses ›Recherchezentrums‹. Wer die Deutsche Bank, George Soros Open Society Foundations, RTL, Google, das ZDF, die Heinrich-Böll-Stiftung und die Konrad-Adenauer-Stiftung zu seinen Unterstützern zählt, ist freilich nicht darauf angewiesen, einem ›Premium-Kunden‹ wie Facebook eine Rechnung zu stellen. Wichtiger dürfte es da schon sein, einen Fuß in die Tür zu bekommen und sich auf dem künftig sicher immer wichtiger werdenden Feld der externen Moderation von nutzergenerierten Inhalten in den sozialen Netzwerken eine Pole Position zu sichern.«*[73]

## Das Märchen von der Pressefreiheit

Von der Hamburger Dozentin für Publizistik und Kampagnenstrategie Ulrike Sumfleth stammt eine aufschlussreiche Analyse über das »Märchen von der Pressefreiheit«. Sie bestätigt, was den Gründungsmitherausgeber der *FAZ*, Paul Sethe, 1965 zu einem Zornesausbruch verleitete: »*Pressefreiheit ist die Freiheit von zweihundert reichen Leuten, ihre Meinung zu verbreiten.«*[74] 2020 dürfte dieser Kreis weiter geschrumpft sein. Digitalisierung, sinkende Printauflagen, Anzeigenschwund: So rechtfertigen Verlagskonzerne ihre seit 15 Jahren andauernden Massenentlassungen. Doch die tieferen Ursachen der »Krise des Journalismus« liegen tief verborgen in dem ihn beherrschenden ökonomischen Modell.

Noch ist der Einfluss der international tätigen Verlagskonzerne – Mischkonzerne mit undurchsichtigen Beteiligungen rund um den Globus – ungebrochen. In einem weit größeren Maßstab als die NGOs betreiben sie politische Lobbyarbeit. In der Folge verliert die Presse immer mehr ihre Kontrollfunktion als »vierte Macht« im Staate. Entlassungen, Outsourcing und Arbeitsverdichtung sind an der Tagesordnung, was unter den Redakteuren zu einem enormen Druck führt.[75] Das journalistische Prekariat wächst weiter, ebenso die Konzentration der Konzerne. Aktuell teilen sich elf Konzerne den privatwirtschaftlichen Pressemarkt auf.[76] Milliardenvermögen besitzen Friede Springer (4 Mrd. Euro Privatvermögen), Yvonne Bauer, Hubert Burda, die Familie Johannes Mohn sowie Liz Mohn, die »Matriarchin« des Konglomerats Bertelsmann SE & Co. KGaA, welches aus ca. 1200 Einzelfirmen besteht. Dem neuntgrößten Medienkonzern weltweit (laut Institut für Medien- und Kommunikationspolitik, Stand 2014)[77] gehören u. a. Gruner + Jahr, die RTL-Sender, Vox und n-tv, auch am *Spiegel* ist man beteiligt.

Über Lobbyorganisationen und Denkfabriken, elitäre Klubs, in denen sich Industriebarone, Banker und Politiker zum Gedankenaustausch treffen, oder das Weltwirtschaftsforum in Davos sowie öffentlich-private Partnerschaften, z. B. die ÖPP Deutschland AG, oder Stiftungen erfolgt der private Zugang zu politischer Macht. Die Agentur ÖPP Deutschland AG etwa – zu 57 Prozent vom Staat finanziert – berät Bund, Länder, Städte und Kommunen bei der Privatisierung öffentlichen Eigentums. Ihr gehören ca. 70 Unternehmen an, darunter die Bertelsmann-Tochter Arvato. Am Konzept wirkte u. a. die Unternehmensberatung McKinsey mit.[78] Über Jahre hat die Bertelsmann Stiftung neoliberale Netzwerke mit hohem Einfluss auf die Presse unterstützt, etwa das Centrum für angewandte Politikforschung (CAP), die das sicherheitspolitische Konzepte für Europa ausarbeitet. Auch in der Venusberg-Gruppe denken Experten der Bertelsmann Stiftung mit Wissenschaftlern und Politikern über Konzepte für die Zukunft der europäischen Sicherheit nach.[79]

Interessanterweise gehört der Bertelsmann-Medienkonzern mit seinen 117 000 Mitarbeitern in mehr als 50 Ländern zu fast 80 Prozent der als gemeinnützig eingestuften Stiftung, einer der mächtigsten Europas. Sie verfolgt das ideologische Ziel, »*alle Lebensbereiche nach den Grundsätzen des Unternehmertums und der Leistungsgesellschaft*« umzugestalten – diese Formulierung im Wikipedia-Eintrag zur Bertelsmann-Stiftung wurde inzwischen entfernt, blitzt aber noch in Suchergebnissen auf. Das wesentliche Tätigkeitsfeld ist Politikberatung, u. a. zur Bildungs- und Gesundheitspolitik, aber auch zur Außen- und Sicherheitspolitik. So wirkte die Stiftung als einer der wesentlichen Strippenzieher beim Freihandelsabkommen TTIP mit. Sie muss sich vor keinem Parlament, Steuer- oder Rechnungshof für die Verwendung ihrer Gelder verantworten. Zu diesem Zweck wurde 2005 unter dem damaligen Ministerpräsidenten Peer Steinbrück extra das nordrhein-westfälische Stiftungsrecht »reformiert«. Zur Verbreitung ihrer Botschaften dienen der Stiftung die Verlage und Fernsehsender des eigenen Medienimperiums. Nicht umsonst wird die mächtige Bertelsmann Stiftung auch »Nebenregierung in Gütersloh« genannt.[80]

Die auf ein politisches Ziel ausgerichtete Pressekonzentration samt einer willigen Armee von Schreibsoldaten hat zu einem Misstrauen bezüglich der Unabhängigkeit der Presse geführt. Trauriger Höhepunkt war bisher die Affäre um den Journalisten Claas-Hendrik Relotius. Er war für renommierte Printmedien im deutschsprachigen Raum tätig, vorwiegend beim *Spiegel*, und erhielt für seine Reportagen vielfach Auszeichnungen. Im Dezember 2018 wurde aufgedeckt, dass viele seiner Reportagen in Teilen oder sogar komplett erfunden waren. Der Aufschrei in den Medien hielt sich in Grenzen. Eine solche Entwicklung führt zum Vertrauensverlust in die Regulierungsfähigkeit des Staates. Die Korrumpierung der Medien ist für das Recherchezentrum Correctiv natürlich kein Thema.

## Strategische Kommunikation der EU

Im Rahmen des EU-Projekts »INFOCORE – (In)Forming Conflict Prevention, Response and Resolution: The Role of Media in Violent Conflict« gingen elf Wissenschaftlerinnen und Wissenschaftler aus sieben europäischen Ländern und Israel von 2014 bis 2016 der Frage nach, welche Rolle Medien und Öffentlichkeitsarbeit bei gewaltsamen Konflikten spielen. Im Ergebnisbericht konnten sie belegen, dass durch technologische Entwicklungen im Bereich der Medien- und Kommunikationsmittel die Anzahl der PR-Akteure deutlich angestiegen ist: »*Zu diesen Akteuren zählen nicht nur die direkten Kriegsbeteiligten. Dazu gehören zum Beispiel auch Nichtregierungsorganisationen im Bereich Friedens- und Konfliktlösung oder Menschenrechte, Hilfsorganisationen, aber auch Denkfabriken, die politisch aufgestellt sind und eine bestimme Mission verfolgen. Sie alle beherrschen die gesamte Klaviatur der Public Relations, der Öffentlichkeitsarbeit, und leisten sich auch zunehmend professionelle PR-Berater.«*[81]

Die Antwort des Europäischen Parlaments folgte prompt mit dem 15-seitigen Dokument »Strategische Kommunikation der EU, um gegen sie gerichteter Propaganda von Dritten entgegenzuwirken«. Darin heißt es:

**Europäisches Parlament**
2014-2019

**ANGENOMMENE TEXTE**
*Vorläufige Ausgabe*

**P8_TA-PROV(2016)0441**

**Strategische Kommunikation der EU, um gegen sie gerichteter Propaganda von Dritten entgegenzuwirken**

**Entschließung des Europäischen Parlaments vom 23. November 2016 zu dem Thema „Strategische Kommunikation der EU, um gegen sie gerichteter Propaganda von Dritten entgegenzuwirken" (2016/2030(INI))**

*Strategische Kommunikation der EU: Propaganda oder Antipropaganda?*

- *»In Erwägung, …, wie mit Medienquellen umzugehen ist, die nachweislich wiederholt eine Strategie der bewussten Täuschung und Desinformation verfolgt haben, und zwar insbesondere in den neuen Medien, den sozialen Netzwerken und dem digitalen Umfeld;*
- *In Erwägung, … dass der gezielte Informationskrieg während des Kalten Krieges eingehend betrieben wurde und seither integraler Bestandteil der hybriden Kriegführung ist, … die dazu dient, die politische, wirtschaftliche und soziale Lage von im Fokus stehenden Ländern zu destabilisieren, ohne ihnen formell den Krieg zu erklären;*
- *In Erwägung, dass der Kreml mit der Annexion der Krim durch Russland und dem hybriden Krieg im Donezbecken unter russischer Führung die Konfrontation mit der EU verschärft hat«.*[82]

Unter »Anerkennung und Enthüllung des russischen Desinformations- und Propagandakriegs« findet sich zunächst der Hinweis auf *»russische Pseudo-Nachrichtenagenturen und Pseudo-Multimediadienste (z. B. Sputnik) … soziale Medien* *und Trolle im Internet, um die demokratischen Werte in Frage zu stellen*«. Und dann der Paukenschlag: Es wird festgestellt, »*dass eine der Hauptstrategien Russlands darin besteht, ein alternatives Narrativ zu verbreiten und aufzuerlegen, das oft auf einer manipulierten Auslegung historischer Ereignisse beruht, mit der seine auswärtigen Maßnahmen und geopolitischen Interessen gerechtfertigt werden sollen*«. Kurz: Hauptstrategie Russlands sei es, »*die Geschichte zu verfälschen*«.

Dieses Pamphlet ist geeignet, eine Verständigung mit Russland dauerhaft zu hintertreiben und den Keil zwischen Deutschland und Russland noch tiefer einzuschlagen. Das ist genau das, was angelsächsische Kreise seit über hundert Jahren mit Erfolg betreiben. Mit der Kommunikationsanweisung wird das wohl wichtigste Prinzip der Medien, das Fairnessprinzip, ausgehebelt, nämlich das Gebot, beide Seiten anzuhören, den Ankläger wie den Angeklagten (audiatur et altera pars). So hat man den Eindruck, es handle sich um die Propagandaanweisung eines autoritären Staates: Jede Darstellung, die dem ausgegebenen westlichen Narrativ widerspricht, soll als feindliche Propaganda unterdrückt werden. Nach Ferdinand Lasalle beginnt jede große politische Aktion mit dem Aussprechen dessen, was ist, und jede politische Kleingeisterei besteht im Verschweigen und Bemänteln dessen, was ist.[83]

Angesichts der Gegendarstellungen und Proteste im Zuge der Coronakrise forderte EU-Kommissionspräsidentin Ursula von der Leyen die sozialen Medien auf, mehr gegen die Desinformation zu unternehmen. Dazu müssten sie die Daten mit Faktencheckern und Wissenschaftlern teilen. Das würde helfen, gefährliche Gerüchte zeitnah zu stoppen. Ihr Videoauftritt endete mit dem Appell: »*Vertrauen Sie der Weltgesundheitsorganisation, vertrauen Sie dem gesunden Menschenverstand und journalistischer Sorgfalt in den Qualitätsmedien, gemeinsam können wir Fake News bekämpfen.*«[84] Das ist ein unmissverständlicher Aufruf zur Zensur.

## Verlogene Erinnerungskultur

Mit dem Hinweis auf die »*universellen Grundsätze der Menschenrechte und die Grundprinzipien der Europäischen Union als einer auf gemeinsamen Werten beruhenden Gemeinschaft*« hat das Europäische Parlament am 19. September 2019 in Straßburg zur Bedeutung des europäischen Geschichtsbewusstseins für die Zukunft Europas Stellung bezogen. Dabei wurde auf die am 22. August 2019 abgegebene Erklärung des ersten Vizepräsidenten Timmermans im Vorfeld des Europäischen Tags des Gedenkens an die Opfer aller totalitären und autoritären Regime verwiesen. Als Beispiel für die einseitigen und dem Frieden und der Zukunft Europas abträglichen Darstellungen seien hier nur die Punkte B und C aufgegriffen:

- *»In der Erwägung, dass vor 80 Jahren, am 23. August 1939, die kommunistische Sowjetunion und das nationalsozialistische Deutsche Reich den als Hitler-Stalin-Pakt bekannten Nichtangriffspakt und dessen Geheimprotokolle unterzeichneten, womit die beiden totalitären Regime Europa und die Hoheitsgebiete unabhängiger Staaten untereinander aufteilten und in Interessensphären einteilten und damit die Weichen für den Zweiten Weltkrieg stellten;*
- *in der Erwägung, dass eine unmittelbare Folge des Hitler-Stalin-Pakts zwischen dem nationalsozialistischen Deutschland und der Sowjetunion, dem am 28. September 1939 der Grenz- und Freundschaftsvertrag zwischen dem Deutschen Reich und der Sowjetunion folgte, darin bestand, dass die Republik Polen zuerst von Hitler und zwei Wochen später von Stalin überfallen wurde – wodurch das Land seine Unabhängigkeit einbüßte …«*[85]

In dieser Erklärung der kriegsauslösenden Vorgänge ist einiges unterschlagen bzw. verdreht worden:Am 29. September 1938 wurde das Münchner Abkommen unterzeichnet. Darin wurde Hitlerdeutschland das nach Versailles zur Tschechoslowakei geschlagene deutschsprachige Sudetengebiet zugesprochen. Wenige Tage später besetzte die deutsche Wehrmacht das Sudetengebiet, während polnische Truppen im Einvernehmen mit Berlin das polnisch-sprachige Teschener Land annektierten – daraus wurde dann der polnische Landkreis Cieszyn. Dass Polen dieses Gebiet nach dem 1. September 1939 wieder abgenommen wurde, kann die völkerrechtswidrige Annexion nicht aufheben. Aus dieser deutsch-polnischen »Waffenbrüderschaft« Anfang Oktober 1938 leitete der russische Präsident Putin im Dezember 2019 eine polnische Mitschuld am Zweiten Weltkrieg ab.

Wie sich die deutsch-polnische Waffenbrüderschaft vom Oktober 1938 in nur zehn Monaten zum deutsch-polnischen Krieg wandeln konnte, ist eine komplexe Geschichte, die hier nicht abgehandelt werden kann. Nur so viel: Großbritannien nahm ab März 1939 mit großen Versprechungen Einfluss auf Polen.

Mit dem deutschen Angriff auf das Nachbarland wurde die im Vertrag von Versailles gelegte Lunte am Pulverfass für einen neuen Großen Krieg in Europa gezündet. Die Zerbrechlichkeit dieses Friedenskonstrukts hatte der Architekt des Waffenstillstands vom 11. November 1918, der »Hardliner« Marschall Ferdinand Foch, durchaus erkannt: *»Das ist kein Frieden. Es ist ein Waffenstillstand auf 20 Jahre.«*[86]

Während Hitler Polen entlang der Weichsel teilen wollte – dieser Teilungsplan kursiert in den Geschichtsbüchern –, ließ Stalin seine Truppen 1939 nur bis zur alten Westgrenze, der sogenannten »Curzon-Linie«, marschieren. Von einer sowjetischen Annexion Ostpolens kann somit keine Rede sein. Was war zwischen 1919 und 1939 geschehen? Nach dem Ersten Weltkrieg hatte das wiedererstandene Polen alle Nachbarn kriegerisch attackiert. So auch das im Bürgerkrieg liegende Russland. Die polnischen Angriffsarmeen stießen bis Kiew vor, wurden dann aber überraschend bis vor die Tore Warschaus zurückgeschlagen. Und dann kam das »Wunder von Warschau«, die eigentliche Eroberung Ostpolens: Mithilfe Frankreichs konnte Polen die rote russische Revolutionsarmee wieder bis weit in die Ukraine zurückwerfen. Polen verschob damit seine Grenze um ca. 200 Kilometer nach Osten, das Gebiet wurde annektiert und mit dem erzwungenen Friedensschluss von Riga auch formell zu »Ostpolen«. Im annektierten Gebiet erklärten sich bei der polnischen Volkszählung 1936 nur 1,5 von 12 Millionen Einwohnern als Polen.

Eine derart auf ein Freund-Feind-Schema getrimmte Geschichtsaufarbeitung kann niemals in einen Frieden münden, sie bildet vielmehr die Grundlage für den nächsten Krieg. Die einseitige Darstellung flankiert die aktuelle Propaganda gegen Russland und China. Im Geschichtskatalog der Gedenkerklärung fehlt auch jeder Hinweis auf die menschenverachtenden Benesch-Dekrete zur Entrechtung und späteren Vertreibung der deutschen Minderheit aus der Tschechoslowakei, in denen auch alle Verbrechen gegen die Deutschen bis heute straffrei gestellt wurden. Anlässlich des »Tages der Heimat 2018« hatte Ministerpräsident Horst Seehofer beim Bund der Vertriebenen noch deutliche Worte gefunden: Die 143 Erlasse aus dem Oktober 1945 seien »*Unrechtsdekrete*«, die nicht zur Wertegemeinschaft der Europäischen Union gehörten.[87] Beschämend für diese Wertegemeinschaft ist auch das Übergehen des 100. Jahrestags von Versailles. Offensichtlich sollten die näheren Umstände des »Friedensvertrags« und seine Folgen nicht ins Bewusstsein der Öffentlichkeit gerückt werden.

## Versailles – das schwere Erbe der EU

Zur Erinnerung: Am 28. Juni 1919 wurde in Versailles mehr als sieben Monate nach dem Ende des Ersten Weltkriegs jener Friedensvertrag unterschrieben, der Deutschland die alleinige Schuld am Krieg gab – bis heute ein Dogma. Durch die Fortsetzung der Seeblockade wurde die Unterschrift der Deutschen quasi erzwungen. Es folgten die Pariser Vorort-Friedensverträge von Saint-Germain (mit Österreich), Neuilly-sur-Seine (mit Bulgarien), Trianon (mit Ungarn) und Sèvres (mit der Türkei). An den Folgen dieser vier Verträge, in denen das Selbstbestimmungsrecht mit Füßen getreten wurde, leiden die Menschen in Europa und im asiatischen Teil der Türkei noch immer.

Völlig überraschend hat sich am 18. April 2020 der französische Präsident Macron gegenüber der *Süddeutschen Zeitung* zum Thema Versailles geäußert, indem er eine Verantwortung der westlichen Siegermächte für die nachfolgende Entwicklung in Deutschland einräumte. Macron habe damit die tragenden Säulen der westlichen Politik gegenüber Deutschland umgestürzt, meint Willy Wimmer. *»Das, was er in diesem Gespräch über die Zukunft Europas sagte, legte die westliche Verantwortung für das Schicksal Deutschlands offen und spannte den Bogen von ›Versailles 1919‹ über Adolf Hitler bis zum deutschen Krieg gegen Polen und die Ausdehnung dieses Krieges durch Frankreich und England auf die Ebene eines Weltkrieges. Ja, so ließ sich der französische Präsident vernehmen, es sei die Politik Frankreichs gegenüber Deutschland gewesen, über die Bestrafung Deutschlands in Versailles den Boden für den Aufstieg des Nationalsozialismus zu bereiten.«*[88] Eine ähnliche historische Einordnung von »Versailles« habe Präsident Putin unmittelbar vor Weihnachten 2019 vorgenommen und damit Macron geradezu den Weg bereitet, *»im Kartell der damaligen Friedensfeinde der historischen Wahrheit eine Bresche zu schlagen«*.

Für Wimmer verströmen heute sowohl NATO als auch EU aus allen Poren den Geist von Versailles. Dazu erinnert er an das Bekenntnis des ersten Generalsekretärs der NATO, Lord Ismay aus England, der die Aufgabe des Militärbündnisses darin sah, *»... die Russen draußen, die Amerikaner drinnen und die Deutschen unten zu halten«*. Wimmer: *»Das war nicht nur das britische Denken zu Versailles oder das Postulat von Herrn Churchill in den Dreißiger-Jahren zu einem wirtschaftlich nicht mehr am Boden liegenden Deutschland. Es war der reinste Ausdruck britischer Kriegsplanung gegen das kaiserliche Deutschland seit dem Ende des 19. Jahrhunderts.«*

Was hat die deutsche Staatsspitze 2019 zur Verweigerung des Gedenkens an Versailles veranlasst? Überall sind doch in den letzten Jahren die Verwerfungslinien des Ersten Weltkriegs wieder aufgebrochen: auf dem Balkan, in Nordafrika und in der Ukraine, die im Ersten Weltkrieg auf beiden Seiten der Front kämpfte, im Zweiten noch einmal, und durch eine von EU und NATO mitverschuldete Politik nun wieder gespalten ist. Lösungen, nachhaltige Versöhnung und womöglich sogar Heilung wird es nur mit einer aufrichtigen Aufarbeitung des leidvollen und für viele schmerzhaften Themas geben können. Das ist aber nicht im Sinne westlicher Politik.

Es geht der selbsternannten »westlichen Wertegemeinschaft« nicht darum, eine Friedens- und Verständigungsstruktur zu schaffen, sondern um die Durchsetzung geopolitischer und wirtschaftlicher Interessen hinter einem Nebel raffinierter Propaganda. Und immer wird die »Wahrheit« bemüht. Das ist ein großes Wort. Man wird sich ihr stets nur annähern können, und Geschichte bleibt eine Frage der jeweiligen Interpretation von Fakten und ihrem Zusammenhang. Doch das bewusste Weglassen von Tatsachen und das Zementieren bloßer Vermutungen und Fiktionen muss klar und deutlich als Täuschung bezeichnet werden. Dies gilt nicht nur für unsere Vergangenheit, sondern auch für die Zukunft.

Eine auf universellen humanitären Werten beruhende europäische Gemeinschaft, wie sie immer wieder beschworen wird, werden wir nur mit uneingeschränkter Wahrhaftigkeit verwirklichen können. Denn ohne Wahrhaftigkeit gibt es weder Frieden noch Freiheit. Und wo sind die universellen Grundsätze der EU angesichts der menschenverachtenden Behandlung der mutigen Aufklärer Assange und Snowden, denen die Menschen im Westen viel zu verdanken haben? Der eine schmachtet in einem englischen Gefängnis, und der andere kann sein russisches Asyl nicht verlassen, da ihm sonst ebenso Gefängnis oder Schlimmeres droht.

# Bedenkliche Symbolik der EU: der Karlspreis

## Karl der Große, Kaiser von Europa?

*»Der ›Internationale Karlspreis zu Aachen‹, der 1950 erstmals vergeben wurde, ist der älteste und bekannteste Preis, mit dem Persönlichkeiten oder Institutionen ausgezeichnet werden, die sich um Europa und die europäische Einigung verdient gemacht haben«*, heißt es bedeutungsschwer auf der Homepage der Stiftung, die den Preis alljährlich vergibt. Weiter ist dort zu lesen: *»Zum Namensgeber für den Preis wurde Karl der Große, der als erster Einiger Europas gilt und der Ende des achten Jahrhunderts Aachen zu seiner Lieblingspfalz wählte; damit wurde eine Brücke zwischen europäischer Vergangenheit und Zukunft geschlagen.«*[1]

Die Idee des Karlspreises wurde am 19. Dezember 1949 aus der Aachener Bürgerschaft heraus von Kurt Pfeiffer geboren. Der Karlspreis sollte in die Zukunft wirken mit einer Verpflichtung von höchstem ethischem Gehalt. Er ziele *»auf freiwilligen Zusammenschluss der europäischen Völker, um in neu gewonnener Stärke die höchsten irdischen Güter – Freiheit, Menschlichkeit und Frieden – zu verteidigen, den unterdrückten und Not leidenden Völkern wirksam zu helfen und die Zukunft der Kinder und Enkel zu sichern«*.[2] Die hier formulierten hehren Ansprüche sollen im Hinblick auf die Preisträger, auf die Umsetzung der angestrebten Ziele sowie die Eignung des Namensgebers untersucht werden.

**Der Internationale Karlspreis zu Aachen**
Für die Einheit Europas

*Mogelpackung Karlspreis: Es geht ausschließlich um die Stärkung der Vorherrschaft Westeuropas*

Werfen wir zunächst einen Blick auf Karl den Großen. Am Weihnachtsfest des Jahres 800 krönte und salbte nach alttestamentlicher Sitte Papst Leo III. in der alten römischen Petersbasilika den fränkischen Fürsten Karl zum römischen Kaiser und nannte ihn erstmals »Augustus«. Karls offizielle Anrede lautete sodann: »Allergnädigster, erhabener, von Gott gekrönter, großer, friedebringender Kaiser, der das Römische Reich regiert und durch Gottes Barmherzigkeit auch König der Franken und Langobarden ist.« Es war also kein deutsches oder fränkisches Reich entstanden, sondern das westliche Imperium Romanum.[3] Folglich kann Karl der Große nicht als Mentor eines geeinten Europas dienen. Auch findet sich weder bei seinem Biografen Einhard noch in den Reichsannalen des karolingischen Hofes ein Wort zu Europa. Von Europa sprachen anscheinend eher gebildete Fremde, Iren und Angelsachsen.[4] Und obwohl die Slawen Karls Namen zum Herrschertitel »Krol« umformten, war der Kaiser bei Dänen, Polen, Ungarn, Griechen oder Russen nicht sonderlich beliebt. Und die Sachsen setzten sich über 32 Jahre lang gegen die unerbittlichen Unterwerfungs- und Christianisierungsfeldzüge Karls zur Wehr, in denen sie die Absicht einer Frankisierung wie auch der Zerschlagung ihrer demokratischen Stammesstrukturen erkannten.

*Für die damalige Zeit hatte Karls Reich beachtliche Ausmaße*

Erst im Zeitalter Napoleons sollten die Vorstellungen von Europa Kontur annehmen. Nachdem er die Lombardei erobert hatte, glaubte dieser sich in der Tradition Karls: *»Je suis Charlemagne«* – *»Ich bin Karl der Große.«*[5] Angesichts der Macht Napoleons skizzierte der deutsche Romantiker Friedrich Schlegel 1810 das Bild von Karl als *»Gesetzgeber für das ganze abendländische Europa«*.[6] Schlegel sah in Europa eine Idee, der Karl die Gestalt eines *»christlichen Vereins aller abendländischen Nationen«* gegeben hatte. Der Historiker Leopold Ranke erkannte in den Jahren des Wiener Kongresses und der »Heiligen Allianz« in Karl dem Großen den *»Patriarchen des Kontinents«*.[7]

Selbst im Dritten Reich erfuhr Karl Anerkennung. In seinen Tischgesprächen im Führerhauptquartier bat Hitler seinen Chefideologen Alfred Rosenberg, *»einen Heroen wie Karl den Großen nicht als Karl den Sachsenschlächter zu bezeichnen. Geschichte müsse immer aus ihrer Zeit heraus verstanden werden«*.[8] Für ihn war Karl der erste Einiger aller germanischen Stämme und der erste Schöpfer eines *»vereinigten Europas«*. Karl gelangte nun zu der fragwürdigen Ehre, Namensgeber für die 1. Französische SS-Waffen-Grenadierdivision »Charlemagne« zu werden. Hitler stiftete für Angehörige dieser Division vorzugsweise einen Platzteller aus Sèvres-Porzellan. Das Dekor zeigte die bekannte Reiterstatuette Karls aus dem Louvre mit der lateinischen Inschrift: *»Das Reich Karls des Großen / das seine Enkel teilten / im Jahr 843 / verteidigt Adolph Hitler / gemeinsam mit allen Völkern Europas / im Jahr 1943.«*[9]

Das braune Regime missbrauchte den großen Franken als integrierende Symbolgestalt für die eigene europäische Machtchimäre. »Karl der Europäer« überstand den Zusammenbruch von 1945 unbeschadet. Die beeindruckende Aachener Karlsausstellung des Europarats von 1965 galt *»dem ersten Kaiser, der Europa zu vereinen wusste«*[10] – mithin einem Leuchtturm. Aber der leuchtet nicht. Der Mythos vom großen Europäer stammt vor allem von nationalsozialistischen Geschichtsschreibern, die den mittelalterlichen Kaiser zum Urahn eines von Hitler geeinten Kontinents machten.

Im Jubiläumsjahr 2000 wurde Karl der Große mit einer Reihe von neuen Publikationen sowie mit Ausstellungen und Gedenkveranstaltungen geehrt. Leopold Ranke sah Karls Verdienst darin, dass er alle Christen der romanisch-germanischen Nationen des Kontinentswieder gegen die Feinde ostwärts entlang der Donau, der Saale und der Elbe sowie jenseits der Pyrenäen vereinte.[11] Für diese Art von Politik ist Karl sicherlich ein hervorragendes Vorbild. Richard Coudenhove-Kalergi und seine Nachfolger haben trotz der Verlegung der Freund-Feind-Linie einige hundert Kilometer weiter ostwärts die Teilung Europas in Ost und West beibehalten.

## Karlspreisträger: »EU-litäres« Who's Who

Der Internationale Karlspreis zu Aachen wird in der Domstadt jährlich am Fronleichnamstag an Persönlichkeiten des öffentlichen Lebens verliehen. Der erste Preisträger, Richard Nikolaus Graf Coudenhove-Kalergi, wurde am 18. Mai 1950 im Krönungssaal des Rathauses, der ehemaligen Kaiserpfalz, *»in Anerkennung seiner Lebensarbeit für die Gestaltwerdung der Vereinigten Staaten von Europa«* überreicht. *»Die Stadt Aachen, einst Mittelpunkt des karolingischen Reiches von den Pyrenäen bis zur slawischen Sprachgrenze, als Grenzstadt unermüdlich tätig in der Aufgabe, diese Grenzen durch geistigen Brückenschlag zu überwinden, fand keinen Würdigeren für die erstmalige Verleihung ihrer höchsten Auszeichnung«*, heißt es in der Urkunde.[12]

Weitere Preisträger waren (jeweils mit Angabe des Textes auf der Rückseite der Medaille):

1951 Hendrik Brugmans, dem mutigen Wegbereiter eines geeinten Europas
1952 Alcide des Gasperi, dem Staatsmann und Europäer
1953 Jean Monnet, dem Schöpfer der ersten souveränen übernationalen europäischen Institution
1954 Konrad Adenauer, dem kraftvollen Förderer eines einigen Europa
1955 Winston Churchill, Hüter menschlicher Freiheit – Mahner der europäischen Jugend
1956 Kein Preis vergeben
1957 Paul Henri Spaak, Verdienst um Europas Einigung und Sicherheit
1958 Robert Schuman, für die Einheit Europas
1959 George C. Marshall, für Verdienst um Wiederaufbau und Einigung Europas (aus der überreichten Urkunde: *»Verliehen für hohe Verdienste um den wirtschaftlichen Wiederaufbau Europas durch den nach ihm benannten Marshallplan, die Stärkung des Einigungsgedankens und des Willens zur Selbsterhaltung der westeuropäischen Völker«*)

1960 Joseph Bech, für Verdienste um Europa
1961 Walter Hallstein: Neues Europa freiwilliger Bindung
1962 Kein Preis vergeben
1963 Edward Heath: Einordnung und Festigkeit in Europäischer Zukunft
1964 Antonio Segni, für Einheit und Freiheit Europas
1965 Kein Preis vergeben
1966 Jens Otto Krag, für die Einheit Europas
1967 Kein Preis vergeben
1968 Kein Preis vergeben
1969 Die Kommission der Europäischen Gemeinschaften, in Anerkennung ihrer hohen Verdienste um die europäische Einigung
1970 François Seydoux de Clausonne, Freiheit durch Einheit
1971 Kein Preis vergeben
1972 Roy Jenkins, Bekenntnis zu Europa
1973 Don Salvador de Madariaga: Ein Leben für Europa
1974 Kein Preis vergeben
1975 Kein Preis vergeben
1976 Leo Tindemans, abendländische Klarheit und Verantwortung
1977 Walter Scheel, für Europa und den Frieden der Welt
1978 Konstantin Karamanlis, Freiheit und Wohlfahrt in enger Bindung
1979 Emilio Colombo, ein Leben für Europa
1980 Kein Preis vergeben
1981 Simone Veil, für ein demokratisches Europa
1982 Juan Carlos I., für Einheit und Menschenwürde
1983 Kein Preis vergeben
1984 Karl Carstens: Europäische Gemeinschaft: Raum des Rechtes und des Friedens
1985 Kein Preis vergeben
1986 Das Volk Luxemburgs, Vorbild und Beharrlichkeit auf dem Weg zur Einheit Europas
1987 Henry A. Kissinger: für Partnerschaft und Frieden
1988 François Mitterrand und Helmut Kohl: für französisch-deutsche Freundschaft und Europas Zukunft
1989 Frère Roger, Gleichnis der Gemeinschaft
1990 Gyula Horn, Gesamteuropa – von der Spaltung zur Einheit
1991 Václav Havel, Symbol der Verständigung in Europa
1992 Jacques Delors, Baumeister des europäischen Binnenmarktes

1993 Felipe González Márquez, Streiter für Freiheit und Demokratie in Europa
1994 Gro Harlem Brundtland, Verantwortung Europas für die Welt
1995 Franz Vranitzky, Europa wachsen neue Kräfte zu
1996 Königin Beatrix der Niederlande, gute Nachbarschaft in Europa
1997 Roman Herzog, unsere Vision heißt Europa
1998 Bronislaw Geremek, Freiheit und Demokratie in Europa
1999 Tony Blair, Frieden und Zusammenwachsen in Europa
2000 Bill Clinton, Partnerschaft für Freiheit, Demokratie und Frieden
2001 György Konrád, Brückenbauer für Gerechtigkeit und Versöhnung in Europa
2002 EURO, Identifikation mit Europa
2003 Valéry Giscard d'Estaing, Verfassung für ein Vereintes Europa
2004 Patrick Cox, Erweiterung und Demokratisierung der Europäischen Union
2004 Außerordentlicher Karlspreis Aachen: Papst Johannes Paul II., Europa des Friedens
2005 Carlo Azeglio Ciampi, Europa der Werte
2006 Jean-Claude Juncker, Motor für Europa
2007 Javier Solana de Madariaga, Frieden in Europa – Frieden in der Welt
2008 Angela Merkel, Europa gelingt gemeinsam
2009 Andrea Riccardi, Frieden, Solidarität und Menschenwürde
2010 Donald Tusk, Verständigung, Partnerschaft, Solidarität
2011 Jean-Claude Trichet, Stabilität und Vertrauen für Europa
2012 Wolfgang Schäuble, für die Einheit Europas
2013 Dalia Grybauskaitė, Aufbruch im Nordosten Europas
2014 Herman Van Rompuy, Integrationskraft für Europa
2015 Martin Schulz, die Bürger Europas stärken
2016 Papst Franziskus, Europa – eine Gesellschaft der Werte
2017 Timothy Garton Ash, Europa braucht Freiheit, Mut und Toleranz
2018 Emmanuel Macron, Neubegründung des Europäischen Projekts
2019 António Guterres, für die friedliche Zusammenarbeit der Völker
2020 Klaus Johannis (Verleihung aufgrund der Corona-Pandemie verschoben auf Mai 2021)

Bei 34 der Preisträger wird in der Würdigung das Wort Europa zitiert, gemeint ist aber die EG bzw. die EU – also lediglich westeuropäische Institutionen. Für eine tatsächliche Einigung des europäischen Kontinents, die etwa auch

Russland und die Türkei einbezieht – und damit das Gestalten einer friedlichen Zukunft in Europa, hat sich sicher keiner der Genannten eingesetzt.

Das Mittelalter wurde geprägt durch die Konkurrenz zwischen dem deutsch-römischen Kaiser im Westen und dem byzantinischen Kaiser in Konstantinopel im Osten – die Ursache für die später weiter vertiefte Spaltung in ein westliches und ein östliches Europa. Die europäischen Nationen (besonders Spanien, Portugal, Russland, die Niederlande, Frankreich und das Vereinigte Königreich) haben seit dem 15. Jahrhundert mit Feuer und Schwert koloniale Imperien auf allen anderen Kontinenten aufgebaut und diese somit am meisten beeinflusst, z. B. durch Missionierung, Kolonien, Warenaustausch und Kultur, Sklavenhandel und Völkermord. Vor diesem Hintergrund ist es gerade bei fünf Würdenträgern mehr als unverständlich, dass das Wort Frieden auftaucht: bei Henry Kissinger, Tony Blair, Bill Clinton, Papst Johannes Paul II. und Javier Solana de Madariaga.

Solana erhielt den Karlspreis für »Frieden in Europa – Frieden in der Welt«. Am 30. November 1995 wurde er NATO-Generalsekretär und begann so-

*Karlspreis-Träger Javier Solana 2007: Er hatte acht Jahre zuvor als NATO-Generalsekretär die Luftangriffe gegen Jugoslawien ohne UN-Mandat ausgelöst (im Bild re., mit dem damaligen deutschen Außenminister Steinmeier)*

gleich, die Befugnisse seines Amtes auszubauen. Das wirkte sich besonders auf militärische Entscheidungen bezüglich des Jugoslawien-Konflikts aus. Am 30. Januar 1999 wurden ihm die Alleinentscheidungsbefugnisse über alle weiteren Balkaneinsätze der NATO übertragen. Er erteilte am 23. März 1999 den Befehl, Luftangriffe gegen jugoslawische Ziele zu fliegen, ohne dass ein UN-Mandat vorgelegen hatte. Am 24. März begann der völkerrechtswidrige Krieg, den Bill Clinton (»Partnerschaft für Freiheit, Demokratie und Frieden«) und Tony Blair (»Frieden und Zusammenwachsen in Europa«) mit zu verantworten hatten. Bei Blair kommt noch die Teilnahme an den illegalen Kriegen gegen Afghanistan (2001) und den Irak (2003) hinzu.

Die nach Sir John Chilcot benannte britische Untersuchungskommission zeigt in ihrem Bericht *»schonungslos auf, wie die Regierung von Tony Blair fragwürdige Entscheidungen auf Basis mangelhafter Informationen getroffen hat. Einige Politiker fordern, Blair wegen Kriegsverbrechen anzuklagen; wahrscheinlicher sind aber Privatklagen von Hinterbliebenen gefallener Soldaten«.*[13] Man denke nur an den Irakkrieg: *»Gemeinsam mit den Amerikanern hatten die Briten 2003 den Irak angegriffen – obwohl es dafür kein Mandat des UNO-Sicherheitsrats gab. Beide Regierungen beriefen sich auf Geheimdienstinformationen über angebliche Massenvernichtungswaffen des damaligen Diktators Saddam Hussein, die jedoch nie gefunden wurden.«* Der einstige Star der Labour-Partei, Tony Blair, ist heute eine der unbeliebtesten Personen des Landes.

Ebenfalls umstritten ist der Friedensnobelpreisträger von 1973, der US-Machtpolitiker und Diener vieler Herren, Henry Kissinger (»für Partnerschaft und Frieden«). Er war maßgeblich verstrickt in den geheimen Krieg in Indochina (1964–1973) und in den blutigen Putsch in Chile (1973). *»Die barbarische Kriegführung gegen die laotische Bevölkerung wird bis heute von den USA geleugnet. Von 6,7 Millionen Tonnen Bomben, die zwischen 1964 und 1973 über Indochina abgeworfen wurden, fielen 2,1 Millionen Tonnen auf Laos.«*[14] In den Augen von Alfred Grosser ist Kissinger ein Kriegsverbrecher.[15] Die CIA verbreitete damals die bis heute gängige Legende, dass Laos nur im Bereich des Ho-Chi-Minh-Pfads bombardiert worden sei. Noch heute liegen etwa 80 Millionen Streubomben-Sprengkörper in laotischen Wäldern und auf den Feldern als Bedrohung für die Bevölkerung.

## Preisträgerin Angela Merkel (»Europa gelingt gemeinsam«)

In ihrer Dankesrede betonte Angela Merkel, *»dass wir die Auszeichnung so wie der Initiator des Karlspreises, Dr. Kurt Pfeiffer, verstehen sollten – nämlich als Verpflichtung«*. Dies habe seit der Verleihung an Coudenhove-Kalergi nichts an Aktualität verloren. Die höchsten irdischen Güter, *»Freiheit, Menschlichkeit und Frieden«* seien immer wieder aufs Neue zu hegen und zu pflegen.[16] War es schon vergessen, dass Merkel 2002 als CDU-Chefin eindringlich für eine deutsche Beteiligung am Irak-Krieg warb? Und sieht sie Kalergis Schriften als Vorbild für ihre Politik? Kalergi wurde von der Idee einer eurasisch-negroiden Zukunftsrasse beherrscht, die die Vielfalt der Völker durch die Vielfalt der Persönlichkeiten ersetzen sollte. Bezeichnenderweise schrieb seine Nichte Barbara Coudenhove-Kalergi im Januar 2015, nur wenige Monate vor der Entscheidung Merkels, die deutschen Grenzen schutzlos zu stellen, dass *»jetzt für Europa eine Epoche der Völkerwanderung und Masseneinwanderung anbricht, die die Bevölkerungsstruktur Europas noch gehörig durcheinanderbringen wird. Es ist unumkehrbar … Europa bekommt ein neues Gesicht, ob es den Alteingesessenen passt oder nicht. Wir leben in einer Ära der Völkerwanderung. Sie hat eben erst begonnen und sie wird mit Sicherheit noch lange nicht zu Ende sein.«*[17]

Anlässlich der Preisverleihung 1950 betonte Kalergi die Erneuerung des Karolinger-Reichs im Geist des 20. Jahrhunderts als entscheidenden Schritt zur Einigung Europas: *»Ein neues Weltreich würde entstehen, dessen Bevölkerung größer wäre als die Vereinigten Staaten von Amerika und dessen Territorium, von der Ostsee bis Katanga, nur der Sowjetunion an Größe nachstehen würde. Mit einem gewaltigen inneren Markt von 200 Millionen Menschen und fast unerschöpflichen Rohstoffreserven, könnte es binnen kurzem eine Wirtschaftsblüte schaffen, wie sie Europa nie gekannt hat. Militärisch wäre es unangreifbar und könnte seinen Völkern eine lange Friedensperiode sichern. Für Osteuropa wäre es ein Magnet, der erst Ostdeutschland in seinen Bann ziehen würde, und dann die europäischen Oststaaten.«*[18] Diese Vision erfüllte sich: Seit 2004 sind der EU 13 östliche Staaten beigetreten. War Kalergi nicht nur ein versponnener Rassist, sondern auch ein Imperialist?

Das Motto auf ihrer Medaille »Europa gelingt gemeinsam« scheint Angela Merkel spätestens in der Nacht zum 5. September 2015 über Bord geworfen zu haben, als sie den österreichischen Kollegen Faymann überredete, die Schleusen zu öffnen, um die in Ungarn gestoppten Flüchtlingsmassen nach Deutschland weiterziehen zu lassen. Die Flüchtlinge strömten schon seit Monaten auf Europa zu. Zeit wäre also in ausreichendem Maß vorhanden gewesen, um im Rahmen der EU eine gemeinsame Lösung zu finden.

Anlässlich der Verleihung des Karlspreises 2011 an Jean-Claude Trichet (»Stabilität und Vertrauen für Europa«), also an denjenigen, der dafür verantwortlich zeichnet, dass aus der EZB eine Bad Bank wurde, schrieb der Publizist und Ökonom Peter Böhringer einen bissigen Kommentar: Die Liste der bisherigen Karlspreisträger lese sich, von wenigen Ausnahmen abgesehen, *»wie ein EUlitäres Who-is-Who von Totalitären. Täuschung und Ausplünderung der Völker sowie vertuschte Kriegstreiberei und Machtmissbrauch scheinen beim Karlpreis-Direktorium geradezu Voraussetzungen für Preiswürdigkeit zu sein. Die EUlite feiert ihre Besten. Natürlich nur formal gemäß dem geheuchelten offiziellen Zweck.«*[19]

## Preisträger Papst Franziskus (»Europa – eine Gesellschaft der Werte«)

2016 wurde die Verleihung nicht in Aachen, sondern im Vatikan vorgenommen und Franziskus für sein herausragendes Engagement geehrt – *»für Frieden, Verständigung und Barmherzigkeit«*, zitierte der Vorsitzende des Karlspreis-Direktoriums, Jürgen Linden, aus der Verleihungsurkunde. Anschließend forderte seine Heiligkeit Europa auf, sich an die Ideale seiner Gründerväter zu erinnern. *»Sie hatten die Kühnheit, nicht nur von der Idee Europa zu träumen, sondern wagten, die Modelle, die bloß Gewalt und Zerstörung hervorbrachten, radikal zu verändern«*. Heute gelte es mehr denn je, Brücken zu bauen und Mauern einzureißen. *»Was ist mit dir los, humanistisches Europa«*, mahnte Franziskus, *»du Verfechterin der Menschenrechte, der Demokratie und der Freiheit?«*[20]

Leider hat er in seiner Dankesrede jeden Verweis auf die akute Kriegsgefahr vermieden – obwohl er noch im Jahr zuvor mehrfach vor einem »dritten Weltkrieg« gewarnt hatte. Beispielsweise sagte er Anfang Juni 2015 in Sarajewo mit Blick auf die aktuellen Konflikte: *»Es ist eine Art dritter Weltkrieg, der stückweise geführt wird, und im Bereich der globalen Kommunikation nimmt man ein Klima des Krieges wahr.«* Einige Menschen wollten *»dieses Klima absichtlich schüren und suchten den Zusammenstoß verschiedener Kulturen«*, so der 78-Jährige bei einer

Messe vor etwa 65 000 Menschen.[21] Andere würden mit Kriegen spekulieren, um Waffen zu verkaufen. Franziskus forderte die Politiker auf, die *»ersten Diener ihrer Gemeinschaften«* zu sein und die Grundrechte der Menschen zu wahren.

In seiner Dankesrede für den Karlspreis verwies Franziskus auf die Verantwortung für die Flüchtlinge, unterließ es aber, auf die Ursache der Fluchtwelle einzugehen, nämlich die Politik der »westlichen Wertegemeinschaft«. Hinter dieser Politik stehen die unsäglichen Rüstungsgeschäfte, die Gier nach Rohstoffen sowie geopolitische Interessen. Die »Islamisten« sind nicht die Urheber des Terrorismus, sondern nur die instrumentalisierten Organe einer imperialen Politik. Hier ist vor allem das Dreieck Saudi-Arabien – Großbritannien – USA zu nennen.

Das Bündnis mit den Saudis zur Förderung von Terrorismus und Völkermord ist seit Jimmy Carter und Zbigniew Brzeziński gängige Politik. Diese Achse des internationalen Terrorismus zu zerstören, wäre Voraussetzung für den Frieden im Nahen Osten. Ein großer Schritt in diese Richtung könnte die von Kongressabgeordneten geforderte und von Obama blockierte Veröffentlichung der berüchtigten 28 Seiten über die saudische Rolle aus dem Kongressbericht über die Anschläge des 11. September 2001 sein. Hier hätte Franziskus die europäische Politikelite auffordern können, zusätzlich Druck auf Washington auszuüben. Stattdessen ließ er sich als Träger des fragwürdigen Karlspreises feiern. Damit hat Franziskus weder sich noch der katholischen Kirche – und erst recht nicht dem Weltfrieden – einen Dienst erwiesen.

## Preisträger Martin Schulz (»Die Bürger Europas stärken«)

Martin Schulz, im Jahr zuvor geehrt, überreichte dem katholischen Kirchenoberhaupt den Karlspreis in der prächtigen Sala Regia des Vatikans. *»Frieden, Solidarität und gegenseitiger Respekt«*, dafür stehe Franziskus. Europa erlebe stürmische Zeiten, befinde sich vielleicht sogar vor einer Zerreißprobe. Es sei deshalb Zeit, für Europa zu kämpfen, so der damalige EU-Parlamentspräsident. *»Papst Franziskus macht uns Hoffnung, dass dies gelingen kann«*, laudierte Schulz. *»Die Helfer in der Flüchtlingskrise zeigten Europas gutes Gesicht, Europas menschliches Gesicht«*.[22] Mit diesen Worten qualifizierte sich Schulz offenbar für höhere Aufgaben, denn Anfang Januar 2017 schrieb

Liebe [redacted]

von Aufbruch ist die Rede, sogar von einem „Schulz-Effekt": **Martin Schulz gilt vielen in der SPD als Hoffnungsträger für das Wahljahr 2017.** Doch für die meisten Bürgerinnen und Bürger ist er noch ein unbeschriebenes Blatt. Wird er tatsächlich für mehr soziale Gerechtigkeit, gesellschaftliche Teilhabe und ökologischen Fortschritt eintreten? **Ob Schulz für einen Aufbruch hin zu einer progressiven Politik sorgen kann, hängt davon ab, wie er sich in den nächsten Wochen politisch profiliert.**

*Campact als Wahlkampfhelfer für Martin Schulz (im Bild rechts uniformierte Mitarbeiter des Kampagnenbetreibers mit Ärmelaufschrift »Demokratie«)*

Campact seine 1,7 Millionen Mitglieder an, um ihn als Hoffnungsträger für die deutsche Politik zu etablieren.

Campact steht ebenso wie andere NGOs im Kampf gegen Trump. Und seit 2017 auch Martin Schulz. Der damalige Kanzlerkandidat von Mitte-Links wagte sich weit aus dem Fenster: *»Was Trump tut, ist unamerikanisch«*, tönte Schulz Anfang Februar und fügte hinzu, die Vereinigten Staaten stünden wie kein anderes Land in der Welt für Aufklärung, Demokratie und Freiheit. *»Wenn Trump jetzt mit einer Abrissbirne durch den westlichen Wertekanon fährt, dann werde ich ihm als Kanzler erzählen: Das ist nicht die Politik von Deutschland und Europa.«*[23] Doch die Zerstörung Nordafrikas, des Mittleren und Nahen Ostens war anscheinend mit dem westlichen Wertekanon vereinbar – ganz zu schweigen von Folter und Obamas Drohnenmorden.

Emmanuel Macron habe Martin Schulz zur GroKo gedrängt, schrieb die *FAZ* am 2. Dezember 2017. Ging es den Transatlantikern in der SPD darum, zusammen mit Macron Druck auf Kanzlerin Merkel auszuüben, um Reformen in der EU durchzudrücken?

## Preisträger Emmanuel Macron (»Neubegründung des Europäischen Projekts«)

Der Jesuitenschüler Macron (Magisterarbeit über Machiavelli, Diplomarbeit über Hegel) erhielt 2018 den Karlspreis. In der Begründung heißt es: *»Seine Leidenschaft und sein europäisches Engagement, sein Eintreten für Zusammenhalt und Gemeinsamkeit und sein entschiedener Kampf gegen jede Form von Nationalismus und Isolationismus sind zur Überwindung der europäischen Krise vorbildhaft.«*[24]

Die Laudatio hielt Angela Merkel, dabei rief sie den Ersten Weltkrieg ins Gedächtnis: *»Wer vor den Gräbern der vielen jungen Menschen steht, die um ihr Leben betrogen wurden, weil nationale Engstirnigkeit und Verblendung unseren Kontinent an den Abgrund geführt haben, weiß um den Wert der europäischen Einigung. Sie hat uns Frieden und Freiheit, Demokratie und Rechtsstaatlichkeit gebracht.«* Mit Blick auf die Liste der Karlspreisträger, in der sie ein Spiegelbild der jüngeren europäischen Geschichte sah, fuhr sie fort: *»Von der Montanunion über die Gründung der Europäischen Union bis zur Euro-Einführung und der großen Osterweiterung – es waren immer Persönlichkeiten, couragierte Frauen und Männer, die Europa ein Gesicht gegeben haben ...«*[25] Die von ihr aufgeführten Stationen Montanunion, Euro und Osterweiterung sind letztlich nur aus dem Denken der Kriege des 20. Jahrhunderts entstanden. Vom Geist des Friedens ist da wenig zu spüren.

## MoveOn.org und PICO: Zwillinge vom gleichen Geist?

Am 17. Februar 2017 veröffentlichte der Papst einen Brief an die Teilnehmer des vom Vatikan organisierten Welttreffens der Volksbewegungen in Kalifornien. Solche Veranstaltungen finden regelmäßig auch im Vatikan statt und werden von Franziskus persönlich initiiert in seinem Versuch, mit einer Vielzahl von Graswurzelbewegungen weltweit zusammenzuarbeiten. In dem Brief lobt er die Organisation PICO, einen der Förderer des Welttreffens. Er schreibt: *»Ich habe erfahren, dass PICO für ›People Improving Communities through Organizing‹ [Menschen verbessern Gemeinschaften durch Organisieren, Anm. d. Verf.] steht. Was für eine großartige Synthese der Mission der Volksbewegungen: lokal zu arbeiten, Seite an Seite mit euren Nachbarn, sich untereinander zu organisieren, um eure Gemeinschaften gedeihen zu lassen.«*[26]

Was Papst Franziskus hier nicht erwähnt ist, dass auch PICO von Soros mitfinanziert wird. Die linke Watchdog-Website »Discover the Political Networks« beschreibt PICO als eine Gruppe, die *»Organisationstaktiken im Alinsky-Stil*[27] *anwendet, um die Doktrinen der religiösen Linken voranzubringen«*. Wie John-Henry Westen, Chefredakteur von *LifeSiteNews*, im August 2016 berichtete, haben undichte Stellen in der Soros-Stiftung gezeigt, wie der Multimilliardär PICO und andere Organisationen finanziert hat, um den Vatikan zugunsten einer bestimmter politischen Agenda zu beeinflussen. Westen berichtet: *»Durchgesickerte E-Mails über WikiLeaks enthüllen, dass der milliardenschwere Globalisierer George Soros – einer der Topspender von Hillary Clinton – 650 000 Dollar zahlte, um den Besuch von Papst Franz im September 2015 in den USA zu beeinflussen, mit dem Ziel, ›im Vorfeld des Präsidentschaftswahlkampfes 2016 nationale Paradigmen und Prioritäten zu verändern‹. Die Mittel wurden im April 2015 bewilligt, und der Bericht über ihre Wirksamkeit deutet darauf hin, dass zu den erfolgreichen Errungenschaften u. a. Folgendes gehört: ›Aufkauf einzelner Bischöfe, um mehr öffentliche Unterstützung für die Botschaften der wirtschaftlichen und rassischen Gerechtigkeit zu erreichen und damit zu beginnen, eine kritische Masse von Bischöfen zu schaffen, die mit dem Papst übereinstimmen‹. ... Stipendiaten waren PICO, eine auf Glauben basierende Organisationsgruppe für Gemeinschaften, und Faith in Public Life (FPL), eine progressive Gruppe, die in den Medien arbeitet, um linksgerichtete Anliegen der ›sozialen Gerechtigkeit‹ zu fördern. Soros hat linke Anliegen auf der ganzen Welt finanziert und es wurde gerade festgestellt, dass er Bemühungen zur Abschaffung von Pro-Life-Gesetzen auf der ganzen Welt unterstützt hat.«*[28]

Trotz der massiven Einflussnahme zugunsten Hillary Clintons haben 52 Prozent der Katholiken für den Republikaner Donald Trump gestimmt und nur 45 Prozent für die Demokratin Hillary Clinton. Trump scheint sich mit seiner Ablehnung von Abtreibung und Israelhass und dem Wunsch einer friedlichen Lösung im Russlandkonflikt in diesen Kreisen Anhänger geschaffen zu haben. Die 2,5 Millionen Stimmen mehr aus dem katholischen Lager sicherten Trump den Wahlsieg.[29] Augenscheinlich war das Lavieren unter Obama so schlimm, dass viele Katholiken die Alternative wählten.

Mit der unkritischen Unterstützung von PICO hatte sich Papst Franziskus erneut in gefährliche Nähe zu Soros begeben. Den gebotenen Abstand zum politischen Establishment hatte er schon im Präsidentenwahljahr 2016 vermissen lassen, als er wie Soros deutlich Partei gegen Trump bezog. Im Februar 2016 kommentierte er auf seinem Rückflug aus Mittelamerika Trumps Plan, ein Bollwerk zwischen den Vereinigten Staaten und Mexiko zu errichten, um den Migrationsstrom zu verlangsamen, mit der Bemerkung: *»Jemand, der nur daran denkt, Mauern zu bauen und nicht Brücken, ist kein Christ.«*[30] Dazu wäre anzumerken, dass bereits unter Bush, Clinton und Obama die Grenze auf 3000 Kilometern sukzessive mit kaum überwindbaren Stahlkonstruktionen gesichert wurde, teilweise sogar als Hochsicherheitszone – wie eine Panzersperre.[31]

Wie konnte es geschehen, dass Papst Franziskus gemeinsam mit Soros in einer Kampagne gegen Trump steht? Wie sich gezeigt hat, bilden die säkularen Missionare der westlichen Wertegemeinschaft, die Nichtregierungsorganisationen, den Schlüssel zum Verständnis. Dem Wahrnehmungspsychologen und Kognitionswissenschaftler Rainer Mausfeld zufolge sind sie Trojanische Pferde, die ein *»globales Sicherungsnetz«* für US-Interessen formen. In seinem erhellenden Vortrag »Die Angst der Machteliten vor dem Volk« geht Mausfeld kritisch auf deren wirkliche Absichten ein. Die ganze Welt sei überzogen von dem

*Der Rattenfänger von Hameln – damals wie heute eine Geschichte von Verführung mit niederen Motiven*

Sicherungsnetz der NGOs, *»die zum Teil in der Tat humanitäre Dinge betreiben«*, so Mausfeld. Sie seien aber durch ihre philanthropische Verpackung besonders gute Ideologieträger und würden daher das Geschäft ihrer Geldgeber betreiben, die über großzügige Zuwendungen massiv auf die Organisation Einfluss nähmen. Auffällig sei ja bei Avaaz, Human Rights Watch und anderen die *»Änderungsenergie und Empörung«*, die sie nicht auf die eigentlichen Zentren der Macht richteten – das sei *»gedankliches Sperrgebiet«* –, sondern auf Ablenkungsthemen, mit denen sie ideologische Rattenfängerei betrieben. Er empfiehlt, mehr nach der eigentlichen Rolle dieser NGOs zu fragen.[32]

Auf den Artikel des Autors in der *NRhZ* zur plötzlichen Allianz von Soros und Papst Franziskus ging am 3. März 2017 ein bemerkenswerter Leserbrief ein – hier ein Auszug daraus: *»Wenn Soros etwa ›Black Lives Matter‹ unterstützt, dann nicht etwa, weil er dadurch der US-Polizei schaden will.... Chaotisierung mag zwar vorübergehend Mittel zum Zweck sein, ist aber nicht der Zweck selbst. ... Ziel ist vielmehr die Spaltung der Bevölkerung. In die einen, die glauben, dass die Schwarzen genauso wie vor 50, 100 oder 150 Jahren von der Polizei übelst verfolgt werden. Und in die anderen, die glauben, dass die Realität sich längst geändert hat, bis dahin, dass mittlerweile vielfach die traditionelle Diskriminierung Schwarzer durch Vorzugsbehandlung ersetzt sei. Ob Farbige, Homosexuelle, Migranten, Behinderte – stets werden die Minderheiten angeblich in ihren Rechten verletzt, immer wieder sollen die entsprechend hochgekochten Minderheitenthemen die Bevölkerung spalten: Und es soll überhaupt nur noch in der Kategorie von Minderheiten gedacht werden – und nicht mehr in der Kategorie der breiten Mehrheit der Bevölkerung, auf dass die nicht auf den Gedanken verfällt, irgendwelche Wünsche und Forderungen gegenüber der Minderheit der Ausbeuter (und auch die wäre ja als Minderheit per se im Recht) vorzubringen.«*[33]

Die Nähe von Teilen der katholischen Kirche zu Soros scheint noch beklemmender zu sein. Am 9. September 2020 berief sich David Berger in seinem Artikel »George Soros finanziert seit Jahren den Jesuitenorden von Papst Franziskus« auf den bekannten Vatikankenner Marco Tosatti.[34] Dieser hatte aufgedeckt, dass drei Wohltätigkeitsorganisationen der Jesuiten in den letzten Jahren mehr als 1,5 Millionen US-Dollar aus den Geldern der Open Society Foundations bekommen hatten. Der spanische Migrantendienst der Jesuiten erhielt seit seiner Gründung 75 000 US-Dollar im Jahr 2016 und 151 125 US-Dollar im Jahr 2018; die größte Summe aber ging an die gemeinnützige Einrichtung Jesuit Worldwide Learning Higher Education der USA (2016:

890 000, 2018 weitere 410 000 Dollar). Diese Organisation gibt als einzige die OSF als ihren »Partner« an und outet sich damit als von ihnen mitfinanziert.

Insgesamt beliefen sich die Spenden von Soros an Jesuitenstiftungen auf 1 702 577 Dollar in den letzten vier Jahren. Merkwürdig: Die OSF setzt sich in aller Welt für die Freigabe der Abtreibung ein, die von der katholischen Kirche offiziell strikt abgelehnt wird. *Katholisches – Magazin für Kirche und Kultur* hatte schon Anfang Juni 2020 darüber berichtet, dass seit der Amtsübernahme von Papst Franziskus der Einfluss Soros' bis in den Vatikan hineinreicht, was vorher unmöglich schien. Die Vorgänger des »Papstes der Armen« hatten anscheinend deutlich größere Berührungsängste zu Großoligarchen. George Soros unterstützte z. B. auch den Besuch von Franziskus bei US-Präsident Obama im September 2015 mit 650 000 Dollar.[35] Durch die Aufdeckung dieser Verstrickungen bekommt auch das Gerücht, der Multimilliardär habe beim Rücktritt Papst Benedikts und der Wahl von Bergoglio seine Finger im Spiel gehabt, neue Nahrung.

Soros agiert gewiss nicht allein. Er steht stellvertretend – wie Bill Gates in der Coronakrise – für eine transnational agierende Finanzelite. Es ist notwendig, sich über die weitreichende Einflussnahme dieser »Philanthropen« und die von ihnen ausgehende Gefahr im Klaren zu sein. Hinter dem schönen Slogan einer Weltgesellschaft ohne Grenzen versteckt sich die Abschaffung staatlicher Souveränität und mit ihr die Transformation einer nationalen und internationalen Rechtsordnung in eine von wenigen Strippenziehern beherrschte globale Massengesellschaft. Hinter der besonders für Linksliberale verführerischen Vision von Soros' »Open Society« (offenen Gesellschaft) verbirgt sich die Zurichtung der gesamten Welt für den direkten ausbeuterischen Zugriff auf Ressourcen, Bildung, Gesundheit, Landwirtschaft u. ä.

Der Papst kann seine Legitimation aus einer Wahl ableiten, Soros hingegen kann sich nur auf seine Milliarden stützen. Wenn pure Macht durch eine Person symbolisiert werden kann, dann durch den Staatsmann ohne Staat George Soros. Durch den Schulterschluss mit dessen weltweiten Bestrebungen begibt sich Papst Franziskus auf ein Terrain, das seinem offiziellen Auftrag und seinem Amt diametral entgegensteht. Im Mittelpunkt sollte die Botschaft Jesu stehen, der sich nie auf die Seite der Mächtigen gestellt hat: Das Wichtigste ist die Liebe und nicht der Kampf!

## Exkurs: Die gezielte Transformation der Linken

Der Neoliberalismus ist der Wegbereiter prekärer Verhältnisse – von Leiharbeit, Minijobs, Mindestlohn, ausgenutzten Praktikanten, Minirenten usw. Noch mögen es Minderheiten sein, doch sobald ein größerer Teil der Bevölkerung diese üblen Lebens- und Arbeitsumstände zu spüren bekommt, was ja mit den zunehmenden Armutsrenten schon absehbar ist, und anfängt, sich dagegen zu organisieren, wird der Neoliberalismus eine härtere Gangart einlegen – Vorbilder dafür liegen gut 90 Jahre zurück. Nach dem »Black Friday« 1929 crashte die Weltwirtschaft, Massenarbeitslosigkeit in den USA und Europa folgte, und natürlich war Deutschland besonders heftig betroffen. Damals gab es noch keinen Sozialstaat im heutigen Sinn, in den USA wurden die Gewerkschaften mit dem Militär niedergehalten, und Arbeitskämpfe waren äußerst hart – alles bedrohliche Entwicklungen für das Kapital. Dann instrumentalisierte man die Faschisten.

Nach dem Zweiten Weltkrieg wurde in Westeuropa der Sozialstaat aufgebaut, die Mitbestimmung eingeführt und ein nie dagewesener Wohlstand geschaffen. Der Kapitalismuskritiker Wolfgang Streeck, lange Zeit Direktor des Max-Planck-Instituts für Gesellschaftsforschung in Köln, formulierte mit historischer Nüchternheit: *»Alles, was einen Anfang hat, hat auch ein Ende.«* Vor 250 Jahren etabliert, werde der Kapitalismus nun von seinen *»drei apokalyptischen Reitern«* heimgesucht: sinkendem Wachstum, wachsender Ungleichheit, steigenden Schulden. Die drei Dynamiken verstärkten sich gegenseitig. Der Soziologe prognostiziert eine Art Rückfall: Nach der kurzen Phase der Stabilität zwischen 1945 und 1975 werde das *»Tier«* Kapitalismus *»wieder genauso gefährlich, wie es vorher war, weil es aus allen Regelungsregimen rausbricht«.*[36]

Also nicht mit der »Wende«, sondern schon vor dem Ende des Kalten Kriegs schlug das Pendel um. Nun kommen die Bilder der 1920er-/1930er-Jahre zurück. Der Neoliberalismus fährt seit über drei Jahrzehnten zusehends wieder die gesamte Realwirtschaft an die Wand. Gegen die 2007 einsetzende Wirtschaftskrise verabschiedete die Bundesregierung das »Gesetz zur Beschleunigung des Wirtschaftswachstums«. Doch Massenproduktion ohne Massenkaufkraft ist sinnlos bzw. sogar zerstörerisch. Streeck prognostiziert der kapitalistischen Gesellschaft den *»Tod der tausend Schnitte«*. Das Leiden werde sich hinziehen, es wird ein Siechen werden und dann ein Verenden. Dagegen werden sich die Vertreter des Kapitalismus aufbäumen.

Bevor eine linke Bewegung sich dem Neustart von Gewerkschaften und Arbeiterbewegungen widmet, zündelt das Kapital schon mal vorsichtshalber und finanziert Faschisten. Aber keine banalen Faschisten-Parteien, man hat ja dazugelernt. Erfolgreich werden nun linke Bewegungen unterwandert. Die Initiative neue soziale Marktwirtschaft (INSM) in Deutschland will genau das, was Tony Blairs »New Labour« wollte. Das mag zunächst verwirren. Die pseudolinke Regierungspolitik in Deutschland wird durch überzogene »Political Correctness« und Migrationspolitik, gepaart mit bis an die Grenze gehenden wirtschaftsliberalen Arbeits- und Vermögensrechten, als Reaktion einen Rechtsruck erzeugen. Der wird dann dem Kapital ideale Voraussetzungen für einen globalen rechten Richtungswechsel schaffen. In der Coronakrise ist weltweit der Ruf nach autoritären Regierungen stärker geworden. Die Unterwanderung linker Bewegungen und ein flankierender Neoliberalismus sind in der Geschichte neu. Geniales Instrument für den Schulterschluss von linken Idealen und neoliberaler Politik ist der sogenannte »Kampf gegen Rechts«, mit dem man kritische Kräfte pauschal als »rechtspopulistisch« diffamieren kann.

*Gregor Gysi möchte Die Linke regierungsfähig machen. Voraussetzung wäre die Zustimmung zur Kriegspolitik der NATO und der EU. Ein Spaltungsgrund?*

Dieser Zusammenhang ist für linke oder liberale Idealisten schwer durchschaubar; daher sind sie gern bereit, die Aufklärer als »Verschwörungstheoretiker« abzutun. Dazu der vertrauenswürdige Kronzeuge Warren Buffett: *»Es herrscht Klassenkrieg, richtig, aber es ist meine Klasse, die Klasse der Reichen, die Krieg führt, und* wir *gewinnen.«*[37] Es ist bitter, dabei zuschauen zu müssen, wie solche menschenverachtenden Planspiele mal wieder aufgehen, zumal alle Organisationen der öffentlichen Meinung längst auf der Klaviatur von Warren Buffets kriegführender Klasse spielen.

Dass nun vonseiten der Partei Die Linke der Schulterschluss mit der NATO propagiert wird, die in der Partei immer umstritten war, passt ins Bild. Am 1. September, dem Weltfriedenstag, brachte die *junge welt* auf der Titelseite eine provozierende, Die Linke spaltende Fotomontage (vgl. Abb. auf S. 437).[38] Bisher hatte sich Die Linke kaum mit friedenspolitischen Forderungen hervorgetan. Die Grünen haben ohnehin seit 1999 allen illegalen Kriegen der USA zugestimmt – so steht einer Koalition im kommenden Herbst nichts entgegen. Gregor Gysi, seit Mai 2020 außenpolitischer Sprecher der Bundestagsfraktion der Linken, versucht nun, dem heiklen Thema NATO – deren Akzeptanz für einen Eintritt in die Regierung notwendig ist – für den NATO-kritischen Flügel die Sprengkraft zu nehmen. Dort gibt es einige, welche die NATO gern durch eine *»andere Struktur«* ersetzt sehen würden. Gysi verweist darauf, dass die Partei *»nie den Austritt Deutschlands aus der NATO gefordert«* habe und erklärt zudem, dass das Thema NATO für Koalitionsverhandlungen *»nicht so wahnsinnig dramatisch«* sei. Auch bei den Auslandseinsätzen der Bundeswehr könne man sich übrigens *»verständigen«.*[39]

## Öffentliche Kritik am Karlspreis

Die Kritik am Karlspreis ist so alt wie der Preis selbst. Mit Bezug auf einen Bericht des US-Nachrichtenoffiziers Saul Kussiel Padover wurde die Idee des Karlspreises wegen der Mitgliedschaft Pfeiffers in der NSDAP und fünf weiteren NS-Organisationen sowie den ebenfalls NS-belasteten Mitgliedern des ersten Karlspreisdirektoriums, Oberstadtdirektor und Bürgermeister Albert Servais und Hochschulprofessor Peter Mennicken, infragegestellt.[40] Zusätzlich wurde der Preis als vermeintliche und nicht angebrachte »Mystifizierung« Karls des Großen, seiner Politik und seines Reichs interpretiert. Dafür gab es genügend Belege.

Im Dritten Reich wurde Kaiser Karl als »Einiger der deutschen Stämme« gesehen und mit Hitler verglichen. Die Nationalsozialisten identifizierten seine Politik mit der germanozentrischen Neuordnung Europas und zitierten seinen Feldzug gegen die »hunnischen« Awaren zur Unterstützung ihres Vernichtungskriegs im Osten.

Am 26. Februar 2008, im Vorfeld des sich abzeichnenden Lissabon-Vertrags, veröffentlichte der britische Wirtschaftswissenschaftler, Publizist und Politiker Rodney Atkinson die Abhandlung »Die Totalitaristen, die die Europäische Union gegründet haben, und ihr bevorstehender Triumph«. Atkinson beunruhigte die Tatsache, *»dass so viele der Gründer der Europäischen Union in den 1950er-Jahren eine führende Rolle bei dem gewaltsamen Versuch der Schaffung einer Europäischen Union in den 1930er- und 1940er-Jahren gespielt haben. Führende Persönlichkeiten wie Walter Hallstein, Walther Funk, Alfred Toepfer, Paul-Henri Spaak und Hans Josef Globke waren sowohl aktive Unterstützer des europäischen Faschismus in den 1940er-Jahren als auch kritische Förderer der Europäischen Union in den 1950er-Jahren. Die Frage ist, würden die meisten Menschen ihre demokratische Souveränität an eine von solchen Personen gegründete supranationale Macht abgeben wollen? Denn genau das ist dem britischen Volk passiert, als es sich die Zwangsjacke der europäischen Verfassungsmacht um den Hals gelegt hat.«*[41]

Nach Atkinson waren es Nationalsozialisten, die den Karlspreis auf den Weg brachten und in deren Geist die Europäische Gemeinschaft entwickelt wurde. Dazu gehöre die Zerschlagung der Tschechoslowakei und Jugoslawiens in den 1990er-Jahren. Sie wurde ermöglicht durch eine *»sorgfältige Strukturierung des supranationalen Rechts der ›Europäischen Union‹ (unter Umgehung der Parlamente), die Annahme einer ›europäischen Staatsbürgerschaft‹ (unter Umgehung der Nationalstaaten), den Regionalismus (unter Umgehung demokratischer Regierungen in den Hauptstädten), eine zentrale Bürokratie und einen ›Europäischen Gerichtshof‹ (eine nicht parlamentarische bürokratische Kontrolle anstelle demokratischer Rechenschaftspflicht) sowie die Förderung ethnischer Gruppen als Rammbock, um die Homogenität der Nationalstaaten zu zerstören.«* So wunderte es ihn nicht, dass laut einer Meldung von *Newsweek* am 6. Juni 1997 die deutschen Truppen, die nach dem Zerfall Jugoslawiens 1997 in Bosnien einmarschierten, mit »Sieg Heil«-Rufen begrüßt wurden. Mit dem Satz *»Wir leben in sehr gefährlichen Zeiten«*, endet Atkinsons Artikel.

Auch die Auswahl der Preisträger wurde kritisiert: Der Preis gehe fast nur an konservative Politiker. Die Vergabe an den sozialdemokratischen Bundeskanzler (und Friedensnobelpreisträger!) Willy Brandt sei seinerzeit in der Jury nicht durchsetzbar gewesen.[42] Sein Nachfolger im Amt, der 2015 verstorbene Helmut Schmidt, wurde ebenfalls als Preisträger übergangen. Dagegen erhielten – bis auf die kurzzeitig regierenden Kanzler Ludwig Erhard und Kurt Georg Kiesinger – alle christdemokratischen Bundeskanzler den Karlspreis. Auch einer der größten wahren Europäer, der Frankreich aus der NATO zurückzog und für ein »Europa der Vaterländer« eintrat, Charles de Gaulle, wurde vom Aachener Direktorium nicht als würdig empfunden. Das ist angesichts der Lebensleistung De Gaulles geradezu eine Unverschämtheit. Ihm ist zusammen mit dem ersten deutschen Bundeskanzler Konrad Adenauer die deutsch-französische Aussöhnung gelungen, die Gustav Stresemann und sein damaliger französischer Kollege Aristide Briand nicht erreicht hatten: Am 22. Januar 1963 unterzeichneten Charles de Gaulle und Konrad Adenauer den »Vertrag über deutsch-französische Zusammenarbeit«, einen Freundschaftsvertrag, der einen regelmäßigen gegenseitigen Austausch zur Festigung der Beziehungen vorsah sowie Kulturabkommen, ein gemeinsames Jugendwerk, einen deutsch-französischen Wirtschaftsrat und vereinte Streitkräfte (Eurokorps).

Häufig wurden die Verleihungen von Demonstrationen begleitet. 1984 richteten sie sich gegen die Vergabe an Bundespräsident Karl Carstens wegen seiner Mitgliedschaft in der NSDAP. 1987 wurde Henry Kissinger dessen Verstrickung in die Ausweitung des Vietnamkriegs und in den Putsch gegen die Regierung Chiles unter Salvador Allende zum Verhängnis. Aus Protest gegen die Preisvergabe an ihn traten die Stadträte von SPD und Grünen aus dem Direktorium des Karlspreises aus. Auch in der Verleihung an Jean-Claude Juncker 2006 sahen Kritiker eine Diskrepanz zum Anspruch des Karlspreises, verdiente Europäer zu würdigen. Sie verwiesen dabei auf die Luxemburg-Leaks. Juncker hatte lange die Steueroase Luxemburg regiert: *»Der oberste Steuerhinterziehungsbeihelfer wird EU-Kommissionspräsident!«*[43] Sein langjähriger Protegé Martin Schulz geriet im Zuge der Aufarbeitung im EU-Parlament ebenfalls in die Kritik.

2012 stieß die Verleihung an Wolfgang Schäuble auf Unverständnis; dieser hatte 2009 den Big Brother Award – einen Negativpreis für fragwürdige Staatspraktiken – »gewonnen«, dazu war Kritik an seiner militaristischen Politik laut geworden.[44] 2018 führte die Vergabe des Karlspreises an Emmanuel

Macron zu kritischen Kommentaren, in denen ihm die Beteiligung Frankreichs am belgischen Stromversorger Engie Electrabel und an den Kernkraftwerken Tihange sowie Doel in Belgien vorgeworfen wurde.

Die Kritik ist berechtigt, denn sowohl bei der heutigen EU als auch beim Karlspreis handelt es sich um einen Etikettenschwindel. Stephan Steins bringt es in seinem Beitrag »Steht die geplante EU-Armee in Konkurrenz zur NATO?« in der *Linken Zeitung* vom 12. Dezember 2017 auf den Punkt: *»Natürlich ist die Idee der europäischen Einigung eine alte Idee in Europa. Etwas ganz anderes ist allerdings, was die anglo-amerikanischen Siegermächte nach 1945 daraus institutionell entwickelt haben. Die zentralistische, undemokratische EU ist so ziemlich das genaue Gegenteil dessen, was die Europäer im Sinn hatten. Die Funktion der Institution EU für den globalisierten Imperialismus besteht darin, die bürgerlich-demokratische Republik der Europäischen Aufklärung zu desintegrieren und somit die, institutionell an den Nationalstaat gekoppelte, demokratische Partizipation des Souveräns auszuhebeln.«*

Kaiser Karl der Große allerdings sprach, wie wir gesehen haben, nie von »Europa«. An seinem Todestag, dem 28. Januar 814, hatte er für seine Zeit unfassbar lang, nämlich 44 Jahre regiert. Sein Reich hat ihn nur eine Generation überdauert.

*»Überzeugungen sind gefährlichere*
*Feinde der Wahrheit als Lügen.«*

Friedrich Nietzsche

# Die Welt im Zangengriff von Covid-19

## Von der Abwiegelung zur Panikmache

Am 31. Dezember 2019 wurde das WHO-Länderbüro China über Fälle von Lungenentzündung unbekannter Ursache informiert, die in der Millionenmetropole Wuhan in der Provinz Hubei festgestellt worden waren. Als Ursache wurde am 7. Januar von den chinesischen Behörden ein neuartiges Coronavirus (SARS-CoV-2) identifiziert. Am 27. Januar 2020 meldete das bayerische Gesundheitsministerium den ersten Fall in Deutschland. Umgehend rief Gesundheitsminister Jens Spahn im öffentlich-rechtlichen Rundfunk zur Gelassenheit auf und verkündete mantragleich: *»Deutschland ist gut vorbereitet«*, es sei weder Anlass zu Unruhe noch zu unnötigem Alarmismus. Am 29. Januar brachte die *Stuttgarter Zeitung* einen Artikel, überschrieben mit »Bundesgesundheitsminister warnt vor Fakenews wegen Coronavirus« und zitierte Jens Spahns Warnung: *»Gerade in sozialen Medien sind viele mit ganz eigenen Interessen unterwegs, die Bürgerinnen und Bürger verunsichern wollen.«* Einen Tag später rief die Weltgesundheitsorganisation eine »gesundheitliche Notlage von internationaler Tragweite« aus. Anfang Februar 2020 erschien in der *South China Morning Post* eine Übersicht der vom Virus betroffenen Länder mit dem Stand vom 3. Februar 2020 (siehe Abb. auf S. 444).

Auch Anfang Februar sah Spahn in Deutschland noch alles unter Kontrolle. Erst als Virologen befürchteten, er unterschätze die Gefahr, schlug er plötzlich Alarm: Deutschland stehe am Beginn einer Coronavirus-Epidemie. Am 27. Februar nahm der Krisenstab seine Arbeit auf – auf Grenzschließungen und Eventabsagen meinte der Minister immer noch verzichten zu können.

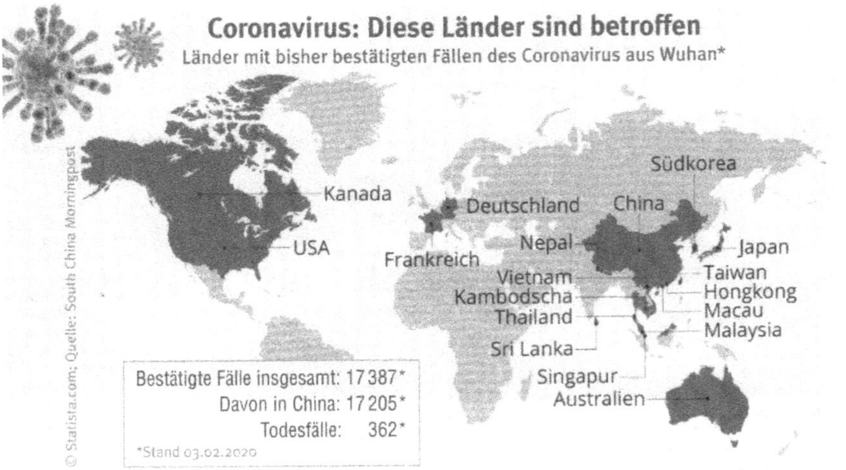


*Frühes Bild der Infektionsketten zeigt die Länder, die mit China regen Personenaustausch haben (Stand: 3. Feb. 2020). Die Bundesregierung sah zu diesem Zeitpunkt keinen Handlungsbedarf*

Aus dem Jahr 2012 stand der Bundesregierung ein Krisenpapier für genau diesen Fall zur Verfügung. Die »Risikoanalyse im Bevölkerungsschutz« untersuchte unter Punkt 2.3 die »Pandemie durch Virus Modi-SARS«, die unter fachlicher Federführung des Robert Koch-Instituts und Mitwirkung weiterer Bundesbehörden[1] durchgeführt worden war. Sie beschreibt ein außergewöhnliches von Asien ausgehendes Seuchengeschehen, das auf der Verbreitung eines neuartigen Erregers, etwa SARS-Coronavirus (CoV), H5N1-Influenzavirus, Chikungunya-Virus, HIV, basiert. Das Szenario: Mehrere Personen reisen nach Deutschland ein, bevor den Behörden die erste offizielle Warnung durch die WHO zugeht – in der Realität, also 2020, kam die Warnung vier Wochen vorher! Die Aussichten in der Studie sind wenig hoffnungsvoll: »*Nachdem die erste Welle abklingt, folgen zwei weitere, schwächere Wellen, bis drei Jahre nach dem Auftreten der ersten Erkrankungen ein Impfstoff verfügbar ist.*«[2]

Um erkrankte Personen wirkungsvoll therapieren zu können, muss man wissen, was bei der Erkrankung im Körper passiert, und die Obduktion der Toten ist dazu das probateste Mittel. Daher ist es völlig unverständlich, warum dies kaum geschah. Das Robert Koch-Institut (RKI) gab sogar eine Empfehlung heraus, worin es heißt: »*Eine innere Leichenschau, Autopsien oder andere aerosolproduzierende Maßnahmen sollten vermieden werden. Sind diese notwendig, sollten diese auf ein Minimum beschränkt bleiben.«*[3] Dem widersprachen der Bundesverband Deutscher Pathologen und die Deutsche Gesellschaft für Pathologie (DGP): Es sei im Gegenteil notwendig, weitere Erkenntnisse über die Erkrankung und deren oft erstaunlich fulminanten Verlauf zu gewinnen und offene Fragen zu beantworten.[4]

Um die Bedrohungsdimension realistisch einordnen und jede unnötige Panikmache ersticken zu können, wäre auch ein Vergleich der täglichen Sterbezahlen mit denen des Vorjahrs äußerst sinnvoll gewesen.Die erste derartige Übersicht ist dank des Epidemiologen und Pneumologen Wolfgang Wodarg Ende April ins Netz gestellt worden (siehe Abb. unten).

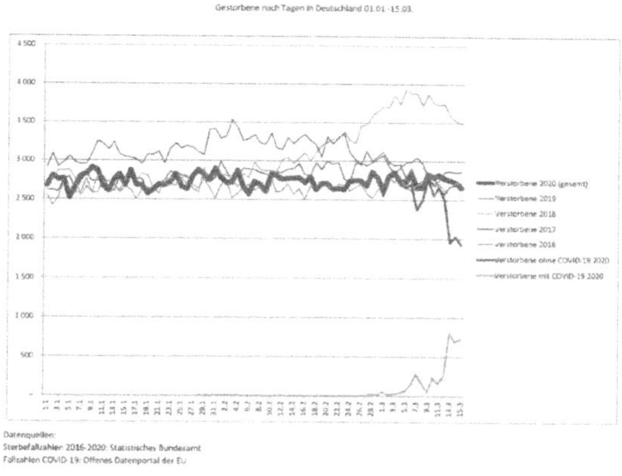


**Warum kommen bei uns die Todesstatistiken so spät?**
Hier eine Darstellung von Daten aus dem Statistischen Bundesamt. Sie hinken etwas hinterher, zeigen aber, dass bei unauffälliger Gesamtmortalität viele Todesfälle einfach Covid-19 zugeschrieben wurden.
Das war überall so und entspricht natürlich nicht einer seriösen Todesursachenstatistik.

*Der Zuwachs an Coronatoten führt zu einer Abnahme der nicht an Corona Verstorbenen bei gleichbleibender Gesamtsterblichkeit. Auf diese Irreführung wies als Erster der Lungenfacharzt Wolfgang Wodarg hin*

Zwei Wochen zuvor hatte die WHO die Verbreitung des Sars-CoV-2 als Pandemie eingestuft. Das war trotz der immer noch geringen Todeszahlen (weltweit ca. 4000) möglich, da die Richtlinien für eine Pandemie im Zuge der Schweinegrippe 2009/10 verschärft worden waren. Schon damals wurden kritische Stimmen laut, da einige der WHO-Berater, die an den Bestimmungen mitgewirkt hatten, Geld von Pharmafirmen erhalten haben sollen.[5] *Der Arzneimittelbrief* schrieb dazu im September 2009: *»Für die Regierungen, die WHO und Pharmaindustrie ist es natürlich ideal, eine harmlose Erkrankung als Weltbedrohung aufzubauen, gemeinsam davon zu profitieren und am Ende sich gegenseitig* *zu beglückwünschen, wie gut doch durch die enge Zusammenarbeit die Bedrohung abgewendet wurde.«*[6]

## Pandemie: globale Krise mit völlig neuer Dimension

Eine Krise wie die Covid-19-Pandemie hat die Welt in dieser Größenordnung noch nie erlebt: Volkswirtschaften werden heruntergefahren, selbstverständliche bürgerliche Freiheiten außer Kraft gesetzt und die Versorgung auf das Notwendigste reduziert. Enorme wirtschaftliche und (durch mangelnde Regelversorgung) gesundheitliche Schäden werden in Kauf genommen – da wird unweigerlich auch über ein absichtliches Auslösen der Krise spekuliert, bis hin zu der These, bei dem Virus handle es sich um eine Biowaffe.

Biologische Waffen – Bakterien, Viren, Pilze und Toxine – wurden schon in der Antike eingesetzt. So brachten die Hethiter vor 3000 Jahren verseuchtes Vieh ins Feindesland, und Perser, Griechen und Römer vergifteten die Brunnen ihrer Feinde mit verwesenden Leichen. 1346 wurden in Kaffa (heute: Feodossija, Autonome Republik Krim) von den Tataren nach dreijähriger Belagerung Pesttote über die Mauern in die Stadt katapultiert. Von den britischen Kolonialherren wurde diese Methode Ende des 18. Jahrhunderts noch verfeinert: »*Wir müssen jede Methode anwenden, um diese abscheuliche Rasse auszulöschen*«, erklärte der Befehlshaber Jeffrey Amherst seine Aufforderung, den Indianern pockenverseuchte Decken auszuhändigen.[7]

Am 12. März 2020 twitterte der stellvertretende Direktor der Informationsabteilung des chinesischen Außenministeriums, ZhàoLìjiān: »*Es könnte die US-Armee sein, die die Epidemie nach Wuhan gebracht hat.*«[8] Bald darauf schimpfte Außenminister Mike Pompeo über »Desinformation« und »absonderliche Gerüchte«, die Zhào über die Regierungskanäle verbreitet habe.

Der amerikanische Schriftsteller Jack London hat eine solche Fiktion 1910 in »Die beispiellose Invasion« beschrieben. In dem Kurzroman bekämpfen die USA den Aufstieg Chinas mit einer Vielzahl biologischer Waffen. Völkermord wird als einzig vernünftige Antwort auf den wachsenden Erfolg der Konkurrenzmacht dargestellt. Westliche Nationen machen sich nach dem Plan eines amerikanischen Wissenschaftlers an die Ausrottung der Chinesen, die wiederum ihre Armee zur Abwehr einer Invasion aus Europa und den USA mobilisieren. Schließlich werden sie mit »*Röhren aus zerbrechlichem Glas*« bombardiert, in denen sich Viren und Bakterien befinden. Am Ende der Geschichte wagen sich westliche Truppen in die Weiten des desolaten Landes. Sie finden ein verwüstetes China vor, eine Wildnis, durchzogen von wilden Hunden und verzweifelten Banditen. Nach deren Tötung wird das Land der aufgehenden Sonne nach dem Vorbild Nordamerikas neu besiedelt.

Bei biologischen Erregern ist der Rückschluss auf den Vorteilsnehmer manchmal schwierig: 1917/18 brach in einem Militärlager in Kansas die Spanische Grippe, aus, hervorgerufen durch eine Mutation des H1N1-Erregers. Sie forderte bis 1919 50 bis 100 Millionen Todesopfer. Betroffen waren hauptsächlich die Westalliierten, sie nutzte also den Mittelmächten. Denen wurde aber nie ein entsprechender Vorwurf gemacht. War die Grippe rein zufällig ausgebrochen? Oder ging hier ein amerikanischer Biowaffenschuss nach hinten los?[9]

9/11 hatte ebenfalls eine biologische Komponente. Neben den Terrorangriffen mit den vier Flugzeugen wurden bis zu 30 000 Menschen den tödlichen Sporen des Milzbranderregers Anthrax ausgesetzt (vgl. auch S. 259 f.). Die Spur führte schließlich in das US-Biowaffenlabor Fort Detrick zu Bruce Ivins, der sich kurz vor der Festnahme das Leben nahm.

## Guterres warnt vor Missbrauch von Viren als Biowaffe

Vor dem Osterfest sprach UN-Generalsekretär António Guterres von einer Bedrohung des internationalen Friedens und der Sicherheit durch etwaige künftige Angriffe von Bioterroristen mitdem Ziel, Pandemien wie die gegenwärtige auszulösen. »*Die Schwächen und die mangelhafte Vorbereitung, die durch diese Pandemie offengelegt wurden, geben Einblicke, … wie ein bioterroristischer Angriff aussehen könnte, und erhöhen möglicherweise das Risiko dafür*«, erklärte er bei einer Videokonferenz des UN-Sicherheitsrats und warnte: »*Nichtstaatliche Gruppen könnten Zugang zu virulenten Stämmen erhalten, die für Gesellschaften auf der ganzen Welt eine ähnliche Verwüstung bedeuten könnten.*«[10]

Dass islamistische Terroristen von ihren »Maschinenkanonen-Pick-ups« auf Labore umsteigenund dort Viren züchten, scheint recht abwegig. Die Entwicklung von Biowaffen wird in der Regel von Staaten betrieben, und Staaten sind es auch, die den Terror weltweit fördern – völkerrechtswidrige Kriege, Folter, Zerstörung, Chaos, Flucht – und dadurch wieder neuen Terror generieren.

Eigentlich ist die Entwicklung, die Herstellung und der Einsatz biologischer Waffen seit 1972 verboten. 182 Staaten, darunter alle Großmächte, haben die sogenannte Biowaffenkonvention unterschrieben. Und doch findet sich in der US-Studie »Rebuilding America's Defenses« des neokonservativen Think Tanks PNAC aus dem Jahr 2000 die Aufforderung: *»Eine fortgeschrittene Form der biologischen Kriegsführung, mit der auf spezifische Genotypen ›gezielt‹ wird, kann die biologische Kriegsführung aus dem Reich des Terrors zu einem politisch nützlichen Werkzeug transformieren.«*[11] Einer der hochkarätigen Verfasser war Paul Wolfowitz, Berater von George W. Bush und Stellvertreter von Donald Rumsfeld, ein wichtiger Förderer des »Kriegs gegen den Terror«, mit dem der Irak, Afghanistan, Libyen, Syrien, Libanon, Somalia, Sudan und der Iran dem Hegemonieanspruch der USA unterworfen werden sollten. Das alles dient dem Ziel der unipolaren Weltherrschaft und der »Full Spectrum Dominance« des US-Militärs, und Vieles davon ist bis heute erfolgreich umgesetzt worden.

2005 wurden im Pentagon Strategien entwickelt, wie im Ausland stationierte US-Truppen in ihren Camps vor Bioangriffen geschützt werden können. Als logisches Ergebnis fasste man die Isolierung kranker Soldaten in Krankenhäusern ins Auge, während die Gesunden unter Hausarrest gestellt werden sollten. Was für die US-Soldaten im Ausland richtig erschien, konnte analog auf die gesamte USA übertragen werden. So wurden Carter Mecher vom Gesundheitsdienst der Veteranen und Bush-Berater Richard Hatchett vom Nationalen Sicherheitsrat beauftragt, die Abwehrstrategie auf das ganze Land auszudehnen. Kurz bevor Verteidigungsminister Rumsfeld ausschied, konnte dem Center for Disease Control and Prevention (CDC) für den Krisenfall die obligatorische Isolierung der Zivilbevölkerung aufgezwungen werden. Der folgende Proteststurm wurde angeführt von Donald Henderson, dem ehemaligen Leiter der Johns Hopkins University School of Public Health und des U. S. Epidemic Response System. Henderson sah in dem die Grundfreiheiten verletzenden Hausarrest der gesamten Bevölkerung keinen medizinischen Sinn.[12]

Den Weg in die Beschneidung der Freiheitsrechte läutete die Bush-Administration mit dem unmittelbar nach 9/11 verabschiedeten US-Patriot Act ein. Der französische Journalist sowie Gründer des Voltaire Netzwerks, Thierry Meyssan, weist in seinem Artikel vom 28. April 2020 darauf hin, dass erst 2017 – von der Trump-Administration – alle offiziellen US-Dokumente mit den von Mecher und Hatchett veranlassten Maßnahmen vernichtet wurden.[13] Heute ist Richard Hatchett Chef der mächtigen Coalition for Epidemic Preparedness Innovations (CEPI) – eine weltweite Allianz in öffentlich-privater Partnerschaft zwischen Regierungen, der WHO, der EU-Kommission, Forschungseinrichtungen, der Impfstoffindustrie und privaten Geldgebern –, die von Oslo aus die globalen Vakzininvestitionen koordiniert. Die CEPI wurde im August 2016 von der Bill & Melinda Gates Foundation gegründet und steht in Verbindung mit dem Weltwirtschaftsforum.

Im Mai 2019, also Monate vor Ausbruch der Covid-19-Pandemie, hatte die Europäische Kommission einen »Fahrplan für Impfungen«[14] auf den Weg gebracht. Diese Roadmap, zuletzt im dritten Quartal 2019 aktualisiert, soll bis 2022 in einen gemeinsamen Impf- bzw. Reisepass für EU-Bürger münden. Auf der letzten Seite des 10-seitigen Dokuments sind die weiteren Ziele konkretisiert: Aufbau eines Netzwerks für klinische Versuche durch das European Clinical Research Infrastructure Network (ECRIN) sowie die Unterstützung von CEPI.[15]

Am 12. September 2019 führte die Kommission dann gemeinsam mit der WHO einen »globalen Impfgipfel« durch. Das Gipfelmanifest beklagte die mangelnde Verfügbarkeit von sicheren, wirksamen Impfstoffen und das schwindende Vertrauen der Öffentlichkeit in deren Wert sowie Desinvestitionen bei den Impfraten weltweit. Dem sollte in zehn Lektionen entgegengesteuert werden. In Lektion 4 geht es darum, die Ursachen der Impfzurückhaltung an der Wurzel zu packen und das Vertrauen in die Impfung mittels E-Learning-Schulungsmodulen für Allgemeinmediziner zu stärken sowie zögerliche Bevölkerungsgruppen anzusprechen und Verhaltensänderungen herbeizuführen. In der Folgelektion wird gefordert, die Macht der digitalen Technologien zu nutzen, um die Überwachung der Effektivität von Impfprogrammen zu verstärken. Die umfassenden Überwachungsmöglichkeiten, wie die Rückverfolgung von Apps und implantierten NFC-RFID-Biochips, lassen berechtigte Datenschutzbedenken aufkommen.

Die Weltorganisation für geistiges Eigentum (WIPO) hat am 26. März 2020 unter der Internationalen Publikationsnummer WO/2020/060606 eine Patent-

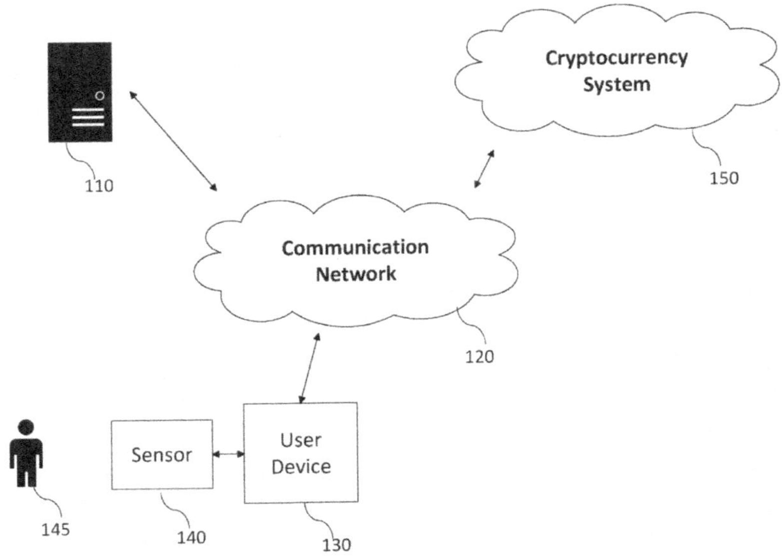


*Ausschnitt aus der Patentanmeldung WO/2020/060606 der Firma Microsoft: Menschliche Körperaktivitäten können mittels Sensoren über Schnittstellen zur Kommunikation im Netz genutzt und sogar mit einer Kryptowährung gekoppelt werden. Die totale Überwachung?*

schrift der Firma Microsoft veröffentlicht, die Möglichkeiten des Messens und Monitorings von Körperaktivitäten aufzeigt, die weit über eine reine Überwachung hinausgehen. Die aufgezeigten Entwicklungen sind Meilensteine auf dem Weg der Gesellschaft in Richtung des Internet of Humans (IoH) und des Transhumanismus.

Auch die Interessenlage innerhalb der WHO ist wenig geeignet, Vertrauen in die Impfaktivitäten der EU aufzubauen. Am 7. Juli 2020 machten die USA – bislang wichtigster Beitragszahler – ernst mit ihrem angedrohten Austritt und leiteten das entsprechende Verfahren ein. Dabei haben sie die vertrauenszerstörenden Strukturen der WHO mitzuverantworten, indem sie Anfang der 1990er-Jahre den Globalmilliardären und Pharmagiganten den institutionellen Zugang ermöglichten. So stammen heute *»achtzig Prozent des WHO-Haushalts von dieser obskuren Riege der Nicht-Staaten«.*[16] Ab 2001 sei die WHO, so die Kritik von Transparency International, wegen der viel zu geringen Pflichtbeiträge der Staaten in die Arme der Industrie getrieben worden. 2020 sollte der Beitrag knapp 116 Mio. Dollar betragen, angesichts eines Militärbudgets von über 6000 Mio. eine lächerliche Summe. Das gilt auch für alle anderen Staaten. Die Interessen von »Big Pharma« und Rüstungsindustrie scheinen global den Ton anzugeben.

Als Grund für den Rückzug gab US-Präsident Donald Trump die Dominanz Chinas an. Überhaupt erscheint das Verhalten Trumps in der Coronakrise widersprüchlich. Das hängt nach Thierry Meyssan mit der Person des umstrittenen, aber einflussreichen Anthony Fauci, Direktor des National Institute of Allergy and Infectious Diseases, zusammen. Während Fauci als wissenschaftlicher Berater des Weißen Hauses von Beginn an autoritäre Maßnahmen zur Eindämmung der Epidemie forderte, sprach sich Trump zunächst im Namen der Freiheit aller gegen Isolierungsmaßnahmen aus. Um dem Präsidenten in Sachen Corona Inkompetenz zu unterstellen, ließen Faucis Freunde einen Teil ihrer Korrespondenz durchsickern.[17]

Die Tragik Trumps scheint es zu sein, dass in seinem Umfeld immer wieder Mitarbeiter seine Politik konterkarieren und er für seine eigenen Einschätzungen und Aktionen nur begrenzten Spielraum hat – mit Sicherheit auch ein Grund für ihn, zu twittern. Die Zahl derer, die die Opposition aus ihren Ämtern gedrängt hat oder die von Trump selbst entlassen wurden, ist kaum mehr zu überblicken. In Erinnerung ist vor allem der erste Sicherheitsberater Trumps, General Michael Flynn, der als Chef des Geheimdienstes DIA im August 2012 dokumentierte, dass von den USA islamische Terroristen aus dem Umfeld von Al-Qaida in Nordsyrien in Stellung gebracht wurden, und daraufhin von Präsident Obama entlassen wurde.

Mit dem Vorwurf, Saddam Hussein betreibe »fahrbare Labors« für gefährliche Biowaffen, der sich später als Lüge herausstellte, wurde der Krieg gegen den Irak begründet. Die UN-Sanktionen 1991 bis 2003 führten zum Tod von *»über einer Million Irakern durch Unterernährung, mangelnden Zugang zu sauberem Wasser, Medikamenten, medizinischer Ausrüstung usw.«.*[18] *Nach* Alfred de Zaya, US-amerikanischer Völkerrechtler, Historiker und unabhängiger Experte des Menschenrechtsrats der Vereinten Nationen von 2012 bis 2018, verstößt der aktuelle Wirtschaftskrieg gegen Kuba, Nicaragua, Venezuela, Syrien, Iran und Nordkorea gegen die UN-Charta und zahlreiche internationale Verträge, so

z. B. gegen das Interventionsverbot, das nicht nur für militärische Interventionen, sondern auch für nichtkonventionelle, hybride Kriegführung gilt.

Es lohnt sich allemal, den Weg in die Coronakrise näher zu betrachten. Anfang 2009 kam es zu einem großflächigen Infektionsgeschehen durch das mutierte Grippevirus H1N1: Die sogenannte Schweinegrippe breitete sich rasch aus – zunächst in Mexiko, dann in den USA. Nach Abänderung der Definition einer Pandemie (u. a. Streichung der Voraussetzung einer »beträchtlichen Zahl von Toten«) wurde dann Anfang Juni diesselbe ausgerufen. Das war der Startschuss für die Produktion von Impfstoffen.

Vor diesem Hintergrund entwarf die Rockefeller Foundation im Mai 2010 ein aufschlussreiches Papier, überschrieben mit »Scenarios for the Future of Technology and International Development«. Auf den Seiten 18 und 19 findet sich unter der Überschrift »Lock Step: Eine Welt der strengeren Regierungskontrolle von oben nach unten und einer autoritäreren Führung, mit begrenzter Innovationskraft und wachsendem Widerstand der Bürger« folgende Vision: *»Im Jahr 2012 traf die Pandemie, welche die Welt seit Jahren erwartet hatte, endlich ein …, die fast 20 Prozent der Weltbevölkerung infizierte und tödlich traf. 8 Millionen in nur sieben Monaten, die meisten von ihnen gesunde junge Erwachsene. Die Pandemie hatte auch tödliche Auswirkungen auf die Volkswirtschaften: Die internationale Mobilität von Menschen und Gütern kam zum Stillstand … Die Pandemie überzog den Planeten, … aber selbst in den entwickelten Ländern war die Eindämmung eine Herausforderung. … Einige wenige Länder haben sich jedoch besser geschlagen – vor allem China … stoppte die Ausbreitung des Virus viel früher als andere Länder und ermöglichte eine schnellere Erholung nach der Pandemie … Die Idee einer stärker kontrollierten Welt fand zunächst breite Akzeptanz und Zustimmung. Die Bürger gaben bereitwillig einen Teil ihrer Souveränität – und ihrer Privatsphäre – an paternalistischere Staaten ab. Die Bürger waren … begieriger nach einer Führung und Aufsicht von oben nach unten, und die nationalen Führer hatten mehr Spielraum, um Ordnung in der von ihnen für richtig gehaltenen Weise durchzusetzen.«*

Ein Jahr später ließ die EU den Bildroman »Infected« in der Brüsseler Behörde verteilen. Darin wird eine 2006 von Peking ausgehende Pandemie skizziert. Am Ende der Geschichte stellte die Führungsriege der EU ihre Erfolge im Kampf gegen das Virus heraus: *»Die Verluste wurden auf weniger als eine Million Menschenleben begrenzt, und die Ausbreitung des Virus B-1049 konnte in nur*

*Über eine Millarde Menschen sterben am Virus B-1049, Big Pharma übernimmt die Macht, die Demokratie ist Geschichte, und die Menschen sind sozial isoliert wie deprimiert. Dieses Schreckensszenario beschreibt die 2011 von der EU herausgegebene Graphic Novel »Infetcted«. Vorhersehung oder Regieanweisung?*

*sechs Wochen gestoppt werden, nachdem das freiwillige pharmazeutische Notfallkonsortium in großem Maßstab die Phase der Impfstoffproduktion eingeleitet hatte.«* 2020 wurde das Ganze dann Wirklichkeit. Doch die Gefahr wurde zunächst heruntergespielt.

## Big-Pharma-Karussell: WHO, JHU und Gates-Stiftung

In der Coronakrise gibt die mit dem Namen Rockefeller eng verbundene Johns Hopkins University (JHU) weltweit den Takt an. In einem Ranking der nationalen Gesundheitssysteme stellte die JHU die USA auf Platz 1, China dagegen auf Platz 51. Das mag Trump wohl zu seiner anfänglichen Fehleinschätzung verführt haben. Die *Tagesschau* der ARD sowie andere Medien zitieren unterwürfig die JHU, wenn es um die Zahlen der Infizierten und Toten bei Covid-19 geht. Diese Zahlen lassen aber jede wissenschaftliche Redlichkeit vermissen, da alle Toten, bei denen das Virus nachgewiesen wurde, automatisch als Covid-19-Opfer geführt werden. Nur die Gerichtsmedizin könnte, wie schon beschrieben, die tatsächliche Todesursache feststellen. Laut Schätzung von Walter Ricciardi hingegen, Mitglied der WHO, sind in Italien nur 12 Prozent aller sogenannten Coronatoten an den Folgen von Covid-19 verstorben.[19] Da stellt sich die Frage, warum die JHU hier als wissenschaftliche Institution die berechtigten Ängste in der Bevölkerung noch schürt.

Die JHU als private Universität unterhält direkte Beziehungen zum Militär und zur US-Außenpolitik. Sie beherbergt auch die vom Investmentbanker Paul Nitze gegründete School ofAdvanced International Studies (SAIS). Nitze war in den 1950er-Jahren Marine- und stellvertretender Verteidigungsminister der USA und trat dann mit Ronald Reagan für die Stationierung der Mittelstreckenraketen in Westeuropa ein.[20] Eine JHU-Absolventin ist Madeleine Albright, Ex-Außenministerin. In einem Fernsehinterview 1996 beantwortete sie die Frage, ob das US-amerikanische Embargo gegen den Irak es wert gewesen sei, dass eine halbe Million irakischer Kinder das Leben verloren, mit ja: *»Es ist diesen Preis wert.«*[21] Weitere prominente Abgänger des SAIS waren der Ex-US-Finanzminister Timothy Geithner, der Herausgeber der *Zeit*, Josef Joffe, die Bundestagsabgeordneten Niels Annen und Andreas Nick sowie mehrere deutsche Botschafter.

Zu Ehren des New Yorker Bankers und Medienmoguls Michael Bloomberg wurde 2001 die der JHU angegliederte JH School of Hygiene and Public Health in JH Bloomberg School of Public Health umbenannt. Die Agentur Bloomberg ist ein weltweiter Datenlieferant für Informationen der Wall Street. Der Milliardär Bloomberg – demokratischer Präsidentschaftskandidat 2020 – und die Bill & Melinda Gates Stiftung sind die bedeutendsten Geldgeber der JHU auf dem Gebiet der Gesundheit.[22] Die Gates Foundation, die größte Unternehmensstiftung der Erde mit einem Budget von ca. 40 Milliarden Dollar, gründete 1999 an der JHU ein eigenes Institut, das Bill & Melinda Gates Institute for Population and Reproductive Health. *»Es organisiert Familienplanung und ›sozialen Wandel‹ in 30 ausgesuchten Ländern vor allem Asiens, dann auch Afrikas, Lateinamerikas und des Mittleren Ostens. An der JHU werden Wissenschaftler von dort mit Stipendien bedacht, in ›strategischer Führerschaft‹ ausgebildet und dann in ihren Herkunftsländern als medizinische Führungskräfte eingesetzt«*, schreibt der investigative Journalist Werner Rügemer.[23] Bei einer solch engen Zusammenarbeit mit dem Pentagon ist die Nähe zur CIA unausweichlich, besonders vor dem Hintergrund der »Operations Other Than War«.

Am 18. Oktober 2019 organisierte das JH-Center for Health Security in New York das dreieinhalbstündige Planspiel »Event 201«. Mitveranstalter waren die

Gates-Stiftung und das World Economic Forum. »*Die Ausgangslage: Ein vom Tier auf Menschen übertragenes, neues und SARS-ähnliches Corona-Virus, aber aggressiver, breitet sich von Schweinefarmen in Brasilien in südamerikanische Großstädte aus, gelangt durch Flugreisende nach Portugal, in die USA und nach China und von dort in die ganze Welt. Im ersten Jahr ist noch kein Medikament verfügbar. Die Infizierten und Toten verdoppeln sich zunächst jede Woche, die wirtschaftlichen und sozialen Folgen werden immer heftiger. Ende des Szenarios: Nach 18 Monaten hat die Pandemie 65 Millionen Tote gefordert. Entweder ist nun ein Medikament gefunden oder 80 bis 90 Prozent der Erdbevölkerung werden noch dem Virus exponiert.*«[24]

Am Planspiel nahmen unter der Leitung von Tom Inglesby, Direktor des Center for Health Security, Vertreter folgender Akteure teil:

- der Bill & Melinda Gates Stiftung
- der Weltbank
- der Pharma- und Medizingeräte-Konzerne Johnson & Johnson sowie US Medical Group Henry Schein
- der Hotelkette Marriott
- des Logistikkonzerns UPS
- der Lufthansa Group Airlines
- der auf Politikbeziehungen und Risikoanalyse spezialisierten US-PR-Agentur Edelman
- des Medienkonzern NBC Universal Media
- der zentralen US-Gesundheitsbehörde CDC
- sowie ein Ex-Direktor der CIA und Ex-US-Sicherheitsberater.[25]

Die Zusammensetzung macht stutzig: Pharmakonzerne, Logistikunternehmen, PR-Agentur, Medienkonzern und CIA – namhafte Wissenschaftler aus den Bereichen Virologie und Epidemiologie (jener wissenschaftlichen Disziplin, die sich mit der Verbreitung sowie den Ursachen und Folgen derartiger Ereignisse beschäftigt) sucht man dagegen vergeblich. Zwei Monate später brach in Wuhan die Covid-19-Epidemie aus. »*Dann relativierte die JHU die 65 Millionen Toten und die Nicht-Verfügung eines Medikaments: Es habe sich nicht um eine Voraussage gehandelt, sondern um eine Fiktion. Zwei Monate später gab die JHU bekannt: Wir haben den Covid-19-Test entwickelt.*«[26]

Neben den genannten Sponsoren Bloomberg und Gates wird die JHU auch von der Robertson-Stiftung des New Yorker Hedgefonds-Managers Julian Robertson (Tiger Management) und vom Open Philantropy Project des Facebook-Mitgründers Dustin Moskovitz unterstützt. Auch die Economist Intelligence Unit gehört dazu. Sie ist Teil der Economist Group (wie die gleichnamige Zeitschrift), spezialisiert auf Analysen, Risikoberichte oder Wirtschaftsprognosen und erstellt auch Indizes und Rankings. Die Titelseite des *Economist* Ende Dezember 2018 ist überschrieben mit »The World in 2019«. In einer Mischung aus okkulter Symbolik und Verweisen auf Manipulation und Kontrolle der Massen werden katastrophale Ereignisse verschlüsselt vorhergesagt – nicht eingeweihte Leser sind auf ihre Phantasie angewiesen.

*Kryptische Andeutungen auf dem Cover des* Economist *(»Die Welt 2019«). Welche Botschaften sind hier an wen gerichtet?*

Tatsächlich kommen angesichts der schweren Krisen an mehreren Fronten große Herausforderungen auf die Menschen zu, größer vermutlich als die im letzten Jahrhundert: Es gibt eine Blase am Aktienmarkt, eine auf dem Immobilienmarkt sowie eine Superblase bei Anleihen. Es dürfte die insgesamt größte Blase in der Geschichte der Menschheit sein. Und nun auch noch eine globale Pandemie historischen Ausmaßes, finanzielle Instabilität und ein aus den Fugen geratener Aktienmarkt. Die verzweifelten Versuche, Billionen neuer Geldscheine zu drucken, die Zinssätze auf unter null zu senken und insolventen Institutionen aus der Patsche zu helfen, sind zum Scheitern verurteilt: All diese Tricks sind mittlerweile ausgereizt. Nun müsste aus dieser Blase vorsichtig die Luft herausgelassen und das ganze System neu aufgebaut werden. Ist die Coronakrise vielleicht die Fassade, hinter der u. a. der fällige Umbau des Finanzsystems auf Kosten der Sparer organisiert wird? Und sollen im Hintergrund unbemerkt die Weichen für die totale digitale Überwachung gestellt werden? Die Strategie ist aus den Militärpapieren bekannt: Erst Chaos erzeugen, dann unbemerkt die gewünschten Strukturen aufbauen.

Hoffnung machte am Beginn der Krise die sichtbare Hilfsbereitschaft der beiden im Fokus der US-Streitkräfte liegenden Staaten Russland und China. Trotz der über sie verhängten Sanktionen landeten russische wie auch chinesische Transportflugzeuge mit Hilfsgütern und -kräften in besonders von der Pandemie heimgesuchten Ländern, sogar in den USA. Das lässt auf eine friedlichere, menschlichere Welt hoffen. Die Spiegel-Autorin Christina Hebel vermutet allerdings hinter Putins Hilfe – getreu der antirussischen Propaganda – finstere Absichten. Vor allem werfe die Lieferung der Beatmungsgeräte Fragen auf, da die herstellende Firma mit Sanktionen belegt sei.[27]

## Die Corona-Propaganda

Am 12. April 2020, Ostersonntag, durfte sich Bill Gates in den *Tagesthemen* in einem fast zehnminütigen Interview über seine Vorstellungen der Zukunft auslassen: »*Wir werden den zu entwickelnden Impfstoff letztendlich sieben Milliarden Menschen verabreichen, da können wir uns keine Probleme mit bedrohlichen Nebenwirkungen leisten – und doch werden wir die Entscheidung zum Einsatz eines neuen Impfstoffs auf einer geringeren Datengrundlage als sonst fällen, damit wir schnelle Fortschritte erzielen.*« Die Billigung von kaum absehbaren Kollateralschäden ist mehr als zynisch – sie ist ein Fall für den Staatsanwalt.

Knapp zwei Wochen später, am 24. April, gab Bundeskanzlerin Angela Merkel per Videokonferenz den Startschuss für eine Geberkonferenz, geplant für den 4. Mai, an der für den Kampf gegen Covid-19 Gelder gesammelt werden sollten. Ihr Dank ging sogleich an die WHO und deren Aktivitäten sowie an die globalen Gesundheitsakteure, die ganz im Sinne des »Sustainable Development Goal Nummer 3« die Initiative ergriffen hatten: »*Wir werden dieses Virus nur dann besiegen, wenn wir unsere Kräfte bündeln und eine schlagkräftige Allianz bilden. Die Gesundheitsakteure haben dies bereits getan, und wir sind von deutscher Seite aus bereit, dies politisch mit all unseren Kräften zu unterstützen. Ich bin auch der Europäischen Union sehr dankbar dafür, dass sie die Dinge auch mit in die Hand genommen hat.*«[28]

Merkel wies auf die Bedeutung eines Impfstoffs hin und auf die dafür noch zu schließende beachtliche finanzielle Lücke von acht Milliarden Euro – berechnet vom Global Preparedness Monitoring Board. An möglichst vielen Stellen der Welt sollen Produktionskapazitäten für den Impfstoff aufgebaut werden.

*»Deutschland wird sich mit einem substanziellen Beitrag an dieser Konferenz beteiligen«*, verkündete die Kanzlerin und verabschiedete sich von der »Familie«: *»Herzlichen Dank, Tedros [Ghebreyesus, Generaldirektor der Weltgesundheitsorganisation, Anm. d. Verf.], dass Du heute die Initiative ergriffen hast. Herzlichen Dank, Emmanuel, herzlichen Dank, Ursula und Melinda Gates, für diese Initiative. Wir werden als Co-Host am 4. Mai mit dabei sein.«*[29]

Am 2. Mai 2020 vollbrachte die *Süddeutsche Zeitung* eine publizistische Meisterleistung. Während der Leser auf Seite eins mit der ungelösten Frage des Zickzack-Kurses der Bundeskanzlerin in der Seuchenpolitik beschäftigt wird, findet sich auf Seite 19 die Lösung in der Person von Melinda Gates. Auf einer ganzen Seite darf sie sich darüber auslassen, welche Auswirkungen ein Anruf von ihr bei der Bundeskanzlerin oder der Präsidentin der EU-Kommission hat. Bis hin zu der Frage, wie die Zwangsmaßnahmen zu lockern seien, *»dürfen die deutsche und die europäische Amtsinhaberin den weisen Ratschlag einer Dame entgegennehmen, die ansonsten damit beschäftigt ist, die Geschicke der WHO maßgeblich zu beeinflussen, obwohl Staaten und nicht NGOs als Vertragspartner dieser Organisation beigetreten sind. So funktioniert ›öffentlich-private-Partnerschaft‹ nach den Modellvorstellungen der Globalmilliardäre.«*[30]

Bill und Melinda Gates benutzten ihren unvorstellbaren Reichtum, um in jedem Winkel der Bereiche öffentliche Gesundheit, medizinische Forschung und Impfstoffentwicklung die Kontrolle zu erlangen. Wird nun dieser erfolgreiche Softwareentwickler ohne medizinische Ausbildung seinen Reichtum dazu nutzen, mithilfe staatlicher Repräsentanten die Kontrolle über das Schicksal von Milliarden von Menschen zu erlangen?

Deutschland beteiligt sich mit einem »substanziellen Beitrag« an der weltweiten Impfaktion. Aus Humanität? Als im Frühjahr 2015 der UNHCR-Sekretär Peter Sutherland, ein Mann von Goldman Sachs, die Zuschüsse in den Flüchtlingslagern rund um Syrien von pro Person 30 Dollar auf 12 Dollar kürzte – das sind pro Person im Jahr 216 Dollar, für eine Million Syrer also 216 Millionen, im Vergleich zu den 8 Milliarden Kosten der Massenmigration eine geradezu lächerliche Summe – gab es keine Geberkonferenz, die skandalöse Kürzung der Mittel ging einfach unter. Dass sich die ohnehin geprüften Menschen unter blumigen Versprechungen der Schlepperindustrie dann auf den schweren Weg nach Deutschland machten, wo viele von ihnen heute noch ohne jegliche Perspektive leben, war abzusehen. Geld für den Wiederaufbau in Syrien? Ebenfalls Fehlanzeige. Seit 2012 unterstützt die Bundesregierung nur die syrische Opposition – u. a. auch die berüchtigten Weißhelme (vgl. S. 372 ff.).

## Ausverkauf der UN an die Konzerne?

Bei der Covid-19-Geberkonferenz am 4. Mai 2020 haben die EU und verschiedene europäische Regierungen insgesamt 7,4 Milliarden Euro Steuergelder für die globale Impfaktion zugesagt. Zu den Gastgebern der Konferenz zählten neben der EU u. a. Deutschland, Frankreich, Italien, Spanien, Großbritannien und Saudi-Arabien, das seit Dezember 2019 den Vorsitz der »G20« innehat. Als Partner waren die WHO, die Bill & Melinda Gates Foundation, die Impfallianz Gavi sowie die Weltbank dabei. Einen Großteil der Gelder sagten Deutschland und Frankreich zu. Die *Tagesschau* vom selben Tag erwähnte auch 100 Millionen Euro, welche die Gates-Stiftung spendete.

Über die Verteilung der Summen hörte man in der *Tagesschau* indes nichts. Wohl aus gutem Grund: Das Geld geht auf intransparente Weise an Organi-

*Schnelle Milliarden für die Impflobby im Mai 2020. Bei der dramatischen Kürzung der UN-Flüchtlingshilfen im Frühjahr 2015 fand keine Geberkonferenz statt, weshalb sich die Verzweifelten nach Europa aufmachten. Im Bild Konferenzorganisatorin von der Leyen (re. unt.) und Kanzlerin Merkel*

sationen, die von Bill Gates und dem Weltwirtschaftsforum finanziert werden. An dem Tag, als Merkel per Videoschalte ihre Bürger unterrichtete, starteten die global vernetzten Gesundheitsingenieure – WHO, Gates-Stiftung u. a. – schon die Global-Response-Initiative für den Kampf gegen das Coronavirus. Das sind Reaktionszeiten, wie man sie sonst in westlichen Demokratien nicht kennt. Ein Großteil der gesammelten Gelder wird u. a. an nachfolgende Organisationen gehen:

- die WHO, Hauptfinanzier: Bill & Melinda Gates Stiftung
- die Globale Allianz für Impfstoffe und Immunisierung (kurz: Gavi), Hauptfinanziers: Bill & Melinda Gates Stiftung, Weltbank und WHO
- die internationale Impfstoff-Initiative CEPI (Coalition for Epidemic Preparedness Innovation), Hauptfinanziers: die multinationalen Konzerne des Weltwirtschaftsforums (»Davos«)[31]

»*Die Welt ist vereint gegen das Coronavirus und die Welt wird gewinnen*«, sagte EU-Kommissionschefin Ursula von der Leyen.[32] Wer ist denn die »Welt«? Wenn Regierungen Steuermilliarden für Gates und das Weltwirtschaftsforum einsammeln, haben die Konzerne global die Macht übernommen – Freiheit und Demokratie sind dann nur noch eine Farce. Allein 2020 erhielt der deutsche Impfstoffhersteller Biontech an die 400 Millionen Euro staatliche Fördergelder, während der ebenfalls deutsche Arzneimittelhersteller Biotest für die Erforschung einer medikamentösen Behandlung an Covid-19 Erkrankter leer ausging. Dabei ist noch völlig unklar, wie sich die Impfstrategie letztlich auswirkt. Impfstoff- und Präparateentwicklung hätten eigentlich die gleiche Priorität haben müssen.[33] Diese Kurzsichtigkeit im Denken wie im Handeln (Narrativ der Alternativlosigkeit) lässt sich nur politisch erklären: Eine erfolgreiche medikamentöse Behandlung wäre nicht so spektakulär gewesen und hätte dem Corona-Spuk ein rasches Ende bereitet.

Überhaupt scheint man sich bei der Bewältigung der Coronakrise wenig Mühe zu geben, den genauen Sachverhalt herauszufinden. Stattdessen werden Unsummen ausgegeben, um Parolen bestmöglich zu verkaufen. Am 12. April stellte Doris Schröder beim Bundesministerium für Gesundheit folgende Anfrage: »*Welche PR-Agenturen beraten bzw. entwickeln die Kampagnen bzgl. Corona (SARS-CoV-2 bzw. Covid-19) die Bundesregierung bzw. Ihr Ministerium bisher? In welchem Umfang geschieht dies? Wer berät Sie inhaltlich?*« Am 23. April kam die

Antwort: »*Sehr geehrte Frau Schröder, die Unterstützung bei der Konzeption und Durchführung von Kommunikationsdienstleistungen erfolgt nach Durchführung einer europaweiten Ausschreibung seit 1. April dieses Jahres durch die Agentur Scholz & Friends Berlin GmbH in Berlin. Das Auftragsvolumen wurde zum Zeitpunkt der Ausschreibung auf 22.000.000 EURO für die Dauer von 4 Jahren geschätzt. In dem Jahr zuvor war der Auftrag an die Bietergemeinschaft KOMPAKTMEDIEN Agentur für Kommunikation GmbH & VALID Digitalagentur GmbH vergeben. Mit freundlichen Grüßen …*«[34]

Der Autor konnte es erst kaum glauben und hielt die Anfrage für getürkt. Doch bei einem Blick auf die Homepage der Agentur (»Beste Deutsche Agentur bei den London International Awards«) fand sich unter »Wir sind das Orchester der Ideen« der Hinweis auf die bundesweite Mobilisierungs- und Informationskampagne für die Schutzmaßnahmen und die Aufklärung der Bevölkerung. »*Die Kommunikation unter dem Hashtag #wirbleibenzuhause hat in wenigen Tagen eine Milliardenreichweite erzielt und eine beispiellose Unterstützung erfahren.*«[35]

*Corona-Kampagne der Werbeagentur Scholz & Friends, von der Bundesregierung für 22 Mio. Euro in Auftrag gegeben*

Die Kampagne wurde in den sozialen Medien gestartet und löste einen Dominoeffekt aus: Der Hashtag tauchte in TV-Sendern, auf Instagram, YouTube und Spotify auf; die deutschen Printmedien verwendeten ihn für ihre Posteraktion »Wir bleiben zuhause«. »*Dazu gehört neben der Kampagne die tagesaktuelle Information über die sozialen Medien. Hierfür etablierte Cosmonauts & Kings ein digitales Lagezentrum, aus welchem neben den bestehenden Kanälen Facebook, Twitter und Instagram auch neue Angebote bei LinkedIn, Whatsapp, Telegram und Tiktok bespielt werden. Zu den Aufgaben gehört auch das permanente Monitoring der Social Media-Kommunikation, um schnell in Echtzeit auf Falschmeldungen und aktuelle Entwicklungen reagieren zu können*«, heißt es auf der Website von Scholz & Friends. Mit »Falschmeldungen« sind wohl kritische Beiträge und Kommentare gemeint.

Weiter wird vermeldet, dass sich Kreativ-Geschäftsführer Markus Daubenbüchel, dermit seiner zehnjährigen Kampagnentätigkeit Werbegeschichte geschrieben hat, »*nach dem erfolgreichen Abschluss dieser Phase neuen beruflichen Herausforderungen stellen*« will.[36] Ausgerechnet zum Zeitpunkt eines millionenschweren Beratungsauftrags der Bundesregierung will das Aushängeschild der Agentur aussteigen – hat hier womöglich ein außergewöhnlich kreativer Mensch Skrupel bekommen?

Von der Wissenschaft sind in der Coronakrise noch keine eindeutigen Antworten gekommen. Auf der einen Seite des wissenschaftlichen Diskurses steht der inzwischen zum bekanntesten Wissenschaftler Deutschlands aufgestiegene Virologe Christian Drosten, auf der anderen sein Vorgänger an der Charité Berlin, Detlef Krüger. Der Seniorprofessor schätzt seinen Kollegen zwar, hält aber das Coronavirus für nicht gefährlicher als bestimmte Varianten von Grippeviren und vertritt eine eigene Meinung zu den gebräuchlichen Tests und zum Lockdown. Er äußert sich wesentlich vorsichtiger als Drosten: »*Ich persönlich denke, dass hier gesamtgesellschaftlich aber so viele sich überschneidende Faktoren eine Rolle spielen, dass man natürlich Entscheidungen auf einer viel breiteren Basis aus den verschiedensten Bereichen von Wissenschaft und Gesamtgesellschaft treffen muss, als nur aufgrund des Rats einzelner Virologen. So würde ich – um allein bei der Medizin zu bleiben – hier auch mehr Infektions- und Intensivmediziner an Bord holen. Und wir haben gerade gelernt, dass auch Rechtsmediziner und Pathologen äußerst wichtige Einsichten vermitteln könnten.*«[37] Krüger bekommt im Gegensatz zu seinem Nachfolger keine öffentliche Aufmerksamkeit – also ist sein Statement nur bei der russischen Nachrichtenagentur *Sputnik* erschienen (und kann damit von den westlichen Medien rasch als unseriös abgetan werden). Sein Vorschlag einer vernetzten Wissenschaft und eines offenen Diskurses aber ist essenziell.

Ebenfalls kritisch zu den offiziellen Verlautbarungen äußert sich der Wissenschaftler Shiva Ayyadurai, der auf die Komplexität systemischer Zusammenhänge aufmerksam macht. Er studierte am Massachusetts Institute of Technology, hat einen doppelten Master in Informationsvisualisierung und Maschinenbau und in Bioengineering im Bereich Systembiologie promoviert. 2007 bekam er ein Fulbright-Stipendium zur Untersuchung der Integration der traditionellen indischen Siddha-Medizin in die moderne Systembiologie.[38] In seiner Firma Millennium Cybernetics entwickelt er Software zur automatischen Verwaltung von E-Mails.[39]

In seinen Untersuchungen zur Systembiologie auf der Basis mathematischer Modelle fand Ayyadurai heraus, dass gentechnisch veränderte Sojabohnen mehr krebserregendes Formaldehyd und gleichzeitig weniger von dem Antioxidantium Glutathion enthalten als naturbelassene. Dieses Ergebnis war nicht im Sinn der multinationalen Agrarkonzerne, also wurde der Bericht u. a. von der Europäischen Behörde für Lebensmittelsicherheit zurückgewiesen. 2016 bot Ayyadurai Hillary Clinton 10 Millionen Dollar für ihren Präsidentschaftswahlkampf an, falls sie in der Lage sei, seine Forschungsergebnisse zu widerlegen.[40]

Auch in der Coronakrise legt der unabhängige Forscher den Finger in die Wunde. In einem Interview vom 21. April 2020 kritisiert er nicht nur die Panik, sondern auch die Tatsache, dass Organisationen wie die Gates-Stiftung das Vorgehen in der Gesundheitspolitik diktieren.[41] Der Systembiologe erklärt zunächst, dass jeder Mensch ohnehin eine wandelnde Keimfabrik sei, besiedelt von unzähligen Mikroorganismen und ausgestattet mit einem dynamischen Immunsystem. Ein geschwächtes Immunsystem sei in seiner Funktion beeinträchtigt und könne bei alten Menschen oder unter ungünstigen Bedingungen überreagieren. Dann würden nicht nur die Virenteilchen angegriffen, sondern auch das Zellgewebe. Die Wissenschaft habe sich immer weiter vom Erkennen komplexer Zusammenhänge entfernt; so werde zwar untersucht, wie zwei verschiedene Eiweiße miteinander reagieren, doch werde die systemische Dimension vernachlässigt. Die Behandlung erfolge nach dem Muster Symptom

– Medikament. Die Wechselwirkungen innerhalb eines ganzen Organismus seien indes kein Thema.

»*Warum werden gesunden wie kritisch kranken Menschen mit beeinträchtigtem Immunsystem die gleichen Arzneien verschrieben und ganze Wirtschaftsysteme zerstört, was übrigens auch eine fundamentale Überreaktion ist?*«, fragt Ayyadurai berechtigterweise. Längst sei unsere Gesellschaft strukturell nicht mehr gesund: »*Wenn die öffentliche Gesundheit wichtig ist, dann sollte über das Übergewicht von 30 % der US-Bevölkerung und die Auto-Immunerkrankungen von 54 % der US-Jugendlichen gesprochen werden.*« Der unselige Zusammenschluss und die Konsolidierung der großen Krankenhäuser und der Pharma-Großkonzerne sowie die Verschmelzung der Medien habe dazu geführt, dass eine überschaubare Gruppe von Menschen die Narrative kontrollieren kann – das sei nicht einmal eine Verschwörungstheorie. Ayyadurai verweist auf Noam Chomskys Publikation »Manufacturing Consent: The Political Economy of the Mass Media«.[42] Die Pflicht der Wissenschaft sei es, die Wahrheit zu vermitteln oder zumindest eine kontroverse Diskussionen über Forschungsergebnisse zuzulassen.

Für den Systembiologen ist die Krise der größte angsterzeugende Schwindel überhaupt. Das Ganze diene dazu, das Wirtschaftssystem zu zerstören – in den USA seien bereits 17 Millionen Menschen arbeitslos – und nach den Plänen von »Big Pharma« und der WHO den Epidemiediensten gesetzlich Arzneibehandlungen vorzuschreiben. »Big Pharma« verliere Jahr für Jahr viel Geld durch die steigenden Investitionen in Forschung und Entwicklung, zugleich seien die Zuschüsse rückläufig. Immer mehr Pharmaprodukte gerieten außerdem in die Kritik. Nun solle auf Impfstoffe gesetzt werden. Warum? Weil der Hersteller einer Arznei auf Schadensersatz verklagt werden könne – das wären rund 5 Mrd. US-Dollar über 13 bzw. 14 Jahre. Ein derartiges Risiko falle bei Impfstoffen nicht an, denn für sie gälten dieselben Regelungen wie für Biopharmaka. Impfhersteller könnten nicht verklagt werden, und falls doch, dann nur vor einem von der US-Bundesregierung betriebenen Gerichtshof für Impfangelegenheiten, wo wieder der Steuerzahler für alles aufkomme. Alles wieder kein Thema für die Medien!

Statt journalistisch zu arbeiten, verbreitet der *Spiegel* Propaganda im Auftrag der Reichen und Mächtigen – ohne Recherche und Beleg. Das Nachrichtenmagazin ist inzwischen beim Thema Corona nicht »Watchdog«, sondern PR-Plattform. Das wird anhand seiner Berichterstattung über die WHO besonders

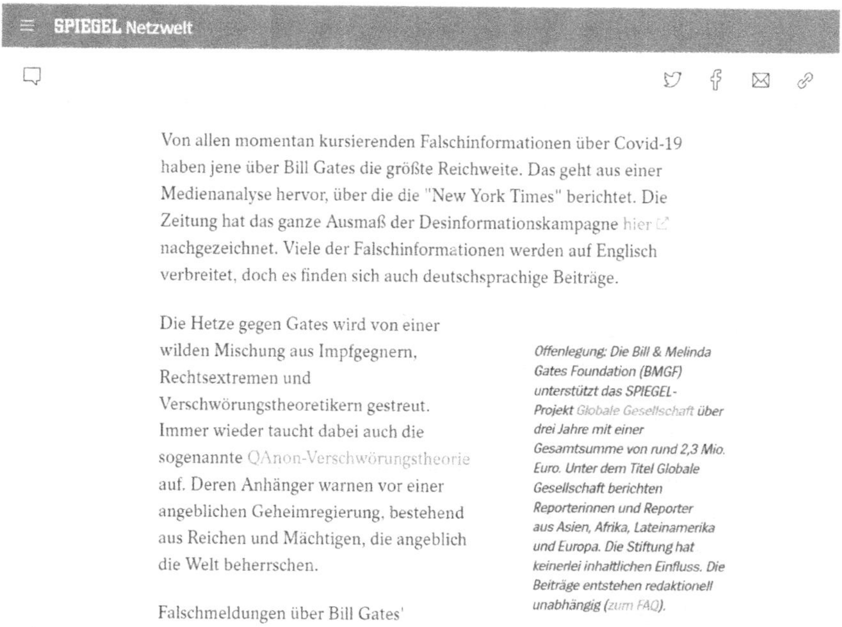

SPIEGEL Netzwelt

Von allen momentan kursierenden Falschinformationen über Covid-19 haben jene über Bill Gates die größte Reichweite. Das geht aus einer Medienanalyse hervor, über die die "New York Times" berichtet. Die Zeitung hat das ganze Ausmaß der Desinformationskampagne hier nachgezeichnet. Viele der Falschinformationen werden auf Englisch verbreitet, doch es finden sich auch deutschsprachige Beiträge.

Die Hetze gegen Gates wird von einer wilden Mischung aus Impfgegnern, Rechtsextremen und Verschwörungstheoretikern gestreut. Immer wieder taucht dabei auch die sogenannte QAnon-Verschwörungstheorie auf. Deren Anhänger warnen vor einer angeblichen Geheimregierung, bestehend aus Reichen und Mächtigen, die angeblich die Welt beherrschen.

*Offenlegung: Die Bill & Melinda Gates Foundation (BMGF) unterstützt das SPIEGEL-Projekt Globale Gesellschaft über drei Jahre mit einer Gesamtsumme von rund 2,3 Mio. Euro. Unter dem Titel Globale Gesellschaft berichten Reporterinnen und Reporter aus Asien, Afrika, Lateinamerika und Europa. Die Stiftung hat keinerlei inhaltlichen Einfluss. Die Beiträge entstehen redaktionell unabhängig (zum FAQ).*

Falschmeldungen über Bill Gates'

*Der Spiegel outet sich: Übermäßig wohlwollender Artikel über Bill Gates, darin eingebunden die Offenlegung, 2,3 Mio. Euro an Zuwendungen von dessen Stiftung erhalten zu haben (Onlinebeitrag vom 20. April 2020)*

augenfällig. Und dass Bill Gates, der de facto »Präsident« der WHO ist, den *Spiegel* auch noch mit mehr als 2 Millionen Euro unterstützt, setzt dem Berichterstattungstrauerspiel die Krone auf.[43]

Dass Bill Gates sieben Milliarden Menschen durchimpfen möchte, war für Ayyadurai keine Überraschung. Gates kenne sich mit Biologie überhaupt nicht aus, er habe nur ein Ziel: die Zwangsmedizin. Gates' Partner sind Hillary Clinton, Marc Zuckerberg und die großen Pharmakonzerne. Ayyadurai gibt Ungläubigen den Rat: Folgen Sie der Spur des Geldes! Es stünden weltweit sieben Billionen Dollar wiederkehrende Einnahmen pro Jahr für die Pharmaindustrie auf dem Spiel. Seine abschließende Frage lautet: *»Haben Sie Bill Gates oder Marc Zuckerberg gewählt?«*[44]

Am 25. April 2020 stellten Konstantin Demeter und Torsten Engelbrecht in ihrem erhellenden Artikel »Das Zitier-Kartell« jene Wissenschaftler vor, die Merkels Lockdown gutheißen: Sie alle sind in die Pharmalobby verstrickt.[45]

Voran Merkels Ehemann Joachim Sauer, der seit 1997 im Forschungsbeirat des Fonds der Chemischen Industrie sitzt. Es folgte 2007 die Mitgliedschaft in der Wissenschaftsakademie Leopoldina, deren Nähe zu Industrie und Politik auffällig ist. So ist kaum zu erwarten, dass die »altehrwürdige« Akademie ein Thesenpapier vorlegt, das Merkels Lockdown-Politik grundlegend kritisiert. In ihrem dritten Ad-hoc-Thesenpapier vom 13. April forderte die Leopoldina, dass *»die Forschung zu wirksamen Medikamenten und die Entwicklung von schnell und in großen Mengen verfügbaren Impfstoffen massiv vorangetrieben werden. Die Nationale Akademie der Wissenschaften Leopoldina wird diesen Prozess eng begleiten.«*[46] Seit 2008 ist Sauer Mitglied des pharmanahen Europäischen Forschungsrats (ERC), der zahlreiche Projekte für antivirale Medikamente und Impfungen gegen das Coronavirus fördert. Die von der Pharmaindustrie durchdrungenen Netzwerke machten 2019 auch die Wahl des Nanowissenschaftlers Mauro Ferrari zum neuen ERC-Präsidenten möglich, obwohl er Sitz und Stimme im Verwaltungsrat der kalifornischen Firma Arrowhead Pharmaceuticals hatte.

Daniele Ganser macht in seinem neuen Buch »Imperium USA: Die skrupellose Weltmacht« deutlich, dass für die Regierenden nicht das Wohl der Bevölkerung, sondern Kapitalinteressen im Vordergrund standen und stehen. Sein Tipp: *»Man sollte keinen Autoritäten glauben – also weder der WHO, noch Bill Gates, noch der deutschen Bundeskanzlerin.«*[47] Jeder solle sich selbst die Frage stellen: Was tue *ich* für meine Gesundheit? Ängste schwächten nachweislich unser Immunsystem. Doch sie würden von den Medien regelrecht geschürt, mit Bildern von Särgen in Turnhallen und Kühl-Lkws oder Meldungen von Massengräbern im Central Park. Ganser ist der Ansicht, dass unser Geist absichtlich verwirrt wird: *»Wir werden nicht darauf hingewiesen, dass sehr oft Ängste auch erzeugt werden und dass diese Ängste dazu dienen, die Menschen zu lenken wie Schafe.«*[48] Er rät, in Phasen der Hoffnungslosigkeit hinaus in die Natur zu gehen und sich an ihrer Schönheit zu erfreuen oder sich auf seine Atmung zu konzentrieren und so das innere Gleichgewicht wieder herzustellen.[49]

*»Wir brauchen eine positive Vision für das 21. Jahrhundert«*, schreibt Elisa Gratias. *»Weniger Gewalt – gegenüber Menschen und Tieren – und weniger Vergiftung und Zerstörung der Natur. Die Corona-Krise kann hier vielleicht als Katalysator wirken, der uns zeigt, dass nichts selbstverständlich und alles möglich ist. Kultivieren wir unsere Achtsamkeit ... Lernen wir, wirklich an den Frieden zu glauben, denn dann erschaffen wir ihn auch.«*[50]

Daniele Ganser hat allzu unbequeme Fragen gestellt, sonst wäre er heute noch Professor. Unermüdlich setzt er sich für einen gerechten Frieden in der Welt ein. Zu viele halten ihn für nicht verwirklichbar. Aber das ist ein gefährlicher, defätistischer Glaube, denn es ließe uns folgern, dass der Krieg unvermeidlich und die Menschheit zum Untergang verurteilt sei, dass wir uns in der Gewalt von Kräften befänden, die wir nicht kontrollieren können. Doch das stimme nicht. *»Unsere Probleme sind von Menschen geschaffen, deshalb können sie auch von Menschen gelöst werden. Die Größe, die der menschliche Geist erreichen kann, bestimmt der Mensch selbst.«*[51]

## Wie im Krieg: »EUvsDisinfo«, die Desinformationskampagne der EU

Als 1914 das große Gemetzel begann, musste der Widerstand der Bürger gegen den Krieg gebrochen und eine Identifikation mit den Kriegszielen geschaffen werden: die Verteidigung gegen einen gefährlichen Feind, den Barbaren.[52] Das weckte Ängste – und war die Geburtsstunde der staatlich organisierten Angstpropaganda, die sich in Teilen zur Gräuelpropaganda auswuchs. Federführend waren damals Briten und US-Amerikaner, sie sind es bis heute. Doch auch wenn der Begriff Propaganda ersetzt wurde durch Marketing, Promotion, Pu-

*EU-Schnellwarnsystem für angebliche Desinformation: nur die offizielle Meinung soll gelten*

blic Relations oder Publicity, bleibt es trotzdem Werbung und im politischen Sinn Meinungsmache. Und dazu gehört vor allem die Diffamierung kritischer Aufklärungsversuche und Tatsachenberichte als gegnerische Propaganda.

Der englische Philosoph John Stuart Mill (1806–1873) verwies schon Mitte des 19. Jahrhunderts auf veränderte Beziehungen zwischen Volk und Regierung: *»Die Masse schöpft ihre Meinungen gegenwärtig nicht durch Würdenträger der Kirche oder des Staats, aus Führern oder Schriften, die über das Gewöhnliche hervorragen. Für ihre Denkarbeit sorgen Männer von so ziemlich demselben Schlage, die unter dem Antrieb des Augenblicks durch die Zeitungen zu ihnen reden.«*[53] Gegen kritische Publizisten wurde entsprechend vorgegangen, man denke etwa an Karl Marx und Heinrich Heine. Heute reden die »gefährlichen« Leute nicht mehr durch die Zeitung – ihr Forum sind die sozialen Netze und alternativen Medien. Um die dort verbreitete »Desinformation« wirksam zu bekämpfen, hat die EU die Abteilung Strategische Kommunikation und Informationsanalyse des Europäischen Auswärtigen Dienstes (EAD, engl. EEAS) installiert. Sie soll Desinformation – vor allem »Propaganda« aus Russland und China – durch »Aufdeckung« entgegenwirken und sie bekämpfen. Seit dem Covid-19-Ausbruch arbeitet der EAD eng mit der Europäischen Kommission, den EU-Ländern und auch mit internationalen Partnern (G7, NATO und nichtstaatlichen Akteuren) zusammen. Die Erkenntnisse werden mit den EU-Institutionen und den -Mitgliedstaaten in Echtzeit ausgetauscht, unter anderem über das *»Schnellwarnsystem für Desinformation«.*[54] Diese Art von Zensurdienstleistung wird mit Millionensummen aus Steuergeldern finanziert.

Mitte März 2020, als deutlich wurde, dass Deutschland von der Covid-19-Pandemie noch schlimmer erfasst werden würde als China, begann die jüngste Negativkampagne gegen China. Experten wiesen darauf hin, dass es wegen des absehbaren ökonomischen Einbruchs im Westen unter Umständen gestärkt aus der Coronakrise hervorgehen könne, und bald begannen westliche Leitmedien sowie einige Politiker, China als »Verursacher der Krise« hinzustellen, schließlich habe die Covid-19-Pandemie ihren Ursprung in Wuhan. Daraufhin sah sich der Vorsitzende des renommierten Londoner Think Tanks Chatham House, Jim O'Neill, veranlasst, daran zu erinnern, dass bei der globalen Finanzkrise 2008 kaum jemand den USA die Alleinschuld gegeben habe, obwohl die Krise eindeutig von dort ausgegangen sei und viele Länder weltweit schwer geschädigt habe. O'Neill wirft denjenigen, die nun China die Schuld an der

Pandemie zuschieben, *»doppelte Standards«* vor.[55] Er empfehle, so die Website *German-foreign-policy.com*, die Schuldzuweisungen umgehend einzustellen und stattdessen den Kampf gegen das Covid-19-Virus gemeinsam zu führen.[56] Eine idealistische Vision!

Während im Krieg sogar Feuerpausen zur Bergung von Verwundeten verabredet wurden, geht hier trotz des weltweiten Corona-Angriffs der Krieg zwischen den Systemen weiter. Eines der Hauptgeschütze bedient die eigens geschaffene EU-Stelle (»East StratCom Task Force«) mit der Website EUvsDisinfo (EU gegen Desinformation). Dort werden Versuche »chinesischer Quellen«, sich gegen die Anschuldigungen zu verteidigen und auf Chinas Hilfe und Kooperation zu verweisen, als Desinformation verleumdet. *»Interessante Zuordnungen finden sich auch bezüglich der EU-Sanktionen gegen Syrien.«* Demnach mache sich, wer behauptet, *»die Sanktionen ›lähmten das Gesundheitssystem‹ des Landes, und das wirke sich negativ auf den Kampf gegen die Pandemie aus«*,[57] gleichfalls der Desinformation schuldig. Die Unterdrückung des anderen Standpunkts, der anderen Meinung ist der Tod jeder Demokratie. Das Austragen von Kontroversen ist geradezu das Kennzeichen einer demokratischen Gesellschaft, auch in der Wissenschaft. Der emeritierte britische Pathologieprofessor John Lee argumentiert, es brauche eine robuste und evidenzbasierte Debatte, um »große Fehler« zu vermeiden. Viele der von Regierungen und Medien verwendeten Zahlen seien nicht zuverlässig gewesen.[58]

Wer also meint, die Bürgerinnen und Bürger der westlichen Demokratien seien dank der sogenannten Pressefreiheit gegen Propaganda und Desinformation gefeit, hat noch nicht begriffen, dass dort die Einflussnahme lediglich raffinierter und subtiler erfolgt als in Diktaturen. Ein Beispiel: Am 28. April 2020 kritisierte der stellvertretende FDP-Vorsitzende und Vizepräsident des Bundestags Wolfgang Kubicki das Robert Koch-Institut und seinen Präsidenten Lothar Wieler wegen der regelmäßig verbreiteten Corona-Zahlen scharf. Gegenüber der *dpa* sagte er, diese Werte *»vermitteln eher den Eindruck, politisch motivierte Zahlen zu sein als wissenschaftlich fundiert«*. Kubicki wies insbesondere auf die Reproduktionszahl hin, die nach RKI-Angaben bundesweit von 0,9 auf 1,0 gestiegen sei. Dieser R-Wert gibt an, wie viele Menschen ein Coronavirus-Infizierter im Durchschnitt ansteckt. Ein Wert unter 1,0 signalisiert, dass die Pandemie im Abflauen begriffen ist. Für Kubicki war nicht nachzuvollziehen, dass Ministerpräsident Markus Söder für Bayern, das Land mit den meisten

Infektionen, einen R-Wert von 0,57 verkündete, während das RKI bundesweit einen Wert von 1,0 meldete. Dieses fragwürdige Zahlenspiel werde noch dadurch verstärkt, dass die vom Helmholtz-Zentrum und der TU Ilmenau ermittelten Werte deutlich von den Schätzungen des RKI abwichen: »*Der R-Wert des RKI steigt ausgerechnet zur Konferenz der Kanzlerin mit den Ministerpräsidenten, bei der vor weiteren Lockerungen gewarnt werden soll.*«[59]

Am Morgen des 29. April war Kubickis Aussage nur in einem angesehenen Qualitätsmedium zu finden, dem *Focus*. Alle anderen Publikationsorte – bis auf Nordbayern.de – werden allgemein als Desinformationsquellen eingestuft.[60] Am Tag zuvor hatte sogar Bundestagspräsident Wolfgang Schäuble (CDU) mahnende Worte zur Corona-Lage gefunden und vor Eingriffen in die Grundrechte gewarnt. Er gab zu bedenken: »*Aber wenn ich höre, alles andere habe vor dem Schutz von Leben zurückzutreten, dann muss ich sagen: Das ist in dieser Absolutheit nicht richtig.*«[61] Denn der Tod sei eben Bestandteil eines jeden Lebens.

Eine Woche früher schon, am 22. April, hatte *Bild* den Beitrag »Etwas Normalität im deutschen Bundestag!« veröffentlicht. Darin wurde Gesundheitsminister Spahn gelobt, sich offen wie nie zu den umstrittenen Corona-Regeln geäußert zu haben: »*Ich bin mir sicher, jenseits von Politik wird auch für die Gesellschaft, selbst für Virologen und Wissenschaftler, eine Phase kommen, wo wir alle feststellen werden im Nachhinein, dass man vielleicht an der einen oder anderen Stelle falsch gelegen hat oder an der ein oder anderen Stelle Dinge dann nochmal korrigieren oder nachsteuern muss.*«[62] Wahrscheinlich müssten sich die Menschen »*in ein paar Monaten*« gegenseitig »*viel verzeihen*«.

## Neuorientierung beim Springer-Verlag

Am 28. April versetzte der Bild-Chefredakteur Julian Reichelt sein Publikum mit einer sensationellen Videoerklärung in Erstaunen. Ob die in der Coronakrise getroffenen Maßnahmen »*richtig oder falsch, maßvoll oder überzogen sind, werden wir erst aus den Geschichtsbüchern erfahren*«, meinte er. Vollkommen offen sei es, ob »*wir auf Corona als Gesundheitskatastrophe oder als Zusammenbruch unserer Wirtschaft zurückblicken*« werden. Es sei keinesfalls gewiss, dass richtig ist, »*was gewaltige Mehrheiten für richtig halten*«. Es gebe keine Herdenimmunität gegen Fehleinschätzungen, stellte Reichelt fest, denn »*nahezu alle Experten, de-*

*nen wir uns in dieser Krise anvertrauen müssen, lagen in nahezu jeder Einschätzung so falsch, dass sich unser Glaube an sie nur noch mit Verzweiflung erklären lässt«.* Dann folgte der Vorwurf an die Politiker: *»Sie haben das Tragen von Masken nahezu verhöhnt, nun ist es Pflicht, sie haben davor gewarnt, Schulen und Kitas zu schließen, nun sind Millionen Kinder seit Wochen zu Hause. Sie haben es als nutzlos abgetan, die Grenzen abzuriegeln, nun kommt niemand mehr ins Land [ausgenommen der Shuttle-Service für Migranten, Anm. d. Verf.].«* Weiter kritisierte Reichelt das Robert Koch-Institut, *»welches davon abriet, Corona-Tote zu obduzieren, nun geschieht es trotzdem, und Rechtsmediziner sagen, dass bei weitem nicht alle Toten an Corona gestorben seien«.*[63]

Die meisten Sorgen machte sich Reichelt um die Wirtschaft, die jetzt so massiv und teilweise irreparabel geschädigt sei, *»dass unsere Regierung kaum noch zugeben kann, in ihrer Schärfe überzogen zu haben. Die Experten müssen Recht behalten, weil sie nicht falsch liegen dürfen.«* Den Ruin der deutschen Wirtschaft würde kaum eine Partei, vielleicht nicht einmal die Demokratie überleben: *»Deswegen erleben wir zunehmend Sturheit, Starrsinn und Rechthaberei. Erinnert mich an die Flüchtlingskrise, sagte mir ein Mitglied aus Merkels Regierung. Die Kanzlerin bezichtigt jeden Zweifler an der Öffnungsdiskussionsorgie, raunt davon, manche würden zu forsch handeln, ohne zu sagen, was sie genau meint.«* Abschließend erinnerte er an die Warnung Schäubles vor zu großen Eingriffen in die Grundrechte und unterstrich den absoluten Wert des Grundgesetzes: Die Würde des Menschen sei unantastbar, aber sie schließe nicht aus, dass wir sterben müssen. Die Demokratie zeichne sich im Gegensatz zu den Ideologien mit ihrem Absolutismus darin aus, dass sie auch die unbequemsten Debatten aushalte. *»Das einzige, was in der Demokratie alternativlos ist, ist die Debatte.«* Werde diese aber verhindert, mache sich die Demokratie überflüssig. Der Bild-Chefredakteur als Verteidiger der Demokratie?

Am 16. April 2020 bereits hatte sich Reichelt mit einem Offenen Brief und per Video an den chinesischen Präsidenten Xi Jinping gewandt. Er war die Antwort auf einen Brief der chinesischen Botschaft vom Vortag an den Chefredakteur, weil *Bild* die Frage aufgeworfen hatte, ob China für den gigantischen wirtschaftlichen Schaden aufkommen sollte, den das Coronavirus derzeit weltweit anrichtet. In diesem Schreiben hieß es: *»Erlauben Sie mir zum Schluss noch eine persönliche Bemerkung: Wir betrachten den Stil, in dem Sie in Ihrer heutigen Berichterstattung auf der Seite 2 gegen China ›zu Felde ziehen‹, als infam. Ihr Bericht entbehrt nicht nur ganz wesentlicher Fakten und genauer Zeitabläufe, sondern auch eines Mindestmaßes*

Bild ≡ MENÜ

BILD-CHEF SCHREIBT AN CHINAS STAATSCHEF

„Sie gefährden die ganze Welt"



Quelle: BILD 2:54 Min

*Chefredakteur Julian Reichelt in der Pose des UN-Chefanklägers (Video vom 16. April 2020 – mit chinesischen Untertiteln)*

*an journalistischer Sorgfaltspflicht und Fairness. Wer so aufrechnet, wie Sie das mit der BILD-Zeitung von heute tun, schürt Nationalismus, Vorurteile sowie Fremden- und Chinafeindlichkeit. Es wird weder der traditionellen Freundschaft zwischen beiden Völkern noch einem seriösen Verständnis von Journalismus gerecht.«*[64]

Reichelts Antwort an den chinesischen Präsidenten ist in weit weniger höflichem Ton gehalten. In Punkt 1 greift er ihn sogleich direkt an: *»Ohne Überwachung wären Sie nicht Präsident.«* Nach einer Aufzählung aller bekannten Sünden Chinas – Unrecht, Unfreiheit, Ideenklau usw. – kommt er in Punkt 5 zu dem Schluss: *»Ich glaube, dass Corona über kurz oder lang Ihr politisches Ende bedeutet.«*[65] Was für eine Arroganz gegenüber dem Präsidenten eines so großen Landes! Reichelt hätte lieber das alte Sprichwort »Wer im Glashaus sitzt, sollte nicht mit Steinen werfen« berücksichtigen sollen. Denn nach Aussage des ehemaligen SPD-Ministers Andreas von Bülow wurde die *Bild*-Zeitung einst mit sieben Millionen Dollar Startkapital von der CIA gegründet, seither sei sie das Sprachrohr der US-Regierungen.[66] Allein in den sogenannten »Kriegen gegen den Terror« hätten die USA unzählige Kriegsverbrechen begangen – einschließlich Verschleppung, Folter und Drohnenmorden, so Bülow. Der Internationale Strafgerichtshof habe Ermittlungen gegen die USA aufgenommen. Und der Vorwurf des Ideenklaus fällt Herrn Reichelt ebenfalls auf die Füße: Von der technischen Industrialisierung Englands im 19. Jahrhundert holte sich Deutschland die Ideen, die größte Kriegsbeute der USA nach 1945 waren die deutschen Patente, und mit der Operation »Paperclip« wurden die deutschen Wissenschaftler in die USA verbracht.[67] Bis heute werden deutsche Unternehmen von US-Diensten ausgeforscht und wichtige Daten abgesaugt. China hingegen hat trotz seines schlechten Rufs als »Weltmeister im Kopieren« in den vergangenen 5000 Jahren alle möglichen Erfindungen selbst hervorgebracht.

Über Reichelts Chinaangriff berichteten *Radio France Internationale, Radio China International*, die *World Socialist Web Site* oder auch die *Jerusalem Post*. Die beiden Videos Reichelts, die nur zwölf Tage auseinanderliegen, sind scheinbar schwer miteinander zu vereinbaren: US-konforme Kritik am feindlichen China und Opposition gegen die Lockdown-Politik der Bundesregierung – Richtungswechsel oder Finte? – Weder noch. Reichelt propagiert Trumps Kriegsvorwände gegen China und befördert gleichzeitig die Wirtschafts- und Finanzinteressen der US-Oligarchen, die nur absahnen können, wenn in Europa die Wirtschaft brummt.

Am 1. Mai stellte *Bild* die Frage, ob das Coronavirus in einem chinesischen Labor entstand. Der Medienkrieg gegen China ging weiter. *Bild* ist ein Sprachrohr Trumps und seines Geheimdienstdirektors, des ehemaligen US-Botschafters in Deutschland, Richard Grenell. Der Axel Springer Verlag ist seit Ende 2019 noch enger an die US-Oligarchie gebunden als vorher: Der große börsennotierte Finanzinvestor KKR mit Sitz in Manhattan hält beim Berliner Medienkonzern, zu dem auch *Die Welt, N24 Doku* oder *Business Insider* gehören, inzwischen die Mehrheit.[68] Die Beteiligungsgesellschaft KKR betreibt das Leveraged-Buyout-Geschäft, kurz LBO. Das sind Unternehmensübernahmen, die überwiegend durch Fremdkapital finanziert werden. Firmen mit diesem Geschäftsmodell bezeichnet man gemeinhin als Heuschrecken, da sie die übernommenen Firmen oft lediglich ausschlachten. Henry Kravis, einer der Gründer von KKR, ist Republikaner und hat Trumps Wahlkampf unterstützt, man kann also bei ihm eine Nähe zu Trumps politischen Zielen vermuten. Mit der Mehrheit am Axel-Springer-Konzern verfügt KKR nun über eine gewaltige Medienmacht in Deutschland. Wie diese Macht über die öffentliche Meinung genutzt werden wird, darüber kann nur spekuliert werden.

Spekulieren lässt sich auch darüber, ob das Virus ursprünglich aus den USA oder aus China kommt, ob es natürlichen Ursprungs ist oder im Labor erzeugt wurde. Der Sichtweise Trumps widersprechen die US-Kriegsveteranen. Die Webseite *Veterans Today* nutzt ihr *Military Veterans and Foreign Affairs Journal* für kritische Auseinandersetzungen mit der US-Regierung. Das hat den Veteranen den Vorwurf eingebracht, kremlfreundlich zu sein, und erinnert an die McCarthy-Ära Anfang der 1950er-Jahre, die durch einen lautstarken Antikommunismus und abstruse Verschwörungstheorien geprägt war, auch bekannt als Second »Red Scare«.

*VeteransToday* hat die in das Jahr 2015 zurückgehende wissenschaftliche Arbeit »A SARS-like Cluster of Circulating Bat Coronaviruses Shows Potential for Human Emergence« (Eine SARS-ähnliche Anhäufung zirkulierender Fledermaus-Coronaviren zeigt Potenzial für menschliches Entstehen) öffentlich gemacht.[69] Danach begann die Forschung zur Erschaffung von Covid-19 2006 in den Vereinigten Staaten und gipfelte 2015 in einer erfolgreichen Biowaffe. Die Arbeiten wurden an der University of North Carolina, in Harvard und im Labor der Food and Drug Administration, der US-Arzneimittelbehörde, durchgeführt. Es ging um die Untersuchung des Krankheitspotenzials eines SARS-ähnlichen Virus, SHC014-CoV, das damals in chinesischen Hufeisennasen-Fledermaus-Populationen zirkulierte. Die Experimente mit dem Virus führten in der Lunge der Fledermaus zu bemerkenswerter Krankheitsentwicklung. Sowohl monoklonale Antikörper (immunologisch aktive Proteine) als auch Impfstoffansätze konnten das neuartige »Spike-Protein« nicht neutralisieren und vor einer Infektion mit CoVs schützen. *»Unsere Arbeit«*, heißt es in der Zusammenfassung, *»deutet auf ein potenzielles Risiko des Wiederauftretens von SARS-CoV durch Viren hin, die gegenwärtig in Fledermauspopulationen zirkulieren«.*[70] Anstatt gemeinsam an der Aufklärung zu arbeiten, um die Bedrohung durch das Virus schnellstmöglich zu minimieren, verlor man sich lieber weiter in wechselsseitigen Schuldvorwürfen. Der römische Philosoph Cicero rät in derartigen Fällen zu der Frage: Cui bono? – Wem nutzt es?

Da die chinesische Führung das Strategiepapier Tradoc 525-3-1 sicherlich kennt, wäre ein Präventivkrieg vorstellbar. Sie wird wohl einen Ratschlag ihres Militärphilosophen Sun Tzu (544–496 v. Chr.) beherzigen: Die größte Leistung besteht darin, den Widerstand des Feindes ohne einen Kampf zu brechen, also z. B. mit einer Kriegslist anzugreifen, indem man das Schwert in der Scheide lässt. Der Einsatz von Covid-19 würde in das Konzept Sun Tsus passen. Die USA haben auch einen Militärphilosophen, Homer Lea (1876–1912). Er kämpfte in den chinesischen Freiheitskriegen auf der Seite des Revolutionärs und späteren Staatsmanns Sun-Yat-sen. Lea formulierte ein zutreffendes Axiom: *»Wenn die Ausbeutung natürlicher Reichtümer durch eine militärisch schwache Nation die Entwicklung militärisch stärkerer Nationen hindert, dann wird der Krieg ausbrechen, sobald die wirtschaftlichen Notwendigkeiten der militärischen Reichtümer nicht mehr gedeckt sind.«*[71] Diese Situation trifft heute auf die USA durchaus zu.

Seit Bestehen der Vereinigten Staaten haben es die amerikanischen Regierungen verstanden, ihre Kriege als Feldzüge für »Frieden, Menschlichkeit und Freiheit« zu deklarieren und geschickt als Intrigenspiele zu inszenieren. Der amerikanische Historiker John Denson deckt in seinem Buch »Sie sagten Frieden und meinten Krieg: Die US-Präsidenten Lincoln, Wilson und Roosevelt«[72] die Kriegsgründe, -motive und -ziele auf, *»die immer eher in den Expansionen der amerikanischen Herrschaft und den Wirtschaftsvorteilen zu erkennen waren als bei dem Engagement für Menschenrechte, Demokratie und Frieden. Es ging dabei kaum um Ideale. Es ging fast immer um Interessen.«*[73]

Daher werden die USA heute oft mit dem antiken Römischen Reich verglichen. Doch gemäß der Devise »Vor den Kugeln kommen die Dollars« versuchen die USA zunächst, die Staaten zu kaufen, und sehen den Krieg nur als letztes Mittel. Für Rom ging es bei den Eroberungen lediglich um politische Herrschaftserweiterung, für das kapitalistische Amerika hingegen ist die Expansion lebenswichtig. So zieht es sich wie ein roter Faden durch Amerikas Geschichte, dass Kriegsanlässe fingiert und die Gegner so lange provoziert wurden, bis sie den »ersten Schuss« abgaben. Das war erst einmal gut für die Regierung, denn so wurde das amerikanische Volk mit dem Spruch »Man hat auf unsere Fahne geschossen« augenblicklich kriegsbereit, und die USA sahen später in den Geschichtsbüchern besser aus. China hat in seiner jüngeren Geschichte andere Erfahrungen machen müssen, zwei Opiumkriege im 19. Jahrhundert, der von den Westmächten 1900 niedergeworfene Boxeraufstand, dann der Einmarsch der Japaner und die Einflussnahme durch die USA.

Das alles dürfte nicht vergessen sein. In den letzten Jahren haben sich China und auch Russland im Vergleich zu den USA sehr zurückhaltend gezeigt. Während die USA drohen und Sanktionen verhängen, wenden sie Diplomatie an. Die USA drängen und provozieren vom Südchinesischen Meer über Taiwan bis nach Hongkong, von Venezuela bis zum Iran und zum Schwarzen Meer. Ein winziger Fehler in den iranischen Hoheitsgewässern oder im Südchinesischen Meer, und die zerbrechliche Waffenruhe könnte kippen. Im 21. Jahrhundert hat die westliche Welt das aggressive Verhalten Washingtons toleriert. Nun könnte wegen Covid-19 ein weltweiter wirtschaftlicher und finanzieller Zusammenbruch ins Haus stehen. Da liegen in fast allen Ländern die Nerven blank.

## Anwachsen der Staatsverschuldung durch Corona

Die Staatsverschuldung hat wie das Coronavirus weltweit Länder und Systemgrenzen überwunden und mittlerweile alle Industriestaaten infiziert. Während die Pandemie unter Aufbietung aller Kräfte bekämpft wird, versuchen sich die Staaten mit immer neuen Krediten gegen den Kollaps ihrer Wirtschaft zu immunisieren. Die Schuldenkrise wird durch neue, immer größere Schulden bekämpft, somit ist der nächste größere Crash vorprogrammiert. Diese kaum vorstellbare Steigerung der Staatsschulden zerstört bei vielen Bürgern das Vertrauen in das Geldsystem. Sie ängstigen sich zu Recht um angespartes Vermögen, ihre Renten und die Zukunft ihrer Kinder und Kindeskinder, die diese Schuldenlast kaum werden tragen können.

So gibt es in der Tat eine Korrelation zwischen Staatsverschuldung und dem Coronavirus. Den Politikern geht es um nur um das Hier und Heute. Diesen Zusammenhang erläutert der deutsche Journalist und Medienberater Gabor Steingart in seinem Podcast »Morning Briefing« vom 15. April 2020: *»In den USA haben sich Republikaner und Demokraten auf umfangreiche Finanzhilfen geeinigt. Insgesamt fallen über zwei Billionen US-Dollar an – es ist das bislang größte Rettungspaket der US-Geschichte. Die Geldschöpfung durch die Notenbank ist in diesen Rechnungen nicht berücksichtigt. In der Eurozone haben sich die Finanz-*

*minister bislang auf ein 500 Milliarden Euro schweres Rettungspaket geeinigt, das Kredite für kleine wie auch mittelständische Unternehmen sowie in Schwierigkeiten geratene Staaten vorsieht. Gestritten wird noch über weitere Maßnahmen wie die Auflage sogenannter Eurobonds, auch wenn die Namen dafür wechseln. EU-Kommissionsvize Valdis Dombrovskis stellte eben einen ›Wiederaufbaufonds‹ in Höhe von 1,5 Billionen Euro zur Diskussion.«*[74]

In den USA tragen die Richtlinien zur Lockerung der Corona-Maßnahmen die Überschrift »Opening Up America Again« (Amerika wieder öffnen). Das ist eine Anspielung auf Trumps Wahlkampfslogan »Make America Great Again«. Und auf den Schecks der Direkthilfen für Steuerzahler stehen Trumps Insignien, was mitten im Präsidentschaftswahlkampf von den Demokraten kritisiert wird. Darauf entgegnete Trump: *»Ich bin mir sicher, dass sich die Menschen sehr freuen werden, einen großen, fetten Scheck zu bekommen, und mein Name steht darauf.«*[75] Da dürfte er Recht haben. Auch die Aussetzung der Einkommensteuer bis Ende 2020 sollte Trump Sympathien einbringen.

## Fahrlässiger Umgang mit suspekter Datenbank

Auf der fieberhaften Suche nach Behandlungsmöglichkeiten kamen im Frühjahr 2020 Meldungen und Gegenmeldungen über die Wirksamkeit des Malaria-Medikaments Hydroxychloroquin bei Coronafällen. Die einen beschworen die Wirksamkeit, während andere es für wirkungslos hielten. Der Streit schien entschieden, nachdem das renommierte Wissenschaftsmagazin *The Lancet* am 22. Mai ein Gutachten veröffentlichte, das die Schädlichkeit von Hydroxychloroquin nachwies (signifikant mehr Tote als bei der Einnahme von Placebos). *»Nunmehr hagelte es Anwendungsverbote«*, schrieb der deutsche Jurist und Publizist Helmut Roewer, *»bereits laufende einschlägige Versuchsreihen der WHO wurden abrupt gestoppt und die deutschen Corona-Kardinäle verlautbarten, das Mittel käme, obwohl die Firma Bayer es kostenlos zur Verfügung stellen wollte, in Deutschland nicht in Frage.«*[76] Der Streit um dieses bewährte Malariamittel, das im frühen Stadium der Erkrankung zusammen mit einer leichten Antibiotikadosis eingesetzt wurde, fand vor allem deshalb Beachtung, weil auch US-Präsident Trump die Verwendung befürwortete. Mit dem vernichtenden Gutachten konnten ihn seine Gegner als unfähig, ahnungslos und dazu noch als gefährlich darstellen.[77]

Bald zeigte sich jedoch, dass die mit den Hydroxychloroquin-Versuchen befassten Mediziner in Frankreich trotz des Verbots nicht gewillt waren, den Behandlungsweg zu verlassen. Mit der Veröffentlichung ihrer Ergebnisse stellten sie zugleich die bei *The Lancet* veröffentlichte Studie infrage. Nach weiteren massiven Einwendungen zogen drei der vier Verfasser ihren Beitrag an der Studie zurück, sodass nur noch der indischstämmige Sapan Sharankishor Desai als Autor übrigblieb. Desai ist Geschäftsführer einer kleinen Firma namens Surgisphere mit Sitz in Chicago. Elf Mitarbeiter sollen dort beschäftigt sein – laut LinkedIn waren die meisten von ihnen jedoch erst zwei Monate zuvor eingestellt worden. Einen wissenschaftlichen oder statistischen Hintergrund sucht man bei den Angestellten vergeblich, dafür glänzen sie mit Fachkenntnissen in Strategie, Führung und Akquisition. Zudem finden sich darunter ein Science-Fiction-Autor und ein Model. Insofern bleibt die Frage, wie glaubwürdig die ausgewerteten Daten der Studie sind, deren Ergebnisse immerhin Forschungsinstitute auf der ganzen Welt dazu bewegten, die Corona-Behandlungsansätze mit Hydroxychloroquin einzustellen.

In der Lancet-Studie wurde behauptet, es seien Daten von fast 96 000 Covid-19-Patienten analysiert worden, die angeblich in 671 von 1200 Krankenhäusern weltweit aufgenommen wurden und Hydroxychloroquin allein oder in Kombination mit Antibiotika erhielten. Nur wenige Tage nach Erscheinen entdeckte der australische *Guardian* eklatante Fehler in den Daten. So wurde auf fünf australische Krankenhäuser verwiesen, wo bis zum 21. April 2020 600 Covid-19-Patienten und 73 Todesfälle verzeichnet waren. Im Gegensatz dazu hatte die Johns Hopkins University bis zu diesen Zeitpunkt in ganz Australien nur 67 Todesfälle durch Covid-19 registriert. Als Erklärung gab Desai an, versehentlich sei ein asiatisches Krankenhaus aufgenommen worden. Daraufhin kontaktierte der *Guardian* fünf Krankenhäuser in Melbourne und zwei in Sydney, deren Mitarbeit für das Erreichen der australischen Patientenzahlen in der Datenbank unerlässlich gewesen wäre. Alle bestritten jede Mitwirkung an einer solchen Datenbank und hatten von Surgisphere noch nie etwas gehört. Auf die Bitte um Stellungnahme zu diesen Aussagen reagierte Desai nicht.

Am 2. Juni vom britischen *Guardian* auf die Verlässlichkeit der Daten angesprochen, äußerte sich *The Lancet* betroffen über die veröffentlichte Studie und kündigte weitere Untersuchungen an. Eine unabhängige Prüfung der Herkunft und Gültigkeit der Daten wurde nun von den Autoren der Studie, die keine Verbindung zu Surgisphere haben, in Auftrag gegeben, weil *»Bedenken hinsicht-*

*lich der Zuverlässigkeit der Datenbank geäußert wurden«.* Am 3. Juni kündigte die WHO an, dass die Versuche mit Hydroxychloroquin nun wieder aufgenommen würden. Zwei Tage später meldete *Springer Medizin,* dass zwei große Covid-19-Studien zurückgezogen wurden und bezeichnete den Vorgang als Super-Gau in der Kommunikation wissenschaftlicher Erkenntnisse (vgl. Abb. unten).[78]

Von den vier Verfassern der Hydroxychloroquin-Studie hatte nur der CEO von Surgisphere, Sapan Desai, Zugriff auf die analysierten Primärdaten. Die Arbeit selbst entsprach höchsten wissenschaftlichen Standards und bestand problemlos ein Peer-Review – ein Verfahren zur Qualitätssicherung einer wissenschaftlichen Arbeit oder eines Projekts durch unabhängige Gutachter aus dem gleichen Fachgebiet. Was demnach aber nicht geprüft wurde, waren die zugrunde liegenden Daten! Aufschlussreich ist die Verbindung von Desai und weiteren Studienautoren zu Gesundheitsunternehmen, die sich dem Kampf gegen Covid-19 verschrieben haben. Im Firmenheft des Konzerns W. L. Gore and Associates, *Endovascular Today,* vom Juni 2019 finden sich Beiträge des vertretenden Hauptautors der Lancet-Studie, Desai, sowie des zweiten Autors Daniel V. Patel.[79] Zufall? Ein derart unverantwortliches wissenschaftliches Vorgehen in einer so bedrohlichen Krise ist ein Skandal und fordert radikales Umdenken. Vielleicht spielen hier ja auch politische Motive eine Rolle. Um gegen Trump vorzugehen, ist anscheinend jedes Mittel recht.

Springer Medizin

Zwei große COVID-19-Studien zurückgezogen

"Die Umstände um die jetzt zurückgezogenen Fachartikel zur Therapie bei COVID-19 mit Hydroxychloroquin/Chloroquin oder mit RAAS-Hemmern sind ein Super-GAU in der Kommunikation wissenschaftlicher Erkenntnisse. Mit dem „New England Journal of Medicine" und „The Lancet" sind daran zudem zwei Flaggschiffe der Medizinjournale beteiligt sowie Wissenschaftler und Ärzte aus der Ersten Liga medizinischer Hochschulen wie der Harvard Medical School oder dem Universitätsspital in Zürich.

Schon am Anfang der Publikationen waren grundlegende Regeln missachtet worden. So hatten bei dem Hydroxychloroquin-Artikel offenbar drei der vier Autoren keinen Zugriff auf die analysierten Primärdaten, konnten also die Basis der Erkenntnisse nicht beurteilen. Das zumindest legt die Mitteilung der Wissenschaftler zur Zurücknahme ihres Artikels nahe.

*Sachlich korrekte Meldung von* Springer Medizin *über die Rücknahme der Hydroxychloroquin-Studien. Die Qualitätsmedien hingegen übergingen diesen Wissenschaftsskandal (Hervorhebungen durch den Verfasser)*

Das *Handelsblatt* hatte am 19. Mai 2019 Donald Trump zitiert: »*Ich nehme seit einigen Wochen Hydrochloroquin ein.*« Es folgte der Hinweis, dass der Präsident die Einnahme des Medikaments empfehle, obwohl es keinen wissenschaftlichen Beleg für die Wirksamkeit bei Covid-19 gebe. Am Tag zuvor hatte das Weiße Haus ein Schreiben von Trumps Leibarzt Sean Conley veröffentlicht, wonach Trump und er nach zahlreichen Diskussionen zu dem Schluss gekommen seien, dass mögliche Vorteile einer Behandlung mit Hydroxychloroquin die damit verbundenen Risiken überwiegen. Am 22. Mai 2019 meldete der *Stern* unter Verweis auf eine Studie mit Daten von 96 000 Patienten: »*Nun belegt eine groß angelegte Studie: Das Malaria-Mittel hilft nicht nur nicht, sondern erhöht die Todesrate unter Covid-19-Patienten.*« Die *Süddeutsche Zeitung* hatte sich schon am 23. März über Trumps »*Faktenignoranz*« ausgelassen und ihn als fahrlässig bezeichnet. Er habe die faktenbasierte Einordnung des wichtigsten Experten der USA, Anthony Fauci, Hydroxychloroquin sei nicht wirksam, mit seinem präsidialen Bauchgefühl überstimmt.

Es ist vielleicht nicht Aufgabe eines Präsidenten, medizinische Ratschläge zu erteilen, doch zumindest zeigt er dadurch seine eigene Betroffenheit. Jedes Medikament kann für den Patienten die unterschiedlichsten Nebenwirkungen haben – deshalb sind die Beipackzettel auch so lang. So kann die Einnahme von Hydroxychloroquin von Menschen mit Favismus – Glucose-6-Phosphat-Dehydrogenase-Mangel – schädliche Folgen bis hin zum Tod haben. Dem langjährigen Gesundheitsexperten Wolfgang Wodarg zufolge sind vor allem Männer betroffen, deren Familien aus Regionen stammen, in denen Malaria endemisch war oder ist.[80] Bei einem hemmungslosen Einsatz dieses Medikaments könnte in Afrika ein Massensterben drohen.

Der zweimalige US-Präsidentschaftskandidat Ron Paul forderte als Arzt und Politiker nach den Fehlentwicklungen der letzten Monate im Juni öffentlich die strikte Trennung von Gesundheitswesen und Staat.[81] Er drückte sein Befremden darüber aus, dass die amerikanische Bevölkerung von Gouverneuren, Bezirksrichtern und sogar örtlichen Bürgermeistern wegen des Corona-Ausbruchs in einen dreimonatigen Hausarrest gezwungen worden sei, dann aber nach der Tötung des Schwarzen George Floyd von denselben Politikern aufgefordert wurde, in Massen auf der Straße gegen den »Rassismus« der amerikanischen Polizei zu protestieren, als sei die Ansteckungsgefahr plötzlich verschwunden. Plötzlich siegte die Notwendigkeit zu protestieren über die Notwendigkeit, »*zu*

*Hause zu bleiben und Leben zu retten«.* In einem Offenen Brief, der von mehr als 1200 Ärzten und anderen Gesundheitsexperten unterzeichnet worden war, hieß es, sie würden *»diese Versammlungen nicht als riskant für die Übertragung von Covid-19 einstufen«*, dies solle jedoch nicht mit einer permissiven Haltung bei allen Versammlungen, insbesondere bei Protesten gegen Hausarrestanordnungen, verwechselt werden.[82] *»Entwickelte das Coronavirus eine Art überlegene Intelligenz, die es ihm ermöglichte, zwischen denen zu unterscheiden, die sich für eine ›gute Sache‹ versammelten, und denen, die sich für eine ›schlechte Sache‹ versammelten?«*, fragte Ron Paul sarkastisch, und antwortete: *»Nein, natürlich nicht. Was seit Beginn dieser beschämenden Coronavirus-Episode geschehen ist, ist die Politisierung der öffentlichen Gesundheit durch Autoritaristen.«*[83]

Zu der in *The Lancet* und einer weiteren, im *New England Journal of Medicine* veröffentlichten Studie, wonach die Einnahme von Hydroxychloroquin für Covid-19-Patienten schädlich sei, schrieb Ron Paul: *»Die Eile, die Studien zu drucken, sieht eher nach einem politischen als nach einem auf wissenschaftlichen Prinzipien basierenden Schritt aus. Unmittelbar nachdem Präsident Trump enthüllte, dass er Hydroxychloroquin einnahm, begannen die Massenmedien und sogar »Expertenjournale« das Medikament anzugreifen.«*[84] Der Schulterschluss von Politik und medizinischen »Experten« führe zu einer unangemessenen Machtfülle; die Bevölkerung werde mit Dekreten eingeschüchtert und auf einen Impfstoff vertröstet, während namhafte Ärzte weltweit davon überzeugt seien, dass das Virus von selbst wieder verschwindet.

Am 5. Juni sprachen die beiden Oxford-Professoren Peter Horby und Martin Landray dem Hydroxychloroquin jegliche Wirkung ab.[85] Einen Tag später berichtete die Microsoft-Nachrichtenplattform *MSN* über den 750-Millionen-Dollar-Deal der Gates-Stiftung zur Herstellung des an derselben Universität entwickelten Covid-19-Impfstoffs, den die Pharmafirma AstraZeneca bis Jahresende in einer Stückzahl von zwei Milliarden Packungen auf den Markt bringen will.[86]

Nachdem die Wohltäter der Menschheit die Katze aus dem Sack gelassen hatten, zog Tage später auch AstraZeneca nach.[87] Einigungen mit den Regierungsstellen aus den USA, Großbritannien und irgendwelchen EU-Instanzen verhießen dem neuen in Oxford entwickelten Impfmittel mit dem etwas spröden Namen »ChAdOx1 nCoV-19« eine große Zukunft.[88] Liest man die Stellungnahmen vor allem aus dem Hause AstraZeneca genauer, stechen zwei Aussagen hervor: Der neue Impfstoff werde keine Schäden verursachen, die über die der Krankheit hinausgehen, und – man reibe sich die Augen – ob das Mittel die erhofften Wirkungen zeigen werde, müsse sich nach der Anwendung zeigen.[89]

Die schnell zusammengeschusterte Studie bei *The Lancet* und die Massendemos seit dem gewaltsamen Tod von George Floyd durch einen außer Kontrolle geratenen, mitleidlosen Polizeibeamten am 25. Mai 2020 haben anscheinend politische Motive, die sich vor allem gegen Trump richten. Es ist Wahlkampf, und die milliardenschweren Gegner des Präsidenten (Vermögen: 2,1 Milliarden Dollar), der Promoter der weltweiten Massenimpfung Bill Gates (111 Milliarden) und der Republikanerfeind George Soros (8,3 Milliarden) setzen alles daran, dass der Demokrat Joe Biden Präsident wird. Die deutschen Leitmedien: mit im Boot.

## Weltweite Demonstrationen gegen Polizeigewalt und Rassismus

Die zunächst friedlich verlaufenden Kundgebungen eskalierten bald zu Ausschreitungen und Plünderungen: In Philadelphia und Santa Monica wurden Geschäfte mitten am Tag ausgeräumt. In New York, Reno und Fargo wurden Autos abgefackelt, in Minneapolis hunderte Gebäude beschädigt oder zerstört. Der Gouverneur beorderte tausende Soldaten der Nationalgarde auf die Straßen, um die Unruhen einzudämmen. Ein ähnliches Szenario hatte es im August 2014 in Ferguson/Missouri gegeben, nachdem der 18-jährige afroamerikanische Schüler Michael Brown nach Tätlichkeiten gegenüber dem Polizisten Darren Wilson von diesem erschossen wurde. In der Folge war es zu andauernden Unruhen und Demonstrationen gegen rassistische Polizeigewalt, zur Entsendung der Nationalgarde und zur Verhängung nächtlicher Ausgangssperren gekommen.[90] Präsident war damals Barack Obama, und sein Stellvertreter hieß Joe Biden. Nachdem Trump die Gouverneure zu mehr Härte gegen gewaltbereite Demonstranten aufgefordert hatte, sperrte Twitter am 29. Mai einen Beitrag Trumps wegen »Gewaltverherrlichung«. Am gleichen Tag kündigten die USA die Zusammenarbeit mit der WHO auf. Zwei Tage später nahmen in Deutschland die Black-Lives-Matter-Demos ihren Anfang.

Am 1. Juni wandte sich Trump an die Bevölkerung: *»Meine erste und höchste Pflicht als Präsident ist es, unser großes Land und das amerikanische Volk zu vertei-*

*digen. Ich habe einen Eid geschworen, die Gesetze unserer Nation aufrechtzuerhalten, und genau das werde ich auch tun. Alle Amerikaner waren zu Recht erschrocken und empört über den brutalen Tod von George Floyd. Meine Regierung ist fest entschlossen, dass George und seiner Familie Gerechtigkeit widerfahren wird. Er wird nicht umsonst gestorben sein, aber wir können nicht zulassen, dass die gerechten Schreie und friedlichen Demonstranten von einem wütenden Mob übertönt werden. Die größten Opfer der Unruhen sind friedliebende Bürger in unseren ärmsten Gemeinden, und als*

*Konzertierte Proteste deutschlandweit: Wer war der Dirigent?*

*ihr Präsident werde ich dafür kämpfen, dass sie in Sicherheit sind. Ich werde kämpfen, um sie zu beschützen. Ich bin ihr Präsident für Recht und Ordnung und ein Verbündeter aller friedlichen Demonstranten. Aber in den letzten Tagen war unsere Nation den Angriffen von professionellen Anarchisten, gewalttätigen Mobs, Brandstiftern, Plünderern, Kriminellen, Randalierern, der Antifa und anderen ausgesetzt.«*[91]

Am Tag zuvor hatten Trump und Generalstaatsanwalt William Barr eine Erklärung abgegeben, in der sie u. a. die Antifa verurteilten und ihre Absicht bekundeten, sie als »terroristische Organisation« einzustufen. Die daraufhin erfolgte Reaktion der Leitmedien sowie linker Politiker war vorhersehbar: Nicht die Antifa oder die anderen an der Gewalt beteiligten Gruppen und Einzelpersonen sollten kritisiert werden, sondern Trump. Man hätte ihn gern zu Militäraktionen gegen das eigene Volk (»die friedlichen Demonstranten«) provoziert – doch der Präsident überließ das Sicherheitsmanagement den Gouverneuren.

Der ehemalige US-Politiker und Rechtsanwalt Bob Barr – er vertrat von 1995 bis 2003 den Bundesstaat Georgia im Repräsentantenhaus der USA und wirkt derzeit als Präsident und CEO der Law Enforcement Education Foundation – setzte sich am 4. Juni öffentlich mit der Antifa auseinander, die erst etwa 2007 mit der Gründung der Rose City Antifa in Portland, Oregon, in das Bewusstsein der breiten Öffentlichkeit gelangte. Nach Barr haben ihre Mitglieder in den letzten Jahren, *»insbesondere seit den berüchtigten gewalttätigen Konfrontationen von 2017 in Charlottesville, Virginia, offen an zahlreichen Demonstrationen und gewalttätigen Auseinandersetzungen teilgenommen und diese organisiert«.*[92] Kommt ihre wahre Agenda als Gewaltverursacher in den USA oder Europa zur Sprache, spielt die Antifa unter Verwendung »antifaschistischer« Rhetorik schnell die Opferkarte aus. Dabei sind für Barr die Taktiken der Antifa so faschistisch wie nur irgend möglich, *»und ihre eigentlichen Ziele sind ausnahmslos Konservative – konservative Redner, konservative Journalisten, konservative Politiker, die US-Einwanderungs- und Zollbehörden (ICE) und die Strafverfolgungsbehörden«.* Weiter weist Barr darauf hin, dass gemäß des »Patriot Act« Organisationen, welche Gewalttaten verübten, Menschenleben gefährdeten und darauf abzielten, die Bevölkerung einzuschüchtern oder zu nötigen sowie das Verhalten oder die Politik einer Regierung zu beeinflussen oder zu präjudizieren, als an »innerstaatlichem Terrorismus« beteiligt angesehen und daher vernünftigerweise als terroristische Organisation betrachtet werden müssten.

Der deutsche Verfassungsschutz kommt zu einer ähnlichen Erkenntnis: »*Die Agitation [der autonomen Antifa, Anm. d. Verf.] richtet sich auch gegen bestimmte staatliche Einrichtungen oder ihre Repräsentanten. Darüber hinaus werden Adressen und ›Steckbriefe‹ von politischen Gegnern veröffentlicht, die nicht selten mit der Aufforderung verbunden sind, diese Personen auch anzugreifen. Im Rahmen der ›antifaschistischen Selbsthilfe‹ werden auch militante Aktionen befürwortet, die sich in erster Linie gegen den politischen Gegner, insbesondere tatsächliche oder vermeintliche ›Nazis‹ richten. Dadurch kommt es regelmäßig zu hohen Sachschäden, teilweise aber auch zu Personenschäden.*«[93]

Hat also Trump mit seinem Hinweis, die Nation sei Angriffen »*von professionellen Anarchisten, gewalttätigen Mobs, Brandstiftern, Plünderern, Kriminellen, Randalierern, der Antifa und anderen*« ausgesetzt gewesen, übertrieben? Wer organisiert die weltweiten Proteste? Es müssen finanziell hervorragend ausgestattete, bestens vernetzte Organisationen sein, die äußert effizient arbeiten. Bei den Demonstrationen fällt vor allem »BlackLivesMatter« auf (deutsch: Schwarze Leben zählen). Diese Organisation mit Ortsgruppen in den USA, Großbritannien und Kanada wurde 2013 als Reaktion auf den Freispruch des Mörders von Trayvon Martin gegründet. Ihre Aufgabe es sei, »*die Vorherrschaft der Weißen auszurotten und lokale Macht aufzubauen, um in die Gewalt einzugreifen, die Schwarzengemeinschaften vom Staat und von Selbstjustizlern zugefügt wird*«. Weiter heißt es: »*Indem wir Gewalttaten bekämpfen und ihnen entgegenwirken, Raum für die Phantasie und Innovation der Schwarzen schaffen und die Freude der Schwarzen in den Mittelpunkt stellen, gewinnen wir unmittelbare Verbesserungen in unserem Leben.*«[94]

Bereits 2012 hatten mehrheitlich linkspolitische Gruppierungen noch unter dem Motto »No Justice, No Peace!« (Keine Gerechtigkeit, kein Frieden) demonstriert. Dieses Motto taucht nun bei Arabella Advisors in einem aktuellen Artikel mit dem Titel »Fighting Racism and Advancing Equity at Arabella and Beyond« (Kampf gegen Rassismus und Förderung der Gerechtigkeit bei Arabella und darüber hinaus) wieder auf.[95] Wer versteckt sich hinter dieser Firmierung?

Arabella Advisors versteht sich als »philanthropisches« Beratungsunternehmen, das die Strategie, die Interessenvertretung, das »Impact Investing« (Wirkungsorientiertes Investieren – Investitionen in Veränderung mit finanzieller Rendite) und das Management für hochdotierte linksgerichtete Non-Profit-Organisationen und Einzelpersonen leitet.[96] Den Kunden werden Dienstleistungen angeboten, die ihnen helfen, eine auf Umweltschutz und andere linke Themen ausgerichtete Politik zu betreiben. Das Unternehmen wurde 2005 von Eric Kessler gegründet, einem Zögling der Clinton-Administration und langjährigen Mitarbeiter der »League of Conservation Voters«, einer amerikanische Umweltschutzgruppe, in der er auch heute noch Gesellschafter ist.

Das Unternehmen verwaltet vier links der Mitte stehende gemeinnützige Organisationen. Diese gaben zwischen 2013 und 2018 kombinierte Einnahmen in Höhe von knapp 2,3 Milliarden Dollar und Gesamtausgaben von 1,8 Milliarden Dollar an.[97] In einem am 14. Januar 2020 von *Inside Philanthropy* veröffentlichten Profil des Arabella Advisors Network heißt es, dass das Unternehmen *»über 400 Millionen Dollar an philanthropischen Investitionen verwaltet und die Beratungstätigkeit über mehrere Milliarden Dollar an Gesamtressourcen umfasst«.*[98] Erfolgreich arbeitet Arabella Advisors auch mit der MacArthur Foundation, der Carnegie Corporation of New York, der W. K. Kellogg Foundation, der Democracy Alliance, dem State Infrastructure Fund und den Open Society Foundations zusammen.[99]

*Arabella Advisors vernetzen NGOs und beraten über den »philanthropen« Einsatz von mehreren Milliarden Dollar*

Innerhalb dieser Großspender besteht der übliche Vernebelungsringtausch solcher Netzwerke: Die Ford Foundation und die W. K. Kellogg Foundation etwa, zwei der größten US-amerikanischen Stiftungen, unterstützen den Black Civic Engagement Fund und das Center for Popular Democracy. Auf diese Weise tauchen sie nicht direkt als Großspender auf. Arabella Advisors agiert als Drehscheibe eines gut finanzierten linksliberalen »Dark Money«-Netzwerks. Da darf natürlich auch die Zusammenarbeit mit der Rockefeller Foundation nicht fehlen.[100]

Am Nachmittag des 4. Juni rief die neu gegründete Gruppierung BLM Vienna via Facebook zu einer Black-Lives-Matter-Demo in der Wiener Innenstadt auf. Schützenhilfe bekam sie vom österreichischen Bundespräsidenten. Angemeldet waren zunächst 3000 Menschen, laut Polizei seien schließlich rund 50 000 gekommen. Die Polizei nahm ebenfalls an der Demonstration teil: Auf den Einsatzwagen war auf elektronischen Laufbändern zu lesen: »Black Lives Matter«. Der ORF berichtete geradezu euphorisch über dieses eindrucksvolle Zeichen gegen Rassismus, das in Wahrheit eine Machtdemonstration der linken Kräfte war.[101] Corona hingegen war kein Thema! Nur wenige Tage zuvor hatten die Medien noch einen Skandal inszeniert, weil bei einem Besuch von Bundeskanzler Sebastian Kurz im Kleinwalsertal in Tirol mehrere Menschen zu eng beieinanderstanden, hier interessierten sie sich plötzlich überhaupt nicht mehr für die Einhaltung der Corona-Vorschriften.

Mit polizeilicher Unterstützung marschierten die Demonstranten dicht gedrängt durch Wien. Niemand hielt den Mindestabstand ein, rund ein Drittel der Demonstranten trug keine Maske. Zum Vergleich: Am 24. April dieses Jahres untersagte die Wiener Polizei eine Demonstration gegen das Corona-Maßnahmenpaket mit der Begründung, dass das Ansteckungsrisiko zu hoch sei. Es gab keine Proteste! Für Journalisten und »progressive« Meinungsführer galt: Die Gesundheit stehe über der Versammlungsfreiheit und den Bürgerrechten. Das galt nun nicht mehr.

In Wien sowie Bregenz, Graz, Innsbruck, Klagenfurt, Linz und Salzburg gingen die Proteste drei Tage lang weiter. Neben den Demonstranten, die für die Rechte der Schwarzen eintraten und Polizeigewalt anprangerten, hatte sich auch ein revolutionäres Potenzial eingefunden – undefinierte Linke aller Schattierungen, zudem aus verschiedenen Ländern. Deren deklariertes Ziel scheint es zu sein, die bestehende Gesellschaftsstruktur umzustoßen und eine neue Ordnung einzuführen. Doch welche? Eine Mischung aus internationalem Kommunismus, Black Rights und Anarchie? Oder wurde das Ereignis auch für ganz andere Interessen genutzt? In Wien prügelten sich in den Folgetagen nämlich auch Moslems, vor allem Türken rechtskonservativer oder linker Einstellung, pro oder contra Erdogan.

In der Nacht vom 20. auf den 21. Juni endete in Stuttgart eine Drogenkontrolle in totaler Zerstörungswut. Zu Hunderten zogen die randalierenden Jugendlichen in der Nacht auf Sonntag durch die Straßen der Innenstadt, zerstörten Schaufenster, plünderten acht Geschäfte, beschädigten zwölf Streifenwagen schwer und verletzten zudem zahlreiche Polizisten. Die Politik will in dem Angriff auf den Rechtsstaat keine politischen Motive sehen. Was vereint die jungen Menschen im blindwütigen Kampf gegen die bestehende Ordnung? Wachsen hier und anderswo Protestgruppen, sozial Unzufriedene und Zukurzgekommene zu einem explosiven Revolutionspool zusammen?

Zur unterschiedlichen Behandlung der Demonstrationen gibt es eine treffende Karikatur. Auf der linken Bildhälfte demonstriert eine gedrängte Menge gegen »Corona-Lüge« und »Impf-Diktatur«, auf der rechten eine ähnliche Menge mit Schildern »Black Lives Matter!«, »Gegen Rassismus!« und »#George Floyd!!«. In der Sprechblase zum linken Bild ist zu lesen: »Verantwortungslos! Kaum Abstand!! Kaum Masken!!!«, während es rechts heißt: »Vorbildlich! Diese Soli-

Abo · E-Paper · Magazine
WIENER ZEITUNG .at
Anmelden / Registrieren

MENÜ POLITIK KULTUR WIRTSCHAFT AMTSBLATT DOSSIERS MEINUNG Was suchen Sie?

Startseite > Chronik > Welt

GEORGE FLOYD

Weltweite Protestwelle rollt weiter

- Wieder gingen Zehntausende gegen Rassismus auf die Straße. In Österreich will die FPÖ Politiker anzeigen, die an den Demos teilgenommen haben.

vom 07.06.2020, 19:47 Uhr | Update: 08.06.2020, 07:03 Uhr

Massenproteste gab es am Sonntag unter anderem auch in Kopenhagen.
© AFP/Nikolai Linares/Ritzau Scanpix

*Auch in Österreich fanden BLM-Demos statt, die dort sogar von der Regierung unterstützt wurden. Hygienemaßnahmen spielten keine Rolle – die Polizei schaute wohlwollend zu* darität und der Zusammenhalt!« Leider wurde dem Autor die Veröffentlichung ohne Angabe von Gründen untersagt.

Am 20. Juni drückte das Europaparlament seine Unterstützung für die »Black Lives Matter«-Bewegung und die friedlichen Proteste nach dem gewaltsamen Tod des Afroamerikaners Floyd bei einem Polizeieinsatz in den USA aus. *»Die Abgeordneten forderten außerdem ein Ende des sogenannten ›racial profiling‹, bei dem Menschen wegen ihrer Hautfarbe oder anderer äußerer Merkmale ohne konkreten Anlass kontrolliert werden. Kritiker verwiesen darauf, dass ethnische Minderheiten auch in den EU-Institutionen immer noch unterrepräsentiert seien.«*[102] Die Streiter für »Gerechtigkeit und Frieden« scheinen auf einem Auge blind zu sein, denn das langsame Sterben des Wikileaks-Gründers Julian Assange in einem britischen Gefängnis interessiert sie nicht.

Am 8. März 2019 wurde die Whistleblowerin Chelsea Manning, die die US-Kriegsverbrechen im Irak aufdeckte und bereits zwischen 2010 und 2017 inhaftiert war, wegen Missachtung der Obrigkeit in das Bundesgefängnis in Alexandria/Virginia geworfen und sollte dort ein Jahr lang eingesperrt bleiben. Abschließend erhielt sie eine zivilrechtliche Geldstrafe von 256 000 Dollar, weil sie sich weiterhin weigerte, vor einer »Grand Jury« auszusagen, die sich mit dem Fall von Julian Assange beschäftigte. In beiden Fällen sehen die europäischen Institutionen, die deutsche Bundesregierung sowie Menschenrechtsorganisationen weg, wenn im Herzen Europas ein weltbekannter Journalist in einem britischen Hochsicherheitsgefängnis für keinerlei Verbrechen zu Tode gefoltert wird. Und noch in seinen schlimmsten Stunden ist der Wikileaks-Gründer Julian Assange wieder – wie Manning bei der Aufdeckung der US-Kriegsverbrechen im Irak – *»der Bote unserer untergehenden Demokratien mit ihren immer weiter in den Schmutz sinkenden ethischen Werten und dramatisch zunehmend eingeschränkten Bürgerrechten«*,[103] wie es in einem Artikel des Bundesverbands der Arbeiterfotografie heißt.

Der Liverpooler Solosänger und Gitarrist Guy Dawson hatte für die Solidaritätsveranstaltung einen Song für Julian Assange getextet, in dem es heißt: *»Denn ist es erst einmal ein Verbrechen, die Wahrheit zu sagen, während die Mächtigen Straflosigkeit genießen, wird es zu spät sein, den Kurs zu korrigieren. Wir werden unsere Stimme der Zensur und unser Schicksal der ungezügelten Tyrannei überlassen haben.«*

*29. November 2019, Universität Köln: Mit Unterstützung der freien Medien kämpft John Shipton, Vater von Julian Assange, für dessen Freilassung*

Für Nils Melzer, UNO-Sonderberichterstatter über Folter, steht der »Fall« Julian Assange für das »*Versagen des westlichen Rechts*«.[104] Die deutsche Bundesregierung aber weigert sich in skandalöser Weise, die Berichte von Melzer zur Kenntnis zu nehmen. Im Fall von Assange ist klar, wer das Sagen hat und dass sogar die europäischen Regierungen von den USA unter Druck gesetzt wurden. Unsere Demokratien zerbröckeln direkt vor unseren Augen. Mutigen Aufklärern wie Julian Assange oder Edward Snowden wird von der westlichen Wertegemeinschaft nicht nur das Asyl verweigert, sondern sie müssen sogar um ihr Leben fürchten.

Am 22. Juni, 19 Uhr, lieferte der Eintrag »Julian Assange« bei Google 10 400 000 Ergebnisse, »George Floyd «dagegen 158 000 000. Wer hat Interesse daran, den Vorgang in Minneapolis derart zu hypen? Es ist davon auszugehen, dass das Schicksal Floyds – eines drogenabhängigen, mehrfach vorbestraften Kriminellen, darunter bewaffneter Raubüberfall – für die Interessen der Machtzirkel instrumentalisiert wird. Und die meisten scheinen es nicht zu bemerken.

## Der Kampf gegen Corona wird weitergehen

Das Bundeskabinett hat am 29. April 2020 den Regierungsentwurf eines »Zweiten Gesetzes zum Schutz der Bevölkerung bei einer epidemischen Lage von nationaler Tragweite« verabschiedet. Dazu hatten die Fraktionen der CDU/CSU und SPD im Vorfeld eine Formulierungshilfe erhalten. Bedeutend in diesem Entwurf ist vor allem die Änderung von § 28 des Infektionsschutzgesetzes: In Absatz 1 Satz 3 sollten folgende Sätze eingefügt werden: »*Bei der Anordnung und Durchführung von Schutzmaßnahmen nach den Sätzen 1 und 2 ist in angemessener Weise zu berücksichtigen, ob und inwieweit eine Person, die eine bestimmte übertragbare Krankheit, derentwegen die Schutzmaßnahmen getroffen werden, nach dem Stand der medizinischen Wissenschaft wegen eines bestehenden Impfschutzes oder einer bestehenden Immunität nicht oder nicht mehr übertragen kann, von der Maßnahme ganz oder teilweise ausgenommen werden kann, ohne dass der Zweck der Maßnahme gefährdet wird. Soweit von individualbezogenen Maßnahmen abgesehen werden soll oder Ausnahmen allgemein vorgesehen werden, hat die betroffene Person durch eine Impf- oder Immunitätsdokumentation nach § 22 oder ein ärztliches Zeugnis nachzuweisen, dass sie die bestimmte übertragbare Krankheit nicht oder nicht mehr übertragen kann.*«[105]

Hier wird der alte Rechtsgrundsatz »in dubio pro reo« umgekehrt: Jeder Ungeimpfte ist damit von vornherein bis zum Beweis des Gegenteils schuldig und muss bis dahin Schutzmaßnahmen bzw. Grundrechtseinschränkungen ertragen: Impfpflicht durch die Hintertür. In der SPD und auch im Ethikrat regten sich Bedenken. Am 1. Mai und am folgenden Wochenende forderten in Berlin, Hamburg und Stuttgart auf genehmigten und ungenehmigten Demonstrationen besorgte Bürger mit dem Grundgesetz in der Hand die Achtung der darin verankerten Grundrechte. In alternativen Internetmedien wie *KenFM, Rubikon, Nachdenkseiten* und *NRhZ* hatte sich schon vorher ein kräftiger Gegenwind gegen die rigiden Maßnahmen aufgebaut. Immer wieder wurde in Beiträgen aufgezeigt, wie schnell sich ein demokratisches System in ein autoritäres wandeln kann. Vor allem dann, wenn alle Leitmedien die Maßnahmen der Regierung kritiklos unterstützen, andere Gesichtspunkte vollkommen ausblenden und Kritiker diffamieren, sodass das Gefühl aufkommt, diese Medien seien gleichgeschaltet. Bei vielen der Demonstranten ist das Impfdesaster mit der Schweinegrippe 2009 noch nicht vergessen. Damals waren die konventionellen Medien noch kritischer unterwegs. Es ist wohl vor allem der ARTE-Doku »Profiteure der Angst: Das Geschäft mit der Schweinegrippe« zu verdanken, dass der Schwindel aufflog. Heute wird alternativen Medien, vorwiegend Netzseiten, die Rolle des Aufklärers zuteil.

Hier trifft das Motto der NATO zu: Wachsamkeit ist der Preis der Freiheit. Und der Widerstand hat sich gelohnt: Am 4. Mai legte Gesundheitsminister Spahn seine Pläne vorerst auf Eis. Mit einem neuen Versuch muss aber gerechnet werden. Die NATO-Führung indes hatte frustiert feststellen müssen, dass sie auf die Pandemie alles andere als gut vorbereitet war. Das betraf den Abbruch des Großmanövers »Defender 2020« sowie NATO-Einsätze wie die Beistandsmission »Enhanced Forward Presence« in Litauen oder die Mission im Kosovo. Im Nordatlantikrat wurde bemängelt, dass Widersacher wie China oder Russland die zu langsame Reaktion des Bündnisses im Frühjahr strategisch genutzt hätten. Über das Wie wurden aber keine öffentlichen Angaben gemacht. Der im pazifischen Raum operierende Flugzeugträger *USS Roosevelt* lag wegen eines Corana-Ausbruchs an Bord zwei Monate vor Guam fest, Kapitän und Marineminister mussten den Hut nehmen, und die seit 16 Jahren auf der Andersen Air Force Base der Pazifikinsel stationierten Fernbomber B-52H Stratofortress verließen am 15. April den strategischen Stützpunkt Guam in Richtung US-Westküste.[106] Angesichts einer für den Herbst erwarteten zweiten Infektionswelle beschloss NATO-Generalsekretär Jens Stoltenberg bereits Ende April in geheimer Runde mit den Botschaftern der Allianz, umgehend einen militärischen Operationsplan auf den Weg zu bringen.[107]

## Verfassungswidrige Maßnahmen?

Die sich abzeichnende Rezession könnte womöglich schlimmer werden als jene von 1929. Im Gegensatz zu damals steht heute der Schuldige fest: Covid-19. Die Politik manövriert immer noch zwischen Hilflosigkeit und operativer Hektik – der Schwerpunkt liegt auf einer guten PR. In zunehmendem Maß formiert sich Widerstand gegen die Maßnahmen der Regierung. Ende April bezeichnete der Rechtsanwalt und Professor für Strafrecht, David Jungbluth, den gesellschaftlichen Lockdown als rechtswidrig und forderte eine umgehende Rückkehr zur Normalität.[108] Bereits in der ARD-Sendung *Monitor* vom 2. April 2010 erklärte der deutsche Verfassungsrechtler Uwe Volkmann, er kenne unter seinen Kollegen niemanden, der die Corona-Maßnahmen für verfassungskonform hält.[109]

Hans-Ulrich Jörges überschrieb am 23. April 2020 seinen Kommentar im *Stern* mit »Es reicht«. Er stellte eingangs fest, dass die Verfassung demoliert und das politische System auf den Kopf gestellt sei. Seine Forderung: Nicht nur die Wirtschaft, auch unsere Freiheit müsse wieder hochgefahren werden. Man habe die coronagefesselten Deutschen stolpernd vorangeschubst und alles, was den Menschen zum Menschen mache, suspendiert: »*Freundschaft, Familie, Kultur, Sport, ungehinderte Lebensfreude und direkte soziale Kommunikation*«. Dazu unbefristete und andauernde schwere Eingriffe in die Grundrechte, die Selbstentmachtung der Parlamente, die Deformation des politischen Systems. Jörges schloss seinen Appell mit der Forderung: »*Nicht nur die Wirtschaft muss wieder hochgefahren werden, sondern auch die Freiheit. Und die kritische Kontrolle der Zustände durch jene, die dazu berufen sind: Parlamentarier und Verfassungsrichter. Die Versammlungsfreiheit, die Bewegungsfreiheit, die freie Berufsausübung, ja selbst die freie Ausübung der Religion sind ausgesetzt. Das mag unter dem Ansturm einer rasenden Seuche, zum Schutz von Leben, kurze Zeit akzeptabel sein. Kurz. Bei Eingriffen in die Substanz des Grundgesetzes aber muss stets, sorgfältig abgewogen, das mildeste Mittel gewählt werden. Die schärfsten indes wurden politische und polizeiliche Praxis.*«

Am 1. Mai 2020 betonte der frühere Präsident des Bundesverfassungsgerichts, Hans-Jürgen Papier, den Schutz der Freiheitsrechte in der Coronakrise. »*Wir müssen uns darüber im Klaren sein, dass Sinn und Zweck eines Verfassungsstaates in erster Linie der Schutz der Freiheit ist.*«[110] Der Gesundheitsschutz rechtfertige nicht jedweden Freiheitseingriff. Kritisch äußerte er sich auch zu dem Vorschlag, Risikogruppen von einzelnen Lockerungen auszunehmen: »*Gebote oder Verbote allein auf bestimmte Altersgruppen oder auf Menschen mit Vorerkrankungen und Behinderungen zu beziehen, wäre außerdem eine ungerechtfertigte Diskriminierung.*« Nicht umsonst ist im ersten Artikel des Grundgesetzes nicht der Schutz der Gesundheit festgehalten, sondern der der menschlichen Würde.

Jenseits der Juristen formierte sich auch auf der Straße Widerstand. Bereits im April demonstrierten an drei Samstagen hintereinander am Berliner Rosa-Luxemburg-Platz um die im Grundgesetz verbürgten Grundfreiheiten besorgte Menschen, nach Sprachregelung der *taz* alles Verschwörungstheoretiker. Da durfte natürlich der Hinweis nicht fehlen, dass der Verschwörerverein gegen die Corona-Maßnahmen auch Zulauf von Rechten erhielt.[111]

Aufgerufen zur ersten Demo am 12. April 2020 hatte der Verein Kommunikationsstelle Demokratischer Widerstand über die Homepage Nichtohneuns.de. Den Platz vor der Volksbühne erreichten allerdings nur wenige, da ca. 180 Polizisten die Zugänge abgeriegelt hatten. Eine kleine Gasse neben dem Kino Babylon wurde zum Wartebereich für 80 festgesetzte Personen. Über die alternativen Medien wurden seither immer breitere Bevölkerungsschichten mobilisiert bis hin zu den Großdemonstrationen im August in Berlin.

Am 25. Juni, dem Tag, an dem der Reproduktionsfaktor wieder unter 1 fiel, fanden sich unter der Google-Eingabe »Experten warnen vor zweiter Welle« 2270 Ergebnisse. Die meisten Beiträge sind nicht unbedingt geeignet, verantwortungsvolles Handeln zu stärken, eher dazu, die Bevölkerung zu verängstigen. Vier Tage zuvor war noch der dramatische Anstieg des Reproduktionsfaktors auf 2,88 gemeldet worden (46 300 Ergebnisse).[112] Die angstschürende einseitige Berichterstattung geht bis in die Etage der Bundesregierung. Bereits am 13. Mai 2020 hatte Bundeskanzlerin Merkel unverrückbar festgestellt: *»Corona ist und bleibt also eine Gefahr für jede und jeden von uns.«*[113] Wirtschaftlich und gesellschaftlich trifft das in jedem Fall zu – aber auch medizinisch?

Zahlreiche Ärzte und Wissenschaftler beruhigten schon früh: Corona sei keine Gefahr für jede und jeden von uns, sondern nur für bestimmte Gruppen, denn das Durchschnitts- und Medianalter der Covid-19-Toten oder Erkrankten liege um die 80.[114] Dazu waren fast alle Verstorbenen noch multimorbid vorerkrankt. Als promovierte Physikerin sollte Frau Merkel Statistiken lesen und die richtigen Schlüsse ziehen können. Die vereinfachende und objektiv unwahre Aussage der Bundeskanzlerin bewirkt jedoch nur Angst. Wozu? In einer solchen Krise sind vielmehr Verantwortung und Solidarität gefragt. Die Erzeugung von Angst und das Herbeireden einer neuen Infektionswelle muten eher wie die Dramaturgie einer Inszenierung an. Wozu sollte eine solche Inszenierung dienen? Es geht um den unbemerkten Umbau der Gesellschaft im Interesse global agierender Konzerne wie im Planspiel »Event 201« beschrieben (vgl. S. 456), initiiert durch *»Probleme, die nur durch eine Zusammenarbeit von globalen Unternehmen und Regierungen gelöst werden können«*, wie Tom Inglesby von der Johns Hopkins Universität im Rahmen des Planspiels konstatierte.[115] Von ihm stammt auch der Satz: *»Wir wissen alle, dass es ein ›Gamechanger‹ wäre, wenn wir einen Impfstoff gegen CAPS [ambulant erworbene Pneumonien, Anm. d. Verf.] in der Hand hätten.«*[116]

Ein halbes Jahr später tauchte im Papier »Impfen als Lösung« des deutschen Gesundheitsministeriums der gleiche Begriff auf: *»Die Entwicklung eines Impf-*

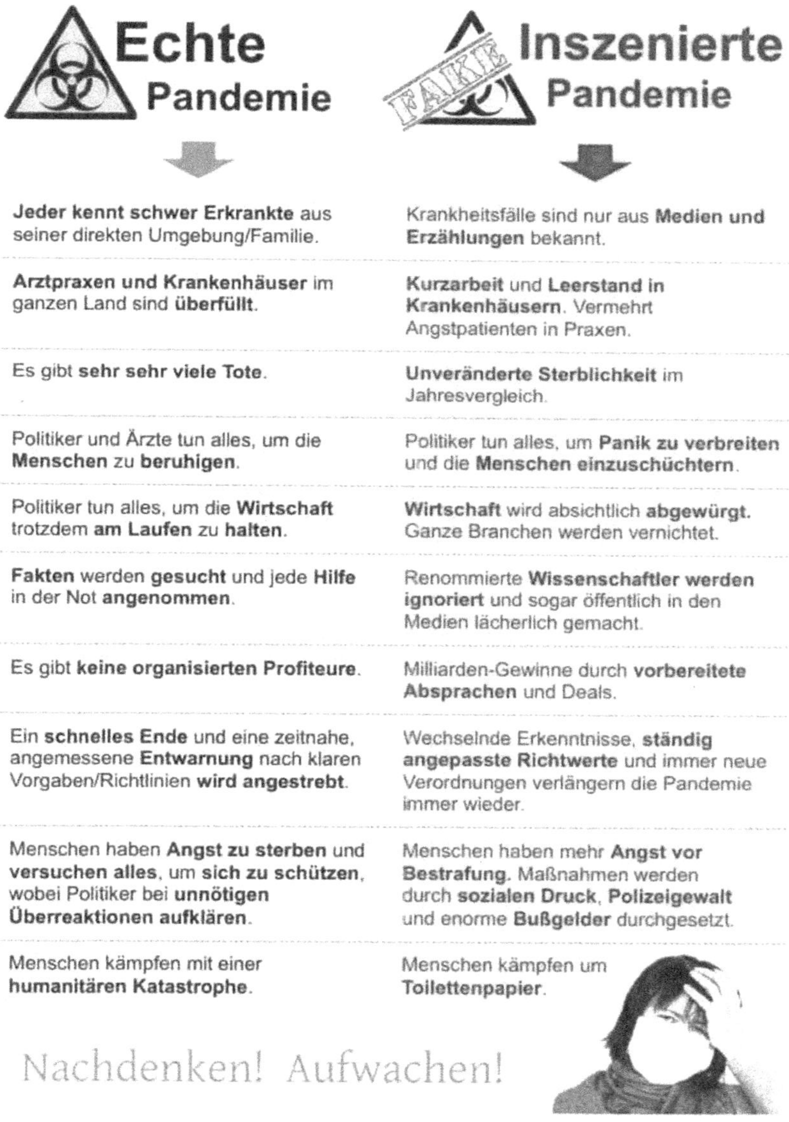


*Pandemie zwischen verantwortwortungsvoller Politik und Propaganda (Netzfund)*

*stoffes gegen das neuartige Corona-Virus SARS-CoV-2 wäre der entscheidende ›Game Changer‹«.*[117] Auch Bundesforschungsministerin Anja Karliczek verwendete den Begriff.[118] Zunächst betrifft ein Umbau (»Change«) nur die Gesundheitsstrukturen, doch zusammen mit der weltweiten Digitalisierung könnte der

Weg in einen Überwachungsstaat geebnet werden, zumal bereits Gerüchte kursieren, dass im Zuge einer (Pflicht-)Impfung unbemerkt ein Chip implantiert werden könnte, über den persönliche Daten noch leichter ausspähbar wären.

Auch das Fluten coronageschädigter Volkswirtschaften mit schwindelerregenden Krediten bzw. Hilfszahlungen macht stutzig.

## Ein janusköpfiger Aufruf zur Verteidigung der Demokratie

Am 25. Juni 2020 erschallte angesichts der durch Corona bedrohten Demokratie ein mächtiger Ruf zur Verteidigung derselben.[119] »A Call to Defend Democracy« war als Offener Brief des in Stockholm ansässigen Institute for Democracy and Electoral Assistance (IDEA) und des National Endowment for Democracy (NED) mit Sitz in Washington, D. C., initiiert und von 73 prodemokratischen Institutionen, vielen prominenten politischen und zivilgesellschaftlichen Führungspersönlichkeiten, darunter 13 Nobelpreisträger und 62 ehemalige Staats- und Regierungschefs, unterstützt worden.[120] Ihrer Aussage, die Corona-Pandemie bedrohe nicht nur das Leben und die Existenzgrundlage von Menschen weltweit, sondern auch die Zukunft der freiheitlichen Demokratie, kann ja uneingeschränkt zugestimmt werden. Doch der Blick auf einige Unterzeichner lässt Zweifel aufkommen. Aufgeführt sind u. a. der Friedensnobelpreisträger Lech Walesa, der Hongkonger Demokratieaktivist Joshua Wong, der Schauspieler und Tibetaktivist Richard Gere und der ehemalige EU-Parlamentsabgeordnete Elmar Brok. Alle zusammen keine Freunde Chinas bzw. Russlands.

Elmar Brok, langjähriger EU-Abgeordneter und Leiter des Brüsseler Lobbybüros von Bertelsmann, verstieg sich 2019 auf dem Höhepunkt der Venezuelakrise im *Deutschlandfunk* zu der Aussage, nach *»Ansicht Deutschlands und der EU sei Maduro nicht rechtmäßig gewählt«* und dessen Herausforderer Juan Guaidó *»sei der einzige von beiden, der eine demokratische Legitimation habe«.*[121] Diese Ansicht vertrat damals auch das NED. Die Organisation war 1983 von US-Präsident Reagan gegründet worden, um rufschädigende Geheimoperationen auszulagern. Der an der Ausarbeitung der Gesetzgebung zur NED-Gründung beteiligte US-Historiker Allen Weinstein erklärte 1991: *»Vieles von dem, was wir heute tun, wurde vor 25 Jahren im Geheimen von der CIA getan.«*[122] Und Carl Gershman, während der ersten Amtszeit der Reagan-Administration Botschafter der Vereinigten Staaten beim Menschenrechtsrat der UN und ab 1984 Präsident des NED, erklärte bereits 1986: »*Es wäre schrecklich für demokratische Gruppen auf der ganzen Welt, als von der CIA subventioniert angesehen zu werden ... deshalb wurde die Stiftung gegründet.*«[123]

Für den US-amerikanischen Kritiker der US-Außenpolitik William Blum stimmen die Programme des NED »*mit den Grundbedürfnissen und Zielen der wirtschaftlichen Globalisierung der Neuen Weltordnung überein, so wie die Programme seit Jahren auf der gleichen Wellenlänge wie die US-Außenpolitik liegen*«.[124] Um sich über ausgewählte politische Gruppen, Bürgerorganisationen, Gewerkschaften, Dissidentenbewegungen, Studentengruppen, Buchverlage und Zeitungen erfolgreich in die inneren Angelegenheiten fremder Länder einmischen zu können, würden etwa technisches Know-how, Lehrmaterial, Computer usw. zur Verfügung gestellt. Das NED bezeichnet die von ihm unterstützten Medien und Organisationen nichtsdestotrotz als unabhängig.[125]

*Das Netzwerk des National Endowment for Democracy (NED) als verlängerter Arm der CIA zur Durchsetzung subversiver Operationen*

In den 1980er-Jahren spielte das NED eine wichtige Rolle in der Iran-Contra-Affäre und finanzierte Schlüsselkomponenten von Oliver Norths schattenhaftem Netzwerk Project Democracy, welches die US-Außenpolitik privatisierte, Krieg führte sowie Waffen und Drogen vertrieb. Blum: »*Das NED, wie zuvor die CIA, nennt das, was es tut, Unterstützung der Demokratie. Die Regierungen und Bewegungen, gegen die das NED vorgeht, nennen es Destabilisierung.*«[126] Damit wird klar, was mit dem Aufruf zur Verteidigung der Demokratie erreicht werden soll: Das eine ist das Destabilisieren unliebsamer Regierungen, insbesondere der Chinas und Russlands, das andere das Operieren gegen eine Bewegung, die für die herrschenden Kräfte zur Gefahr wird. Eine solche Bewegung ist zurzeit jene zur Verteidigung der Grundrechte – sie soll diskreditiert werden. Das könnte kurioserweise sogar dadurch geschehen, dass ihr eine Nähe zu imperialen Organisationen wie dem NED unterstellt wird.

## Juristen sorgen sich um Rechtstaatlichkeit

Am 10. Juli 2020 stellte der Rechtsanwalt Reiner Füllmich gemeinsam mit den Juristen Antonia Fischer, Viviane Fischer und Justus Hoffmann in Berlin die von ihnen gegründete Stiftung Corona-Ausschuss vor. Sie wollen klären, ob es sich bei den Corona-Maßnahmen um schwere Rechtsverstöße handelt. Zudem sei der Ausschuss, in dem Experten, Wissenschaftler und Betroffene befragt werden sollen, notwendig, um die politischen und wirtschaftlichen Interessen in der Corona-Krise aufzudecken. Im Juni hatte bereits der außerparlamentarische Corona-Untersuchungsausschuss »ACU 2020« seine Arbeit aufgenommen, ein *»generationsübergreifendes Mit-mach-Projekt ..., das von Bürgern für Bürger organisiert wird«.*[127]

Stein des Anstoßes für die kritischen Juristen der Stiftung Corona-Ausschuss war u. a. die Missachtung des römischen Rechtsgrundsatzes »Man höre auch die andere Seite« (audiatur et altera pars). Von Beginn an wurden andere Meinungen entweder ignoriert oder pauschal als Gemunkel bzw. Verschwörungstheorien abgetan. Am 18. März hatte Kanzlerin Merkel in ihrer Fernsehansprache zu Corona sogar gefordert: *»Glauben Sie keinen Gerüchten, sondern nur den offiziellen Mitteilungen!«*[128] An diesem Tag galten noch folgende offizielle Mitteilungen:

- Christian Drosten, Virologe, Institutsdirektor an der Charité in Berlin: *»Diese Krankheit ist eine milde Erkrankung. Das ist eine Erkältung in erster Linie. Eine Erkältung die mehr die unteren Atemwege betrifft, und die ist im Prinzip für gesunde Menschen gar kein Problem.«*[129]
- Tiermediziner Lothar Wieler, Chef des dem Gesundheitsministerium unterstehenden Robert Koch-Instituts: *»Alles was wir bisher von dieser Krankheit gelernt haben ist, dass vier von fünf Menschen, die mit dem Virus infiziert werden, nur leichte Symptome haben oder gar keine Symptome. An ihnen wird die Krankheit mehr oder weniger spurlos vorbeigehen.«*[130]

- Clemens Wendtner, Chefarzt für Infektiologie in München: »*Mit einer sehr gefährlichen Erkrankung hat das nicht viel zu tun. Das Corona-Virus ist auf keinen Fall gefährlicher als Influenza.*«[131]

Wenige Tage später verkehrte sich die Einschätzung dieser Wissenschaftler in das absolute Gegenteil. Ende März wurde durch die Bundesregierung der Lockdown ausgerufen – zahlreiche Grundrechte wurden außer Kraft gesetzt. Füllmich konnte es kaum fassen, »*dass weit über 90 Prozent der Bevölkerung dagegen gar nichts einzuwenden hatten und ohne Fragen zu stellen sich den Anti-Corona-Maßnahmen unterwarfen und die Mainstream-Medien alle auf denselben Kurs*« einschwenkten.[132] Vor diesem Hintergrund suchte der skeptische Anwalt nach Gegenstimmen in der Bundesrepublik und wurde auf den Lungenarzt und Epidemiologen Wolfgang Wodarg, die Virologin Karin Mölling, den Mediziner Sucharit Bhakdi, den Virologen Hendrik Streeck und andere kritische Fachleute aufmerksam.

In den offiziellen Mitteilungen wurde weder zwischen »Coronafällen«, »Infizierten«, »positiv Getesteten« und »Erkrankten« unterschieden – wegen der ungenauen Testmethode waren positiv Getestete oft gar nicht infiziert, viele Infizierte nicht erkrankt und nur ein Bruchteil der Erkrankten an schweren Symptomen gestorben –, noch wurde die Todesursache der »Coronaopfer« eindeutig geklärt. Als Coronatote wurden einfach alle Verstorbenen bezeichnet, bei denen das Virus nachgewiesen wurde – auch wenn sie schon anderweitig lebensbedrohlich erkrankt und/oder hochbetagt waren. Außerdem sind an Atemwegserkrankungen immer mehrere Virentypen bzw. auch Bakterien beteiligt. Mit derart pauschalen und wissenschaftlich schlampigen Vereinfachungen wurden dann Bedrohungsszenarien entworfen.

Im Vergleich zu den so ermittelten ca. 9000 Coronatoten in Deutschland bis Juli 2020 forderte die Grippesaison 2018 um die 25 000 Tote. »*Wenn das also alles gar nichts Besonderes ist, wenn jedes Jahr dasselbe passiert, warum macht man dann um exakt dieselbe Sache im Jahr 2020 ein solches Aufsehen, dass man die Weltwirtschaft herunterfährt und Angst und Panik verbreitet?*«, fragte z. B. der Tiroler Mediziner Adelbert Bachlechner.[133] Kein Thema sind auch die bis zu 20 000 Patienten, die jährlich in der Bundesrepublik an multiresistenten Krankenhauskeimen sterben. Ebenfalls verschwiegen werden die Kollateralschäden der Covid-19-Pandemie, so etwa die psychischen Folgen des Lockdowns – von Angststörungen bis hin zu Suiziden. Auch haben viele Patienten mit schweren

Herzinfarkten aus Furcht vor Ansteckung mit dem Virus nicht um Hilfe in Kliniken nachgesucht.[134] Notwendige Operationen wurden verschoben, obwohl viele der für Coronafälle bereitgestellten Intensivbetten leerblieben.

Natürlich kann man bei einer gefährlichen Infektionskrankheit nicht alles von vornherein wissen und richtig machen. Doch es fiel schon auf, dass eine ehrliche wissenschaftliche Debatte nicht zugelassen wurde. Für den Juristen Justus Hoffmann hat die fehlende Bereitschaft der Regierenden zu einer offenen und öffentlichen Diskussion über die einschneidenden Anti-Corona-Maßnahmen nichts mit Rechtsstaat und Demokratie zu tun. Für ihn wirkte es vielmehr so, als gäbe es ein neues »Ermächtigungsgesetz«, das der Regierung ermöglicht, ohne zeitliche Begrenzung, ohne Kontrolle von außen und ohne obligatorische gerichtliche Verfahren Leute einzusperren, Geschäfte zu schließen und die Versammlungsfreiheit einzuschränken.[135]

Die Stiftung Corona-Ausschuss macht sich nun ergebnisoffen auf die Suche nach Antworten. Man kann nur hoffen, dass ihr eine saubere, wissenschaftliche und von politischen und wirtschaftlichen Interessen unbeeinflusste Analyse gelingt. Parlamentarische Untersuchungsausschüsse im Land- und Bundestag zur Aufklärung des Regierungshandelns in der Coronakrise forderte indes die AfD in Nordrhein-Westfalen. Es gehe dabei um die Frage, ob die Behörden frühzeitige Warnungen ernst genug genommen hätten, erklärte Landeschef Rüdiger Lucassen am 15. Mai 2020 in Düsseldorf. Allerdings bräuchte sie dafür ein Quorum von 25 Prozent. Zudem müsste dieser Untersuchungsausschuss noch vor Ende dieser Legislaturperiode zu einem Ergebnis kommen, um Rechtswirksamkeit zu erlangen. Beides erscheint unter den momentanen Gegebenheiten kaum realistisch.

## Eine Demonstration polarisiert die Gesellschaft

Die Reaktionen auf die von »Querdenken 711« am 1. August 2020 in Berlin organisierte Großdemonstration erinnerten sowohl in den Verlautbarungen der Politik als auch in der Berichterstattung der Massenmedien an die Zustände in der untergehenden DDR. Der unübersehbare Protest wurde nicht nur kleingeredet, die Kritiker des offiziellen Regierungskurses in Sachen Corona wurden auch noch als »Covidioten«, »Rechtsextreme« oder »Verschwörungsideologen« beschimpft. Laut *Tagesschau* kamen verschiedene Milieus zusammen, *»die den*

*Mit allen, auch unlauteren Mitteln versuchen die Systemmedien, kritisch hinterfragende Menschen zu diskreditieren (im Bild: Bericht zur Großdemo vom 1. August 2020)*

*Glauben an Verschwörungsmythen teilen. Experten sehen insbesondere in der Esoterik einen Einstieg in eine gefährliche Gedankenwelt.«*[136]

Da lohnt sich doch ein Blick zurück auf die BR-Sendung *Quer* vom 31. Januar 2020 mit dem Titel »Wie ein Virus alle Vernunft zerstört«. Moderator Christoph Süß meinte damals noch hämisch: *»Das Corona-Virus hat Deutschland erreicht. Bisher verläuft die Krankheit bei den Infizierten harmlos. Bei Verschwörungstheoretikern und Populisten steigt die Fieberkurve hingegen steil an.«*[137] Ende März wurde das Medienfähnlein dann um 180 Grad gedreht.

Den Vogel in der Diffamierung der Demonstranten hatte am 3. August wohl die linke Wochenzeitung *Der Freitag* abgeschossen: *»Viele Menschen, die sich hier zusammenfinden, wirken psychisch tangiert. Abgesehen von den wenigen, die wohl tatsächlich im klinischen Sinn verrückt sind, meine ich, bei vielen Demo-Besucher*innen ein sichtbares Leiden erkennen zu können.«* Diese Suggestivbotschaft ist wirklich perfide: Die Demogemeinde als ein psychisch angeschlagenes Kollektiv – welcher »Gesunde« mag hier noch Verständnis aufbringen?

Am 9. August traten zwei Polizeibeamte öffentlich auf Corona-Demos auf. Sie hatten eine Woche zuvor in Berlin als Bürger an der Großdemonstration teilgenommen. In Augsburg sprach Bernd Bayerlein, Dienstgruppenleiter der Polizei in Mittelfranken, über seine Erfahrung als Polizist über die zunehmende Denunziationsfreudigkeit und äußerte seine Enttäuschung über die Berichterstattung der Öffentlich-Rechtlichen: *»Das war für mich die friedlichste Demo, die ich als Polizist und Bürger je erlebt habe, freiheitsliebende Menschen, ein historisches Ereignis.«*[138] In Dortmund machte Kriminalhauptkommissar Michael Fritsch die schleichende Entdemokratisierung und Entrechtlichung zum Thema und forderte abschließend sogar: *»Stellt euch gegen die Regierung!«*[139] Diesen mutigen Beamten, die das Gewissen über den Gehorsam stellen, muss Dank gezollt werden.

Nach Einschätzung des Bundesverfassungsschutzes hatten Rechtsextreme übrigens *»keinen prägenden Einfluss«* auf die Corona-Demonstration oder die Gesamtkundgebung in Berlin. Das Bundesamt für Verfassungsschutz teilte der *Frankfurter Allgemeinen Sonntagszeitung* weiter mit: *»Insofern resultierte aus der Kundgebung für die traditionelle rechtsextremistische Szene keine nennenswerte Anschlussfähigkeit an die demokratischen Kundgebungsteilnehmer.«*[140]

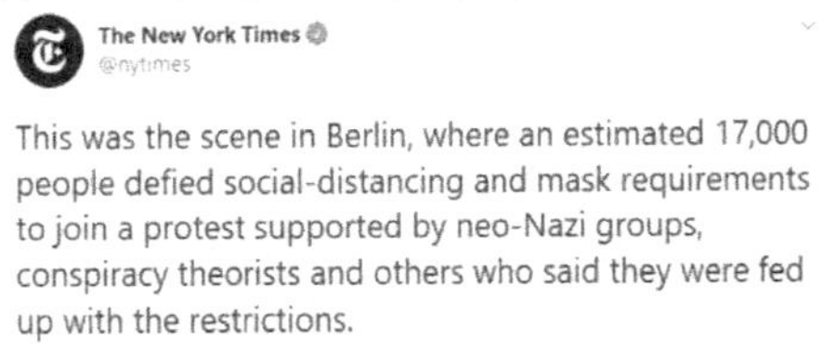
The New York Times
@nytimes

This was the scene in Berlin, where an estimated 17,000 people defied social-distancing and mask requirements to join a protest supported by neo-Nazi groups, conspiracy theorists and others who said they were fed up with the restrictions.

*Die New York Times spiegelte kritiklos die Berichterstattung im deutschen Mainstream*

In den USA polarisierte der »Tag der Freiheit« in Berlin ebenso wie in Deutschland. Die *New York Times* schrieb auf Twitter: *»Dies war der Schauplatz in Berlin, wo schätzungsweise 17 000 Menschen sich der Distanz- und Maskenpflicht widersetzten, um sich einem Protest anzuschließen, der von Neonazi-Gruppen, Verschwörungstheoretikern und anderen unterstützt wurde, die sagten, sie hätten die Beschränkungen satt.«*[141] Das ist weitgehend identisch mit den offiziellen Verlautbarungen aus Berlin.

Eine völlig andere Sichtweise auf die Vorgänge zeigte Ron Paul. Er berichtete am 3. August 2020 in der Wochenkolumne des Ron Paul Institute For Peace and Prosperity: *»Zehntausende Deutsche marschierten am Samstag durch Berlin, proklamierten einen ›Tag der Freiheit‹ und forderten ein Ende der von der Regierung verordneten Gesichtsmasken und der ›sozialen Distanzierung‹. Auch in Großbritannien und den Niederlanden gab es große Proteste gegen die tyrannischen Aktionen ihrer Regierungen als Reaktion auf den Ausbruch des Coronavirus.«*[142] Dann zählte er Inhalte einiger Plakate auf wie »Wir werden gezwungen, einen Maulkorb zu tragen«, »Natürliche Immunität statt Impfung« oder »Wir sind hier, wir sind laut, weil ihr uns unsere Freiheit klaut!«. Sodann ging er auf die Twitterbotschaft der *New York Times* ein und fragt: *»Will uns dieses Blatt wirklich glauben machen, dass womöglich eine Million Nazis in den Straßen Berlins aktiv waren? Wäre das nicht alarmierend?«* Weiter verweist Paul auf die Tatsache, *»dass die Europäer erkennen, dass ihre von der Regierung verordneten Lockdowns wenig oder gar nichts zum Schutz vor dem Virus beigetragen haben, während sie gleichzeitig eine wirtschaftliche Katastrophe und unsägliches menschliches Leid verursacht haben«.*

*»Die Europäer wachen auf«*, so Ron Paul weiter, *»und die Amerikaner schlafen leider immer noch, während unsere Freiheiten weiterhin mit Füßen getreten werden. Während die Europäer ein Ende der Gewaltherrschaft der Regierungen fordern, sehen wir hier Staaten mit geringen neuen Todesopfern, die zur Abriegelung zurückkehren. Es ist, als ob all die Möchtegern-Tyrannen, vom Bürgermeister bis zum Gouverneur, endlich ihre geheimen Träume vom Regieren per Dekret verwirklichen. Ihre Träume sind unsere Albträume! ... Die Eile, mit der ›America's Frontline Doctors‹ letzte Woche zum Schweigen gebracht und ihr Video in der Gedächtnislücke versenkt wurde, sollte jeden, der noch an die Redefreiheit glaubt, erschrecken. Sie sagen, wir müssen so lange eingesperrt und maskiert bleiben, bis wir einen Impfstoff haben. Die US-Regierung investiert Milliarden in einen Impfstoff mit vielleicht weniger als 60 % Wirksamkeit, um ein Virus zu verhindern, das eine Überlebensrate von etwa 99,8 % hat.«*

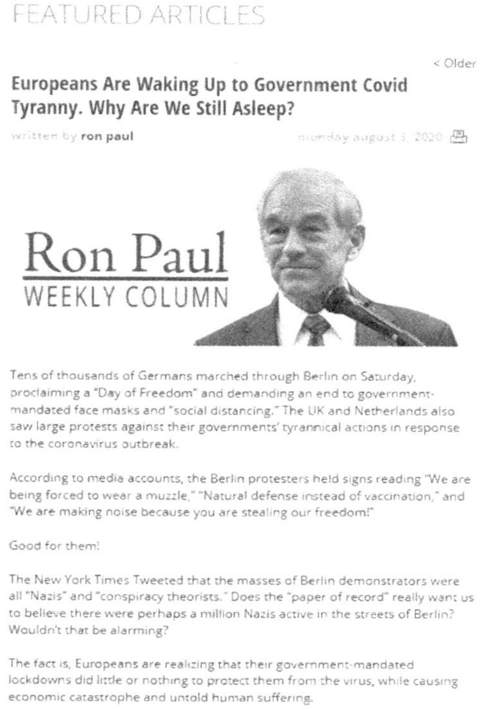
FEATURED ARTICLES

< Older

**Europeans Are Waking Up to Government Covid Tyranny. Why Are We Still Asleep?**

written by **ron paul** monday august 3, 2020

Ron Paul
WEEKLY COLUMN

Tens of thousands of Germans marched through Berlin on Saturday, proclaiming a "Day of Freedom" and demanding an end to government-mandated face masks and "social distancing." The UK and Netherlands also saw large protests against their governments' tyrannical actions in response to the coronavirus outbreak.

According to media accounts, the Berlin protesters held signs reading "We are being forced to wear a muzzle," "Natural defense instead of vaccination," and "We are making noise because you are stealing our freedom!"

Good for them!

The New York Times Tweeted that the masses of Berlin demonstrators were all "Nazis" and "conspiracy theorists." Does the "paper of record" really want us to believe there were perhaps a million Nazis active in the streets of Berlin? Wouldn't that be alarming?

The fact is, Europeans are realizing that their government-mandated lockdowns did little or nothing to protect them from the virus, while causing economic catastrophe and untold human suffering.

*Eine tiefgründige Analyse der Berliner Demo vom 1. August lieferte das Urgestein des US-Kongresses Ron Paul*

Ron Paul fragt, was das für eine Mathematik sei, und ergänzt: *»Wie viele werden durch den Impfstoff möglicher-*

*weise mehr geschädigt als gestärkt? Wir werden es wahrscheinlich nie wissen. ... Die Zahlen sind so wild durcheinander geraten, dass man kaum noch einer Berichterstattung trauen kann. Die Menschen werden wütend. Sie sind verwirrt. Sie sind mit einer wirtschaftlichen Depression von historischem Ausmaß konfrontiert. Aber das Schlimmste von allem ist, dass sie zusehen müssen, wie die Leviathan-Regierung jedes letzte bisschen Freiheit an sich reißt.*« Paul beendet seinen Artikel mit einem dreifachen »*Hoch auf die Europäer!*« und der Hoffnung, dass Amerika bald aufwacht.

## Divergierende Zahlen

Anfang August 2020 überstieg die tägliche Anzahl der Positiv-PCR-Getesteten die magische Zahl von Tausend. Während einige dies als Vorzeichen einer zweiten Welle in Erwägung zogen, war für Markus Söder die Sache bereits klar. In der *Bild am Sonntag* ließ er am 2. August verlautbaren, dass ihm die steigenden Fallzahlen in Deutschland »*große Sorgen*« bereiteten und für ihn die zweite Welle praktisch schon da sei: »*Sie schleicht durch Deutschland.*«

Am 31. Juli hat das Europäische Zentrum für die Prävention und die Kontrolle von Krankheiten – eine Agentur der Europäischen Union – die weltweiten Zahlen positiver PCR-Tests (obere ansteigende Linie in der Abb. auf S. 503) und Covid-19-Toten (waagerechte gleichbleibende Linie) ins Verhältnis gesetzt.[143]

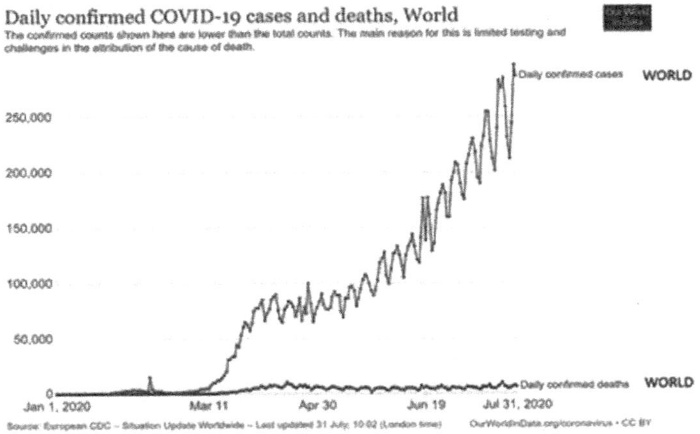


*Dramatischer Anstieg Corona-Positiver durch exzessive PCR-Messungen. Die Zahl der Todesfälle bleibt indes konstant niedrig (Stand: 31. Juli 2020)*

Die niedrige und gleichbleibende Zahl von Todesfällen deckt sich mit den Angaben des Deutschen Bundestags.[144] In der Sterbefallstatistik der Bundesrepublik Deutschland sind seit März 2020 keine auffälligen Veränderungen zu erkennen.

Schweden wurde wegen seiner Entscheidung gegen einen Lockdown in den zentraleuropäischen Hauptmedien monatelang als abschreckendes Beispiel für missratene Maßnahmen dargestellt. In der Tat hatte Schweden zwischen der 14. und der 20. Woche höhere Sterbefälle zu verzeichnen als Deutschland. Das hat sich inzwischen geändert, wie in der Abbildung unten zu sehen ist. Dazu schrieb der schwedische Journalist Emanuel Karlsten am 3. August 2020: *»All dies bedeutet, dass wir einen Sterblichkeitsüberschuss haben, der jetzt, mit einer ersten Tendenz zu einer geringeren Sterblichkeit, dazu führen könnte, dass die Gesamtzahl der Todesfälle in diesem Jahr deutlich niedriger ist als die bisher in diesem Frühjahr angezeigte.«*[145]

Für die schwedische Wirtschaft wird für das gesamte Jahr 2020 lediglich ein Minus von 1,5 Prozent prognostiziert, während der entsprechende Wert für die USA mit über 30 Prozent veranschlagt wird (in Deutschland liegt er zum Vergleich allein im zweiten Quartal bei 10,1 Prozent).[146] Die Entscheidung zwischen den beiden Extremen »Lockdown« respektive »Durchseuchung« erinnert an Odysseus' Durchfahrt zwischen den Meeresungeheuern Skylla und Charybdis. Abschließende Bewertungen wird man erst in einigen Jahren vornehmen können.

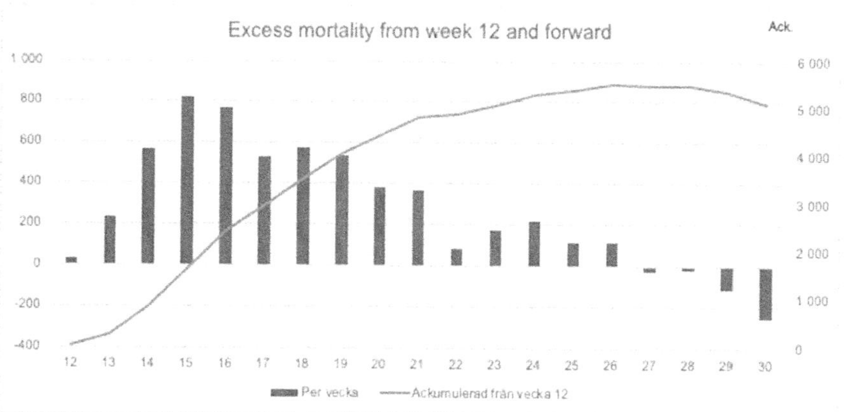


*Schweden setzte nicht auf strikte Maßnahmen wie den Lockdown, sondern baute auf Herdenimmunisierung. Dadurch wurde die Wirtschaft kaum beeinträchtigt. Dies führte anfänglich zu einer höheren Sterblichkeitsrate, die jedoch inzwischen sogar negativ ist*

Der Virologe Hendrik Streeck rät, nicht bei jedem Anstieg in Panik zu geraten und das Infektionsgeschehen nicht an den positiven PCR-Tests zu bemessen, sondern an der stationären sowie der Intensivbettenbelegung in den Krankenhäusern. Dazu verweist er darauf, dass es Anfang August 2020 keine wesentliche Zunahme von schweren Coronafällen auf den Intensivstationen zu verzeichnen gab, obwohl die Infektionszahlen wieder gestiegen seien.[147]

Ende August 2020 hat die amerikanische Seuchenschutzbehörde CDC veröffentlicht, dass sechs Prozent der statistisch erfassten Todesfälle ausschließlich auf Covid-19 zurückzuführen seien. Alle anderen Patienten hätten verschiedene schwere Krankheiten gehabt, an denen sie gestorben seien.[148] Diese Zahlen decken sich mit der Studie des Hamburger Rechtsmediziners Klaus Püschel, der mit seinem Team getreu dem Leitspruch »mortui vivos docent« (die Toten lehren die Lebenden) systematisch Obduktionen durchgeführt hat. Für ihn ist das Coronavirus kein »Killervirus«, sondern lediglich eine Gefahr für Vorerkrankte.[149]

Eine derartige Sichtweise wurde vom Bundesinnenminsterium in dem Papier vom 28. April 2020 mit dem Titel »Wie wir Covid-19 unter Kontrolle bekommen« ausgeschlossen. Es sollte eine Schockwirkung erzielt und eine Kommunikation im Hinblick auf eine prozentual unerhebliche Fallsterblichkeitsrate unterbunden werden. Im September, als dann das Drohszenario einer zweiten Welle aufgebaut wurde, fiel die Sterblichkeitsrate komplett unter den Tisch. Um eine ähnliche Bedrohung wie im April zu suggerieren, wurde die Bevölkerung mit Infektionszahlen manipuliert, die aus massenhaft durchgeführten PCR-Tests gewonnen wurden. Bewusst wurde nicht mit aussagekräftigen Prozentwerten, sondern mit absoluten Zahlen gearbeitet: Mehr Tests bedeuten dann mehr Infektionen! Hier zwei Beispiele der wöchentlichen Testungen:[150]
14. KW: 408 348 Tests, davon positiv getestet: 5259/Tag entspricht 9,03 %
40. KW: 1 101 080 Tests, davon positiv getestet: 2611/Tag entspricht 1,66 %

Der Grenzwert von 50 positiv Getesteten pro 100 000 Einwohner ist völlig ohne medizinische oder rechtliche Grundlagen festgesetzt worden. Die Belegung der Intensivbetten durch Coronakranke sowie die Sterbefallzahlen werden hingegen nicht zu Rate gezogen, ebenso fehlt ein aussagekräftiger Vergleich der Todesursachen. 2018 verstarben 345 000 Menschen an Kreislauferkrankungen, 230 000 an Krebs, bis zu 20 000 an den multiresistenten Krankenhauskeimen und 11 996 durch Unfälle im Haushalt. Und im Jahr 2020 wurden bis 16. Oktober 2020 9755 Coronatote gezählt – auch diejenigen, die nicht durch, sondern mit Corona verstorben sind.

In einem BBC-Interview hat der italienische EU-Kommissar Paolo Gentiloni am 30. September die wirklichen Ziele genannt: In Europa soll eine andere Gesellschaft etabliert werden: grüner, nachhaltiger, diverser, inklusiver. Gleichzeitig stellt die Chefin der EZB, Christine Lagarde, gerade die entscheidenden Weichen für die Abschaffung des Bargelds – Stichwort »digitale Währung« – zur Erlangung der vollständigen Kontrolle über die Finanzen der Bevölkerung.[151]

Im Oktober 2020 stieg in Europa die Zahl der positiv Getesteten exponentiell, und in den USA malte Präsidentschaftskandidat Joe Biden einen dunklen Winter an die Wand. Nicht wenige Politiker befürworteten angesichts der vielbeschworenen zweiten Welle ein erneutes Herunterfahren des öffentlichen Lebens, was dann als Teil-Lockdown im November Realität wurde. Aus China hingegen kommen ganz andere Botschaften. Dort ist das Infektionsrisiko seit Monaten eingedämmt, und Chinas Wirtschaft profitiert davon. Gut ein halbes Jahr nach den massiven Shutdowns wuchs sie im dritten Quartal um 4,9 Prozent und befindet sich damit wieder auf Vorkrisenniveau.[152] Von einer zweiten Welle keine Spur! Befällt das Virus etwa nur noch westliche Staaten? Sicher nicht. Liegt der Grund womöglich darin, dass China seine Transformation ins Totalitäre bereits vollzogen hat, während der »Great Reset« des World Economic Forums hierzulande nur durch eine Angstoffensive erreicht werden kann?

## Berlin, 29. August 2020: Fest für Freiheit und Frieden

Nachdem die Gerichte in zweiter Instanz die Berliner Verwaltungsbehörden mit ihrem Verbot der Großdemonstration in die Schranken gewiesen hatte, sollten starke Polizeikräfte die Verhinderungsabsicht des Senats umsetzen. Trotz massiver Behinderungen strömten Tausende Menschen nach Berlin. Schon ab 9.30 Uhr füllten sich zügig die Straßen zwischen dem Brandenburger Tor, Unter den Linden und der Friedrichstraße bis hin zur Torstraße. Es war ein buntes Treiben, ähnlich dem Love-Parade-Feeling der 1990er, mit vielen Fahnen und Transparenten, auf denen z. B. »Sommer der Demokratie 2020« oder »Familienvater gegen Verschwörungstheoretiker« zu lesen war. Am sowjetischen Heldendenkmal war ein Transparent unter dem Panzerbug des T34 angebracht: »Peaceful Revolution. Dancing for Democracy«, und vor dem Podest stand ein großes Porträt von John Lennon mit der Aufschrift »Imagine«. Die anfängliche friedlich-freudige Stimmung ist aus den Bildern abzulesen.

*Luftaufnahme vom 29. August 2020: Großdemo am Großen Stern und auf der Straße des 17. Juni*

Doch dann spielte die Polizei pflichtgemäß die Eskalationskarte und blockierte den Demozug. »*Nach 13 Uhr war allen anwesenden Menschen auf der Gesamtlänge der Friedrichstraße klar und bewusst – dieser Tag entwickelt sich leider nicht so, wie von Hunderttausenden erwünscht und erdacht.*«[153] Die Chance, dass sich Berlin weltweit als Stadt des Friedens zeigen konnte, wurde von Bürgermeister Müller und Innensenator Geisel vereitelt. Stattdessen wurde auf Provokation gesetzt. Die Leitmedien trugen mit dazu bei, ein schiefes Licht auf die Demonstration zu werfen, indem sie die Demonstranten unisono in die rechte Ecke stellten.

Diese Diffamierungsrechnung wird nicht aufgehen, da Menschen aus aller Welt vor Ort waren und ihre Eindrücke verbreiten, so wie Martin Armstrong, der postete: »*Die Politiker, die all diese Menschen als Nazis bezeichnet haben, merken nicht, dass es Menschen mit Flaggen aus Israel, den USA, Österreich, Frankreich und Deutschland sind. Es ist einfach erstaunlich, wie korrupt die Politiker und die Medien sind, ständig den Charakter der Menschen falsch darzustellen, die mit Gates und Schwab mit seinem Weltwirtschaftsforum nicht einverstanden sind. Sie plädieren dafür, dass Anwälte helfen, sie und ihre Kinder vor der Gates-Agenda zu schützen.*«[154]

Die Bilder des Tages wurden von Dutzenden alternativer Kamerateams in die Welt geschickt. Da wird es wenig helfen, wenn die deutschen Qualitätsmedien den Kopf in den Sand stecken und die Demonstration marginalisieren.

*Siegessäule in Berlin – die Stelle, an der Robert F. Kennedy jr. die geschichtsträchtigen Worte seines Onkels wiederholte: »Ich bin ein Berliner.« Von den Massenmedien wurde sein Auftritt nahezu totgeschwiegen*

Das Topereignis war sicherlich die engagierte Rede des US-Rechtsanwalts und Umweltaktivisten Robert F. Kennedy jr., Neffe des US-Präsidenten JFK. Er sprach wie sein Onkel im Juni 1963 an der Siegessäule und wiederholte unter tosendem Beifall dessen weltberühmten Satz: »*Ich bin ein Berliner.*«

Zu Beginn seiner Ansprache lenkte RFK jr. den Blick auf die USA: »*In den Vereinigten Staaten behaupten die Medien, ich sei hierhergekommen, um mit 5000 Nazis zu reden. Und morgen werden sie genau das berichten, dass ich zu etwa 83 bis 5000 Nazis geredet habe. Und ich sehe hier das Gegenteil von Nazismus. Ich sehe Leute, die die Demokratie lieben, die eine offene Regierung wollen und Anführer, von denen sie nicht belogen werden. Sie wollen keine Anführer haben, die wahllos irgendwelche Regelungen erlassen, um unsere Demut und unsere Unterwürfigkeit zu erwirken. Wir wollen Anführer, die keine Verbindung zur Pharmaindustrie haben, die für uns arbeiten und nicht für die Pharmalobby. Wir wollen Politiker, die sich um unsere Kinder kümmern und nicht um den Gewinn der Pharma-Lobby und ihren eigenen Profit*«, lautete sein Appell an die Verantwortlichen in der Coronakrise – und er fügte an: »*Regierungen lieben Pandemien. Und sie lieben sie aus den gleichen Gründen, aus denen sie den Krieg lieben – weil es sie in die Lage versetzt, Kontrollmechanismen zu installieren, die wir sonst niemals akzeptieren würden.*«[155] Sein Onkel sei damals nach Berlin gekommen, weil in der Stadt die Front gegen Totalitarismus verlaufen sei. Heute sei dies erneut der Fall. Energisch wandte er sich gegen den Ausbau des 5G-Mobilfunknetzes, warnte vor einem Überwachungsstaat mit Gesichtserkennung und digitaler Währung, die uns in die Sklaverei führe. In diesem Zusammenhang attackierte er u. a. Bill Gates, der zusammen mit Fauci und anderen die Pandemie seit Jahrzehnten geplant habe.

In den deutschen Leitmedien wurde die Rede Kennedys überhaupt nicht oder nur in einem Nebensatz erwähnt. Stattdessen lobte man die »mutigen Frauen« in Belarus, die trotz Demonstrationsverbot gegen Lukaschenko weiterprotestierten. Wie würden unsere Medien wohl jubeln, wenn eine so kraftvolle Demonstration mit so einem prominenten Redner in Kiew oder Moskau stattgefunden hätte – ganz zu schweigen von dem übergriffigen und unverhältnismäßigen Polizeieinsatz in Berlin! Mit ihrem Verbotsversuch und dem Vorgehen der Polizei haben die Berliner Senatoren dem Ansehen Deutschlands schwer geschadet, denn die Aufnahmen des Tages wurden als Livestreams, übersetzt in zig Sprachen, in die ganze Welt ausgestrahlt.

Eine dem offiziellen Bild diametral entgegengesetzte Beurteilung hat die Bundesarbeitsgemeinschaft Kritischer Polizistinnen und Polizisten (Hamburger Signal) e. V. verfasst. Bundessprecher Thomas Wüppesahl war mit drei Mitgliedern vor Ort – voneinander getrennt und elektronisch koordiniert. Wüppesahl legte während der Demo 15 Kilometer zurück und kann auf reichliche Erfahrungen mit Protestkundgebungen sowohl als Veranstalter wie auch als Teilnehmer oder Beobachter zurückgreifen. So ist seine 11-seitige Pressemitteilung ein zeitgeschichtliches Dokument: Am 29. August *»waren nach unserer gesicherten Einschätzung hunderttausende auf den Straßen der Berliner Innenstadt mit unterschiedlichen Demonstrationszielen und in mindestens sieben verschiedenen Demonstrationen unterwegs.Ihr Ziel: Änderungswünsche an Politik und Verwaltung bzgl. des Corona-Krisenmangements.«*[156] Die vier Polizisten erlebten Abläufe wie bei den Anti-AKW-Demonstrationen in Brokdorf, Wackersdorf, Gorleben und anderorts. Teilweise Vergleichbares fand damals auch bei den großen Friedensdemonstrationen statt: *»Es herrschte eine gelöste wie friedvolle Grundstimmung. Ähnlich wie am 3. Oktober 1990 am gleichen Spielort: 1. Feiertag zur (sog.) Deutschen Einheit. Es wurde musiziert, sogar ein Piano auf der ›Straße des 17. Juni‹, der Bundesstraße 2, und viele Dinge die wir von Anti-Atom-Demonstrationen von Form und Auftreten her kennen. Die Menschen waren locker, wenige verbiesterte Zeitgenossen darunter.«*

Gegen 20 Uhr erfolgte der *»versuchte Sturm des Reichstages«*. Ein rechtes Häuflein Verirrter wurde von einem Demagogen aufgehetzt, die Absperrungen zum Reichstag zu durchbrechen. *»Es war also auch für ungeschulte Köpfe erkennbar«*, so die kritischen Polizisten, *»dass hier zumindest versucht wurde, ein Gefährdungs- und Bedrohungsszenario zu einer handfesten Störung oder mehr im Sinne der Polizeigesetze zu dynamisieren. Das gelang leider auch. Entscheidend aber wegen der Minusleistung des Polizeiabschnittsführers.«* Die Vermutung, dass staatlich bezahlte Agenten den »Sturm« gesteuert haben, drängt sich da förmlich auf. Die Kritischen Polizisten fordern daher von den Behörden offenzulegen, wie viele V-Leute in den Versammlungen mitliefen. Gerade auch von den Landesverfassungsschutzämtern seien Dutzende Mitarbeiter vor Ort gewesen. *»Und bei dem Irrlichter-Club abends vor dem Reichstagsgebäude, aus dem heraus der ›Sturm der Bastille‹ nachgedreht werden sollte, müssen diverse Spitzel gewesen sein. Wir wollen wissen:*

1. *In welcher Rolle?*
2. *Mit welchen Tathandlungen?*
3. *Von welchen Behörden?«*[157]

*Häuserwand in Leipzig mit Parolen der Montagsdemo von 1989 – welch beklemmende Parallele!*

Auf der Bundespressekonferenz vom 31. August 2020 bestätigte ein Mitarbeiter des Innenministeriums übrigens indirekt die Präsenz des Verfassungsschutzes auf der Demo.[158]

Abschließend stellen die Kritischen Polizisten fest: *»Die Berliner Polizei wurde also gestern folgerichtig so geführt, dass am Ende ein gewisses Maß der Rechtfertigung für die Verbotsintention von Innensenator und Polizeipräsidentin existierte. Durch eine angebliche Reichstagsgefährdung und den Unsinn vor der russischen Botschaft, wenige hundert Meter entfernt. Beides unerträglich.«* Prompt nannte am Folgetag Bundespräsident Steinmeier den »Demonstranten-Sturm« auf den Reichstag unerträglich, und Politiker aller Parteien reagierten mit Entsetzen.[159]

Obwohl viele Demonstrationsteilnehmer ihre Situationsvideos posteten, ist die Dokumentation der Kritischen Polizisten von unschätzbarem Wert. Wir müssen ihnen dankbar sein.

## Befinden wir uns in einem hybriden Weltkrieg?

Wenn die Antwort auf die Überschrift »Ja« lautet – und danach sieht es aus –, wird auch die Umverteilung zwischen Siegern und Verlierern hybrid durchgeführt. Jeder Krieg wurde bisher begonnen, um anschließend umzuverteilen und neu zu ordnen. Können wir uns glücklich schätzen, dass es diesmal mit einer »Grippe« geregelt wird? Anstatt der blutigen Kriege des letzten Jahrhunderts muss man sich »nur« gegen ein Virus schützen. Dafür werden NGOs und Think Tanks – in Orwell'scher Manier Doppeldenkfabriken – ausreichend pseudowissenschaftliche Begründungen finden.

Henry Kissinger, Altmeister der internationalen Politik, macht sich über den Einfluss der Pandemie auf die Weltordnung keine Illusionen: *»Der politische und wirtschaftliche Umbruch, den das Virus in Gang gesetzt hat, könnte noch Generationen dauern.«*[160] Und der *Spiegel*, das ehemalige Sturmgeschütz der Demokratie, mutiert zum Wegbereiter in eine zweifelhafte Zukunft: *»Falls es der Klimawandel und die Migrationstragödien der letzten Jahre noch nicht bewiesen haben – Covid-19 beweist es uns jetzt von Tag zu Tag: Krisen wie diese bräuchten eine Art Weltregierung – so vorläufig und unvollkommen sie unter dem Druck der sich überschlagenden Ereignisse auch sein mag.«*[161]

Mit den Mitteln der biometrischen Erfassung, mit Überwachung[162] und Zwangsimpfung[163] sowie dem »Chippen« könnten auf der kollabierenden alten Ordnung die Industrien der »New World Order« errichtet werden.[164] Der politische Umbruch würde die Weltbevölkerung den neuen elektronischen Kontrollmechanismen unterwerfen – gesteuert auch durch künstliche Intelligenz. Die Gruppe der Anhänger und der Transhumanisten – die letztlich die Weiterentwicklung der Eugenik betreiben – ist *»direkt mit der globalen Geldelite verflochten, die für ihre ›Neue Weltordnung‹ leicht steuerbare, menschliche Sklaven erschaffen möchten«*, schreibt Michael Morris in seinem Bestseller »Lockdown«.[165]

Mit den Entwicklungen im Zusammenhang mit dem Coronavirus in diesem Jahr begründeten die Innenminister die Einführung eines Warntages. Erstmals seit der Wiedervereinigung wurde am 10. September 2020 pünktlich um 11 Uhr ein bundesweiter Probealarm mit allen vorhandenen Warnmöglichkeiten wie Radio, Fernsehen, sozialen Medien, der Warn-App NINA, Sirenen, Lautsprecherwagen sowie auch digitalen Werbetafeln durchgeführt.[166] Der Warntag soll dazu beitragen, die Akzeptanz und das Wissen um die Warnung der Bevölkerung in Notlagen zu erhöhen und damit deren Selbstschutzfertigkeiten zu stärken. Zur Warnung und Information der Bevölkerung nutzen Bund, Länder und Kommunen die verfügbaren Kommunikationskanäle. So werden beispielsweise über das vom Bundesamt für Bevölkerungsschutz und Katastrophenhilfe betriebene modulare Warnsystem und die Warn-App NINA Warnungen und Informationen der zuständigen Behörden, wie der Gesundheitsministerien des Bundes und der Länder, bereitgestellt. Bund und Länder bereiten den bundesweiten Warntag in Abstimmung mit kommunalen Vertretern gemeinsam vor. Das Projekt wird aus Mitteln des Fonds für die Innere Sicherheit der Europäischen Union kofinanziert. Der bundesweite Warntag soll in den kommenden Jahren jeweils am zweiten Donnerstag im September stattfinden.

Da erzeugt die Warnung des NSA-Whistleblowers Edward Snowden, dass Regierungen das Coronavirus nutzen werden, um eine »Architektur der Unterdrückung« zu errichten, Beklemmung.[167] Was Geheimdienste und »Tiefer Staat« seit 9/11 noch immer nicht geschafft haben, könnte das Virus über Nacht schaffen.

Wer jetzt schläft, wacht in der Diktatur auf.

*»Glauben und Wissen verhalten sich wie*
*die zwei Schalen einer Waage:*
*In dem Maße, als eine steigt, sinkt die andere.«*

Arthur Schopenhauer

# Epilog

## Historische Wurzeln der heutigen oligarchischen Welt

Die Grundlagen der heutigen Macht- und Einflussstrukturen wurden bereits vor über tausend Jahren gelegt. Die wichtigsten Weichenstellungen danach erfolgten durch:

1. die venezianische See- und Wirtschaftsmacht (vom 7./8. Jahrhundert bis 1797);
2. die Kolonialpolitik der aufstrebenden Handelsnationen wie die Vereinigten Niederlande, Portugal, Spanien, Frankreich und Großbritannien;
3. die nach dem Ersten Weltkrieg eingerichteten angloamerikanisch-deutschen Kartelle samt der Bank für Internationalen Zahlungsausgleich;
4. die nach dem Zweiten Weltkrieg angestrebte »New World Order«.

Winston Churchill, befreundet mit Richard Nikolaus Coudenhove-Kalergi, warb für die Idee einer »Eine-Welt-Regierung« bereits 1946 in Fulton/Missouri und in Zürich. Im Mai 1948 hielt Churchill als Vorsitzender des Europäischen Kongresses von Den Haag die Begrüßungsansprache. Er forderte Europa auf, sich gegen die Gefahr aus Russland zusammenzuschließen, während er an Frankreich appellierte, Deutschland wieder in den Kreis der europäischen Familie aufzunehmen. Auf diesem Kongress lernten sich Adenauer und Hallstein kennen.

Am Ende wurde eine Resolution verabschiedet, bei der vor allem die Punkte 1, 6 und 14 für Deutschland wichtig waren:

1. Die Völker Europas haben die dringende Pflicht, einen wirtschaftlichen und politischen Bund zu schaffen, um Sicherheit und sozialen Fortschritt zu gewährleisten.
6. Die einzige Lösung des deutschen Problems, wirtschaftlich wie politisch, ist eine Eingliederung in den Europäischen Bund oder die Föderation.
14. Die Schaffung eines geeinten Europas ist Grundbedingung für die Schaffung einer geeinten Welt.[1]

Am 8. Mai 1949 – exakt fünf Jahre nach der Kapitulation – beschloss der Parlamentarische Rat, jene verfassunggebende Versammlung, die den demokratischen Neuanfang Deutschlands einleiten sollte, mit 53 zu 12 Stimmen das Grundgesetz. Die Besatzungsmächte stimmten zu, ebenso die Länderparlamente – mit Ausnahme Bayerns. Grundlage der Beratungen war ein Verfassungsentwurf, den ein Ausschuss im Auftrag der Ministerpräsidenten erarbeitet hatte. Ist es denkbar, dass Churchills Ideen Eingang in das Grundgesetz gefunden hatten? In Artikel 24, Abs. 2 heißt es:

(1) Der Bund kann durch Gesetz Hoheitsrechte auf zwischenstaatliche Einrichtungen übertragen.

(1a) Soweit die Länder für die Ausübung der staatlichen Befugnisse und die Erfüllung der staatlichen Aufgaben zuständig sind, können sie mit Zustimmung der Bundesregierung Hoheitsrechte auf grenznachbarschaftliche Einrichtungen übertragen.

(2) Der Bund kann sich zur Wahrung des Friedens einem System gegenseitiger kollektiver Sicherheit einordnen; er wird hierbei in die Beschränkungen seiner Hoheitsrechte einwilligen, die eine friedliche und dauerhafte Ordnung in Europa und zwischen den Völkern der Welt herbeiführen und sichern.

(3) Zur Regelung zwischenstaatlicher Streitigkeiten wird der Bund Vereinbarungen über eine allgemeine, umfassende, obligatorische, internationale Schiedsgerichtsbarkeit beitreten.

Frank Schorkopf vom Institut für Völkerrecht und Europarecht der Universität Göttingen zeigt in seinem Werk »Grundgesetz und Überstaatlichkeit«[2] auf, dass sich die Mitglieder des Parlamentarischen Rats darüber einig waren, der Weg zu einer Weltregierung müsse über ein geeintes Europa führen. Diesbezüglich aufschlussreich sind die Protokolle der Sitzungen. In der Diskussion um die Formulierungen »kollektive Sicherheit« und »dauerhafte Ordnung in Europa« äußerte sich Carlo Schmid (SPD) wie folgt: *»Die Weltstaatbemühungen in allen Ehren! Die Idee ist des Schweißes der Edlen wert. Man sollte aufhören, bei diesen Dingen immerzu von Utopien zu sprechen, wie man es gern tut, um es sich leicht zu machen. Aber ich glaube nicht, dass wir zur Weltregierung kommen werden, ohne vorher durch Europa gegangen zu sein.«*[3] Hermann von Mangoldt, CDU, ergänzte mit Finesse: *»Wenn man den Einwand hat: Ihr habt hier die Einwilligung in Beschränkungen der eigenen Hoheitsrechte nur für die europäische Ordnung vorgesehen [Abs. 2, der Verf.], so lässt darüber hinaus der Absatz 1 alle Möglichkeit in weltweitem Sinn offen.«*[4] Mangoldt war damals Vorsitzender des Parlamentarischen Rats und sich demnach schon 1948 bewusst über die versteckten Möglichkeiten von Artikel 24! 72 Jahre später erfassen sie nur noch wenige – wie konnte es so weit kommen?

Mit dem Vierklang *»Coping, doping, hoping, shopping«*[5] (sich arrangieren, sich aufputschen, hoffen, einkaufen) ist es der Finanzoligarchie jedenfalls gelungen, die Welt unter dem Deckmantel der »Globalisierung« zu beherrschen. Und solange Russland nicht entsprechend »transformiert«ist, muss sich Europa, so wie

*Die Urangst vor dem Russen (links eine Grafik aus dem Jahr 1953, rechts von 2018)*

es Churchill in Den Haag gefordert hat, gegen die Gefahr aus Russland zusammenschließen – dieser Appell fruchtet immer noch, wie das folgende Beispiel zeigt: In der ZDF-Sendung *Trump und Putin: Komplott gegen Amerika* vom 22. August 2018 wurde gesagt, der US-Präsident sei der *»ideale Einflussagent Moskaus«*. Dass Trump im Wahlkampf mit einer Verständigung mit Russland und dem Einstellen von »Regime-Change-Kriegen« geworben hatte, blieb in der Sendung unerwähnt, ebenso die Tatsache, dass die herrschende Machtelite den Präsidenten mittlerweile weitgehend im Griff hatte.

## Dämonisierung Russlands und Chinas

Politiker und Medien benutzen bedenkenlos diffamierendes Vokabular wie »russischer Mob«, »russische Propaganda« und »russische Aggression«. Gleichzeitig werden weitere Sanktionen gegen »die Russen« gefordert. Paul Craig Roberts stellte 2014 fest, die amerikanischen Medien seien *»ein Propagandaministerium für die Regierung und die Konzerne«*.[6] Bei den europäischen Medien dürfte es nicht viel anders sein.

Zunehmend wird auch China in den Medien angegriffen, vorgeblich wegen des harten Vorgehens gegen die »Demokratiebewegung« in Hongkong. Einige EU-Länder kooperieren zwar mit Chinas Seidenstraßenkonzept und haben mit dem amerikanisch-chinesischen Konflikt nur am Rande zu tun, doch der Ton wird schärfer. Trump hat bereits ein Sanktionsgesetz gegen China verabschiedet. Von den EU-Staaten wird erwartet, dass sie sich auf die Seite der USA schlagen, das aber hätte enorme wirtschaftliche und sicherheitspolitische Konsequenzen. Europa und besonders Deutschland könnten im Konflikt der beiden Großmächte zerrieben werden.

Bei ihrer engen Einbindung in die NATO-Strategie kann sich die EU kaum heraushalten. Und so wird kräftig aufgerüstet. Seit dem Maastrichter Gründungsvertrag 1992 ist die Entwicklung »militärischer Fähigkeiten« in vollem Gang. Die ersten Militäreinsätze unter EU-Regie in Mazedonien und im Kongo wurden 2003/2004 noch als Probeläufe angesehen. Seit 2004 läuft die bewaffnete Mission in der Nachfolge der NATO in Bosnien-Herzegowina. 2008 wurde die bewaffnete Mission »Operation Atalanta« zur einseitig militärischen Bekämpfung der Piraterie gestartet. Der Vertrag von Lissabon brachte mit Art. 43 Abs. 1 einen weiteren Schub in Richtung Gleichschaltung mit der NATO. Er regelt die vertragsrechtliche Festschreibung der Befugnis und der Bereitschaft, die »strategischen Interessen« der Union auch mit militärischen Mitteln durchzusetzen – und zwar weltweit.

Was sind das nun für Interessen, die vonseiten der EU mit Waffengewalt durchgesetzt werden müssen? In erster Linie wohl wirtschaftliche. Einen Definitionsversuch wagte Bundespräsident Horst Köhler am 22. Mai 2010. Seiner Einschätzung nach sei man *»auf dem Wege ..., doch auch in der Breite der Gesellschaft zu verstehen, dass ein Land unserer Größe mit dieser Außenhandelsorientierung und damit auch Außenhandelsabhängigkeit auch wissen muss, dass im Zweifel, im Notfall auch militärischer Einsatz notwendig ist, um unsere Interessen zu wahren, z. B. freie Handelswege, z. B. ganze regionale Instabilitäten zu verhindern«*. Dies würde sich *»mit Sicherheit dann auch auf unsere Chancen negativ zurückschlagen, bei uns durch Handel Arbeitsplätze und Einkommen zu sichern«.*[7] Wegen dieser inhaltlich absolut richtigen Aussage musste Köhler dann zurücktreten.

Ein anderes Motiv für militärische Einsätze lieferte vor dem völkerrechtswidrigen Angriff auf den Irak die damalige Vorsitzende der CDU, Angela Merkel. Sie sagte in Richtung von Kanzler Gerhard Schröder, der nicht mit George W. Bush in den Irakkrieg ziehen wollte: *»Sie wissen doch, dass eine Isolierung einer großen Nation, gerade einer Exportnation wie Deutschland, auf Dauer überhaupt nicht durchzuhalten ist.«*[8]

Im Buch »Und immer wieder Versailles: Ein Jahrhundert im Brennglas« kommen Willy Wimmer und Alexander Sosnowski bei ihrer Analyse der aktuellen Weltlage zu dem Schluss, dass die Länder, die den Versailler Vertrag zu verantworten haben, immer noch versuchen, Deutschland und Russland kleinzuhalten und eine friedliche Zusammenarbeit der beiden Staaten zu verhindern. *»Beide Staaten sollen nach Möglichkeit in der modernen Welt keine besondere Rolle spielen.«*[9] Andrij Kirchendorf hält in seiner Rezension des Buches fest, *»dass der Versailler Vertrag von einigen Ländern, insbesondere den USA und Großbritannien, leider als Handlungsanweisung angesehen wird. Betrachtet man es von außen, ist es ein weiterer Versuch, die Spannungen in Europa auf Kosten der Länder zu erhöhen, die bereits nach dem Ersten und dem Zweiten Weltkrieg am meisten gelitten haben. In diesem Sinne gilt der Vertrag von Versailles weiterhin und dies sind keine guten Nachrichten bei einer Pandemie.«*[10]

## Großbritannien verlässt die Europäische Union

Am 1. Februar 2020 hat Großbritannien die Europäische Union verlassen, wenngleich die USA daran interessiert waren, dass die Briten in der EU bleiben, weil sie dadurch ihren Einfluss besser wahrnehmen konnten. Zweifelsfrei wird es Verlierer und Gewinner des Brexit geben. So hatte der britische Handel durch angeblich drei Millionen Arbeitsplätze von der EU profitiert, die Arbeitnehmer von der kontinentalen Sozialgesetzgebung: Arbeitsrechte, Mutterschutz, Urlaubstage.

Obwohl der deutsche Sonderweg in Sachen Migration die Briten nur indirekt betraf und die Aufnahme von Flüchtlingen für sie nicht zur Debatte stand, wurde die Einwanderung von EU-Bürgern aus Osteuropa als Last empfunden. Nun soll die Zuwanderung nach australischem Vorbild deutlich restriktiver gesteuert werden als bislang. Auch soll die früher übliche Grenzkontrolle wieder durchgeführt werden.

Die in Brüssel vorherrschende Regulierungsflut im Hinblick auf Standards und Gesetze war vielen Briten ein Dorn im Auge. London sollte wieder selbst entscheiden können, von Baurichtlinien bis hin zu den Regeln am Arbeitsmarkt. Abkommen, etwa mit China oder Indien, würden bilateral viel schneller getroffen, als wenn dies der EU überlassen würde, wo sich der Prozess nicht selten über Jahre hinziehe. Auch Geld hat argumentative Kraft: Die Kampagne »Vote Leave« hatte errechnet, dass die EU das Land umgerechnet mehr als 450 Millionen Euro kostet. Zudem muss Großbritannien nun nicht mehr für etwaige EU-Rettungsschirme haften. All das bot wahrlich Anlass zur Selbstreflexion in der verbliebenen EU-Administration – doch die blieb erwartungsgemäß aus. Die wahren Ursachen für den Brexit wurden weitgehend ausgeblendet, auch in den deutschen Qualitätsmedien: Griechenlandhilfen, Eurorettung, Nullzins- und Schuldenpolitik, Transferunion, Zentralisierung und Bevormundung gewählter Regierungen, unkontrollierte Einwanderung und mehr.

Während die meisten Deutschen den Brexit für ein historisches Eigentor der Briten halten, hoffen diese wiederum, dass ihre Liberalisierungspolitik ein Coup wird. Boris Johnson bekräftigte, der EU-Austritt sei *»kein Ende, sondern ein Anfang«*, er biete die Chance auf *»erstaunliche Erfolge«*[11] – kein Wunder, dass in Brüssel bereits die Furcht vor einem *»großen Singapur in der Nordsee«* besteht, also vor einem Paradies für Finanzkonzerne, Forschung und multinationale Unternehmen ohne lästige EU-Steuer- und Sozialstandards.[12] Großbritannien könne jetzt, ohne von der EU-Subventionskontrolle gegängelt zu werden, gezielte, auf einzelne Unternehmen oder Sektoren zugeschnittene Anreize setzen. Triumphierend titelte die Boulevardzeitung *The Sun:* »Muscles without Brussels« (Muskeln ohne Brüssel), während der *Daily Express* ein *»glorreiches neues Großbritannien«* ausrief. Und im *Daily Telegraph* hieß es erleichtert: *»Gut gemacht, britisches Volk – endlich draußen.«*[13] Wenn Deutschland dann unter der Last erhöhter Transferleistungen bei gleichzeitigem Abschwung als Handelsnation die Begehrlichkeiten der Alimentierten nicht mehr befriedigen könne, wäre das der Anfang vom Ende der EU. Sollte Großbritannien mit seiner Strategie Erfolg haben, könnte der Brexit zum Stichwortgeber für EU-Skeptiker wie Marine Le Pen in Frankreich oder Viktor Orban in Ungarn werden.[14]

Deutsche EU-Skeptiker werden mit dem Hinweis auf Deutschlands Status als Exportweltmeister und großem Profiteur der EU beruhigt. Doch die Gewinne landen nicht beim Arbeitnehmer oder Steuerzahler, sondern bei den Aktionären, Hedgefonds-Spekulanten und Oligarchen jeglicher Couleur. Die Aufweichung des Euro müssen die Bürger mit Kaufkraftverlust bezahlen.

Die beschränkt demokratisch legitimierten Kommissare in Brüssel weisen mit spitzen Fingern auf Warschau und Budapest, weil die dortigen demokratisch gewählten Regierungen angeblich die Grundwerte der Europäischen Union Freiheit, Demokratie, Gleichheit, Rechtsstaatlichkeit und die Wahrung der Menschenrechte missachten. Doch wie steht es in der EU tatsächlich um die Demokratie? Thomas Apolte, Inhaber des Lehrstuhls für Ökonomische Politikanalyse in Münster, beklagt in der *Frankfurter Allgemeinen Zeitung* vom 10. März 2017 die starke Stellung der Staats- und Regierungschefs und vermisst eine durchgängige Gewaltenteilung nach dem Gebot Montesquieus, ein Parlament also, das beschließt, eine Regierung, die ausführt, und eine Rechtsprechung, die kontrolliert. Fehlt nur eines der drei, ist das nach Montesquieu bereits Tyrannei. In der EU hat das Parlament nur beratende bzw. manchmal zustimmende Funktion, alles wird auf exekutiver Ebene von den Kommissaren beschlossen. Am Ende liegen die Entscheidungen in den Händen einiger weniger Personen. Und deswegen brauche sich keiner zu wundern, so Apolte, wenn uns die EU *»eines Tages um die Ohren fliegen wird«*.

## Der Mythos von der Befreiung

Zum 8. Mai 2020 reflektierte der niederländische Journalist Eric van de Beek die Bedeutung des Kriegsendes 1945 für Europa, vor allem für Holland, und kritisierte die Dominanz der USA in seinem Land. Bis heute seien in ganz Europa US-Truppen stationiert, die im Rahmen der NATO operierten, aber nicht unter europäischem Kommando stünden. Allein in Holland würden *»fünfzehn bis zwanzig amerikanische B61-Atombomben auf einem Militärflugplatz gelagert. Die niederländische Luftwaffe hat keine Kontrolle über diese Atombomben. Wenn die USA beschließen, einen Atomangriff durchzuführen, wird von den niederländischen Piloten erwartet, dass sie die Bomben ohne zu zögern abwerfen. Dasselbe gilt für Piloten auf Luftwaffenstützpunkten in Deutschland, Belgien, Italien und der Türkei, wo die USA Atomwaffen stationieren. Sie stehen unter amerikanischem Kommando. Von ihnen wird lediglich erwartet, dass sie tun, was ihnen von den USA gesagt wird.«*[15]

Beek vermisst die demokratische Kontrolle über die militärischen Aktivitäten des US-Militärs auf niederländischem Boden. Regierungsvertreter behaupteten einfach, dass sie diese Frage aufgrund von »Bündnisvereinbarungen« nicht diskutieren könnten. Wie die Vergangenheit zeige, schreckten die USA auch vor Erpressung nicht zurück, um europäische Regierungen dazu zu bringen, in ihrem Interesse zu handeln, etwa durch Sanktionsandrohungen gegen deutsche Unternehmen wegen der Pipeline »Nord Stream 2«, Sanktionen gegen Unternehmen, die Handelsbeziehungen mit dem Iran aufrechterhalten usw. Werner Weidenfeld, der zwölf Jahre lang für die deutsche Regierung die Beziehungen zu den USA koordinierte, meinte: *»Wenn wir mit den Amerikanern in einer ernsten Frage nicht einverstanden sind, legen sie nachrichtendienstliches Material auf den Tisch, und sie sagen: ›Entweder Sie kooperieren oder Sie sind erledigt‹.«*[16]

Nach dem 11. September 2001 lösten sich die USA weitgehend vom Völkerrecht. Es musste befürchtet werden, dass in Kriegsverbrechen verstrickte Amerikaner oder auch Verbündete vor dem Internationalen Gerichtshof in Den Haag landeten. Um das zu verhindern, verabschiedete der US-Kongress 2002 den »American Service-Members Protection Act«, besser bekannt als »Haager Invasionsgesetz«. Es ermächtigt den Präsidenten, in den Niederlanden militärisch aktiv zu werden, sobald US-Amerikaner oder verbündete Personen *»vom, im Namen von oder auf Ersuchen des Internationalen Strafgerichtshofs in Den*

*Haag«*[17] inhaftiert werden.Die niederländische Regierung protestierte. Ohne Erfolg. Die USA haben das Gesetz nie aufgehoben.

Beek zufolge wurden große Teile Europas von den USA okkupiert, viele Europäer seien mittlerweile sogar zu der Überzeugung gelangt, dass ihre Befreier in Wirklichkeit ihre Geiselnehmer sind. EU-Vertreter werden einer derartigen Sichtweise heftig widersprechen. Sie haben die völkerrechtswidrigen Kriege seit 1999 hingenommen, illegale US-Folter-Gefängnisse im EU-Raum geduldet und ebenso Morde mittels Drohnen zugelassen. Sollte es zu einem Krieg gegen Russland oder China kommen, könnten sich Beeks Befürchtungen hinsichtlich einer Geiselnahme bewahrheiten.

## Covid-19 wird die Menschen noch lange beschäftigen

In der Coronakrise hat der deutsche Molekularbiolobe Stefan Lanka beträchtliche Zweifel hinsichtlich der Zuverlässigkeit des massenhaft eingesetzten Virus-Nachweis-Tests angemeldet. Zum Zeitpunkt der Drucklegung dieses Buches wurden knapp eine Million Testungen pro Woche durchgeführt. Lanka hatte dem Erfinder dieses sogenannten PCR-Tests, Christian Drosten, angeboten, gemeinsam mit ihm die in der Wissenschaft zwingend vorgeschriebenen Kontrollexperimente durchzuführen. Auf diese Weise sollte überprüft werden, ob der PCR-Test tatsächlich spezifisch auf lange Erbsubstanzstränge anschlage, welche nach Lanka ein Virus erst ausmachten, und nicht nur auf kurze Gensequenzen, also typische Bestandteile des Stoffwechsels. Das Angebot hat Drosten nicht angenommen. Daraufhin zeigte ihn Lanka am 14. Juni 2020 an. O-Ton Lanka: *»Wegen seines Tuns, dass in direkter Folge zu den geplanten und durchgeführten Tatbeständen des § 7 (1) Völkerstrafgesetzbuches (VStGB) ›Verbrechen gegen die Menschlichkeit‹ führte, und anderer Vergehen: Anstellungsbetrug, er gibt in der Öffentlichkeit vor, als Wissenschaftler zu arbeiten, verletzt aber Denkgesetze, Logik der Virologie und die eindeutigen Regeln wissenschaftlichen Arbeitens, und Betrug, um sich durch die Verbreitung erweislich falscher Tatsachen Vorteile zu verschaffen.«*[18]

Es ist erbärmlich, dass in einer derart kritischen Situation eine solche Frontstellung entstehen konnte. Um die Pandemie effizient zu bekämpfen, hätte von Beginn an mit sämtlichen Wissenschaftlern ergebnisoffen und ohne ideologische bzw. politische Scheuklappen öffentlich diskutiert werden müssen. Bis heute gibt es keine transparenten Statistiken,und nun wird bereits Angst vor einer zweiten Infektionswelle geschürt.

Mit Angsterzeugung in Verbindung mit den Mechanismen totalitärer Propaganda setzte sich der Soziologe Siegfried Kracauer (1889–1966) Mitte der 30er-Jahre intensiv auseinander. Der hydraulische Druck, unter den Menschen in Angst versetzt werden, ermögliche eine effektvolle Manipulation. »*Chronische Angst entwurzelt, hebt die gesamte psycho-physische Organisation aus den Angeln. Sie preßt dem Selbsterhaltungsbetrieb die Preisgabe vitaler Interessen ab; sie gründet einen in Hysterie übergehenden Zustand, indem sich Sein und Schein, Lüge und Wahrheit hoffnungslos vereinen. … Mittels der Angst bringt die Gewalt die Menschen so in ihre Gewalt, daß sie auf die Propaganda nicht mehr aus Angst hören, sondern deshalb, weil ihnen, eben infolge der Angst, alles ins Wanken gerät, wodurch sie tatsächlich glaubensfähig werden.*«[19] Mittels Angst als Steuergröße könnte der Kapitalismus – mit geplantem »Lockdown« und anschließendem »Reset« – womöglich ungebremst in die »*vierte industrielle Revolution*«[20] überführt werden.

Es ist an der Zeit, das offizielle Bedrohungsnarrativ zu hinterfragen. Das tun z. B. die Ärzte Karina Reiss und Sucharit Bhakdi in »Corona Fehlalarm? Zahlen, Daten und Hintergründe«. Es avancierte rasch zum Spiegel-Bestseller Nummer 1. Die Autoren stellen darin eine Menge wichtiger Fragen. Vielleicht werden diese ja irgendwann nicht mehr unter den Teppich gekehrt, sondern in einem Untersuchungsausschuss des Bundestags diskutiert – das wäre jedenfalls in einer Demokratie das angemessene Vorgehen. Die Hoffnung stirbt zuletzt.

## Marathon-EU-Gipfel im Juli 2020

In Brüssel kam am 17. Juli 2020 die Führungsspitze der Europäischen Union zu einem zweitägigen Treffen zusammen, um die Risse in der EU infolge der Coronakrise zu kitten – mit viel Geld! Es ging um ein Finanz- und Krisenpaket in Höhe von insgesamt 1,8 Billionen Euro. Die 750 Milliarden Euro schwere Corona-Hilfe soll am Kapitalmarkt aufgenommen werden. Verhandelt wurde dies zusammen mit dem nächsten siebenjährigen EU-Haushaltsrahmen im Umfang von mehr als 1000 Milliarden Euro.[21] Dieser Finanzlastvorschlag stieß auf den Widerstand der sogenannten »sparsamen Vier«: Dänemark, Schweden, Österreich und Niederlande, inzwischen noch verstärkt durch Finnland.

Sie wollten den notleidenden Südländern nur 350 Milliarden als Geschenk zukommen lassen – und das auch nur unter bestimmten Bedingungen. Der Chaosgipfel musste um zwei Tage verlängert werden. Nach einem Tauziehen mit perfekter Dramaturgie – ständig stand das Scheitern vor Augen – einigte man sich schließlich darauf, nur noch 390 Milliarden zu verschenken, weitere 360 Milliarden werden als Kredit vergeben. Dem italienischen Regierungschef Conte, soschreibt Gabor Steingart, gelang in Brüssel das Kunststück, *»für die dysfunktionale italienische Staatlichkeit 208,8 Milliarden statt der ursprünglich geplanten 172 Milliarden Euro aus dem Wiederaufbaufonds herauszuholen, davon 81,4 Milliarden an Zuschüssen und 127,4 Milliarden an Krediten«.*[22] Es folgten Spanien mit 77,3, Frankeich mit 38,8 und Polen mit 37,7 Milliarden.

Der Gipfel hat nicht nur die Idee einer sozialen Marktwirtschaft stark beschädigt, sondern auch die Gefahr eines fiskalischen Scheiterns der EU billigend in Kauf genommen. Die damit einhergehende mutwillig entfachte Inflation wird dem Bürgerverdruss weitere Nahrung geben. Das alles scheint in einem nach Dominanz strebenden Herrschaftssystem nur eine untergeordnete Rolle zu spielen. Im Vordergrund steht für die EU-Kommission wohl der Ausbau und die Absicherung ihrer Macht über die Europäische Entwicklungsbank, den ESM bis hin zur EZB.

Bevor über derart tiefgreifende Finanztransaktionen diskutiert und verhandelt wird, soll hier das mittlere (Median-)Vermögen der volljährigen Personen jedes Landes in US-Dollar (Stand 2019)[23] in die Überlegungen einbezogen werden. Der Medianwert berücksichtigt die Vermögensungleichheit innerhalb eines Landes und hat deshalb eine höhere Aussagekraft über die tatsächlich verfügbaren Vermögenswerte (vgl. Abb. auf S. 526).

Deutschland mag reich sein, die Masse seiner lohnsteuerzahlenden Bürger ist es jedoch nicht. Es steht also am Ende der Skala. Der ehemalige Exportweltmeister hatte sich diesen Titel über Jahre hinweg mit extrem niedrigen Lohnzuwächsen bei teilweise sogar sinkenden Reallöhnen erkauft. Die Wertschöpfung fand allein in den oberen Rängen der Einkommensskala statt. Sollen nun tatsächlich die weit weniger vermögenden Steuerzahler der »reichen« Länder die der »armen« Länder mit höherem Besitzstand unterstützen? Das wäre doch mehr als absurd. Nun wird Deutschland künftig etwa zehn Milliarden Euro im Jahr zusätzlich in den EU-Haushalt einzahlen, das macht dann rund 40 Milliarden brutto – bei einem EU-Haushalt 2020 von insgesamt 152,2 Milliarden.[24]

| | |
|---|---|
| Frankreich | 101 942 |
| Spanien | 95 360 |
| Österreich | 94 070 |
| Italien | 91 889 |
| Dänemark | 58 764 |
| Finnland | 55 532 |
| Portugal | 44 025 |
| Schweden | 41 582 |
| Griechenland | 40 000 |
| Deutschland | 35 313 |
| Niederlande | 31 057 |
| Polen | 22 600 |
| Ungarn | 17 666 |

*Die Mär vom deutschen Reichtum: 2019 lag das Durchschnittsvermögen je volljährigem Bundesbürger am Ende der EU-Skala (Quelle: Global wealthreport des Credit Suisse Research Institute, Angaben in USD)*

Man muss kein Prophet sein, um zu erkennen, dass durch die Corona-Einschränkungen eine riesige Insolvenzwelle auf Deutschland zurollt. Im Moment wird die wirkliche Situation vor allem in Mittelstandsbetrieben noch durch die Aussetzung der Insolvenzantragspflicht verschleiert. Welche Hilfen stehen dann noch zur Verfügung?

Die Ausdünnung bis hin zur Vernichtung der leistungsfähigen mittelständischen Betriebe spielt den globalisierten Konzernen in die Hände, in der Konsequenz bedeutet das die weitgehende Abhängigkeit der europäischen Bevölkerung von deren Produkten. Das war auf dem EU-Gipfel kein Gegenstand der Auseinandersetzung. Dafür leitete Litauens Staatspräsident Gitanas Nausėda das Gipfeltreffen über Europas Zukunft mit einem Thema aus der Vergangenheit ein, dem »Stalin-Hitler-Pakt« (bei uns Hitler-Stalin-Pakt) als Ursache des Zweiten Weltkrieges. Darum ging es bereits bei einem Entschließungsantrag des Europäischen Parlaments vom 19. September 2019. Soll so vielleicht das deutsche Portemonnaie geöffnet werden?

Bereits in den vergangenen Monaten hatten Macron und Putin bemerkt, dass das Rachediktat von Versailles und die damit verbundene Demütigung Deutschlands mitverantwortlich für den Zweiten Weltkrieg gewesen seien. Versailles, so Macron, habe den Nationalsozialismus in Deutschland hervorgebracht. Putin verwies darauf, dass Hitler in seiner antisemitischen und antibolschewistischen Haltung aus Amerika und Großbritannien finanziert worden sei. Von der deutschen Polit- und Medienwelt – sonst besonders erinnerungs- und gedenkfreudig – wurde 2019 der 100. Jahrestag von Versailles dagegen verschämt ausgeblendet.

Nausėdas Geschichtsausflug veranlasste Willy Wimmer zu dem Artikel »Europäische Union und der Hitler-Stalin-Pakt«. Darin fordert er, *»den Historikern die Geschichte zu überlassen und alle Archive, auch von Nochmitgliedern der Eu-*

*ropäischen Union, zum letzten ›Kriegsjahrhundert‹ zu öffnen«.*[25] Das wäre in der Tat eine friedensfördernde Maßnahme und für Gesamteuropa ei ne Chance zu einer besseren gegenseitigen Verständigung! Für den Weg in eine friedvollere Zukunft ist es nicht hilfreich, die Welt in die Schablone von Gut und Böse zu quetschen, die jeden Dialog verhindert.

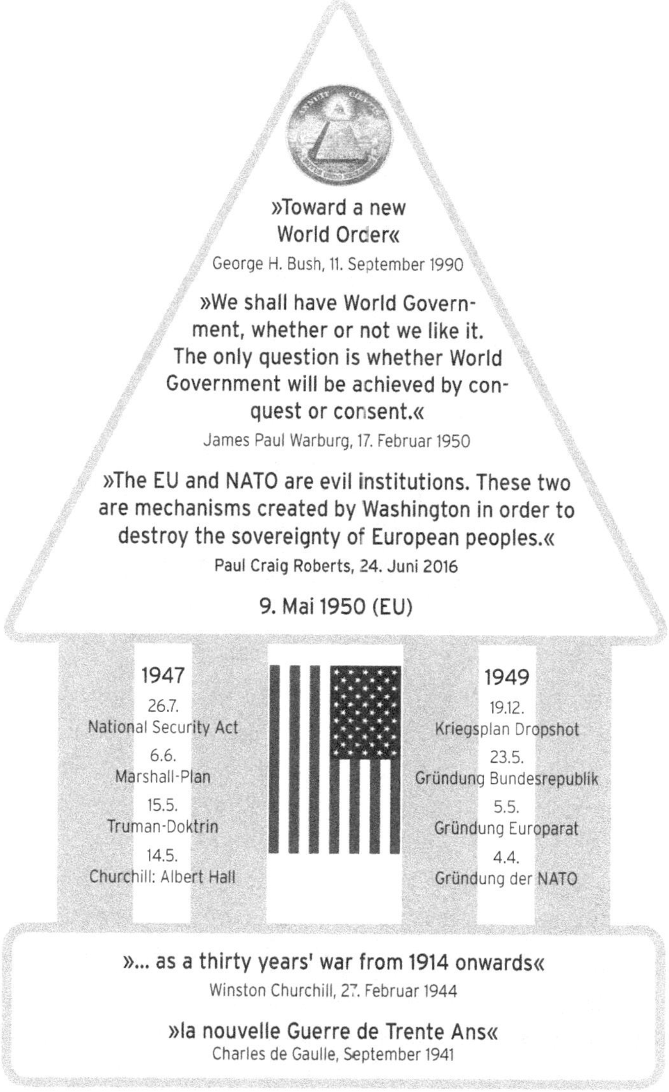


*Der Weg zur Weltregierung*

Anfang Oktober 2020 veröffentlichte Papst Franziskus seine Enzyklika »Fratelli tutti« Der Planet sollte allen Menschen Land, Heimat und Arbeit bieten. Kritisch hinterfragt Franziskus die Rechtfertigung »präventiver« Angriffe oder kriegerischer Handlungen (»Nie wieder Krieg!«). Die illegalen und die seit 2002 legitimierten »präemptiven Kriege« der Vereinigten Staaten wurden vom Papst jedoch nicht thematisiert. Auch die Verurteilung der US-Drohnenmorde fehlte. »Fratelli tutti« fügt sich, wie auch die beiden Enzykliken »Lumen fidei« und »Laudato si« perfekt in Schwabs »Great Reset«. So überraschte es nicht, dass am 8. Dezember 2020 der Council for Inclusive Capitalism (Rat für inklusiven Kapitalismus) eine neue Partnerschaft zwischen dem Vatikan und Wirtschaftsführern aus aller Welt ankündigte. Dieser von Lynn Forester de Rothschild gegründete »Rat« hat sich als gemeinnützige Organisation der Förderung eines »humanen« Kapitalismus verschrieben. Die Mitgliederliste der sogenannten »Wächter« macht stutzig, denn hier finden sich fast ausschließlich Vertreter der westlichen Welt – Russland und China fehlen. Und das Logo des Rats zeigt lediglich eine Weltkugel mit Amerika, Afrika und Europa.

Hinter dem großen Neustart des Weltwirtschaftsforums verbirgt sich denn auch eine neue Form allumfassender Kontrolle, eine komplette Veränderung unseres Lebens, wie sie der globale Geldadel schon seit einhundert Jahren im Auge hat: US-Politikberater Zbigniew Brzezinski sprach vom Ende des souveränen Nationalstaates und David Rockefeller forcierte die Eine-Welt-Regierung; George H. W. Bush nannte es 1990 »die neue Weltordnung«.

Selbst wenn sich eine solche Weltregierung aus charakterfesten, moralisch integren Weisen zusammensetzte, geriete sie doch schnell in die Klauen organisierter Kriminalität und einseitiger Interessenpolitik. Die Gefahr der Despotie bei einer Weltregierung hat schon Immanuel Kant in seinem Spätwerk »Zum ewigen Frieden« (1795) beschrieben. Frieden ist nach Kant nur über den Erhalt souveräner Staaten zu gewährleisten, die einem gemeinsamen Kodex verpflichtet sind: gegenseitigem Respekt und Anerkennung eines Weltbürgerrechts (in Form eines universalen Gastrechts). Deshalb muss die europäische Einbettung Deutschlands zwar oberste Priorität haben, aber nur in einem föderalen, von den USA unabhängigen Europa – und nur zusammen mit Russland.

Der Weg der jetzigen, US-dominierten EU führt in Vasallentum und eine neue innereuropäische Konfrontation.

*»Die Voraussetzung für eine friedliche Zukunft
für alle Menschen, Völker und Nationen
liegt in einer umfassenden und ehrlichen Analyse
der Vergangenheit, ihrer Vorkommnisse,
ihrer Akteure, ihrer Absichten und Ziele.
Ohne Ehrlichkeit kein Friede.
Ohne Frieden keine Freiheit.
Ohne Freiheit kein menschenwürdiges Leben.«*

Hermann H. Mitterer, Oberst des
österreichischen Bundesheeres

# Ausblick in eine friedlichere Welt – föderal, sozial und subsidiarisch?

## Niedergang einer Großmacht

Quo vadis, Europa? Für den Historiker David Engels steht fest: Die europäische Demokratie steht unwiderruflich am Abgrund, Europa führe einen schweren Kampf um die Aufrechterhaltung seines von allen Seiten bedrohten ureigenen Wesens – sei es von innen durch Universalisten oder Fundamentalisten, sei es von außen durch außereuropäische Weltmächte. Engels vergleicht verschiedene Aspekte der EU mit Niedergangssymptomen der Römischen Republik und kommt zu einem beunruhigenden Ergebnis: Der Untergang vor über 1500 Jahren wurde begleitet von Werteverlust, Dauerkrise, Reformstau und steigenden Kosten durch eine ausufernde Bürokratie. Zugleich entwickelte sich das Römische Reich zu einem autoritären Imperium – ähnlich wie heute die EU.[1]

Offenbar sehen wir turbulenten Jahren entgegen. An mehreren Fronten brauen sich schwere Krisen zusammen, dies zeigen vor allem die US-Langzeit-Strategiepapiere »Joint Vision 2020« und »Tradoc 525-3-1«. Im ersten werden operative Konzepte beschrieben, damit die US-Streitkräfte noch schneller, tödlicher und präziser eingesetzt werden können, im zweiten werden die US-Streitkräfte angewiesen, die von Russland und China ausgehende Bedrohung zu beenden. Die in China hochverschuldeten USA scheinen unter der Trump-Administration entschlossen, *»China im Kampf um globale ökonomische, technologische und militärische Vorherrschaft zu schlagen«.*[2] Die absteigende Großmacht USA muss den Rivalen niederhalten, während die Briten – und hier vor allem die City of London – andere Prioritäten setzen. Den Niedergang der USA könnten sie nutzen, um das alte Empire wieder aufleben zu lassen. Da macht der Brexit durchaus Sinn. Die britische Großbank HSBC mit Sitz in London steht laut Forbes auf Platz 9 der Niederlassungen und Büros in der gesamten asiatisch-pazifischen Region. Bei einem Aufstieg Chinas wird sie deutliche Gewinne machen, also hat man hier sicherlich kein Interesse an einem flächendeckenden Krieg in China.

Die Kreise um Trump suchen einen Krieg gegen Russland möglichst zu vermeiden, da dies zu kostenintensiv wäre. Doch die Londoner Strategen sehen wieder einmal die Chance, den Kontinent durch einen Krieg zwischen Deutschland und Russland nachhaltig zu schwächen. Es würden auch große Gewinne locken, da Great Britain dank Brexit auf dem Kontinent nicht kämpfen müsste.

Für die kriegführenden Parteien wird es darauf ankommen, geeignete Hilfsvölker zu mobilisieren. Im asiatischen Raum könnten Japan, Indien, Pakistan gewonnen oder in Konflikte verwickelt werden, während in Europa die baltischen Staaten und auch Polen für einen Krieg gegen Russland zu mobilisieren wären. Der französische Staatschef hält die NATO für hirntot. Da dürfte er falsch liegen. Die Befehlsstrukturen der NATO enden im Pentagon. Es wäre ein großer Fehler, das Militärpotenzial der USA und deren Einwirkungsmöglichkeiten zu unterschätzen. Hirntot dürfte hingegen die EU sein. Die neue EU-Führungsspitze ist fest in transatlantische Netzwerke eingebunden und wird die EU im Sinne der USA instrumentalisieren.

Am 18. Mai 2020 veranstaltete das Leibniz-Institut für Wirtschaftsforschung an der Universität München (ifo-Institut) in Zusammenarbeit mit der *Süddeutschen Zeitung* einen Informationsabend zur europäischen Außenpolitik mit Bezug auf die Corona-Pandemie. Constanze Stelzenmüller, Expertin in deutscher, europäischer und transatlantischer Außen- und Sicherheitspolitik, beleuchtete hier die Rolle der Europäischen Union als globaler Akteur im Kontext von Covid-19. Gleich eingangs zitierte sie den US-Wirtschaftswissenschaftler Lawrence H. Summers, der in der Pandemie den dritten Schock im 21. Jahrhundert sieht. Er prophezeit, dass die beiden vorangegangenen Schocks – der Terroranschlag vom 11. September 2001 und die globale Finanzkrise 2008/09 – in der Geschichte verblassen würden, wohingegen sich Covid-19 in die Ereignisse des 20. Jahrhunderts – er nennt die Jahre 1914, 1919, 1929 und 1938 – einreihe. Die Folgen würden nämlich alle Dimensionen sprengen: Die wohlhabenden Nationen würden in eine tiefe Rezession bzw. Depression mit spürbaren Einkommensverlusten und hoher Arbeitslosigkeit abgleiten, die ärmeren Nationen mit einer humanitären Katastrophe kämpfen. Die Krise werde sich durch zunehmenden Protektionismus und ökonomischen Nationalismus negativ auf Globalisierung und Weltwirtschaft auswirken. Gleichzeitig käme es zur Explosion von digitaler Überwachungstechnologie, künstlicher Intelligenz und Biotechnologie.

Stelzenmüllers Darstellung der derzeitigen geopolitischen Situation fällt wie erwartet im Sinn der US-Strategen aus: Russlands Bestrebungen gingen dahin, die USA aus Europa zu vertreiben, um selbst mehr Einfluss zu gewinnen, während China sich vom einstigen ökonomischen Partner zum strategischen Rivalen entwickelt habe und nun auf »Wolfsdiplomatie« setze. Dagegen sei der globale Führungsanspruch der USA vor Trump und der Pandemie auf Wohlstand und Macht gegründet gewesen und habe auf drei Säulen geruht:

1. einer demokratisch verfassten inneren Ordnung,
2. dem Schutz der globalen öffentlichen Güter,
3. der Bereitschaft, sich an die Spitze internationaler Krisenbewältigung zu stellen.

Da hat Frau Stelzenmüller wohl einige Entwicklungen in den USA vollkommen ausgeblendet. Seit dem »Patriot Act« vom Oktober 2001 wurden weite Teile der demokratisch verfassten Ordnung eingeschränkt. In großen Teilen der Welt werden die Vereinigten Staaten als die Macht mit dem stärksten destabilisierenden Einfluss auf das Weltgeschehen gesehen, welche die größte Bedrohung für den Weltfrieden darstellt.[3] Dazu weisen sie den mit Abstand größten Militäretat auf, exportieren die meisten Waffen, überwachen alle Wasserstraßen der Welt, verhängen gegen »widerspenstige« Staaten Sanktionen und unterhalten Hunderte von Militärbasen rund um Eurasien.

Die Spitzenstellung der USA lässt sich dokumentieren durch Kriege und Regime Changes: Iran (1953), Guatemala (1954), Kuba (1961), Vietnam (1964), Nicaragua (1981), Grenada (1983), Panama (1989), Somalia (1993), Jugoslawien (1999), Afghanistan (2001), Irak (2003), Libyen (2011), Syrien (2012), Ukraine (2014) und Jemen (2015). Diese illegalen und völkerrechtswidrigen Kriege mit insgesamt mehr als 20 Millionen Toten und unzähligen Flüchtlingen waren geopolitisch motiviert, sie wurden bewusst provoziert und ermöglichten die Ausbeutung dieser Länder.

Keine zwei Wochen nach dem verkündeten Kriegsende im Irak, am 22. Mai 2003, wurde die »Executive Order 13303« erlassen. Das Gesetz diente allein dazu, die Profite der US-Ölkonzerne zu maximieren und sicherte ihnen absolute Straffreiheit bei Menschenrechtsverletzungen und Umweltdelikten zu. Wenn etwa ein amerikanischer Tanker mit irakischem Öl eine Ölkatastrophe verursacht – egal, ob vor einer irakischen oder einer US-Küste –, kann der Konzern nicht haftbar gemacht werden.

Der britische Weltkriegspropagandist H. G. Wells begründete den Kriegseintritt der USA von 1917 damit, dass *»der Unterseebootskrieg der Deutschen sie auf der Seite der antideutschen Verbündeten«* hineingezogen habe, wo sie doch *»eben erst begonnen (hatten), nach einer amerikanischen Lösung der Weltprobleme zu suchen«.*[4] Doch hatte die massive materielle und finanzielle Unterstützung der Entente ja erst zu dieser Situation geführt – wie so oft sind die internationalen Krisen durch die USA erst geschaffen worden. Niall Ferguson bringt diese Form von »Krisenbewältigung« auf den Punkt: *»Die eigentliche Rolle Amerikas als Imperialmacht besteht darin, die dafür notwendigen Institutionen dort zu etablieren, wo sie fehlen, wenn nötig – wie 1945 in Deutschland und Japan – mit Militärgewalt.«*[5]

Die Folgen der Corona-Pandemie für nationalstaatliche Institutionen, Handelsmärkte, Gesellschaftsleben, EU und transatlantische Beziehungen sowie für die internationale Gemeinschaft und ihre Institutionen sind noch nicht absehbar. Doch hat sie die Schwächen Europas sowohl auf nationalstaatlicher Ebene als auch in Brüssel drastisch aufgezeigt. So ist ein Nachdenken über die Zukunft des Kontinents und seiner Menschen dringend geboten. Die erkämpfte individuelle Freiheit samt der sozialen Errungenschaften sowie die traditionelle europäische Identität dürfen in dieser Großkrise, in der Freiheitsrechte und Marktwirtschaft erodieren und das monetäre System vor dem Kollaps steht, nicht aufgegeben werden.

Die gigantische Verschuldung wird zwangsläufig zu einer maßlosen Umverteilung führen, an deren Ende ein planwirtschaftlicher Staatsmonopolkapitalismus und die Unfreiheit des Einzelnen stehen könnte. Die Erzeugung von Angst gehört zum Handwerkszeug der Macht, dem muss man entgegenwirken, etwa indem wir die Chance nutzen, über die wirklichen Werte einer menschenwürdigen Gesellschaft nachzudenken: Freiheit und Schutz der Familie, Demokratie und Vertrauen, Eigentum und Verantwortung, Religion und Kultur.

Laut Constanze Stelzenmüller werden nach Corona auch die Großmächte Russland, China und die USA geschwächt dastehen. Das aber lasse nicht auf eine friedlichere Zukunft hoffen, im Gegenteil, denn die Situation werde dadurch noch verschärft. Ein Krieg der USA gegen China sei nicht auszuschließen.

Die Pandemie als Instrument, um die Welt im Sinne einer kleinen Elite umzugestalten? – Auf eine solche Chance hoffte schon David Rockefeller 1994: *»Alles, was wir brauchen, ist die richtige, größere Krise, und die Nationen werden die neue Weltordnung akzeptieren.«*[6]

## Kommt es zum Krieg gegen China?

China gilt im Westen zunehmend als große Gefahr für den Weltfrieden. In den nächsten Jahren wird sich entscheiden, ob die USA oder China die dominierende Supermacht für den Rest des 21. Jahrhunderts sein werden. Der Schlüssel dazu wird auch in der zellularen 5G-Netzwerktechnologie der fünften Generation liegen und hat mit dem Zugang zu seltenen Metallen zu tun, die für die neue digitale Welt der Kommunikationsüberwachung samt entsprechender Satellitensysteme, fortschrittlichen Waffen sowie der künstlichen Intelligenz notwendig sind. Im Moment soll China bis zu 95 Prozent der weltweiten Produktion kontrollieren. Daher fühlen sich die Eliten in den USA gezwungen, einen Weg zu finden, diese Bedrohung möglichst bald zu neutralisieren.

»Chinas Macht löst wachsende Ängste aus«, titelte die *Neue Zürcher Zeitung* am 12. Mai 2020. Tatsächlich nutzt die Volksrepublik ihre Wirtschaftskraft, um das Militär zu modernisieren und den politischen Einfluss rund um den Globus auszubauen. Die USA, so schreibt *Zeit-Fragen* am 29. Mai 2020, fühlten sich herausgefordert, Europa wirke unschlüssig. Die USA herausgefordert? Deren Rüstungsetat betrug 2019 das Dreifache von dem Chinas!

Der EU-Außenbeauftragte Josep Borrell ließ sich in dem Artikel »Die Sprache der Macht« vom 13. Februar 2020 über die Zukunft der EU aus. Damit die Union in der Weltpolitik eine Rolle spielen könne, müsse sie eine geostrategische Identität entwickeln. Im Umgang mit globalen strategischen und machtpolitischen Akteuren, also den USA, China und Russland, müssten Konzepte zur Verteidigung der Werte und Interessen der EU entworfen werden. *»Dies alles wird nicht einfach sein«*, erkennt Borell, der staatsmännisch hinzufügt: *»Aber ob politische Kämpfe gewonnen oder verloren werden, hängt davon ab, wie sie vermittelt werden. 2020 sollte das Jahr sein, in dem Europa an geopolitischer Dynamik gewinnt und dem Schicksal entgeht, ein Akteur auf der Suche nach seiner Identität zu sein.«*[7] Wenige Wochen zuvor hatte Borrell einen größeren wirtschaftlichen und militärischen Einsatz der Europäer in Libyen und im Irak gefordert. Die Union müsse ihre Ziele auch dann verfolgen, wenn sie denen der USA zuwiderliefen.[8] Diese selbstbewussten Äußerungen könnten jedoch für Nach-Pandemie-Zeiten in Europa nichts Gutes bedeuten.

Neben der Kriegsgefahr ist der Zusammenbruch des weltweit aufgeblasenen Schulden-Finanz-Systems die größte Bedrohung. Die 2008 geplatzte Finanzblase könnte sich zu einer Krise weit größer als die »Große Depression« von 1929 bis 1946 auswachsen. In dem verzweifelten Versuch, ihre Probleme zu lösen, haben die Regierungen Billionen neuen Geldes gedruckt, die Zinssätze auf unter null gesenkt und Banken, die sich verspielt haben, mit der Begründung »too big to fail« am Leben erhalten. Diese Tricks waren schon vor der Coronakrise ausgereizt, doch geht das Spiel munter weiter.

Oder gibt es doch noch Schranken? Am 5. Mai 2020 hat das Bundesverfassungsgericht das Anleihekaufprogramm der EZB teilweise für verfassungswidrig erklärt – zur Zufriedenheit des Beschwerdeführers im EZB-Verfahren, Peter Gauweiler. Allein bis Ende 2018 steckte die EZB ca. 2,6 Billionen (2 600 000 000 000) Euro in die Finanzmärke. Das Verfassungsgericht entschied, dass die Verhältnismäßigkeit der Maßnahmen nicht ausreichend geprüft und nicht transparent genug dargestellt worden sei. In einer Demokratie müssen diejenigen, die für dieses Finanzgebaren verantwortlich sind, auch abgewählt werden können. Dieses Prinzip ist durch Mario Draghi in der EZB ausgehebelt worden.

## Corona als Wegbereiter einer Weltregierung?

UN-Generalsekretär António Guterres sieht die Welt durch Covid-19 vor der größten Herausforderung seit dem Zweiten Weltkrieg und fordert darauf eine starke und effektive Antwort. Dem ehemaligen britischen Premierminister Gordon Brown fällt dazu nichts anderes ein, als vorübergehend eine Weltregierung schaffen zu wollen. Mitte August 2020 zog Bundestagspräsident Wolfgang Schäuble nach, als er von Corona als großer Chance für Europa sprach. Aus seiner Sicht sollte Europa das Einstimmigkeitsprinzip aufgeben, um in der Sicherheitspolitik handlungsfähiger zu werden. *»Der Widerstand gegen Veränderung wird in der Krise geringer. Wir können die Wirtschafts- und Finanzunion, die wir politisch bisher nicht zustande gebracht haben, jetzt hinbekommen.«*[9] Die Aufgabe des Einstimmigkeitsprinzips in Sicherheitsfragen bedeutet zwar noch nicht die Weltregierung, macht es jedoch für Nationalstaaten fast unmöglich, sich in außenpolitischen Fragen von den Vorgaben der EU-Kommission (und damit der USA) abzugrenzen. Vor dem Hintergrund der Krise in Belarus bekommt dieser Vorstoß Schäubles eine ungute Brisanz.

Die Forderung nach einer einheitlichen EU-Politik lässt sich in der Coronakrise leicht begründen. Schließlich zeigte sich die EU angesichts des Virenangriffs – obwohl der sich ja schon Monate vorher ankündigte – völlig hilflos. Eine einheitliche Gefahrenabwehr war und ist indes nicht zu erkennen. Und als die Krise die ersten Opfer in Italien forderte, fehlte jedes Zeichen der Solidarität. Das 750-Milliarden-Euro-Hilfspaket mit gemeinsamen Schulden, bei denen im Extremfall ein Schuldner für alle haften muss, stieß naturgemäß auf den Widerstand fiskalisch konservativer Länder, wurde dann aber nach zähem Ringen schließlich leicht modifiziert verabschiedet.

*Aufruf von Campact: Mit europäischer Solidarität in die Megaverschuldung? Wer profitiert letztendlich?*

Einem Paukenschlag gleich, legten Merkel und Macron ein 500 Milliarden-Zuschusspaket vor. Der EU-Kommission sollte erlaubt werden, auf den Finanzmärkten Kredite aufzunehmen. Das Geld sollte dann als nicht rückzahlbare Zuschüsse aus dem EU-Haushalt an die am stärksten von der Coronakrise betroffenen EU-Länder fließen, darunter Italien. Nicht für jeden war nachvollziehbar, dass die Auszahlungen im Einklang standen mit »europäischen Prioritäten« wie dem Kampf gegen den Klimawandel oder der Förderung der Digitalisierung. Dank Corona macht auch das Reiseüberwachungssystem »Known Traveler Digital Identy« Fortschritte. Es wurde am 26. März 2020 vom World Economic Forum vorgestellt. Dahinter stehen die Johns Hopkins University und die Bill & Melinda Gates Foundation, die auch die Pandemieübung »Event 201« veranstalteten. Eine Handy-App hält fest: biometrische Daten, Fingerabdrücke, Iris-Scans, Ausweisdokumente, Reiseverlauf sowie Immunitätsnachweise. Dieses System ist umfassender als jeder Flugdatensatz und ermöglicht die Massenüberwachung.

Es ist zu befürchten, dass mit den Wiederaufbaufonds nicht nur die Transfergemeinschaft, sondern auch eine Zentralplanungswirtschaft in der EU Konturen bekommen wird. Nichtsdestotrotz legte EU-Kommissionspräsidentin von der Leyen ein Paket mit 500 Milliarden Euro als Zuschüsse und noch einmal 250 Milliarden als Kredite vor.

Die EZB im Schatten der amerikanischen Zentralbank Fed, die inzwischen eine Staatsverschuldung von 24 Billionen angehäuft hat und Junkbonds aufkauft, kopiert nach James Corbett voll und ganz die Planwirtschaft in der ehemaligen Sowjetunion.[10] Auch Peter Boehringer, Vorsitzender des Haushaltsausschusses, sieht darin die Gefahr einer Diktatur: *»Die Herren des ›realen Falschgeldes‹ können Aktien kaufen, Zinssätze manipulieren und so Immobilienblasen erzeugen, Demonstranten kaufen, Politiker bestechen, Lehrer ideologisch indoktrinieren, Wissenschaftsergebnisse über ›Fördergelder‹ kaufen, jedwede Marktmanipulation erzeugen und dank unendlich tiefer Taschen länger als alle anderen durchhalten – und so letztlich alle Märkte sowie die Gesellschaft auf Abwege führen. Genau diese Entwicklung erleben wir heute – nicht erst durch Corona – aber dadurch noch massiv beschleunigt.«* Für Böhringer leben wir *»in einer Welt der ›Green Deals‹, der hinter riesigen ›Garantien‹ versteckten Insolvenzverschleppungen, der unkontrollierten Zuwanderung, des planwirtschaftlichen Machbarkeitswahns bis hin zur Beglückung der ganzen Welt mit Billionen an Scheingeld der EZB und des ›Wiederaufbau-Fonds‹ von Frau Merkel und Herrn Macron.«*[11]

Darüber hinaus droht Deutschland durch Corona ein sich verschärfendes demografisches Problem. Die Beraterfirma Prognos sagt für 2030 in Deutschland allein drei Millionen mehr Rentner bei vier Millionen weniger Erwerbstätigen vorher. Zusätzlich werden die Menschen deutlich älter sein als heute. Angesichts einer darniederliegenden Wirtschaft, finanzieller Instabilität, abstürzenden Börsenkursen und zunehmenden Insolvenzen werden enorme Kraftanstrengungen auf alle zukommen, verbunden mit Beschränkung und Verzicht und der Bereitschaft, sich das Leben neu einzurichten. Die neue Zeit wird die Chance bieten, von der Täuschung, die auf allen Ebenen des Alltags anzutreffen ist, zu mehr Wahrhaftigkeit zu kommen. Das geht nur mit einer Erneuerung der Institutionen – allen voran der UN, die als wenig demokratisches Konstrukt in der Kritik steht. Dafür sorgte unter anderen auch die außenpolitische NATO-Linie von Bill Clinton in Bezug auf die Vereinten Nationen, die sich wie folgt zusammenfassen lässt: *»wenn möglich mit der UNO, wenn nötig ohne die UNO«.*[12]

Für die USA wurden diese in den letzten Jahren offensichtlich zum Vehikel, mit dem sie ihre außenpolitischen Aktivitäten vorteilhaft voranbringen konnten. Die Rettung der UN durch eine Reform des Sicherheitsrats, dessen Grundstruktur in den Denkmustern von 1945 erstarrt ist, wird bei weitem nicht ausreichen, vielmehr muss das Konstrukt UN durch ein neues ersetzt werden.[13] Denn nicht nur der Sicherheitsrat, sondern auch die bestehenden UN-Organisationen sind aufgrund ihrer Verflechtung mit den Interessen der USA nicht mehr reformierbar. Es müssen endlich Strukturen geschaffen werden, die aus dem Frieden entstanden sind und denen die Menschen vertrauen können!

Ebenso sollte die Europäische Union in ein vereinigtes, föderal aufgebautes Europa der freien Staaten unter Einschluss Russlands transformiert werden, damit entstünden die »Föderativen Staaten von Europa« (FSE) – eine Staatengemeinschaft, in der der politische Einfluss von Oligarchen weitgehend unterbunden wird und alles, was zur Daseinsvorsorge unabdingbar ist, nicht in den Händen von Privatunternehmen liegt. Dabei sind die Verantwortungsbereiche im Sinne der regionalen Selbstständigkeit so weit wie möglich nach dem Subsidiaritätsprinzip nach unten zu delegieren. Eine Staatengemeinschaft, deren einzige Räson das Recht ist. Eine Staatengemeinschaft, die ihre Interessen nicht mit militärischen Mittel umsetzt, sondern die Interessen anderer achtet und Konflikte gemeinsam löst. Als einziges Machtmonopol stünde dann eine neue, von den jetzt 193 Mitgliedern der UN plus den ebenfalls zu berücksichtigenden Ethnien Amazonas-Indianer, Inuit etc. geschaffene Völkergemeinschaft.

## Was wird die Zukunft bringen?

Unter anderem die Abkehr von der Illusion, dass die Globalisierung ein Segen für die Menschheit sei. Es war nur eine oberflächliche und einseitige Win-Win-Situation: Die Konzerne konnten ihre Gewinne maximieren und die Konsumenten in den wohlhabenden Ländern ihre Ausgaben minimieren. Auf der Strecke blieben die ausgebeuteten Tagelöhner in den Armutsländern und eine geschundene Umwelt. Anfang April 2020 erschien im *St. Galler Tagblatt* ein aufschlussreicher Kommentar des Chefökonomen Daniel Kalt der Schweizer Großbank UBS Group AG – ein globalisierter Riesenkonzern par excellence, der zu den weltweit größten Vermögensverwaltern zählt. Mit deutlichen Worten legte Kalt die Schädlichkeit der Globalisierung offen und bezeichnet sie als ein *»systemrelevantes Risiko«*.

So sei das Finanzsystem in der 2007/2008 von den USA ausgehenden Finanzkrise aufgrund der enormen Vernetzung nur knapp einem Kollaps entgangen. Und nun würden die weltweiten drastischen Maßnahmen im Zusammenhang mit dem Coronavirus zu einer *»extrem synchronen und tiefen globalen Rezession«* führen. Inzwischen habe sich *»in weiten Bevölkerungskreisen die Einsicht durchgesetzt, dass eine ungezügelte Globalisierung durch den fast ungehinderten weltweiten Austausch von Kapital, Gütern, Dienstleistungen, Know-how und vor allem Arbeitskräften in der weniger gut ausgebildeten Arbeitsbevölkerung mehr Verlierer als Gewinner generiert«*. Aus diesem Grund hätten die Regierungen vieler Nationen in den letzten Jahren wieder stärker ihre nationalen Interessen und den Schutz ihrer eigenen Produktion in den Vordergrund gestellt. Beispiele seien die America-First-Doktrin, der Brexit sowie der Handelsstreit USA-China. Weiterhin sei es in vielen Unternehmen zunehmend zu einem *»Bewusstsein für die enormen Abhängigkeiten in einer globalisieren Lieferkettenstruktur«* gekommen. Hier gebe es jetzt einen Konsens mit den Forderungen der Globalisierungskritiker: *»Hand in Hand mit einer lokaleren Produktion gehen auch Anliegen jener Kreise, die eine verstärkte Nachhaltigkeit in unserem Wirtschaftssystem fordern.«*[14]

Diese Worte sollten zum Nachdenken anregen und die Menschen ermutigen, ihre Stimme zu erheben, angesichts der unwissenden respektive schweigenden Masse ist ein mutiges Eintreten für die echten europäischen Werte nötiger denn je. Und das geschieht in zunehmendem Maße. Am vorletzten Maiwochenende waren in Deutschland an die 100 000 Menschen auf Straßen und Plätzen, um für die Grundrechte zu demonstrieren. Besonders engagiert der Demokratische Widerstand, der die gleichnamige und zu diesem Zeitpunkt größte Wochenzeitung der Republik bundesweit verteilte.[15] Am 26. Mai wurde ohne Vorwarnung und ohne schriftliche Begründung das Konto des Vereins auf staatsanwaltschaftliche Initiative aufgelöst. Die Sparkasse musste die Spenden rücküberweisen. Während Teile der Bevölkerung aus einer diffusen Ahnung heraus hilflos mit dem Grundgesetz unter dem Arm demonstrieren, reagiert das System mit unerbittlicher Härte.

Die Soziologin und Politikwissenschaftlerin Claudia von Werlhof sieht die aktuellen Geschehnisse in einem noch viel größeren Zusammenhang.[16] Sie antizipiert mögliche Szenarien, die alle einem schon länger angelegten »Plan« folgten – verortet in dem wohl unvermeidlichen Paradigma der vierten industriellen Revolution. Einer Revolution, in der *»Gentechnik samt synthetischer Biologie, der Künstlichen Intelligenz und der Nanotechnik sowie des Geoengineering und mit ihm der verstärkten Anwendung von elektromagnetischen Technologien in höheren Bereichen der Erdatmosphäre ebenso wie in unserem Körper«*[17] einhergehe.

An den derzeitigen Erfolgen der mit diesen Technologien arbeitenden Konzerne bzw. des militärisch-industriellen Komplexes kann man gleichzeitig erkennen, worum es bei der Neustrukturierung der Weltwirtschaft anlässlich ihres mit dem Lockdown gerade herbeigeführten »kontrollierten Kollapses« geht. Seit Dezember 2019 propagiert Frau von der Leyen ihren »Green New Deal«, dabei geht es angeblich um die Einführung einer postkapitalistischen, postindustriellen, deglobalisierten und naturfreundlichen Gesellschaft. Unter diesem Etikett soll eine digitale Megamaschine der künstlichen Intelligenz alle beteiligten »Dinge« – auch die Menschen mittels Sensoren – nun »kybernetisch« miteinander vernetzen. Hurra! Mit einer EU, die von Anbeginn ein kapitalorientiertes Wirtschaftsprojekt war, mehr an monetärer Einheit als an sozialem und kulturellem Zusammenwachsen interessiert, soll nun eine naturfreundliche, »grün-alternative« Gesellschaft entstehen? Hoffentlich werden die Menschen im beginnenden Auflösungsprozess der alten Welt erkennen, dass mit solcherart Predigten nur das Schwindeletikett auf die Interessen globaler Finanzhasardeure und Marktradikalisten geklebt wird.

Wie wird das Seidenstraßenprojekt die Corona-Krise überstehen? Die weltweiten wirtschaftlichen Folgen stellen neben anderen Problemen Chinas Vorzeigeprojekt vor gewaltige Schwierigkeiten. Denn die zentralen Schifffahrts- und Eisenbahnwege, über die künftig der Warenverkehr von und nach China strömen soll, führen durch einige der ärmsten und am stärksten von Zahlungsausfällen bedrohten Volkswirtschaften.

Carl Friedrich von Weizsäcker befürchtete 1981, dass die Weltzivilisation ihre Probleme nicht beheben könne, ohne eine Kette von Ereignissen auszulösen, die ihre eigene Existenz gefährden. Er prognostizierte Kriege im Süden und hielt sogar einen dritten Weltkrieg für möglich, da die Abschreckung nur durch Waffensysteme gesichert sei, die alle zehn Jahre veralten. *»Wenn ich hier richtig sehe«,* so der Friedensforscher, *»lautet die politisch mögliche und zugleich wirtschaftlich sinnvolle Alternative nicht: Weltwirtschaftsordnung oder weltweiter freier Markt, sondern marktgerechte Weltwirtschaftsordnung oder Revolution und vermutlicher Krieg.«*[18]

Nun scheinen sich die Befürchtungen zu bestätigen. Das wegen Corona gestoppte Megamanöver Defender 2020 soll nun doch fortgesetzt werden, vor allem »um Russland abzuschrecken«. In Ostasien hat das Pendant dazu, Defender Pacific, das gleiche Ziel China gegenüber. Die Planungen laufen bereits. Während die deutsche Marine die »Nasse Nordflanke« bei einem möglichen Krieg mit Russland schützen will – dazu werden neue Korvetten und Fregatten angeschafft –, patrouilliert die US-Navy mit Kampfschiffen in der Arktis wie seit dem Kalten Krieg nicht mehr.

Damit von Weizsäckers böse Ahnungen nicht eintreffen, müssen die Archive in West und Ost in Bezug auf den Ersten und Zweiten Weltkrieg sowie den Kalten Krieg geöffnet werden. Diese Forderung stellte Präsident Putin in der US-amerikanischen Fachzeitschrift *National Interest.* Für Putin besteht die Notwendigkeit, die Analyse der Ursachen, die zum Weltkrieg geführt hatten, die Überlegungen über seine komplizierten Ereignisse, Tragödien und Siege, über seine Lehren – für unser Land und die ganze Welt – fortzusetzen. *»Und hier – ich wiederhole – ist es grundsätzlich wichtig, sich nur auf Archivakten, Zeugnisse von Zeitgenossen zu verlassen, und jegliche ideologischen und politisierten Spekulationen auszuschließen. Ich erinnere noch einmal an offensichtliche Dinge: Die eigentlichen Ursachen des Zweiten Weltkrieges ergeben sich in vieler Hinsicht aus den Entscheidungen, die zu den Ergebnissen des Ersten Weltkrieges getroffen wurden. Der Vertrag von Versailles wurde für Deutschland zu einem Symbol tiefer Ungerechtigkeit.«*[19] Kein Wunder, dass diese geradezu beschämenden Ausführungen in Deutschland ignoriert werden. Der Vorgang in Versailles 1918/19 wird vor allem von deutschen Politikern und der deutschen historischen Zunft bewusst weitgehend ausgeklammert und die Weltkriegsgeschichte ausschließlich auf den Zweiten Weltkrieg projiziert – hier ist der Aggressor deutlich auszumachen.

»*Wo ist eine deutsche Bundesregierung und wo eine deutsche Staatsspitze*«, fragt Willy Wimmer, »*die sich einer Auseinandersetzung über die von Herrn Präsidenten Putin – ebenso wie vor einigen Wochen durch den französischen Präsidenten Macron – angesprochene Rolle des Rache-Diktats von Versailles 1919 stellen?*«[20] Auch Wimmer kritisiert, dass sich weder der Bundespräsident noch die Bundeskanzlerin zum 100. Jahrestag mit dem Vertrag von Versailles und seinen Folgen beschäftigt haben. Bei Putin und Macron ist die Erkenntnis schon angekommen: Ohne Versailles kein Hitler und ohne Hitler kein Angriff auf Polen am 1. September 1939.

Für Willy Wimmer hat Präsident Putin »*mit seinem Grundsatztext über die Lektionen aus dem Zweiten Weltkrieg einen herausragenden Platz im historischen Gewissen der ganzen Welt eingenommen*«.[21] Es bleibt abzuwarten, ob Putin auch Russland belastende Dokumente veröffentlichen wird, aus denen hervorgeht, dass Russland schon 1888 zum Nachteil Deutschlands mit der Annäherung an Frankeich begonnen hatte.[22] Nach dem verlorenen und verlustreichen Krieg Russlands in der Mandschurei 1905 kam dann 1907 das russisch-englische Bündnis. Das deutsche Kaiserreich war damals also in einer ähnlichen Situation wie China heute. Wie würde sich Russland wohl im Fall eines kriegerischen Konflikts China-USA/EU verhalten?

Noch lässt die Covid-19-Pandemie keinen Blick in die Archive zu. Die Weltwirtschaft wurde mehr oder weniger zum Stillstand gebracht und dadurch eine Wirtschaftsdepression wie in den 1930er-Jahren verursacht.

## Das Weltwirtschaftsforum und der »Große Neustart«

Vor den Bildern schwindelerregender Folgen der Pandemie kündigte der Gründer des World Economic Forum (WEF), Klaus Schwab, im Juni einen »*einzigartigen Zwillingsgipfel*« als Folge der globalen Gesundheitskrise für Januar 2021 in Davos in der Schweiz unter dem janusköpfigen Motto »The Great Reset« an. Diesen »großen Neustart« definierte der Bilderberger Schwab als »*Verpflichtung, gemeinsam und dringend die Grundlagen unseres Wirtschafts- und Sozialsystems für eine gerechtere, nachhaltigere und widerstandsfähigere Zukunft zu schaffen*«.[23] Er fordert einen neuen Gesellschaftsvertrag, in dessen Mittelpunkt Menschenwürde und soziale Gerechtigkeit stehen und bei dem der gesellschaftliche Fortschritt nicht hinter der wirtschaftlichen Entwicklung zurückbleibt: »*Wir brauchen ein Umdenken, den*

*Übergang vom kurzfristigen zum langfristigen Denken, den Übergang vom Aktionärskapitalismus zur Verantwortung der Stakeholder [Aktionär, Mitarbeiter, Kunde, Lieferant, Anm. d. Verf.].«*

Es soll eine ganz spezifische Agenda – mehr Gerechtigkeit, mehr Nachhaltigkeit – im Sinn der 2015 beschlossenen UN-Agenda 2030 vorangetrieben werden. Diese zielt auf eine »nachhaltige Welt« ab, mit gleichen Einkommen, mit einer Gleichstellung der Geschlechter und mit für alle verfügbaren Impfstoffen dank der Weltgesundheitsorganisation und CEPI.

Bei der Präsentation von »The Great Reset« arbeitete Schwab geschickt mit der Angst um den Planeten und rückt den Klimawandel und die grüne Agenda in den Mittelpunkt: *»Wir haben nur einen Planeten und wir wissen, dass der Klimawandel die nächste große Katastrophe sein könnte, mit noch dramatischeren Folgen für die Menschheit.«*[24] Um zu unterstreichen, wie grün und nachhaltig seine Ziele sind, ließ das WEF den englischen Thronfolger Prinz Charles auftreten, der mit Blick auf die globale Covid-19-Katastrophe sagte: *»Wenn wir eine einzelne zentrale Lektion aus dieser Krise mitnehmen, dann die, dass wir die Natur in den Mittelpunkt unseres*

*Jahrestreffen des WEF 2008 in Davos mit Gründer Klaus Schwab. Ihm zufolge besteht jetzt, in der Pandemie, die Chance, unsere Welt zu überdenken und neu zu gestalten. Doch nach wessen Vorstellungen?*

*Tuns stellen müssen. Wir dürfen schlichtweg keine Zeit mehr verlieren.«*[25] Mit dieser Inszenierung suggerierte Schwab, dass der eigentliche Grund für die katastrophale Corona-Pandemie der Klimawandel sei. Weiter schwebt dem WEF-Chef vor, dass die enormen Konjunkturprogramme, welche die EU, die USA, China und andere Länder gerade verabschiedet haben, für den Aufbau einer neuen Wirtschaft genutzt werden, die *»widerstandsfähiger, gerechter und auf lange Sicht nachhaltiger ist«*.

Diese hehren Ziele sollen von einer Finanz- und Wirtschaftselite umgesetzt werden, die den heutigen Zustand zu verantworten hat? Einer Elite, die sich nun auf einmal Sorgen um das Weltklima macht und im Privatjet anreist? 2019 jedenfalls sollen rund 1500 private Flieger rund um den Gipfel gelandet sein, analysierte das Unternehmen Air Charter Service die Flugbewegungen rund um das Forum.[26]

Der umtriebige und vielseitig vernetzte Schwab – zu seinen Freunden und Unterstützern zählen z. B. der Jesuitenpapst Franziskus, der Rockefeller-Insider Henry Kissinger, mit dem er seit seinem Harvard-Studium vor 50 Jahren bekannt ist, oder auch der ehemalige Clinton-Berater David Gergen, Mitglied des einflussreichen Council on Foreign Relations und der Trilateralen Kommission – sitzt auch im achtköpfigen Steuerungskomitee der Bilderberger, die längst zu einer heimlichen Weltschattenregierung geworden sind. So kann Schwab neben Davos mit den von ihm ausgewählten Wirtschaftsführern und Spitzenpolitikern über globale, regionale und wirtschaftliche Themen sprechen und vermutlich auch Ziele formulieren. In seinem Young-Global-Leader-Forum finden sich u. a. der Medienmagnat Mark Zuckerberg, der Google-Mitbegründer Larry Page oder auch Sebastian Kurz, der zweitjüngste Regierungschef der Welt. Mit Schwab und Gergen hat das WEF also nicht zu unterschätzende weltweite Einflussmöglichkeiten.

Die Pandemie stellt für Schwab *»ein seltenes wie enges Zeitfenster dar, unsere Welt zu reflektieren, neu zu überdenken und neu zu starten«*.[27] Dazu sollen die Bedingungen für eine »Stakeholder Economy«[28] geschaffen werden. An zweiter Stelle stehen die Ziele Gleichheit und Nachhaltigkeit. Dem WEF-Chef schwebt vor, eine »grüne« städtische Infrastruktur aufzubauen und den Firmen Anreize zu bieten, bei den Leistungsindikatoren aus den Bereichen Umwelt, Soziales und Unternehmensführung (Environmental, Social and Governance, ESG) besser abzuschneiden. An dritter Stelle steht die »vierte industrielle Revolution«: Genomchirurgie (gezielte Eingriffe in das Erbgut) und Biotechnologie, Transhumanismus, künstliche Intelligenz, Impfungen neuen Typs, 5G-Telekommunikation usw.

Um diese Visionen umzusetzen, gründete Milliardär Elon Musk 2016 das US-amerikanische Neurotechnologie-Unternehmen Neuralink mit dem Ziel, schwere Erkrankungen des Gehirns sowie des zentralen Nervensystemsbesser behandeln zu können. Ein weiteres Ziel ist die Entwicklung eines Geräts zur Kommunikation zwischen dem menschlichen Gehirn und Computern mittels einer durch künstliche Intelligenz angereicherten Hirncloud (sogenannte Brain-Computer-Interface).[29] Damit wären die individuellen Gedanken für jeden verfügbar, der sich an diese Cloud anschließt. Die deutsche Kommunikationswissenschaftlerin Miriam Meckel warnt davor – so etwas würde den nahezu unbegrenzten Zugriff auf das Innerste der individuellen Persönlichkeit mit sich bringen.[30]

Diese Entwicklungen sind eine konsequente Weiterführung des mechanistischen Weltbildes, das durch die Newton'che Mechanik und die Vorherrschaft der Naturwissenschaften begründet wurde und zum Welt- und Menschenbild des Darwinismus führte. Das Urbild der Fehlentwicklung ist die Überbetonung kognitiver Kausalität seit der Aufklärung und damit die Vernachlässigung des ganzheitlichen Menschenbildes. Geist und Seele werden negiert, da nicht beweisbar, nur die materielle Wirklichkeit bestimmt das Tun.

Ganz gleich, was mit »The Great Reset« bezweckt werden soll, die Gewinner sind die Top-Milliardäre, die bis Ende Mai 2020 in den USA durch die Krise einen Vermögenszuwachs von 434 Milliarden Dollar erzielt haben. Gleichzeitig lebten 38 Millionen Menschen unter der Armutsgrenze. Die Schere zwischen Arm und Reich wird weiter auseinanderklaffen, was potenziell zu tiefen Verwerfungen führt. Etwas Ähnliches konnte während der Weltwirtschaftskrise von 1907 beobachtet werden. Zum Bankenkrach war es damals gekommen, weil die großen Banken-Trusts (heute Kartelle) die staatliche Bankenregulierung »kunstvoll« umgangen hatten, was ebenso wie heute nicht risikofrei war. Vor allem J. P. Morgan hatte über sein Bankenkonglomerat die Krise bewusst herbeigeführt, um zur Mehrung von Vermögen und Macht billig Aktiva aufzukaufen, während Millionen Menschen in Armut gestürzt wurden.

Im Juni 1908 wurde die Arbeitslosigkeit in den USA auf 5 Millionen geschätzt.[31] Wohltätigkeitsorganisationen waren von Obdach- und Arbeitslosen überschwemmt, die Kriminalität stieg stark an, die Gefängnisse waren überfüllt. Auch in Europa wurden Hunderttausende wirtschaftliche Existenzen vernichtet. Infolge der Krise konnten die Verursacher dann 1913 die Federal Reserve Bank gründen, und damit hatten sie die schuldenbasierte Lizenz zum Gelddrucken.

Es entstand unser heutiges Finanzsystem der Kapitalströme ohne entsprechende Realwerte, dessen Krise seit 2008 immer noch nicht gelöst ist. Nur durch immer neue Schuldenmilliarden wurde der Zusammenbruch bis jetzt verhindert bzw. verdeckt, und der von Schwab geforderte Reset wird die Umverteilung im Sinne des spekulativen Kapitals weiter vorantreiben. Für die soziale Seite – z. B. ein bedingungsloses Grundeinkommen – werden die Steuerzahler haften, also diejenigen, die sich mit ihrem Fleiß bescheidene Realwerte geschaffen haben. Ziel ist die Konzentration von Geld und Macht auf der einen Seite und die Schaffung von Abhängigkeiten auf der anderen. Auf der Strecke bleiben die Autonomie des Einzelnen und ein gewachsener Mittelstand.

Will sich der »Elitenzirkel«, der für den Zustand des Planeten verantwortlich ist, mit einem »Reset« aus der Verantwortung stehlen? Dieser »Reset« mit grünem Anstrich wird bei vielen Gutgläubigen Hoffnungen wecken, doch in Wirklichkeit dürfte er denjenigen, bei denen Geld, Vermögen, Wissen und Information gebündelt sind, auch künftig Macht und Einfluss sichern. Den gewählten Regierungen und den Leitmedien wird allenfalls noch die Rolle zufallen, den Bürgern das Bild von einem souverän agierenden Staat vorzugaukeln.

Der Kapitalismus kennt keinen Reset-Knopf. Wenn das Finanzsystem in den nächsten Jahren, wie zu vermuten, kollabieren wird, kann es nicht wie ein abgestürzter Computer wieder hochgefahren werden. Das einzig Mögliche ist, den Zusammenbruch kontrolliert und international konzertiert vonstattengehen zu lassen. In dieser Krise können die wirklich Reichen gigantische Vermögenszuwächse verzeichnen, während durch die Gelddruckerei der Zentralbanken der Bevölkerung massiv Kaufkraft entzogen wird. Vor allem der Mittelstand dürfte stark in Mitleidenschaft gezogen werden.

Die Frage hat sich immer gestellt und stellt sich heute im Besonderen: Inwieweit ist technischer Fortschritt eine alternativlose Vorgabe für die Zukunft? Wer will diesen Fortschritt, wer profitiert davon und inwieweit gibt es breite Diskussion? Sind ein paar Milliardäre tatsächlich in der Lage, die Zukunft der Menschheit zu bestimmen?

Darüber hinaus muss eine demokratisch verfasste Gesellschaft die Entfaltung der individuellen Fähigkeiten, der Selbstbestimmung und der Selbstverantwortung sicherstellen. Nur dort, wo die Möglichkeiten des Einzelnen bzw. einer kleinen Gruppe nicht ausreichen, Aufgaben zu lösen, sollen staatliche Institutionen subsidiär eingreifen. Das Subsidiaritätsprinzip, also das Prinzip der größtmöglichen Eigenverantwortung des Individuums, der Familie oder der Gemeinde, geht auf Aristoteles zurück, wurde von Thomas von Aquin weiterentwickelt und von Johannes Althusius ausformuliert. Es ist nicht nur ein wesentliches Element der Reformation und der katholischen Soziallehre, sondern auch Grundlage unserer demokratischen Verfassung. Sogar im Vertrag von Lissabon ist es verankert (Art. 5 Abs. 3 EUV).

Doch in der Praxis gehen ideologische Zielvorstellungen der EU zunehmend zu Lasten pragmatischer Problemlösungen, was häufig Politiker auf den unteren Entscheidungsebenen dazu veranlasst, auf die Zwänge durch die EU zu verweisen. So wirft der deutsche Staatsrechtler Rupert Scholz der EU und vor allem ihrer Kommission vor, die nationalen Parlamente durch Missachtung des Subsidiaritätsprinzips zunehmend zu entmachten.[32]

Ein Blick auf die Anfänge der europäischen Kulturgeschichte könnte zeigen, was uns bevorsteht, und helfen, Fehlentwicklungen zu vermeiden. Das antike Stadtwesen (Polis) war das Rückgrat der geistigen Kultur der Griechen. Die Polis wurde schließlich von der zum Weltreich angewachsenen römischen Militärmonarchie aufgesogen. *»Das Imperium ist dementsprechend begleitet von tiefsten geistigen Umwälzungen, der rationell-individualistischen Weltkultur, dem Weltrecht, der Weltreligion und dem Erlösungsbedürfnis einer erdrückten und geistig entwurzelten Bevölkerung.«*[33]

Die aktuelle weltweite Wirtschaftskrise zeigt eindrücklich, dass zu komplexe Systeme von der Politik nicht mehr kontrolliert werden können. Schon 2001 hat Ernst Friedrich Schumacher in seinem Buch »Small is beautiful« darauf hingewiesen, dass nachhaltiges Wirtschaften nur durch die Rückkehr zu überschaubaren Einheiten erreicht werden kann.[34]

Peter Sloterdijk bezeichnete 2014 die Postmoderne als das »Zeitalter der Reparaturen«. Für ihn ist im 21. Jahrhundert größere Politik nur noch als »ausgeweiteter Pannendienst« möglich. *»Von dem fantasiert die wohlmeinende politische Theorie seit einer Weile unter dem Stichwort Global Governance. Das Wort bezeichnet ein Vorhaben, das praktisch und faktisch nicht gelingt, weil in der Welt der lokal zersplitterten Agenden immer anderes wichtiger sein wird als die Sorge ums Ganze.«*[35]

Es ist an der Zeit, allen zentralistischen Bestrebungen einen Riegel vorzuschieben und dem kontraproduktiven Schwarz-Weiß-Denken (international = gut, regional = schlecht) die gezielte Stärkung des Subsidiaritätsprinzips entgegenzustellen. Unsere Systemstruktur braucht tatsächlich einen Wandel. Die Macht muss eingehegt werden. Es kann und darf nicht sein, dass eine Finanz- und Kapitaloligarchie über den gewählten Regierungen steht. In einer demokratisch verfassten Welt darf nicht mit Geld Einfluss auf die Politik genommen werden.

Auf der Festveranstaltung zum 60. Geburtstag der CDU 2005 in Berlin forderte die damalige Kanzlerkandidatin Angela Merkel *»einen Wechsel zu neuer Freiheit«*. Für wen? Für multinationale Konzerne? Für einen ungebremsten Kapitalismus? Auf jeden Fall nicht für die Normalbürger, denn sie erklärte, Deutschland habe keinen Rechtsanspruch auf Demokratie und soziale Marktwirtschaft für alle Ewigkeit.[36] Das hätte doch hellhörig machen müssen. Heute, 15 Jahre später, wirkt dieser Ausspruch beklemmend aktuell.

Das Grundgesetz schreibt in Art. 79 Abs. 3 eine Bestandsgarantie für verfassungspolitische Grundsatzentscheidungen (sogenannte Ewigkeitsklausel) fest. Sie betrifft die Gliederung des Bundes in Länder, die grundsätzliche Mitwirkung der Länder bei der Gesetzgebung oder die in den Artikeln 1 und 20 niedergelegten Grundsätze.[37]

Mit erstaunlicher Klarheit meinte vor 2500 Jahren der antike Philosoph Platon (427–348 v. C.) in seiner Politeia, dass sich die Demokratie bei einem Übermaß an Freiheit in eine Tyrannei verwandelt. Unersättlichkeit und Zügellosigkeit würden zum Fall des Staatswesens samt ihrer demokratischen Verfassung führen.[38]

Am 2. September 2020 ließ die deutsche Bundesregierung verlauten, dass Ärzte der Charité den zweifelsfreien Nachweis für die Vergiftung des russischen Kremlkritikers Alexei Nawalny mit einem Nervenkampfstoff aus der Gruppe des Nowitschok erbracht hätten. Ohne gesicherte Informationen zu haben, schoss die CDU-Vorsitzende und Verteidigungsministerin Annegret Kramp-Karrenbauer aus der Hüfte: *»Der Fall Nawalny passt zu dem Verhalten, das wir von Putin und seinem Regime kennen.«*[39] Zudem sei bekannt, dass die russische Führung Kritiker im In- und Ausland ausschalte. Und Kanzlerin Merkel verlangte von der russischen Regierung die Beantwortung *»schwerwiegender Fragen«*. Der Vorsitzende der Linksfraktion im Bundestag, Dietmar Bartsch, verurteilte die Vergiftung Nawalnys ebenfalls ausdrücklich: *»Die Verantwortlichkeiten müssen aufgeklärt und die Schuldigen müssen zur Verantwortung gezogen werden.«* Und er ergänzte: *»Die selten harte Reaktion der Bundesregierung ist angemessen.«*[40] Tja, wenn man 2021 mit den Grünen koalieren will, muss man mit ihnen heulen. Nun will die NATO über eine mögliche Reaktion auf die Vergiftung Alexei Nawalnys beraten, und die EU-Staaten schließen weitere Sanktionen gegen Russland nicht aus.

Frank Elbe, ehemaliger Botschafter und Experte für chemische Kampfstoffe, fand den Einsatz der Nervengases Nowitschok gegen Nawalny äußert merkwürdig. Die Herstellung von supertoxischen tödlichen Nervengiften sei sehr einfach, die Modifizierung zu einer nicht tödlichen Substanz hingegen eine recht anspruchsvolle Aufgabe. So fragt Elbe, wer ein politisches Interesse hat, auf den Einsatz eines Nervengases hinzuweisen, oder warum ausländische Labors voreilige Schlüsse ziehen, die sich für eine negative Berichterstattung über Russland eignen. Ohne ausreichende Beweise sei es viel zu früh, Sanktionen zu fordern. Zuvor seien folgende wichtige Fragen zu beantworten:

1. Hätte der Kreml angesichts seiner Absichten, Nord Stream 2 zu einem erfolgreichen Unternehmen zu machen, wirklich ein Interesse daran, in einen Mordfall verwickelt zu werden?
2. Ist Nawalny die Hauptbedrohung für Putin, oder könnte es sein, dass der Russe stärker von Feinden innerhalb des russischen politischen Establishments bedroht ist?
3. Wer wäre denn überhaupt bereit, die Lücke in der Gasversorgung Europas zu schließen, wenn die britischen, niederländischen und norwegischen Gasfelder erschöpft sein werden – in nur wenigen Jahren?

Die Beantwortung dieser Fragen sei viel wichtiger als die gegenwärtige Aufregung und Agitation.[41]

Von verantwortlicher Diplomatie kann hier nicht mehr gesprochen werden. Und bei Licht besehen: Weswegen sollte die russische Regierung einen Oppositionspolitiker ermorden, der im Inland kaum eine realpolitische Bedeutung hat? Darüber hinaus ein Gift verwenden, das offenbar schon im Fall des Doppelspions Sergei W. Skripal nicht funktioniert hat? Soll hier eine Kriegssituation in Europa heraufbeschworen werden? Für Willy Wimmer sind die aktuellen Äußerungen der Bundesregierung *»nicht losgelöst von den Ereignissen in Minsk und in Weißrussland«* zu sehen. Dies beruhe auf Erfahrungen, die man vor amerikanischen Wahlen immer wieder gemacht habe. Alle Möglichkeiten würden genutzt, um *»Regierungen in Kriege zu ziehen«.*[42] Soll die Bundesrepublik also jetzt vielleicht in eine Auseinandersetzung mit der Russischen Föderation hineingezogen werden?, fragt Willy Wimmer. Die

Bundesregierung hat angekündigt, mit Partnern in der EU und bei der NATO über eine *»angemessene gemeinsame Reaktion«* auf diesen *»bestürzenden Vorgang«*[43] beraten zu wollen. Das wurde in Brüssel bei der NATO sicher dankbar begrüßt, damit die Deutschen endlich auch an die Kandare genommen werden können. Das hat mit normalen zwischenstaatlichen Beziehungen oder einer auf friedliche Zusammenarbeit ausgerichteten Politik nichts mehr zu tun. Sollen Kriegsgründe gesucht werden? Dann wäre eine Operation unter falscher Flagge nicht auszuschließen.

Diese These wird vom belarussischen Präsidenten unterstützt, der nach eigenen Angaben von seinen Geheimdiensten Beweise dafür hat, dass der Giftanschlag auf Nawalny vom Westen vorgetäuscht worden sei. Aus abgefangenen Telefonaten zwischen Berlin und Warschau würde dies eindeutig hervorgehen, so Lukaschenko am 3. September im Fernsehen. Durch diese Aktion solle nach Meinung Lukaschenkos Moskau von einem Eingreifen in Belarus abgehalten werden.[44] Einen Tag später sagte US-Präsident Donald Trump bei einer Pressekonferenz, dass der Giftanschlag auf den Kremlkritiker Alexei Nawalny bislang nicht erwiesen sei: *»Wir haben noch keine Beweise bekommen.«*[45]

Eine demokratische Kultur braucht offenen und öffentlichen Austausch ohne versteckte Zensur und eine in jeder Hinsicht transparente Politik, keinen im Hintergrund inszenierten Etikettenschwindel.

Bei den Großdemonstrationen am 1. und am 29. August 2020 in Berlin wurde deutlich, dass viele Menschen in unserem Land spüren, dass die Grundrechte auf dem Spiel stehen. Neben Plakaten mit Mahatma Gandhi, John Lennon und Che Guevara war am 29. August ein buntes Fahnenmeer zu sehen, darunter auch Flaggen des Kaiserreichs. Von unseren Meinungsmachern werden die schwarz-weiß-roten Flaggen ausschließlich als Reichsbürger- oder Nazi-Fahnen bezeichnet, dabei stehen diese Fahnen eigentlich für das wilhelminische Deutschland und wurden von den Nationalsozialisten lediglich übernommen. Wie kommt es, dass sich junge Leute mit dem seit 1918 als imperialistisch dämonisierten Kaiserreich identifizieren? Vielleicht hat es sich herumgesprochen, dass auch diese Dämonisierung eine Lüge war, dass das wilhelminische Deutschland in Sachen Bildung, Wissenschaft und Sozialgesetzgebung ein Vorreiter war und nichts weniger brauchen konnte als einen Krieg mit seinen Nachbarn – Zusammenhänge, die etwa im Buch »Wiederkehr der Hasardeure – Schattenstrategen, Kriegstreiber, stille Profiteure 1914 und heute« ausführlich beleuchtet wurden.

Noch scheinen die Kriegstreiber an den Schalthebeln der Macht zu sitzen. Einen Monat nach der Großdemonstration in Berlin skizzierte der Generalinspekteur der Bundeswehr, Eberhard Zorn, die *»anspruchsvollste Aufgabe der Bundeswehr«*: Während Akteure mit globalen Interessen wie Russland und China den internationalen Frieden stören, sichere (!) die Bundeswehr mit Eurofightern den Luftraum über dem Baltikum. Wörtlich schrieb er: *»Wir beteiligen uns wesentlich am zentralen Abschreckungsinstrument, der Nato-Speerspitze, die wir 2023 wieder anführen. Unsere Heeresbrigaden führen multinationale Verbände zur Unterstützung Litauens. Und unsere Marine ist in allen Nato-Einsatzverbänden in Mittelmeer, Nord- und Ostsee aktiv. ... Durch unsere Lage mitten im europäischen Nato-Gebiet sind wir Drehscheibe alliierter Truppenbewegungen und rückwärtiger Operationsraum, damit aber auch potentielles Angriffsziel. Wir befinden uns nach wie vor in Reichweite konventioneller und nuklearer Waffen.«*[46] Ein Mann, der einmal geschworen hat, das Recht und die Freiheit des deutschen Volkes tapfer zu verteidigen, erklärt dieses Land ungerührt zum Spielfeld eines Dritten Weltkriegs.

Wenige Wochen später übt die Bundeswehr mit Tornados des taktischen Luftwaffengeschwaders 33 im Rahmen der NATO-Übung »Steadfast Noon« die nukleare Teilhabe. Der Verband ist auf dem Fliegerhorst Büchel in der Eifel stationiert, wo nach offiziell nicht bestätigten Angaben taktische US-Kernwaffen vom Typ B61 lagern. Weitere seien in Italien, Belgien, der Türkei und den Niederlanden deponiert.[47] Das Schreckensszenario eines Atomkriegs ist zurück.

Bevor der unermüdliche Aufklärer Ron Paul nach 36 Jahren 2012 aus dem Kongress ausschied, rechnete er in seiner Abschiedsrede mit der imperialen Nachkriegspolitik der USA ab und richtete einen nachhallenden Friedens- und Freiheitsappell an die Mitglieder des Repräsentantenhauses: *»Was wäre das für eine wunderbare Welt, wenn jeder die einfache moralische Prämisse akzeptieren würde, alle Akte der Aggression abzulehnen. Die Erwiderung auf einen solchen Vorschlag lautet immer: Es ist zu einfach, zu idealistisch, unpraktisch, naiv, utopisch, gefährlich und unrealistisch, ein solches Ideal anzustreben. ... Was könnte utopischer sein als dieser Mythos – wenn man sich die Ergebnisse ansieht, vor allem wenn man sich die staatlich geförderten Morde ansieht, die im 20. Jahrhundert von fast jeder Regierung mit geschätzten Hunderten von Millionen durchgeführt wurden. Es ist an der Zeit, diese Übertragung von Autorität auf den Staat zu überdenken.«*[48]

Ron Pauls Worte sind heute aktueller denn je.

# Dringender Friedensappell ehemaliger Top-Gewerkschafter

Herrn Heiko Maas
Bundesminister des Auswärtigen
Werderscher Markt 1

11013 Berlin

14. Oktober 2020

Sehr geehrter Herr Bundesaußenminister Maas,

wir, die Unterzeichnenden, sind Mitglieder einer Initiative, die sich „die Zeitlosen" nennt. Wir sind allesamt Gewerkschafter im Ruhestand, die Funktionen in den großen Einzelgewerkschaften, im Journalismus, im Arbeitsrecht oder auf Unternehmensebene als Betriebsräte, Gesamtbetriebsräte, Aufsichtsräte und in der Selbstverwaltung der Sozialkassen ausgeübt haben. Wir waren sowohl regional in der Metropolregion Nürnberg als auch überregional und international mit Mandaten betraut.

Allen gemein ist uns, dass wir unser Leben und Streben der Verbesserung der kollektiven Lebensbedingungen und dem individuellen Schutz von abhängig Beschäftigten verschrieben haben.

*Wir sind uns bewusst, dass unsere Arbeit und unser Wirken nur erfolgreich sein konnte, weil wir in einer langen Friedensperiode agieren konnten.*

Alle haben wir beruflich seit Anfang der 60er Jahre die Auswirkungen des Kalten Krieges erfahren und z.B. in Rüstungsunternehmen beigetragen, die Konversion voranzubringen, auch um Arbeitsplätze und technische Kompetenz in der Region zu halten.

Geholfen bei diesem Bestreben und der gesellschaftlichen Notwendigkeit hat uns die Außenpolitik Willy Brandts, der mit seiner Ostpolitik einen *Wandel durch Annäherung* initiiert und trotz heftigster Widerstände interessierter konservativer und revanchistischer Kreise herbeigeführt hat.

Das brachte dem Vorsitzenden der SPD nicht nur das Vertrauen großer Teile der Bevölkerung und daraus folgend Wahlsiege, sondern auch noch internationales Ansehen und den Friedensnobelpreis ein.

Seine Politik der Aussöhnung mit Staaten und Völkern, die unter den Gräueltaten deutscher Nazis fürchterlich gelitten haben, sorgte in der Endkonsequenz mit dafür, dass sich die Militärblöcke in Ost und West nicht mehr feindselig gegenüberstanden.

Der Ostblock hat aufgrund der Zusicherung ihrer Außenministerkollegen der USA, Frankreichs und Großbritanniens und ihres persönlichen Vorgängers Hans-Dietrich Genscher, keine Osterweiterung der NATO anzustreben, im Vertrauen darauf sogar den „Warschauer Pakt", sein Militärbündnis, 1991 aufgelöst.

Zur Erinnerung: Diese später gebrochene Zusicherung begründete die Wiedervereinigung.

Willy Brandt hat mit seinem Mut, nicht nur mehr Demokratie zu wagen und aus Deutschland einem friedlichen Nachbarn zu machen, vor dem sich kein Nachbarstaat mehr hochrüsten musste, auch dafür gesorgt, dass auf dieser Basis völkerverbindender Handel und Wandel betrieben werden konnte.

Der erklärte Wille ausgeglichener Handelsbilanzen ermöglichte es uns und auch unseren Handelspartnern, sich gedeihlich zu entwickeln.

Diese im ureigensten Sinne sozialdemokratische Politik, die der Demokratie und dem Völkerrecht verpflichtet war, hat nicht nur Europa geeint, sondern uns Gewerkschaftern auch die Möglichkeit eröffnet, positive Wirksamkeit zu entfalten.

Wir mussten nach dem Beitritt der DDR und dem vermeintlichen Sieg des Kapitalismus über den Kommunismus eine kontinuierliche Abkehr der herrschenden Politik, von den Grundwerten einer sozialen Demokratie, wie sie das Grundsatzprogramm der SPD ziert, erleiden.

Das zentrale Anliegen des erwähnten Grundsatzprogramms ist allerdings die Friedenspolitik.

*Eine Friedenspolitik, die ohne Waffengewalt, ohne Androhung von Waffengewalt, ohne irrwitzige Aufrüstung, ohne Vorbereitung von Angriffskriegen und ohne Strafmaßnahmen für große Bevölkerungsgruppen anderer, teils ferner Länder auskommt.*

Eine Politik, die sich strikt an die Charta der Vereinten Nationen bindet, ist nötiger denn je.

Sie als Vertreter der Regierungspolitik der GroKo haben allerdings offensichtlich einen anderen Weg für uns gewählt.

Sie betreiben mit ihrer Politik einen *„Wandel durch Provokation und Konfrontation"*.

Sie instrumentalisieren die Causa Nawalny, indem sie sich rechtsstaatswidrig über die Unschuldsvermutung hinwegsetzen und Russland einer Verschwörung gegen das Leben des rechtsnationalistischen Oppositionellen bezichtigen.

Nicht nur dass sie sich als Verschwörungstheoretiker betätigen, sie lassen auch einen Gesprächstermin mit dem russischen Außenminister Lawrow platzen, wo doch im Gegenteil eine umfassende Kommunikation und ausführliche Gespräche auf hoher Ebene das angesagte Mittel zur Krisenbewältigung wären.

Sie verkennen dabei nicht nur die Bedeutung von diplomatischem Geschick, sondern auch Grundsätze der Höflichkeit und der Wichtigkeit kulturellen Austausches, zumal das Deutschland der Nazi-Diktatur versucht hat, russische Menschen und deren Kultur als untermenschlich auszurotten.

Es ist nicht Russland, das um Verzeihung zu bitten hat!

Neben der Stationierung von Kampftruppen der Bundeswehr unmittelbar an der russischen Grenze, der andauernden Stationierung von Nuklearwaffen auf bundesdeutschem Gebiet, der Unterstützung des US-Drohnenkrieges mit unzähligen ermordeten Unschuldigen verfolgen Sie damit aktiv die Ziele kapitalistisch-geostrategischer Interessen.

Sie beeilen sich, nachdem die erste Sanktionsrunde gegen die russische Bevölkerung nach der Skripal-Nowitschok-Sage eingeläutet wurde, jetzt nach dem gleichen Drehbuch die völkerrechtswidrigen Sanktionen weiter zu erhöhen, und nutzen die Ratspräsidentschaft Deutschlands dazu, die Hetze fortzusetzen. Jetzt werden Sie wohl das Votum des EU-Parlaments nutzen, Nord Stream 2 mit maximalem Schaden für alle Beteiligten zu beerdigen.

Es liegt unbedingt im Interesse des deutschen Volkes, dem russischen Volk mit Freundschaft und ohne Kriegshetze zu begegnen. Es ist das gegenteilige Interesse, das Sie zu leiten scheint.

Sie erhöhen die Kriegsgefahr, machen mit ihrer Handlungsweise Deutschland zum Frontstaat und Mitteleuropa zur Hauptkampfzone.

Die Kriegsvorbereitungen der USA unterstützen Sie durch die Rechtfertigung horrender Investitionen in kriegsvorbereitende Infrastruktur, wie z. B. Kampfführungsanlagen am Niederrhein und Hauptquartiere nicht NATO zugehöriger Verbände, z. B. in Stuttgart, obwohl das sozialdemokratische Versprechen lautet, dass von deutschem Boden nie wieder Krieg ausgehen solle.

Sie dienen mit Ihrem Politikansatz strategischen US-Interessen, die verhindern sollen, dass sich freundschaftliche Beziehungen zwischen Deutschland und Russland entwickeln können, obwohl dies bereits 2015 durch STRATFOR-Gründer George Friedman öffentlich bestätigt und unumwunden zugegeben wurde. Nachdem Ihnen das sicher bekannt ist, dienen Sie trotzdem diesem für uns schädlichen Ziel. Das ist inakzeptabel.

Die Unterwürfigkeit, die Sie hier als willfähriger Vasall des US-Kapitals an den Tag legen, erschüttert und besorgt uns zutiefst.

Wir erinnern Sie an Ihren Diensteid, der Sie dazu verpflichtet, Schaden vom deutschen Volk abzuwenden und dessen Wohl zu dienen.

Ferner begünstigen Sie mit Ihrer Unterstützung US-amerikanischer Kriegshandlungen im Mittleren und Nahen Osten, die den Hauptgrund für die Flüchtlingsbewegungen liefern, in Deutschland einen politischen Rechtsruck, der die Gesellschaft nachhaltig spaltet.

Sie beteiligen sich aktiv an sog. Regime-Changes, wie in Venezuela, Hongkong, Syrien, Belarus, Jemen. Das Chaos und das damit verbundene Leid der unschuldigen Bevölkerung scheint Sie nicht zu interessieren.

Ihre Nähe zu dem umstrittenen brasilianischen Präsidenten Bolsonaro empört angesichts des Schicksals des Gewerkschafters und früheren Präsidenten Lula da Silva jeden demokratisch aufrichtigen Menschen.

Zusammenfassend stellen wir fest, dass Ihr Wirken als deutscher Außenminister den Zusammenhalt der hiesigen Gesellschaft weder dienlich noch dem Wohlergehen der abhängig Beschäftigten, dem wir alle jahrzehntelang gedient haben, zuträglich ist.

Sie beschädigen also nicht nur die Grundfesten sozialdemokratischer Friedenspolitik, Sie behindern auch die Parteibasis, ehemalige Zielgruppen der Partei, wie wir sie auch in unserer Initiative repräsentieren, wieder zu erreichen.

Wir fordern Sie daher auf, entweder aktiv friedenspolitisch sinnvolle Politik zu betreiben oder dieses Amt aufzugeben.

Unterzeichnende:

Herbert Krüger
ehem. BezL IGBCE
ehem. AR versch. Unternehmen

Gerd Lobodda
1. Bevollm. IG Metall Nürnberg 1983–2008
Mitglied IG Metall Vorstand 1983–2008
ehem. AR mult. Unternehmen

Gottfried Schneider
ehem. 1.Bevollm. IG Metall Bamberg
ehem AR mult. Unternehmen

Wolfgang Manske
Rechtsanwalt

Dr. Peter Gemählich
BfA Verwaltungsdirektor a.D.
Berater Arbeitsmarktfragen

Dr. Friedrich Sendelbeck
GEW-Kreisvorsitzender Nürnberg

Eberhard Fehrmann
ehem. Abt. Leiter DGB-BV
ehem. Abt. Leiter IG Metall Vorstand

Elfriede Ritzer
ehem. BRV Siemens Nbg H
ehem. Ortsvorstand IG Metall Nürnberg

Horst Lausmann
ehem. BRV, GBRV

Fritz Schmalzbauer
Dipl. Sozialwirt
Betriebsberatung

# Anmerkungen

## Prolog

[1] Vgl. www.uibk.ac.at/newsroom/54-schueler-fragen-zu-europa.html.de, abgerufen am 10. Okt. 2019

[2] www.uibk.ac.at/projects/europa/frage-7.html, abgerufen am 10. Okt. 2019

[3] Heine 1968, S. 578

[4] Zit. wie www.deutschlandfunkkultur.de/karl-der-grosse-der-erste-kaiser-des-mittelalters.932.dehtml?dram:article_id-275805, abgerufen am 19. Feb. 2020

[5] Vgl. Schusterová 2016, S. 36 f.

[6] Zit. wie https://homepage.univie.ac.at/benjamin.opratko/ip2010/kant.pdf

[7] Vgl. www.documentarchiv.de/nzjh/1815/heilige-allianz.html, abgerufen am 10. Okt. 2019

[8] Zit. wie Safranski 2007, S. 256

[9] Zit. wie IFOR Schweiz – MIR Suisse; https://ifor-mir.ch/eroffnungsrede-von-victor-hugo-beim-pariser-friedenskongress-1849/, abgerufen am 10. Okt. 2019

[10] Paul Craig Roberts: The Brexit Vote. 24. Juni 2016; www.paulcraigroberts.org/2016/06/24/the-brexit-vote-paul-craig-roberts/, abgerufen am 10. Okt. 2019

[11] Die Geschichte der Europäischen Union; https://europa.eu/european-union/about-eu/history_de, abgerufen am 22. Jan. 2020

[12] Willy Wimmer: Schande, das NATO-Drohmanöver gegen Russland 75 Jahre nach Ende des 2. Weltkriegs. 20. Jan. 2020; www.world-economy.eu/pro-contra/details/article/manoever-der-schande/, abgerufen am 22. Jan. 2020

[13] www.bundesregierung.de/breg-de/service/bulletin/rede-von-bundeskanzlerin-dr-angela-merkel-794788, abgerufen am 10. Okt. 2019

[14] Dietz 2011, S. 2

[15] Schachtschneider 2017, S. 70

[16] Z. B. stand Grün für Mexico, Schwarz für Deutschland und Gold für Frankreich. Orange war der Plan für einen Krieg mit Japan.

[17] Zit. wie Ziegler 2019, S. 108

[18] Ebd.

[19] Zit. wie Ulrich 1999, S. 17

[20] Paul Craig Roberts: The Brexit Vote. A. a. O.

## Der zweite Dreißigjährige Krieg

1 MEW, Bd. 21, S. 350 f.

2 Zit. wie Effenberger 2019, S. 14

3 Erich Buchholz: Orakeln aus dem Kaffeesatz oder marxistische Voraussicht? RotFuchs, Juli 2014

4 Vgl. Jakobs 1968

5 Adamow1932 und Effenberger 2018/B, S. 30 ff.

6 Vgl. Terry Boardman; www.youtube.com/watch?v=_Hsb9SQ6Ayw The Battle for the Truth about the First World War (ab Min. 55:44), abgerufen am 29. Okt. 2019

7 Sauerbruch 1951, S. 186 ff.

8 Zit. wieWaldemar Derksen: Die russische vorzeitige Mobilmachung in der Julikrise. Das Drama der Deutschen 1914. Unveröffentlichtes Manuskript.

9 Barbara W. Tuchman: Daheim wenn das Laub fällt. *Der Spiegel* vom 8. April 1964

10 www.youtube.com/watch?v=YvRPBXgmbtk (ab Minute 13:12), abgerufen am 7. Dez. 2019. Hinzu kommt, dass der Reichstag in den Monaten vor Kriegsbeginn der Forderung des Militärs, den Munitionsvorrat zu ergänzen, nicht nachgekommen war. So kam es, dass Teile der Angriffsverbände vor Lüttich ohne Munition waren. Vgl. hierzu auch Effenberger/Wimmer 2014, S. 226 ff.

11 Taube 1937, S. 379

12 Helmholdt 2011, S. 90

13 Millis 1935, S. 47 f.

14 Zit. wie Schmidt 1987, S. 231

15 Vgl. https://freunde-des-iai.org/2019/03/11/als-general-pershing-jagd-auf-pancho-villa-machte/, abgerufen am 21. Okt. 2019

16 Vgl. Marcus M. Payk: Wilsons Traum. *Zeit Geschichte* Nr. 1/2019

17 Tardieu 1910, S. 230

18 Baring 1969, S. 54

19 Zit. wie Osterrieder 2014, S. 1443 f.

20 Vgl. Marcus M. Payk: Wilsons Traum. *ZEIT Geschichte*, Nr. 1/2019

21 Vgl. hierzu Wolfgang Bittner: Die Heimat, der Krieg und der Goldene Westen. Höhr-Grenzhausen 2019

22 MEW, Bd. 21, S. 351

23 Zit. wie Bihl 2010, S. 192

24 Berg 1990, S. 86

25 Vgl. dazu die ARD-Dokumentation »Es begann mit einer Lüge. Wie die NATO im Krieg um Kosovo Tatsachen verfälschte und Fakten erfand« von Jo Angerer und Mathias Werth; www.ag-friedensforschung.de/themen/NATO-Krieg/ard-sendung.html, abgerufen am 27. Dez. 2019

26 Zit. wie Hughes 1996, S. 37

27 Rohrmoser 2002, S. 376

28 später Gründungsmitglied der Sowjetunion.

29 MEW, Bd. 31, S. 317

30 Vgl. Müller 2011, S. 268

31 George Friedmans Rede vor dem Chicago Council on Global Affairs in Chicago; www.youtube.com/watch?v=gcj8xN2UDKc, abgerufen am 19. Okt. 2019

[32] Zit. wie Ritter 1992, S. 181

[33] Vgl. www.vdi-nachrichten.com/technik/usa-treiben-keil-zwischen-deutschland-und-russland/, abgerufen am 11. Okt. 2019

[34] Zit. wie Reinhard Sturm: Kampf um die Republik 1919–1923 vom 23. Dez. 2011; www.bpb.de/izpb/55958/kampf-um-die-republik-1919-1923, abgerufen am 28. Mai 2020

[35] Zit. wie *Der Spiegel* vom 17. Jan. 2020

[36] Wolfgang Stäbler, Young-Plan. Historisches Lexikon Bayerns;www.historisches-lexikon-bayerns.de/Lexikon/Young-Plan,1929/30-1932, abgerufen 2. März 2020

[37] Zit. wie *Der Spiegel* vom 14. Aug. 1989

[38] Schmidt 2005, S. 320

[39] Arnulf Scriba: Die Wehrmacht. 15. Mai 2015; www.dhm.de/lemo/kapitel/der-zweite-weltkrieg/kriegsverlauf/wehrmacht.html, abgerufen am 29. Okt. 2019

[40] Vgl. https://weltkrieg2.de/wehrmacht-kriegsgliederung-1-september-1939/, abgerufen 21. Okt. 2019

[41] Vgl. hierzu Wolfgang Effenberger: Putin vs. Polen: Streit um die Geschichte. Über die Unfähigkeit, überkommene Geschichtsdeutungen/Narrative zu hinterfragen. *KenFm* vom 21. Jan. 2020; https://kenfm.de/putin-vs-polen-streit-um-die-geschichte/

[42] Vgl. Lorenz Jäger: Countdown für den Untergang. *FAZ* vom 13. Sept. 2010

[43] Roosevelt o. J., S. 25 f.

[44] Vgl. *The Guardian* vom 31. Juli 2013

[45] Starikow 2017, S. 232

[46] Außer der Kriegserklärung vom 3. September 1939 passierte auch nichts, obwohl Polen u. a. mit Luftangriffen auf das Ruhrgebiet rechnete.

[47] Starikow 2017, S. 226

[48] Zit. wie http://germanhistorydocs.ghi-dc.org/sub_document.cfm?document_id=2297&language=german, abgerufen am 19. Okt. 2019

[49] Vgl. https://en.wikisource.org./wiki/JCS_1067, abgerufen am 22. Jan. 2020

[50] Directivetothe United States Military Governor for Germany: Enthält Anweisung an Lucius D. Clay zur Anwendung der Direktive JCS 1779/1. Office oftheHistorian, Bureau of Public Affairs, US-Außenministerium; Robert A. Selig: America's Long Road tothe Federal Republicof Germany (West). *German Life* im Juni/Juli 1998

[51] Zit. wie Prost/Winter 2004, S. 33

[52] Vgl. Churchill 1948, S. VII.

[53] Vgl. Gerhard Hirschfeld: Der Erste Weltkrieg in der deutschen und internationalen Geschichtsschreibung. Politik und Zeitgeschichte. Politik und Zeitgeschichte, B 29-302004

[54] Vgl. Effenberger 2011/B

[55] Vgl. Klemperer 1997, Bd. 1, S. 181 (Tagebucheintrag vom 20. Januar 1946)

[56] Vgl. US-Flugblatt aus dem Archiv von Prof. Ernst Woit (ehem. Oberst der NVA)

[57] Vgl.www.heise.de/tp/features/Hiroshima-Angriffsbefehl-kam-aus-Deutschland-3374632.html?seite=all

[58] Zit. wie Effenberger/Löw 2004, Kapitel VIII, FN 58

59 Alperovitz 1995, S. 532

60 Für John L. O'Sullivan hatte Gott den USA den Auftrag gegeben, auf dem gesamten amerikanischen Kontinent aktiv und zur Not mit Gewalt Fortschritt, Zivilisation und Handel zu verbreiten. Michael Hochgeschwender weist darauf hin, dass die beiden mit Abstand wichtigsten religiösen Gruppierungen der 1840er-Jahre in den USA – die postmilleniaristischen evangelikalen Christen und die Katholiken – mit der Idee des Manifest Destiny und seiner praktischen Umsetzung im Krieg mit Mexiko 1846 wenig bis gar nichts anfangen konnten. Vgl Hochgeschwender: Die USA – ein Imperium im Widerspruch. In: Zeithistorische Forschungen2006, H. 1, Textabschnitt Nr. 7.

## Konzepte zur europäischen Einigung bis 1941

1 Zu Rathenaus Pionierrolle in den Diskursen über das Nachhaltigkeitsproblem der Moderne vgl. www.uni bremen.de/fileadmin/user_upload/sites/artec/Publikationen/artec_Paper/190_paper.pdf

2 Egmont Zechlin: Deutschland zwischen Kabinettskrieg und Wirtschaftskrieg. Politik und Kriegführung in den ersten Monaten des Weltkrieges 1914. In: Historische Zeitschrift (HZ). 199 (1964), S. 428

3 Fritz Klein, Willibald Gutsche, Joachim Petzold (Hrsg.): Deutschland im ersten Weltkrieg. Band 1: Vorbereitung, Entfesselung und Verlauf des Krieges bis Ende 1914. Berlin/DDR 1970, S. 361 f.

4 Vgl. Zum 150. Geburtstag von Walther Rathenau. Die Zerrissenheit eines Zeitalters. *Tagesspiegel* vom 27. Sept. 2017

5 frz. für Massenaushebung; gemeint ist eine Art Wehrpflicht.

6 Zit. wie *Tagesspiegel*, vom 27. Sept. 2017

7 Salomon 1930, S. 311

8 Bundesarchiv (BArch), R 2501, 7017

9 Zit. wie https://archive.org/stream/QuellenZurNeuordnungEuropasTeil1/Neuordnung1_djvu.txt, abgerufen am 14. Aug. 2020

10 Vgl. Raimund Bauer: Auch die neue europäische Wirtschaft muß organisch wachsen. Walther Funks Rede »Die wirtschaftliche Neuordnung Europas« vom 25. Juli 1940 im Kontext zeitgenössischer Europavorstellungen. Themenportal Europäische Geschichte 2016; www.europa.clio-online.de/essay/id/fdae-1669, abgerufen am 19. Dez. 2019

11 Vgl. Marc Buggeln: Währungspläne für den europäischen Großraum. Die Diskussion der nationalsozialistischen Wirtschaftsexperten über ein zukünftiges europäisches Zahlungssystem. In: Sandkühler 2002, S. 41 ff.

12 Mackinder 1904, S. 421 f.

[13] Vgl. hierzu Wimmer 2019

[14] Krebs 1931, S. 5

[15] Vgl. Wirsing 1932, S. 301

[16] Vgl. Helmuth Burgert: Auf dem Wege zum größeren Mitteleuropa. *Das Neue Reich* 13 (1931), S. 584

[17] Bauer 2016: Auch die neue europäische Wirtschaft muß organisch wachsen. Sowohl der Wirtschaftsjournalist Wilhelm Grotkopp als auch der Wirtschaftswissenschaftler Franz Eulenburg sprachen bereits Anfang der 1930er-Jahre von einer Großraumwirtschaft. Vgl. Eulenburg 1932; Grotkopp 1931, S. 28

[18] Endres 1920, S. 103

[19] Vgl. etwa Richard Kleineibst: Es wird europäisch gesprochen.*Sozialistische Monatshefte* 36 (1930), S. 735 ff.

[20] Vgl. Karl Albrecht: Notiz zu einem Vortrag Gustav Schlotterers vor dem Außenhandelsausschusses der Reichsgruppe Industrie, 19.Juni 1940. In: Opitz 1977, S. 684 f.

[21] Bauer 2016: Auch die neue europäische Wirtschaft muß organisch wachsen.

[22] Mazower 2000, S. 11

[23] Vgl. www.americanrhetoric.com/speeches/fdrthefourfreedoms.htm, abgerufen am 19. Dez. 2019

[24] https://potsdamer-konferenz.de/dokumente/atlantik-charta, abgerufen am 5. März 2020

[25] Vgl. hierzu Effenberger/Löw 2004

[26] Vgl. Peter Küpfer: Daniele Ganser: Der globale Kampf ums Erdöl bedroht den Weltfrieden. https://hallowil.ch/daniele-ganser-der-globale-kampf-ums-erdol-bedroht-den-weltfrieden.html, abgerufen am 9. Sept. 2018

## Im Geiste von Versailles: Die jungen Wilden prägen ein Jahrhundert

[1] https://de.wikipedia.org/wiki/Gr%C3%BCnderv%C3%A4ter, abgerufen am 3. März 2020

[2] Vgl. Grose 1994, S. 26 ff.

[3] Vgl. Jamie Bisher: The Intelligence War in Latin America 1914–1922. North Carolina 2016, S. 125

[4] Vgl. Risch 1989, S. 604

[5] Vgl. Kinzner 2014, S. 26

[6] Vgl. www.encyclopedia.com/people/history/us-history-biographies/john-foster-dulles, abgerufen am 10. Nov. 2019

[7] Vgl. Kinzner 2014, S. 27

[8] Osborne 2004, S. 189

[9] Vgl. Monnet 1978, S. 127 ff.

[10] Vgl. Percy E. Bates: A Note on Mr. Salter's Allied Shipping Control. *The Economic Journal*, Bd. 31, 1. September 1921, S. 412 f.

[11] https://de.wikipedia.org/wiki/John_Foster_Dulles, abgerufen am 16. Aug. 2020

[12] https://de.wikipedia.org/wiki/Jean_Monnet, abgerufen am 16. Aug. 2020

[13] Vgl. Duisberg 2012

[14] Vgl. Wala 1990, S. 28

[15] www.federalreservehistory.org/essays/jekyll_island_conference, abgerufen am 5. Dez. 2019

[16] Quigley 1966, S. 951 f.

17 Der 25. Jahresbericht des CFR sagt folgendes über die Gründung in Paris: *»Das Institut für Internationale Angelegenheiten, gegründet 1919 in Paris, war zu Beginn aus zwei Abteilungen zusammengesetzt. Eine im Vereinigten Königreich, die andere in den Vereinigten Staaten.«*

[18] Die USA schlossen am 25. August 1921 mit demBerliner Vertrageinen Sonderfrieden mit dem Deutschen Reich, der einige der härtesten Bestimmungen ausklammerte.

[19] Vgl. Kinzner 2014, S. 48

[20] Vgl. ebd., S. 50

[21] Vgl. William F. Wertz, Jr.: How London and Wall Street put Hitler in power and IG Farben; https://httpcreachmichelblog.wordpress.com/2015/04/26/how-london-and-wall-street-put-hitler-in-power-and-ig-farben/, abgerufen am 17. Dez. 2019

[22] Vgl. *Der Spiegel* vom 2. Dez. 1953: Der Rausch verging.

[23] Vgl. Kinzner 2014, S. 50

[24] Vgl. ebd., S. 51

[25] Ebd., S. 50

[26] Vgl. Effenberger/Löw 2004, S. 288

[27] Zit. wie Kinzner 2014, S. 51

[28] Zit. wie Effenberger/Löw 2004, S. 295

[29] *Der Spiegel* vom 02. Dezember 1953

[30] Dulles 1939, S. XII.

[31] Markus Kompa: Über einen Täuschungskünstler, der die Welt zu seiner Bühne machte.4. Oktober 2007; www.heise.de/tp/features/Ueber-einen-Taeuschungskuenstler-der-die-Welt-zu-seiner-Buehne-machte-3415562.html

32 Zit. wieMarkus Kompa: Väter und Söhne. 1. Dezember 2018; www.heise.de/tp/news/Vaeter-und-Soehne-4237245.html

[33] Schmidt1998, S. 227 ff.

[34] Vgl. *Der Spiegel* vom 17. März 1997: Schweiz: Hitlers beflissene Hehler

[35] Der Verwaltungsrat hat am 11. Mai 2015 beschlossen, auf den Eintrag der Bank für Internationalen Zahlungsausgleich im Handelsregister zu verzichten. Da die maßgebenden Rechtsgrundlagen dieser internationalen Organisation mit eigenem Rechtsstatus keine Pflicht zur Eintragung im Handelsregister statuieren, wird der auf sie bezügliche Eintrag im Handelsregister gelöscht.

[36] Chef der Europa-Sektion war zeitweilig der deutsche Philosoph Herbert Marcuse. Klaus Mann verfasste im Auftrag des OSS nach der alliierten Landung auf Sizilien für die nach Norden vorrückende5. US-Armee Flugblätter zum Abwurf hinter den deutschen Linien und Texte für Grabenlautsprecher. Auch verhörte er deutsche Kriegsgefangene zur ge-

naueren Auslotung der Stimmung in der deutschen Truppe.Vgl. Naumann1984, S. 114 ff.

[37] Vgl. Nickel/Schrön 2002, S. 455

[38] Höhne 1979, S. 479 ff.

[39] Thomas Urban:Wie das Massaker von Katyn aus der Anklage verschwand; *sz-online*, 14. Mai 2015

[40] Persico 2002, S. 448

[41] Vgl. Kordula Kühlem: Richard Nikolaus Graf Coudenhove-Kalergi; www.kas.de/de/web/geschichte-der-cdu/personen/biogramm-detail/-/content/richard-nikolaus-graf-coudenhove-kalergi, abgerufen am 27. Nov. 2019

[42] Hartmut Wagner: Die Vereinigten Staaten von Europa, Eurasisches Magazin 11/04

[43] Kalle berichtete den Alliierten schon früh über die Herstellung von Zyklon B und wurde deshalb nicht in Nürnberg angeklagt.

[44] Nach Wikipedia sind 1922 u. a. nur 11,7 Millionen statt der geforderten 13,8 Millionen Tonnen Kohle und nur 65 000 statt 200 000 Telegrafenmasten geliefert worden; https://de.wikipedia.org/wiki/Ruhrbesetzung, abgerufen am 15. Nov. 2019

[45] Görlitz 1976, S. 71

[46] Ebd., S. 84

[47] Wolfgang Effenberger: Die Welt im Zangengriff der Milliardäre (Teil 2). 25.1.2017; www.nrhz.de/flyer/beitrag.php?id=23495

[48] Vgl. hierzu Siegfried Sudhof: Heinrich Mann und der europäische Gedanke.In: Matthias 1973

[49] Zit. wieKersten 2005; www.grin.com/document/47219

[50] Vgl. Harden 1923,S. 109

[51] Coudenhove-Kalergi 1925,S. 23

[52] Ebd., S. 45

[53] Ebd., S. 56

[54] Ebd., S. 54

[55] Zit. wie www.Cambridge.org/journals/Victorian-literture-and-culture/article/euthanasia-and-devolution-in-speculative-fiction/DBE31BA1A4E2BBB4E374F595948A61E/, abgerufen am 16. Aug. 2020

[56] Shaw: Lecture to the Eugenics Education Society. *TheDaily Express* vom 4. März 1910

[57] Coudenhove-Kalergi 1925, S. 33

[58] Ebd., S. 39

[59] Ebd., S. 42

[60] Zit. wie Stead 1902, S. 58

[61] Haffner 1985, S. 44 ff.

[62] Nur die *Dresden* konnte entkommen – sie wurde später versenkt.

[63] *Der Spiegel* vom 30. Oktober 1972: »Lusitania«-Affaire. Schmutziges Geschäft

[64] Ebd.

[65] Zit. wie von Bülow 2015, S. 106

[66] Zit. wie Matthew Johnson: Asquith, Lloyd George, and the struggle for the premiership in December 1916; https://history.blog.gov.uk/2017/08/02/asquith-lloyd-george-and-the-struggle-for-the-premiership-in-december-1916/, abgerufen am 17. Nov. 2019

[67] Vgl. Gilbert 2009. Aktuell wird im Rahmen der Rassismus-Debatte über

die Bewertung Churchills als »größtem Briten aller Zeiten« wieder heftig debattiert. Vgl. Gina Thomas: Der lange Schatten des Winston Churchill. *FAZ* vom 10. Aug. 2020

[68] Zit. wie Haffner 1967, S. 120

[69] Vgl. Howard 1972, S. 637 ff.

[70] Vgl. Sauter 1976, S. 44

[71] Zit. wie Lindsay, Denise: Winston Churchills Rede an die akademische Jugend in Zürich; www.kas.de/de/web/geschichte-der-cdu/kalender/kalender-detail/-/content/winston-churchills-rede-an-die-akademische-jugend-in-zuerich, abgerufen am 14. Dez. 2019

## Weichenstellung für EU und NATO

[1] Vgl. Kaku/Axelrod 1987, S. 30 f.

[2] Zit. wie Valentin Falin: Roosevelt sah in Stalin keinen Dogmatiker. *Der Freitag* vom 4. März 2005

[3] Zit. wie Effenberger/Löw 2004, S. 362

[4] *RIA Novosti*vom 3. März 2006

[5] Vgl. Charmley 1995, S. 690

[6] Woodward 1971, S. 580, Fußnote 2

[7] Zit. wie www.churchill-in-zurich.ch/site/assets/files/1807/rede_winston_churchill_deutsch.pdf, abgerufen am 11. Jan. 2020

[8] Vgl. Thomas Kielinger: Viel Spaß noch, liebe EU! Aber ohne uns. *Die Welt* vom 22. Mai 2016

[9] Vgl. Werner Vogt: Kein Ehrendoktortitel, dafür tosender Applaus. *NZZ* vom 10. Sept. 2016

[10] Vgl.Alperowitz 1966;WalterEuchner: Truman wollte Roosevelts Politik revidieren. In der Atombombe sah er das Mittel. *Die Zeit* vom 8. Juli 1966

[11] Zit. wie www.perseus.ch/wp-content/uploads/2012/02/Churchills_Rede.pdf, abgerufen am 7. Jan. 2020

[12] Zit. wie www.1000dokumente.de/index.html?c=dokument_de&dokument=0089_str&object=context&l=de, abgerufen 7. Jan. 2020

[13] Vgl. Charles Waldstein: The English-speaking Brotherhood. *The North American Review*, Jg. 167 (1898), S. 223/38, 225, 230/38

[14] Vgl. Holthaus/Steffek2014, S. 217

[15] Stead 1901, S. 100, 397

[16] Zit. wie Themenportal Europäische Geschichte; www.europa.clio-online.de/quelle/id/q63-28407, abgerufen am 9. Jan. 2020

[17] Foreign Relations of the United States, 1947, The British Commonwealth; Europe, Bd. III 840.50 Recovery/5–2747 Memorandum by the Under Secretary of State for Economic Affairs (Clayton).

[18] Vgl. Manfred Görtemaker: Ursachen und Entstehung des Kalten Krieges; www.bpb.de/izpb/10328/ursachen-und-entstehung-des-kalten-krieges?p=all, abgerufen am 29. Dez. 2019

[19] Vgl. Sapolsky/Gholz/Talmadge 2009, S. 4

[20] Zit. wie Potter/Nimitz 1982, S. 908 f.

[21] Vgl. CIA Vision, Mission, and Values; https://web.archive.org/web/20060112092323/http://www.cia.gov/cia/information/mission.html, abgerufen am 19. Jan. 2019

[22] Vgl. Mathias Bröckers: JFK und die Erfindung des Kampfbegriffs »Verschwörungstheorie«; www.westendverlag.de/kommentare/jfk-und-die-erfindung-des-kampfbegriffs-verschwoerungstheorie/, abgerufen am 11. Jan. 2020

[23] Vgl. William Blum: A Brief History of United States Interventions, 1945 to Present. *ZMAGAZIN* vom 21. Oktober 2007.

[24] Im Jahr 1958 stellte das ACUE beispielsweise 53,5 Prozent der Mittel der Bewegung zur Verfügung. Vgl. Evans-Pritchard: Euro-federalists financed by US spy chiefs;https://web.archive.org/web/20060324182451/http://www.telegraph.co.uk/news/main.jhtml?xml=/news/2000/09/19/wspy19.xml, abgerufenam 3. Feb.2020

[25] Vgl. Wisnewski 2010

[26] Vgl. Brief of Short Range Emergency War Plan (»Halfmoon«), 6. Mai 1948;www.jcs.mil/Portals/36/Documents/History/Policy/Policy_V002.pdf, abgerufen am 1. Feb. 2020 sowie Kriegsplan »Offtackle« derVereinigten Stabschefs (26. Mai 1947) in: Greiner/Steinhaus 1980, Doku 22, S. 179

[27] Vgl.Mastny 2003, S. 242

[28] Vgl. Weigl 2005, S. 25 f.

[29] Vgl. Greiner 1982, S. 166

[30] Zit. wie Krause/Reif 1980, S. 131

[31] Zit. wie ebd., S. 132

[32] Zit. wie Nolte 1974, S. 216

[33] Zit. wie Georg Böhnisch: Der Kampf der Systeme. *Der Spiegel* vom 29. Juli 2008 sowie Gaddis 2007, S. 158 f.

[34] Vgl. Andrew 1995, S. 174

[35] Vgl. Hardach 2003, S. 129 ff.

[36] Vgl. Brands 1988, S. 185 ff.

[37] Kaufman 1941, S. 5 f.

[38] vonSalomon 1951, S. 86

[39] Vgl. Rede von J. F. Dulles vor dem World Affairs Forum of the Foreign Policy Association of Pittsburgh. 15. Mai 1952, S. 23 f.; Box 63, John Foster Dulles Papers, Seeley G. Mudd Library, Princeton University, Princeton, New Jersey

[40] Zit. wie Müller 1995, S. 62 f.

[41] Kennan 1968, S. 569

[42] Zit. wie Kennedy 1983, S. 48

[43] Brzeziński 2001, S. 15

[44] Ebd., S. 91

[45] Zit. wie Potter 1982, S. 911

[46] www.bmvg.de/de/themen/verteidigung/multinationale-zusammenarbeit/nato, abgerufen am 19. Mai 2020

[47] Vgl. Benedikt Behlert: Die Unabhängigkeit der Krim: Annexion oder Sezession? Working Paper, Bd. 5, Nr. 2, Sept. 2015

[48] Joint Chiefs of Staff: JCS 1920/5, Bd. II.

[49] www.cia.gov/library/center-for-the-study-of-intelligence/csi-publications/csi-studies/studies/95unclass/Warner.html, abgerufen am 29. Feb. 2020

[50] Vgl. Cooney 2004, S. 143 f.

[51] Congress for Cultural Freedom; https://spartacus-educational.com/JFKcongressCF.htm, abgerufen am 19. Jan. 2020

[52] Saunders 1999, S. 61.

[53] Vgl. Berghahn 2001 sowie Anselm Doering-Manteuffel: Volker R. Berghahn: America and the Intellectual Cold Wars in Europe;www.sehepunkte.de/2003/01/1374.html, abgerufen am 19. Jan. 2020

[54] Vgl. www.bilderbergmeetings.org/background/steering-committee/former-steering-committee-members, abgerufen am 14. April 2020

[55] Zit. wie www.fu-berlin.de/presse/informationen/fup/2000/fup_00_099/index.html, abgerufen am 20. Jan. 2020

## Siamesische Zwillinge: EU und NATO

[1] https://europa.eu/european-union/about-eu/symbols/europe-day/schuman-declaration_de, abgerufen am 2. März 2020

[2] Zit. wie *The Telegraph*, 27. April 2016

[3] Vgl. Grosser 1993, S. 206

[4] Zitiert wie Wettig 2015, S. 85

[5] Grosser 1993, S. 206

[6] www.friedenskooperative.de/friedensforum/artikel/die-nukleare-teilhabe-der-bundeswehr, abgerufen am 27.Jan. 2020

[7] Vgl. Kristensen 2005, S. 24

[8] Zit. wie*Die Welt* vom 6. Mai 1955

[9] Vgl. North Atlantik Military Committee Decision on M. C. 48/1: The Most Effective Pattern of NATO Military Strength for the Next Few Years – Report No. 2 vom 9. Dez. 1955, S. 263-267

[10] Blachstein arbeitete von 1945 bis 1947 für das International Rescue and Relief Committeein Stockholm, wo er Hilfssendungen für notleidende Deutsche organisierte, bis er im April 1947 nach Deutschland zurückkehrte. Vgl. Willy Albrecht: Jeanette Wolff, Jakob Altmaier, Peter Blachstein: die drei jüdischen Abgeordneten des Bundestags bis zum Beginn der sechziger Jahre.In: Schoeps 2001, S. 236 ff.

[11] Schmidt 1961, S. 121.

[12] Mann 1986, S. 80 ff.

[13] Bamford 2001, S. 43, 45 ff.

[14] Quigley 1966, S. 1078

[15] The Church Opportunities in World Affairs, Address by John Foster Dulles, 6.8.1947, S. 3; MLP, JFDP, SC, Box 33, Folder: Re Speech of JFD »The Church Opportunities in World Affairs«, 8/6/47

[16] Die Schildstreitkräfte sollten aber auch in der Lage sein, Einsickern, Übergriffe oder lokale Operationen der Sow-

jets abzuwehren, ohne dabei zwangsläufig Nuklearwaffen einzusetzen. Vgl. NATO Strat Doc 1997, S. 175

[17] MC 14/2, S. 293

[18] MC 14/2, S. 298

[19] Vgl. Hearings, Reports and Prints of the Senate Committee on Armed Services von United States. Congress. Senate. Committee on Armed Services, S. 1241; vgl. Schwarz 1978, S. 35

[20] Vgl. www.hdg.de/lemo/biografie/walter-hallstein.html, abgerufen am 11. März 2020

[21] Vgl. Thomas Freiberger: Der friedliche Revolutionär: Walter Hallsteins Epochenbewusstsein. In: Depkat/Graglia 2010, S. 225

[22] Masterplan der Nazi-/Kartell-Koalition – Vorlage für die Brüsseler EU, Kapitel 2; www.relay-of-life.org/wp-content/uploads/2016/09/eu_buch_de-kap02-hallstein.pdf, S. 85, abgerufen am 29. Jan. 2020

[23] Vgl. hierzu Effenberger/Moskovitz 2013

[24] Masterplan der Nazi-/Kartell-Koalition, a. a. O., S. 98

[25] Florian Jeßberger: Die I.G. Farben vor Gericht. *Juristenzeitung* 2009, S. 924 ff.

[26] Zit. wie Donna Crane: Drug cartel pivotal to conduct of World War II deaths. 28.Jan. 2020; https://thevoice.us/drug-cartel-pivotal-to-conduct-in-world-war-ii-deaths/, abgerufen am 16. März 2020

[27] Vgl. Hagberg/Nordfors 2019

[28] Crane: Drug cartel pivotal to conduct of World War II deaths, a. a. O.

[29] Vgl. Norbert Lossau: Vor 60 Jahren begann das Zeitalter der Raumfahrt. *Die Welt* vom 3. Okt. 2017

[30] Vgl. Friedrich Korkisch: Die Entwicklungen der Raketenabwehr nach 1945: Von Wizard bis zur Strategic Defense Initiative (SDI). Rede von Präsident Reagan 1983; www.bundesheer.at/pdf_pool/publikationen/20100609_et_raketen_weltraum_ethik_korkisch.pdf, abgerufen am 19. Feb. 2020

[31] Zit. wie Christof Münger: Der erste Satellit globalisierte den Kalten Krieg. *Tages-Anzeiger* vom 2. Nov. 2007

[32] Vgl. Der Scheinriese. *Der Spiegel* vom 13. Mai 2017

[33] *The Department of State Bulletin* vom 30. April 1956, S. 706

[34] Vgl. Dokumente der Konferenz der Regierungschefs der 15 Mitgliedstaaten der NATO in Paris vom 16. bis 19. Dez. 1957. Kommuniqué, in: *Europa-Archiv*, Frankfurt/M., Folge 2/1958

[35] Schmidt 1961, S. 11 f.

[36] Greiner 1997, S. 260

[37] Kissinger: Der Einfluss der modernen Rüstungstechnik auf die nationale und kollektive Strategie und Diplomatie. *Europa-Archiv*, Frankfurt/M., Folge 20-21/1957, S. 10236

[38] Vgl. Brodie 1959

[39] Vgl. Wohlstetter: Das prekäre Gleichgewicht des Schreckens. Europa-Archiv, Frankfurt/M., Folge 9-10/1959

[40] Zit. wie Olivier Zajec: Amerika unter dem Schutz des Himmels. *Le Monde diplomatique* vom 13. Juli 2007

[41] Taylor 1962, S. 53

[42] Vgl. United States Foreign Policy: U.S.S.R. and Eastern Europe. By a Columbia Harvard Research Group under the Administration of Columbia University, New York 1960

[43] Schmidt 1961, S. 40

[44] Vgl. Beatrice Heuser: NATO – Kernwaffenstrategie im Kalten Krieg. *ÖMZ* 2/95, S. 48

[45] Zit. wie Bruno Thoß: Die NATO als Militärallianz und politisches Bündnis im Kalten Krieg; www.deutscheatlantischegesellschaft.de/cms/upload/reden/NATO.pdf, abgerufen am 27. März 2020

[46] Vgl. Cordt Schnibben: Vietnam und der Kalte Krieg. *Der Spiegel* 6/1999

[47] Public Papers of the Presidents, Dwight D. Eisenhower, 1960, S. 1035-1045

[48] Vgl. Czempiel/Schweitzer 1989, S. 268 f.; Christof Münger: Der erste Satellit globalisierte den Kalten Krieg, in *tagesanzeiger.ch* vom 2. Nov. 2007

[49] Vgl. Bundy 1990, S.381 f.

[50] Bamford2001, S. 89

[51] Zit. wiePringle/Arkin1985, S. 35

[52] Vgl. Halle 1967, S. 398

[53] Chruschtschow 1971, S. 459-465

[54] Vgl. ARD-Dokumentation »Am Abgrund«, 4. Nov. 2002

[55] www.youtube.com/watch?v=KHzv1yGsHuc, abgerufen am 20. März2020

[56] Der ehemalige US-Außenminister Henry Kissinger äußerte 1984 seine Zweifel an der offiziellen Strategie der NATO wie folgt: »... *die nuklearstrategische Parität zwischen den beiden Großmächten beraubt die Drohung mit einem strategischen Nuklearkrieg eines guten Teils ihrer Glaubwürdigkeit; man kann den Selbstmord auf Gegenseitigkeit schlechterdings nicht als rationale Option hinstellen«. Die Zeit* vom 2. März 1984: Ein Umbau-Plan für die NATO

[57] Gaddis 2007, S. 102

[58] Pringle/Arkin 1983, S. 9

[59] Vgl. Bundy 1990, S. 543-548

[60] Vgl. Gaddis 2007, S. 105

[61] Zit. wie www.rhetorik-netz.de/rhetorik/kennedy.htm (abgerufen am 13. Nov. 2019).

[62] Kurz nach Kennedys Amtsantritt war dies der Fall gewesen: In Moskau realisierte man nicht, dass er sich mit seiner ersten Rede zur Lage der Nation vom 30. Januar 1961 an die US-Amerikaner und nicht an die Kontrahenten im Osten gewandt hatte. Vgl. Reeves 1993, S. 536

[63] Kennedy. Papers 1963, S. 529

[64] Vgl. Beschloss 1991, S. 608

[65] Die Bundesrepublik trat am 19. August trotz Adenauers Bedenken dem Vertrag bei, während de Gaulle ihn ablehnte.

[66] Vgl. Andreas Wenger/Marcel Gerber: John F. Kennedy and the Limited Test Ban Treaty: A Case Study of Presiendial Leadership.Presidential Studies Quarterly, Bd. 29, 1999

[67] Kissinger 1961, S. 12

[68] Europa-Archiv, Bonn, Folge 14/1962, S. D 369

[69] Schwarz 1976, S. 181

[70] Vgl. Keynes 1982

[71] AdG vom 30. Mai 1964, S. 11244

[72] Am 11. März unterrichtete Frankreich die NATO-Mitgliedstaaten darüber, dass keine (von Frankreich ab 1958 geforderte) erfolgversprechende Diskussion über eine tatsächliche Reform der NATO möglich sei und es deshalb die Unterstellung von Truppen unter NATO-Kommando sowohl in Frankreich als auch in der Bundesrepublik Deutschland ablehne.

[73] Weißbuch 1983, S. 143

[74] Vgl. 50 Jahre NATO, 50 Jahre Sicherheit und Frieden.JAP-Dienst Sicherheit Sonderheft 1999, S. 11

[75] Vgl. MC 14/3 in: NATO› Strat Doc 1997, S. 340 f.

[76] Vgl. ebd., S. 358 f.

[77] Weißbuch 1983, S. 148

[78] Schmähling 1990, S. 22

[79] Schmidt 1986, S. 51

[80] Helmut Schmidt mit Carl Friedrich von Weizsäcker im Zeit-Gespräch. *Die Zeit* vom 10. Okt. 1986

[81] Schmidt 1970, S. 91

## Friedensbewegte Jahre

[1] Theater Nuclear Force (TNF) bezeichnet Waffen mittlerer Reichweite – unterhalb der strategischen Systeme. Weil in der europäischen Debatte dieser Begriff bald unerwünschte Assoziationen mit einer auf Europa beschränkten nuklearen Kriegführung weckte, sprach die NATO fortan von »Intermediate Nuclear Force« (INF), also nuklearen Mittelstreckenwaffen. Vgl. Schmähling 1990, S. 57

[2] *Der Spiegel* Nr. 1/2 vom 6. Jan. 1965

[3] Zit. wie Drews 2006, S. 115, Fußnote 189. Der Verteidigungsminister wandte sich zudem am 3. Mai 1965 in einem Offenen Brief an die DDR-Bevölkerung, um gezielt gesteuerten Gerüchten über einen Atomminengürtelauf bundesdeutscher Seite der innerdeutschen Grenze entgegenzutreten. Das Schreiben wurde auf Flugblattpapier gedruckt und über der DDR mit Ballons verteilt.

[4] Maizière 1989, S. 277

[5] Gavin 1958, S. 118 ff.

[6] Vgl. Rodgers 1989, S. 31. Gemeint sind die US-Militärstützpunkte in Fulda/Hessen, Menningen/Eifel, im Schwarzwald und an der oberen Donau.

[7] Zit. wie Reiner Pommern: General Trettner und die Atom-Minen. Vierteljahreshefte für Zeitgeschichte Jahrgang 39 (1991), Heft 4, S. 640. General Kielmansegg war von 1963 bis 1966 Oberbefehlshaber der NATO-Landstreitkräfte Mitteleuropa.

[8] 1 KT (Kilotonne) entsprach dem Sprengwert von 1000 Tonnen herkömmli-

chen Sprengstoffes. Die auf Hiroshima geworfene Bombe hatte knapp über 10 KT.

[9] Edgar O'Ballance: Nuclear Land Mines. Ordnance, Sept./Okt. 1966, S. 165 ff.

[10] Vgl. Weigl 2005, S. 200

[11] Spiegel-Interview mit Altkanzler Helmut Schmidt. *Der Spiegel* vom 11. Juni 2001

[12] Vgl. Bielefeldt/Krell/Tiedtke: Aufrüstung durch Rüstungsvergleiche. In Bielefeldt et al. 1973

[13] Zit. wie Militärgeschichtliches Institut der DDR 1980, S. 202

[14] Daniele Ganser in *Basler Zeitung*vom 16. Dezember 2004. Ganser arbeitete bis zum 1. September 2006 als Senior Researcher im Center for Security Studies an der ETH Zürich.

[15] Vgl. Gravenstein, Bernhard: Militärstrategisches und operatives Konzept der NATO. In Hubatschek 1986, S. 150 ff.

[16] Vgl. Karl-Heinz Lather: Alternative Konzeptionen der Verteidigung. Truppenpraxis 11/82, S. 788

[17] Weißbuch 1983, S. 145 f.

[18] Durch die Konvention von Tauroggen am 30. Dezember 1812 trat General Ludwig York von Wartenburg mit dem preußischen Kontingent von Napoleon zu den Russen über und löste dadurch die Befreiungskriege aus.

[19] Vgl. Farwick/Hubatschek 1981, S. 136

[20] Bundesminister der Verteidigung, FüH VI 2 – Az 09-01-51/VS – NfD, Bonn, 19. Dez. 1986, S. 3

[21] King 2011, S. 108

[22] Mindestens einmal im Jahr führte die NATO das Großmanöver »Return of Forces to Germany« – Rückkehr der Streitkräfte nach Deutschland – durch. Die erste Reforger-Übung fand in Januar 1969 mit 17 000 Soldaten, die letzte im Mai 1993 mit 7000 statt.

[23] Wintex/Cimex fand alle zwei Jahre bis ins Jahr 1989 im weltgrößten Atombunker Marienthal an der Ahr bei Bonn statt. Von hier aus sollten diese Staatsbediensteten die Bundesrepublik im Ernstfall regieren. Zivilisten aus staatlichen Verwaltungen und Kommunen sollen immer dann eilig entlassen worden sein, wenn Fragen nach den Vorkehrungen für das Überleben der Bevölkerung drängend wurden. Vgl. Elke M.Geenen: WINTEX-CIMEX 1989 in Schleswig-Holstein. Ergebnisse einer katastrophensoziologischen Begleituntersuchung. KFS-Publikation Nr. 2, Kiel 1990

[24] Vgl. Brzeziński 2001

[25] *Le Nouvel Observateur,* 15.-21. Nov. 1998: Interview mit Zbigniew Brzeziński.

[26] Vgl. www.bundesregierung.de/bregde/service/bulletin/rede-von-bundeskanzlerin-dr-angela-merkel-794788

[27] Vgl. Schöllgen 2014, S. 155

[28] Zit. wie www.udo-leuschner.de/nachruestung/text2.htm

[29] Zit. wie Schulz 1985, S. 103

[30] Zit. wie Gerhard Piper: 25. Jahrestag NATO-Doppelbeschluss – Die atomare Vergangenheit der amerikanischen Neokonservativen. *Telepolis* vom 12. Dez. 2004

[31] Zit. wie Hildebrandt/Müller/Polt 1984, S. 121 f.

[32] Vgl. NSC-NSDD-32; www.fas.org/irp/offdocs/nsdd/nsdd-032.htm, abgerufen am 27. April 2020

[33] Zit. wie International Communication Agency, US-Mission Berlin, S. 7

[34] Zit. wie *News Report* vom 18. Okt. 1982

[35] Zit. wie www.udo-leuschner.de/nachruestung/text2.htm

[36] Vgl. *Die Zeit* vom 17. und 24. April 1981

[37] Flugblatt der Vereinigten Münchner Friedeninitiativen, Mai 1981. V.i.S.P.G.: Manfred Heindl

[38] The National War College: U.S. Security Interest Academic Year 1985-86. Washington o. J.

[39] http://dipbt.bundestag.de/doc/btp/10/10016.pdf, abgerufen am 15. März 2020

[40] Die NATO-Verteidigungsminister beschlossen am 27. Oktober 1983, 1400 atomare Gefechtsköpfe des veralteten Hercules-Systems aus Westeuropa abzuziehen.

[41] Hans Günter Brauch: Nur 108 Pershing II? Was ist stationiert – und was kommt noch. Sozialdemokratischer Pressedienst vom 2. Nov. 1983, S. 5

[42] Vgl. *New York Times* vom 31. Mai 1982

[43] *SZ* vom 15./16. Nov. 1983

[44] Anzeige in der *SZ* vom 18. Nov. 1983 mit Hinweis auf die Abrüstungsappelle vieler Wissenschaftler, wie die Erklärung der Amerikanischen Physikalischen Gesellschaft zur Begrenzung der Kernwaffen (Januar 1983), die Resolution der Deutschen physikalischen Gesellschaft zur Kernwaffenfrage (März 1983) und den Mainzer Appell des Kongresses »Verantwortung für den Frieden« (Juli 1983).

[45] Anzeigen in der *SZ* vom 19. Nov. 1983

[46] Generale für Frieden und Abrüstung 1983, S. 14

[47] Ebd., S. 24

[48] Zit. wie ebd., S. 72

[49] Ebd., S. 96

[50] Zit. wie *Die Welt* vom 25. Jan. 1982

[51] Generale für Frieden und Abrüstung 1983, S. 99 f.

[52] E. Field Horine: Den Gedanken an Raketen nicht verdrängen. *SZ* vom 8. Jan. 1983

[53] Zit. wie ebd.

[54] Generale für Frieden und Abrüstung 1983, S. 132

[55] Ebd.

[56] Gene La Rocque: How A Nuclear War in Europe Would Be Fought. In: Tromp/La Rocque 1982, S. 26 ff.

[57] Vgl. Generale für Frieden und Abrüstung1983, S. 133

[58] McNamara: What the U. S. Can Do. *Newsweek vom* 5. Dez. 1983, S. 14 f.

[59] Grosser 1984, S. 196

[60] Vgl.www.europarl.europa.eu/about-parliament/de/in-the-past/the-parliament-and-the-treaties/single-european-act, abgerufen am 27. März 2020

## Kalter Krieg reloaded

[1] Vgl. Kaiser 1994, S. 184 ff.

[2] Stöver 2007, S. 900

[3] Zit. wie ARD-Dokumentation»Der Kommunismus. Geschichte einer Illusion, Teil 3«, 4. Mai 2006

[4] Vgl. Willy Wimmer: Deutschland vor der Bewährung: erneuter »Rammbock« gegen Russland oder Lernen aus der Geschichte? zeitgeist Online vom 7. Nov. 2018

[5] Zit. wie Barbara Sielaff: Jesus der Christus lebt – in uns – durch uns; www.flipkart.com/jesus-der-christus-lebt-uns-durch/p/itme2wbh6ep4px4y, abgerufen am 7. Mai 2020

[6] Wimmer: Deutschland vor der Bewährung: Erneuter »Rammbock« gegen Russland oder Lernen aus der Geschichte? A. a. O.

[7] Vgl. hierzu Wimmer 2016: Die Akte Moskau

[8] Willy Wimmer: Deutschland vor der Bewährung: erneuter »Rammbock« gegen Russland oder Lernen aus der Geschichte? A. a. O.

[9] Die überparteiliche Organisation Freedom House wurde 1941 von Eleanor Roosevelt, Frau des US-Präsidenten Franklin D. Roosevelt, gegründet. Zunächst sollte der Nazismus, das totalitäre Böse in Deutschland, abgewehrt werden, mit Kriegsende wurde der Kampf gegen das totalitäre Böse in der Sowjetunion aufgenommen. Auf der anderen Seite setzte sich Freedom House für den Marshall-Plan und die NATO ein. Nach Beendigung des Kalten Krieges bemühte man sich vor allem um die »fragilen Demokratien« im ehemaligen Ostblock. Seit 2001 gibt es Büros in der Ukraine, Polen, Ungarn, Bosnien, Serbien, Jordanien, Mexico, und einer Vielzahl von Ländern in Zentralasien. Vgl. www.freedomhouse.org/template.cfm?page=249, abgerufen am 18. Mai 2018

[10] Vgl. van Creveld 1998, S. 18

[11] Effenberger 2011/B, S. 22

[12] 1967 führte der Austritt Frankreichs aus der NATO zur Verlegung des Hauptquartiers nach Stuttgart-Vaihingen.

[13] www.jimmycarterlibrary.gov/assets/documents/speeches/su80jec.html. Die Carter-Doktrin half Ronald Reagan, den Iran-Irak-Krieg zugunsten des Iraks zu entscheiden, diente George H. W. Bush als Grundlage für den Golfkrieg und bestimmte Bill Clintons Außenpolitik. Vor allem ebnete sie den Weg für den Wechsel von einer ideologischen zu einer ökonomischen Sicherheitspolitik der USA.

[14] Vgl. https://apps.dtic.mil/dtic/tr/fulltext/u2/a256145.pdf, abgerufen am 7. Mai 2020

[15] Zündorf/Wagner/Haunhorst: Jahreschronik 1989. Lebendiges Museum Online; www.hdg.de/lemo/jahreschronik/1989.html, abgerufen am 22. März.2020

[16] Volker Wagener: Ein Picknick – und ein Geheimnis der Geschichte. 19. Aug. 2019; www.dw.com/de/ein-picknick-

und-ein-geheimnis-der-geschichte/a-50046979

[17] Zit. wie ebd.

[18] Ebd.

[19] Ebd.

[20] Zit. wie *Die Welt* vom 20. Aug. 2009

[21] Hildegard Schmoller: Das Paneuropäische Picknick als österreichischer Gedächtnisort zum Fall des Eisernen Vorhangs. In: Fendl 2015, S. 47 ff.

[22] Zit. wie https://m136.de/wp-content/uploads/2017/12/201712__xPresse-OV-4-1600x1152.jpg, abgerufen am 17. Nov. 2019

[23] Vgl. www.sueddeutsche.de/politik/mauerfall-ddr-grenze-sed-1.4667236

[24] Zit. wie www.braunschweiger-zeitung.de/kultur/article151660165/Die-Mauer-oeffnung-ein-Missverstaendnis.html

[25] Zit.wie https://archiv.bundesregierung.de/archiv-de/-mr-gorbachev-open-this-gate-mr-gorbachev-tear-down-this-wall--425032

[26] Maria Lourdes: Mythos Mauerfall. Die Hintergründe des 9. November 1989. 10. November 2014; http://berlin-athen.eu/mythos-mauerfall-die-hintergruende-des-9-november-1989/, abgerufen am 20. Nov. 2019

[27] www.bundestag.de/resource/blob/425730/8c1728cbda0f5f695c7e0f085acdcfb8/WD-1-013-16-pdf-data.pdf

[28] Vgl. Karin Hartewig: Die erste und letzte freie DDR-Volkskammerwahl. 10.3.2020; www.bpb.de/305933

[29] Vgl. NTV-Sendung vom 13. Mai 2013: DDR-Vergangenheit holt Merkel ein; www.n-tv.de/politik/Nichts-verheimlicht-nicht-alles-erzaehlt-article10631536.html

[30] Ebd. Zu diesem Zeitpunkt soll sie sich dem DA angeschlossen haben, der zunächst dasselbe Ziel verfolgte. Merkel behauptete bislang, sie habe erst im Dezember 1989 beim DA mitgemacht. In diesem Monat war der DA angesichts des Drucks der Straße auf Einheitskurs eingeschwenkt.

[31] www.hdg.de/lemo/kapitel/geteiltes-deutschland-krisenmanagement/konfrontation-und-annaeherung/ksze.html, abgerufen am 23. März 2020

[32] So schilderte es Udo Ulfkotte dem Autor im Oktober 2016.

[33] Vgl. *New York Times* vom 3. Sept. 1990

[34] Zit. wie *San Francisco Examiner* vom 18. Nov. 2002

[35] Vgl. *Financal Times* vom 13. Aug. 1990

[36] Den ersten Hinweis, dass diese Fotografien manipuliert waren, dokumentierte die Journalistin Jean Heller in der *St. Petersburg Times*vom 6. Jan. 1991

[37] Zit. wie *Die Zeit* vom 20. Juli 2019

[38] Zit. wie www.sweetliberty.org/issues/war/bushsr.htm, abgerufen am 18. Juli 2018

[39] Zit.wie https://en.wikisource.org/wiki/Address_Before_a_Joint_Session_of_the_Congress_on_the_Persian_Gulf_Crisis_and_the_Federal_Budget_Deficit, abgerufen am 19. Okt. 2018

[40] Vgl. *The Progressive* vom Mai 1991

[41] Vgl. MacArthur 1993

[42] Vgl. http://rmbowman.com/iss/kosovo.htm, abgerufen am 7. Juli 2018

[43] Vgl. *New York Times* vom 27. Nov. 1990

[44] Vgl. International Action Center; www.iacenter.org/bosnia/origins.htm, abgerufen am 28. Juli 2018

[45] Zit. wie *Zeit-Fragen* vom 29. Mai 2006

[46] Vgl. Blätter für deutsche und internationale Politik, 4/1993, S. 431

[47] Vgl. AdG 2000, Bd. 9, S. 8906

[48] Zit.wie *Die Zeit* vom 6. März 1992

[49] *Foreign Affairs,* Nr. 1/1991, S. 23

[50] Vgl. AdG2000, Bd. 9, S. 8920

[51] Vgl. *Der Spiegel* vom 4. Feb. 1991

[52] Vgl. www.bundeswehr.de/de/einsaetze-bundeswehr

[53] https://bush41library.tamu.edu/audiovisual/videos/77, abgerufen am 29. Juli 2019

[54] Vgl. Günther: Medizinische Folgen von Kriegen für die Bevölkerung: Der Golf-Krieg 1991. In *Zeit-Fragen* vom 24. Juli 2006

[55] Vgl. »Todesstaub – Die verstrahlten Kinder von Basra«. *Zeit-Fragen* vom 17. Aug. 2020

[56] Rokke, Doug: DU-Munition muss von unserem Globus verbannt werden! *Zeit-Fragen* vom 7. Aug. 2006; ders.: Eine Frage der Identität. *Zeit-Fragen* vom 4. Aug. 2008

[57] Vgl. den Dokumentarfilm »Todesstaub« (2007) von Frieder F. Wagner.

[58] Vgl. www.uranmunition.org/20-jahre-danach-opfern-des-nato-einsatzes-auf-dem-balkan-muss-geholfen-werden/, abgerufen am 28. Feb. 2019

[59] Powell 1995, S. 555

[60] Vgl. AdG 2000, Bd. 9, S. 8938

[61] Offiziell»Militärpolitische und militärstrategische Grundlagen und konzeptionelle Grundrichtung der Neugestaltung der Bundeswehr«. Bonn 1992

[62] Vgl. Olga Alexandrova: Rußland und die Jugoslawien-Krise. Aktuelle Analysen des Bundesinstituts für ostwissenschaftliche und internationale Studien (BIOst), 34/1992, 20. Juli 1992

[63] Vgl. Hans-Joachim Hoppe: Der Jugoslawienkrieg und die internationale Politik. in: Zwischen Krise und Konsolidierung. BIOst-Jahrbuch 1994/95

[64] Zit. wie *Berliner Umschau* vom 28. Jan. 2008

[65] Zit. wie *The New York Times* vom 8. März 1992

[66] Zit. wie Wolfram Wette: Kriegs-Erklärungen: Die Entwicklung von Bundeswehr und NATO nach dem Kalten Krieg; www.iz3w.org/iz3w/Ausgaben/237/LP_s04.html, abgerufen am 5. April 2019

[67] Vgl. Gray: Defense Policy for the 1990s. *Marine Corps Gazette* vom Mai 1990

[68] Vgl. auch Philip Plickert:Wovor die Euro-Kritiker schon früh warnten. *FAZ* vom 7. Feb. 2017

[69] Zit. wie https://link.springer.com/chapter/10.1007/978-3-322-93538-0_24, abgerufen am 25. Mai 2020

[70] Vgl. Tobias Pflüger: Neue Bundeswehr mit neuen Waffen; https://wissenschaft-und-frieden.de/seite.php?artikelID=1182, abgerufen am 25. Mai 2020

[71] Zit. wie ebd.

[72] Zit. wie https://link.springer.com/chapter/10.1007/978-3-322-93538-0_24

[73] Vgl. *Die Zeit* vom 10. Juli 1992

[74] Vgl. *Der Spiegel* vom 19. Juli 1993

[75] Zit. wie Effenberger 2011/B, S. 37

[76] Lummer: Wer selbst im Glashaus sitzt ...;www.konservative.de/thv_06TbVi_7.pdf, abgerufen am 25. Mai 2020

[77] Zit. wie Hans Vorländer: Die Wiederkehr der Politik und der Kampf der Kulturen; www.bpb.de/apuz/25801/die-wiederkehr-der-politik-und-der-kampf-der-kulturen, abgerufen am 25. Mai 2020

## Ein neues imperiales Zeitalter

[1] www.yale.edu/lawweb/avalon/presiden/inaug/clinton1.htm, abgerufen am 29. Okt. 2019

[2] Ebd.

[3] Vgl. Samuel P. Huntington: The Clash of Civilisations?«; www.foreignaffairs.com/articles/united-states/1993-06-01/clash-civilizations

[4] Huntington 1998, S. 420 f.

[5] *Die Zeit* 37/2002

[6] Vgl. Huntington 1998, S. 430

[7] Richard Herzinger: Ideologie des Rückzugs. Wie die westlichen Demokratien vor der »Kultur« kapitulieren. *Lettre International,* H. 37, II. Vj. 1997, S. 19

[8] Huntington 1998, S. 330

[9] Ebd., S. 531

[10] William Pfaff: Huntingtons Irrtum. Zivilisationen handeln nicht und führen keine Kriege. *Lettre International,* H. 37, II. Vj. 1997, S. 13

[11] Sonderteil Survey Defense. *The Economist,* 1.-7. Sept. 1990, S. 10 f.

[12] Vgl. www.europarl.europa.eu/delegations/en/d-us/documents/eu-texts

[13] Vgl. *Foreign Affairs,* März/April 1994, S. 56 f.

[14] Vgl. Clinton 2004, S. 777

[15] Daalder 2000, S. 14

[16] Clinton 2004, S. 772

[17] Vgl. Christoph Elsas: Bosnien. Religionsgeschichtliche Analyse einer balkanischen Grenztragödie.In: Faber/Naumann 1995, S. 235

[18] Clinton 2004, S. 777

[19] Zit. wie Jürgen Elsässer:Allah ist Albaner.*Konkret* 11/2001

[20] www.deutschlandfunk.de/einfluss-der-golfstaaten-immer-mehr-salafisten-in-bosnien.886.de.html?dram:article_id=438869

[21] Die kroatische Regierung hatte schon 1991 die Firma Ruder Finn engagiert, die

u. a. im US-Kongress mit Informationsmaterial über Bluttaten der serbischen »Aggressoren« für Unterstützung der Kriegspolitik Kroatiens warb. Von Ruder Finn produzierte Videoclips über serbische Kriegsverbrechen wurden weltweit von Fernsehstationen übernommen.Vgl. z. B. Beham 1996, S. 160 ff.

[22] Zit. wie Jokic/Wilkins 2004, S. 171

[23] Einige Jahre später erbrachte der Journalist Thomas Deichmann den Nachweis, dass die Bilder manipuliert waren. Vgl. Schneider 1997, S. 248 ff.; vgl. auch *Novo*, März/April 1997, S. 18 ff.

[24] Die B'nai B'rith Anti-Defamation League, das American Jewish Committee und den American Jewish Congress.

[25] Vgl. Merlino 1993, S. 127 f.

26 Beham 1993, S. 172 f.

[27] Flounders, Sara:Die bosnische Tragödie. Die unbekannte Rolle der USA.*Ketzerbriefe* 68, September 1996, S. 21 f.

[28] Merlino 1993, S. 126 f.

[29] Becker/Beham 2006, S. 35

[30] *Neues Deutschland* vom 1. April 1999

[31] Noam Chomsky: Zur Logik des militärischen Humanismus.Blätter für deutsche und internationale Politik, Heft 4/2000

[32] Vgl. P.Ludes: Auf dem Weg zu einer »fünften Gewalt«. *medium,* 1993, S. 8

[33] Hume 1958, S. 348

[34] Vgl. den österreichischen Staatsschutzbericht 1997, S. 47 f.; www.bmi.gv.at/downloadarea/staatsschutz/Staatsschutzbericht1997.pdf

[35] Schmitz, Michael: Schule des Hasses auf dem Balkan. *Zeit online,* 45/2001

[36] Vgl. Elsässer 2005, S. 15

[37] *The Daily Telegraph* vom 24. Aug. 1998

[38] Vgl.*The Times* vom 19. Februar 1994. Nach DPA wurde der Report von Madame Albright unterdrückt.DPA, 6. Juni 1996

[39] Zit. wie *Der Spiegel* 7/1994

[40] Zit. wie Michel Chossudovsky: Der inszenierte Terrorismus: Die CIA und Al-Qaida. *Global Research,* 15. Aug. 2008

[41] Zit. wie Effenberger 2011/B, S. 44

[42] Vgl. Dratschak 2002, S. 18

[43] Elsässer: Allah ist Albaner.*Konkret* 11/2001.

[44] Vgl. Draschtak 2002, S. 117

[45] Zit. wie Mira Beham: Das magische Schlagwort Srebrenica. *Der Freitag* vom 20. Sept. 1996

[46] Zit. wie Draschtak 2002, S. 231

[47] Vgl. www.yumpu.com/de/document/view/21335079/download-als-pdf-raphael-draschtak, abgerufen am 11. Feb. 2020

[48] Der Internationale Strafgerichtshof für das ehemalige Jugoslawien machte nur vage Angaben zur Opferzahl. Vgl. Draschtak 2002, S. 260

[49] Vgl. *Newsweek,* 5. Feb. 1996

[50] Vgl. Huntington 1998, S. 470

[51] Streitgespräch zwischen Fischer und Cohn-Bendit. *taz* vom 30. Dez. 1994

[52] Wohin führt die Forderung nach einer militärischen Interventionspflicht gegen Völkermord? Offener Brief an die Mitglieder von Bündnis 90/Die Grünen von Kerstin Müller, Claudia Roth, Jürgen Trittin und Ludger Vollmer. Zit. wie

www.uni-kassel.de/fb5/frieden/regionen/jugoslawien/srebrenica.html
[53] Vgl. Woodward 1991, S. 303
[54] Vgl. Burg/Shoup 1999, S. 339 f.
[55] Vgl. Draschtak 2002, S. 298
[56] Vgl.Olschewski 1998, S. 28
[57] Vgl. Rhode 1997, S. 331
[58] United Nations Security Council Resolution 947
[59] Vgl. *Jane's Defence Weekly* vom 10. Juni 1999
[60] Zit.wie https://foreignpolicy.com/2010/12/15/remembering-richard-holbrooke/, abgerufen am 29. Juni 2020
[61] Vgl. APA 047, 4. Aug. 2001
[62] Zit. wie Draschtak 2002, S. 501
[63] Huntington1998, S. 463
[64] Zit. wie *Profil* 34/95, 21. August 1995. S. 43
[65] Vgl. Dratschak 2002, S. 346
[66] Vgl. ebd., S. 347
[67] Vgl. Burg/Shoup, 1999, S. 167 f.
[68] Vgl. Holbrooke 1999, S. 168
[69] Vgl. Malcolm 1996, S. 304
[70] Draschtak 2002, S. 424
[71] Vgl. ÖMZ 6/1995, S. 75
[72] Zit. wie Bildt 1997, S. 121
[73] Vgl. ebd., S. 134
[74] Zit.wiehttp://kunstradio.at/WAR/chossudovsky.html, abgerufen am 19. Aug. 2020
[75] »Politische Erklärung« der UÇK vom 31. Dez. 1998
[76] Zit. wie Serbien – Spielball der Großmächte. *NRhZ* vom 11. Nov. 2018
[77] Auswärtiges Amt vom 12. Januar 1999 an das Verwaltungsgericht Trier (Az.: 514-516.80/32 426)
[78] Vgl. www.wsws.org/de/2001/aug2001/cont-j08_prn.html, abgerufen 17. Dez. 2019
[79] Vgl. Dieter S. Lutz: Dirty Secrets. Vierteljahreszeitschrift für Sicherheit und Frieden 3/1999, S. 143
[80] Vgl. *Süddeutsche Zeitung* vom 30. Dez. 1998
[81] Scharping 1999, S. 44
[82] *Die Zeit* vom 12. Mai 1999
[83] Bündnis 90/Die Grünen1999, S. 59
[84] *grüne zeitung* vom 15. Aug. 2001
[85] vgl. Interview mit William Walker. *Berliner Zeitung* vom 8. April 2000 sowie *Jungle World* vom 3. März 1999
[86] Vgl. auchLoquai 2000
[87] Zit. wie Serbien – Spielball der Großmächte. A. a. O.
[88] Zit. wie Lafontaine 1999, S. 243
[89] Vgl. Ernst Woit: Kolonialkriege für eine Neue Weltordnung; www.sicherheits politik-dss.de/person/woit/ap6402ew.htm#, abgerufen am 23. Jan. 2020
[90] Brzeziński 2001, S. 10 f.
[91] Bundesministerium der Verteidigung: Zusammenfassung der Lageentwicklung im ehemaligen Jugoslawien. Politische und militärische Lage, S. 2
[92] Vgl. Heinz Loquai: Die OSZE-Mission im Kosovo – eine ungenutzte Friedenschance? Blätter für deutsche und internationale Politik, 9/99, S. 1118 ff.
[93] Zit. wie Elsässer 2000, S. 186
[94] Zit. wie http://clinton4.nara.gov/textonly/WH/New/html/19990323-1110.html
[95] Vgl. Loquai 1999, S. 86

[96] *FAZ* vom 29. Sept. 2013

[97] *Die Woche* vom 1. April 1999

[98] www.gesetze.ch/sr/0.518.521/0.518.521_008.htm, abgerufen am 20. Juni 2019

[99] Vgl. *Süddeutsche Zeitung* vom 3. Mai 1999

[100] Lafontaine 1999, S. 248

[101] Vgl. *Frankfurter Rundschau* vom 24. April 1999

[102] Loquai: Es gab keine »Humanitäre Katastrophe«, die einen Krieg rechtfertigte. *Guernica* vom 5. Sept. 2000

[103] Vgl. Habermas: Bestialität und Humanität. *Die Zeit,* 18/1999

[104] Vgl. www.nrhz.de/flyer/beitrag.php?id=25756

[105] www.un.org/depts/german/sr/sr_99/sr1244.pdf

[106] Alexander S. Neu: Kosovo in völker- und verfassungsrechtlicher Sicht. *Ossietzky* vom 18. Juli 2007

[107] Zit. wie www.washingtonpost.com/gdpr-consent/?next_url=https%3a%2f%2fwww.washingtonpost.com%2fwp-srv%2finatl%2flongterm%2fbalkans%2fstories%2fclintontext061199.htm

[108] Zit. wie ebd.

[109] Camp Bondsteel bietet zahlreiche Annehmlichkeiten des sozialen Lebens: Kino, Fitnessstudios, Sportplätze, zwei Kapellen, Bars, einen Supermarkt, mehrere Fastfood-Restaurants, Computer mit Internetanschluss und Videospielen. Im angeschlossenen Laura-Bush-Bildungszentrum können Kurse der University of Maryland und der University of Chicago belegt werden.

[110] Brzeziński 2001, S. 10 f.

[111] Ebd.

[112] Lafontaine 1999, S. 255

[113] Humanitäre Aufgaben und Rettungseinsätze, friedenserhaltende Aufgaben sowie Kampfeinsätze bei der Krisenbewältigung einschließlich friedensschaffender Maßnahmen.

[114] www.bpb.de/nachschlagen/lexika/das-europalexikon/177343/vertrag-von-amsterdam, abgerufen am 16. Jan. 2010

[115] Vgl. Wimmer 2016

[116] Effenberger/Wimmer 2004, S. 548

[117] *Frankfurter Rundschau* vom 3./4. April 1999

## 9/11 und die Spirale des Terrorismus

[1] A Clean Break – A New Strategy for Securing the Realm; www.iasps.org/strat1.htm, abgerufen am 29. März 2020

[2] Jürgen Elsässer: Der kommende Weltkrieg. Der Waffenstillstand im Libanon hat die Pläne zum Angriff auf Iran nicht gestoppt. In *junge welt,* 26. Sept. 2006, S. 10

[3] https://web.archive.org/web/20121014140718/http://www.newamericancentury.org/

[4] https://georgewbush-whitehouse.archives.gov/news/inaugural-address.html

[5] Zit wie https://archive.org/details/RebuildingAmericasDefenses/mode/2up

[6] Vgl. Michael Hirsh: Bush and the World. *Foreign Affairs* 81 (5), 2002, S. 18 ff.

[7] www.whitehouse.gov/news/releases/2001/07/20010724-1.html

[8] Zit. wie www.spiegel.de/netzwelt/web/dokumentation-der-offizielle-echelon-bericht-von-gerhard-schmid-an-das-eu-parlament-a-155819.html

[9] Vgl. Guthart 2002, S. 120

[10] Zit. wie Burns 2005, S. 144

[11] Vgl. www.politico.com/magazine/story/2016/09/were-the-only-plane-in-the-sky-214230, abgerufen am 5. Dez. 2019

[12] Vgl. ebd.

[13] Fort Detrick wurde im August 2019 geschlossen, kurz danach gab es die ersten Corona-Infektionen in USA, die in einer US-Kongressanhörung als Vaping-Opfer (E-Zigaretten-Gebrauch) deklariert wurden.

[14] Vgl. Kelle/Schaper: Bio- und Nuklearterrorismus.HSFK-Report 10/2001, S. 8

[15] Vgl. Stephen Engelberg: New Evidence Adds Doubt to FBI's Case Against Anthrax Suspect.10. Okt. 2011; www.propublica.org/article/new-evidence-disputes-case-against-bruce-e-ivins, abgerufen am 19. Okt. 2019

[16] British American Tobacco, News Release: Board appointment at British American Tobacco, 29.Jan. 2013

[17] Ebd.

[18] Vgl.www.af.mil/About-Us/Biographies/Display/Article/107900/brigadier-general-dr-richard-j-tubb/, abgerufen am 3. Mai 2020

[19] Philip Morris International Makes Another Step towards a Smoke-Free Future Through Partnership with Physician-Founded Start-Up, 28. Juni 2018; www.pmi.com/media-center/press-releases/press-release-details/?newsId=12436, abgerufen am 19. Okt. 2019

[20] Zit. wie https://washingtonexec.com/2020/03/former-white-house-physician-joins-lexisnexis-special-services-board/#.Xn-M_3IxmUk, abgerufen am 3. Mai 2020

[21] Vgl. *Die Welt* vom 1. März 2020

[22] Zit.wie www.glasnost.de/docs01/010911terror.html, abgerufen 15. April 2020

[23] Eugen Drewermann: Krieg ist die Krankheit. *Neues Deutschland* vom 15. Sept. 2001

[24] www.nachdenkseiten.de/wp-print.php?p=47919, 27. März 2020

[25] Leonow: Geplant ist mehr als ein Gegenschlag. *Neues Deutschland* vom 6. Okt. 2001

[26] Vgl. *Neues Deutschland* vom 15. Okt. 2001

[27] Zit. wie *SZ* vom 3./4. Jan. 2004

[28] Vgl. Stephen E. Atkins: Families of Victims of September 11.The 9/11 Encyclopedia 2011, S. 163

[29] Vgl. https://georgewbush-whitehouse.archives.gov/news/releases/2002/01/20020129-11.html, abgerufen am 21. Jan. 2020

[30] Vgl. https://de.statista.com/statistik/daten/studie/183059/umfrage/militaerausgaben-der-usa/, abgerufen am 2. Mai 2020

[31] https://e-politik.de/alt.e-politik.de/beitragfaee.html?Beitrag_ID=1545, abgerufen am am 7. Juni 2020

[32] Vgl. Philip Alexander Hiersemenze: Nächster Halt Irak. 3. Februar 2002; https://e-politik.de/alt.e-politik.de/beitragfaee.html?Beitrag_ID=1545, abgerufen 28. Okt. 2019

[33] https://georgewbush-whitehouse.archives.gov/news/releases/2002/06/20020601-3.html, abgerufen am 19. Aug. 2020

[34] Vgl. Krauthammer: The Unipolar Moment. *Foreign Affairs* 70 (1), 1990/1991

[35] Weber 1980, S. 28

[36] Zit. wie *Commentary Magazine*, Sept. 2003

[37] https://edition.cnn.com/2002/US/09/12/bush.transcript/, abgerufen am 19. Aug. 2020

[38] Zit. wie Florian Rötzer: Was wird ein Krieg gegen den Irak schaffen? Eine Million neue Terroristen.27. September 2002; www.heise.de/tp/features/Was-wird-ein-Krieg-gegen-den-Irak-schaffen-Eine-Million-neue-Terroristen-3426779.html

[39] Vgl. ebd.

[40] Zit. wie https://de.wikipedia.org/wiki/Begr%C3%BCndung_des_Irakkriegs, abgerufen 7. Mai 2020

[41] Zit. wie Gerhardt: Noble Lies to Ignoble Truths. In Haas 2005, S. 76

[42] Vgl. Severin Weiland: Eine Sache des Glaubens. *Der Spiegel* vom6. Feb. 2003

[43] Vgl.Stone/Kuznick 2015, S. 517

[44] Vgl. Shiner/Williams 2008, S. 157. Goldsmith trat übrigens am 27. Juni 2007 vom Amt des Attorney General zurück, am gleichen Tag, an dem auch Tony Blair seinen Posten als Premierminister aufgab.

[45] Zit. wie ARD-Sendung *Monitor* vom 28. Aug. 2003

[46] Zit. wie ebd.

[47] Vgl. https://webarchive.nationalarchives.gov.uk/20171123123237/http://www.iraqinquiry.org.uk/, abgerufen am 3. März 2020

[48] Vgl. McGoldrick 2004 sowie *The Guardian* vom 7. März 2003

## Der gescheiterte Vertrag über eine Verfassung für Europa

[1] Kirian Klaus Patel: Der Streit um Werte und Normen. Themenportal Europäische Geschichte; www.europa.clio-online.de/essay/id/fdae-1711, abgerufen am 23. Jan. 2020

[2] Vgl. Europalexikon 2013; www.bpb.de/nachschlagen/lexika/das-europalexikon/177335/verfassungsvertrag-der-eu

[3] Zit. wie *tagesspiegel* vom 25. Sept. 2008

[4] Vgl. *Handelsblatt* vom 27. Feb. 2006

[5] Zit. wie *Der Spiegel* vom 12. Mai 2005

[6] Vgl. www.stroebele-online.de/themen/debatte/71348.html

[7] Zit. wie www.arge-ja.at/eu-verfassung-demokratie-scheer.html, abgerufen am 29. Dez. 2019

[8] Vgl.www.euractiv.de/section/europakompakt/news/giscard-d-estaing-vertragsanderungen-sollen-referenden-umgehen-de/194035/, abgerufen am 19. Aug. 2020

[9] Vgl. www.bundesverfassungsgericht.de/entscheidungen/es20090630_2bve000208.html

[10] Amtsblatt der Europäischen Union; https://eur-lex.europa.eu/legal-content/DE/TXT/PDF/?uri=uriserv:OJ.C_.2007.303.01.0017.01.DEU

[11] Mathematischer Satz des britischen Wissenschaftlers Lionel Penrose.

[13] Zit wie *Stern* vom 21. Juni 2007

[14] Zit. wie ebd.

[15] Birnbaum 1974, S.143

[16] Vgl. Effenberger/Moskowitz 2013, S. 453 Jaruzelski 1993, S. 40 f.

[17] Zit. wie *Die Zeit* vom 21. Juni 2007

## EU und NATO vor neuen Aufgaben

[1] Bilderberger David Rockefeller am 23. Sept. 1994 vor dem US Business Council. Zit. wie Heinz Duthel: History and Members of the Bilderberg Society 1954–2017 (E-Book)

[2] Zit. wie *Die Welt* vom 26. Juli 2003

[3] Feith: USA: Umbau der globalen Strategie. *SZ* vom 8. Juli 04, S. 2

[4] *Neue Züricher Zeitung* vom 19. Sept. 2000

[5] Brzeziński 2001, S. 65 f.

[6] Vgl. *Die Welt* vom 15. Juli 2004

[7] Zit. wie Chatham House, 4. Dezember 1964; http://aei.pitt.edu/14258/1/S96-S95.pdf

[8] Steel 1970, S. 91

[9] Zit. wie www.deutschlandfunkkultur.de/die-erste-rede-eines-russischen-praesidenten-im-deutschen.932.de.html?dram:article_id=131306

[10] Vgl. *Der Spiegel* vom 25. März 2014

[11] Vgl. Otto Sieber: Africa Command: Forecast for the Future. Strategic Insights, Bd. VI, Januar 2007

[12] Doris Auerbach: Zur Kriegshetze gegen den Iran. *politonline.ch* vom 11. März 2006

[13] Diese Einschätzung dürfte hinsichtlich der Militärausgaben von Russland und China nicht haltbar sein: Militäraus-

gaben 2008/9 in Milliarden US-Dollar: weltweit (1470), USA (713), EU (311), China (61), Russland (50), Iran (6,3). Vgl. US Defense Budget; www.slate.com/id/2183592/pagenum/all/ sowie www.usatoday.com/news/world/2008-09-19-Russia-defense_N.htm

14 Obama 2007, S. 392 f.

15 Sophie Mühlmann: USA verstärken Truppen in Afghanistan.*Berliner Morgenpost* vom 19. Feb. 2009

16 Vgl.*tagesschau.de* vom 16. Feb. 2008

17 Amtsblatt der Europäischen Union L 42/88 »Gemeinsame Aktion 2008/123/Gasp des Rates« vom 4. Feb. 2008 zur Ernennung eines Sonderbeauftragten der Europäischen Union im Kosovo.

18 Resolutionen und Beschlüsse des Sicherheitsrats im Jahr 1999, S. 35-41 https://www.un.org/depts/german/sr/sr_99/sr1244.pdf

19 Zit. wie *Der Spiegel* vom 18. Febr. 2008

20 *NDR Info* vom 9. Februar 2008, 19.20-19.50 Uhr

21 Vgl. Effenberger 2011/B

22 Zit. wie www.spiegel.de/politik/ausland/pristina-kosovo-erklaert-sich-fuer-unabhaengig-a-535810.html

23 Zit. wie *Der Spiegel* vom 18. Feb. 2008

24 Zit. wie Effenberger 2011/B, S. 81

25 Zit. wie *Der Freitag* vom 15. Aug. 2008

26 Vgl. Effenberger: Quo vadis Deutschland – neue Kriege um Rohstoffe. *NRhZ*, Online-Flyer Nr. 208 vom 29. Juli 2009; www.nrhz.de/flyer/beitrag.php?id=14075&css=print

27 www.lexology.com/library/detail.aspx?g=49082d4f-22bb-4c37-8471-c8c32c7c120b, abgerufen am 21. Nov. 2019

28 Vgl. *Die Welt* vom 25. Juni 2009

29 Zit. wie *taz* vom 20. Mai 2009

30 Vgl. William F. Engdahl: Die Wahlen in Georgien, das Öl, Baker und Rumsfeld. *Zeit-Fragen* vom 19. Jan. 2004

31 Vgl. Grey/Wolkow: Die »Rosenrevolution« in Georgien: ein Putsch , made in USA. *World Socialist Web Site* vom 6. Dez. 2003

32 Vgl. *Neon* vom 23. März 2004

33 Vgl. *Die Welt* vom 14. Dez. 2004

34 Zit. wie*The Guardian* vom 17. März 2011

35 Zit. wie www.infosperber.ch/Politik/MSC-Sicherheitskonferenz-Munchen-2007-Putin

36 Zit. wie Adomeit in: Pleines/Schröder 2010, S. 268 f.

37 Zit. wie ebd., S. 269

38 Vgl. *FAZ* vom 30. Sept. 2009

39 Zit. wie *Der Spiegel* Nr. 30, 2007

40 Zit. wie *Der Spiegel* Nr. 48, 2009

41 Zit. wie Sarotte 2014, S. 221

42 Zit. wie ebd.

43 Vgl. *loyal* 04/2019, S. 6

44 Vgl. Ulfkotte 2014, S. 110 f.

## Ukraine: Rammbock gegen Russland

[1] Brzeziński 1997, S. 192

[2] Lenz/Marcks 1915, S. 190

[3] www.youtube.com/watch?v=gcj8xN2UDKc, Min. 0:30–1:55, abgerufen am 12. Feb. 2020

[4] Vgl. hierzu Effenberger/Wimmer 2014

[5] Wolfgang Effenberger: Win in a Complex World, unter www.nrhz.de/flyer/beitrag.php?id=20915

[6] Vgl. *The Guardian* vom 26. Nov. 2004

[7] Vgl. *Die Zeit* vom 2. Dez. 2004

[8] Zit. wie *junge welt* vom 31. Mai 2005

[9] Kompradorenbourgeoisie = Geschäfte in ökonomisch-politischer Unterordnung unter ausländisches Kapital

[10] Vgl. Werner Birnstiel: China ruft eindringlich nach politischen Lösungen. *Neues Deutschland* vom 18. März 2014

[11] Vgl. www.rferl.org/content/Venezuelas_President_Chavez_Visits_Ukraine/2193520.html, abgerufen am 18. Okt. 2010

[12] Vgl. *Handelsblatt* vom 5. Nov. 2013

[13] Vgl. *Der Spiegel* vom 24. Nov. 2014

[14] Vgl. www.deutschlandfunk.de/gescheitertes-abkommen-mit-der-ukraine-das-problem-lag-wohl.694.de.html?dram:article_id=270613

[15] Vgl. WDR-Morgenecho vom 19. März 2014, www.wdr5.de/sendungen/morgenecho/interviewverheugen100.html, abgerufen am 8. Okt. 2018 (nicht mehr verfügbar)

[16] Vgl. *NZZ* vom 18. Dez. 2013

[17] www.deutschlandfunk.de/verhaeltnis-eu-russland-gefahr-einer-spirale-nach-unten.694.de.html?dram:article_id=280378

[18] Vgl. www.spiegel.de/politik/ausland/ukraine-merkel-will-klitschko-zum-praesidenten-aufbauen-a-937853.html

[19] Vgl. www.youtube.com/watch?v=MSxaa-67yGM sowie Paul Schreyer: Die Dimension der Lüge. *Telepolis* vom 11. Feb. 2014; www.heise.de/tp/features/Die-Dimension-der-Luege-3363789.html

[20] Zit. wie http://cnnpressroom.blogs.cnn.com/2015/02/01/pres-obama-on-fareed-zakaria-gps-cnn-exclusive/, abgerufen am 9. Nov. 2019

[21] Vgl. www.infosperber.ch/FreiheitRecht/Russland-hat-die-Krim-nicht-annektiert

[22] Vgl. https://govtribe.com/opportunity/federal-contract-opportunity/renovation-of-sevastopol-school-5-ukraine-n3319113r1240-1, abgerufen am 9. Nov. 2019

[23] Zit. wie Effenberger/Wimmer 2016, S. 450

[24] Sandra Tjong: Republikaner Ron Paul klagt an: »US-Kongress erklärt Russland den Krieg«. *Focus* vom 9. Dez. 2014

[25] www.youtube.com/watch?v=CY7b23L_NME, ab Min. 10:50

[26] Vgl. http://de.reuters.com/article/ukraine-iwf-kredit-idDEKBN0DI06A20140502

[27] Vgl. *Der Spiegel* 31/2014

[28] Vgl. *Der Spiegel* vom 11. Juli 1988

[29] Zit. wie ebd.

[30] https://de.wikipedia.org/wiki/Ray_McGovern, abgerufen am 2. Sept. 2020

[31] Vgl. www.din.de/de/din-und-seine-partner/presse/mitteilungen/offener-brief-an-bundeskanzlerin-merkel-750798, abgerufen am 2. Sept. 2020

[32] Vgl. www.tagesspiegel.de/politik/abkommen-minsk-ii-13-punkte-fuer-den-frieden/11366782.html

[33] Vgl. Natocouncil.ca vom 20. Juli 2015

[34] Vgl. Bundeswehr.de vom 17. Aug. 2015

[35] https://deu.belta.by/society/view/erster-vizeverteidigungsminister-versteht-den-wirbel-um-militarmanover-sapad-2017-nicht-32368-2017/, abgerufen am 17. Aug. 2020

[36] Vgl. www.dw.com/de/fort-trump-in-polen/a-45588199

[37] Vgl. *Der Spiegel* vom 3. Juni 2018

[38] Zit. wie Deutschlandfunk vom 24. März 2020

## USA: Vom »gütigen« Hegemon zur rücksichtslosen Weltmacht?

[1] Vgl. Peng 2006, S. 94

[2] Vgl. https://www.hsfk.de/fileadmin/HSFK/hsfk_downloads/report0704.pdf

[3] Vgl. www.youtube.com/watch?v=S2u-zUephyc, abgerufen am 17. Aug. 2020

[4] Vgl. Peng 2006 S. 64

[5] Vgl. https://fas.org/irp/offdocs/nspd/nspd-66.htm, abgerufen am 6. Okt. 20

[6] Vgl. Warmfighting: The New Strategic Document Requirements. Center for Defense Information, 19. Sept. 2008

[7] Vgl. Die Europäische Union und die Arktis. KOM (2008) 763 endgültig, 20. Nov. 2008, S. 7

[8] Vgl.http://geology.com/usgs/arctic-oil-and-gas-report.shtml, abgerufen am 5. April 2020

[9] Klimawandel und internationale Sicherheit. Papier des Hohen Vertreters und der Europäischen Kommission für den Europäischen Rat. S113/08 vom 14. März 2008, S. 11

[10] Bericht über die Umsetzung der Europäischen Sicherheitsstrategie: Sicherheit schaffen in einer Welt im Wandel, 407/08 vom 11. Dez. 2008, S. 5

[11] EU Institute for Security Studies (ISS): European Defence. A Proposal for a White Paper. Report of an independent Task Force. Mai 2004, S. 13

[12] www.nato.int/docu/speech/2009/s090129a.html, abgerufenam 3. Okt. 2019

[13] Vgl. Allied Air Component Command HQ Ramstein, 9. April 2009

[14] Vgl. Effenberger:Militarisierung der Arktis.*NRhz* vom 1. Juli 2009

[15] Vgl. *Christian Science Monitor*, 11. Juni 2009

[16] Vgl. *Fairbanks Daily News-Miner* vom 12. Juni 2009

[17] Zit. wie *Der Spiegel* vom 14. Nov. 2009

[18] www.govinfo.gov/content/pkg/CHRG-112shrg80073/html/CHRG-112shrg80073.htm, abgerufen am 9. Dez. 2019

[19] Vgl. www.nctc.gov/docs/ct_calendar_2010.pdf

[20] Zit. wie www.politonline.ch/index.cfm?content=news&newsid=2151

[21] Hillary Clinton: America's Pacific Century, https://foreignpolicy.com/2011/10/11/americas-pacific-century/

[22] Zit wie *20min.ch* vom 21. Okt. 2011

[23] Vgl. Christian Stöcker: Weltöffentlicher Lynchmob. *Der Spiegel*vom 21. Okt. 2011

[24] Zit. wie*Telepolis* vom 23. April 2015

[25] Zit. wie Vollborn 2016, S. 275

[26] *Tagesschau.de* vom 19. Juni 2019

[27] Vgl. *SZ* vom 9. Nov. 2011

[28] Zit. wie *taz* vom 18. März 2011

[29] *Cicero* vom 19. Jan. 2020

[30] Vgl. Österreichisches Studienzentrum für Frieden und Konfliktlösung 2011, S. 271 f.

[31] Zit. wie *Hintergrund.de* vom 18. März 2011

32 Vgl. www.auswaertiges-amt.de/DE/Aussenpolitik/RegionaleSchwerpunkte/NaherMittlererOsten/GCC/Uebersicht_node.html, abgerufen am 3. Okt. 2019

[33] Vgl. *Focus* vom 16. April 2011

[34] Vgl. *The Telegraph* vom 3. April 2011

[35] Vgl. Libyan Rebel Council in Benghazi Forms Oil Company to Replace Qaddafi's.*Bloomberg*vom 22. März 2011

[36] Vgl. Effenberger: Muammar al-Gaddafi – rotes Tuch für die »Herren des Papiergeldes«. 10. April 2011, https://zeitgeist-online.de/826-muammar-al-gaddafi-rotes-tuch-fuer-die-herren-des-papiergeldes.html

[37] Arkadi Shtaev: Gaddafis letzte Warnung. *RT Deutsch* vom 25. Jan. 2020; https://deutsch.rt.com/meinung/97226-gaddafis-letzte-warnung/

[38] Obama: Libyen war mein größter Fehler. *FAZ* vom 11. April 2016

[39] Vgl. www.gppi.net/media/Indes-02_19-Brockmeier_Rotmann.pdf

[40] www.zeit-fragen.ch/index.php?id=2366

[41] Ebd.

[42] www.politonline.ch/index.cfm?content=news&newsid=2151

[43] Zit. wie Michel Chossudovsky: The Destabilization of Syria and the Broader Middle East War. 17. Juni 2011; www.globalresearch.ca/the-destabilization-of-syria-and-the-broader-middle-east-war/25312

[44] Vgl. ebd.

[45] Zit. wie www.gmx.net/themen/nachrichten/ausland/969chf8-syrien-konferenz-sucht-ausweg-streitet-assad

[46] www.bbc.co.uk/news/world-us-canada-21373367

[47] Vgl. Iran German Radio vom 23. Okt. 2012,http://german.irib.ir/nachrichten/politik/item/212420-syrien-frankreich-soll-unterst%C3%BCtzung-bewaffneter-gruppen-unterlassen, abgerufen am 23. Nov. 2020

[48] Vgl.www.ag-friedensforschung.de/regionen/Tuerkei/patriot-baf2.html, abgerufen am 23. Nov. 2019

[49] Vgl. www.zeit-fragen.ch/archiv/2013/nr13-vom-2532013/eu-will-terroristen-in-syrien-ausruesten-und-ausbilden.html

[50] Vgl. www.freundederkuenste.de/nachrichten-und-aktuelles/einzelansicht/artikel/usa-fuer-fluechtlings-welle-verantwortlich-das-schmutzige-spiel-verdeckter-interventionen/, abgerufen am 23. Nov. 2019

[51] Zit. wie www.epochtimes.de/Zitate-aus-Obamas-Rede-zum-Kampf-gegen-IS-a1180968.html, abgerufen am 23. Nov. 2019

[52] Zit. wie ebd.

[53] Vgl. *Zeit online* vom 18. Sept. 2014; www.zeit.de/politik/ausland/2014-09/usa-unterstuetzung-rebellen-syrien-is

[54] Vgl. http://diepresse.com/home/politik/aussenpolitik/3872546/Syrien_USSenat-erlaubt-Bewaffnung-von-Rebellen?from=gl.home_politik

[55] Vgl. *Abendzeitung* vom 19. Sept. 2014

[56] Zit. wie http://german.irib.ir/nachrichten/nahost/item/262061-us-senator-rand-paul-wir-waren-mit-isis-in-syrien-verb%C3%BCndet, abgerufen am 24. Nov. 2019

[57] Vgl. Country Reports on Terrorism 2010: Office of the Coordinator for Counterterrorism, www.state.gov/j/ct/rls/crt/2010/, abgerufen am 25. Nov. 2019

[58] Vgl. www.ag-friedensforschung.de/regionen/Libyen/usa7.html; AP vom 23. Aug. 2011; http://english.libya.tv

[59] Vgl. www.wsws.org/de/articles/2014/10/15/pers-o15.html, abgerufen am 26. Nov. 2019

[60] Vgl. *Vorwärts* vom 21. Okt. 2014

[61] Vgl. hierzu M. Staack: Unipolare Weltmacht? In: Bredow/Jäger 1994

[62] Vgl. Sebastian Range: Syrien: Neue Dynamik. 11. Nov. 2015, www.hintergrund.de/politik/welt/syrien-neue-dynamik/

[63] www.tagesschau.de/inland/is-syrien-bundestag-103.html

[64] Zit. wie *FAZ* vom 18. Okt. 2014

[65] Vgl. https://georgewbush-whitehouse.archives.gov/news/releases/2002/10/20021001-6.html

[66] Zit. wie Merand/Foucault/Irondelle 2011, S. 44

[67] https://eng.belta.by/president/view/belarus-president-unwilling-to-accept-additional-terms-to-get-foreign-loans-131164-2020/, abgerufen am 18. Aug. 2020

[68] Vgl. www.imf.org/en/Topics/imf-and-covid19/COVID-Lending-Tracker#EURCOVID-19 Financial Assistance and Debt Service Relief, abgerufen am 21. Aug. 2020

[69] Zit. wie www.tagesschau.de/faktenfinder/wahlergebnisse-korrektheit-kriterien-belarus-101.html

[70] Zit. wie www.tagesschau.de/ausland/belarus-151.html

[71] Zit. wie ebd.

[72] Vgl. https://web.de/magazine/politik/eu-ratschef-michel-beruft-sondergipfel-belarus-34995636

[73] Vgl. www.ksta.de/politik/krise-in-belarus-lukaschenko-versetzt-armee-in-gefechtsbereitschaft-37211028

[74] www.derstandard.de/story/2000119206183/us-aussenminister-pompeo-kommt-ende-naechster-woche-nach-wien

[75] Wimmer: Ist Minsk der Schlussstein im NATO-Limes gen Osten? https://weltexpress.info/ist-minsk-der-schluss-stein-im-nato-limes-gen-osten

[76] Zit. wie www.spiegel.de/politik/ausland/belarus-russland-weist-erstmals-auf-maengel-bei-wahl-hin-a-0696ec8d-7b85-48f9-8c98-0ced0337e304

[77] Bhadrakumar: Russia takes Europe's support to calm.Belarus vom 18. August 2020; https://indianpunchline.com/russia-takes-europes-support-to-calm-belarus, abgerufen am 20. Aug. 2020

[78] www.epochtimes.de/politik/welt/neue-hoffnung-fuer-den-frieden-rechts-staatlichkeit-statt-globale-eskalation-fuer-den-syrien-konflikt-a1959089.html

[79] Vgl. www.nrhz.de/flyer/beitrag.php?id=2324

[80] Hände weg von Syrien – Internationale Erklärung. 24. Oktober 2016, www.seniora.org/wunsch-nach-frieden/der-wunsch-nach-frieden/haende-weg-von-syrien-internationale-erklaerung, abgerufen am 28. Nov. 2019

[81] Zit. wie www.rt.com/news/431379-white-helmets-propaganda-syria/

[82] Vgl. www.maydayrescue.org/content/our-work, abgerufen am 28.Nov. 2019

[83] www.nachdenkseiten.de/?p=56345

[84] Vgl. The rise of Syria's White Helmets. *The Economistvom 10 Okt.* 2016

[85] https://govtribe.com/contract/award/aiddoti000800033-aidoaato1300003?page=2, abgerufen am 28. Nov. 2019

[86] Vgl. www.usaid.gov/political-transition-initiatives/syria, abgerufen am 28. Nov. 2019

[87] Vgl. *Crisis Response Journal* vom Dez. 2014

[88] Vgl. *The Guardian*vom 14. Dez. 2016

[89] *NRhZ* vom 20. Juni 2018

[90] Zit. wie *NOZ* vom 24. Nov. 2015

[91] Vgl. https://ssi.armywarcol- lege.edu/pubs/display.cfm?pubID=1358, abgerufen am 28. Nov. 2019

[92] Zit. wie*Rubikon* vom 30. Juli 2017; www.rubikon.news/artikel/nach-einer-pentagon-studie-droht-dem-us-imperium-der-kollaps

[93] Vgl. www.vice.com/en_us/article/d7ykxx/us-power-will-%20decline-under-trump-says-futurist-who-predicted-soviet-collapse

[94] Trump 2016, S. 60

[95] Zit. wie www.hintergrund.de/politik/welt/gehen-china-und-usa-auf-konfrontation/

[96] Zit. wie Ebd.

[97] Vgl. Klare: Krieg mit China? Er hat schon begonnen. April 2019,www.zeitschrift-luxemburg.de/krieg-mit-china

[98] Vgl. Effenberger 2011, S. 205 f.

[99] https://de.sputniknews.com/kommentare/20191118326002987-deutschland-militarismus-kommentar/

[100] Klare: Krieg mit China? Er hat schon begonnen. A. a. O.

[100] Vgl. https://de.wikipedia.org/wiki/HSBC, abgerufen am 28. Nov. 2019

## EU am Ende oder nur am Scheideweg?

[1] Vgl. www.europarl.europa.eu/news/de/press-room/20190710IPR56721/eine-pro-europaische-und-junge-wahlerschaft-mit-klaren-erwartungen

[2] Vgl. www.tagesspiegel.de/politik/merkels-spitzenkandidatin-der-ueberraschende-aufstieg-von-ursula-von-der-leyen/24517570.html

[3] Vgl. htts://de.sputniknews.com/politik/20190703325375732-kandidaten-eu-spitzenposten/

[4] Vgl. Wimmer: Operation am offenen Herzen; www.youtube.com/watch?v=Gkad2mnz8NI, abgerufen am 29. juli 2020

5 www.paulcraigroberts.org/2016/06/24/the-brexit-vote-paul-craig-roberts/

[6] https://europa.eu/european-union/about-eu/what-the-eu-does-for-its-citizens_de, abgerufen am 19. Okt. 2019

[7] Persönliche Aufzeichnung eines Vortrags im Oktober 2016, Berlin

[8] www.europarl.europa.eu/doceo/document/E-8-2019-000207_DE.html

[9] InderAntwortJunckersverlinkt:https://ec.europa.eu/commission/publications/european-commission-responds-hungarian-government-campaign_en

[10] https://www.europarl.europa.eu/doceo/document/E-8-2019-000207-ASW_DE.html

[11] www.jpost.com/Opinion/Our-World-Soross-campaign-of-global-chaos-464770

[12] Vgl. https://coldwardaily.com/2016/08/13/dcleaks-posts-george-soros-open-society-foundations-documents/

[13] *Die Welt* vom 2. Okt. 2015

[14] Vgl. www.express.co.uk/news/politics/794729/Jean-Claude-Juncker-EU-chief-meet-George-Soros-discuss-Hungary-legal-action

[15] Zit. wie *Der Spiegel* vom 27. Dez. 1999

[16] Vgl. www.tagesschau.de/ausland/brexit-austrittsdatum-101.html

[17] www.baks.bund.de/de/arbeitspapiere/2016/der-brexit-und-die-britische-verteidigungspolitik-kein-business-as-usual

[18] Zit. wie *Badische Zeitung* vom 19. Jan. 2020

[19] Gellermann: Wenn Krokodile weinen. Bye, bye England. *NRhZ* vom 5. Feb. 2020

[20] Vgl. https://taz.de/Streit-der-Woche/!5078007/

[21] Zit. wie www.zeit.de/news/2020-01/22/weltwirtschaftsforum-europa-rueckt-in-davos-in-den-fokus

[22] Hoose: Davos: Meilenstein des Europäischen Sozialismus? 24. Jan. 2020; www.godmode-trader.de/artikel/davos-meilenstein-des-europaeischen-sozialismus,8057072

[23] https://ec.europa.eu/germany/news/20200122-leyen-davos_de

[24] Hoose: Davos: Meilenstein des Europäischen Sozialismus? A. a. O.

[25] Zit. wie www.aerzteblatt.de/nachrichten/111647/Coronakrise-Von-der-Leyen-raeumt-Fehler-ein-Milliarden-fuer-Notfallfonds

[26] Vgl.https://de.statista.com/statistik/daten/studie/1090985/umfrage/fallzahl-des-coronavirus-2019-ncov-nach-laendern/#professional

[27] Vgl.www.spiegel.de/wirtschaft/soziales/corona-krise-eu-kommission-plant-europaeisches-kurzarbeitermodell-a-051a513e-8a5d-4ed6-8d38-133223767c38

[28] Zit. wie *Die Welt* vom 19. März 2020

[29] Vgl. ebd.

[30] Zit. wie ebd.

[31] Vgl. www.bafin.de/SharedDocs/Veroeffentlichungen/DE/Meldung/2020_Corona_andereBehoerden/meldung_2020_03_19_corona_virus3_Leerverkaufsverbote.html

[32] Vgl.www.funds-europe.com/news/fca-explains-stance-on-short-selling; betroffen waren Aktien von Aareal Bank AG, Allianz SE, Generali Deutschland Holding AG, Commerzbank AG, Deutsche Bank AG, Deutsche Börse AG, Deutsche Postbank AG, Hannover Rückversicherung AG, MLP AG und Munich Re AG.

[33] Vgl.www.faz.net/aktuell/finanzen/fonds-mehr/klage-grossbritanniens-abgewiesen-eu-darf-leerverkaeufe-verbieten-12763805.html

[34] www.zeitpunkt.ch/fileadmin/download/ZP_111/der-crash-kommt-nicht_hackmann_zp111.pdf

[35] Vgl. www.gt-worldwide.com/kategorie/thema/wirtschaft-index/index-wirtschaft-2011/obama-euro-finanzkrise.html

[36] Vgl. Solty 2008

[37] Zit. wie http://online.wsj.com/article/SB122610208024210087.html

[38] Vgl. *Journal of Economic Perspectives*Nr. 14 (2); www.occ.treas.gov/ftp/workpaper/wp2000-5.pdf;www.thedailyshow.com/video/index.jhtml?videoId=224262&title=elizabeth-warren-pt.-2&byDate=true, abgerufen am 17. Feb. 2020

[39] Vgl.www.telegraph.co.uk/finance/newsbysector/banksandfinance/5995810/IMF-puts-total-cost-of-crisis-at-7.1-trillion.html

[40] Vgl.www.larouchepac.com/node/14396, abgerufen am 17. Feb. 2020

[41] Vgl.*FAZ* vom 20. Mai 2017

[42] Vgl. *FAZ* vom 20. Jan. 2017

[43] Vgl. Max Abelson, Zachary Mider: Trump's Top Fundraiser Eyes the Deal of a Lifetime. *Bloomberg.com* vom 31. Aug. 2016

[44] Vgl. Who is Steven Mnuchin? Donald Trump's choice for Treasury Secretary. *Haaretz.com* vom 30. Nov. 2016

[45] Vgl. *SZ*vom4. Dez. 2008; Trump Names Jewish Financier, Fixer to Major Campaign Positions. *Forward.com* vom 7. Mai 2016

[46] Vgl. *NZZ* vom 18. Jan. 2017

[47] Vgl. Matt Turner: There's a long list of reasons people might not like Trump's pick for Treasury secretary. *Business Insider Deutschland* vom 30. Nov. 2016

[48] Vgl. www.sueddeutsche.de/wirtschaft/eil-ex-goldman-sachs-manager-mnuchin-soll-us-finanzminister-werden-1.3273651

[49] Vgl. *KenFM Tagesdosis* vom 8. Juli 2019

[50] Zit. wie *Wiwo.de* vom 4. Juli 2011

[51] Vgl.www.lobbycontrol.de/schwerpunkt/lobbyismus-in-der-eu/

[52] Vgl. http://ec.europa.eu/transparencyregister/public/consultation/statistics.do?locale=de&action=prepareView

[53] Vgl. www.cicero.de/wirtschaft/die-macht-der-ngos-%E2%80%93-daten-und-fakten/38380

[54] www.lobbycontrol.de/eu-lobbyreport-2019/

[55] Vgl. Birgit Stöger: Soros-Jünger in Richterroben. *Kopp exklusiv* 12/20

[56] Laughland: Credibility of European Court of Human Rights lies in ruins after judges' links to Soros revealed. RT Deutsch vom 25. Feb. 2020

[57] Vgl. Stöger: Soros-Jünger in Richterroben. A. a. O.

[58] Vgl. www.echr.coe.int/Documents/List_judges_since_1959_BIL.pdf

[59] Vgl. Laughland: Credibility of European Court of Human Rights lies in ruins after judges' links to Soros revealed. A. a. O.

[60] Zit. wie ebd.

[61] Zit. wie ebd.

[62] Vgl. CNN vom 24. Mai 2014

[63] Vgl. *Sächsische Zeitung* vom 1. Dez. 2015

[64] Zit. wie *Der Standard* vom 19. Nov. 2015

[65] www.campact.de

[66] https://casey-pops.blogspot.ch/2014/05/moveon-disturbing-soros-organization.html

[67] Vgl. Effenberger: Ratschläge von Brzeziński und Soros: Für Krieg gegen Russland gerüstet sein! Spaltpilz verdeckt Kriegsvorbereitungen. *NRhZ* Flyer vom 14. Jan. 2015

[68] Vgl. Friederike Beck: Avaaz.org und der geheime Informationskrieg um Syrien. 23. April 2012; www.zeitgeist-online.de/880-avaazorg-und-der-geheime-informationskrieg-um-syrien.html

[69] Ebd.

[70] Vgl. www.welt.de/wirtschaft/article208479891/Tichy-vs-Correctiv-Faktencheck-bei-Facebook-muss-geloescht-werden.html

[71] Vgl. https://panamapapers.sueddeutsche.de/articles/5703aa02a1bb8d3c3495b643/

[72] https://philosophia-perennis.com/2018/01/08/correctiv-inquisition/

[73] www.nachdenkseiten.de/?p=36631

[74] Zit. wie https://kritisches-netzwerk.de/sites/default/files/ulrike_sumfleth_-_simulierte_diskurse_-_verlagskonzerne_und_ihr_maerchen_von_der_pressefreiheit_-_54_seiten_lesetipp.pdf

[75] Vgl. www.journalist.de/aktuelles/meldungen/ftd-und-fr-eine-chronik.html

[76] Vgl. *Meedia.de* vom 2. Sept. 2016

[77] Vgl. www.mediadb.eu/forum/datenfuer-archiv/int-mk-2014.html

[78] Vgl. Johannes Zuber: Öffentlich-private Partnerschaften – Pleiten, Pech und Pannen. *Deutschlandradio Kultur* vom 3. Feb. 2015

[79] Vgl. Rudolf Bauer: Wir befinden uns mitten im Krieg. Militarisierung im Digitalen Zeitalter. Bremer Friedensforum. Okt. 2013

[80] Vgl. www.deutschlandfunkkultur.de/die-guetersloher-nebenregierung.950.de.html?dram:article_id=139101

[81] Zit. wie www.uni-muenchen.de/forschung/news/2015/pr_konflikte.html

82 P8_TA-PROV(2016)0441 (2016/2030 (INI))

83 Vgl. Lassalle 1863, S. 35

84 www.youtube.com/watch?v=5anpUCsURlw, abgerufen am 2. Aug. 2020

85 www.europarl.europa.eu/doceo/document/TA-9-2019-0021_DE.pdf

86 Zit. wie Reynaud 1963, S. 457

87 Vgl. https://jungefreiheit.de/politik/deutschland/2018/afd-wirft-bundesregierung-untaetigkeit-bei-benes-dekreten-vor/

88 www.world-economy.eu/nachrichten/detail/trump-muss-weg-und-wenn-es-ueber-corona-ist/

## Bedenkliche Symbolik der EU: der Karlspreis

1 www.karlspreis.de

2 Ebd.

3 Vgl. Günther Wolf: Karl der Große. In: Fassmann 1991

4 Vgl. Döbber/Roith: Karl, der große Europäer? Ein dunkler Leuchtturm. In: Leben und Lernen in der EU, www.schulseiten.de/jvfg/page.php?page=geschichte_geschichte_3

5 Zit. wie ebd.

6 Zit. wie www.nrhz.de/flyer/beitrag.php?id=22793, abgerufen am 4. Sept. 2020

7 Zit. wie www.spiegel.de/spiegel/print/d-21197891.html

8 Picker 1993, S. 166

9 Zit. wie Döbber/Roith: Karl, der große Europäer? A. a. O.

10 Zit. wie www.spiegel.de/spiegel/print/d-21197891.html

11 Vgl. Ranke 1957, S. 18

12 Zit. wie www.karlspreis.de/de/preistraeger/richard-nikolaus-graf-coudenhove-kalergi-1950/vita

13 Zit. wie www.spiegel.de/politik/ausland/tony-blair-und-der-bericht-zum-irakkrieg-ende-mit-schrecken-a-1101700.html

14 www.neues-deutschland.de/artikel/235181.vier-stunden-vientiane-nach-jahren.html

15 Vgl. www.journal21.ch/mutmasslicher-kriegsverbrecher-kissinger

16 www.bundesregierung.de/breg-de/service/bulletin/rede-von-bundeskanzlerin-dr-angela-merkel-796190

17 www.derstandard.at/story/2000010102927/eine-voelkerwanderung

18 www.karlspreis.de/de/preistraeger/richard-nikolaus-graf-coudenhove-kalergi-1950/rede-von-richard-nikolaus-graf-coudehove-kalergi

19 www.pboehringer.com/post/der-lange-weg-zum-schmaehpreis-karlsprei/

20 www.vatican.va/content/francesco/de/speeches/2016/may/documents/papa-francesco_20160506_premio-carlo-magno.html

[21] Zit. wie www.welt.de/politik/ausland/article142060798/Eine-Art-dritter-Weltkrieg-ist-im-Gang.html

[22] Zit. wie www.zeit.de/gesellschaft/zeitgeschehen/2016-05/franziskus-karlspreis-verleihung-europa

[23] Zit. wie www.independent.co.uk/news/world/europe/germanys-martin-schulz-calls-trump-un-american-and-warns-against-lifting-russia-sanctions-a7556631.html

[24] www.karlspreis.de/de/preistraeger/emmanuel-macron-2018/begruendung-des-direktoriums

[25] www.karlspreis.de/de/preistraeger/emmanuel-macron-2018/rede-von-bundeskanzlerin-angela-merkel

[26] Zit.wiehttp://en.radiovaticana.va/news/2017/02/17/pope_sends_message_to_popular_movements_meeting,_california/1293143

[27] Saul Alinsky (1909–1972) entwickelte die Organisationsformen einzelner informeller, miteinander und mit verschiedenen Organisationen vernetzter Gruppen.

[28] Zit. wie https://onepeterfive.com/pope-francis-praises-soros-funded-organization-encourages-resistance/

[29] www.katholisches.info/2016/11/09/mehrheit-der-katholiken-stimmt-fuer-trump-und-sichert-ihm-den-wahlsieg/

[30] Zit. wie https://onepeterfive.com/pope-francis-praises-soros-funded-organization-encourages-resistance/

[31] Vgl.www.zeit.de/politik/ausland/2017-02/grenze-mexiko-usa-grenzschutz-einwanderer-opfer;https://pi-news.net/wp/uploads/2016/11/mercedes-bordermexico-440x293.jpg

[32] Vgl. www.youtube.com/watch?v=Rk6I9gXwack, abgerufen am 29. Juli 2020

[33] www.nrhz.de/flyer/beitrag.php?idee=23600

[34] Vgl. https://philosophia-perennis.com/2020/09/09/skandal-george-soros-finanziert-seit-jahren-den-jesuitenorden-von-papst-franziskus/, abgerufen am 9. Sept. 2020

[35] Vgl. https://katholisches.info/2019/06/06/george-soros-lobt-papst-franziskus/, abgerufen am 9. Sept. 2020

[36] Zit. wie www.zeit.de/wirtschaft/2016-01/kapitalismus-kritik-wagenknecht-streeck/komplettansicht

[37] Warren Buffett im Interview mit Ben Stein. *New York Times* vom 26. Nov. 2006

[38] Vgl.www.jungewelt.de/artikel/385424.ein-herz-f%C3%BCr-die-nato.html

[39] Zit wie ebd.

[40] Vgl. *Freenations.* 11. Dezember 2003

[41] Atkinson: The Totalitarians who Founded the European Union and Their Impending Triumph; www.orthodoxytoday.org/articles8/Atkinson-The-Totalitarians-who-Founded-the-European-Union-and-their-Impending-Triumph.php

[42] Vgl. WDR: Stichtag vom 25. Dez. 2009; www1.wdr.de/stichtag/stichtag3922.html

[43] www.zeit.de/wirtschaft/2016-01/kapitalismus-kritik-wagenknecht-streeck/seite-2

[44] Vgl. *Spiegel Online* vom 15. Juli 2007; www.sueddeutsche.de/politik/luftsicherheitsgesetz-schaeuble-ist-besessen-1.434443

## Die Welt im Zangengriff von Covid-19

[1] Bundesamt für Bauwesen und Raumordnung, Bundesamt für Bevölkerungsschutz und Katastrophenhilfe, Bundesamt für Sicherheit in der Informationstechnik, Bundesanstalt für Landwirtschaft und Ernährung, Bundesanstalt Technisches Hilfswerk, Bundesnetzagentur, Paul-Ehrlich-Institut, Streitkräfteunterstützungskommando

[2] Bericht zur Risikoanalyse im Bevölkerungsschutz 2012. Drucksache 17/12051 vom 3. Jan. 2013; https://dipbt.bundestag.de/dip21/btd/17/120/1712051.pdf, S. 5 f.

[3] Zit. wie www.pathologie-dgp.de/die-dgp/aktuelles/meldung/pressemitteilung-an-corona-verstorbene-sollten-obduziert-werden/

[4] Vgl. ebd.

[5] Vgl. www.spiegel.de/wissenschaft/medizin/schweinegrippe-pandemie-wie-die-who-das-vertrauen-der-verbraucher-verseucht-a-699427.html

[6] Zit. wie ebd.

[7] Zit. wieSchäfer 2002, S. 20

[8] Zit. wieMatthew Bossons: Did the U.S. introduce a deadly virus to China? In Jack London's fiction, sure. 19. März 2020; https://supchina.com/2020/03/19/did-the-u-s-introduce-a-deadly-virus-to-china-jack-london-fiction/

[9] Vgl. https://en.wikipedia.org/wiki/United_States_biological_weapons_program, abgerufen am 29. März 2020

[10] Zit. wie *Tagesschau* vom 10. April 2020

[11] Zit.wie Jochen Mitschka: Entwickeln die USA neue biologische Waffen? 28. Sept. 2018; www.heise.de/tp/features/Entwickeln-die-USA-neue-biologische-Waffen-4177163.html

[12] Vgl. Thierry Meyssan: Covid-19 und die rote Morgendämmerung. *Voltaire Netzwerk* vom 28. April 2020; www.voltairenet.org/article209776.html

[13] Vgl. ebd.

[14] Fahrplan für die Durchführung von Aktionen der Europäischen Kommission auf der Grundlage der Mitteilung der Kommission und der Empfehlung des Rates zur Stärkung der Zusammenarbeit gegen durch Impfstoffe vermeidbare Krankheiten.

[15] Vgl. https://ec.europa.eu/health/sites/health/files/vaccination/docs/2019-2022_roadmap_en.pdf, abgerufen am 29. März 2020

[16] Willy Wimmer: WHO: keine Untersuchung, Auflösung dringend geboten. 11. Juli 2020; https://parstoday.com/de/news/world-i52707-who_keine_untersuchung_auflösung_dringend_geboten

[17] Vgl. https://int.nyt.com/data/documenthelper/6879-2020-covid-19-red-dawn-rising/66f590d5cd41e11bea0f/optimized/full.pdf

[18] Alfred de Zayas: Priorität muss sein, jetzt Leben zu retten – die weltweite Verurteilung von Sanktionen muss folgen. *Zeit-Fragen* vom 7. April 2020, S. 1

[19] Vgl. www.nbcnews.com/news/world/official-coronavirus-death-tolls-are-only-estimate-problem-n1183756

[20] Vgl. Werner Rügemer: »Die USA haben das sicherste Gesundheitssystem der Welt« – Die Johns Hopkins University und das globale Pandemien-Management. 1. April 2020; www.nachdenkseiten.de/?p=59825

[21] www.youtube.com/watch?v=xYXK7uh93Uo, abgerufen am 5.Apr. 2020

[22] Vgl. https://systematischgesund.de/gesundheit/corona-experten/

[23] Zit. wie Werner Rügemer: »Die USA haben das sicherste Gesundheitssystem der Welt«. A. a. O.

[24] Ebd.

[25] Vgl. ebd.

[26] Ebd.

[27] Vgl. *Der Spiegel* vom 3. April 2020

[28] www.bundesregierung.de/breg-de/suche/pressestatement-von-bundeskanzlerin-merkel-im-rahmen-der-who-spenden-videokonferenz-1746960

[29] Ebd.

[30] www.worldeconomy.eu/nachrichten/detail/anruf-von-melinda-gates-genuegt-kanzlerin-von-was-und-fuer-wen/

[31] Vgl. https://norberthaering.de/die-regenten-der-welt/geberkonferenz-gates-weltwirtschaftsforum/

[32] Zit.wie www.tagesschau.de/ausland/corona-eu-spendensammeln-103.html

[33] Vgl. dazu: Plusminus vom 16. Dez. 2020, Medikamente für Corona-Patienten – Politik bremst Pharmaforscher aus; www.daserste.de/information/wirtschaft-boerse/plusminus/videos/sendung-vom-16-12-2020-video-104.html

[34] https://fragdenstaat.de/anfrage/bundesweite-kommunikation-bzgl-corona

[35] https://s-f.com/wirbleibenzuhause-scholz-friends-kommuniziert-in-der-corona-krise-fuer-das-bmg/

[36] Zit. wie www.new-business.de/koepfe/detail.php?rubric=K%D6PFE&nr=753595

[37] Zit.wie https://de.sputniknews.com/interviews/20200425326953541-corona-gefahr-virologe/

[38] Vgl. Anne Trafton: East meets West. *MIT News* vom17. Sept. 2007

[39] Vgl. Deborah Shapley: Dr. E-mail Will See You Now. MIT Technology Review, Jan./Feb. 2000

[40] Vgl. *Business Insider* vom 12. Nov. 2015

[41] Vgl. Shiva Ayyadurai/Jasmin Kosubek: Unter falscher Flagge. 21. April 2020; www.youtube.com/watch?v=fdXd--E6L-nU, abgerufen am 29. Apr. 2020

[42] Vgl. Herman/Chomsky 1988

[43] Vgl. Torsten Engelbrecht: Journalismus am Ende; www.rubikon.news/artikel/journalismus-am-ende-2

[44] Vgl. Shiva Ayyadurai/Jasmin Kosubek: Unter falscher Flagge. A. a. O.

[45] Vgl. Konstantin Demeter/Torsten Engelbrecht: Das Zitier-Kartell: Ob Streeck oder Leopoldina – viele Wissenschaftler, die Merkels Lockdown goutieren, sind mit der Pharmalobby verstrickt. 25. April 2020; www.rubikon.news/artikel/das-macht-kartell

[46] Zit. wie Konstantin Demeter/Torsten Engelbrecht: Das Zitier-Kartell. A. a. O.

[47] Zit. wie Elisa Gratias: Profiteure der Angst. 25. April 2020; www.rubikon.news/artikel/profiteure-der-angst-2

[48] Zit. wie ebd.

[49] Vgl. ebd.

[50] Ebd.

[51] Ganser 2000, S. 18

[52] Vgl. Lasswell 1927

[53] Mill 1969, S. 81 f.

[54] Vgl. EEAS Special Report Update: Short Assessment of Narratives and Disinformation around the Covid-19/Coronavirus Pandemic; https://euvsdisinfo.eu/eeas-special-report-update-2-22-april/

[55] Vgl. Jim O'Neill: Blaming China Is a Dangerous Distraction. *Chathamhouse.org* vom 15. April 2020

[56] Vgl. EU-Stelle zur Abwehr »östlicher Propaganda« denunziert Kritik an der Union als »Desinformation«. 28. April 2020; www.german-foreign-policy.com/news/detail/8257/

[57] Ebd.

[58] Vgl. Lee: Where is the vigorous debate about our response to Covid? 12. April 2020; www.spectator.co.uk/article/to-understand-covid-we-need-evidence-scepticism-and-vigorous-debate

[59] www.focus.de/finanzen/boerse/wirtschaftsticker/konjunktur-kubicki-kritisiert-rki-scharf-zahlen-wirken-politisch-motiviert_id_11933202.html

[60] trendsmap.com, glonaabot.de, newstral.com, theworldnews.net, de.nachrichten.yahoo.com, deutsch.rt.com

[61] Zit. wie www.merkur.de/politik/coronavirus-wolfgang-schaeuble-kritik-regierungsmassnahmen-wuerde-menschen-zr-13718119.html

[62] Zit. wie www.bild.de/politik/inland/politik-inland/coronavirus-spahn-ueber-umstrittene-regeln-wir-werden-viel-verzeihen-muessen-70202488.bild.html

[63] www.youtube.com/watch?v=4AHUTRqUaTk, abgerufen am 30. Apr. 2020

[64] http://de.china-embassy.org/det/sgyw/t1770161.htm

[65] Zit. wie www.bild.de/politik/ausland/politik-ausland/corona-krise-bild-chef-schreibt-an-chinas-staatschef-70087876.bild.html

[66] Vgl. Andreas von Bülow im Gespräch mit Michael Vogt. 6. Mai 2017; www.youtube.com/watch?v=s4AIP7jCmlE, abgerufen am 12. Dez. 2018

[67] Vgl. Diegrößte Kriegsbeute Deutschlands Patente. *Der Spiegel* vom 6. Juni 1951

[68] Vgl. https://meedia.de/2019/12/10/springer-einstieg-ist-perfekt-us-finanzinvestor-kkr-hat-alle-freigaben-erhalten/

[69] Nature Medicine, Vol. 21/2015, S. 1508-1513 (2015); www.ncbi.nlm.nih.gov/pubmed/26552008

[70] www.ncbi.nlm.nih.gov/pubmed/26552008

[71] Lea1946, S. 24

[72] Vgl. Denson 2013

[73] Gerd Schultze-Rhonhof: Die fingierten Kriegsanlässe; https://ef-magazin.de/2016/02/15/8409-us-aussenpolitik-die-fingierten-kriegsanlaesse

[74] Gabor Steingart: Das Morning Briefing. 15. April 2020

[75] https://web.de/magazine/news/coronavirus/corona-krise-trump-usain-phasen-oeffnen-34621790#.homepage.pointOfViewTeaser.Trumps%20Drei-Stufen-Plan.0

[76] Roewer: Die Wunderwaffe und die Wunderabwehrwaffe – der Streit um das Medikament Hydroxychloroquinzur Bekämpfung der Corona-Erkrankung. E-Mail an den Verfasser vom 15. Juni 2020

[77] Vgl. Roni Karyn Rabin: Scientists Question Validity of Major Hydroxychloroquine Study. *New York Times* vom 29./30. Mai 2020

[78] Vgl. www.springermedizin.de/covid-19/wissenschaft/zwei-grosse-covid-19-studien-zurueckgezogen/18058426

[79] Vgl. www.goremedical.com/resource/AX1667-EN1, abgerufen am 9. Juni 2010

[80] Vgl. Wodarg: Covid-19 – ein Fall für Medical Detectives. 2. Mai 2020; https://multipolar-magazin.de/artikel/covid-19-medical-detectives

[81] Vgl. Ron Paul: Coronavirus Shows Why We Need Separation of Medicine and State!8. Juni 2020; http://ronpaulinstitute.org/archives/featured-articles/2020/june/08/coronavirus-shows-why-we-need-separation-of-medicine-and-state/

[82] Vgl. https://edition.cnn.com/2020/06/05/health/helth-care-open-letter-protests-coronavirus-trnd/index.html

[83] Ron Paul: Coronavirus Shows Why We Need Separation of Medicine and State! A. a. O.

[84] Ebd.

[85] vgl. www.ox.ac.uk/news/2020-06-05-no-clinical-benefit-use-hydroxycloroquin-hospitalised-patients-covid-19

[86] Vgl.www.msn.com/en-us/health/medical/2-billion-doses-of-the-oxford-coronavirus-vaccine-will-be-available-after-a-new-deal-that-included-750m-from-bill-gates-astrazeneca-says/ar-BB154PrT, abgerufen am 10. Juni 2020

[87] Die Firma AstraZeneca, ein Unternehmen mit Standorten in den USA, Großbritannien und Schweden, betreibt Forschungslabors. Was dort genau produziert wird, ist den einzelnen Webseiten nicht zu entnehmen, jedenfalls ist man bemüht, das Wasser rein zu halten, karbonneutral zu produzieren und dem Klimaschutz zu dienen – der übliche Schnickschnack. Der jeweilige Wert der Aktie ist verzeichnet unter www.ariva.de/astrazeneca-aktie/chart?t=all&boerse_id=4

[88] Vgl. Pressemitteilung vom 13. Juni 2020; www.astrazeneca.com/media-centre/press-releases/2020/astrazeneca-to-supply-europe-with-up-to-400-million-doses-of-oxford-universitys-vaccine-at-no-profit.html, abgerufen am 14. Juni 2020

[89] Vgl. Venus Upadhayaya: Pharma Giant to Supply 400 Million Doses of Vaccine in Europe by Year End. 13. Juni 2020; www.theepochtimes.com/pharma-giant-to-supply-400-million-doses-of-vaccine-in-europe-by-year-end_3387556.html#comment_open, abgerufen am 14. Juni 2020

[90] Vgl. www.justice.gov/sites/default/files/opa/press-releases/attachments/2015/03/04/doj_report_on_shooting_of_michael_brown_1.pdf

[91] Donald Trump Speech Transcript June 1: Trump May Deploy US Military to Cities; www.rev.com/blog/transcripts/donald-trump-speech-transcript-june-1-trump-may-deploy-us-military-to-cities

[92] Bob Barr: Wo wir immer enden, wenn der Zweck die Mittel heiligt.Gewaltexzesse gegen Rassismus – wem dient die Antifa in den USA? www.zeit-fragen.ch/archiv/2020/nr-13-16-juni-2020/wo-wir-immer-enden-wenn-der-zweck-die-mittel-heiligt.html

[93] www.verfassungsschutz.de/de/service/glossar/antifa-autonome

[94] https://blacklivesmatter.com/about/

[95] Vgl.www.arabellaadvisors.com/blog/fighting-racism-and-advancing-equity-at-arabella-and-beyond/

[96] Vgl.www.devex.com/organizations/arabella-advisors-62136

[97] Vgl. www.arabellaadvisors.com/expertise/fiscal-sponsorship/

[98] www.insidephilanthropy.com/home/2019/1/14/big-builds-a-look-inside-arabella-advisors

[99] Vgl. www.arabellaadvisors.com/company/our-people/

[100] Vgl. www.arabellaadvisors.com/wp-content/uploads/2016/11/Arabella-Advisors-Evaluation-of-Rockefeller-Foundation-PRI-Portfolio.pdf

[101] Vgl. https://wien.orf.at/stories/3051825/

[102] www.deutschlandfunk.de/black-lives-matter-europaeisches-parlament-verabschiedet.2932.de.html?drn:news_id=1143083

[103] www.nrhz.de/flyer/beitrag.php?id=26487

[104] Zit. wie https://nachrichtenagentur.radio-utopie.de/newsagency/assanges-fall-steht-fuer-das-versagen-des-westlichen-rechts-sagt-nils-melzer-von-der-uno/

[105] www.bundesgesundheitsministerium.de/fileadmin/Dateien/3_Downloads/Gesetze_und_Verordnungen/GuV/S/Entwurf_Zweites_Gesetz_zum_Schutz_der_Bevoelkerung_bei_einer_epidemischen_Lage_von_nationaler_Tragweite.pdf

[106] Vgl. https://bulletin-1.ch/usa-ziehen-b-52-bomber-ab/

[107] Vgl. www.spiegel.de/politik/ausland/corona-krise-nato-ruestet-sich-fuer-zweite-infektionswelle-a-6d7ac3e1-7d77-42fb-bbbd-d4b6771b563f

[108] Vgl. www.youtube.com/watch?v=PC8XO0gxDBs

[109] Vgl. www1.wdr.de/daserste/monitor/sendungen/corona-grundrechte-100.html

[110] Zit. wie www.rheinpfalz.de/politik_artikel,-verfassungsrechtler-papier-mahnt-zu-schutz-der-freiheit-_arid,5060645.html

[111] Vgl. https://taz.de/Corona-Verschwoererinnen-demonstrieren/!5677960/

[112] Vgl. www.morgenpost.de/vermischtes/article228995569/RKI-meldet-neue-Corona-Fallzahlen-aktuelle-Reproduktions-zahl-R-Wert-heute-neu.html, abgerufen am 25. Juni 2020

[113] www.bundesregierung.de/breg-de/service/bulletin/rede-von-bundeskanzlerin-dr-angela-merkel-1752868

[114] Vgl. www.rubikon.news/artikel/120-expertenstimmen-zu-corona

[115] Vgl. www.youtube.com/watch?v=AoLw-Q8X174, abgerufen am 12. Sept. 2020

[116] Zit. wie ebd.

[117] Faktenpapier »Impfen als Lösung« vom 17. April 2020; www.bundesgesundheitsministerium.de/fileadmin/Dateien/3_Downloads/C/Coronavirus/Faktenpapier_Impfen.pdf

[118] Vgl. www.presseportal.de/pm/67245/4602439

[119] Vgl. www.idea.int/news-media/multimedia-reports/call-defend-democracy

[120] Vgl. www.ned.org/covid-19-crisis-threatens-democracy-leading-world-figures-warn-joint-statement-press-release/

[121] www.deutschlandfunk.de/deutscher-botschafter-soll-venezuela-verlassenbrok-guaido.694.de.html?dram:article_id=442907

[122] *Washington Post*, 22. Sept. 1991

[123] *The New York Times*, 1. Juni 1986

[124] https://williamblum.org/chapters/rogue-state/trojan-horse-the-national-endowment-for-democracy

[125] Vgl. ebd.

[126] Ebd.

[127] https://acu2020.org/organisation/

[128] Zit. wie www.youtube.com/watch?v=TgC2TzvIRY8

[129] Zit. wie www.dw.com/de/corona-in-deutschland-engpässe-in-krankenhäusern-möglich/a-52611107

[130] Zit. wie www.spiegel.de/wissenschaft/medizin/coronavirus-wir-gehen-davon-aus-dass-es-ein-stresstest-wird-fuer-unser-land-sagt-rki-chef-lothar-wieler-a-86251a54-182c-4bfa-9d60-1dc6084b987d

[131] Zit. wie www.sueddeutsche.de/gesundheit/krankheiten-muenchen-arzt-corona-auf-keinen-fall-gefaehrlicher-als-influenza-dpa.urn-newsml-dpa-com-20090101-200206-99-796653

[132] Zit. wie www.rubikon.news/artikel/der-corona-untersuchungsausschuss

[133] Adelbert Bachlechner: Heilige Corona bitte für uns. Asslinger Gemeindezeitung vom 25. Juni 2020, Nr. 250, S. 18/19

[134] www.kardiologie.org/covid-19/-kollateralschaden--der-covid-19-pandemie--infarktpatienten-sche/18044396

[135] Tilo Gräser: Der Corona-Untersuchungsausschuss vom 12. Juli 2020; www.rubikon.news/artikel/der-corona-untersuchungsausschuss

[136] www.tagesschau.de/faktenfinder/esoterik-impfgegner-corona-101.html

[137] www.br.de/mediathek/video/corona-panik-wie-ein-virus-alle-vernunft-zerstoert-av:5e334c6403c067001ad12096

[138] Zit. wie www.reitschuster.de/post/polizist-lobt-corona-demos-und-klagt-den-staat-an

[139] Zit. wie ebd.

[140] www.faz.net/aktuell/politik/inland/corona-demo-nur-einzelne-rechtsextreme-16894746.html

[141] https://twitter.com/nytimes/status/1289629736201838595

[142] http://ronpaulinstitute.org/archives/featured-articles/2020/august/03/europeans-are-waking-up-to-government-covid-tyranny-why-are-we-still-asleep/

[143] Source European CDC situation update worldwide 31 July: Täglich bestätigte Covid-19-Fälle und Todesfälle, Welt. Die hier gezeigten bestätigten Zahlen

sind niedriger als die Gesamtzahlen. Der Hauptgrund dafür sind begrenzte Tests und Herausforderungen bei der Zuweisung der Todesursache.

[144] Drucksache 19/21098 – 12 – Deutscher Bundestag – 19. Wahlperiode. Antwort der Bundesregierung auf die Kleine Anfrage der Abgeordneten Tino Chrupalla, Steffen Kotré, Enrico Komning, weiterer Abgeordneter und der Fraktion der AfD – Drucksache 19/20085 vom 16. Juli 2020

[145] https://emanuelkarlsten.se/number-of-deaths-in-sweden-during-the-pandemic-compared-to-previous-years-mortality/

[146] Vgl. https://corona-transition.org/schwedens-weg-bewahrt-sich-kaum-neuer-krankungen-keine-wirtschaftskrise

[147] Vgl.www.faz.net/aktuell/gesellschaft/gesundheit/coronavirus/hendrik-streeck-nicht-bei-jedem-anstieg-der-infektionen-in-panik-geraten-16893473.html

[148] https://www.cdc.gov/nchs/nvss/vsrr/covid_weekly/index.htm?fbclid=IwAR2-muRM3tB3uBdbTrmKwH1NdaBx-6PpZo2kxotNwkUX1nbZXCwS-RP2OmqsI

[149] Vgl. Püschel/Apfelbacher: Umgang mit Corona-Toten: Obduktionen sind keinesfalls obsolet. Deutsches Ärzteblatt 2020, 17(20)

[150] Vgl. www.n-tv.de/infografik/RKI-meldet-Erfolge-an-der-Laborfront-article22013196.html/

[151] Jörg Schierholz: Corona: Bis 23 Uhr darf man sich ins Koma saufen, danach gibt's nichts mehr. In: *Natur und Technik* vom 17. Okt. 2020

[152] Vgl. Fabian Kretschmer: Chinas Wirtschaft ist wieder auf Spur. In: *Die Presse* vom 20. Okt. 2020, S. 13

[153] https://kenfm.de/kenfm-am-set-demo-berlin-invites-europe-fest-fuer-freiheit-und-frieden-am-29-08-2020-teil-1/

[154] www.armstrongeconomics.com/world-news/civil-unrest/berlin-protest-is-multinational-and-huge/

[155] Zit. wie www.blick.de/sachsen/robert-f-kennedy-jr-haelt-rede-auf-querdenker-demo-in-berlin-artikel11047844

[156] www.kritische-polizisten.de/wp-content/uploads/2020/09/PM-29.-8.-pdf.pdf

[157] Ebd.

[158] Vgl. https://deutsch.rt.com/inland/106156-bundespressekonferenz-zu-sturm-auf-reichstag-v-leute/

[159] Vgl. www.world-economy.eu/nachrichten/detail/berlin-29-august-2020/

[160] Zit. wie www.faz.net/aktuell/politik/ausland/corona-die-welt-vor-einer-epochalen-herausforderung-16723754.html

[161] www.spiegel.de/politik/ausland/coronavirus-krise-wir-brauchen-eine-weltregierung-a-058a25cf-646a-466f-a969-7a40a517feb0

[162] Unter Punkt 4 des Beschlusses der Telefonschaltkonferenzder Bundeskanzlerin mit den Regierungschefinnen und Regierungschefs der Länder am 15. April 2020wird der Weg in ein umfassendes Überwachungssystem gewiesen:»*Zur Unterstützung der schnellen und möglichst vollständigen Nachverfolgung von Kontakten ist der Einsatz von digitalem ›contact tracing‹ eine zentral*

*wichtige Maßnahme. Bund und Länder unterstützen hierbei das Architekturkonzept des ›Pan-European Privacy-Preserving Proximity Tracing‹, weil es einen gesamteuropäischen Ansatz verfolgt.* www.bmi.bund.de/SharedDocs/downloads/DE/veroeffentlichungen/2020/corona/beschluss-bund-laender-kontaktbeschraenkungen-15-april.pdf?__blob=publicationFile&v=2

[163] Punkt 17 des Beschlusses vom 15. April 2020 bahnt den Weg zur Zwangsimpfung der gesamten Bevölkerung: *»Sobald ein Impfstoff vorhanden ist, müssen auch schnellstmöglich genügend Impfdosen für die gesamte Bevölkerung zur Verfügung stehen.«* Zwangsimpfungen sind im Infektionsschutzgesetz (IfSG) bereits geregelt. Vgl. ebd.

[164] Vgl. die Strategie-Studie der Rockefeller Foundation, in der aufgezeigt wird, wie mittels Pandemie eine stärker kontrollierte Welt geschaffen wird.

[165] Morris 2020, S. 337

[166] Vgl. https://warnung-der-bevoelkerung.de

[167] Vgl. www.derstandard.de/story/2000116750250/edward-snowden-zu-corona-ueberwachung-schaffen-architektur-der-unterdrueckung

## Epilog

[1] Vgl. Janich 2013, S. 419

[2] Vgl. Schorkopf 2007, S. 66

[3] Zit. wie Oliver Janich 2013, S. 435

[4] Deutscher Bundestag/Bundesarchiv (Hrsg.): Der Parlamentarische Rat 1948-1949, Akten und Protokolle. Band 9 (Plenum) München 1996, S. 543

[5] www.zeit.de/wirtschaft/2016-01/kapitalismus-kritik-wagenknecht-streeck, abgerufen am 12.Mai 2020

[6] Conversation Between Noam Chomsky, Paul Craig Roberts and Rob Kall: The future of capitalism, climate change and suicidal Russia policy. 28. Sept. 2014; https://chomsky.info/20140928/, abgerufen am 10. März 2019

[7] Zit. wie *Deutschlandradio Kultur* vom 22. Mai 2010

[8] Zit.wie www.nachdenkseiten.de/?p=34284 (ab Min 2:12)

[9] Wimmer/Sosnowski 2019, S. 194 f.

[10] Andrej Kirchendorf: Die Schatten von Versailles über Deutschland. 6. April 2020; www.world-economy.eu/nachrichten/detail/die-schatten-von-versailles-ueber-deutschland/

[11] https://newseu.cgtn.com/news/2020-02-01/Johnson-This-is-not-an-end-but-a-beginning--NInWzCnr2g/index.html

[12] Vgl. Wolfram Weimer: Jetzt kommt das »große Singapur in der Nordsee«. 1. Feb. 2020; www.theeuropean.de/wolf-

ram-weimer/brexit-der-startschuss-fur-ein-steuerparadies/

[13] Zit. wie ebd.

[14] Vgl. ebd.

[15] Beek: A European Fairy Tale: 75 Years of Liberation; https://sputniknews.com/columnists/202005071079192980-a-european-fairy-tale-75-years-of-liberation/

[16] Zit. wie ebd.

[17] Zit. wie https://2001-2009.state.gov/t/pm/rls/othr/misc/23425.htm, abgerufen am 17. Mai 2020

[18] Zit. wie https://politikstube.com/anzeige-gegen-prof-christian-drosten/, abgerufen am 17. Juni 2020

[19] Zit. wie Stiegler 2013, S. 69

[20] Vgl. Schwab 2016

[21] Vgl. www.handelsblatt.com/politik/international/eu-gipfel-verhandlungen-ueber-corona-wiederaufbaupaket-regierungschefs-naehern-sich-an/26016338.html

[22] www.gmx.net/magazine/politik/morning-briefing-gewinner-verlierer-eu-gipfels-34909046

[23] Credit Suisse Research Institute: Global wealth report 2019

[24] Vgl. www.consilium.europa.eu/de/infographics/2020-eu-budget/, abgerufen am 20. Aug. 2020

[25] www.world-economy.eu/nachrichten/detail/europaeische-union-und-der-hitler-stalin-pakt/

## Ausblick in eine friedlichere Welt – föderal, sozial und subsidiarisch?

[1] Vgl. Engels 2014

[2] Klare: Krieg mit China?, a. a. O.

[3] Vgl. Allensbach 2019; Gallup International 2013

[4] Wells 1948, S. 392

[5] www.nytimes.com/2003/04/27/magazine/the-empire-slinks-back.html

[6] Beshore/Keller 2011, S. 220

[7] www.ipg-journal.de/rubriken/aussen-und-sicherheitspolitik/artikel/die-sprache-der-macht-4069/, abgerufen am 19. Feb. 2020

[8] Vgl. https://magazin.spiegel.de/SP/2020/4/169006309/index.html, abgerufen am 19. Mai 2020

[9] Zit. *wie Hannoversche Allgemeine* vom 20. Aug. 2020

[10] Vgl. www.minds.com/CorbettReport/blog/a-letter-to-the-future-1095603499362070528, abgerufen am 29. Mai 2020

[11] www.pboehringer.de/mehr-europa-durch-weniger-eu-die-marktwirtschaft-muss-erhalten-bleiben, abgerufen am 1. Juni 2020

[12] Zit. wie Pugh/Didhu 2003, S. 72

[13] Vgl. Effenberger: Der Reformvor-

schlag der G-4-Staaten (Brasilien, Deutschland, Indien und Japan) in Bezug auf eine Erweiterung des Sicherheitsrats vor dem Hintergrund der geopolitischen Interessen der USA; https://zeitgeist-online.de/967-der-reform-vorschlag-der-g-4-staaten-brasilien-deutschland-indien-und-japan-in-bezug-auf-eine-erweiterung-des-sicherheits-rats-vor-dem-hintergrund-der-geopolitischen-interessen-der-usa.html

[14] Zitiert wie *Zeit-Fragen* vom 21. April 2020

[15] Vgl. www.youtube.com/watch?v=xFRl AzqwmmU, abgerufen am 6. Juni 2020

[16] Vgl. Claudia von Werlhof: Zwangsgeimpft – und kein »Mensch« mehr? 29. Mai 2020, https://zeitgeist-online.de//1093-zwangsgeimpft-und-kein-mensch-mehr.html

[17] Werlhof 2020

[18] Weizsäcker 1981, S. 382

[19] https://nationalinterest.org/feature/vladimir-putin-real-lessons-75th-anniversary-world-war-ii-162982

[20] https://zeitgeist-online.de/1075-alexander-sosnowski-willy-wimmer-und-immer-wieder-versailles.html

[21] Willy Wimmer: Die wirklichen Lektionen über den Zweiten Weltkrieg.19. Juni 2020; www.world-economy.eu/nachrichten/detail/die-wirklichen-lektionen-ueber-den-zweiten-weltkrieg/, abgerufen 22.6.2020

[22] Im März 1888 wurde der junge russische Diplomat Alexander Iswolski an den Heiligen Stuhl gesandt, um dort die Annäherung an Frankreich einzuleiten. Am 4. Januar trat ein Allianz-Pakt zwischen dem zaristischen Russlandund der französischenDritten Republik in Kraft.

[23] www3.weforum.org/docs/WEF_The_Great_Reset_AM21_German.pdf

[24] Ebd.

[25] www.youtube.com/watch?v=PzN bNbIFJbE, abgerufen am 10. Sept. 2020

[26] Vgl. Jan Dirk Herbermann : Im Privatjet zur Klimarettung nach Davos;www.derstandard.at/story/2000113511225/im-privatjet-zur-klimarettung-nach-davos, abgerufen am 25. Jan. 2020

[27] www.weforum.org/agenda/2020/06/now-is-the-time-for-a-great-reset, abgerufen am 5. Juni 2020

[28] Stakeholder-Kapitalismus sieht den Zweck eines Unternehmens darin, langfristige Werte zu schaffen und nicht darin, Gewinne zu maximieren und nicht nur den Interessen der Aktionäre zu dienen.

[29] Vgl. *Handelsblatt* vom 28. März 2017

[30] Vgl. Miriam Meckel: Der Spion in meinem Kopf. *Die Zeit* vom 12. April 2018

[31] Vgl. https://menschengerechtewirtschaft.de/mythos-wallstreet,abgerufen am 4. Aug. 2020

[32] Vgl. Rupert Scholz: Europa: Ende der nationalen Demokratie?*Focusvom 27.* Mai 2013

[33] Graf 2008, S. 1074

[34] Vgl. Schumacher 2001

[35] Sloterdijk 2014, S. 93

[36] Vgl. www.welt.de/politik/article676835/Merkel-kuendigt-nach-Wahlsieg-Politikwechsel-an.html0

[37] Vgl. www.gesetze-im-internet.de/gg/art_79.html, abgerufen am 18. Aug. 2020

[38] Vgl. www.philo.uni-saarland.de/people/analytic/strobach/alteseite/hroseminare/politeia/gohr.pdf, abgerufen am 18. Aug.2020

[39] Zit. wie https://rp-online.de/politik/deutschland/kramp-karrenbauer-das-system-putin-ist-ein-aggressives-regime_aid-53128777

[40] Zit. wie www.finanznachrichten.de/nachrichten-2020-09/50606493-roettgen-und-bartsch-verurteilen-nawalny-vergiftung-003.htm

[41] Vgl. www.facebook.com/frank.elbe/posts/10216910204202820

[42] https://de.sputniknews.com/interviews/20200902327867710-nowitschok-aeusserung-bundesregierung-eskalationspolitik-wimmer/

[43] Zit.wiewww.tagesschau.de/inland/nawalny-nervengift-101.html

[44] Vgl. Lukaschenko: Giftanschlag auf Nawalny vom Westen vorgetäuscht; www.stern.de/news/lukaschenko--giftanschlag-auf-nawalny-vom-westen-vorgetaeuscht--9402792.html

[45] Zit. wie www.spiegel.de/politik/ausland/trump-sieht-keinen-beweis-fuer-nawalnys-vergiftung-a-33068202-08ca-4ff0-83c8-a0218afea575

[46] https://zeitung.faz.net/faz/politik/2020-09-30/die-anspruchsvollste-aufgabe-der-bundeswehr/512429.html

[46] Vgl. www.handelsblatt.com/politik/deutschland/geheime-buendnisuebung-steadfast-noon-bundeswehr-trainiert-mit-nato-partnern-verteidigung-mit-atomwaffen/25129772.html

[46] Ron Paul: Farewell Address to the U.S. Congress. 14. Nov. 2012; www.americanrhetoric.com/speeches/ronpaulfarewelltocongress.htm

# Abkürzungsverzeichnis

## Verzeichnis von Begriffen (mit Jahr der Einführung)

| | | |
|---|---|---|
| ABM | Anti Ballistic Missile | |
| ADM | Atomic Demolition Munitions | |
| AWACS | Airborne Warning and Control System | |
| EMRK | Europäischen Menschenrechtskonvention | 1953 |
| ERP | European Rescue Plan (Marshallplan) | |
| ESVP | Europäischen Sicherheits- und Verteidigungspolitik | |
| EUV | Vertrag über die Europäische Union | |
| FOFA | Follow-on-Forces-Attack | 1984 |
| FPL | Faith in Public Life | |
| IM | Inoffizielle(r) Mitarbeiter der Staatssicherheit | |
| INFOCORE | (In)Forming Conflict Prevention, Response and Resolution | |
| KTDI | Known Traveler Digital Identy | |
| KuK | Kaiser und König | |
| KVM | Kosovo Verification Mission | |
| LTBT | Limited Test Ban Treat | 1963 |
| MERCOSUR | Gemeinsamer Markt Südamerikas | 1994 |
| MSA | Mutual Security Act | 1951 |
| OEV | Operation Earnest Voice | |
| PEPP | Pandemic Emergency Purchase Programme | |
| PSYOP | Psychologische Operationen | |
| SACEUR | Supreme Allied Commander Europe | |
| SBZ | Sowjetische Besatzungszone | |
| VPR | Verteidigungspolitische Richtlinien | |

## Verzeichnis von Unternehmen, Organisationen und Einrichtungen (mit Gründungsjahr)

| | | |
|---|---|---|
| AAWWI | Americans Against War with Iraq | 2003 |
| ACUE | American Committee for a United Europe | 1948 |
| AFRICOM | US-Regionalkommando Afrika | 2007 |
| ASEAN | Verband Südostasiatischer Nationen | 1967 |

| | | |
|---|---|---|
| AUSA | Association of the United States Army | 1950 |
| BAC | Balkan Action Council | 1999 |
| BAT | British American Tobacco | 1902 |
| BBC | British Broadcasting Corporation | 1922 |
| BHS | Bank voor Handel en Scheepvaart N.V. | 1916 |
| BIZ | Bank für Internationalen Zahlungsausgleich | 1930 |
| BLM | Black Lives Matter | 2013 |
| BND | Bundesnachrichtendienst | 1956 |
| BNSDJ | Bund Nationalsozialistischer Deutscher Juristen | 1936 |
| BRICS-Staaten | Brasilien, Russland, Indien, China und Südafrika | 2006 |
| CCF | Congress for Cultural Freedom (Kongress für kulturelle Freiheit) | 1950 |
| CDC | Centers for Disease Control and Prevention | 1992 |
| CIA | Central Intelligence Agency | 1947 |
| CoE | Europarat | 1949 |
| CSIS | Center for Strategic and International Studies (Zentrum für strategische und internationale Studien) | 1962 |
| DGP | Deutsche Gesellschaft für Pathologie | 1897 |
| DIA | Defense Intelligence Agency | 1961 |
| DPC | Defence Planning Committee | 1963 |
| EAD | Europäischer Auswärtiger Dienst | 2010 |
| ECRIN | European Clinical Research Infrastructure Network | 2006 |
| EGKS | Europäischen Gemeinschaft für Kohle und Stahl | 1952 |
| EGMR | Europäischer Gerichtshof für Menschenrechte | 1959 |
| EPU | Europäische Parlamentarier-Union | 1947–52 |
| EWG | Europäische Wirtschaftsgemeinschaft | 1957 |
| EZB | Europäische Zentralbank | 1998 |
| FBI | Federal Bureau of Investigation | 1908 |
| FDIC | Federal Deposit Insurance Corporation | 1933 |
| Fed | Federal Reserve System | 1913 |
| Gavi | Globale Allianz für Impfstoffe und Immunisierung | 2000 |
| GCC | Gulf Cooperation Council | 1981 |
| GUS | Gemeinschaft Unabhängiger Staaten | 1991 |
| HRW | Human Rights Watch | 1978 |
| HSBC | Hongkong Shanghai Banking Corporation | 1865 |
| I.G. Farben | Interessengemeinschaft Farben | 1925 |
| IACF | International Association for Cultural Freedom | 1950 |

| | | |
|---|---|---|
| ICIJ | International Consortium of Investigate Journalists | 1997 |
| ICMEU | International Committee of the Movements for European Unity | 1948 |
| IIRO | International Islamic Relief Organization | 1978 |
| IJU | Islamic Jihad Union | 2002 |
| IMU | Islamic Movement of Uzbekistan | 1991 |
| IS | Islamischer Staat | 1999 |
| ITT | International Telephone and Telegraph Corporation | 1920 |
| JCS | Joint Chiefs of Staff | 1949 |
| JHU | Johns Hopkins University | 1876 |
| KFOR | Kosovo Force (Kosovo-Truppe) | 1999 |
| KKR | Kohlberg, Kravis und Roberts | 1976 |
| Kominform | Kommunistisches Informationsbüro | 1947 |
| KSZE | Konferenz über Sicherheit und Zusammenarbeit in Europa | 1973 |
| Lemo | Lebendiges Museum online | 1998 |
| LIFG | LibyanIslamic Fighting Group | 1995 |
| MDF | Ungarisch-Demokratisches-Forum | 1987 |
| MfS | Ministeriums für Staatssicherheit (Stasi) | 1950 |
| MIT | Massachusetts Institute of Technology | 1861 |
| MPRI | Military Professional Ressources Inc. | 1987 |
| MSC | Münchner Sicherheitskonferenz | 1963 |
| NED | National Endowment for Democracy | 1983 |
| NIE | National Intelligence Estimate | 1950 |
| NORAD | North American Aerospace Defense Command | 1958 |
| NRF | NATO Response Force | 2002 |
| NSA | National Security Agency | 1952 |
| NSDAP | Nationalsozialistische Deutsche Arbeiterpartei | 1920 |
| NSDD | National Security Decision Directive | |
| NSLB | Nationalsozialistischer Lehrerbund | 1929 |
| NSPD | National Security Presidential Directive | |
| NSRB | Nationalistischer Rechtswahrerbund | 1936 |
| NSS | National Security Strategy | |
| NVA | Nationale Volksarmee | 1956 |
| OIC | Organisation der Islamischen Staaten | 1969 |
| OOTW | Operations Other Than War | 1994 |
| OPC | Office of Policy Coordination | 1948 |
| OSEPI | Open Society European Policy Institute | |
| OSF | Open Society Foundations | 1993 |
| OSS | Office of Strategic Services | 1942 |

| | | |
|---|---|---|
| OSZE | Organisation für Sicherheit und Zusammenarbeit in Europa | 1975 |
| PDD | Presidential Decision Directive | |
| PICO | People Improving Communities through Organizing | 1972 |
| PNAC | Project for the New American Century | 1997 |
| PSPP | Public Sector Purchase Program | |
| RGW | Rat für gegenseitige Wirtschaftshilfe | 1949 |
| RIIA | Royal Institute on International Affairs | 1920 |
| RIO | The Inter-American Treaty of Reciprocal Assistance | 1947 |
| RKI | Robert Koch-Institut | 1891 |
| SA | Sturmabteilung | 1921 |
| SAC | Strategic Air Command | 1946 |
| SAIS | School of Advanced International Studies | 1943 |
| SEATO | Southeast Asia Treaty Organization | 1954 |
| SKF | Svenska Kullagerfabriken | 1907 |
| SOHR | Syrischen Beobachtungsstelle für Menschenrechte | 2006 |
| SOZ | Shanghaier Organisation für Zusammenarbeit | 2002 |
| SS | Schutzstaffel | 1925 |
| STRATFOR | Stategic Forecasting Inc. | 1996 |
| TRADOC | Training and Doctrine Command | 1973 |
| TWRA | Third World Relief Agency | 1987 |
| UNESCO | United Nations Educational, Scientific and Cultural Organization | 1945 |
| USAID | United States Agency for International Development | 1961 |
| USFET | US Forces European Theater | 1942 |
| VIPS | Veteran Intelligence Professionals for Sanity | 2003 |
| WEF | World Economic Forum (Weltwirtschaftsforum) | 1971 |
| WHO | World Health Organization (Weltgesundheitsorganisation) | 1948 |
| WINEP | Washington Institute for Near East Policy | 1985 |
| WPC | World Peace Council (Weltfriedensrat) | 1949 |
| WTO | World Trade Organization | 1994 |
| WVO | Warschauer Vertragsorganisation | 1955 |

# Literaturverzeichnis


Adamow, Evgenij A.: Die Diplomatie des Vatikans zur Zeit des Imperialismus. Berlin 1932

Aigner, Dietrich: Das Ringen um England. Das deutsch-britische Verhältnis. Die öffentliche Meinung 1933–39. München 1969

Alperovitz, Gar: Atomare Diplomatie – Hiroshima und Potsdam. München 1966

Alperovitz, Gar: The Decision to Use the Atomic Bomb and the Architecture of an American Myth. O. O.1995

Alter, Peter: Winston Churchill (1874–1965). Stuttgart 2006

Andrew, Chr.: For President's eyes only. Secret Intelligence and the Presidency from Washington to Bush. New York 1995

Angermann, Erich: Die Vereinigten Staaten von Amerika seit 1917. München 1978

Bailey, Thomas A.: A Diplomatic History of the American People. New York 1946

Baker, Ray S. (Hrsg.): Wilson Woodrow. Memoiren und Dokumente über den Vertrag von Versailles. Leipzig 1923

Bakhdi, Sucharit/Reiss, Karina: Corona Fehlalarm? Zahlen, Daten und Hintergründe. Goldegg 2020

Bamford, James: NSA. Die Anatomie des mächtigsten Geheimdienstes der Welt. München 2001

Baring, Arnulf: Außenpolitik in Adenauers Kanzlerdemokratie: Bonns Beitrag zur Europäischen Verteidigungsgemeinschaft. München/Wien 1969

Barry, John: The Great Influence. New York 2005

Bass, Gary J.: Freedom's Battle. The Origins of Humanitarian Intervention. New York 2008

Becher, Matthias: Karl der Große. München 1999

Beck, Friederike: Das Guttenberg-Dossier. Das Wirken transatlantischer Netzwerke und ihre Einflussnahme auf deutsche Eliten. Aktuelle und geschichtliche Einblicke. Ingelheim am Rhein 2011

Beham, Mira: Kriegstrommeln, Medien, Krieg und Politik. München 1996

Berg, Manfred: Gustav Stresemann und die Vereinigten Staaten von Amerika. O. O. 1990

Berg, Manfred (Hrsg.): Macht und Moral. Beiträge zur Ideologie und Praxis amerikanischer Außenpolitik im 20 Jahrhundert. Festschrift für Knud Krakau zu seinem 65. Geburtstag. Münster 1999

Berghahn, Volker R.: America and the Intellectual Cold Wars in Europe. Shepard Stone between Philanthropy, Academy and Diplomacy. Princeton/Oxford 2001

Bertell, Rosalie: Kriegswaffe Planet Erde. Gelnhausen 2018

Beschloss, Michael: The Crisis Years. Kennedy and Krushev, 1960–1963. Washington D. C. 1991

Beshore, Kenan F./Keller, William R.: When? When Will the Rapture Take Place? Bloomington 2011

Bihl,Wolfdieter: Der Erste Weltkrieg 1914-1918: Chronik, Daten, Fakten.Wien 2010

Bildt, Carl: Peace Journey: The Struggle for Peace in Bosnia. O. O. 1997

Bisher, Jamie: The Intelligence War in Latin America 1914–1922, Jefferson/NC 2016

Bittner, Wolfgang: Der neue West-Ost-Konflikt. Inszenierung einer Krise. Höhr-Grenzhausen 2019

Bittner, Wolfgang: Die Heimat, der Krieg und der Goldene Westen. Höhr-Grenzhausen 2019

Blum, William: Rogue State. A Guide to the World's Only Superpower. London 2002

Blumenwitz, Dieter: Denk ich an Deutschland Antworten auf die Deutsche Frage. Hrsg. v. Bayerische Landeszentrale für politische Bildungsarbeit. München 1989

Brands, H. W.: Cold Worriors.Eisenhowers's Generation and American Foreign Policy. New York 1988

Brodie, Bernhard: Strategy in the Missile Age. Princeton/London 1959

Brzeziński, Zbigniew: Second Chance Three Presidents and the Crisis of American Superpower. New York 2007

Brzeziński, Zbigniew: Strategic Vision. America and the Crisis of Global Power. New York 2012

Brzeziński, Zbigniew: Die einzige Weltmacht. Frankfurt a. M. 1999 und 2001

Buchanan, Patrick: Churchill und der unnötige Krieg. Selent 2009

Bülow, Andreas von: Die deutschen Katastrophen 1914 bis 1918 und 1933 bis 1945 im Großen Spiel der Mächte. Rottenburg 2015

Bülow, Andreas von: Im Namen des Staates. CIA, BNC und die kriminellen Machenschaften der Geheimdienste. München/Zürich 2002

Bundy, McGeorge: Danger and Survival. Choices About the bomb in the First Fifty Years. New York 1990

Burg, Steven/Shoup, Paul S.: The War in Bosnia and Herzegovina. New York/London 1999

Burnham, James: Die Strategie des Kalten Krieges. Stuttgart 1983

Burns, Vincent/Peterson, Kate D.: Terrorism. A Documentary and Reference Guide. London 2005

Cafferky, John P.: Lord Milner's Second War.Scotts Valley/CA. 2013

Cavendish, Marshall: History of World War I., 2 Bände. O. O. 2002/2004

Charmley, John: Churchill. Das Ende einer Legende. Berlin/Frankfurt 1995

Chomsky, Noam/Vltchek, Andre: Der Terrorismus der westlichen Welt. Von Hiroshima bis zu den Drohnenkriegen. Münster 2017

Chomsky, Noam: Amerika und die neuen Mandarine. Frankfurt a. M. 1969

Chomsky, Noam: Media Control. Wie die Medien uns manipulieren. Hamburg 2003

Chomsky, Noam: Power and Terror. US-Waffen, Menschenrechte und der internationale Terrorismus. Hamburg 2004

Chomsky, Noam: Wer beherrscht die Welt? Die globalen Verwerfungen der amerikanischen Politik. Berlin 2016

Chomsky, Noam: What Uncle Sam Really Wants. Berkeley 1992

Churchill, Winston: The Gathering Storm. Boston 1948

Clark, Christopher: Die Schlafwandler. Wie Europa in den Ersten Weltkrieg zog. München 2013

Close, Robert: Das Ungleichgewicht des Schreckens. Wien/München/Zürich/New York 1982

Conze, Vanessa, Das Europa der Deutschen. Ideen von Europa in Deutschland zwischen Reichstradition und Westorientierung. München 2005

Cooney, Terry A.: The Riseof The New York Intellectuals. »Partisan Review« and It's Circle. Madison/WI 2004

Coudenhove-Kalergi, R. N.: Praktischer Idealismus. Adel – Technik – Pazifismus. Wien/ Leipzig 1925

Coulter, Matthew Ware: The Senate Munitions Inquiry of the 1930s. Beyond Merchants of Death. Westport/CT 1997

Czempiel, Ernst-Otto/Schweitzer, Carl-Christoph: Weltpolitik der USA nach 1945. Einführung und Dokumente. Bonn 1989

Daalder, Ivo H.: Getting to Dayton: The Making of America's Bosnia Policy. Washington, D. C. 2000

Dall, Curtis: Amerikas Kriegspolitik. Tübingen 1972

Dankert, J./Ersil, W./Werner, K.-H.: Politik in Westeuropa. Integrationsprozesse vom Ende des zweiten Weltkrieges bis zur Gegenwart. Berlin 1975

O. V.: Das EG-Handbuch. Frankfurt a.M. 1989

Denson, John V.: Sie sagten Frieden und meinten Krieg: Die US-Präsidenten Lincoln, Wilson und Roosevelt. Gilching 2013

Depkat, Volker/Graglia, Piero (Hrsg.): Entscheidung für Europa. Berlin/New York 2010

Deutscher Naturschutzring (Hrsg.): Die europäischen Umweltverbände. Der heiße Draht nach Brüssel. Berlin 2016

Dietz, Andreas: Das Primat der Politik in kaiserlicher Armee, Reichswehr, Wehrmacht und Bundeswehr. Tübingen 2011

Diwald, Hellmut: Geschichte der Deutschen. Frankfurt a. M./Wien/Berlin 1978

Dormann, M.: Demokratische Militärpolitik. Die alliierte Militärstrategie als Thema deutscher Politik 1949–1968. Freiburg i. Br. 1970

Docherty, Gerry/MacGregor, Jim: Hidden History. Edinburg 2013

Draschtag, Raphael: Die militärischen Hauptschemata der Konfliktparteien im ehemaligen Jugoslawien 1995 bis zum Friedensvertrag von Dayton. Wien 2002

Drews, Dirk: Die Psychologische Kampfführung/Psychologische Verteidigung der Bundeswehr. Mainz 2006

Duisberg, Carl: Briefe eines Industriellen. München 2012

Dulles, Allen Welsh: Germany's Underground the Anti-Nazi Resistance. O. O. 2000

Dulles, John Foster: Papers, Selected Correspondence and Related Marterial. Princeton 1949

Effenberger, Wolfgang/Löw, Konrad: Pax Americana. München 2004

Effenberger, Wolfgang/MacGregor, Jim: Sie wollten den Krieg. Wie eine kleine Elite den Ersten Weltkrieg vorbereitete. Rottenburg 2016

Effenberger, Wolfgang/Moskovitz, Reuven: Deutsche und Juden vor 1939. Höhr-Grenzhausen 2013

Effenberger, Wolfgang/Wimmer, Willy: Wiederkehr der Hasardeure. Höhr-Grenzhausen 2014

Effenberger, Wolfgang: Das amerikanische Jahrhundert. 2 Bände. Norderstedt 2011

Effenberger, Wolfgang: Europas Verhängnis 14/18, Bände 1–3. Höhr-Grenzhausen 2018/19

Effenberger, Wolfgang: Geo-Imperialismus. Rottenburg 2016

Effenberger, Wolfgang: Pfeiler der US-Macht. Gauting 2005

Einhard: Vita Karoli Magni. Das Leben Karls des Großen. Stuttgart 1995

Eisenhower, Dwight D.: Public Papers of the Presidents of the United States. O. O. 1960

Elvert, Jürgen: Mitteleuropa! Deutsche Pläne zur europäischen Neuordnung (1918–1945). Stuttgart 1999

Endres, Franz Carl: Vaterland und Menschheit. Leipzig 1920

Engdahl, William F.: Apokalypse Jetzt! Washingtons geheime Geopolitik. Rottenburg 2007

Engdahl, William F.: Mit der Ölwaffe zur Weltmacht. Der Weg zur neuen Weltordnung. Rottenburg 2006

Engel, Franz-Wilhelm: Handbuch der NATO. Frankfurt a. M. 1957

Engels, David: Auf dem Weg ins Imperium. Die Krise der Europäischen Union und der Untergang der römischen Republik. Historische Parallelen. Berlin/München/Wien/Zürich 2014

Eppler, Erhard: Wege aus der Gefahr. Reinbek bei Hamburg 1981

Erkens, Franz-Reiner (Hrsg.): Karl der Große und das Erbe der Kulturen. Berlin 2001

Falin, Valentin: Politische Erinnerungen. München 1995

Faringdon, Hugh: Confrontation: Strategic Geography of N.A.T.O and the Warsaw Pact, and the Superpowers. New York 1989

Farwick, Dieter/Hubatschek, Gerhard: Die strategische Erpressung. München 1981

Fassmann, Kurt (Hrsg.): Die Großen der Weltgeschichte. Zürich 1970

Fenske, Hans et al.: Geschichte der politischen Ideen. Von Homer bis zur Gegenwart. Frankfurt a. M. 1987

Fenske, Hans: Der Anfang vom Ende des alten Europa. Die alliierte Verweigerung von Friedensgesprächen 1914–1919. München 2013

Ferguson, Niall: The Cash Nexus Money and Power in the Modern World 1700–2000. London o. J.

Fischer, Benjamin B.: A Cold War Conundrum. The 1983 Soviet War Scare. Washington D. C. 1997

Fischer, Beth A.: The Reagan Reversal Foreign Policy and the End of the Cold War. Columbia/MO 2000

Fischer, Fritz: Juli 1914. Wir sind nicht hineingeschlittert. Hamburg-Reinbek 1983

Fischer, Fritz: Weltmacht oder Niedergang. Deutschland im Ersten Weltkrieg. Frankfurt a. M. 1968 (zuerst 1965)

Fischer, Fritz: Griff nach der Weltmacht. Die Kriegszielpolitik des kaiserlichen Deutschlands 1914/1918. Düsseldorf 2013

Fleming, D. F.: The Cold War and its Origins 1917–1960. New York 1961

Freistetter, Werner/Wagnsonner, Christian (Hrsg.) Raketen – Weltraum – Ethik. Wien 2010

Friedrich, Jörg: Das Gesetz des Krieges. München 2003

Gaddis, John Lewis: The Long Peace Inquiries Into the History of the Cold War. New York 1989

Gaddis, John Lewis: Der Kalte Krieg. Eine neue Geschichte. München 2007

Gaddis, John Lewis: Russia, the Soviet Union, and the United States: An Interpretive History. New York u. a. 1978

Ganser, Daniele: Die Kubakrise – UNO ohne Chance. Berlin 2007

Ganser, Daniele: Illegale Kriege. Wie die NATO-Länder die UN sabotieren. Eine Chronik von Kuba bis Syrien. Zürich 2016

Ganser, Daniele: Imperium USA. Die skrupellose Weltmacht. Zürich 2020

Gasteyger, Curt (Hrsg.): Einigung und Spaltung Europas 1942–1965. Frankfurt a. M./ Hamburg 1965

Gates, Robert M.: Duty.Memoirs of a Secretary at War. New York 2014

Gates, Robert M.: From the Shadows. The Ultimate Insider's Story of Five Presidents and How they Won the Cold War. New York 1996

Gaulle, Charles de: Mémoires de Guerre, 2 Bände. Paris o. J.

Gavin, James A.: War and Peace in die Nuclear Age. New York 1958

Geiling, Martin: Außenpolitik und Nuklearstrategie. Eine Analyse des konzeptionellen Wandels der amerikanischen Sicherheitspolitik gegenüber der Sowjetunion (1945–1963). Köln/Wien 1975

Gilbert, Martin: Churchill and Eugenics. O. O. 2009

Görlitz, Walter: Geldgeber der Macht. Düsseldorf 1976

Görtemaker, M. et al.: USA – UdSSR. Dokumente zu Sicherheitspolitik. Opladen 1987

Graf, Friedrich Wilhelm (Hrsg): Ernst Troeltsch. Der Historismus und seine Probleme. Erstes Buch: Das logische Problem der Geschichtsphilosophie (1922). Berlin/ New York 2008

Graff, Garrett M.: The Only Plane in the Sky: An Oral Historyof 9/11. New York 2019

Greiner, Bernd/Steinhaus, Kurt: Auf dem Weg zum 3. Weltkrieg? Amerikanische Kriegspläne gegen die UdSSR. Köln 1980

Greiner, Bernd/Müller, Christian T./Walter, Dierk (Hrsg.): Heiße Kriege im Kalten Krieg. Hamburg 2006

Greiner, Christian: Die alliierten, militärstrategische Planungen zur Verteidigung Westeuropas 1947–1950. In: Militärgeschichtliches Forschungsamt (Hrsg.): Anfänge westdeutscher Sicherheitspolitik 1945–1956, Band 1. München/Wien 1982

Grose, Peter: Gentleman Spy. The Life of Allen Dulles. Boston 1994

Grosser, Alfred: Mein Deutschland. Hamburg 1993

Grosser, Alfred: Mit Deutschen streiten. Aufforderung zur Wachsamkeit. München 1984

Hägermann, Dieter: Karl der Große. Herrscher des Abendlandes. Biographie. Berlin/ München 2003

Haffner, Sebastian: Churchill. Reinbek bei Hamburg 1985

Hagberg, Loke/Nordfors, Mikael: Demosocracy, the Solution to the Political Dilemma? How Slavery Started, Still Continues and Can Be Ended. O. O. 2019

Hardach, Gerd: Marshall-Plan. O. O. 2003
Harden, Maximilian: Deutschland, Frankreich, England. Berlin 1923
Hauser, Gunther: Das europäische Sicherheitssystem und seine Akteure. Wien 2019
Haushofer, Karl: Weltpolitik von heute. Berlin 1934
Helmholdt, Hans F.: Ein Vierteljahrhundert der Weltgeschichte 1894–1919. Paderborn 2011
Herman, Edward S./Chomsky, Noam: Manufacturing Consent: The Political Economy of the Mass Media. New York 1988
Hildebrandt, Dieter/Müller, Hanns-Christian/Polt, Gerhard: Krieger Denk Mal! Ein Buch zur moralischen Aufrüstung. München 1984
Hochhuth, Rolf: Ausstieg aus der NATO – oder Finis Germaniae. Höhr-Grenzhausen 2016
Hoffmann, Nils: Renaissance der Geopolitik? Die deutsche Sicherheitspolitik nach dem Kalten Krieg. Wiesbaden 2012
Hogan, Michael J.: The Marshall Plan. America, Britain, and the Reconstruction of Western Europe. 1947–1952. Cambridge 1987
Hoggan, David L.: Das blinde Jahrhundert. Tübingen 1979
Holbrooke, Richard: Meine Mission. Vom Krieg zum Frieden in Bosnien. München/Zürich 1999
Höhne, Heinz: Canaris. London 1979
Holthaus, Leonie/Steffek, Jens (Hrsg.): Jenseits der Anarchie. Weltordnungsentwürfe im frühen 20. Jahrhundert. Campus Verlag 2014
Horstmann, Ulrich: Die Währungsreform kommt! München 2011
Howard, M.: Grand Strategy. The Historyof Second World War, Vol 4. London 1972
Hubatschek, Gerhard (Hrsg.): Strategie für den Frieden. Herford 1986
Hughes, Emrys: Churchill – ein Mann in seinem Widerspruch. Kiel 1996
Hume, David: Treatise of Human Nature. London 1958
Huntington, Samuel P.: Kampf der Kulturen. Die Neugestaltung der Weltpolitik im 21. Jahrhundert. München 1998

Janich, Oliver: Die Vereinigten Staaten von Europa. München 2013
Jarnut, Jörg: Karl der Große. Mensch, Herrscher, Mythos. Paderborn 1999
Jaruzelski, Wojciech: Mein Leben für Polen. München/Zürich 1993
Jakobs, Peter: Das Werden des französischen Zweibundes 1890–1894. O. O. 1968
Jokic, Aleksander/Wilkins, Burleigh: Lessons of Kosovo. The Dangers of Humanitarian Interventions. O. O. 2004
Jaspers, Karl: Die Voraussetzung des Friedens. München 1958
Kagan, Robert: Macht und Ohnmacht. Amerika und Europa in der neuen Weltordnung. Berlin 2003

Kaku, Michio/Axelrod, Daniel: To Win a Nuclear War. The Pentagon's Secret War Planes. Boston 1987

Kaufman, Theodore: Germany Must Perish. Newark 1941

Kennan, George F.: Im Schatten der Atombombe.Eine Analyse der amerikanisch-sowjetischen Beziehungen von 1974 bis heute. Köln 1982

Kennan, George F.: Memoiren eines Diplomaten, Memoirs 1925 –1950. Stuttgart 1968

Kennedy, H. J.: Strategy and Diplomacy. London 1983

Kerner, Max: Karl der Große. Entschleierung eines Mythos. Köln u. a. 2001

Kersten, Eike-Christian: Der Europa-Gedanke im Werk Heinrich und Thomas Manns im Vergleich mit den Ideen anderer Autoren dieser Zeit. München 2005

Keynes, Edward: Undeclared War. Twilight Zone of Constitutional. University Park/PA 1982

Keynes, John M.: Die wirtschaftlichen Folgen des Friedensvertrages. München/Leipzig 1920

King, Anthony: The Transformation of Europe's Armed Forces. Cambridge 2011

Kinzner, Stephen: The Brothers. John Foster Dulles, Allen Dulles and the Secret World War. New York 2014

Kipp, Janne Jörg: Vereinigte Staaten von Europa. Die geheimen Pläne von CIA, Nationalsozialisten und einer globalen Wirtschafts- und Finanzelite. Rottenburg 2016

Kissinger, Henry A.: Kernwaffen und Auswärtige Politik. München 1959

Kissinger, Henry A.: Was wird aus der westlichen Allianz. Wien/Düsseldorf 1965

Kissinger, Henry A.: Die Entscheidung drängt. Grundfragen westlicher Außenpolitik. Düsseldorf 1961

Kissinger, Henry A.: The Troubled Partnership: A Reappraisal of the Atlantic Alliance. New York 1965

Klein, Fritz/Gutsche, Willibald/Petzold, Joachim (Hrsg.): Deutschland im ersten Weltkrieg. Band 1: Vorbereitung, Entfesselung und Verlauf des Krieges bis Ende 1914. Berlin 1970

Klemperer, Viktor: Das Tagebuch, 1933–1945. Berlin 1997

Kolko, Joyce and Gabriel: The Limits of Power. The World and United States Foreign Policy, 1945–1954. New York 1972

Krakau, Knud: Die Entwicklung der politischen Hegemonie über Europa seit dem Ersten Weltkrieg. Berlin 1992

Krause, Helmut/Reif, Karlheinz: Die Welt seit 1945. München 1980

Krebs, Hans: Paneuropa oder Mitteleuropa? München 1931

Kristensen, Hans M.: U. S. Nuclear Weapons in Europe. Washington 2005

Kuehnelt-Leddihn, Erik von: Leftism Revisted. Nevada City/CA 1991

Kutulas, Judy: The Long War. The Intellectual People's Front and Anti-Stalinism, 1930–40, Durham/NC 1995

Kuznick, Peter J.: Beyond the Laboratory. Scientists as Political Activists in 1930s America. Chicago 1987

Lafontaine, Oskar: Das Herzschlägt links. München 1999

Lassalle, Ferdinand: »Was nun?« Zweiter Vortrag über Verfassungswesen (1862). Zürich 1863

Lasswell, H. D.: Propaganda Technique in the World War. London 1927

Layne, Christopher: The Peace of Illusions. American Grand Strategy from 1940 to Present. Ithaca/London 2006

Lea, Homer: Des Britischen Reiches Schicksalsstunde. Mahnwort eines Angelsachsen. Berlin 1913

Lea, Homer: Die Stunde der Angelsachsen. Bern 1946

Leffler, Melvyn P.: A Preponderance of Power. National Security, the Truman Administration and the Cold War. Stanford 1992

Lenin, W. I.: Werke, Band 3. Berlin 1958

Lenz, Max/Marcks, Erich: Das Bismarck-Jahr. Hamburg 1915

London, Jack: The Unparalleled Invasion. O. O. 1910

Loquai, Heinz: Der Kosovo-Konflikt – Wege in einen vermeidbaren Krieg. Baden-Baden 2000

Lützeler, Paul Michael: Hoffnung Europa. Deutsche Essays von Novalis bis Enzensberger. Frankfurt a. M. 1994

MacArthur, John R.: Die Schlacht der Lügen. Wie die USA den Golfkrieg verkauften. München 1993

Mackinder, Halford J.: The Geographical Pivot of History, In: The Geographical Journal 23/4. O. O. 1904

Maier, Autbert/Theodor, Norbert: Das Nordatlantische Bündnis. 1949–1956. Oldenbourg 1993

Maizière, Ulrich de: In der Pflicht. Herford/Bonn 1989

Malcolm, Noel: Geschichte Bosniens. Frankfurt a. M. 1996

Mann, Heinrich: Der Europäer. Berlin 1931

Mann, Thomas: Deutsche Hörer! Europäische Hörer! Darmstadt 1986

Martin, Jay: The Education of John Dewey: A Biography. New York 2002

Mastny, Vojtech: Konfrontationsmuster des Kalten Krieges. 1946 bis 1956. München 2003

Marx, Karl/Engels, Friedrich: Werke (MEW) Band 21. Berlin 1983/89

Mazower, Marc: Der dunkle Kontinent. Europa im 20. Jahrhundert. Berlin 2000

McNamara, Robert: Blindlings ins Verderben. Der Bankrott der Atomstrategie. Hamburg 1987

Mechtersheimer, Alfred/Nimsdorf, Udo: Zeitbombe NATO. Auswirkungen der neuen Strategien. Köln 1984

Mechtersheimer, Alfred/Barth, Peter (Hrsg.): Den Atomkrieg führbar und gewinnbar machen? Reinbek bei Hamburg 1983

Mechtersheimer, Alfred: Nachrüsten? Dokumente und Positionen zum NATO-Doppelbeschluß. Reinbek bei Hamburg 1981

Merand, Frederic/Foucault, Martial/Irondelle, Bastien: European Security since the Fall of the Berlin Wall. Toronto/Buffalo/London 2011

Merlino, Jacques: Les vérités yougoslaves ne sont pas toutes bonnes à dire. O. O. 1993

Mill, John Stuart: Über Freiheit. Frankfurt a. M. 1969

Millis, Walter: Road to War America 1914-1917. Boston/New York 1935

Monnet, Jean: Erinnerungen eines Europäers. München/Wien 1978

Morris, Michael: Lockdown. Fichtenau 2020

Müller, I. (Hrsg.): Der Nürnberger Prozess. O. O. 1995

Müller, Rolf-Dieter: Der Feind steht im Osten: Hitlers geheime Pläne für einen Krieg gegen die Sowjetunion im Jahr 1939. Berlin 2011

Naumann, Uwe: Klaus Mann. Hamburg 1984

Neuberger, Günter/Opperskalski, Michael: CIA in Westeuropa. Bornheim 1982

Nickel, Gunter/Schrön, Johanna (Hrsg.): Carl Zuckmayer: Geheimreport. Göttingen 2002

Nolte, Ernst: Deutschland und der Kalte Krieg. München 1974

Olschewski, Malte: Der serbische Mythos – die verspätete Nation. München 1998

Opitz, Reinhard (Hrsg.): Europastrategien des deutschen Kapitals 1900–1945. Köln 1977

Osborne, Eric W.: Britain's Economic Blockade of Germany 1914–1919. London/New York 2004

Osterrieder, Markus: Welt im Umbruch. Nationalitätenfrage, Ordnungspläne und Rudolf Steiners Haltung im Ersten Weltkrieg. Stuttgart 2014

Pally, Marcia: Warnung vor dem Freunde – Tradition und Zukunft US-amerikanischer Außenpolitik. Berlin 2008

Park, William/Rees, G. Wyn: Rethinking Security in Post-Cold War Europe. New York 1999/2014

Parnreiter, Christof (Hrsg.): Neue Fronten – neue Kriege. Differenzierte Abschreckung, ein Kriegsführungskonzept. Wien 1988

Paul, Willi/Czempiel, Ernst-Otto: Länderbericht USA I. Bonn 1990
Paul, Ron: End the Fed. New York 2009
Peng, Tao: Die neue Weltordnung. Eine unipolare Ordnung oder eine Unordnung? Münster 2006
Perkins, John: The Economic Hitman. O. O. 2004
Phillips, Kevin: Die amerikanische Geldaristokratie. Frankfurt a. M./New York 2003
Picker, Henry: Hitlers Tischgespräche. Frankfurt a. M. 1993
Potter, Elmar B./Nimitz, Chester, W.: Seemacht. Eine Seekriegsgeschichte von der Antike bis zur Gegenwart. Herrsching 1982
Powell, Colin: Mein Weg. München 1995
Pringle, Peter/Arkin, William: SIOP. Der geheime Atomkriegsplan der USA. Berlin/Bonn 1985
Prost, Antoine/Winter, Jay: Penser la Grande Guerre. Paris 2004
Pugh, Michael/Didhu, Waheguru Pal Singh: The United Nations and Reginal European beyond Security. London 2003

Quigley, Carroll: Tragedy and Hope. New York 1966

Ranke, Leopold: Weltgeschichtliches Lesebuch. Leipzig 1957
Reynaud, Paul: Memoires, Band 2. O. O. 1963
Risch, Erna: Quartermaster Support of the Army: A History of the Corps, 1775–1939. Washington, D. C. 1989
Ritter, Gerhard A. (Hrsg.): Das Deutsche Kaiserreich 1871–1914. Ein historisches Lesebuch. Göttingen 1992
Rodgers, Bernard: Atomic Demolition Munitions in NATO's Theater Nuclear Forces. O. O. 1989
Rhode, David: Die letzten Tage von Sebrenica. Was geschah und wie es möglich wurde. Hamburg 1997
Roewer, Helmut: Unterwegs zur Weltherrschaft, Band 1: Warum England den Ersten Weltkrieg auslöste und Amerika ihn gewann. Zürich 2016
Roewer, Helmut: Unterwegs zur Weltherrschaft, Band 3: 1945 bis heute. Tübingen 2018
Rohrmoser, Günter: Der geistige Weg in den Faschismus und Nationalismus. O. O. 2002
Roosevelt, Franklin Delano: Amerika und Deutschland 1936–1945. Auszüge aus Reden und Dokumenten. O. O. u. J.

Safranski, Rüdiger: Romantik – Eine deutsche Affäre. München/Wien 2007
Salomon, Ernst von: Der Fragebogen. Reinbek 1951

Salomon, Ernst von: Die Geächteten. Gütersloh 1930
Salter, Michael: Nazi War Crimes. US Intelligence and Selective Prosecution at Nuremberg. New York 2007
Sandkühler, Thomas (Hrsg.): Europäische Integration. Deutsche Hegemonialpolitik gegenüber Westeuropa 1920–1960. Göttingen 2002
Sapolsky, Harvey/Gholz, Eugene/Talmadge, Caitlin: US Defense Politics. The Origins of Security Policy. London/Abingdon 2009
Sauerbruch, Ferdinand: Das war mein Leben. Bad Wörishofen 1951
Saunders, Frances Stonor: The Cultural Cold War. The CIA and the World of Arts and Letters. New York 1999
Sauter, Max: Churchills Schweizer Besuch 1946 und die Zürcher Rede. O. O. 1976
Schäfer, Achim: Bioterrorismus und biologische Waffen. O. O. 2002
Schachtschneider, Karl Albrecht: Die nationale Option. Rottenburg 2017
Scheer, Robert: Und brennend stürzen Vögel vom Himmel. Reagan und der »begrenzte« Atomkrieg. München 1982
Schlabrendorff, Fabian von: Begegnungen in fünf Jahrzehnten. Tübingen 1979
Schlesinger Jr., Arthur M./Burns, Roger (Hrsg.): Congress Investigates. A Documented History, 1792–1974. New York 1975
Schmähling, Elmar: Der unmögliche Krieg. Sicherheit und Verteidigung vor der Jahrtausendwende. Düsseldorf/Wien/New York 1990
Schmidt, Hans: Maverick Marine. General Smedley D. Butler and the Contradictions of American Military History. Lexington/KY 1998
Schmidt, Helmut: Eine Strategie für den Westen. Berlin 1986
Schmidt, Helmut: Strategie des Gleichgewichts. Deutsche Friedenspolitik und die Weltmächte. Frankfurt a. M./Berlin/Wien 1970
Schmidt, Paul-Otto: Statist auf diplomatischer Bühne 1923–1945. Bonn 1949
Schoeps, Julis H.: Leben im Land der Täter. Berlin 2001
Scholl-Latour, Peter: Russland im Zangengriff. München 2006
Schorkopf, Frank: Grundgesetz und Überstaatlichkeit. Konflikt und Harmonie in den auswärtigen Beziehungen Deutschlands. Tübingen 2007
Schultze-Rhonhof, Gerd: Der Krieg, der viele Väter hatte. Der lange Anlauf zum Zweiten Weltkrieg. München 2003
Schulz, Hans-Jürgen: Auf dem Weg zum Atomkrieg. US-amerikanische Militärstrategie. Frankfurt 1985
Schumacher, E. F.: Small is Beautiful. Die Rückkehr zum menschlichen Maß. Dürkheim 2001
Schwab, Klaus: Die vierte industrielle Revolution. München 2016

Schusterová, Magda: Der Friedensvertrag Georgs von Poliebrad von 1464 vor dem Hintergrund der spätmittelalterlichen Vertragspraxis. Göttingen 2016

Schwarz, Klaus Dieter (Hrsg.): Sicherheitspolitik. Bad Honnef 1978

Schweizer, Peter: Victory: The Reagan Administration's Secret Strategy That Hastened the Collapse of the Soviet Union. New York 1994

Sharp, Gene: Von der Diktatur zur Demokratie: ein Leitfaden für die Befreiung. O. O. 1994

Sloterdijk, Peter: Die schrecklichen Kinder der Neuzeit. Berlin 2014

Sosnowski, Alexander/Wimmer, Willy: Und immer wieder Versailles. Ein Jahrhundert im Brennglas. Höhr-Grenzhausen 2019

Spillmann, Kurt R.: Aggressive USA? Amerikanische Sicherheitspolitik 1945–1985. Stuttgart 1985

Spreng, Norman M.: Amerika – Game Over? Norderstedt 2017

Stalin, J. V.: Briefwechsel Stalins mit Churchill, Attlee, Roosevelt und Truman 1941–1945. Berlin 1961

Starikow, Nikolai: Wer hat Hitler gezwungen Stalin zu überfallen? Vilnius 2017

Stead, William T.: The Americanisation of the World or the Trend of the Twentieth Century. New York 1901

Stead, William T.: The Last Will and Testament of Cecil Rhodes. London 1902

Stiegler, Bernd (Hrsg.): Siegfried Kracauer. Totalitäre Propaganda. Berlin 2013

Stöver, Bernd: Der Kalte Krieg. Geschichte eines radikalen Zeitalters. 1947–1991. München 2007

Stone, Oliver/Kuznick, Peter: Amerikas ungeschriebene Geschichte. Die Schattenseiten der Weltmacht. Berlin 2015

Tardieu, André: La France et les Alliances. O. O. 1910

Taube, Michel von: Der großen Katastrophe entgegen. Leipzig 1937

Taylor, Paul Anthony/Niedzwiecki, Aleksandra/Rath, Matthias/Kowalczyk, August: Die-Nazi-Wurzeln der »Brüsseler EU«. Heerlen/NL 2011

Taylor, Peter J.: Britain and the Cold War. 1945 as Geopolitical Transition. New York 1990

Taylor, Telford: Die Nürnberger Prozesse. Zürich 1951

Thiel, Rudolf: Die Generation ohne Männer. Berlin 1932

Trump, Donald J.: Great Again! Kulmbach 2016

Trepp, Gian: Bankgeschäfte mit dem Feind. Von Hitlers Europabank zum Instrument des Marshallplans. Zürich 1993

Tromp, H. W./La Rocque, Gene: Nuclear War in Europe. Groningen 1982

Ulfkotte, Udo: Gekaufte Journalisten. Wie Politiker, Geheimdienste und Hochfinanz Deutschlands Massenmedien lenken. Rottenburg 2014

Ulrich, Bodo: Moral – wozu eigentlich? Leipzig 1999

Vincent, C. Paul: The Politics of Hunger: The Allied Blockade of Germany, 1915–1919. Athens/OH 1985

Vollnhals, Clemens (Hrsg.): Entnazifizierung, Politische Säuberung und Rehabilitierung in den vier Besatzungszonen 1945–1949. München 1991

Wala, Michael: Winning the Peace – Amerikanische Außenpolitik und der Council on Foreign Relations, 1945–1950. O. O. 1990

Weber, Max: Wirtschaft und Gesellschaft. Grundriß der verstehenden Soziologie. Tübingen 1980

Weigl, Ludwig: Strategische Einsatzplanungen der NATO. München 2005

Weizsäcker, Carl Friedrich von: Der bedrohte Friede. München/Wien 1981

Wells, H. G.: Mankind in the Making. O. O. 1903

Wells, H.G .: Die Geschichte unserer Welt. Berlin/Wien/Leipzig 1948

Welzer, Harald: Die smarte Diktatur.Der Angriff auf unsere Freiheit. Frankfurt a. M. 2016

Werlhof, Claudia von (Hrsg.): 2020: Global Warning! Geoengineering is Wrecking Our Planet. Dublin 2020

Williamson, Gordon: Die SS Hitlers. Instrument der Macht. Klagenfurt 1999

Wettig, Gerhard: Anfangsjahre der Berlin-Krise (Herbst 1958 bis Herbst 1960). Berlin/München/Boston 2015

Wimmer, Willy: Deutschland im Umbruch. Vom Diskurs zum Konkurs – eine Republik wird abgewickelt. Höhr-Grenzhausen 2018

Wimmer, Willy: Die Akte Moskau. Höhr-Grenzhausen 2016

Wirsing, Giselher: Zwischeneuropa und die deutsche Zukunft. Jena 1932

Wisnewski, Gerhard: Drahtzieher der Macht: Die Bilderberger – Verschwörung der Spitzen von Wirtschaft, Politik und Medien. München 2010

Wolf, Ernst: Weltmacht IWF. Chronik eines Raubzugs. Marburg 2014

Woodward, Bob: VEIL. The Sectret Wars of the CIA 1981–1987. New York 1987

Woodward, Sir Llewellyn: British Foreign Policy, Bd. 3. O. O. 1971

Yergin, Daniel: Shattered Peace. The Origins of the Cold War and the National Security State. New York 1977

Ziegler, Jean: Was ist so schlimm am Kapitalismus Antworten auf die Fragen meiner Enkelin. München 2019

# Personenregister

# Bildquellenverzeichnis

| | |
|---|---|
| Umschlag | H. Mückler; KenFm |
| Seite 24 f. | Karl Pagel: Die Hanse. Berlin 1942. Karte von Erika Hansen |
| Seite 36 | Bildarchiv Wolfgang Effenberger |
| Seite 41 | Henri Musielak/Wikimedia Commons |
| Seite 60 | Wikimedia Commons |
| Seite 62 | Robert Röhr/Wikimedia Commons |
| Seite 70 | CIA/Wikimedia Commons |
| Seite 75 | Gemeinfrei |
| Seite 86 | Archives.org/Wikimedia Commons |
| Seite 96 | Gemeinfrei |
| Seite 106 | Bildarchiv Wolfgang Effenberger |
| Seite 110 | Bildarchiv Wolfgang Effenberger |
| Seite 118 | Bundesarchiv Bild 183-M0425-325/Wikimedia Commons |
| Seite 124 | Council of Europe |
| Seite 132 | David Low Associated Newspaper/Solo Syndication, London |
| Seite 134 | Bildarchiv Wolfgang Effenberger |
| Seite 141 | Bundesarchiv Bild 183-45653-0C01/Wikimedia Commons; Hadi/ Wikimedia Commons |
| Seite 151 | Bildarchiv Wolfgang Effenberger |
| Seite 153 | Bildarchiv Wolfgang Effenberger |
| Seite 161 | Bildarchiv Wolfgang Effenberger |
| Seite 165 | Der Spiegel |
| Seite 170 | Institute for Strategic Studies der UN |
| Seite 173 | Bildarchiv Wolfgang Effenberger |
| Seite 176 | Bildarchiv Wolfgang Effenberg |
| Seite 178 | Bildarchiv Wolfgang Effenberger |
| Seite 190 | Bildarchiv Wolfgang Effenberger |
| Seite 193 | Bildarchiv Wolfgang Effenberger |
| Seite 195 | Bildarchiv Wolfgang Effenberger |
| Seite 198 | Bildarchiv Wolfgang Effenberger |
| Seite 213 | Europäische Union |
| Seite 220 | Grafik: Wernegger, Entwurf: H. Brill; Celtoslavica.de |
| Seite 222 | The Economist |

| | |
|---|---|
| Seite 224 | Time Magazine |
| Seite 233 | Wolpertinger/Wikimedia Commons |
| Seite 234 | William J. Clinton Presidential Library/Wikimedia Commons |
| Seite 236 | Bildarchiv Wolfgang Effenberger |
| Seite 241 | Wikimedia Commons |
| Seite 247 | KFOR, Task Force Falcon Public Affairs Office/Wikimedia Commons |
| Seite 252 | Medium.com |
| Seite 254 | Moreen Ishikawa/White House |
| Seite 275 | Kirian Klaus Patel |
| Seite 288 | Tradoc-Dokument 525-5, Figure 1-2 (Operating Environment and Missions of U. S. Forces) |
| Seite 291 | Tommes/Wikimedia Commons |
| Seite 306 | Bildarchiv Wolfgang Effenberger |
| Seite 314 f. | Wikimedia Commons |
| Seite 317 | Wikimedia Commons |
| Seite 319 | GalaxMaps/Wikimedia Commons |
| Seite 320 | Tradoc-Dokument 525-5, Figure 1-2 (A Dynamic New Era – a World in Transition) |
| Seite 321 | Süddeutsche Zeitung |
| Seite 325 | ВО Свобода/Wikimedia Commons |
| Seite 328 | Fedbizopps.gov |
| Seite 330 | US-Botschaft in Georgien/Wikimedia Commons |
| Seite 331 | Der Spiegel |
| Seite 332 | Bildarchiv Wolfgang Effenberger |
| Seite 336 | U. S. Army Europe/Wikimedia Commons |
| Seite 338 | U. S. Army |
| Seite 345 | Bildarchiv Wolfgang Effenberger |
| Seite 346 | The New York Times |
| Seite 347 | Screenshot CBS-Interview in Kabul, 20. Okt. 2011 |
| Seite 360 | Army Operating Concept Team Teach Tradoc 525-3-1 |
| Seite 364 | Viktar Palstsiuk/Wikimedia Commons |
| Seite 366 | U. S. Department of State |
| Seite 368 | NordNordWest/Wikimedia Commons |
| Seite 375 | Tabelle basierend auf Peter Achten: China als Supermacht, 20. Jan. 2019; www.cash.ch/news/politik/china-als-supermacht-die-falle-des-thukydi-des-1266222 |
| Seite 383 | Widmann; MSC/Wikimedia Commons |

Seite 385 Moveon.org
Seite 387 Screenshot Tagesschau, 1. Feb. 2020
Seite 393 Time Magazine
Seite 395 Screenshot YouTube, 26. März 2009
Seite 397 The White House/Wikimedia Commons
Seite 403 Unbekannt
Seite 408 Titelblatt des Starnberger Anzeigers, 8. April 2020
Seite 413 Europäisches Parlament
Seite 419 Karlspreis.de
Seite 420 Bildarchiv Wolfgang Effenberger
Seite 425 א (Aleph)/Wikimedia Commons
Seite 430 Campact-Anschreiben an den Autor
Seite 433 Bildarchiv Wolfgang Effenberger
Seite 437 Jungewelt.de
Seite 444 Statista.com/South China Morningpost
Seite 445 Wolfgang Wodarg
Seite 450 Microsoft-Patentanmeldung WO/2020/060606, 26. März 2020; https://patentscope.wipo.int/search/en/detail.jsf?docId=WO2020060606
Seite 453 Amt für Veröffentlichungen der Europäischen Union; https://op.europa.eu/de/publication-detail/-/publication/4cc2ea93-d003-417e-9294-1103a6ee877d, S. 44
Seite 456 The Economist
Seite 459 Screenshot Tagesschau, 4. Mai 2020
Seite 461 Scholz & Friends
Seite 465 Spiegel online; www.spiegel.de/netzwelt/web/corona-krise-verschwoerungstheoretiker-hetzen-gegen-bill-gates-a-0a6cbe14-22a7-40de-a149-8e8c0ddfef1a
Seite 467 EAD/EEAS
Seite 472 Bild.de
Seite 479 Springermedizin.de
Seite 483 Twitter.com
Seite 486 Arabellaadvisors.com
Seite 488 Wiener Zeitung
Seite 490 NRhZ.de
Seite 495 Krisenrat.info
Seite 497 Voltairenet.org
Seite 501 Tagesschau.de

| | |
|---|---|
| Seite 502 | The New York Times |
| Seite 503 | Ron Paul Institute for Peace and Prosperity |
| Seite 504 | Ourworlddata.org |
| Seite 505 | https://emanuelkarlsten.se |
| Seite 508 | Unbekannt |
| Seite 509 | Querdenken 711 |
| Seite 512 | zeitgeist Bildarchiv |
| Seite 517 | Unbekannt |
| Seite 527 | Bildarchiv Wolfgang Effenberger |
| Seite 535 | Campact |
| Seite 542 | World Economic Forum; swiss-image.ch/Photo by Remy Steinegger; Wikimedia Commons |

# Danksagung

## Mein besonderer Dank gilt

Herrn Prof. Dr. Hermann Mückler für das Vorwort und seine profunde, differenzierte und kritische Analyse der aktuellen Situation.

Dem Verleger Thomas Röttcher, der das Thema des Buches vorgeschlagen hat, für seine Unterstützung und seinem Team für die hervorragende Aufmachung des Buches.

Herrn Dr. Daniele Ganser für die freundliche, kollegiale Würdigung meiner Arbeit.

Und schließlich meiner Lebensgefährtin Beate Himmelstoß, die mir wie immer mit ihrem kritischen Lektorat und ihrem Formulierungsgeschick eine große Hilfe war.

*Wolfgang Effenberger*

**Europas Verhängnis 14/18**
Die Herren des Geldes
greifen zur Weltmacht

Von Wolfgang Effenberger

Gebunden, 96 Seiten, 14 Abb.
ISBN 978-3-943007-19-0

**Europas Verhängnis 14/18**
Kritische angloamerikanische
Stimmen zur Geschichte
des Ersten Weltkriegs

Von Wolfgang Effenberger

Gebunden, 112 Seiten, 19 Abb.
ISBN 978-3-943007-20-6

**Europas Verhängnis 14/18**
Revolution, Rätewirren
und Versailles

Von Wolfgang Effenberger

Gebunden, 128 Seiten, 23 Abb.
ISBN 978-3-943007-24-4

**Deutsche und Juden vor 1939**

Stationen und Zeugnisse
einer schwierigen Beziehung

Von Wolfgang Effenberger
und Reuven Moskovitz

Broschiert mit Klappen,
640 Seiten, über 100 Abb.,
ISBN 978-3-943007-14-5 (Taschenbuch)
ISBN 978-3943007-30-5 (E-Book)

www.zeitgeist-online.de/deutsche-und-juden-vor-1939

Und immer wieder
Versailles
Ein Jahrhundert
im Brennglas
Alexander Sosnowski
im Gespräch mit
Willy Wimmer
zeitgeist

Wolfgang Bittner
DEUTSCHLAND
verraten und verkauft
Hintergründe und Analysen
geist